SIBYLLE GEIER

TOSKANA

REISEHANDBUCH

Ausführliche und fundierte Routenbeschreibungen
Restaurants • Hotels • Museen • Stadtrundgänge • Wanderungen
Hintergrund-Informationen • Historie • Natur • Geographie

1. Auflage 1997/98

© Vertrieb und Service, Reisebuchverlag, Reisevermittlung,
Im- und Export Iwanowski GmbH
Büchnerstraße 11 · D 41540 Dormagen
Telefon 0 21 33 / 2 60 30 · Fax 0 21 33 / 26 03 33

Alle Informationen und Hinweise ohne Gewähr und Haftung

Schwarzweiß- und Farbbilder:
Sibylle Geier

Karten: Palsa Graphik

Konzeption, redaktionelles Copyright und chefredaktionelle Betreuung
der Gesamtreihe: Michael Iwanowski

Gesamtherstellung: F. X. Stückle, 77955 Ettenheim

Printed in Germany

ISBN 3-923975-62-7

INHALTSVERZEICHNIS

Einleitung 11

1	**TOSKANA AUF EINEN BLICK**	**13**
☞	Die roten Seiten: Highlights, Supertipos und Warnungen	
2	**LAND UND LEUTE**	**13**
2.1	**Historischer Überblick**	**13**
2.1.1	Die Toskana unter den Etruskern	13
2.1.2	Die Toskana unter den Römern	17
2.1.3	Die Toskana in der Zeit der Völkerwanderung	17
2.1.4	Die Toskana im Kräftespiel zwischen Papst und Kaiser, die Entstehung und Blütezeit der Stadtstaaten	19
2.1.5	Die Macht der Medici	22
2.1.6	Die Habsburger in der Toskana	23
	Die Toskana unter Napoleon Bonaparte 23 · Das Zeitalter des Risorgimento 24	
2.1.7	Das Königreich Italien	25
2.1.8	Die Toskana unter der Diktatur Mussolinis und im II. Weltkrieg	26
2.1.9	Politischer Neuanfang	28
	"Die erste Republik" 28	
2.1.10	Die Politik eines Medienmoguls	29
2.1.11	Zeittafel	30
2.2	**Toskanische Kunstgeschichte im Überblick**	**33**
2.2.1	Geheimnisvolle Kunst der Etrusker	33
2.2.2	Das magere Erbe der Römer	35
2.2.3	Christliche Antike	35
2.2.4	Die Architektur der Romanik – die Zeit der Pieve	35
2.2.5	Gotik	36
2.2.6	Rinascimento – Wiedergeburt der Antike	37
	Frührenaissance (1420-1500) 39 · Hochrenaissance (1500-1530/50) 41	
2.2.7	Manierismus	42
2.2.8	Das 19. und 20. Jahrhundert	43
2.3	**Landschaftlicher Überblick**	**43**
2.3.1	Geographie und Geologie	43
2.3.2	Klima	45
2.3.3	Toskanische Pflanzen- und Tierwelt	46
2.4	**Wirtschaftlicher Überblick**	**48**
2.4.1	Industrie und Handwerk	48
2.4.2	Agrarwirtschaft	49
2.4.3	Bergbau	50
2.4.4	Tourismus	50

Inhaltsverzeichnis

2.5	Gesellschaftlicher Überblick	51
2.5.1	Verwaltung und Bevölkerung	51
2.5.2	Aktuelle Politik	52
2.5.3	Religion	53
2.5.4	Sprache und Literatur	54
3	REISEHINWEISE FÜR DIE TOSKANA	57
3.1	**Praktische Reisetips von A - Z**	**57**
3.2	**Toskanisches Kaleidoskop**	**75**
3.2.1	Feste, Festivals und Veranstaltungen	75
	Veranstaltungskalender 75	
3.2.2	Essen und Trinken	77
	Wein 81 · Grappa 82	

☞ Die grünen Seiten: Das kostet Sie die Toskana

4	REISEN IN DER TOSKANA	83
4.1	**Badeurlaub**	**84**
	Wandern 85 · Radfahren 85 · Kulturtrip 85	
4.2	**Ausgewählte Rundfahrten**	**86**
	"Kurztrip zum Kennenlernen" 86 · "Toskana für Fans" 87	
5	DIE KULTURMETROPOLE FLORENZ	90
5.1	**Überblick**	**90**
5.2	**Reisepraktische Hinweise**	**93**
5.3	**Geschichtlicher Überblick**	**101**
5.4	**Stadtbesichtigung**	**104**
5.5	**Die Umgebung von Florenz**	**126**
5.5.1	Fiesole	126
5.5.2	Vom Mugello in das untere Sieve-Tal	131
	Vaglia 131 · Monte Senario 132 · S. Piero a Sieve 133 · Barberino di Mugello 134 · Borgo San Lorenzo 134 · Vespignano 136 · Vicchio di Mugello 136 · Scarperia 137 · Badia di Moscheta 138 · Firenzuola 138 · Palazzuola sul Senio 139 · San Godenzo 140 · Dicomano 141 · Rufina 141 · Pontassieve 142	
5.5.3	Von Florenz nach San Miniato	143
	Certosa di Galluzzo 143 · Montelupo Fiorentino 143 · Vinci 144 · Cerreto Guidi 145 · Fucecchio 146 · San Miniato al Monte 147 · Castelfiorentino 150 · Montaione 150	
6	IM CHIANTI-CLASSICO	152
6.1	**Allgemeiner Überblick**	**152**
6.2	**Zwischen Florenz und Siena**	**155**
	Impruneta 155 · Greve in Chianti 157 · Panzano 158 ·	

Castellina in Chianti 158 · Radda 160 · Volpaia 161 · Gaiole in Chianti 161

7	**DER STILLE OSTEN**	**163**
7.1	Überblick	163
7.2	Von Florenz nach Arezzo	164
	Vallombrosa 164 · San Giovanni Valdarno 165 · Loro Ciuffena 166 · Gropina 166 · Montevarchi 167	
7.3	**Unbekanntes Arezzo**	**169**
7.3.1	Überblick	169
7.3.2	Reisepraktische Hinweise	170
7.3.3	Geschichte	172
7.3.4	Stadtrundgang	172
7.4	**Nördliches Chiana-Tal**	**178**
	Castiglion Fiorentino 178 · Cortona 179	
7.5	**Casentino und Valtiberina**	**185**
7.5.1	Überblick	185
7.5.2	Reisepraktische Hinweise	186
7.5.3	Casentino	186
	Bibbiena 186 · Poppi 187 · Camaldoli 188 · La Verna 189	
7.5.4	Valtiberina	190
	Caprese Michelangelo 190 · Sansepolcro 190 · Anghiari 191 · Monterchi 191	
8	**SIENA UND DAS UMLAND**	**193**
8.1	Überblick	193
8.2	Reisepraktische Hinweise	194
8.3	Siena	195
8.3.1	Überblick	195
8.3.2	Reisepraktische Hinweise	196
8.3.3	Geschichtlicher Überblick	200
8.3.4	Stadtrundgang	201
8.4	**Westlich von Siena**	**212**
8.4.1	Von Siena nach Gimignano	212
	Monteriggióni 212 · Colle di Val d'Elsa 214 · Certaldo 215 · Casole d'Elsa 215	
8.4.2	San Gimignano	216
	Allgemeiner Überblick 216 · Reisepraktische Hinweise 218 · Stadtrundgang 220	
8.4.3	Volterra	223
	Allgemeiner Überblick 223 · Reisepraktische Hinweise 225 · Stadtrundgang 227	
8.5	**Südlich von Siena**	**231**
8.5.1	Ausflug nach San Galgano	231
	Abbazia di San Galgano 231	
8.5.2	Durch die Crete nach Montepulciano	233

		Asciano 233 · Monte Oliveto Maggiore 234 · Buonconvento 236 · Murlo 236 · Montalcino 237 · Abbazia di Sant'Antimo 241 · San Quirico d'Orcia 242 · Pienza 243 · Monticchiello 244 · Montepulciano 245
8.5.3		Heiße Quellen und Etruskergräber .... 250 Chianciano Terme 250 · Chiusi 250
9		**DIE GEBIRGSLANDSCHAFT DES MONTE AMIATA 252**
9.1		Überblick 252
9.2		Reisepraktische Hinweise 253
9.3		Rund um den Monte Amiata .... 254 Arcidosso 254 · Tagesausflug in den Parco Faunistico 256 · Castel del Piano 257 · Castiglione d'Orcia 258 · Bagno Vignoni 259 · Bagni S. Filippo 259 · Abbadia San Salvatore 260 · Ausflug auf den Monte Amiata 261 · Radicofani 262 · Piancastagnaio 263 · Santa Fiora 263
9.4		Von Arcidosso nach Grosseto .... 265 Monticello Amiata 265 · Cinigiano 265 · Paganico 265
10		**GROSSETO UND DIE MAREMMA 267**
10.1		Überblick 267
10.2		Reisepraktische Hinweise 269
10.3		Grosseto 270
10.3.1		Überblick 270
10.3.2		Reisepraktische Hinweise 270
10.3.3		Geschichte 272
10.3.4		Stadtrundgang 272
10.3.5		Ausflug zu den Stätten der Etrusker nach Roselle und Vetulonia .... 274 Vetulonia 275
10.4		Parco Naturale della Maremma .... 277 Talamone 278
10.5		Das Hinterland der Maremma .... 279 Manciano 279 · Pitigliano 279 · Sorano 282 · Sovana 282 · Saturnia 286 · Montemerano 287 · Scansano 288 · Pereta 288 · Magliano in Toscana 289
10.6		Die Halbinsel Monte Argentario 290
10.6.1		Überblick 290
10.6.2		Inselrundfahrt .... 290 Orbetello 290 · Porto Santo Stefano 291 · Porto Ercole 293 · Ansedonia und Cosa 294 · Capálbio 295
10.6.3		Ausflug zur Isola del Giglio und Giannutri .... 297 Überblick 297 · Giglio Porto 297 · Giglio Castello 299 · Campese 299 · Giannutri 300 · Montecristo 300
10.7		Von Grosseto über Follonica nach Massa Marittima .... 301 Marina di Grosseto 301 · Castiglione della Pescaia 301 · Punta Ala 303 · Follonica 303 · Massa Marittima 304

Inhaltsverzeichnis

11	**DIE INSEL ELBA**	**309**
11.1	Überblick	309
11.2	Reisepraktische Hinweise	311
11.3	Portoferraio	312
	Stadtrundgang 313	
11.4	Inselrundfahrt	315

Marciana Marina 315 · Poggio/Marciana 315 · Marina di Campo 316 · Capoliveri 316 · Porto Azzurro 317 · Rio nell'Elba 317 · Rio Marina 317 · Abstecher auf die Isola di Capraia 317

12	**DIE ETRUSKISCHE RIVIERA**	**319**
12.1	Überblick	319
12.2	Reisepraktische Hinweise	320
12.3	Entlang der Küste von Piombino bis Livorno	321

Piombino 321 · Populonia 322 · San Vincenzo 323 · Venturina 324 · Campiglia Marittima 325 · Suvereto 325 · Castagneto Carducci 326 · Marina di Castagneto 327 · Bolgheri 328 · Marina di Bibbona 328 · Bibbona 329 · Cecina/Cecina al Mare 329 · Casale Marittimo 330 · Montescudaio 330 · Vada 331 · Rossignano Marittimo 331 · Rossignano Solvay 332 · Castiglioncello 332

12.4	Livorno	333
12.4.1	Überblick	333
12.4.2	Reisepraktische Hinweise	333
12.4.3	Stadtrundgang	336
13	**VON MASSA-CARRARA ÜBER DIE VERSILIA NACH PISA**	**339**
13.1	Überblick	339
13.2	Reisepraktische Hinweise	340
13.3	Carrara	341
13.3.1	Überblick	341
13.3.2	Reisepraktische Hinweise	343
13.3.3	Sehenswertes	343
13.4	Massa	344
13.4.1	Überblick	344
13.4.2	Reisepraktische Hinweise	344
13.4.3	Sehenswertes	345
13.5	Die Versilia	346
13.5.1	Überblick	346
13.5.2	Reisepraktische Hinweise	346
13.5.3	Die Versilia und ihr Hinterland	348

Forte dei Marmi 348 · Seravezza 350 · Stazzema 351 · Pietrasanta 352 · Marina di Pietrasanta 355 · Sant' Anna di Stazzema 355 · Camaiore 356 · Lido di Camaiore 357 · Viareggio 358 · Massarosa 360 · Torre del Lago Puccini 361

13.6	**Pisa**	**363**
13.6.1	Überblick	363
13.6.2	Reisepraktische Hinweise	364
13.6.3	Geschichte	366
13.6.4	Stadtrundgang	367
13.6.5	Ausflug in die Umgebung von Pisa	377
	San Piero a Grado 377 · Marina di Pisa 378 · Parco di Migliarino, San Rossore, Massaciuccoli 379 · Certosa di Pisa 380	
14	**VON LUCCA NACH PRATO**	**381**
14.1	**Überblick**	**381**
14.2	**Reisepraktische Hinweise**	**381**
14.3	**Lucca**	**384**
14.3.1	Überblick	384
14.3.2	Reisepraktische Hinweise	384
14.3.3	Geschichte	388
14.3.4	Stadtrundgang	389
14.3.5	Die Villen von Lucca	399
14.3.6	Die Garfagnana	400
	Celle di Pescaglia 400 · Borgo a Mozzano 401 · Bagni di Lucca 401 · Coreglia Antelminelli 403 · Barga 404 · Grotta del Vento 405 · Castelnuovo di Garfagnana 406 · Pieve Fosciana 407 · Castiglione di Garfagnana 407 · Vagli di Sotto 408 · Caréggine 409 · Piazza al Serchio 410	
14.3.7	Von Lucca nach Pistoia	410
	Capannori 410 · Montecarlo 410 · Collodi 411 · Pescia 413 · Svizzera Pesciatina 415 · Montecatini Terme 418 · Monsummano Terme 420	
14.4	**Pistoia**	**422**
14.4.1	Überblick	422
14.4.2	Reisepraktische Hinweise	422
14.4.3	Stadtrundgang	423
14.4.4	Ausflug in das Pistoieser Bergland	429
	San Marcello Pistoiese 429 · Cutigliano 430 · Abetone 431	
14.5	**Prato – die Lumpenstadt**	**432**
14.5.1	Überblick	432
14.5.2	Reisepraktische Hinweise	432
14.5.3	Stadtrundgang	434
14.5.4	Sehenswertes in der Umgebung	439
	Poggio a Caiano 439 · Comeano 440 · Artimino 440	

Literaturhinweise (Auswahl) 441
      Reiseführer 441 · Hintergrundwissen 442 · Reiseberichte
      442 · Küche und Wein 442
Glossar 443
Sprachlexikon 445
Stichwortverzeichnis 457

Außerdem weiterführende Informationen zu folgenden Themen:
Der Gang nach Canossa 20
Die "Tre Corone" 54
Olivenöl 77
Weiße Bohnen 79
Vinsanto "Heiliger Wein" und harte Kekse 80
Der Bombenanschlag am 27. Mai 1993 109
Opificio delle pietre dure 116
Giotto und Cimabue 136
Chianti-Rufina 141
Il Tartufo – der Pilz mit dem einzigartigen Aroma 149
Chianti-Classico 154
Piero della Francesca (1410-1492) 174
Der Palio und die Contraden 201
Alabaster 228
Brunello di Montalcino 240
Die Räuber von Capálbio 296
Der Balestro del Girifalco 305
Der Dichter Giosuè Carducci 327
Marmor – weißes Gold 341
Gioco del Ponte 366
Hält er oder fällt er? 372
Sinopien 374
Giacomo Puccini 395
Parco di Pinocchio 412
Giovanni Michelucci (1891-1990) 425

Inhaltsverzeichnis

Kartenverzeichnis
Italien – Übersicht 14
Toskana – Gesamtkarte 15, 83
Florenz – Umgebungskarte 92/93
Florenz – Stadtplan 102/103
Florenz – Domplatz 104
Florenz – Uffizien 110
Florenz – Grundriß S. Croce 118
Florenz Umgebung – Übersicht 128/129
Chianti 153
Provinz Arezzo 164
Valdarno - Pratomagno 165
Arezzo – Stadtplan 173
Cortona – Stadtplan 181
Casentino und Valtiberina 185
Provinz Siena 194
Siena – Stadtplan 202/203
Westlich von Siena 213
San Gimignano – Stadtplan 217
Volterra – Stadtplan 224
Südlich von Siena 232
Montepulciano – Stadtplan 247
Monte Amiata 255
Provinz Grosseto 268
Grosseto – Stadtplan 273
Elba 310
Stadtplan Portoferraio 313
Etruskische Riviera 320
Livorno – Stadtplan 337
Versilia 347
Pisa – Stadtplan 368/369
Pisa – Piazza dei Miracoli 370
Lucca - Prato 382
Lucca – Stadtplan 390/391
Garfagnana 400
Pistoia – Stadtplan 424
Prato – Stadtplan 434

EINLEITUNG

Italien, das "Land wo die Zitronen blühen", das Land der Sonne, die Stätten überwältigender kultureller Schätze, das Gebiet reicher landschaftlicher Schönheit, die Heimat köstlicher Weine und erlesener Speisen, ist für den Nordeuropäer schon immer ein Reisetraum gewesen.

Und die Toskana gilt seit langer Zeit als ein landschaftliches und kulturelles Juwel, in dem der Besucher alles das zu finden vermag, was ihm das Wort Italien verspricht.

Dieses Paradies beginnt fast noch im Norden des "Stiefels", dort wo der Apennin aus der Poebene aufsteigt, dort wo uns Florenz mit einem schon südlich warmen Klima begrüßt. Bis in den Oktober hinein (auf der Insel Elba sogar bis in den November) kann man an den Stränden der Versilia und der Etruskischen Riviera noch im Meer baden.

Anders als im Trubel der Sommermonate genießt man im Herbst einsame Sandstrände und besichtigt bei erträglichen Temperaturen die kulturellen und landschaftlichen Sehenswürdigkeiten. Auf dem Land stehen Weinlese und Olivenernte im Mittelpunkt und sind oft genug Anlaß zu fröhlichen Festen.

Im Winter kann man zwar nicht mehr im Meer baden, aber die Klarheit der Luft, die angenehmen Temperaturen und die von keiner Hektik gestörte Ruhe und Stille vermitteln Urlaubstage besonderer Intensität. Wer sich in erster Linie für Kultur interessiert, hat im Winter die Chance, ohne Massenandrang die einzigartige Fülle erlesener Kunstwerke auf sich wirken zu lassen.

In den heißen Sommerwochen im August hält man sich, wie die Toskaner es auch tun, am besten am Meer an einem der vielen schönen Strände auf. Oder in den malerischen Hügellandschaften und steilen Berggebieten, wo kühle Winde Erfrischung bringen.

Naturliebhabern zeigt sich die Toskana gerade im Frühjahr mit einer abwechslungsreichen mediterranen Vegetation und präsentiert ihre ganze Vielfalt in den schönsten Farben. Jetzt kommen besonders Wanderer, Kletterer, Radfahrer und Reiter voll auf ihre Kosten. Leider sind im Frühling, besonders in den Osterwochen, die großen Städte und Sehenswürdigkeiten wie im Sommer touristisch überlaufen.

Die Toskana ist somit immer ein lohnendes Reiseziel, für jeden Geschmack, nicht zuletzt auch in kulinarischer Hinsicht. Die hervorragende Küche variiert nach Jahreszeit und Gebiet; sie wird begleitet vom Angebot erstklassiger Weine. Beide, exzellente Weine und delikate Gerichte, genießen uneingeschränkt weltweite Anerkennung.

Einleitung

Das vorliegende Reise-Handbuch Toskana ist in drei Hauptteile gegliedert:

■ Der erste landeskundliche Abschnitt informiert allgemein zu Geschichte, Landschaft, Wirtschaft und Gesellschaft der Toskana.

■ Die gelben Seiten des Kapitels drei und Kapitel vier enthalten reisepraktische Informationen, mit denen der Reisende sich vor Ort zurechtfinden kann und durch die Anregungen zur Reiseplanung vermittelt werden.

■ Der dritte Teil beschreibt ausführlich besuchenswerte Ziele wie Städte, Landschaften, bedeutende historische und kulturelle Orte sowie interessante Ausflüge abseits der oft ausgetretenen Touristenpfade.

Jedes Kapitel enthält Empfehlungen für Unterkünfte und Restaurants. Aufgrund des großen Angebots erheben diese Hinweise keinen Anspruch auf Vollständigkeit. Vielmehr versuchen sie, sich am "Besonderen" zu orientieren. Die Preisangaben und Öffnungszeiten sind für den Herbst 1996 repräsentativ.

Bedanken möchte ich mich bei allen, die zum Gelingen dieses Buches beigetragen haben. Für ihre freundliche Unterstützung danke ich dem Italienischen Fremdenverkehrsamt E.N.I.T. in Frankfurt, Dott.ssa Luisa Mattivi vom Regionalausschuß der Region Toskana und allen APT-Büros in der Toskana, die mir bei meinen Recherchen sehr geholfen haben.

Besonders erwähnen möchte ich Annette Kossow, Winfried Kuhn, Sabine Mitschele, Ute Scherb und vor allem Martin Schneider, der mich auf meinen Reisen begleitet hat. Von ihm stammen große Teile des Bildmaterials sowie wertvolle Tips zu "Küche und Wein".

Allen Lesern wünsche ich eine intensive Vorfreude auf das Reiseziel sowie einen erlebnisreichen Aufenthalt in der Toskana.

1 TOSKANA AUF EINEN BLICK

Gesamtfläche	22 992 km²
Landwirtschaft	25 %
Inseln	Elba, Gorgona, Capraia, Montecristo, Pianosa, Giglio
Höchster Berg	Monte Amiata, 1738 m
Gesamtbevölkerung	3,528 Mio Florenz (393.000)
Bevölkerungsdichte	153 Einwohner pro qkm
Bevölkerungswachstum	0,2% (jährlich)
Erwerbstätige	38 % der Gesamtbevölkerung
Wichtigste Erwerbszweige	Handel, Handwerk, Marmorabbau, Tourismus
Arbeitslosenrate	9,3 %
Analphabeten-Rate	1 %
Wichtigster Feiertag	15. August, Ferragosto
Flagge	rot-weiß-grün
Religion	katholisch (90 %)
Die Provinzen und ihre Hauptstädte	Massa-Carrara, Lucca, Pistoia, Prato, Florenz, Arezzo, Siena, Pisa, Livorno, Grossetto
Hauptstadt der Region	Florenz

2 LAND UND LEUTE

2.1 HISTORISCHER ÜBERBLICK

2.1.1 DIE TOSKANA UNTER DEN ETRUSKERN

Die Geschichte der Toskana wird historisch bedeutsam mit dem Erscheinen der Etrusker (ital. Etruschi). Man findet zwar Überreste von früheren, vorwiegend bronzezeitlichen Bewohnern, doch sie sind nicht vergleichbar mit den Spuren, die dieses Volk hinterlassen hat. Wer waren diese rätselhaften Etrusker?

Sie nannten sich selbst Rasenna, bei den Griechen hießen sie Tyrrhenoi, und die lateinische Bezeichnung war Etrusci oder Tusci. Noch heute wird die toskanische Mittelmeerküste Tyrrhenisches Meer genannt. Das Gebiet der heutigen Toskana gilt als das Kernland des antiken Etrurien. Im 9. und 8. vorchristlichen Jahrhundert dehnten sich die Etrusker bis nach Latium im Süden, Umbrien im Westen und im Norden bis oberhalb Ravennas in der Emilia Romagna aus. Im 6. Jahrhundert waren sie bereits bis in die Po-Ebene vorgedrungen. Die Gründung Roms 650 v. Chr. geht auf die Etrusker zurück.

2.1 Historischer Überblick

Im darauffolgenden Jahrhundert erstreckte sich ihr Herrschaftsgebiet bis nach Kampanien.

Die Herkunft dieses Volkes ist nach wie vor umstritten. Es gibt drei verschiedene Thesen: eine Zuwanderung von Norden als indogermanischer Stamm, eine Zuwanderung von Osten, aus Kleinasien oder die Etrusker als Ureinwohner des Landes. Keine dieser Theorien konnte bisher bewiesen werden, da bei der Untersuchung von religiösen Riten und der Sprache Widersprüche auftreten. Wahrscheinlich handelte es sich eher um eine Mischkultur, die Elemente vorderasiatischer, ostgriechischer Einwanderer und italischer Stämme zu einer eigenen verschmolzen. Obwohl man etwa 10.000 Inschriften fand, konnte die Sprache der Etrusker bisher nur wenig entziffert werden. Dabei handelt es sich zum größten Teil um Grabinschriften, Schriftzüge auf Weihgeschenken, die in vor- und frühgeschichtlicher Zeit einer Gottheit dargebracht wurden, und um Besitzerinschriften auf Gerätschaften. Mit Sicherheit läßt sich nur sagen, daß die Schrift auf das westgriechische Alphabet zurückgeht.

Man nimmt an, daß der Ursprung der etruskischen Städte auf das 9. vorchristliche Jahrhundert zurückgeht. In dieser Zeit entstanden die ersten Siedlungen in Etrurien.

2.1 Historischer Überblick

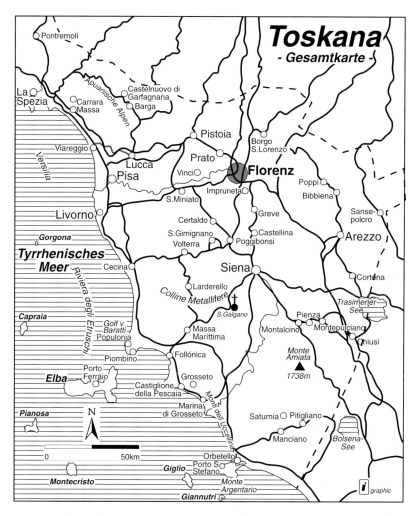

Im 7. vorchristlichen Jahrhundert begannen sich die Etrusker politisch zu organisieren und gründeten, vergleichbar der griechischen Polis, eine Reihe von autonomen Stadtstaaten. Die mächtigsten unter ihnen schlossen sich zu einem losen Zwölf-Städte-Bund, ohne politische Verbindung, zusammen. Im Gebiet der heutigen Toskana lagen sechs davon: Vetulonia, Roselle und Populonia in Küstennähe, Volterra, Arezzo und Chiusi im Binnenland. Andere Städte wie Fiesole und Cortona gehen ebenfalls auf etruskische Gründungen zurück.

Im Gegensatz zu den mittelalterlichen Stadtstaaten in der Toskana führten die etruskischen Niederlassungen untereinander keine Kriege.

2.1 Historischer Überblick

Das damalige Etrurien war ein äußerst fruchtbares Land und besaß reiche Bodenschätze. In den Tälern betrieben die Etrusker eine intensive Landwirtschaft, in den Bergregionen wurden die vorhandenen Bodenschätze, wie Eisen, Kupfer und Silber, abgebaut und weiter verarbeitet.

Auf dem Seeweg führten sie einen lebhaften Handel bis nach Griechenland, auf dem Landweg bis nach Mittel- und Nordeuropa.

Die Zeit des Zwölf-Städte-Bundes gilt als die kulturelle Blütezeit (8.-4. Jahrhundert) der Etrusker.

Bedingt durch ihren lebhaften Handel entstanden zunehmend Konkurrenzkämpfe mit Phöniziern und Griechen, die in Süditalien und Sizilien Kolonien besaßen. Die Seeherrschaft Etruriens im westlichen Mittelmeer war gegen Ende des 5. Jahrhunderts beendet, nachdem die etruskische Flotte den Griechen unterlag.

Der endgültige Niedergang Etruriens begann mit dem Aufstieg Roms. Innerhalb von zwei Jahrhunderten gerieten die Stadtstaaten durch Bündnispolitik oder durch Eroberung nach und nach in den Machtbereich Roms. Durch die Aufsplitterung des Landes in viele kleine, politisch autonome Zentren waren die Städte bei einer Belagerung durch römische Truppen auf sich allein gestellt, da die umliegenden Orte in der Regel nicht in die Schwierigkeiten ihrer Nachbarn eingriffen.

Etwa um das Jahr 280 v. Chr. gerieten die letzten unabhängigen Etruskerstädte unter römische Herrschaft, das Land der Etrusker wurde Tuszien oder Tuscia genannt. Die lateinische Sprache und die Kultur der Römer breiteten sich über das gesamte antike Italien aus. Mit dem Ende der etruskischen Epoche im 1. Jahrhundert v. Chr. verschwand auch ihr kulturelles Erbe.

Daß die Etrusker nicht ganz in Vergessenheit geraten sind, verdanken sie den aufsehenerregenden Funden in ihren Nekropolen. Sie lassen Rückschlüsse auf einen ausgeprägten Totenkult zu. Dahinter kann man eine hochentwickelte Religion mit ausgeprägten Jenseitsvorstellungen vermuten. Sie weist neben italischen und starken griechischen Einflüssen auch Übereinstimmungen mit den Religionen Vorderasiens auf.

"Ombra della Sera" (Abendschatten)

Iwanowski's

**Highlights
Supertips
Warnungen**

HIGHLIGHTS

- **Arezzo:** Die Fresken von Piero della Francesca in der Kirche San Francesco (S. 172), Piazza Grande (S. 176)
- **Carrara:** Steinbrüche (S. 341)
- **Cortona:** Museo dell'Accademia Etrusca (S. 182), Convento delle Celle (S. 185)
- **Florenz:** Die Uffizien (S. 110), der Dom Santa Maria del Fiore (S. 104), ein Ausflug nach Fiesole (S. 126), das Archäologische Museum (S. 115)
- **Lucca:** Dom San Martino (S. 392), Torre di Guinigi (S. 398), Piazza dell'Anfiteatro (S. 397), die Luccheser Villen (S. 398)
- **Pisa:** Piazza dei Miracoli (S. 367)
- **Prato:** Museo d'Arte Contemporanea Luigi Pecci (S. 438), Villa Poggio a Caiano (S. 439)
- **Siena:** der Palio delle Contrade (S. 201), Palazzo Pubblico (S. 205), Dom, Dommuseum und Facciatone (S. 208/209)
- **Saturnia:** Cascata del Molino (S. 287)
- **Sovana:** Tomba Ildebranda (S. 285)
- **Viareggio:** Karneval (S. 360)
- **Vinci:** Museo Leonardiano und Museo Ideale Leonardo da Vinci (S. 144/145)
- **Volterra:** Museo Guarnacci (S. 229), Teatro Romano (S. 229)

- **Klöster:** Camaldoli (S. 188), La Verna (S. 189), San Galgano (S. 233), Monte Oliveto Maggiore (S. 234), Sant'Antimo (S. 322)

SUPERTIPS

- **Stadthotels**
- Arezzo: Albergo Residenziale Villa Burali (S. 171)
- Cortona: Hotel San Michele (S. 179)
- Elba: Hermitage (S. 312)
- Florenz: Hotel Quisisana & Pontevecchio (S. 97)

Highlights, Supertips und Warnungen

- Prato: Villa S. Caterina (S. 433)
- San Gimignano: La Cisterna (S. 219)
- Siena: Park Hotel (S. 197)
- Viareggio: Palace Hotel (S. 358)
- Volterra: San Lino, Villa Nencini (S. 225)

● **Landhotels**
- Lucca: Principessa Elisa, Villa Rinascimento (S. 386)
- Pisa: Villa di Corliano (S. 365)
- Pistoia: Albergo Il Convento (S. 422)
- Siena: Villa Scacciapensieri (S. 197)

● **Restaurants und Caffès**
- Arezzo: La Capannaccia (S. 171), Gelateria Il Gelato (S. 171)
- Florenz: Trattoria Il Cibreo (S. 98), Gelateria Vivoli (S. 99), Caffé Rivoire (S. 98)
- Livorno: Il Sottomarino (S. 335)
- Lucca: La Buca di San Antonio, Ristorante Puccini (S. 387)
- Montalcino: Il Greppo (S. 237), Il Pozzo (S. 238)
- Panzano: Trattoria e Fattoria del Montagliari (S. 158)
- Pisa: Trattoria S. Omobone und La Mescita (S. 365), Caffé Federigo Salza (S. 365)
- San Gimignano: Il Pino (S. 220)
- Siena: Antica Trattoria Botteganova (S. 198), Pasticceria Nannini (S. 198)
- Viareggio: Da Romano (S. 359)

● **Weingüter**
- Florenz: Fattorie Marchesi de' Frescobaldi (S. 99)
- Panzano: Trattoria e Fattoria del Montagliari (S. 158)
- Castellina in Chianti: Castello di Fonterutoli (S. 159)
- Gaiole in Chianti: Castello di Ama (S. 162)
- Montalcino: Fattoria dei Barbi (S. 238), Il Greppo (S. 237), Cerbaiola (S. 238), Cerbaiona (S. 239)
- Montecarlo: Gino Fuso Carmigiani (S. 410)
- Montepulciano: Tenuta di Valdipiatta (S. 245)
- Montescudaio: Fattoria Poggio Gagliardo (S. 331)

● **Landschaften**
- Casentino (S. 185)
- Chiana-Tal (S. 178)
- Crete (S. 195)
- Garfagnana (S. 400)
- Svizzera Pesciatina (S. 415)

- Valtiberina (S. 185)
- Versilia-Küste (S. 346)
- Weinbaugebiet des Chianti Classico über die Via Chiantigiana (S. 152)
- Gebirgsregion des Monte Amiata (S. 252)

- **Tier- und Pflanzenwelt**
- Parco Faunistico del Amiata (S. 256)
- Parco Naturale della Maremma (S. 277)
- Parco di Migliarino, San Rossore, Massaciuccoli (S. 379)

- **Städte**
- Arezzo (S. 169)
- Cortona (S. 179)
- Massa Marittima (S. 304)
- Montalcino (S. 237)
- Montepulciano (S. 245)
- San Gimignano (S. 216)
- Volterra (S. 223)

- **Wanderungen**
- Anello del Amiata (S. 262)
- Apuanische Alpen, Hinterland der Versilia (S. 339)
- Garfagnana, Grotta del Vento (S. 405)
- Orrido di Botri (S. 403)
- Parco Naturale dell'Orecchiella (S. 382, 408)

- **Sport**
- Golf
- Reiten
- Bergsteigen
- Trekking

WARNUNGEN

Öffnungszeiten

Die Ladenöffnungszeiten sind in Italien nicht durchschaubar geregelt, da es keine Ladenschlußgesetze wie in Deutschland gibt. Generell gilt: Bis auf die Souvenirshops in Touristenhochburgen wird die lange Mittagspause strikt eingehalten. Die meisten Geschäfte haben an einem Tag in der Woche nachmittags geschlossen, dafür sind Lebensmittelgeschäfte am Sonntagmorgen geöffnet.

2.1.2 DIE TOSKANA UNTER DEN RÖMERN

Im 4. und 3. Jahrhundert v. Chr. unterwarfen die Römer das gesamte Gebiet Etruriens und assimilierten einen großen Teil der etruskischen Hochkultur, die auch über hervorragende technische Kenntnisse und Fertigkeiten verfügte. Man vermutet, daß die Römer bewußt und systematisch die Spuren der Etrusker verwischt haben, damit nicht deutlich wurde, wie hoch der etruskische Anteil in der offiziellen römischen Kultur war. Sie bauten auf dem Erbe der Etrusker auf. Von den ehemals etruskischen Städtegründungen erlebten Fiesole, Arezzo und Volterra unter der römischen Republik eine erneute Blütezeit, wie die Überreste von römischen Theatern, Tempeln und Thermenanlagen bezeugen.

Gegen Ende des 3. Jahrhunderts führte Diokletian den Namen Tuszien ein und verband die Region verwaltungstechnisch mit Umbrien. Die Römer gründeten die Kolonialstädte Florenz, Pistoia, Lucca und Pisa und legten neue Verbindungsstraßen an.

Ab 241 v. Chr. entstand die Via Aurelia entlang der Tyrrhenischen Küste über Cosa und Populonia nach Pisa. Etwa um 200 v. Chr. wurde die Via Cassia angelegt. Sie führte von Rom über Bolsena nach Chiusi, Arezzo und Fiesole und von hier aus nach Pistoia, Lucca und Pisa.

Bereits im 2. Jahrhundert v. Chr. machten sich die ersten Anzeichen eines wirtschaftlichen Niederganges des römischen Reiches auch in Tuszien bemerkbar. Durch die ständigen Kriege verarmte die Bevölkerung zusehends. Nur einige wenige zogen daraus ihren Nutzen und wurden zu Großgrundbesitzern. In dieser Zeit entstanden die sogenannten Latifundien, auf denen die Bauern als Sklaven arbeiten mußten. Eine billigere Getreideeinfuhr aus Ägypten und Sizilien auf dem Seeweg und eine verstärkt einsetzende Landflucht führten im ersten vorchristlichen Jahrhundert langfristig zur Verödung weiter Gebiete und zu einem Scheitern der Latifundienwirtschaft. Man kehrte erst im ausgehenden Mittelalter zu diesem Wirtschaftssystem zurück.

2.1.3 DIE TOSKANA IN DER ZEIT DER VÖLKERWANDERUNG

Nach dem Untergang des Weströmischen Reiches geriet die gesamte Apenninhalbinsel und somit auch das antike Etrurien nacheinander unter ostgotische, byzantinische, langobardische und fränkische Herrschaft.

Nach 375 n. Chr. begann mit dem Einbruch der Hunnen nach Europa die große Zeit der Völkerwanderung, die eine verstärkte Abwanderung der Ostgoten unter Theoderich nach Italien auslöste. Durch die Kämpfe zwischen Goten und Byzantinern wurden viele toskanische Städte zerstört. Die

2.1 Historischer Überblick

Straßen und vor allem die von den Römern angelegten Entwässerungsanlagen der Tiefebenen verfielen und führten zu einer Versumpfung der Maremma, des unteren Arno-Tals und des Chiana-Tals. Die Bevölkerung floh vor der in den Sumpfgebieten herrschenden Malaria in die Bergregionen, wo Hungersnöte entstanden. Das ehemals blühende Land lag brach, Handel und Handwerk in den Städten kamen fast vollkommen zum Erliegen.

Gegen Ende der Völkerwanderungszeit ließen sich die Langobarden von 570-774 in der Toskana nieder. Sie übernahmen ein recht heruntergewirtschaftetes Land. Ihr Reich teilten sie in einzelne Herzogtümer auf und machten Lucca zur Residenzstadt der "Langbärte". Daneben spielte nur noch Pisa als wichtiger Hafenort eine bedeutende Rolle.

Ein Hilferuf des Papstes, der mit Unterstützung der Franken die Langobarden wieder aus dem Land vertreiben wollte, brachte unter Karl dem Großen die Karolinger in die Toskana. Dieser wandelte die ehemaligen Herzogtümer in fränkische Markgrafschaften um; das langobardische Herzogtum Tuszien wurde zur Markgrafschaft Tuszien. Im Gegenzug krönte der Papst Weihnachten 800 Karl den Großen zum Kaiser. Lucca blieb weiterhin Residenzstadt, Feudalsystem und das Christentum begannen, sich weiter auszubreiten.

Zur besseren Verteidigung des an den Kirchenstaat angrenzenden Landes errichteten die Franken an strategisch wichtigen Stellen zahlreiche befestigte Kastelle. Aus diesen Festungen gingen viele der heute noch erhaltenen mittelalterlichen Ortschaften hervor. Sie hatten nicht nur militärische Funktion, sondern boten auch der Landbevölkerung, die vor den herannahenden Feinden flüchten mußte, eine vorübergehende Unterkunft.

Die reichsten Großgrundbesitzer in der Toskana waren die geistlichen Feudalherren. Das Kloster San Salvatore in Abbadia San Salvatore, von dem letzten Langobardenkönig Ratchis gegründet, besaß Ländereien, die bis an die Mittelmeerküste reichten. Die von Karl dem Großen gestiftete Abtei von Sant'Antimo war in der Lage, sich selbst im Falle eines Angriffes zu verteidigen.

Die Franken setzten teilweise die bereits von den Römern angelegten Straßen instand oder errichteten neue. Da das alte Straßennetz über weite Strecken durch versumpfte Tiefebenen führte, mußte ein Weg über die Hügel geschaffen werden. Die Via Francigena (Frankenstraße), erstmals von den Langobarden als Verbindungsweg zwischen Pavia und Rom angelegt, wurde ausgebaut. Die bedeutendste mittelalterliche Handels- und Pilgerstraße verband den Süden mit dem Norden Italiens und führte über Lucca, San Gimignano, Siena und Radicofani.

Seit dem 7. Jahrhundert zogen immer mehr Pilger aus dem Norden entlang der Via Francigena zum Grab des Apostel Petrus nach Rom. Da die

Hauptroute nicht mehr an der Küste verlief, sondern im Landesinneren, war der Handelsweg vor Überfällen und Plünderungen durch die Byzantiner und Sarazenen besser geschützt. Die Frankenstraße ermöglichte Lucca einen prosperierenden Handel. Die Städte Siena und San Gimignano gelangten aufgrund ihrer Lage an dieser wichtigen Pilger- und Handelsroute zu wirtschaftlicher und kultureller Blüte.

Die neuen Impulse förderten die Entwicklung des städtischen Lebens im 9. und 10. Jahrhundert, die Bevölkerungszahlen nahmen allmählich wieder zu. Für die Landwirtschaft erwies sich der über lange Zeit brachliegende Boden als äußerst fruchtbar. Neue Erfindungen wie die Wassermühle und hilfreiche Gerätschaften beschleunigten den Kultivierungsprozeß.

Anstatt großer Güter wurde das Land in kleinere Podere (ital. Gutshof) aufgeteilt und das System der Halbpacht (Mezzadria) eingeführt. Die Gutshöfe wurden von ehemaligen Leibeigenen bewirtschaftet, den sogenannten Mezzadri. Die Feudalherren stellten den Halbpächtern das Land, die Gebäude, das Vieh und die Gerätschaften zur Verfügung und erhielten dafür als Pachtzins die Hälfte des Ertrags. Das System der Mezzadria hatte bis in das 20. Jahrhundert Gültigkeit.

Seit der Mitte des 11. Jahrhunderts regierten in Tuszien die Markgrafen aus dem Hause Canossa. Ihr Machtbereich umfaßte schließlich fast das gesamte Gebiet der Toskana, reichte im Norden über den Apennin bis jenseits des Po und bezog auch Modena, Reggio nell'Emilia, Mantua und Ferrara mit ein. Besonders die Markgräfin Mathilde von Tuszien verstand es, ihre Länder zu einem starken Komplex zusammenzufassen.

Gleichzeitig regten sich neue wirtschaftliche und soziale Kräfte. Die toskanischen Feudalherren, der Klerus und die Kaufleute in den Städten versuchten, sich der Fremdherrschaft zu entziehen. Noch bevor es zu einem wirtschaftlichen Aufstieg der Städte kam, bemühten sich die Bürger um politischen Einfluß. Doch bis ins 11. und 12. Jahrhundert hatten die Grafen oder die mit Grafenrechten ausgestatteten Bischöfe die Macht in ihren Händen.

2.1.4 DIE TOSKANA IM KRÄFTESPIEL ZWISCHEN PAPST UND KAISER, DIE ENTSTEHUNG UND BLÜTEZEIT DER STADTSTAATEN

Im 11. Jahrhundert wurde die Toskana in den Investiturstreit zwischen Kaiser und Papst hineingezogen. Auch ein Höhepunkt dieser Auseinandersetzung, der Bußgang Heinrich IV., spielte sich hier ab, nämlich auf der Burg der Markgräfin Mathilde von Canossa.

2.1 Historischer Überblick

INFO

Der Gang nach Canossa

Canossa war die im 10. Jahrhundert erbaute Stammburg der späteren Markgrafen von Canossa, die sich ungefähr 18 km südwestlich von Reggio nell'Emilia in der heutigen Emilia Romagna befand. Das bedeutendste Datum in der Geschichte dieser Burg war der Gang Heinrich IV. nach Canossa; noch heute ein Sprichwort für unangenehme Büßergänge.

Im Jahre 1077 hielt sich Papst Gregor VII. in der Stammburg der Markgräfin von Tuszien, Mathilde von Canossa, auf. Als Vertraute von Gregor VII. unterstützte Mathilde sowohl die Politik des Papstes als auch den Wunsch der Städte nach Selbstverwaltung.

Nachdem der König im Streit um die Einsetzung der Bischöfe den Papst zum Abdanken aufgefordert hatte, sprach Gregor VII. einen Bann über Heinrich aus. Um die Königswürde nicht zu verlieren, mußte der Bann innerhalb eines Jahres gelöst werden.

Deshalb unterwarf sich Heinrich IV. in Canossa dem Papst. Vom 25.-27.1.1077 ging der König dreimal zu Fuß auf die Burg hinauf. Durch diesen Akt der Selbstdemütigung erzwang er die Lossprechung vom päpstlichen Bann. Er erzielte damit zwar einen politischen Sieg, doch hatte seine Erniedrigung schwere Folgen für das Ansehen des mittelalterlichen Kaisertums, besonders im Verhältnis zum Papsttum.

Die einzige Partei, die aus dem Investiturstreit einen Vorteil zog, war die wohlhabende Oberschicht in den Städten. Im Machtkampf zwischen Kaiser und Papst erlangten die toskanischen Städte ihre Autonomie, es entstanden unabhängige Stadtrepubliken. Zunächst stellten sie sich auf die Seite des Kaisers und erhielten dafür immer mehr Zugeständnisse.

Gegen Ende des 11. Jahrhunderts wählten die Bürger von Pisa und Lucca bereits ihre Stadtoberen, die Konsuln, selbst. Wichtige Entscheidungen wurden per Volksentscheid getroffen. Auf der Basis dieser neugegründeten öffentlichen Institutionen und einer lebhaften Handelstätigkeit begann ein deutlicher wirtschaftlicher Aufstieg innerhalb der Stadtrepubliken, der auch in kultureller und künstlerischer Hinsicht zu einer Blütezeit führte. Im Landesinnern florierte die Woll- und Seidenindustrie. Lucca, Florenz, Siena und Pistoia unterhielten Handelsbeziehungen mit Frankreich und Flandern. Die Stadt Pisa, die sich nach einem Sieg über die Sarazenen 1062 zur mächtigen Seemacht entwickelt hatte, trieb Handel bis in den Orient. Diese Entwicklung zog eine Landflucht nach sich, da die ehemals

2.1 Historischer Überblick

leibeigenen Bauern sich von einem Leben in der Stadt mehr Freiheit und Wohlstand versprachen. Das explosionsartige Wachstum führte zu starken Problemen. Um ihrer besser Herr zu werden, führte man das Amt des Podestà ein. Das neue Stadtoberhaupt wurde nur vom großen Rat der Stadt kontrolliert und verfügte während seiner Amtszeit fast über unbeschränkte Machtbefugnisse. Es verwaltete die Finanzen, traf politische Entscheidungen und hatte die Funktion des obersten Richters und Anführer des Heeres inne. Um Vetternwirtschaft von vornherein zu vermeiden, wurden in das Amt des Podestà meist ortsfremde Adlige berufen. Während der Amtsperiode wurden ihm private Kontakte zur Bevölkerung untersagt.

Auch kleinere Orte versuchten, sich von der weltlichen und geistlichen Herrschaft zu lösen. Es entstanden selbständige Landkommunen. Gleichzeitig führten die Landwirtschaft und der damit verbundene Warenaustausch zur Bildung neuer und eigenständiger Marktorte, die nicht mehr im Machtbereich der Feudalherren lagen.

Im 12. Jahrhundert begannen die Städte ihren Einfluß auch auf das Umland auszudehnen, das seit der Langobardenzeit vom Adel beherrscht wurde. Dadurch konnte man die Straßen besser überwachen, vermied Wegezölle, kam in den Besitz von wertvollen Bodenschätzen, die Versorgungslage wurde vereinfacht. Der herrschende Landadel wurde manchmal zur Übersiedlung in die Städte gezwungen. Zu ihrer Sicherheit bauten sie sich mit Türmen befestigte Wohnsitze, wie man sie in San Gimignano heute noch sehen kann. Oftmals verbündeten sich die Landkommunen mit den Städten, um die Feudalherren loszuwerden.

Bis zur zweiten Hälfte des 13. Jahrhunderts herrschte zwischen den mächtigsten Städten Florenz, Lucca, Siena und Pisa ein ausgewogenes Kräftegleichgewicht.

Eine Krise der Städte Lucca, Siena und Pisa begünstigte am Ende des 13. Jahrhunderts und im 14. Jahrhundert den Aufstieg von Florenz.

Mächtigste Konkurrentin um die Vormachtstellung in der Toskana war Siena, das sich ein weites Staatsgebiet im Süden der Toskana erobert hatte. Bündnispartner von Siena wurde Pisa, während Lucca, als Gegner zum nahegelegenen Pisa, die Partei von Florenz ergriff.

Die rivalisierenden Stadtstaaten nutzten das Machtvakuum, das durch den in Italien immer noch andauernden Streit zwischen Kaiser und Papst bestand. Sie versuchten, daraus möglichst viel Nutzen für ihre Unabhängigkeit zu ziehen. Florenz, Lucca und San Gimignano unterstützten den Papst, da der Kaiser ihre Autonomiebestrebungen zu behindern versuchte und hohe Abgaben verlangte. Diese zahlreichen Probleme konnte der Podestà alleine nicht mehr bewältigen. Die diktatorische Gewalt ging über an die sogenannten Capitani del Popolo, denen ein eigenes Heer zur Verfügung stand. Der Podestà hatte an Macht verloren und nur noch administrative Präsidentenfunktion.

Es entstanden zwei Parteien, die Italien in zwei Lager teilten. Die Papstanhänger bezeichnete man als Guelfen, nach dem Welfen Otto IV., der vom Papst Innozenz III. zum Kaiser gekrönt worden war. Die Konkurrenzstädte Siena und Pistoia ergriffen dagegen die Partei des Kaisers und versuchten dadurch, eine Expansion des florentinischen Stadtstaates zu verhindern. Die Bezeichnung Ghibellinen für die Parteigänger des Kaiserreiches läßt sich von der Heimatstadt Waiblingen des Staufers Friedrich II. herleiten.

Dieser Konflikt herrschte auch innerhalb der Städte. Denn natürlicherweise gehörte der Adel der Ghibellinenpartei an, während die Kaufleute aus wirtschaftlichen Gründen auf der Seite der Guelfen standen. Oftmals zählte die Parteizugehörigkeit mehr als der Heimatort. Daraus läßt sich auch die Tatsache erklären, daß in Florenz eine Zeitlang die Ghibellinen herrschten und von 1287 bis 1350 in Siena eine guelfische Kaufmannschaft regierte.

2.1.5 DIE MACHT DER MEDICI

Der Kampf der rivalisierenden Stadtstaaten und sogar einzelner Stadtteile zog sich bis ins 15. Jahrhundert. Viele der heute harmlos folkloristisch erscheinenden lokalen Wettkämpfe in mittelalterlichen Kostümen haben hier ihren ernsten Ursprung. Im Laufe des 14. Jahrhunderts zeichnete sich die wirtschaftliche und politische Überlegenheit von Florenz immer deutlicher ab. Immer mehr Städte wie Pistoia, Prato, Volterra, Cortona und San Gimignano unterwarfen sich freiwillig oder unfreiwillig der Arnostadt. Durch die Eroberung von Pisa mit seinem wichtigen Hafen verfügte Florenz seit 1406 auch über einen Zugang zum Meer. Nur die Stadtstaaten Siena und Lucca konnten dem Expansionsdrang noch standhalten.

Doch es war auch das Jahrhundert der großen Hungersnöte und Pestepidemien, die zu sozialen Spannungen zwischen Adel, reichem Bürgertum, dem popolo grasso (=fettes Volk) und Kaufleuten und Handwerkern, dem niederen Volk (popolo minuto) führte. Speziell in Florenz setzte sich der "Popolo Grasso" aus Großhändlern, Bankiers und Geldwechslern zusammen, die für lange Zeit mit der Familie der Medici die Stadt beherrschten. Diese einheimische Dynastie bürgerlich-kaufmännischen Ursprungs baute im Laufe des 15. Jahrhunderts ihre Herrschaft aus und verwandelte den ehemals demokratisch verwalteten Stadtstaat in ein absolutistisches Fürstentum eines neuen Geldadels.

Mit Cosimo il Vecchio, der Alte (1389-1464), begann 1434 mit kurzen Unterbrechungen die über mehrere Jahrhunderte andauernde Alleinherrschaft der Medici-Dynastie.

1531 gründete Kaiser Karl V. das Herzogtum Florenz, das 1569 vom Papst zum Großherzogtum erhoben wurde. Cosimo I. (1519-1574) aus dem Hause Medici wurde 1570 als erster Großherzog eingesetzt. Das Mäzenatentum der Medici, unter denen besonders Cosimo il Vecchio und Lorenzo il Magnifico hervorzuheben sind, rief eine kulturelle Blütezeit ins Leben. Im 15. und 16. Jahrhundert entwickelte sich Florenz zur führenden Stadt der Renaissance.

2.1.6 DIE HABSBURGER IN DER TOSKANA

Mit dem Tod des kinderlosen Medici Gian Gastone 1737 starb die ehemals mächtigste toskanische Familie aus. Das Großherzogtum fiel als Reichslehen an den Kaiser zurück. Nach dem spanischen Erbfolgekrieg erhielt Herzog Franz Stephan von Habsburg-Lothringen (später Kaiser Franz I.) das Großherzogtum zur Entschädigung. Mit einer Unterbrechung von 1799-1814 regierten die Habsburger bis 1859 die Toskana. Mit ihnen kamen aufklärerische Reformbewegungen ins Land. Vor allem Peter Leopold (1747-1792) trieb zahlreiche soziale und wirtschaftliche Reformen voran, um das zum Armenhaus verkommene Land wieder in Schwung zu bringen. Seine Ziele waren eine Intensivierung der Landwirtschaft, die Förderung des Handels und der Straßenbau. Zu den lothringischen Neuerungen gehörten außerdem ein sozialeres Steuersystem, eine straffe Verwaltung und eine Reform des Gerichts- und Strafwesens.

Die Toskana unter Napoleon Bonaparte

1799 besetzten französische Truppen unter Napoleon Bonaparte (1769-1821) die Toskana. Der Habsburger Ferdinand III. ging für fünfzehn Jahre ins Exil nach Wien. Unter dem Namen des antiken Etrurien unterstellte der Revolutionsgeneral das neugeschaffene Königreich 1801 dem Hause Bourbon-Parma.

Doch bereits sechs Jahre später wurde die Toskana unmittelbar an das französische Kaiserreich angeschlossen. Napoleon setzte seine Schwester Elisa Baciocchi, vorher Fürstin von Lucca, zur Großherzogin der Toskana ein.

Napoleon Bonaparte

2.1 Historischer Überblick

Nach dem Wiener Kongreß 1815 wurden im Sinne der Metternichschen Restaurationspolitik die vorrevolutionären Verhältnisse wiederhergestellt. Die Habsburger erhielten die Toskana zurück.

Das Zeitalter des Risorgimento

Nach dem Wiener Kongreß setzte in der Toskana – wie in ganz Italien – die nationale Einigungsbewegung ein, die seit 1847 nach der Turiner Zeitung "Il Risorgimento" (ital. Wiedererhebung) genannt wurde. Ausgelöst wurden die nationalen Unabhängigkeitsbestrebungen durch die aufklärerischen Reformen im 18. Jahrhundert und durch das Gedankengut der französischen Revolution. Noch unter der Herrschaft Napoleons entstanden im ganzen Land geheime politische Gesellschaften, die Carbonari (ital. Köhler), die für nationale und liberale Ideen kämpften. Überall in Italien kam es zu Aufständen, die von den Österreichern brutal niedergeschlagen wurden. Die Carbonari übten auf die spanische Revolution 1820, die französische Julirevolution 1830 und die 1848er Revolution, die außer in England und Rußland in allen europäischen Staaten stattfand, großen Einfluß aus. Wichtigstes Ziel des Risorgimento war die Beseitigung der Fremdherrschaft und die Vereinigung der zahlreichen italienischen Fürstentümer zu einer politischen Einheit.

Nachdem die liberalen Strömungen in Italien immer mehr an Einfluß gewannen, nahm Großherzog Leopold II. 1846 den Kontakt zu den gemäßigt-liberalen Kräften auf. Im Revolutionsjahr 1848 mußte er, nicht nur unter dem Druck der Bevölkerung, sondern auch unter dem Englands, die neue Verfassung einer konstitutionellen Monarchie verkünden. Mit diesem Zugeständnis konnten die Republikaner und Demokraten nicht zufriedengestellt werden. Noch im selben Jahr zwangen zahlreiche Aufstände gegen die habsburgische Fremdherrschaft Leopold zur Flucht nach Gaeta, nordwestlich Neapels. Doch dieser Erfolg war nur von kurzer Dauer. Österreichische Truppen des Kaisers Franz Joseph I. unter dem Feldherrn Radetzky schlugen die Revolution nieder, Großherzog Leopold kehrte nach Florenz zurück und löste die ihm aufgezwungene Verfassung wieder auf.

Die Jahre 1848 und 1849 waren geprägt von zahlreichen liberalen, nationalen und sozialen Kämpfen, die alle mit einer Niederlage enden.

Einer der führenden Politiker des Risorgimento war Camillo Graf Benso di Cavour. Als nüchterner Realist hatte der seit 1852 amtierende Ministerpräsident aus den politischen Fehlschlägen der Jahre 1848 und 1849 die Konsequenzen gezogen und ein gänzlich neues Programm zur Realisierung einer nationalen Einigung aufgestellt: Verzicht auf einen revolutionären Umsturz, Abbau des Absolutismus durch liberale Evolution, Befreiung mit auswärtiger Hilfe und Sammlung aller Patrioten gegen Österreich.

2.1 Historischer Überblick

Camillo Benso di Cavour

Parallel dazu stärkte er die Wirtschaft seines Landes. Seine Freihandelspolitik und seine Reformen im Bereich der Justiz und Kirchengesetzgebung machten das Königreich Sardinien-Piemont zu einem liberalen Musterland. Unter der Regierung Viktor Emanuels II. (1849-1878) bereitete Graf Cavour durch eine geschickte Bündnispolitik mit den Westmächten, vor allem mit Frankreich, die Vertreibung Österreichs vor. Ziel war es, unter der Führung Piemonts eine italienische Monarchie einzurichten.

Der italienische Einigungskrieg von 1859 führte mit Hilfe französischer Truppen zu einer Niederlage der Österreicher. Doch wieder einmal entschieden fremde Mächte über die Geschicke Italiens. Entgegen den Versprechungen Napoleons III. blieb Venetien bei Österreich, Piemont erhielt nur im Tausch gegen Nizza und Savoyen die Lombardei.

Als der Großherzog Leopold 1859 den Anschluß der Toskana an Sardinien-Piemont ablehnte, folgten Aufstände. Plebiszite führten 1860 zu einer Vereinigung der Toskana mit dem Königreich Sardinien-Piemont und damit zu einem Anschluß an den sich bildenden italienischen Nationalstaat.

Von 1865-1870 war Florenz die Hauptstadt des neuen Staates, die Toskana gewann wieder an Bedeutung. Erst nach der Befreiung Venetiens 1866 und der Besetzung des Kirchenstaates 1870 erhielt Italien seine heutigen Grenzen. Rom wurde 1871 die neue Hauptstadt. Nur der Vatikanstaat, der unter der Hoheit des Papstes steht und mit 0,44 km² der kleinste Staat der Welt ist, blieb selbständig.

2.1.7 DAS KÖNIGREICH ITALIEN

Dieses neue Italien rückte die Toskana geographisch in den Mittelpunkt des Landes. Mit der inneren Einigung trat ein deutliches Nord-Süd-Gefälle zutage, das die wirtschaftlichen und sozialen Gegensätze zwischen dem reichen Norden und dem armen Süden (Mezzogiorno) offenlegte. Während dem Norden relativ schnell der Anschluß an das Industriezeitalter gelang, wurde das reine Agrarland im Süden zum Armenhaus Italiens. Dieses Mißverhältnis setzt sich bis in die jüngste Zeit fort. Noch heute bezeichnen viele Norditaliener im negativen Sinn den Rest Italiens, das Land südlich der Toskana, als Mezzogiorno und deren Bewohner als Terroni.

2.1 Historischer Überblick

Dieses Nord-Süd-Gefälle durchzog auch die eigene Region. Neben den Industriestandorten von Prato, Florenz, Pisa und Livorno im bevölkerungsreichen Norden fand man im bevölkerungsarmen, agrarisch geprägten Süden eine Landwirtschaft, die noch nach dem jahrhundertealten Pachtsystem der Mezzadria betrieben wurde.

Anstatt die Mißstände zu beseitigen und den Schwerpunkt auf die brennenden Fragen der Innenpolitik zu legen, schloß sich die Regierung unter König Umberto I. (1878-1900) einer auf Eroberung von Kolonialgebieten ausgerichteten europäischen Großmachtpolitik an. Die sozialen Mißstände führen in den achtziger Jahren des 19. Jahrhunderts in Italien zu einer großen Auswanderungswelle in die USA und nach Tunis.

Als Frankreich Tunis besetzte, schloß Italien 1882 ein Bündnis mit Deutschland und Österreich-Ungarn. Durch ein geheimes Neutralitätsabkommen mit Frankreich 1902 löste sich Italien innerlich wieder von diesem Dreibund, und bei Ausbruch des Ersten Weltkrieges erklärte Italien zunächst seine Neutralität.

1915 verpflichtete sich Italien in London gegenüber Großbritannien, Frankreich und Rußland, in den Krieg gegen Deutschland und Österreich einzutreten. Die Kriegserklärung an Österreich-Ungarn erfolgte am 23. Mai 1915, die an das Deutsche Reich erst am 28. August 1916.

Auf der Friedenskonferenz von Saint-Germain-en-Laye im September 1919 wurden Italiens Ansprüche nur zum Teil erfüllt.

2.1.8 DIE TOSKANA UNTER DER DIKTATUR MUSSOLINIS UND IM II. WELTKRIEG

Die Kriegslasten und die Enttäuschung über die "vittoria mutilata", den verstümmelten Sieg, führten zu einer akuten Systemkrise, der die liberale Führung nicht gewachsen war. Es entstand eine neue politische Ideologie, der Faschismus (ital. fascismo). Arbeitslosigkeit, Armut und die unnachgiebige Haltung von Grundbesitzern und Industriellen gegenüber sozialen Reformen begünstigten die wachsende Radikalisierung.

Die Bezeichnung Faschismus stammt vom lateinischen fascis=Rutenbündel ab. Ursprünglich galt es als Symbol revolutionärer Bewegungen während der französischen Revolution und des Risorgimentos. Benito Mussolini nahm den Begriff wieder auf und nannte seine Kampfbünde fasci di combattimento. 1919 erhielt die von Mussolini gegründete Bewegung den Namen fascismo. Die Faschisten regierten von 1922-1945 und errichteten einen nationalistisch-autoritären Staat. Über Italien hinaus wurde der Faschismus zum Inbegriff eines totalitären Herrschaftssystems mit "Führerprinzip".

2.1 Historischer Überblick

Nach dem "Marsch auf Rom" im Oktober 1922 wurde Mussolini vom König Viktor Emanuel III. zum Ministerpräsidenten berufen. In Etappen vollzog sich der Aufbau des faschistischen Regimes.

Eine innenpolitische Stabilisierung erzielte Mussolini durch die Lösung der "Romfrage" und durch die erfolgreiche Bekämpfung einer Wirtschaftskrise in den Jahren 1930/31.

Partito Comunista

Bei der Romfrage ging es um die Klärung der päpstlichen Gebietsansprüche. Von 1870 bis zur Unterzeichnung der Lateranverträge 1929 hatte kein Papst die Mauern des Vatikans verlassen. Dabei sicherte Mussolini Papst Pius XI. etliche Privilegien. Die Souveränität über die Vatikanstadt wurde zuerkannt und der Katholizismus zur Staatsreligion erhoben.

Die offene Expansionspolitik der Faschisten führte zu einer Annäherung an die Politik Hitlers und letztendlich zum deutsch-italienischen Vertrag (1936), der die "Achse Berlin-Rom" begründete. Der Eintritt Italiens in den Zweiten Weltkrieg 1940 wurde somit automatisch besiegelt.

Im Verlauf des Krieges verlor die faschistische Regierung in der Bevölkerung zunehmend an Einfluß. Nach der Landung britischer und amerikanischer Streitkräfte 1943 in Sizilien wurde Mussolini vom Großen Faschistischen Rat und dem König gestürzt, das Regime brach zusammen, der "Duce" wurde am 25. Juli inhaftiert.

Die neue Regierung unter Badoglio schloß am 3. September 1943 auf Sizilien einen Waffenstillstand mit den Alliierten ab. Als Gegenmaßnahme besetzten deutsche Truppen Rom, die italienische Armee und die Truppenteile in der Ägäis und auf dem Balkan wurden entwaffnet und gefangengenommen, Mussolini von der SS befreit. Die Regierung Badoglio und die königliche Familie flüchteten zu den Alliierten. Von hier aus erfolgte auch die Kriegserklärung an Deutschland.

Mussolini schwenkte auf einen republikanisch-sozialistischen Kurs um und gründete mit deutscher Unterstützung in Salò am Gardasee eine Gegenregierung, die "Repubblica Sociale Italiana" (Soziale Republik Italien).

Während der Süden von den Alliierten beherrscht wurde und im Norden die italienischen und deutschen Faschisten regierten, zog sich quer durch

2.1 Historischer Überblick

die Toskana die Frontlinie. Zahlreiche Partisanengruppen (resistenza) unterstützten die Alliierten hinter der deutschen Front, die zuerst am Arno verlief. Nach erbitterten Straßenkämpfen in Florenz zwischen deutschen Truppen und Alliierten und Partisanen zogen sich die Deutschen an die sogenannte Gotenlinie zurück, die von Pisa über den Gebirgskamm des tosko-emilianischen Apennins nördlich von Florenz bis nach Rimini verlief.

Bis April 1945 kämpften die Partisanen gegen die Wehrmacht und die SS, die zur Vergeltung ganze Dörfer dem Erdboden gleichmachten und Tausende von Menschen töteten. Mit der Gefangennahme und dem Tod Mussolinis endete im April die faschistische Ära Italiens.

Das große Leid, das die toskanische Bevölkerung unter der Diktatur Mussolinis erdulden mußte, schlägt sich bis heute im Wählerverhalten nieder. Seit Kriegsende ist es keiner rechtsgerichteten Partei gelungen, in der Toskana Fuß zu fassen.

2.1.9 POLITISCHER NEUANFANG

"Die erste Republik"

Nach Kriegsende saß Italien 1947 zwar bei den Friedensverträgen in Paris als Überläufer auf der Seite der Sieger, mußte aber den Dodekanes, eine Inselgruppe im Ägäischen Meer an Griechenland, Istrien und Triest an Jugoslawien abtreten. Darüber hinaus mußte Italien auf alle Kolonien verzichten.

In einem Referendum entschied sich das italienische Volk 1946 mit knapper Mehrheit für die Abschaffung der Monarchie. König Umberto II. ging noch im gleichen Jahr ins Exil. 1948 trat die erste republikanische Verfassung in Kraft. Bei den ersten Parlamentswahlen siegte mit großer Mehrheit die aus der ehemaligen katholischen Volkspartei hervorgegangene Democrazia Cristiana (Christdemokraten), die 46 Jahre ohne Unterbrechung in Italien regierte. In der Toskana sah das Wahlergebnis allerdings anders aus. Die Partito Comunista Italiano wurde jahrzehntelang stärkste Partei. Daran hat sich bis heute nichts geändert.

Seither hat Italien nicht weniger als 52 Regierungen erlebt, ungefähr einmal im Jahr fand eine Regierungskrise statt, und eine neue Regierung mußte gebildet werden.

Immer wieder gelang es der DC, entweder als Minderheitsregierung oder mit wechselnden Koalitionspartnern an der Regierung zu bleiben. Die Kommunisten befanden sich als zweitstärkste Fraktion bis 1992 in der Opposition.

2.1 Historischer Überblick

Einer auf die Westmächte ausgerichteten Außenpolitik und der Zugehörigkeit zur EG verdankte Italien den Aufstieg zu einer relativ stabilen westlichen Industrienation. In wenigen Jahrzehnten stieg ein vom Krieg geschädigtes Agrarland zu einer Wohlstandsnation auf. Bereits 1987 überstieg das Pro-Kopf-Einkommen das der Engländer.

Das Problem des wirtschaftlichen und sozialen Nord-Süd-Gefälles wurde auch während der langen Amtsperiode der "ersten Republik" nicht gelöst. Zwischen den Jahren 1950 und 1970 wanderten über zwei Mio. Fremdarbeiter aus Süditalien in die Industriegebiete im Norden und ins Ausland ab.

In den 80er Jahren begannen in Italien die Mammut-Prozesse gegen die Mafia. Eine Schmiergeldaffäre nach der anderen wurde aufgedeckt, die jahrzehntelang verfilzte und korrupte Parteienherrschaft (partitocrazia) geriet ins Wanken. Denn nicht nur Industriebosse, sondern auch zahlreiche Politiker wurden angeklagt.

Die Wahlen 1992 erbrachten noch keinen politischen Umbruch, sondern nur eine deutliche Schwächung aller großen traditionellen Parteien und eine knappe Mehrheit der Christdemokraten. Die Bevölkerung hatte sich einfach zu sehr an die öffentlichen Mißstände gewöhnt und gelernt, sich damit zu arrangieren. Ein deutliches Zeichen für die Politikverdrossenheit der Italiener war der plötzliche Erfolg der Lega Nord, die landesweit über 8 % und in den norditalienischen Gemeinden bis zu 36 % (Mailand) erhielt. Diese Partei vertritt die Ablösung von der korrupten Politik Roms und die Loslösung vom subventionsbedürftigen armen Süden.

Wirklich schockiert und entsetzt war die Bevölkerung erst, als die kriminellen Machenschaften der obersten politischen Spitze (Regierungschef Giulio Andreotti) aufgedeckt wurden.

1993 war die Herrschaft der etablierten, alten Parteien endgültig beendet.

2.1.10 DIE POLITIK EINES MEDIENMOGULS

Nach einer fast 50-jährigen Machtausübung wurden bei Neuwahlen im März 1994 die gesamte politische Elite und das bestehende Parteiensystem abgelöst. Die alten Parteien tauften sich um, und neue Bewegungen begannen, sich zu formieren. Die Forza Italia, von **Silvio Berlusconi** gegründet, ging als Wahlsiegerin hervor.

Mitte der 70er Jahre stieg der ehemalige Bauunternehmer Berlusconi (geb. 1936) aus Mailand in das italienische Privatfernsehen ein. Mittlerweile gehören zu seiner FININVEST-Konzerngruppe ein schier undurchschaubares Netz von Unternehmen. Darunter sind drei landesweite (Canale Cinque, Rete Quattro, Italia Uno) und mehrere lokale TV-Kanäle, einige der

2.1 Historischer Überblick

wichtigsten Verlage, verschiedene Tageszeitungen, Magazine, Sportvereine, eine mailändische Fußballmannschaft, Versicherungen, Kinos, Supermarktketten und mehrere Film- und Fernsehproduktionen.

Als sich im Spätherbst 1993 das Ende der "ersten Republik" abzeichnete, bereitete der Medienzar seinen Einstieg in die Politik vor. Als politische Alternative zu den Altparteien gründete er im Januar 1994 die Bewegung Forza Italia (Vorwärts Italien), ein Sammelbecken für alle Parteiüberdrüssigen, die allzu gerne bereit waren, die Lösung der Probleme einem "starken Mann" anzuvertrauen.

Die neue Partei besaß keinerlei Strukturen und kein konkretes Wahlprogramm. Die politischen Aussagen der neuen Bewegung wurden auf die Erwartungen der Wähler zugeschnitten, die Berlusconi mit Einsatz seines Medienimperiums selbst lancierte. Nach nur drei Monaten und mit Hilfe der Bündnispartner Lega Nord und der neofaschistischen Partei Alleanza Nazionale gewann der Konzernherr mit absoluter Mehrheit die Neuwahlen zur Kammer 1994 und stieg zum Regierungschef auf. Doch der Erfolg währte nicht lange. Das Ansehen Berlusconis bekam einen ersten Knacks, als bei den Ermittlungen gegen die Mafia eine Schmiergeldaffäre, in die sein Bruder verwickelt war, ans Licht kam. Auch er ist an FININVEST beteiligt. Alles schien wieder beim Alten gelandet zu sein. Letztendlich führten interne Querelen zwischen der Lega Nord und der Alleanza Nazionale (Föderalismus contra Nationalismus) im Dezember 94 zu einem Ausscheren der Lega Nord. Silvio Berlusconi mußte abtreten und erkennen, daß ein Staat nicht nur mit modernen Marketingstrategien zu regieren ist.

Vorübergehend wurde Mitte Januar 95 eine neue Regierung eingesetzt, um die dringendsten Aufgaben, wie z.B. die Sanierung des maroden Staatshaushaltes, Steuer- und Rentensystemreform, in Angriff zu nehmen. An der Spitze der Interimsregierung stand bis Januar 1996 Lamberto Dini. Trotz der schwierigen politischen Situation erreichte die Regierung Dini Konsolidierung und Anerkennung im Ausland. Am 21./28. April fanden in Italien Neuwahlen statt. Jetzt regiert eine Mitte-Links-Koalition ("Ulivo") unter Romano Prodi.

2.1.11 ZEITTAFEL

Um 1000 v. Chr.	Besiedlung der heutigen Toskana durch die Etrusker.
1000-750 v. Chr.	Höhepunkt der Villanova-Kultur.
6. Jh. v. Chr.	Blütezeit des etruskischen Zwölfstädtebundes und Ausdehnung des Machtbereiches bis in die Poebene.
4. Jh.-265 v. Chr.	Eroberung Etruriens durch die Römer.
3. Jh. v. Chr.	Bündnis der Etrusker mit Rom.
2./1. Jh. v. Chr.	Die Etrusker gründen die Städte Lucca, Pisa, Pistoia und Fiesole.

2.1 Historischer Überblick

89 v. Chr.	Die Bewohner Etruriens erhalten das römische Bürgerrecht.
4. Jh.	Christianisierung der römischen Provinz Tuszien.
410	Die Westgoten ziehen durch die Toskana.
467	Ende des Weströmischen Reiches.
493	Eroberung der Toskana durch die Ostgoten.
568	Die Toskana wird als Herzogtum Teil des Langobardenreiches.
774	Herrschaft von Karl dem Großen.
ab dem 9. Jh.	Als Markgrafschaft beginnt in den Städten Tuszien der Aufschwung des Handels.
im 11. Jh.	Herrschaft der Markgäfin Mathilde von Canossa in Tuszien.
1077	Heinrich IV. geht als Büßer nach Canossa.
1139 bis 1266	Die Konkurrenz zwischen Kaiser und Papst fördert die Entstehung der toskanischen Stadtstaaten Pisa, Florenz, Lucca und Siena auf der Grundlage der Zunftorganisationen. Entstehung des Bankensystems, Florentiner Banken werden weltbeherrschend, der Florentiner Gulden, der Florin, ist die Hauptmünze der damaligen Zeit.
ab 1200	Aufkommende Rivalität zwischen den guelfischen Städten (papsttreu) Florenz und Lucca und den ghibellinischen Städten (kaisertreu) Siena, Arezzo, Pisa und Pistoia.
1260	Sieg der Sienesen bei der Schlacht von Montaperti über die Erzrivalin Florenz.
1269	Florenz dehnt seinen Machtbereich innerhalb der Toskana wieder aus.
1284	Genua vernichtet die pisanische Flotte und beendet damit die Seeherrschaft Pisas.
1302	Die papsttreue Stadt Florenz übernimmt die Vormachtstellung von der ehemals mächtigeren und kaisertreuen Stadt Pisa.
1340	Pestkatastrophe in Florenz.
2. Hälfte 14. Jh.	Florenz dehnt sich durch Unterwerfung benachbarter Kommunen zu einem Flächenstaat aus.
1378	Arbeiteraufstände der Wollweber (Ciompi) in Florenz.
1434-1737	Herrschaft der Medici-Familie.
1494-1512	Invasion Karls VIII. von Frankreich, Vertreibung der Medici und Reformen Savonarolas. 1498 wird Savonarola in Florenz hingerichtet.
1512	Rückkehr der Medici.
um 1530	wird Florenz zum mediceischen Herzogtum.
1559	Siena gerät endgültig unter die Herrschaft von Florenz.
1569	Unter Cosimo I. dei Medici wird die gesamte Toskana zum Großherzogtum.
17. Jh.	Pestepidemien und Hungersnöte führen zur Verarmung der Städte. Durch den wirtschaftlichen Zusammenbruch verlieren Florenz und die Toskana ihre Vormachtstellung.
1737-1799	Nach dem Tod des letzten Medici 1737 geht die Toskana in den habsburgisch-lothringischen Besitz über. Großherzog der Toskana wird Franz von Lothringen, der Gatte der österreichischen Monarchin Maria Theresia und ab 1741 Kaiser Franz I.
1799	Die Truppen Napoleons besetzen das Land.

2.1 Historischer Überblick

1805	Kaiser Napoleon I. krönt sich zum König des Königreichs Italien.
1814	Erneute Herrschaft Österreichs unter Großherzog Ferdinand III.
1815	Neuordnung durch den Wiener Kongreß: Lombardei und Venetien, Toskana und Modena werden wieder habsburgische Nebenländer. Der Kirchenstaat und das Königreich Neapel-Sizilien unter den Bourbonen wird wiederhergestellt. Piemont wird um Ligurien vergrößert.
1849-1970	Einigung Italiens (Risorgimento).
1860	Anschluß an das Königreich Piemont-Sardinien.
1861	Giuseppe Garibaldi erobert den Süden, und aus dem Königreich Piemont-Sardinien wird das Königreich Italien.
1870	Rom wird Hauptstadt des Königreichs.
1900-1944	Regierungszeit des Königs Viktor Emanuel III.
1915	Eintritt Italiens in den 1. Weltkrieg gegen Österreich-Ungarn.
1916	Kriegserklärung an Deutschland.
1918	Nach dem Frieden von Versailles kommen Trentino und Südtirol an Italien.
1922	Mussolini wird Ministerpräsident.
1922-1943	Faschistisches Regime unter Benito Mussolini (erschossen am 28.4.1945).
1925/1926	Autoritäter Einparteienstaat.
1936	Hitler-Mussolini-Pakt.
1939	Stahlpakt mit Deutschland, ergänzt durch ein Abkommen über die Aussiedlung der Südtiroler und Besetzung Albaniens.
1940	Italien tritt an der Seite Deutschlands in den 2. Weltkrieg ein.
1943	Alliierte Truppen landen auf Sizilien. Mussolini wird zum Rücktritt gezwungen und verhaftet. Mussolini wird von den Deutschen befreit und errichtet unter deren Schutz in Oberitalien eine faschistische Republik.
1943-1945	Italienische Partisanen (resistenza) kämpfen in Oberitalien gegen die Faschisten und die deutsche Besatzungsmacht.
1946	Abschaffung der Monarchie durch Volksabstimmung und Ausrufung der Republik Italien. Bildung von 18 Provinzen.
1948-1963	Regierungen der Democrazia Cristiana (DC).
1963	Aufnahme der Sozialisten (PSI) in die Regierung.
4.11.1966	Überschwemmungskatastrophe des Arno in Florenz.
1968/69	Studentenrevolten, Mobilisierung der Arbeiterschaft und Beginn des Terrorismus ultralinker und ultrarechter Gruppen.
1970	Endgültige Etablierung der einzelnen Regionen.
1981-1990	Fünf-Parteien-Koalition unter Führung der DC und PSI., die ein lange verschleiertes Kartell politischer, finanzieller und wirtschaftlicher Macht verwalteten.
1994	Bei Neuwahlen im März wird die gesamte politische Elite und das bestehende Parteiensystem abgelöst. Wahlsiegerin ist die neugegründete Partei Forza Italia unter Führung von Silvio Berlusconi.
Dezember 1994	Zusammenbruch der Regierung Berlusconi.
Januar 1995	Interimsregierung unter Lamberto Dini.
21./28. April 1996	Bei Neuwahlen gewinnt das Mitte-Links-Bündnis "Ulivo".

2.2 TOSKANISCHE KUNSTGESCHICHTE IM ÜBERBLICK

2.2.1 GEHEIMNISVOLLE KUNST DER ETRUSKER

Die erste bedeutende Epoche der toskanischen Kunstgeschichte liegt weit zurück und beginnt mit dem geheimnisvollen Volk der Etrusker im 8. vorchristlichen Jahrhundert.

Prächtige Kunstwerke, die man bei Ausgrabungen der zahlreichen Nekropolen fand, sind ein anschauliches Zeugnis für die hochentwickelte Kulturstufe der Etrusker. Deutlich sind in der Malerei, Plastik und Mythologie die Einflüsse aus Griechenland zu erkennen.

Chimäre aus Arezzo

Beeindruckend ist vor allem die große Anzahl an kunsthandwerklichen Arbeiten, die in den Archäologischen Museen von Florenz, Chiusi, Volterra und Cortona ausgestellt sind. Dazu gehören Elfenbeinschnitzereien, Keramiken, bronzene Zier- und Gebrauchsgegenstände und feinste Goldschmiedearbeiten. Von außergewöhnlicher Kunstfertigkeit sind die Bronzearbeiten aus dem 6. und 5. Jahrhundert. Herausragende Beispiele sind die Chimäre aus Arezzo aus dem 1. Jahrhundert v. Chr. (heute im Archäologischen Museum von Florenz zu besichtigen) und die sechzehnarmige Öllampe aus dem 5. Jahrhundert v. Chr. (ausgestellt im Diözesanmuseum in Cortona).

Anhand dieser Grabanlagen läßt sich auch die Entwicklung der etruskischen Bauweise ablesen.

Die Form des Stollengrabes entstand im 7. Jahrhundert. Es bestand aus langen, gangartigen Kammern, die entweder direkt in den Fels gehauen oder aus großen Steinquadern aufgeschichtet und mit Erde hügelförmig bedeckt wurden. Im Norden fand man Kuppelgräber, die über quadratischem oder rundem Grundriß mit vorkragenden Blöcken errichtet wurden.

2.2 Toskanische Kunstgeschichte im Überblick

Im Laufe des 6. Jahrhunderts verbreitete sich das ein- oder mehrräumige Kammergrab. Die eigentliche Grabkammer hatte die Form eines flachen Kegels, war durch schmale Gänge zugänglich und mit Erde aufgeschüttet. Im Inneren befanden sich aus Stein gehauene Totenbetten und Sarkophage, die man mit reichen Beigaben, meist Schmuck, Waffen und Gefäße, ausstattete. Die Wände wurden ausgemalt.

Tomba Ildebranda

Die Form der etruskischen Tempel aus dem 6.-2. Jahrhundert ist auf griechische Einflüsse zurückzuführen. Ungriechisch sind allerdings die gedrückten Proportionen, die überladene Dekoration und der starke räumliche Eindruck. Die eindrucksvollen Aschenurnen, die man in den archäologischen Museen von Chiusi und Volterra in stattlicher Zahl bewundern kann, gehören zu den frühesten bekannten plastischen Werken. Auf den Deckeln ruhen voll ausgearbeitete Figuren, die Seitenwände sind mit Reliefs verziert. Die etruskischen Bildwerke wirken ausdrucksstärker und dadurch lebensnaher als die der abgeklärten griechischen Kunst. Dies wird durch einen vereinfachten Formenaufbau und eine stilisierte und linienbetonte Behandlung der Oberflächen erreicht. In der Toskana findet man nur wenig ausgemalte Nekropolen. Wandmalereien sind nur in den Gräbern bei Chiusi zu sehen.

2.2.2 DAS MAGERE ERBE DER RÖMER

Zwischen 400 und 200 v. Chr. begann die Herrschaft der Römer im Gebiet der heutigen Toskana. In den eroberten Gebieten übernahmen sie die vorhandenen Kulturen und entwickelten sie weiter. Von der römischen Baukunst, die einen wichtigen Beitrag zur abendländischen Architektur lieferte, ist in der Toskana nicht viel übriggeblieben. Nur die Grundrisse römischer Städtegründungen wie Florenz, Lucca und Pisa und einige Reste von Theatern und Thermen in Fiesole, Volterra, Arezzo und Pisa zeugen von der Anwesenheit der Römer. Von der Malerei, der Plastik und der hervorragenden römischen Mosaikkunst ist so gut wie nichts erhalten geblieben.

2.2.3 CHRISTLICHE ANTIKE

Auch die Zeugnisse der frühchristlichen Zeit sind in der Toskana nur sehr spärlich. Doch eine ihrer wichtigsten Hinterlassenschaften, die Entwicklung der Basilika, hat auch die Baukunst in der Toskana nachhaltig geprägt. Die aus der griechischen Königshalle hervorgegangene Kirchenform ist in mehrere Schiffe untergliedert, das höhere Mittelschiff bekam dadurch eine selbständige Belichtung. Im Osten erhielt die Basilika in der Regel eine halbrunde Apsis. Während das Äußere eine sehr schlichte und einfache Fassade hatte, machte sich in den Innenräumen der byzantinische Einfluß mit einer prachtvollen Ausmalung bemerkbar.

Im 7. Jahrhundert kamen der freistehende Campanile (Glockenturm) und das Baptisterium, ein kleiner Rundbau, in dem die Erwachsenen getauft wurden, hinzu. Im 6. Jahrhundert entwickelte sich parallel zur Basilika der Zentralbau. Die berühmte Hagia Sophia (griech. "Heilige Weisheit") in Konstantinopel (532-37) wurde dafür zum Vorbild. Im Gegensatz zum Langhausbau der Basilika ist ein Kuppelraum das Kernstück der Kirche.

2.2.4 DIE ARCHITEKTUR DER ROMANIK – DIE ZEIT DER PIEVE

Seit dem 11. Jahrhundert zeigen sich von Region zu Region unterschiedliche Stilformen der Romanik. Ausgelöst durch die Konkurrenzsituation unter den Städten, die sich gegenseitig zu überflügeln suchten, begann sich in der Toskana eine eigenständige romanische Form zu entwickeln. Am Anfang steht die Basilika San Frediano in Lucca (1112-1147).

Um 1050 entsteht eine neue Form der Fassadengestaltung, der sogenannte Inkrustationsstil (San Miniato in Florenz, Säulenarkaden der Dome in Pisa und Lucca). Der gewaltigste Bau dieser Epoche ist der Dom von Pisa (1063 begonnen) mit seinem mächtigen Querschiff.

2.2 Toskanische Kunstgeschichte im Überblick

Auf dem Lande baute man die sogenannten Pieve. Unzählige dieser Pfarrkirchen sind noch heute überall in der Toskana zu finden. Auf den ersten Blick wirken sie eher unscheinbar. Keine hohen Türme und aufwendigen Dekorationen schmücken ihr Äußeres. Doch im Innern verbergen sich oft wahre Kleinode der romanischen Bauskulptur.

Ein eindrucksvolles Beispiel der Profanarchitektur aus dieser Zeit sind die noch erhaltenen Geschlechtertürme und die Stadtbefestigung von San Gimignano. Die romanische Skulptur stand noch lange Zeit unter einem starken byzantinischen Einfluß. Sie findet ihren Höhepunkt und Abschluß mit der Künstlerpersönlichkeit von Niccolò Pisano (1225-1278), der an antike Vorbilder anknüpfte. In den Gestalten seiner Hauptwerke (Marmorkanzel im Baptisterium von Pisa 1260, Marmorkanzel im Dom von Siena 1268) wird die Wucht, Monumentalität und Ausdrucksstärke Pisanos deutlich.

Auch die Malerei der Romanik untersteht noch lange Zeit dem byzantinischen Einfluß. Gegen Ende des 13. Jahrhunderts wird Giovanni Cimabue durch seine Loslösung von einer alten und erstarrten Stilrichtung zum Wegbereiter für die Erneuerungen Giottos. ("Thronende Madonna mit Engeln", Uffizien in Florenz).

In der Kunst Italiens treten deutliche nationale Eigenschaften erst seit dem ausgehenden 13. Jahrhundert auf. Verwirrenderweise beginnt ab dieser Zeit in der italienischen Kunst- und Kulturgeschichte eine andere Zählweise der Jahrhunderte:

Duecento	1200-1299 (13. Jahrhundert)	Seicento	1600-1699 (17. Jahrhundert)
Trecento	1300-1399 (14. Jahrhundert)	Settecento	1700-1799 (18. Jahrhundert)
Quattrocento	1400-1499 (15. Jahrhundert)	Ottocento	1800-1899 (19. Jahrhundert)
Cinquecento	1500-1599 (16. Jahrhundert)	Novecento	1900-1999 (20. Jahrhundert)

2.2.5 GOTIK

Die Einflüsse der französischen Gotik machen sich erst verspätet in Italien bemerkbar.

Sie kommen sowohl in der Sakral- als auch in der Profanarchitektur zum Ausdruck. Doch im Gegensatz zu Frankreich verzichtet die italienische Gotik auf eine starke Aufgliederung der Mauerflächen. Vielmehr werden mittels dekorativer Elemente die Horizontalen und die Fassaden betont. Die Dombauten der rivalisierenden Städte Florenz und Siena sind dafür die prächtigsten Beispiele.

Besonders eindrucksvoll ist der 1296 von Arnolfo di Cambio begonnene Dom zu Florenz mit der von Brunelleschi vollendeten gewaltigen Kuppel.

2.2 Toskanische Kunstgeschichte im Überblick

Mit dem wirtschaftlichen Aufstieg der Städte nehmen auch die gotischen Profanbauten mit einer streng gehaltenen Formensprache an Zahl zu. Es entstehen gewaltige öffentliche Paläste wie der Palazzo Vecchio in Florenz und der Palazzo Pubblico in Siena.

Bedeutendster Meister der toskanischen Gotik ist am Ende des 13. Jahrhunderts **Giovanni Pisano** (1250-1314), Sohn von Niccolò Pisano. Die Werke Giovanni Pisanos zeigen eine bisher nie dagewesene realistisch-dramatische Darstellungsweise und eine große Vielseitigkeit im körperlich-geistigen Ausdruck. In seinen Werken kommt deutlich die Auseinandersetzung mit der gotischen Skulptur Frankreichs zum Vorschein. Man nimmt an, daß Giovanni die Kathedrale von Reims mit eigenen Augen gesehen hat. Die strenge Monumentalität seines Vaters ist völlig überwunden. Von ihm stammen die Kanzeln von Sant'Andrea in Pistoia (1298-1301) und im Dom von Pisa (1302-11; später abgebrochen und 1926 rekonstruiert).

Giotto di Bondone

Die bedeutendste Künstlerpersönlichkeit der gotischen Malerei der Gotik war **Giotto di Bondone** (ca. 1266-1337). Kaum ein anderer italienischer Maler ist für die Entwicklungsgeschichte der Malerei von so großer Bedeutung wie er. Während sich im 13. Jahrhundert vor allem das Formengut der Plastik weiterentwickelt hatte, war die Malerei noch immer der byzantinischen Ikonographie unterworfen. Giotto ist es zu verdanken, daß sie den großen Vorsprung der Bildhauerei einholte. Er begann, seine Bilder räumlich zu gestalten, die biblischen Szenen seelisch zu deuten und wiederzugeben. Oftmals erhielten die Szenen dadurch einen neuen Sinn (Fresken in den beiden Chorkapellen von Santa Croce, Florenz).

2.2.6 RINASCIMENTO – WIEDERGEBURT DER ANTIKE

Der Epochenbegriff Renaissance leitet sich vom italienischen Rinascimento ab, im Sinne von rinascità, und wurde als Wiedergeburt der Kunst aus dem Geist der Antike gedeutet. Doch was wurde in der Kunst wiedergeboren? Die Vorstellung vom Einfluß der antiken Kunst auf die Renaissance hat diese Epoche eher verzeichnet als verklärt. Schließlich zeigen mittelalterliche Bauwerke in der Toskana, wie z.B. das Baptisterium in Florenz, ein hohes Maß an Hinwendung zur antiken Architektur, wie es in

2.2 Toskanische Kunstgeschichte im Überblick

den frühen Bauten der Renaissance nicht übertroffen wurde. Der Toskaner Giorgio Vasari (1511-1574) benutzte zum erstenmal in seinen Künstlerbiographien den Begriff "rinascita". Daraus entwickelte sich der Epochenbegriff Rinascimento, Renaissance. Doch bereits Vasari sah die treibende Kraft in der Renaissancekunst nicht nur in einer Rückbesinnung auf antike Werte, sondern vor allem im Einbruch der diesseitigen Wirklichkeit in den Bereich der Kunst.

Die neue Kunst- und Lebensform erreichte in der Toskana ihre höchste Blüte. Auslöser waren die Ideen der Humanisten, die das über Jahrhunderte in Vergessenheit geratene Gedankengut der Antike aufgriffen und weiterentwickelten. Die Renaissance löste die gänzlich auf das Jenseits gerichtete Geisteshaltung des Mittelalters ab und leitete die Neuzeit ein. Der Mensch und sein irdisches Leben rückten in den Vordergrund. Das führte zu einem neuen Selbstbewußtsein, in der bildenden Kunst zu völlig neuen Gestaltungsformen.

Die Meister traten aus der Anonymität heraus, wie sie noch im Mittelalter die Regel war. Zum erstenmal haben wir es mit namentlich bekannten, historisch faßbaren Künstlerpersönlichkeiten zu tun. Florenz, die "Wiege der Renaissance", entwickelte sich unter dem Mäzenatentum der Medici-Dynastie zur Renaissance-Hochburg.

Als erste bezogen die Baumeister im 15. Jahrhundert antike Formen in ihre Bauweise mit ein. Mit neuen technischen Erfindungen gelang es **Filippo Brunelleschi** (1377-1446), die gewaltige Domkuppel in Florenz zu bauen, bahnbrechend für die Architektur der Frührenaissance. Weitere Renaissance-Bauten von Brunelleschi in Florenz sind die Pazzi-Kapelle in der Kirche Santa Croce, Santo Spirito und ein Teil der Kirche von San Lorenzo.

Filippo Brunelleschi

Auf dem Gebiet der Malerei und Plastik kam es zu einem völligen Umbruch sowohl der Darstellungsweise als auch der Inhalte. Neben religiöse Themen treten jetzt verstärkt weltliche und mythologische Darstellungen.

Mit dem Einsetzen der Renaissance vollzog sich ein Wandel in der Geschichte der abendländischen Kunst, der sich seither mit solch einschneidender Wirkung niemals wiederholt hat. Zusammenfassend führten die Entdeckung der Persönlichkeit, des Raumes und des Körpers zu charakteristischen Stilelementen der Renaissance.

2.2 Toskanische Kunstgeschichte im Überblick

Frührenaissance (1420-1500)

Der Maler und Bildhauer **Lorenzo Ghiberti** (1381-1455) erreichte bereits zu seinen Lebzeiten große Berühmtheit. Nach einem öffentlich ausgeschriebenen Wettbewerb, an dem auch Brunelleschi teilnahm, bekam er den Auftrag für die zweite Baptisteriumstür in Florenz (1403-1424). Im Anschluß daran erhielt seine Werkstatt den Zuschlag für die berühmte "Paradiespforte", der dritten Bronzetür des Baptisteriums (1425-1452), deren Reliefs sich durch eine ausgeglichene und harmonische Komposition auszeichnen. Weitere wichtige Werke Ghibertis sind die zwei Reliefs am Taufbrunnen von San Giovanni in Siena und die drei überlebensgroßen Bronzefiguren für die Kirche Orsanmichele in Florenz. Ghiberti verlieh seinen Figuren eine eigene Bedeutung, wie man es seit der Antike nicht mehr kannte.

Jacopo della Quercia (1374-1438) arbeitete etwa zur gleichen Zeit in Siena. Er war der berühmteste Bildhauer, den diese Stadt hervorgebracht hat. Im Gegensatz zu seinen Künstlerkollegen in Florenz fertigte Jacopo della Quercia keine Statuen an. Bis auf eine Ausnahme sind alle seine Plastiken aus Stein gearbeitet. Eines seiner frühesten Hauptwerke ist das Grabmal der Ilaria del Carretto im Dom von Lucca (siehe Kap. 14.3.4). Anhand der liegenden Figur mit dem zarten und edlen Antlitz einer jungen Frau und der formschönen noch der Gotik verhafteten Linienführung des Gewandes sind die Stärken Jacopo della Quercias erkenntlich. Man begreift, warum er fast hundert Jahre später zu einem Vorbild Michelangelos wurde.

Hauptmeister der Frührenaissance und der vielseitigste und innovativste Bildhauer seiner Zeit war **Donatello** (1386-1466), ehemaliger Schüler von Lorenzo Ghiberti. In seiner Frühzeit schuf er vorwiegend marmorne Standfiguren für die Fassade, die Außenseiten des Doms und den Campanile von Florenz. In den 20er Jahren begann eine neue Schaffensperiode, und es entstanden bedeutende Bronzestatuen wie der "David" (um 1430, heute im Bargello, Florenz), der erste Akt seit der Antike. Während seiner Tätigkeit in Padua (1443-53) gelang ihm das gewaltigste Werk der Frührenaissance, das bronzene Reiterstandbild des Gattamelata, das zugleich das erste Reiterstandbild der Neuzeit war. Ein Hauptwerk seiner Spätzeit stellt die erste freistehende Gruppenplastik "Judith und Holofernes" vor dem Palazzo Vecchio in Florenz dar. Der wiederentdeckte Naturalismus fand in Donatello seinen stärksten Vertreter.

Luca della Robbia (1399-1483) war neben Ghiberti und Donatello einer der Begründer der Frührenaissance in Florenz. Seine Werke sind von einer klaren Harmonie geprägt, ohne Spannung und besonderen Naturalismus zeugen seine Figuren für eine edle und schöne Geisteshaltung. Luca della Robbia kam ungefähr um 1140 auf die Idee, die Fayence-Technik auf die Großplastik zu übertragen. Noch heute begegnen uns in der Toska-

2.2 Toskanische Kunstgeschichte im Überblick

na auf Schritt und Tritt eine große Fülle farbiger Majolikaarbeiten von ihm und seiner Schule.

Mit **Massaccio** (1401-1428) trat auch in der Malerei der Frührenaissance eine Wende ein. Zu seinen Hauptwerken gehören die Fresken in der Brancacci-Kapelle von Santa Maria del Carmine und das Tafelbild "Anna Selbdritt" (Uffizien, Florenz). In einer bisher nie dagewesenen Klarheit stellte Massaccio den Bildraum perspektivisch dar und verband ihn durch die Anordnung seiner Architekturelemente und eine neue Lichtführung eng mit den Figuren.

Der Mönch **Fra Angelico** (1387-1455) schuf ausschließlich Werke mit religiösem Inhalt, die vor allem in den Farben rot, blau und gold gehalten wurden. Die Gesichter seiner Figuren sind von einer zarten verklärten Schönheit erfüllt, in denen sich eine tiefe Gläubigkeit widerspiegelt. Fra Angelico gelang damit eine vollendete Wiedergabe menschlicher Gefühle. Eines seiner Hauptwerke sind die Fresken im Kloster San Marco in Florenz.

Der Maler **Piero della Francesca** (um 1420 bis 1492) war der große Meister der Perspektive in der Frührenaissance (siehe Infokasten Kap. 7.3.4). Seine toskanischen Hauptwerke befinden sich nicht in Florenz, sondern in Arezzo, Sansepolcro und Monterchi.

Die religiösen Bildwerke des Karmelitanermönches **Fra Filippo Lippi** (1406-1469) sind durch weltliche Schönheit verklärt. Doch im Gegensatz

"La Natività" von Fra Filippo Lippi

2.2 Toskanische Kunstgeschichte im Überblick

zu den entrückten Gestalten Fra Angelicos sind seine Figuren bodenständiger und frischer, seine Naturliebe kommt in ihnen zum Ausdruck. Die Bildräume sind genau perspektivisch konstruiert und mit zahlreichen Details ausgestattet. In der Toskana sind seine Fresken im Domchor zu Prato, eine Marienkrönung in den Uffizien und eine Verkündigung in der florentinischen Kirche San Lorenzo zu sehen.

Der Florentiner **Sandro Botticelli** (1444-1510) war Schüler von Fra Filippo Lippi und nimmt in der Malerei der Frührenaissance eine Sonderrolle ein. Seine überwiegend religiösen, allegorischen und mythologischen Gemälde entsprechen nicht dem neuen Realismus seiner Zeit, sondern seine verträumten schlanken und zartgliedrigen Figuren verkörpern in Italien das letzte großartige Zeugnis gotischer Linienführung. In den Uffizien von Florenz sind zwei seiner Hauptwerke, "Der Frühling" und die "Geburt der Venus", zu bewundern.

Hochrenaissance (1500-1530/50)

Michelangelo Buonarroti (1475-1564) war ein Universalgenie und eine der größten Künstlerpersönlichkeiten der Hochrenaissance. Der vor allem für seine Skulpturen und Gemälde (Freskenzyklus der Sixtinischen Kapelle im Vatikan) berühmte Michelangelo betätigte sich aber auch als Baumeister und Dichter. Als Schüler von Domenico Ghirlandaio entdeckte ihn der große Kunstmäzen Lorenzo de'Medici, der ihn in sein Haus aufnahm und förderte. In Florenz sind seine bekanntesten Werke, die monumentale Marmorfigur des David für die Piazza della Signoria (1501-04, heute in der Galleria dell'Accademia) und die unvollendete Grabkapelle der Medici in San Lorenzo, zu bewundern. An seinen kraftvollen und harmonischen Arbeiten ist deutlich die Geisteshaltung jener Zeit zu erkennen.

Leonardo da Vinci (1452-1519), Maler, Bildhauer, Baumeister, Naturforscher und Ingenieur, verkörperte den universalen Geist der Renaissance. Er verstand es, Kunst und Wissenschaft miteinander zu verschmelzen. Nachdem im Mittelalter das Sezieren menschlicher Leichname untersagt war, führte in der Renaissance der Wunsch nach einer naturgetreuen Wiedergabe des menschlichen Körpers zu einer Wiederbelebung der medizinischen Disziplin der Anatomie.

Seine bedeutendsten Gemälde, die "Madonna in der Felsengrotte", die "Hl. Anna selbdritt" und das Bildnis der "Mona Lisa" (1503-1506), befinden sich im Pariser Louvre. Obwohl viele seiner Arbeiten verlorengingen, vermitteln die zahlreichen Naturstudien, anatomische und technische Zeichnungen, Bewegungs- und physiognomische Studien und nicht zuletzt Leonardos unvollendetes kunsttheoretisches Traktat über die Malerei (Trattato della pittura) einen einzigartigen Einblick in seine geistige Werkstatt (siehe Leonardo-Museum in Vinci).

2.2.7 MANIERISMUS

Der Manierismus wird von Künstlern der Hochrenaissance wie Michelangelo eingeleitet und ist zeitlich zwischen Hochrenaissance und Barock (etwa 1530/50-1600) einzuordnen.

Auch dieser Begriff geht, wie bereits die Renaissance, auf Giorgio Vasari zurück, der im negativen Sinne den Spätstil Michelangelos als maniera (Manier) bezeichnete.

Die Errungenschaften der Hochrenaissance wurden von den Manieristen aufgegriffen und häufig in übersteigerter Form weiterentwickelt. Ein besonders charakteristisches Merkmal dieser Künstlergeneration war die Freude am Absonderlichen. Dies äußerte sich vor allem in unnatürlichen Proportionen. Die sehr beweglichen Figuren mit langgestrecktem Körper und kleinen Köpfen scheinen den Kontakt zum Boden verloren zu haben und in der Luft zu schweben. Die dynamischen Kompositionen weisen oft eine parallele Gleichschaltung vieler Figuren auf, die Farbgebung weicht vom klassischen Farbkanon ab. Es herrscht ein jäher Wechsel zwischen Hell und Dunkel, unruhigen, gebrochenen, glitzernden oder glimmenden Farben.

In der Toskana gilt **Jacopo Pontormo** (1494-1557) als der größte Maler des Manierismus. Zu seinen wichtigsten Werken gehören das Fresko der Heimsuchung in SS. Annunziata (1514-1516), die Fresken der Passion Christi in der Kartause bei Florenz (1522-24) und ein Lünettenfresko in der Villa Poggio a Caiano (1520-22).

Herausragender Bildhauer des Spätmanierismus war **Giovanni da Bologna**, genannt **Giambologna** (1529-1608). Seine Figurengruppen sind von der typischen übersteigerten Bewegtheit wie beim "Raub der Sabinerinnen" in der Loggia dei Lanzi in Florenz gekennzeichnet.

Auch in der Parkgestaltung fand der Manierismus neue Formen, in denen Natur, Architektur und dämonische Plastiken zu einer Einheit verschmolzen wurden. Der Parco Demidoff (siehe Kap. 5.5.2) mit der monumentalen Statue des "Apennin" von Giambologna war eine der großartigsten Gartenanlagen des 16. Jahrhunderts.

Bereits während des Manierismus verlor Florenz immer mehr an Einfluß auf die Entwicklung der italienischen Kunst.

Im Barockzeitalter mußte Florenz die Rolle als führende Kunstmetropole an Rom abtreten. Von den großen barocken Strömungen blieb die Toskana im 17. Jahrhundert relativ isoliert. Die Bildhauerei, die Malerei und die Architektur blieben traditionellen Formen verhaftet.

2.2.8 DAS 19. UND 20. JAHRHUNDERT

Im 19. Jahrhundert zehrte die italienische Baukunst von der großen Vergangenheit, und klassizistische Tendenzen machten sich nur vereinzelt bemerkbar.

Die Malerei ist von ausschließlich lokaler Bedeutung. Allein Giovanni Segantini (1858-1899) erlangt als Neoimpressionist und Symbolist internationale Bedeutung. Erwähnenswert ist hier die Gruppe Macchiaioli. Sie malte überwiegend im Freien, und ihre bevorzugten Sujets waren Szenen aus dem Alltagsleben, Porträts, die toskanische Landschaft und das Meer. In ihrer Arbeitsweise sind die Macchiaioli mit den französischen Impressionisten vergleichbar. Als wichtigster Maler dieser Gruppe gilt Giovanni Fattori. Seine Werke sind im Museum Fattori in Livorno zu besichtigen.

Zu Beginn des 20. Jahrhunderts setzte in der Toskana eine deutliche Internationalisierung der Kunst ein, und regionale Strömungen sind in dieser Zeit kaum mehr festzustellen.

Großen Einfluß auf die beginnende Moderne übte die zeitgenössische Malerei Frankreichs aus. Der aus Livorno stammende Amedeo Modigliani (1884-1920) wirkte hauptsächlich in Paris, wo er unter dem Einfluß von Cézanne und der Kubisten arbeitete.

Die toskanische Plastik erreichte erst mit dem Künster Marino Marini (1901-1980) wieder Bedeutung. Er ist berühmt für seine monumentalen Plastiken von Pferden und Reitern.

2.3 LANDSCHAFTLICHER ÜBERBLICK

2.3.1 GEOGRAPHIE UND GEOLOGIE

Die Toskana, eine der am dichtesten besiedelten, landschaftlich schönsten und kulturell reichsten Regionen Italiens, zeigt durch ihre verschiedenartigen Landschaftsformen ein ständig wechselndes und immer wieder reizvolles Gesicht.

Das 22.992 km² große Gebiet wird im Norden und Osten vom toskanischen Apennin und seinen Ausläufern bogenförmig eingeschlossen. Die Höhenzüge des waldreichen toskanischen Gebirges erstrecken sich von der ligurischen und emilianischen Grenze bis auf die Höhe von Arezzo und bestehen fast ausschließlich aus Tertiär- und Quartärgestein. Den westlichen Abschluß bildet das Tyrrhenische Meer. Im Süden grenzt die Toskana an die Region Latium. Weitere Grenzregionen sind von Norden nach Süden Ligurien, Emilia-Romagna, Marken und Umbrien.

2.3 Landschaftlicher Überblick

Zur Region gehört auch eine Gruppe von sieben Inseln. Elba ist mit 223 km² die größte Insel und ein beliebtes Urlaubsziel für Badeurlauber. Danach folgen Giglio, Capraia, Montecristo, Pianosa, Gianutri und Gorgona. Außer Pianosa handelt es sich um zerklüftete und bergige Inseln, die mit Macchia bewachsen sind.

Den größten Anteil (15.317 km²) an der Gesamtfläche nehmen die Hügel mit den Beckenlandschaften der Lunigiana, Garfagnana, Mugello, Casentino, Valdarno, Val d'Elsa, Valdichiana und Valtiberina ein. Unmittelbar unterhalb der Pässe des Apennin bilden die fruchtbaren Becken der Toskana mit einer intensiven Mischkultur aus Oliven, Wein, Getreide und Obst einen landschaftlich beeindruckenden Kontrast zu den meist kahlen Gipfeln des Apennin. Die Hügelkuppen, übersät mit stattlichen Dörfern, schlank aufragenden Kirchtürmen und großen einzelstehenden Gehöften, gehören zu den dichtestbesiedelten Gebieten der Region.

Ein völlig anderes Bild zeigt die Landschaft südlich des unteren Arnolaufs, zwischen dem Chiana-Tal und der Maremma. In den erzhaltigen Colline Metallifere steigt sie bis auf eine Höhe von 1.059 m an. Steile Anhöhen mit unterschiedlichem Gestein und flachere Hügelkuppen wechseln in dichter Folge reizvoll miteinander ab. Wie in den Beckenlandschaften sind die Böden recht fruchtbar und erlauben eine ähnlich geartete Mischkultur mit Olivenbäumen, Wein und Getreide.

Besonders eindrucksvoll zeigt sich die Gegend südlich von Siena. Die aus dem Pliozän stammende Hügellandschaft ist bis auf einzelstehende Zypressen nahezu baumlos. So weit das Auge reicht, breiten sich Getreidefelder aus. Hier ist durch einen hohen Anteil an Ton eine relativ wasserundurchlässige und rissige Hügellandschaft entstandenen, die Crete.

Typisch sind auch die durch Bodenerosion entstandenen Steilwände bei Volterra, die sogenannten Balze. Noch heute stellt die fortschreitende Auswaschung eine

Die Balze

Bedrohung für die auf den Anhöhen gelegenen Städte und Höfe dar. Die Gründe dafür sind nicht, wie man landläufig annimmt, auf Abholzung und anschließende Erosion zurückzuführen. Seit jeher sind die lehmhaltigen Böden für Wälder zu fest.

2.3 Landschaftlicher Überblick

An der 329 km langen toskanischen Küste liegen zahlreiche Seebäder, wie die mondänen Orte Forte dei Marmi und Viareggio, um nur die berühmtesten zu nennen. Von Norden kommend, verläuft sie flach und sandig, dann geht sie stellenweise in eine Felsenküste über und endet im Süden wieder in sandigen und flachen Sandstränden.

Parallel zur Küste verlaufen die Apuanischen Alpen, deren weißschimmernde Gipfel eine Höhe von fast 2.000 Metern erreichen. Hier wird der berühmte Marmor abgebaut, ein dolomitischer Kalkstein, der auf einer Schieferbasis liegt.

Ein sehr landschaftsprägendes Merkmal sind die vielen Flüsse und Bäche mit zahlreichen Nebenarmen. Nördlich von Arezzo, auf 1.654 Meter Höhe, entspringt der Arno. Auf einer Gesamtlänge von 241 km fließt er von Osten nach Westen über Arezzo, Florenz, Pisa und mündet bei Livorno ins Tyrrhenische Meer. Ein weiterer Hauptfluß ist der 160 km lange Ombrone. Er entspringt nordöstlich von Siena und fließt von Grosseto im Süden ebenfalls ins Tyrrhenische Meer.

Eine ganz besondere Landschaft ist der Küstenstrich von Grosseto. Hier erwartet den Besucher die fast unberührte und einsame Gegend der Maremma. Bis zur Trockenlegung um die Mitte des 19. Jahrhunderts war sie jahrhundertelang durch ihre großen Sumpfgebiete und die damit verbundene Malaria beeinträchtigt. Ihr interessantester Teil, der Parco Naturale della Maremma, mit einem wunderschönen naturbelassenen Strand, ist vollständig mit Macchia bewachsen und seit längerem unter Naturschutz gestellt. Nur ab und zu trifft man auf eine Herde freilaufender weißer Maremma-Rinder.

2.3.2 KLIMA

Die Toskana liegt zwar im nördlichsten Randgebiet des eigentlichen Mittelmeerklimas, hat aber durchaus schon einen sehr mediterranen Charakter. Warme trockene Sommer und eher milde Winter kennzeichnen das Klima. Die tiefsten Temperaturen liegen im Januar bei 8°C in Florenz, 7°C in Livorno und bei 4,5°C in Arezzo. Nur in Höhenlagen über 1.000 Meter wird die Nullgradgrenze erreicht.

In den Städten der Tiefebene, wie in Florenz, herrscht in den Hochsommermonaten meist ein recht heißes und schwüles Wetter. Die durchschnittliche Temperatur liegt im Juli in Florenz bei 31°C. In den höhergelegenen Städten wie Siena, San Gimignano, Volterra und in Küstennähe sind die Bedingungen angenehmer.

Die Niederschlagsmengen fallen vom Küstenbereich bis ins Landesinnere sehr unterschiedlich aus. Sie liegen im Jahresdurchschnitt an der mittleren

2.3 Landschaftlicher Überblick

Küste bei ca. 500 mm und steigen im Apennin, in den Apuanischen Alpen und am Monte Amiata auf 2.000-3.000 mm an. Als Beispiel einige durchschnittliche Lokalwerte: Viareggio 965 mm, Florenz 840 mm, Siena 860 mm, Monte Amiata 1170 mm. Die niederschlagsreichsten Monate sind April/Mai und Oktober/November. Am wenigsten Niederschlag fällt im Juli, gefolgt von den Monaten Januar/Februar.

Wer keinen reinen Badeurlaub verbringen will, sollte nach Möglichkeit zur landschaftlich schönsten Zeit im Frühjahr oder Herbst in die Toskana reisen. Es handelt sich zwar um die niederschlagsreichsten Monate, doch die Regenfälle sind meist nur von kurzer Dauer, sofort scheint wieder die Sonne. Die Temperaturen pendeln sich tagsüber meist auf angenehme 22-25°C ein und ermöglichen den ganzen Oktober über das Baden im Meer.

Die Winter sind zwar mild, doch auch hier kommt es zu Schneefällen, die nur in den höheren Lagen des Apennin und der Apuanischen Alpen vom Dezember bis April zu einer zusammenhängenden Schneedecke führen. Der Winter auf den Inseln des Toskanischen Archipels ist besonders mild. Die durchschnittliche Januar-Temperatur auf Elba beträgt 9°C.

An der toskanischen Küste weht vor allem der zum Teil heftige Libeccio aus südwestlicher Richtung. Im Landesinnern bringt der Tramontana im Winter und Frühjahr kalte Luft aus Norden oder Nordosten mit sich.

2.3.3 TOSKANISCHE PFLANZEN- UND TIERWELT

Aufgrund der geographischen Gegebenheiten sind die toskanische Flora und Fauna äußerst artenreich. Oberhalb der Baumgrenze des Apennin ist eine der alpinen Flora vergleichbare Vegetation mit Alpenrosen vorzufinden.

In einer Höhe von 1.000 bis 1.700 m liegen an den Gebirgsabhängen und am isoliert gelegenen Monte Amiata ausgedehnte Buchenwälder und Weißtannenwälder. Im Osten der Toskana bei Camaldoli, Abetone und Vallombrosa werden die Laubwälder von reizvollen und schattigen Tannenwäldern abgelöst. Einige der Hochwälder bestehen aus Stein-, Kork,- und Stieleichen. Bis zu einer Höhe von 1.000 m trifft man auf ausgedehnte leuchtendgrüne Kastanienwälder. Besonders reizvoll ist es, im Herbst vom Monte Amiata aus in Richtung Küste zu fahren, kurz bevor die reifen Eßkastanien geerntet werden.

An der Küste, auf den Inseln, an den Abhängen der Colline Metallifere und in der südlichen Maremma wechseln sich Pinienwälder und einige Weidegebiete mit einer aromatisch duftenden mediterranen Macchia ab. Dieser immergrüne Buschwald aus Baumerika, Lorbeer- und Erdbeerbäumen, Ginster, Wacholder und Zistrosen ist in der Toskana weitverbreitet.

2.3 Landschaftlicher Überblick

Das typischste Landschaftsbild der Toskana bietet sich aber in den Hügellagen. Bis in eine Höhe von 600 bis 700 m wechseln sich silbrig-grün schillernde Olivenhaine mit Weinbergen ab. In den waldärmeren und kargeren Gebieten setzen einzelstehende hohe, schlanke Zypressen bezaubernde Landschaftsakzente, die gern zu "typisch toskanischen" Bildmotiven gewählt werden. In der Gegend um Lucca, Florenz und im Chianti gedeihen Mandel- und Feigenbäume.

Wölfe im Parco Faunistico

Bären leben auch in der Toskana schon seit langem nicht mehr, auch wenn ab und zu das Gerücht umgeht, man hätte einen gesehen. Dafür gibt es noch immer heimische Wölfe.

In den Wäldern sind häufig Wildschweine anzutreffen, auch Rehe, Rot- und Damwild, Fasane, Rebhühner und Schnepfen haben hier ihren natürlichen Lebensraum.

Besonders artenreich und zahlreich ist die Vogelwelt, die vor allem in den küstennahen Naturschutzgebieten am Burano-See, in der Lagune von Orbetello, am Monte Argentario und in den Monti dell'Uccellina ihre Nistplätze findet. Im Naturpark der Maremma werden die für die Gegend typischen Rinder und Pferde, die Maremmanen, in freier Wildbahn gehalten.

Maremma-Pferde

Entlang der Küste und auf den Inseln betreiben die Einheimischen Fischfang, dessen Erträge allerdings kaum für den Eigenbedarf ausreichen. In der Hochsaison wird deshalb zusätzlich Fisch importiert. Man kann sich nicht darauf verlassen, einen heimischen Fisch serviert zu bekommen.

Die Flüsse sind relativ fischarm, nur an den Flußmündungen trifft man auf die typischen Netze der Aalfänger.

2.4 WIRTSCHAFTLICHER ÜBERBLICK

Die Toskana liegt statistisch aufgrund des erarbeiteten Nettoeinkommens unter den italienischen Regionen auf dem fünften Platz, nach der Lombardei, Piemont, Emilia-Romagna und dem Veneto.

Die einzelnen Wirtschaftssektoren verzeichnen in den letzten zehn Jahren eine unterschiedliche Entwicklung. Einer starken Zunahme auf dem Dienstleistungssektor von 25 auf 45 % und einer geringen Zunahme in der Industrie steht eine Abnahme der Landwirtschaft mit 6 % entgegen.

Aufgrund dieser Entwicklung entstanden unter den einzelnen Provinzen starke Unterschiede. Grosseto als größte toskanische Provinz ist ein reines Agrarland und verzeichnet in fast allen Sektoren, außer in der Landwirtschaft, die absolut niedrigsten Zahlen. Die Statistiken der arbeitenden Bevölkerung registrieren eine Gesamtzahl von ca. 1,4 Millionen. Davon ist der größte Teil im Dienstleistungssektor und in der Industrie beschäftigt. Die Fischerei war trotz des sehr langen Küstenstreifens nie von großer Bedeutung.

Wie in ganz Italien, ist auch in der Toskana der strukturelle Wandel zugunsten des privatwirtschaftlichen Sektors spürbar. Ein aus der Währungslage der Lira resultierender Exportboom verhindert derzeit ein Nachlassen der gesamtwirtschaftlichen Entwicklung. Trotzdem ist auch in der Toskana ein Produktionsrückgang in den Bereichen Bergbau, Chemie und Metallindustrie zu verzeichnen. Die ständigen Abwertungen entstanden durch eine besonders Italien betreffende Krise des Europäischen Währungssystems. Daraufhin führte die EWS, in der Italien seit 1979 Mitglied ist, ein System fester Wechselkurse ein. Die Lira wurde aus dem EWS Wechselkursmechanismus ausgeschlossen. Seither wird sie frei gehandelt, was immer wieder zu Abwertungen führte.

Die Zahl der Arbeitslosen in der Toskana liegt immer noch unter der derzeitigen gesamtitalienischen Arbeitslosenquote von über 11 %.

2.4.1 INDUSTRIE UND HANDWERK

Die Industrie konzentriert sich im Arno-Tal und im nördlichen Küstengebiet. Neben einer relativ kleinen Anzahl von Großindustrieanlagen, wie z.B. den Ölraffinerien und der chemischen Industrie an der Küste mit ca. 10 Fabriken, beherrschen vor allem kleinere bis mittelständische Unternehmen den Markt. Sie sind zum großen Teil aus Handwerksbetrieben entstanden und führten zu einer Zunahme der in der Industrie Beschäftigten. Mit über 60.000 Betrieben ist die verarbeitende Industrie am verbreitetsten. Den größten Zuwachs konnten die Kleinbetriebe vor allem in den alten Industriezentren Florenz, Pisa und Pistoia verzeichnen.

2.4 Wirtschaftlicher Überblick

Das Handwerk hat in der Toskana eine alte Tradition. Florenz und andere toskanische Städte besaßen schon im Mittelalter Handwerksbetriebe, deren Organisationen und die damit verbundene Handelszunft eine wirtschaftlich wichtige Bedeutung hatten. Neben den Handwerksunternehmen hat sich immer mehr die Heimarbeit verbreitet. Wie am Fließband werden Stoffe, Kleidung und Handschuhe hergestellt. In der Gegend von Florenz werden noch traditionell Taschen und Hüte aus Stroh und Gegenstände aus Leder verarbeitet.

Zur ältesten Handwerkskunst zählt die Restaurierung und Imitation alter Möbelstücke, die vorwiegend in Lucca und Florenz betrieben wird. Vor allem durch den Tourismus wieder ins Leben gerufen wurden die zahlreichen Betriebe Volterras, die in Handarbeit Gegenstände aus Alabaster herstellen. Einer der größten Wirtschaftszweige des Landes ist die Textilindustrie. In Prato werden aus Altkleidern hochwertige Qualitätsstoffe hergestellt, Florenz hat sich zum Modezentrum entwickelt. Weitere Wirtschaftssektoren sind die Möbelindustrie und die Metallindustrie.

Traditionelles Kunsthandwerk in der Toskana bietet begehrte Souvenirs, wie Terrakotta, Lederwaren, Alabaster, Glas, Mode und Stoff, Schmuck und Lebensmittelspezialitäten.

2.4.2 AGRARWIRTSCHAFT

Die umfangreiche toskanische Landwirtschaft hat ihre Schwerpunkte im Anbau von Oliven, Wein, Gemüse und Getreide.

Mit der Aufgabe des Wirtschaftssystems der Halbpacht verschwinden nach und nach die bislang typischen Mischpflanzungen. Sie werden ersetzt durch Monokulturen wie Weinberge oder Olivenbaumplantagen in weiten Teilen der Hügelzone.

Es gibt zwei unterschiedliche Haupttendenzen. Zum einen verzeichnet man eine deutliche Zunahme von Kulturen wie Zuckerrüben, Sonnenblumen und Mais, die einen hohen Ertrag bringen und möglichst wenig Arbeitsaufwand benötigen. Gegenläufig dazu verhält sich die Entwicklung bei der Wein- und Olivenölproduktion. Die Produzenten setzen mit Erfolg auf einen hohen Qualitätsstandard und auf Spezialisierung. Daraus resultieren niedrigere Erträge und ein Arbeitsmehraufwand, der sich in wesentlich höheren Preisen niederschlägt.

Doch nach etlichen Wein- und Ölskandalen, in und außerhalb Italiens hat sich das Konsumentenverhalten in den letzten Jahren stark geändert. Für eine gute Qualität nimmt man heute bereitwillig einen höheren Preis in Kauf.

2.4 Wirtschaftlicher Überblick

2.4.3 BERGBAU

Die Toskana ist besonders reich an Bodenschätzen. Von weltweiter Bedeutung ist der Abbau von Carrara-Marmor in den Apuanischen Alpen.

Die Marmorsteinbrüche liefern ungefähr 70 % der gesamtitalienischen Marmorproduktion und sind der größte Arbeitgeber der Region. Im Gebiet um Siena und Grosseto gibt es Quecksilbervorkommen, bei Volterra werden Alabaster und Steinsalz abgebaut.

Marmorsteinbruch bei Carrara

Seit der Zeit der Etrusker wird auf dem Festland bei Piombino das Eisenerz aus Elba verhüttet. Kupfer und Blei werden in den Colline Metallifere gefördert.

2.4.4 TOURISMUS

Der größte Wachstumssektor in der Toskana ist seit Jahren der Tourismus und alle damit verbundenen Dienstleistungsbereiche.

Außer den bekanntesten Kulturzentren wie Florenz, Pisa, Siena, Arezzo und Lucca ziehen auch die Küste und die Inseln, allen voran Elba, immer mehr Besucher an. Die über Italien hinaus bekannten und berühmten Kurorte Montecatini Terme und Chianciano Terme und die Wintersportorte des Apennin bei Abetone und Cutigliano, in den Apuanischen Alpen und am Monte Amiata werden vor allem von italienischen Urlaubern frequentiert.

Doch auch die unbekannteren, ländlicheren Gegenden öffnen sich seit einigen Jahren einer neuen Form des Tourismus. Keine neuen Bettenburgen verschandeln die Küste und das Landesinnere. Aus dem Trend zum sanften Tourismus ziehen Landwirtschaftsbetriebe ihren Nutzen. Seit einigen Jahren wird in der Toskana der "Agriturismo" immer beliebter. Die Übersetzung "Urlaub auf dem Bauernhof" ist nicht ganz zutreffend. Es handelt sich meist um Ferienwohnungen in stilvoll restaurierten Gehöften, die zu einem alten Landwirtschaftsbetrieb gehören und von ihren Besitzern liebevoll wiederhergerichtet wurden. Für viele Urlauber, vor allem für Familien, ist der Agriturismo eine gute Alternative zum Hotelaufenthalt in den hektischen Städten. Ein weiterer Pluspunkt ist die kostengünstigere Selbstversorgung.

Unter den Regionen Italiens steht die Toskana mit ihren vielfältigen Attraktionen und Landschaften bei den ausländischen Besuchern, allen voran den Deutschen, mit Ausnahme vielleicht von Venetien, an erster Stelle.

2.5 GESELLSCHAFTLICHER ÜBERBLICK

2.5.1 VERWALTUNG UND BEVÖLKERUNG

Die Toskana mit der Hauptstadt Florenz ist eine der zwanzig Regionen Italiens. Sie ist unterteilt in die zehn Provinzen Arezzo, Firenze, Grosseto, Livorno, Lucca, Massa-Carrara, Pisa, Pistoia, Siena und Prato. An die Toskana grenzen die Regionen Ligurien, Emilia-Romagna, Marken, Umbrien und Latium.

Der größte Teil der Bevölkerung wohnt in den Städten. Die meisten Einwohner besitzt die Hauptstadt Florenz mit 448.331 Einwohnern. Es folgen Livorno mit 177.000, Prato mit 164.000, Pisa mit 103.000, Pistoia mit 94.000, Arezzo mit 92.000, Lucca mit 91.000, Grosseto und Carrara mit jeweils 70.000, Massa mit 66.000, Siena mit 64.000 Einwohnern. Daneben gibt es etliche Kleinstädte mit mehr als 10.000 Einwohnern. Ein Drittel der Gesamtbevölkerung lebt somit in den großen städtischen Zentren der Toskana.

Die Landflucht ist zwar kein so großes Problem mehr wie in der Nachkriegszeit, doch nach wie vor gibt es in den Bergregionen und den reinen Agrargebieten der Ebene zu wenig Arbeit. Nicht zuletzt durch die EG-Bestimmungen sind viele Kleinbauern dazu gezwungen, in der Industrie, im Handel und im Dienstleistungsgewerbe zu arbeiten und die Landwirtschaft nur noch als Nebenverdienstquelle zu betreiben.

2.5 Gesellschaftlicher Überblick

Doch die Toskana wird zunehmend von "Wohlstandszuwanderern" aus den oberitalienischen Städten und von Deutschen bevölkert, die Gehöfte aufkaufen, restaurieren und entweder selbst bewirtschaften oder als Feriendomizil nutzen.

2.5.2 AKTUELLE POLITIK

Vor den Neuwahlen im April 1996 begann sich das bisherige Parteiensystem aufzufächern. Innerhalb der alten Democrazia Cristiana gab es mehrere Neugründungen und eine starke Fluktuation. Es formierten sich zwei ungefähr gleich starke Blöcke Mitte-Links (Ulivo) und Mitte-Rechts. Der Block der rechten Mitte "Polo per la libertà" (Pol der Freiheit), kurz Poli genannt, wird von dem Medienunternehmer Silvio Berlusconi angeführt, der bis Dezember 1994 die Regierung bildete.

Der linke Block "Ulivo" wird von dem Wirtschaftsprofessor Romano Prodi angeführt. Ulivo gehören folgende Parteien an:
- **PDS** (Partito Democratico della Sinistra), ehemals PCI (Partito Comunista Italiana). Die PDS versteht sich heute als eine sozialdemokratische Reformpartei. Auslöser für eine Umwandlung der ehemaligen kommunistischen Partei war der Zusammenbruch der kommunistischen Regimes 1990 in Osteuropa. Mittlerweile gehört die PDS als stärkste Linkspartei der politischen Mitte an.
- **RC** (Rifundazione Comunista), kommunistisch gebliebene Gruppierung, die sich nicht der PDS anschloß. Durch das Bündnis der RC mit Ulivo erreichte die Linke im April 1996 die absolute Mehrheit in Senat und Kammer.
- **PPI** (Partito Popolare Italiano), die Nachfolgepartei der DC, entstand im Januar 94 und besteht überwiegend aus deren ehemaligem linken Flügel. Der Chef des Wahlbündnisses Ulivo, Romano Prodi, kandidierte als Unabhängiger auf der Liste der PPI.
- **Liste Dini** (seit Februar 1996), von Ministerpräsident Dini gegründete wirtschaftsliberale Mitte-Links-Partei.

Poli gehören folgende Parteien an:
- **Forza Italia** (seit Januar 1994), ein von Silvio Berlusconi gegründetes Sammelbecken für ehemalige Wähler der Altparteien mit enger Verflechtung seines Medienkonzerns FININVEST.
- **AN** (Alleanza Nazionale), im Januar 1994 gegründet; Die AN ging aus der 1946 gegründeten neofaschistischen MSI (Movimento Sociale Italiano) hervor. Nachdem sie die rechtsradikale und antikapitalistische Linie verlassen hat, präsentiert sie sich heute als eine Kraft der traditionellen und nationalen Rechten.
- **CCD-CDU** (Centro Cristiano Democratico), Splitterpartei, die aus einer stärker rechts orientierten Gruppe der DC Anfang 1994 hervorging. Die CDU gehört der rechten Mitte an.

Die **Lega Nord** (seit 1989) setzt auf ein Föderalismus-Modell mit Forderung nach steuerlicher Autonomie der einzelnen Regionen und nach einer drastischen Beschränkung der Kompetenzen des Zentralstaats. An der Spitze der Lega Nord steht Umberto Bossi. Seit 1996 fordert er eine Separation des wirtschaftlich erfolgreichen Nordens vom Rest Italiens, sprich dem armen Süden. Die Lega Nord gehört nicht dem Bündnis Poli an, da sie im Dezember 1994 für das Scheitern der Regierung von Berlusconi verantwortlich war.

Der "Pol der Freiheit" verfehlte bei den Neuwahlen am 21./28. April 1996 die absolute Mehrheit. Die Koalition Ulivo verfügt seither über die absolute Mehrheit in Kammer und Senat. Der gemeinsame Nenner dieser sehr unterschiedlichen Bündnispartner ist die gemeinsame Gegnerschaft gegen die rechte Mitte. Ministerpräsident ist Romano Prodi. Die meisten Minister des neuen Kabinetts stammen aus PDS, PPI, einige von der Liste Dini und einige sind parteiunabhängig. Ulivo erzielte 319 Sitze, Poli 246, Lega Nord 59 und die anderen 6.

In der Toskana wurde bis auf die seit jeher christdemokratisch regierte Stadt Lucca traditionell links gewählt. Die stärkste politische Partei ist die PDS.

2.5.3 RELIGION

Obwohl nach einem Konkordat von 1984 zwischen Italien und dem Vatikan der Katholizismus keine Staatsreligion mehr ist, sind noch immer über 90 % der Bevölkerung römisch-katholisch. Die katholische Kirche besitzt in der Toskana zahlreiche Erzbistümer und Bistümer. Es gibt mehrere kleinere protestantische Kirchen mit etwa 50.000 Mitgliedern und 25 kleine jüdische Gemeinden.

Trotz dieses hohen Prozentsatzes an Katholiken sind die Messen schlecht besucht. Vor allem die jüngere Generation steht dem Glauben eher gleichgültig gegenüber. Hinter der Zahl 90 % verbirgt sich eine andere Wirklichkeit. Nur 15 % der Bevölkerung bezeichnen sich als überzeugte Katholiken, 11 % sind Atheisten, die restlichen 74 % stehen der Kirche eher distanziert gegenüber, bezeichnen sich aber im großen und ganzen als gläubig. Ähnlich wie in Deutschland halten die Katholiken nur noch an den kirchlichen Ritualen wie Taufe, Kommunion, Hochzeit und Beerdigungen fest.

Obwohl die Teilnahme am Religionsunterricht in öffentlichen Schulen freigestellt ist, schicken die meisten Eltern aus Traditionsbewußtsein ihre Kinder zum Religionsunterricht.

Die Erstkommunion der Kinder wird gefeiert wie eine Hochzeit und ist eher ein wichtiges gesellschaftliches als ein religiöses Fest.

2.5 Gesellschaftlicher Überblick

Obwohl der Prozentsatz an überzeugten Katholiken immer geringer wird, ist die Freude an den vielen religiösen Festivitäten, wie z.B. Ostern, Pfingsten und Mariä Himmelfahrt, um nur einige wenige zu nennen, ungebrochen. Mit großem Aufwand – Heiligenfiguren, Blumenschmuck und Kostümen – sind die religiösen Feste zugleich auch immer Volksfeste.

2.5.4 SPRACHE UND LITERATUR

Die Toskaner rühmen sich, als Ursprungsland der italienischen Hochsprache, das beste und reinste Italienisch zu sprechen. Schließlich stammen die Begründer der italienischen Literatursprache, die "Tre Corone" (drei Kronen)", Dante, Petrarca und Boccaccio, aus der Toskana. Auf der Grundlage der florentinischen Mundart verfaßte Dante "La Divina Comedia", Petrarca das Liederbuch "Il Canzoniere" und Boccaccio die Novellensammlung "Il Decamerone". 1612 brachte die florentinische Sprachgesellschaft Accademia della Crusca das erste italienische Lexikon heraus, in das nur florentinische Worte aufgenommen wurden. Erst im 18. Jahrhundert ließ die Accademia della Crusca auch Idiome aus anderen Regionen Italiens zu. Die Grammatik wurde mehr an die gesprochene Sprache angepaßt. Seit Dante stritten sich die Gelehrten in unzähligen Sprachdiskussionen um den eigentlichen Ursprung der italienischen Hochsprache. 1825 verfaßte der Mailänder Alessandro Manzoni seinen in der italienischen Literatur bahnbrechenden Roman "I promessi sposi" (Die Verlobten) in florentinischer Mundart. Bei einer späteren Überarbeitung ersetzte er lombardische durch florentinische Ausdrücke. Er bewirkte damit, daß die italienische Schriftsprache sich endgültig am gesprochenen florentinischen Dialekt orientierte.

Die "Tre Corone" — **INFO**

Am Anfang der italienischen Literatur steht **Dante Alighieri**. *Als Sohn eines angesehenen Patriziers wurde er im Mai 1265 in Florenz geboren. Dante erhielt eine standesgemäße Erziehung und widmete sich dem Studium der Philosophie, klassischen Sprachen und der Poesie. Als Neunjähriger begegnete er Beatrice, einer Tochter des Patriziers Folco di Portinari, die er nach ihrem frühen Tod in Gedichten verewigte und zur idealen Frauengestalt stilisierte.*

In den Kämpfen der papsttreuen Guelfen gegen die kaiserlich gesinnten Ghibellinen schlug sich Dante zunächst auf die Seite der ersteren und war auch als Gesandter der Weißen Guelfen in Rom tätig.

Im Jahre 1302 wurde er wegen Betrugs im Amt angeklagt, als er Mitglied im Florentiner Rat der Hundert war. Dante mußte aus Flo-

2.5 Gesellschaftlicher Überblick

renz flüchten. In seiner Abwesenheit wurde er von dem Tribunal zum Tode verurteilt. Er konnte nie wieder in seine Heimatstadt zurückkehren und starb am 14.9.1321 in Ravenna. Sein Hauptwerk, die "Divina Commedia" (Göttliche Komödie), schildert in 100 Gesängen den Weg des Menschen durch die Hölle (Inferno), Fegefeuer (Purgatorio) und Paradies (Paradiso). Er wird darin von Vergil als Verkörperung der Vernunft und Wissenschaft und von Beatrice als Inbegriff der Liebe und göttlichen Gnade durch das Paradies begleitet.

Die Italiener haben zu "ihrem" Dante ein ganz besonderes Verhältnis. Bis heute gehört er zum Pflichtpensum eines jeden italienischen Oberschülers.

Francesco Petrarca *(20.7.1304-18.7.1374) Dichter und Gelehrter, wird etwa fünfzig Jahre später ebenfalls zum Klassiker der italienischen Literatur, obwohl ein Großteil seines Werkes in lateinischer Sprache geschrieben wurde. Als Erforscher der klassischen Antike ist Petrarca der Begründer des Humanismus, der lange Zeit die gesamte europäische Renaissance bestimmte. Petrarcas Ruhm als italienischer Dichter begründet sich auf seinem lyrischen Werk, das in dem Band "Il Canzoniere" (Liederbuch) zusammengefaßt ist.*

Er wurde als Sohn des Notars Petracco in Arezzo geboren. Später latinisierte Petrarca seinen Namen, um damit seiner Verehrung für die Antike Ausdruck zu verleihen. Wie bereits Dante verewigte er die unerfüllte Liebe zu einer Frau, der er in seinen Werken den Namen Laura gab.

Als Geburtsort des bedeutenden Humanisten und Dichters **Giovanni Boccaccio** *(1313-21.12.1375) kommen sowohl Florenz als auch Certaldo, wo er gestorben ist, in Betracht. In seiner Hinwendung zur klassischen Antike klingt die Grundidee der Renaissance an. Auf seine Initiative geht die erste Übersetzung der Werke Homers ins Lateinische zurück.*

Boccaccio war ein großer Verehrer Dantes, und zur Erläuterung der "Divina Commedia" erhielt er 1373 in Florenz einen eigenen Lehrstuhl. Sein bekanntestes Werk ist "Il Decamerone", eine Novellensammlung, deren Rahmenhandlung im Pestjahr 1348 auf einem florentinischen Landgut spielt. In den einzelnen Novellen finden sich sowohl humorvoll-satirische wie tragische Themen. Mit diesem Werk wurde er zum klassischen Wegbereiter der Novelle und damit auch des Romans. "Il Decamerone" ist auch für den heutigen Leser ein außerordentlich lebendig und unterhaltsam wirkendes Buch.

2.5 Gesellschaftlicher Überblick

Das 20. Jahrhundert steht in der italienischen Literatur mehr oder weniger im Zeichen der journalistischen Autoren. Erwähnenswert in der Toskana ist der Schriftsteller und Journalist **Curzio Malaparte** (eigentlich Kurt Erich Schuckert, 1898-1957). Er schrieb 1956 "Maledetti Toscani" (Verdammte Toskaner), das wohl meistzitierte Buch über die Toskaner, das ihnen wenig schmeichelt, wie schon der Titel andeutet.

Die bekanntesten italienischen Journalistinnen der Neuzeit stammen aus Florenz. **Oriana Fallaci,** 1929 geboren, war u.a. Reporterin im Vietnam-Krieg und Verfasserin von bissigen und kritischen Sozialreportagen.

Die jüngere Florentiner Journalistin **Dacia Maraini** ist eine Hauptvertreterin der italienischen Frauenliteratur und fördert in Rom avantgardistisches Theater.

Die italienische Sprache besitzt viele sehr unterschiedliche Mundarten. Bis ins 20. Jahrhundert verstand ein Großteil der Bevölkerung nur den Heimatdialekt. Wichtige Faktoren für die Verbreitung der italienischen Schriftsprache waren die Einigung Italiens (1871), die Einführung der allgemeinen Schulpflicht und wie überall das in Italien lebensnotwendige Fernsehgerät.

Ein typisches Merkmal des toskanischen Dialekts ist die Aussprache des C, das wie ein h ausgesprochen wird und bei so einfachen Dingen wie Coca-Cola = Hoha-Hola durchaus zu Verständigungsschwierigkeiten führen kann.

Die langsame sprachliche Entwicklung einer italienischen Einheitssprache ist wahrscheinlich ein Grund dafür, daß sich die Italiener bis heute mit dem Erlernen von Fremdsprachen sehr schwer tun. Eine einfache englische Konversation ist selbst für viele Italiener mit Hochschulabschluß ein fast unüberwindbares Hindernis. In den überlaufenen Tourismuszentren haben viele Hotelangestellte und Kellner zwar ein bißchen Deutsch gelernt. Es beschränkt sich aber nur auf einige Redewendungen für die notwendige Alltagskommunikation. Deutsch gilt in Italien als eine sehr schwer erlernbare Sprache.

Goldenen Herbst: Pilzverkäufer in Arezzo

Frauen unter sich

Vielfalt: Wochenmarkt in Pisa

Herrschaftlich: Villa Medicea in Poggio a Caiano

Vollkommene Proportionen: Die Vasari-Loggien in Arezzo

Traditionell: Handwerkskunst in Impruneta

Abendstimmung in Lucca

Nostalgisch Gartenfiguren aus Impruneta

Romantisch: Die Ponte del Diavolo in Borgo a Mozzano

Malerischer Hafen: Marciana Marina auf Elba

Weingärten und Olivenhaine: Val d'Elsa

Gastfreundschaft: Weinprobe bei Gino Fuso

Fascinierendes Ortsbild: Pitigliano

Mittelalterlich: Die Stadtmauer von Monteriggioni

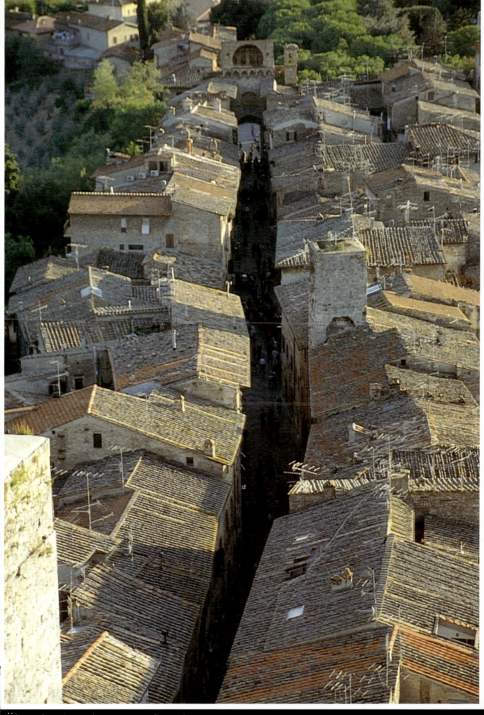

Über den Dächern von San Gimignano

Einzigartig: Das Kloster Sant' Antimo

Fratzen und Dämonen: Kapitelle von Sant' Antimo

Unverändert: Klosterleben in La Verna

Vollendete Baukunst: Santa Maria Novella

Farbenpracht: Karneval in Viareggio

Weltberühmt: Der Palio von Siena

Vergnügen für Jung und Alt: Im Pinocchio-Park

Badespaß: Die Schwefel-Quellen von Saturnia

Einsamer Strand: Parco dell' Uccellina

Idyllisch: Die Therme von Bagno Vignoni

Stimmungsvoll: Die weite Landschaft der Maremma

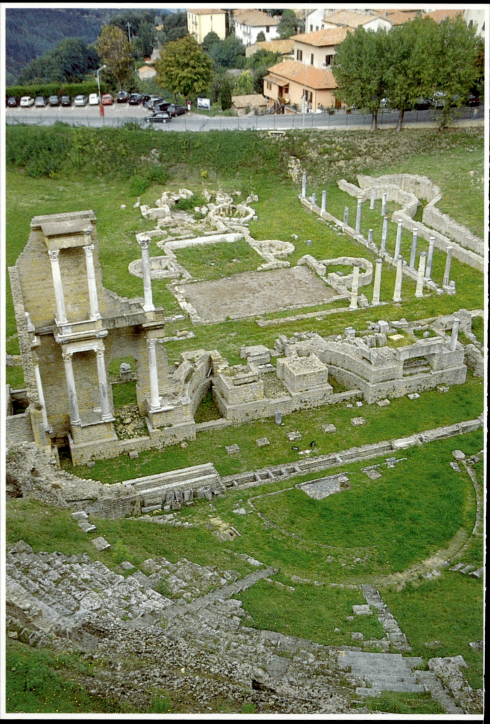

Römische Zeugnisse: Amphitheater in Volterra

3 REISEHINWEISE FÜR DIE TOSKANA

3.1 PRAKTISCHE REISETIPS VON A - Z

Inhalt

Ärztliche Versorgung 58	Karten 67
Abkürzungen 58	Kreditkarten 67
Apotheke 58	Netzspannung 67
Auskunft 58	Notfall 68
Autofahren 60	Öffnungszeiten 68
Autoverleih 61	Öffentliche Verkehrsmittel 68
Banken 61	Polizei 68
Benzin 61	Post/Porto 68
Busse 61	Reiseveranstalter 69
Camping 62	Reisezeit 69
Diebstahl 62	Reiten 69
Diplomatische Vertretungen 62	Restaurant 69
Einkaufen/Souvenirs 63	Sport 70
Einreise 63	Sprache/Sprachkurse 70
Eisenbahn 63	Taxi 71
Essen 63	Telefonieren 71
Fähren 63	Trinkgeld 71
Fahrradfahren 64	Urlaub auf dem Bauernhof/
Ferien/Feiertage 64	Agriturismo 71
Ferienwohnungen 65	Veranstaltungen 72
Fernsehen 65	Verkehrsregeln 72
Feste/Feiern 65	Versicherungen 72
Flugverbindungen 65	Währung/Devisen 72
Fotografieren 65	Wandern 73
Geld 65	Wintersport 73
Golf 66	Zeitungen 74
Hotel 66	Zollbestimmungen
Jugendherberge 67	bei der Rückreise 74

3.1 Praktische Reisetips von A - Z

A Ärztliche Versorgung

Für die Reise in EU-Länder gibt es einen einheitlichen Auslandskrankenschein, den **E 111**, erhältlich bei allen gesetzlichen Krankenkassen. Bevor der Erkrankte sich bei einem Arzt behandeln lassen kann, muß er mit diesem Formular zuerst zur Unità Sanitaria Locale (lokale Sanitätsstelle) und sich dort einen italienischen Krankenschein holen. Seit einer Gesundheitsreform 1980 wurden die defizitären staatlichen Krankenkassen (in allen größeren Orten) aufgelöst und auf die Regionen übertragen. Kostenlos wird man nur bei Vertrauensärzten der Sanitätsstellen behandelt.

Die Umstellung brachte erhebliche organisatorische Schwierigkeiten und Mängel mit sich, die sich auf die Betreuung der Patienten auswirkte. Im dringenden Notfall ist dieser bürokratische Weg zu umständlich und langwierig. Tritt der Krankheitsfall nachts und an Wochenenden ein, haben die Sanitätsstellen in Italien geschlossen. Aufgrund der zum Teil monatelangen Wartefristen wird das neue System durch ein ausgeklügeltes "System" von Privatärzten ausgehöhlt, bei denen jeder Patient gegen Barzahlung sofort behandelt wird. Für Urlauber bedeutet das, daß der behandelnde Arzt den italienischen Krankenschein meistens nicht annimmt, da er nur Privatpatienten behandelt und in bar bezahlt werden muß. In diesem Fall lassen Sie sich eine genaue Rechnung (Ricevuta fiscale) mit Diagnose, Behandlungsart und Kosten ausstellen. Bei ihrer Krankenkasse bekommen Sie den Betrag, auch ohne Vorlage des E 111, zurückerstattet. Trotzdem sollten Sie den E 111 unbedingt mitnehmen. Denn bei größeren Kosten, die Sie nicht selbst bezahlen können, wie z.B. bei einer stationären Behandlung im Krankenhaus, rechnet der jeweilige Träger direkt mit Ihrer Krankenversicherung ab. Die Kosten für einen notwendigen Rücktransport deckt nur eine private Auslandskrankenversicherung ab, die von privaten Versicherern und Automobilclubs angeboten wird. In ganz Italien gilt die Notrufnummer 113 und für den Abschleppdienst 116.

⇨ **Abkürzungen**

A.P.T. = Azienda Promozione Turistica, A.C.I. = Automobil Club d'Italia, DZ = Doppelzimmer, F.S. = Ferrovie dello Stato, HP = Halbpension, L. = Lire, Loc. = Località (Ortsteil), T.C.I. = Touring Club Italiano

⇨ **Apotheke**

Bei Apotheken (Farmacia) sind zum Teil auch Medikamente erhältlich, die bei uns rezeptpflichtig sind. Lassen Sie sich in diesem Fall eine detaillierte Quittung ausstellen. Sie bekommen dann die Kosten für rezeptpflichtige Medikamente von Ihrer Krankenkasse erstattet. Die Adressen der im Notfall zuständigen Apotheken, nachts und an Wochenenden, hängen in jeder Apotheke aus. Apotheken sind in der Regel zwischen 8.30-13 u. 16.15-19.45 Uhr geöffnet.

⇨ **Auskunft**

Vor Reiseantritt sind erste allgemeine Informationen in deutscher Sprache bei der ENIT erhältlich. Folgendes sollten Sie erfragen: Angaben zu den Provinzen und Städten, die Sie besuchen wollen, Hotel- oder Campingverzeichnis und Landkarten.

3.1 Praktische Reisetips von A - Z

In Deutschland	Staatliches Italienisches Fremdenverkehrsamt ENIT (Ente Nazionale Industrie Turistiche)	60329 Frankfurt a. M., Kaiserstraße 65, Tel.: 069/237430, Fax: 069/232894
		80336 München, Goethestraße 20, Tel.: 089/530360-530369, Fax: 089/534527
		40212 Düsseldorf, Berliner Allee, Tel.: 0211/132231-132232, Fax: 0211/134094
In der Schweiz	Staatliches Italienisches Fremdenverkehrsamt ENIT	8001 Zürich, Uraniastraße 32, Tel.: 01/2113633/2117917, Fax: 01/2113885
		1204 Genf, 3, Rue du Marché, Tel.: 022/282922/3120224
In Österreich	Staatliches Italienisches Fremdenverkehrsamt ENIT	1010 Wien, Kärntner Ring 4, Tel.: 01/654374, Fax: 01/5050248
In der Toskana	Zuständig für die gesamte Region Toskana ist: Regione Toscana, Giunta Regionale, Dipartimento Attività-Produttive, Turismo, Formazione Professionale, Servizi alle Imprese (Servizio N. 86, Promozione Turistica, Turismo Sociale e Sport), Via di Novoli 26, 50127 Firenze, Tel.: 055/4362111, Fax: 055/4383064.	

Staatliche Fremdenverkehrsämter der einzelnen Provinzen	
Jede Provinz hat ein staatliches Fremdenverkehrsamt mit Sitz in den Provinzhauptstädten: Azienda di Promozione Turistica kurz APT genannt. Hier erhalten Sie kostenlos Stadtpläne, Unterkunftsverzeichnisse und sonstiges Informationsmaterial.	
Abetone-Pistoia-Montagna Pistoiese	APT, Via Marconi 28, 51028 San Marcello Pistoiese, Tel.: 0573/6301454, Fax: 0573/622120
Amiata	APT, Via Mentana 97, 53021 Abbadia San Salvatore, Tel.: 0577/778608, Fax: 0577/779013
Arcipelago Toscano/ Toskanischer Archipel	APT, Calata Italia 26, 57037 Portoferraio, Tel: 0565/914671/2, Fax: 0565/916350
Arezzo	APT, Piazza Risorgimento 116, 5210 Arezzo, Tel.: 0575/23952/3, Fax: 0575/28042
Chianciano Terme – Val di Chiana	APT, Via G. Sabatini 7, 53042 Chianciano Terme, Tel.: 0578/63538/9, Fax: 0578/64623
Firenze	APT, Via Manzoni 16, 50121Firenze, Tel.: 055/23320, Fax: 055/2346286
Grosseto	APT, Viale Monterosa 206, 58100 Grosseto, Tel.: 0564/454510-454527, Fax: 0564/454606
Livorno	APT, Piazza Cavour 6, 57100 Livorno, Tel.: 0586/898111-899798-899112, Fax: 0586/896173
Lucca	Piazza Guidiccioni 2, 55100 Lucca, Tel.: 0583/491205, Fax: 0583/490766
Massa Carrara	APT, Lungomare Vespucci 24, 54037 Marina di Massa, Tel.: 0585/240046, Fax: 0585/869015
Montecatini Terme	APT, Viale Verdi 66, 51016 Montecatini Terme, Tel.: 0572/772244, Fax: 0572/70109
Pisa	APT, Via Benedetto Croce 26, 56100 Pisa, Tel.: 050/40096-40202, Fax: 050/40903

3.1 Praktische Reisetips von A - Z

Prato	APT, Via Cairoli 48, 50047 Prato, Tel. u. Fax: 0574/24112
Siena	APT, Via di Città 43, 53100 Siena, Tel.: 0577/42209, Fax: 0577/281041
Versilia	APT, Piazza Mazzini 22, 55049 Viareggio, Tel.: 0584/48881/2/3-962233, Fax: 0584/47406

Zweigstellen der staatlichen Fremdenverkehrsämter gibt es in fast allen größeren Städten, die meistens **ufficio informazioni** (Touristeninformation) genannt werden.

Kleinere Orte, auch in unbekannteren Gegenden, verfügen über Informationsbüros, die von der Gemeinde getragen werden und **Pro Loco** heißen. Meistens erhalten Sie hier detailliertere Informationen als bei den staatlichen Stellen.

⇨ Autofahren

Die italienische Fahrweise ist auf den ersten Blick chaotisch. Man fährt schneller, achtet weniger auf die Verkehrsregeln, klebt dem Vordermann auf der Stoßstange, und aus zwei Fahrspuren werden oft vier. Während rote Ampeln in Norditalien noch Halt bedeuten, wird in Rom, Neapel und Palermo einfach weitergefahren. Dafür achten italienische Autofahrer mehr auf die anderen Verkehrsteilnehmer und regen sich lange nicht so schnell auf. Die Polizei übrigens auch nicht. Man sollte auf jeden Fall defensiv und umsichtig fahren, sich dem Verkehr so gut wie möglich anpassen und sich immer darüber bewußt sein, daß im Zweifelsfall der Stärkere Vorfahrt hat.

Oldtimertreffen in San Quirico d'Orcia

Auch wenn die Polizei nicht so schnell Strafzettel ausstellt, sollte man in Städten wie Florenz Falschparken in der **zona rimorchio** (Abschleppzone) vermeiden. Hier werden Autos schnell abgeschleppt.

Bei kleineren Blechschäden ist es oft besser, sich mit dem anderen Verkehrsteilnehmer zu einigen. Bei größeren Schäden notieren Sie sich unbedingt die Versicherungsnummer und die Versicherungsgesellschaft, die in italienischen Fahrzeugen immer an der Windschutzscheibe aushängen.

■ **Wichtige Verkehrsbestimmungen**:
In Italien besteht Anschnallpflicht und für Motorräder Helmpflicht, auch wenn die meisten ohne fahren. Die Höchstgeschwindigkeit beträgt für Pkw und Motorräder ab 150 ccm in geschlossenen Ortschaften 50 km/h, auf Landstraßen 90 km/h, auf Schnellstraßen 110 km/h, auf Autobahnen 130 km/h, für Pkw mit Anhänger gilt auf Land- und Schnellstraßen 70 km/h und auf der Autobahn 80 km/h, Wohnmobile dürfen auf Land- und Schnellstraßen 80 km/h und auf Autobahnen 100 km/h fahren.

3.1 Praktische Reisetips von A - Z

■ **Wichtige Verkehrsschilder**: zona pedonale = Fußgängerzone, senso unico = Einbahnstraße, strada senza uscita = Sackgasse, divieto di accesso = Zufahrt verboten, rallentare = langsam fahren, zona rimorchio = Abschleppzone, traffico limitato = nur eingeschränkter Verkehr zum Be- und Entladen, parcheggio = Parkplatz, attenzione uscita veicoli = Vorsicht Ausfahrt, dievieteo di accesso = Zufahrt verboten, centro = Zentrum.

■ **Autobahn/Autostrada**
In Italien sind die Autobahnen bis auf bestimmte Teilstücke, wie die Strecke Florenz – Siena, kostenpflichtig, da sie von Privatunternehmen gebaut werden.

■ **Mautstellen** (Alt stazione) gibt es an jeder Einfahrt. Bei Druck auf einen roten Knopf wird ein Ticket ausgegeben. Bei der nächsten Alt stazione wird mit diesem Ticket elektronisch abgerechnet. Auf einer Tafel erscheint die zu bezahlende Summe. Es ist sinnvoll, das Ticket und das Geld möglichst passend bereit zu halten. An allen Mautstellen gibt es mehrere Zahlhäuschen. An den Seiten gibt es Extraspuren für **Viacard**-Besitzer, die meistens leerer sind. Mit dieser Scheckkarte, erhältlich ab 50.000 Lire in Raststätten, Grenzübergängen, ADAC und ACI, können Sie bargeldlos bezahlen. Eine Viacard lohnt sich nur, wenn man die Autobahn häufig benutzt.

⇨ **Autoverleih**

Die Firmen Avis, Hertz und Sixt haben in jeder größeren Stadt in der Toskana eine Niederlassung, auch an den beiden Flughäfen von Pisa und Florenz. Es ist ratsam, in der Hauptsaison mehrere Wochen vorher zu buchen. Wichtig, in Italien bekommen Sie ohne Kreditkarte keinen Leihwagen ausgehändigt.

B Banken

Siehe Stichwort "Währung/Devisen"

⇨ **Benzin**

Noch bis vor einigen Jahren war Benzin in Italien sehr teuer. Durch die Abwertung der Lire und durch die Mineralölsteuererhöhung in Deutschland sind die Preisunterschiede nicht mehr erheblich. Dieselkraftstoff (gasolio) ist in Italien erheblich billiger. Bleifrei (senza piombo) ist mittlerweile fast überall erhältlich. Benzingutscheine sind bereits seit einigen Jahren abgeschafft.

Achten Sie darauf, daß Tankstellen (außer an Autobahnen) meistens in der Mittagspause von 12.30-15.30, nachts und an Wochenenden geschlossen sind. Manchmal gibt es Zapfstellen, die Kreditkarten und große Geldscheine akzeptieren. Darauf sollte man sich nicht verlassen.

⇨ **Busse**

Das Liniensystem von **Stadtbussen** ist schwer zu durchblicken, da oft keine Pläne an den Haltestellen aushängen. Man muß sich also durchfragen. An Haltestellen und in den Bussen werden keine Fahrkarten verkauft, sondern in Bars, Tabakläden und Kiosken in der Nähe.

3.1 Praktische Reisetips von A - Z

Haltestellen für **Überlandbusse** befinden sich oft beim Hauptbahnhof. Das Eisenbahnnetz ist bei weitem nicht so dicht wie in Deutschland. Fast alle Orte, auch die kleinsten, werden aber von privaten Autobuslinien angefahren.

C Camping

In der Toskana gibt es insgesamt 206 Campingplätze. Die meisten liegen in der Küstenregion und auf Elba. Bei den Städten gibt es relativ wenige oder gar keine Plätze, wie z.B. bei Prato. In der Hauptsaison sind sie meist mittags schon ausgebucht. Italienische Campingplätze sind in der Regel gut ausgestattet und werden in ein bis vier Sterne Kategorien unterteilt.

Bei den Hauptfremdenverkehrsämtern in Deutschland und in der Toskana ist kostenlos ein Verzeichnis mit allen Campingplätzen, Feriendörfern und Jugendherbergen erhältlich: Toscana, Campeggi-Villaggi Turistici-Ostelli, herausgegeben von Regione Toscana, Giunta Regionale. Die Erklärungen sind auch ins Englische, Französische und Deutsche übersetzt.

Zu empfehlen ist außerdem der ADAC-Campingführer Südeuropa, erhältlich in allen ADAC-Geschäftsstellen.

D Diebstahl

Wie in allen touristischen Zentren sollte man auch in den größeren Städten in der Toskana besonders auf die Handtasche achten, nicht zuviel Bargeld mit sich führen und keine Wertgegenstände sichtbar im Wagen liegenlassen, sondern lieber im Hotelsafe einschließen. Es ist ratsam, den Wagen über Nacht in der Hotelgarage oder in einer bewachten Garage oder einem Parkplatz unterzustellen. Die Gebühr beträgt meist um die 15.000-20.000 Lire. Tagsüber lassen Sie am besten das geleerte Handschuhfach offen.

Wichtig: Wenn Sie eine Reisegepäckversicherung abgeschlossen haben, müssen Sie noch am selben Tag Anzeige bei der nächsten Polizeibehörde (Questura) erstatten.
Das gleiche gilt bei Verlust oder Diebstahl des Personalausweises (Carta d'Identità) oder des Reisepasses (Passaporto).

⇨ Diplomatische Vertretungen

Deutsche Botschaft	00198 Rom, Via Po 25 C, Tel.: 06/884741
Schweizerische Botschaft	0198 Rom, Via Barnaba Oriani 61, Tel.: 06/803641
Österreichische Botschaft	00198 Rom, Via Pergolesi 3, Tel.: 06/868241
Konsulat	50100 Firenze, SS. Apostoli 22, Tel.: 055/294722
Italienische Botschaft	in der BRD: Karl-Finkenburg-Straße 51, 53173 Bonn 2, Tel.: 0228/82006-0
	in der Schweiz: 3000 Bern, Elfenstraße 14, Tel.: 031/444151
	in Österreich: 1030 Wien, Metterlinggasse 13, Tel.: 1/71251210

3.1 Praktische Reisetips von A - Z

E Einkaufen/Souvenirs

Typische Souvenirs sind Lederwarenartikel, wie Schuhe, Taschen und Gürtel aus Florenz, Gold- und Silberschmuck, Töpferware aus Impruneta, Alabastergegenstände aus Volterra, Kristallwaren aus Colle di Val d'Elsa und Antiquitäten. Zu den beliebtesten Mitbringseln aus der Toskana gehören auch Lebensmittel: kaltgepreßtes Olivenöl, Mandelgebäck, Peccorino-Käse und natürlich die Weine der verschiedenen Anbaugebiete.

⇨ **Einreise**

Besucher aus Deutschland, Schweiz und Österreich benötigen bei der Einreise nach Italien lediglich einen gültigen Personalausweis oder Reisepaß (bei einem Aufenthalt bis zu drei Monaten). Kinder unter 16 Jahren sollten im Paß ihrer Eltern eingetragen sein oder einen Kinderausweis mitführen. Für Haustiere benötigen Sie ein amtstierärztliches Gesundheitszeugnis, das nicht älter als 30 Tage ist und eine Bescheinigung über die letzte Tollwutimpfung (max. 12 Monate und mind. 30 Tage alt). In Italien gilt für Hunde die Maulkorb- und Hundeleinepflicht.

⇨ **Eisenbahn**

EC- und ICE-Züge mit Schlaf- und Liegewagen fahren ab München, Frankfurt, Hamburg, Zürich und Wien nach Florenz. Italien ist ein sehr günstiges Bahnland. Wer viel mit der Bahn in Italien herumfährt, kann sich einen der italienischen Bahnpässe anschaffen. In Deutschland sind sie bei der Kölner Auslandsvertretung der italienischen CIT-Reisebüros (CIT=Compagna Italiana Turismo), Komödienstraße 49, 50667 Köln, Tel.: 0221/2070916-18, erhältlich.

⇨ **Essen**

siehe Kap. 3.2.2

F Fähren

In der Hauptsaison, Ostern, Pfingsten und im August sollten Sie unbedingt über ein heimisches Reisebüro mehrere Wochen vorher buchen und eine Stunde vor der Abfahrt am Hafen sein, da die Stellplätze sonst an Wartende vergeben werden. In der Nachsaison können Sie bedenkenlos erst am Hafen buchen. Wichtig: In der Nebensaison gibt es zum Teil große Preisunterschiede der einzelnen Linien.

Navarma Lines	Ticketverkauf: Hafen Piombino, Tel.: 0565/221212-225211, Viale Elba 4, 57037 Portoferraio, Tel.: 0565/9361, Fax: 0565/916758, Verbindungen nach Elba, Korsika und Sardinien
Elba Ferries	Ticketverkauf: Hafen Piombino, Tel.: 0565/220956, Fax: 0565/220996, Hafen Portoferraio, Tel.: 0565/930676, Fax: 0565/930673, Fährverbindung nach Elba

3.1 Praktische Reisetips von A - Z

Toremar	Ticketverkauf: Hafen Piombino, Tel.: 0565/31100-32508, Hafen Portoferraio, Tel.: 0565/918080, Fährverbindung von Portoferraio zur Isola di Capraia
	Ticketverkauf: Porto Mediceo, Tel.: 0586/896113, Fax: 0586/887263, Fährverbindung Livorno – Isola di Capraia
	Porto Santo Stefano, Tel.: 0564/814615, Isola del Giglio, Tel.: 0564/809349
Lloyd Sardegna	Ticketverkauf: Hafen Piombino, Tel.: 0565/222300, Fährverbindung nur nach Sardinien
Maregiglio	Porto Santo Stefano, Tel.: 0564/812920, Isola del Giglio, Tel.: 0564/809309, veranstaltet auch Inselrundfahrten und Ausflüge auf die Insel Giannutri
Corsica Ferries	Stazione Marittima, buchen über Tel.: 0586/989979-881380, Fax: 0586/896103, Fährverbindung Livorno – Bastia (Korsika)
Corsica Marittima	Stazione Marittima, Tel.: 0586/210507, Fax: 0586/210515, von April-Sept. Fährverbindung Livorno-Bastia und Livorno-Porto Vecchio (Korsika)
Moby Lines	Stazione Marittima, Tel.: 0586/890325, Fax: 0586/888630, Fährverbindung Livorno-Bastia-Bonifacio (Korsika) und Livorno-Olbia (Sardinien)
Sardinia Ferries	Stazione Marittima, Tel.: 0586/881380, Fax: 0586/896103, buchen über Tel.: 0586/898979, Fährverbindung Livorno-Golfo Aranci (Sardinien)
Compagnia Sarda Navigazione Linea dei Golfi	Varco Galvani-Calata Assab-Porto Nuovo, Tel.: 0586/409925, Fax: 0586/401213, Fährverbindung Livorno-Olbia (Sardinien)
Sicil Ferry	buchen über Tel.: 010589331, Fährverbindung Livorno-Palermo (Sizilien)

⇨ **Fahrradfahren**

Radfahren ist in ganz Italien ein beliebter Volkssport und kommt gleich nach Fußball. Wegen der vielen Steigungen in den Bergregionen der Toskana sollte man eine gute Kondition und am besten ein Mountainbike mitbringen. Mittlerweile gibt es in der gesamten Region etliche Verleiher, die auch berg- und geländetaugliche Räder ausleihen.

Ausgebaute Radfahrwege sind in der Toskana sehr selten. Aber Autofahrer benehmen sich sehr rücksichtsvoll gegenüber Radlern. Ihr Hupen dient nur einer wohlgemeinten Warnung und selten einer Kritik. Informationen zu organisierten Radwanderreisen und Mountainbike-Touren mit Reiseleiter, Bus und Radanhänger erhalten Sie im Reisebüro. Zuverlässige Veranstalter sind zum Beispiel Kögel Rad Reisen in Radolfzell, Velo-Tours mit Geschäftsstellen in der Schweiz und in Freiburg und jester bike-tours in Konstanz.

⇨ **Ferien/Feiertage**

Ganz Italien macht im August Urlaub. In dieser Zeit sind fast alle Betriebe geschlossen, die Autobahnen oft verstopft und die Strände überfüllt. Höhepunkt für die italienischen Urlauber ist Ferragosto am 15. August. Mariä Himmelfahrt ist das Hauptfest der Marienverehrung und zugleich das wichtigste Familienereignis in Italien. Beachten Sie, daß an diesem Tag alles geschlossen ist.

Weitere Feiertage: Weihnachten (Natale), Neujahr (Capodanno), Dreikönigsfest am 6.1. (Befana), Ostersonntag und -montag (Pasqua), 25. April – Tag der Befreiung vom Faschismus (La Resistenza), 1. Mai – Tag der Arbeit (Festa del Lavoro), Pfingstsonntag (Pentecoste),

⇨ **Ferienwohnungen**

siehe Stichwort "Urlaub auf dem Bauernhof"

⇨ **Fernsehen**

Die staatliche Fernseh- und Hörfunkanstalt RAI (Radiotelevisione Italiana, 1924 gegründet) besitzt drei staatliche Fernsehprogramme (Rai Uno, Rai Due und Rai Tre). Daneben gibt es zahlreiche nationale und lokale Privatsender. In Hotels mit TV im Zimmer ist oft auch ein deutscher Sender (SAT oder RTL) eingespeist.

⇨ **Feste/Feiern**

siehe Kap. 3.2.1

⇨ **Flugverbindungen**

Internationale Flughäfen sind in Florenz und Pisa. Direktflüge starten täglich von Frankfurt nach Pisa von Ende März bis Ende Oktober mit der Lufthansa (Hin- und Rückflug für 660 DM, Flugzeit ca. 1,5 Stunden). Die Allitalia fliegt täglich ab Stuttgart mit Umsteigen in München nach Pisa (Hin- und Rückflug für 530 DM, Flugzeit mit Umsteigen ca. 4 Stunden). Die Lufthansa fliegt das ganze Jahr über täglich von München nach Florenz (Hin- und Rückflug für 555 DM, Flugzeit ca. 1,5 Stunden) oder von Stuttgart über München nach Florenz (Hin- und Rückflug 660 DM).

Wichtigster Flughafen ist der "Galileo Galilei" in Pisa mit den täglichen Direktverbindungen nach Deutschland. Der Flughafen verfügt über eine gute Bus- und Bahnanbindung (die Gleise liegen direkt am Flughafenausgang).

⇨ **Fotografieren**

In allen Museen und Kirchen ist das Fotografieren mit Blitzlicht und Stativ verboten. Filmmaterial ist problemlos in allen Städten erhältlich. Allerdings sind Filme in Italien teuer. Es lohnt sich daher, einen kleinen Vorrat mitnehmen.

G Geld

siehe Stichwort "Währung/Devisen"

3.1 Praktische Reisetips von A - Z

⇨ **Golf**

Die meisten Golfplätze in der Toskana sind ganzjährig geöffnet. Bei den staatlichen Fremdenverkehrszentralen der ENIT können Sie Prospekte über das Golfangebot anfordern.

In jedem guten Reisebüro erhalten Sie das Olimar-Golf-Sonderprogramm.

H Hotel

In den Städten Florenz und Siena ist fast das ganze Jahr über Saison. Es empfiehlt sich also eine Vorausbuchung. Während man in diesen Tourismuszentren nur selten mit Preisnachlässen rechnen kann, sind die Nebensaison-Preise in den unbekannteren Gegenden deutlich niedriger.

Die Fremdenverkehrsämter bieten keinen kostenlosen Reservierungsservice an. Man kann aber in den jeweiligen Gegenden ein jährlich aktualisiertes Unterkunftsverzeichnis (elenco degli alberghi) anfordern. Sie enthalten außer Hotels und Pensionen meist auch Campingplätze, Jugendherbergen, Ferienanlagen und Agriturismo-Betriebe.

In den meisten Städten gibt es eine Vereinigung der Hotelbesitzer (Associazione Albergatori). Hier können Sie Prospektmaterial anfordern und buchen.

Der schnellste und einfachste Weg ist die direkte Zimmerreservierung mittels Fax. Fast alle Hotels verfügen mittlerweile über ein Faxgerät. Sie können Ihre Anfrage auf Deutsch oder, wer auf Nummer Sicher gehen will, auf Englisch verfassen. Ihr Brief sollte folgende Punkte enthalten: Angabe Ihrer Adresse, der Zeitraum, Einzel- oder Doppelzimmer, Preisanfrage und die Bitte um einen Hotelprospekt. In den großen Städten empfiehlt es sich auch, nach einer hoteleigenen Garage oder einer bewachten Parkmöglichkeit in nächster Nähe zu fragen, da es in den Innenstädten zum Teil überhaupt keine Parkplätze gibt.

Hotels und Pensionen werden von den Fremdenverkehrsämtern der Provinzen bewertet und in fünf Kategorien eingeteilt:

***** Hotels der Luxusklasse mit allem Komfort und guten Restaurants. Sehr teuer.
**** Hotels der 1. Kategorie mit gehobener Ausstattung. Dazu gehören Bad/WC, Telefon, Farbfernseher, Minibar, Klimaanlage und Heizung.
*** Hotels der gehobenen Mittelklasse. Bei einer Unterkunft dieser Kategorie liegt man meistens richtig. In der Regel haben alle Zimmer ein Bad. In kleineren Orten, wie in San Gimignano, entspricht der Standard eines *** Hotels oft einer Unterkunft mit ****. Zur Ausstattung gehören ebenfalls Bad/WC, Telefon, Farbfernseher, Minibar, Klimaanlage und Heizung.
** Hotels der unteren Mittelklasse, zum Teil mit großen Qualitätsunterschieden in punkto Sauberkeit und Ausstattung.
* An die Ausstattung dieser einfachen Pensionen sollte man keinerlei Ansprüche stellen. Bäder und Toiletten befinden sich meistens auf dem Gang.

Je nach Standort und Saison liegen die Preise und das Qualitätsniveau der verschiedenen Kategorien weit auseinander. Alle von mir angegebenen Preise geben den Mindestbetrag in der Nebensaison und den Höchstbetrag in der Hauptsaison für ein Doppelzimmer (immer für zwei Personen) an. Man beachte, daß meistens das Frühstück nicht im Zimmerpreis enthalten ist (non compresa).

Hotels sind verpflichtet, in jedem Zimmer die aktuellen Preise (prezzi massimi giornalieri) für die Hauptsaison (alta stagione) und die Nebensaison (bassa stagione) auszuhängen. Die Halb- und Vollpensionpreise gelten pro Person (Getränke müssen immer extra bezahlt werden). Das gleiche gilt für das Frühstück (prima colazione), das mit 15.000-20.000 Lire unverhältnismäßig viel kostet. Wenn Ihnen das zu teuer ist, machen Sie es doch wie die Einheimischen. Da in Italien nur wenig Wert auf das Frühstück gelegt wird, gehen die meisten in die nächste Bar, trinken dort im Stehen einen Cappuccino und essen ein mit Marmelade gefülltes Hörnchen (Brioche) dazu. In der Regel ist der Kaffee viel besser, die Brioches kommen frisch vom Bäcker und schmecken ausgezeichnet.

Die Hauptsaisonzeit (Periodo di alta stagione) ist ebenfalls auf der Karte vermerkt. Alle Preise müssen mit der Preisliste (Tabella Prezzi), die an der Rezeption ausliegt, übereinstimmen.

J Jugendherberge

In der Toskana gibt es ingesamt 17 Jugendherbergen (Ostello per la Gioventù). Die meisten sind in Florenz und Umgebung zu finden. Weitere befinden sich in Arezzo, Cortona, Lucca, Siena, San Gimignano, Volterra, Pisa, Livorno, Marina di Massa, Abetone. Die meisten sind nicht ganzjährig geöffnet. Für die Hochsaison ist eine Vorbuchung unerläßlich, wichtig ist die Mitnahme des heimatlichen Jugendherbergsausweises.

K Karten

ADAC-Mitglieder erhalten bei jeder ADAC-Geschäftsstelle kostenlos ein sogenanntes TourSet. Darin sind alle Überblickskarten, die Sie von Ihrem Wohnort bis ins Urlaubsland benötigen, enthalten. Ein in Stuttgart zusammengestelltes Tourset enthält: Deutschland Süd, Österreich, Schweiz, Italien gesamt und Toskana. Für die An- und Abreise in Verbindung mit einem Autoatlas ist dieses Kartenmaterial ausreichend. Für die Fahrt durch die Toskana sollte man sich zusätzlich unbedingt eine Toskana-Karte im Maßstab 1:200.000 besorgen. Zu empfehlen ist die Toskana-Karte 1:200.000 von Kümmerly + Frey. Sie ist sehr genau und enthält auch die kleinsten Ortschaften.

⇨ Kreditkarten

siehe Stichwort "Währung/Devisen"

N Netzspannung

In der Regel 220 Volt. Da die deutschen Schukostecker oft nicht in die italienischen Steckdosen passen, ist ein Zwischenstecker erforderlich. In Deutschland sind diese Adapter in jedem Elektrogeschäft erhältlich.

3.1 Praktische Reisetips von A - Z

⇨ Notfall

Unter der Notrufnummer 113 (Notruf = soccorso pubblico di emergenza) erreichen Sie in ganz Italien die Polizei. Sie schickt Ihnen dann die Unfallhilfe (= pronto soccorso).

O Öffnungszeiten

Die Öffnungszeiten werden kommunal geregelt und unterliegen keinen strengen Kontrollen. Deshalb wird man nie ein einheitliches Prinzip erkennen können. Generell gilt: **Geschäfte** haben von Mo-Fr 8.30/9-12.30/13 Uhr und mittags von 15/15.30-19.30 Uhr geöffnet, im Sommer nachmittags von 16/17-20/20.30 Uhr. Die meisten Geschäfte haben Samstagnachmittag und Sonntag, außer in Tourismuszentren, geschlossen. Lebensmittelläden haben oft Sonntag morgens geöffnet.

Kirchen sind täglich von 7-12/13 und 16/17-19/20 Uhr geöffnet. Von einer Besichtigung während der Messen ist abzuraten.

Für **Museen** gibt es gar keine einheitlichen Öffnungszeiten. Von Stadt zu Stadt werden sie völlig neu festgelegt und können sich auch mehrmals im Jahr ändern. Einziger Anhaltspunkt ist, daß staatliche Museen meistens montags geschlossen sind. Alle in diesem Buch angegebenen Museumsöffnungszeiten gelten für 1996.

⇨ Öffentliche Verkehrsmittel

siehe Stichwörter "Busse", "Eisenbahn", "Flug", "Taxi"

P Polizei

Die Polizei ist in mehrere Gruppen unterteilt. Die **Vigili Urbani** regeln in den Städten den Verkehr, auf dem Land die **Polizia Stradale**. Ansonsten sind die **Polizia** oder die **Carabinieri** zuständig. Letztere sind dem Verteidigungsministerium unterstellt und an den auffallenden Uniformen mit schwarzen Stiefeln und roten Seitenstreifen zu erkennen. Die **Guardia di Finanza** ist die Zollbehörde.

⇨ Post/Porto

Briefe und Postkarten können in der Urlaubszeit durchaus über eine Woche unterwegs sein.

Öffnungszeiten der Postämter: Mo-Fr 8.30-14 Uhr, Sa 8.30-12 Uhr, Hauptpostämter haben bis 18 Uhr geöffnet.

Außer in den Postämtern erhält man Briefmarken (Francobolli) in fast allen Tabakläden (Tabacchi), die an einem großen schwarzen Schild mit einem T zu erkennen sind.

Das Porto für Postkarten beträgt 650 Lire, für Briefe 750 Lire.

R Reiseveranstalter

In den letzten Jahren gibt es einen regelrechten Boom bei Ferienwohnungen und -häusern. Jedes gute Reisebüro in Deutschland führt mehrere Spezialanbieter für die Toskana. Aber denken Sie daran: Die Toskana ist ein begehrtes Urlaubsziel und schnell ausgebucht. Eine zumeist preiswertere Alternative sind private Anzeigen in Tageszeitungen, denn viele Deutsche besitzen hier ihr Feriendomizil, das sie oft zu wesentlich günstigeren Konditionen während ihrer Abwesenheit vermieten.

Empfehlenswerte **Spezialanbieter** für Hotels und Ferienwohnungen:
- **Olimar Reisen** ist bekannt als Portugal-Spezialveranstalter. Seit vier Jahren bietet Olimar mit der Toskana ein zweites Reiseland an, das um Umbrien, Venetien und Rom erweitert wurde.
- **Ciao italia Reisen GmbH** bietet ebenfalls Unterkünfte für die Toskana, Umbrien, Venetien und Rom an, mit Schwerpunkt auf dem toskanischen Raum.
- **TUI** ist zwar kein Spezialveranstalter für die Toskana, hat aber in seinem Italien/Malta-Angebot eine kleine Auswahl an Hotels und Ferienhäusern. Die größte Auswahl bietet allerdings Olimar.

⇨ Reisezeit

Für einen Badeurlaub ist die Zeit von Juni bis September gut geeignet. Kulturbesuche in den großen Städten sollte man in dieser Zeit vermeiden, da es in den Sommermonaten sehr heiß und schwül werden kann. Auf der Insel Elba kann man noch den ganzen Oktober über im Meer baden.

Im Frühjahr, von März bis Mai, und im Herbst, von September bis Mitte November, ist die Toskana landschaftlich am reizvollsten. Wer die wichtigsten Museen in Florenz besuchen will, sollte im Winter in die Toskana reisen. Denn von Frühling bis Herbst sind die Museen überfüllt, in der Hochsaison streikt öfter das Aufsichtspersonal.

⇨ Reiten

Viele Agriturismo-Betriebe ("Urlaub auf dem Bauernhof") bieten auch Reiterferien oder Möglichkeiten für Ausritte in der Gruppe an.

⇨ Restaurant

Ausritt in der Maremma

In Italien gibt es verschiedene Gaststättenbezeichnungen. Generell gilt: **Ristorante** ist eher ein gehobenes Speiselokal mit einer gut sortierten Weinkarte und italienischer und regionaler Küche mit dementsprechendem Preisniveau.

Die **Trattoria** war früher das einfache Wirtshaus mit einer kleinen Speisekarte, die überwiegend aus regionalen Gerichten bestand. Auf dem Tisch stand der offene Hauswein, alles in allem zu günstigen Preisen. Daran hat sich einiges geändert. Hinter vielen Trattorie verbirgt sich heute, nach Speiseangebot, Service und Preis zu urteilen, ein Ristorante. Grund dafür ist sicherlich ein gewisser Nostalgietrend. Außerdem entstanden viele gute Lokale ursprünglich aus einer einfachen Trattoria heraus und fühlen sich noch der alten Tradition "cucina alla casalinga" (Hausmannskost im Sinne von schlichten aber sehr gut zubereiteten Regionalgerichten auf der Basis frischer Grundprodukte) verpflichtet. Hier bekommen Sie oft ausgezeichnete regionale Spezialitäten zu vernünftigen Preisen. Auch heute steht meistens der offene Vino da tavola auf dem Tisch. Da die Flaschenweine im Restaurant zu wesentlich günstigeren Preisen verkauft werden als bei uns, lohnt es sich immer, nach der Weinkarte zu fragen. Meist kostet der offene Hauswein zwischen 3.000 und 5.000 Lire. Flaschenweine der Qualitätsstufe liegen zwischen 10.000 und 16.000 Lire, und Riserva-Weine bekommt man bereits ab 25.000 Lire.

In der **Osteria** treffen sich die Einheimischen zur Mittagspause oder nach der Arbeit. Aus dem Ortsbild der Tourismuszentren ist dieses traditionelle Stammlokal mit "cucina alla casalinga" fast gänzlich verschwunden. Oft verbergen sich hinter dieser Bezeichnung sehr teure Edelrestaurants.

Die **Enoteca** ist ein Weinlokal mit einem großen Sortiment an italienischen Weinen, die man auch glasweise kosten kann. Dazu gibt es meist kleine Gerichte.

Das Angebot in einer **Pizzeria** ist ähnlich wie bei uns. Mit einem Unterschied: Es schmeckt viel besser, da in Italien die Pizza meistens aus einem Steinbackofen kommt und die Zutaten frischer sind.

Die **Birreria** ist ein Bierlokal, in dem kalte Speisen oder Tellergerichte serviert werden.

In der **Rosticceria**, einem Selbstbedienungsrestaurant, erhält man warme italienische Gerichte, die man entweder mitnehmen oder dort im Stehen verzehren kann. Dies sind keine Schnellimbißketten, sondern kleine Betriebe mit zum Teil sehr guter Küche. Eignet sich hervorragend als Snack für zwischendurch.

Die **Tavola Calda** ist eine Art Imbißstube, in der es ebenfalls warme Tellergerichte und eine große Auswahl an Paninis (belegte Brötchen), Focaccia (Fladenbrot) etc. gibt.

S Sport

siehe auch Stichwörter "Fahrradfahren", "Golf", "Reiten", "Wandern", "Wintersport".

⇨ **Sprache/Sprachkurse**

Da die meisten Deutschen kein Italienisch sprechen und die meisten Italiener kein Deutsch, ist es auf jeden Fall ratsam, ein **Wörterbuch** mitzunehmen. Völlig ausreichend ist das Taschenwörterbuch von Langenscheidt, Italienisch-Deutsch und Deutsch-Italienisch, mit rund 85.000 Stichwörtern. Es ist zwar mit über 1.200 Seiten etwas dick, aber durch das Taschenformat paßt es immer noch in jede Handtasche (37,80 DM).

Der Grundwortschatz Italienisch von Langenscheidt enthält 3.000 Grundwörter und ist ein nach Sachgebieten geordnetes Lernwörterbuch mit Satzbeispielen (24,80 DM).

Zu empfehlen ist der Reisesprachführer von Langenscheidt (16,80 DM). Er enthält 3.500 Stichwörter und praktische Redewendungen, die nach Sachgebieten geordnet sind. Die sinnvolle Kombination von Sprachführer und Reisewörterbuch kann Ihnen fast in jeder Situation weiter helfen.

Besonders beliebt sind die **Sprachkurse** an der Università per Stranieri di Siena. Siehe Kap. 8.3.2 unter der Rubrik Sprachkurse.

T Taxi

Taxis sind in der Regel etwas preiswerter als bei uns. Achten Sie aber auf jeden Fall darauf, daß der Fahrer den Taxameter eingeschaltet hat und keine unnötigen Besichtigungsfahrten mit Ihnen unternimmt.

⇨ **Telefonieren**

Die italienische Telefongesellschaft SIP ist von der Post getrennt. In allen größeren Städten gibt es Telefonzentralen der SIP. Sie haben in der Regel von 9-13 und 14-18 Uhr geöffnet. Ferngespräche vom Hotel aus sind wesentlich teurer. Nach der Landesvorwahl 0049 für Deutschland müssen Sie die 0 der Ortsvorwahl weglassen.

Öffentliche Münzfernsprecher (auch in Bars) funktionieren mit 100, 200 und 500 Lire Münzen und mit sogenannten Gettoni im Wert von 200 Lire, die man in Bars erhält. Für ein Ferngespräch brauchen Sie jede Menge Münzen, und das dauernde Nachwerfen ist sehr lästig. Wesentlich praktischer sind die Kartentelefone. Die Carta Telefonica kann man im Wert von 5.000 und 10.000 Lire in jedem Tabakgeschäft kaufen. Vor dem ersten Gebrauch muß man eine perforierte Ecke abreißen. Von Italien aus sind die Tarife erheblich teurer als umgekehrt. Am preiswertesten ist der Freizeittarif von 22-8 Uhr (50 % des Normaltarifs), dann kosten drei Minuten ca. 4.000 Lire.

⇨ **Trinkgeld**

In Restaurants ist in der Regel das Bedienungsgeld im Preis inbegriffen. Je nach Zufriedenheitsgrad gibt man zusätzlich 5-15 % Prozent Trinkgeld. Im Hotel sind 1.000 Lire pro Nacht und Person für das Zimmermädchen üblich. Bei einem längeren Aufenthalt ist es sinnvoll, dem Zimmerpersonal bereits vorab etwas Trinkgeld zu geben.

U Urlaub auf dem Bauernhof/Agriturismo

"Urlaub auf dem Bauernhof" erfreut sich immer größerer Beliebtheit. Vor allem für Familien ist Agriturismo eine hervorragende Alternative. Es handelt sich meistens um geschmackvoll restaurierte Bauernhäuser oder Gutshäuser aus Stein, die abseits der eigentlichen Landwirtschaftsbetriebe liegen und komplett ausgestattet sind. Da die Toskana flächenmäßig nicht sehr groß ist, eignet sich eine Ferienwohnung sehr gut als Standquartier für Ausflüge in die Tourismuszentren. In der Regel werden die Appartements wochenweise vermietet. Manche Betriebe vermieten einige Zimmer auch für einzelne Nächte und verfügen über ein Lokal. Bei den Hauptfremdenverkehrsämtern ist kostenlos ein Verzeichnis mit Agriturismo-Betrieben erhältlich: Toscana, Agriturismo/Urlaub auf dem Bauernhof, herausgegeben von Regione Toscana, Giunta Regionale, Dipartimento Attività Produttive, Turismo. Die Erklärungen sind ins Englische, Französische und Deutsche übersetzt. Die Preise muß man direkt bei den Anbietern anfordern.

V Veranstaltungen

siehe Kap. 3.2.2

⇨ Verkehrsregeln

siehe Stichwort "Autofahren"

⇨ Versicherungen

Reiseversicherungen kann man bei jedem Reisebüro oder Automobilclub abschließen. Sinnvolle Policen: Beim Auslandsschutzbrief werden der Heimtransport von Personen und Fahrzeug, die Versandkosten von Ersatzteilen, notfalls die Verschrottung, anfallende Übernachtungskosten erstattet. Der Preis für die Reiseunfall- und Reisegepäckversicherung richtet sich nach der Anzahl der Urlaubstage und dem Gepäckwert. Seit einiger Zeit werden Photoapparate und Brillen von den Versicherern nicht mehr ersetzt.

W Währung/Devisen

Währungseinheit ist die Lira. Es gibt Banknoten zu 1.000, 2.000, 5.000, 10.000, 50.000 und 100.000 sowie Münzen zu 5, 10, 20, 50, 100, 200 und 500 Lire. Seit 1990 sind neue 1.000/2.000 Lire-Scheine im Umlauf. Der Wechselkurs ist in Italien grundsätzlich günstiger. Die Banken verlangen beim Wechseln (Cambio) von Bargeld in der Regel die Vorlage des Personalausweises oder des Reisepasses und eine Wechselgebühr. Banken sind in der Regel Mo-Fr 8.30-13.30 Uhr und manchmal 15-16 Uhr geöffnet.

In größeren Städten gibt es **Wechselautomaten** für Kredit- und Eurocheck-Karten, die 24 Stunden Dienst tun, ohne Abzug einer Wechselgebühr. Das Wechseln in **Reisebüros, Wechselstuben und Hotels** sollte vermieden werden, da die Kurse oft wesentlich schlechter sind.

Eurochecks müssen immer in Lire bis zu einer Höhe von 300.000 ausgestellt werden. Zum Teil werden sie erst Wochen später zum gültigen Tageskurs abgebucht mit einer Gebühr von 1,75 % des Betrages. Bei Verlust der Eurocheck-Karte und Schecks sofort den zentralen Sperrannahmedienst in Frankfurt anrufen, Tel.: 069/740987.

Eine weitere bargeldlose Alternative ist das **Postsparbuch**. Auf allen Hauptpostämtern kann man damit ohne Wechselgebühr nach aktuellem Tageskurs,

3.1 Praktische Reisetips von A - Z

gegen Vorlage des Personalausweises oder Reisepasses, Geld bekommen. Die Rückzahlungsscheine, die früher bereits vor Reiseantritt besorgt werden mußten, sind abgeschafft. Allerdings braucht man sehr viel Geduld und Zeit, da die Prozedur für die Postbeamten mit großem Papieraufwand verbunden ist, in kleineren Postämtern sind sie damit einfach überfordert. Monatliche Höchstsumme sind 2 Millionen Lire.

Gängige **Kreditkarten** wie Visa und Eurocard werden in vielen Geschäften, Restaurants und Hotels akzeptiert.

⇨ **Wandern**

Die Toskana besitzt zahlreiche reizvolle Bergregionen, die sich ideal zum Wandern eignen. Doch in Italien ist Wandern kein sehr populärer Volkssport. Man macht lieber nach der Siesta einen gemütlichen Spaziergang, eine "passeggiata", durch die Innenstadt oder promeniert entlang der Uferstraße. Deshalb sind die Wanderwege nicht so gut ausgeschildert wie bei uns, man sollte einen Wanderführer und eine gute Karte mit sich führen.

Es empfiehlt sich, in Deutschland einen einschlägigen Wanderführer zu kaufen oder sich bei den örtlichen Fremdenverkehrsämter nach Routen und Kartenmaterial zu erkundigen. Mittlerweile gibt es für einige Gegenden auch deutschsprachige Broschüren mit Routenvorschlägen, Dauer, Schwierigkeitsgrad und Berghütten (siehe Kap. 13.2).

⇨ **Wintersport**

Das größte Skigebiet mit fast 40 Pisten liegt im Apennin bei Abetone und Cutigliano. Weitere Wintersportmöglichkeiten gibt es in den Apuanischen Alpen und am Monte Amiata.

Spezialprospekte sind bei den zuständigen APTs oder bei der ENIT erhältlich.

Skigebiet von Cutigliano

Z Zeitungen

Große deutschsprachige Zeitungen, wie die Frankfurter Allgemeine Zeitung, die Süddeutsche Zeitung, die Bildzeitung, und Zeitschriften, wie Stern, Spiegel und einige Frauenzeitschriften, sind in den Tourismus-Zentren aktuell erhältlich.

Die Mailänder Zeitung "Corriere della Sera" (unabhängig liberal) und die römische "La Repubblica" (Mitte-Links) sind die zwei größten und meist gelesenen Tageszeitungen in Italien.

⇨ Zollbestimmungen bei der Rückreise

Im Zuge der EU Liberalisierung haben Kontrollen für ausländische Urlauber mittlerweile Seltenheitswert. Generell gelten in Italien die einheitlichen Zollrichtlinien der EU. Waren für den **persönlichen Bedarf** sind ohne Einschränkungen zollfrei. Gewerbetreibende benötigen bei der Ausfuhr eine Steueridentifizierungsnummer. Die persönliche Bedarfsgrenze bei **Verbrauchsgütern** wie Zigaretten und Alkohol wurde sehr hoch angesetzt und liegt bei 800 Zigaretten, 200 Zigarren, 10 l Spirituosen oder 20 l Likör (z.B. Campari, Dessertwein, Sherry) und 90 l Wein. Dies sind nur Richtlinien für die Zollbeamten. Sollten Sie etwas mehr mit sich führen und haben eine gute Erklärung für einen erhöhten Privatverbrauch parat, verfügt der Zollbeamte über einen gewissen Ermessensspielraum. Auch für **Gegenstände** des persönlichen Bedarfs gibt es innerhalb der EU keine Ausfuhrbeschränkungen.

3.2 TOSKANISCHES KALEIDOSKOP

3.2.1 FESTE, FESTIVALS UND VERANSTALTUNGEN

Vor allem im Sommer ist in der Toskana die Zeit der Feste und Feiern. Fast jeder kleinere Ort veranstaltet in den warmen Monaten ein Dorffest, die sogenannte **Sagra**, die meist einer der lokalen Spezialitäten, wie Wein, Pilzen oder Kastanien, gewidmet ist. Ein Besuch lohnt sich fast immer; genießen Sie einfach die lebhafte Atmosphäre und die Köstlichkeiten, die Ihnen geboten werden, denn für das leibliche Wohl der Besucher ist immer gesorgt.

Spektakulärer sind die Festveranstaltungen in den mittelalterlichen Tourismuszentren wie Florenz, Pisa, Siena, Massa Marittima und Lucca. Im Mittelpunkt steht fast immer eine historische Begebenheit oder ein seit Jahrhunderten durchgeführter Wettkampf. Diese Spiele sind meistens mit einem farbenprächtigen Umzug in historischen Kostümen und Darbietungen von Fahnenschwingern verbunden. Ein einmaliges und unvergeßliches Ereignis ist der Palio in Siena (siehe Infokasten "Der Palio und die Contraden" Kap. 8.3.4).

Veranstaltungskalender

■ **Februar**
Farbenprächtiger Karneval in Viareggio.

■ **April**
Festa del Sacro Cingolo an Ostern in **Prato**. Anlaß des Volksfestes ist die Zurschaustellung des heiligen Gürtels von der Außenkanzel des Domes.
Scoppio del Carro (Wagenexplosion) am Ostersonntag in **Florenz** auf dem Domplatz. Im Rahmen eines historischen Umzugs wird während der Messe im Dom eine Rakete in Form einer Taube (colombina) abgefeuert. Diese Rakete entzündet die Feuerwerkskörper an einem turmartig geschmückten und vergoldeten Holzwagen (carro) aus dem 18. Jahrhundert, der von weißen Ochsen vor den Dom gezogen wird. Man nimmt an, daß dieses Spektakel zur Feier der Auferstehung Christi auf heidnische Fruchtbarkeitsriten zurückzuführen ist.
Das Festival **Firenze Estate** mit Konzerten und Aufführungen findet von Ende April bis September an mehreren Plätzen von **Florenz** statt.

■ **Mai**
Balestra del Girifalco am Sonntag nach dem 20. Mai in **Massa Marittima**. Nach einem feierlichen Umzug in historischen Kostümen findet ein Wettkampf im Bogenschießen statt, an dem sich 24 Schützen aus den drei Stadtteilen beteiligen.
Regatta delle Antiche Repubbliche Marinare, Ende Mai/Anfang Juni in **Pisa**. An dieser Regatta sind die alten Seerepubliken Genua, Venedig, Amalfi und Pisa beteiligt. Der Austragungsort wechselt jährlich unter den Teilnehmern. 1999 findet die nächste Regatta wieder in Pisa statt.

■ **Juni**
La Festa del Barbarossa, Barbarossa-Fest im Juni in **San Quirico d'Orcia**. Historischer Umzug, Armbrustschießen und Bewirtung mit lokalen Spezialitäten anläßlich der Begegnung zwischen Friedrich Barbarossa und den Abgesandten des Papstes in San Quirico d'Orcia.

3.2 Toskanisches Kaleidoskop

Luminaria di San Ranieri, am 16. Juni in **Pisa**. Abends wird zu Ehren des Schutzpatrons von Pisa die Arno-Promenade mit Kerzen beleuchtet.
Regatta Storica di San Ranieri, am 17. Juni in **Pisa**. Am Namenstag des Stadtheiligen Ranieri findet die Regatta Storica oder di San Ranieri, ein historischer Ruderwettkampf, statt.
Gioco del Ponte, am letzten Juni-Sonntag in **Pisa**. Nach einem großen und farbenprächtigen Festzug versuchen die beiden Stadtteile Mezzogiorno, südlich des Arno und Tramontana, nördlich des Arno, die Ponte di Mezzo zu erobern.
Calcio Storico Fiorentino im Juni an der Piazza Santa Croce. Traditionelles Fußballturnier in **Florenz** zwischen den vier historischen Stadtvierteln mit historischem Umzug.
Festa di San Giovanni am 24. Juni in **Florenz**. Fest des Stadtpatrons Johannes mit historischem Umzug und eindrucksvollem Feuerwerk.
Giostra del Saracino Mitte Juni und Anfang September in **Arezzo**. Ein historischer Wettkampf zwischen den einzelnen Stadtteilen und Umzug in historischen Kostümen.
Fiera Antiquaria, großer Antiquitätenmarkt am 1. Sonntag jeden Monats auf der Piazza Grande und in den umliegenden Gassen von **Arezzo**.

■ Juli
Palio (Pferderennen) am 2. Juli und 16. August in **Siena** (siehe Infokasten "Der Palio und die Contraden" Kap. 8.3.2).
Palio di S. Paolino am 12. Juli in **Lucca**. Patronatsfest des Heiligen Paolino mit historischem Umzug.
La Giostra dell'Orso, in den letzten Juli-Tagen in **Pistoia**. Zu Ehren des Schutzheiligen Jacopo findet ein historischer Umzug und ein Reiterspiel auf der Piazza Duomo statt.
Cantiere internazionale d'Arte, Musikfestspiele in **Montepulciano** im Juli-Anfang August.
Bravio delle Botti am 26. Juli in **Montepulciano**. Ein historischer Wettkampf zwischen den 8 Stadtteilen, dabei werden schwere Weinfässer die steilen Gassen hochgerollt. Abends findet die Siegerehrung mit Festmahl und Umzug durch die Gassen statt.
Puccini-Opern-Festspiele, im Juli/August in **Torre del Lago** mit Freilichtkonzerten von Werken Puccinis, wie La Bohème, Manon Lescaut und Turandot.

■ August
Il Bruscello, traditionelles Bauerntheater in **Montepulciano** mit Laiendarstellern auf dem Domplatz, um den 15. August.

■ September
Luminaria di Santa Croce am 13. September in **Lucca**. Bei einer feierlichen Prozession wird das Volto Santo Kruzifix durch die Stadt getragen.
Palio della Balestra am 2. Sonntag im September in **Sansepolcro**. Traditionelles Armbrustschützenfest in historischen Kostümen.
Festa dell'uva am dritten Septembersonntag in **Impruneta**. Weintraubenfest mit Karrenumzug.

■ November
Mostra-Mercato nazionale del Tartufo bianco in der letzten Novemberwoche findet in **San Miniato** die nationale Trüffelmesse mit Bewirtung statt.

3.2.2 ESSEN UND TRINKEN

Die toskanische Kochkunst ist keine üppige Schlemmerküche. Vielmehr beschränkt sie sich ganz ohne Schnörkel auf das Wesentliche. Wichtig ist die Qualität der Naturprodukte und die sorgfältige Zubereitung, nicht die Raffinesse.

Das fängt beim ungesalzenen Brot an, das zu jedem Essen gereicht wird, und hört beim Wein auf, der das Mahl abrundet. Die meisten Hauptgerichte aus Fleisch und Fisch werden über einer Holzkohlenglut gegrillt. Die in Deutschland so beliebten Saucen, die den Geschmack des Fleisches verändern würden, fehlen. Liebhaber der Fleischküche sollten auf jeden Fall die berühmte Bistecca fiorentina kosten. Grundvoraussetzung für das Gelingen dieses ungefähr 700 Gramm schweren T-Bone-Steaks ist eine erstklassige Qualität des Fleisches. In einem ausgezeichneten Restaurant stammt die Bistecca von einem gut gemästeten Ochsen, der drei Jahre auf den saftigen Weiden des Chiana-Tals weidete. Das Fleisch muß gut abgehangen sein. Es wird so wie es ist auf den Rost gelegt und erst am Tisch mit Salz, Pfeffer und Olivenöl gewürzt.

Pilzsaison

INFO

Olivenöl

Eines der Grundelemente der toskanischen Küche ist das Olivenöl. Das wichtigste Qualitätskriterium ist die Gewinnung. Im Spätherbst werden in den Olivenhainen große Netze ausgelegt, die die heruntergefallenen Oliven auffangen. Die restlichen Früchte müssen einzeln geerntet werden. Danach läßt man sie so lange trocknen, bis sie runzlig werden. Die Ernte wird dann entweder in Großmühlen oder in einem frantoio, einer kleinen Ölmühle, weiterverarbeitet. In diesen kleinen Betrieben, die zum Teil noch mit einer alten Steinmühle arbeiten, entsteht das beste Öl. Bei der Kaltpressung (Extra Vergine = jungfräulich) bleiben die wertvollen Inhaltsstoffe (mehrfach ungesättigte Fettsäuren und die Vitamine E, A und D) und vor allem der ausgeprägte fruchti-

Traditionelle Lagerung in Keramikfässern

3.2 Toskanisches Kaleidoskop

> ge Geschmack erhalten. Das frischgepreßte Öl ist trüb und hat eine grüne Farbe. Nach einer kühlen und dunklen Lagerung setzen sich die Trübstoffe ab, und die glänzende Flüssigkeit erhält eine klare goldgrüne Farbe.
>
> Wichtigstes Kriterium bei der Klassifizierung ist der Säuregehalt. Olio Extra Vergine darf höchstens 1 % Säure enthalten. Spitzenqualitäten besitzen sogar nur 0,2 bis 0,5 % Säure.

Es gibt einige Punkte, die man in einem Lokal beachten sollte. In Italien sucht sich der Gast nie selbst einen Platz aus; sei es im Edelrestaurant oder in der einfachen Trattoria, die Bedienung zeigt ihm einen Tisch. In allen Lokalen sind die Tische vollständig aufgedeckt. Dazu gehören immer eine frische Stofftischdecke und -servietten, Wein- und Wassergläser, Besteck und ein Brotkorb. Dieser Service ist nicht wie in Deutschland im Speisenpreis enthalten, sondern wird als Extrabetrag von ca. 2.000 Lire gesondert auf der Karte (pane e coperto = Brot und Gedeck) ausgewiesen. In Trattorien steht in der Regel auch immer eine Karaffe mit offenem Rotwein auf dem Tisch, den Sie nicht trinken müssen. Wenn Ihnen der Sinn nach einem besseren Tröpfchen steht, lassen Sie sich die Weinkarte (lista dei vini) geben.

Außer in einer Pizzeria besteht eine italienische Mahlzeit immer aus mehreren Gängen, Tellergerichte gibt es nur in Imbißstuben. Deshalb sollte man auch immer mindestens zwei Gerichte bestellen. Eines davon sollte ein Primo oder Secondo sein. In guten Restaurants kann man das Fleisch, Geflügel oder den Fisch vor der Zubereitung in Augenschein nehmen und selbst aussuchen.

Ein komplettes Menü besteht aus folgenden Gängen:

- **Antipasti** (Vorspeisen)

Bruschetta ist eine der besten und einfachsten Vorspeisen. Geröstete Brotscheiben werden mit Knoblauch bestrichen, mit Olivenöl beträufelt und mit Salz und Pfeffer gewürzt. Bei der toskanischen Variante wird das Brot zusätzlich mit frischen Tomaten belegt. Gut zubereitet, schmeckt dieses einfache Bauerngericht besser als jeder Krabbencocktail.

Eine weitere sehr beliebte Vorspeise sind die **Crostini**. Dies sind kleine geröstete, toastähnliche Brotschnitten mit verschiedenem Belag. Besonders delikat sind die Hühnerleberschnittchen.

Nudeln in allen Formen und Farben

- **Primo piatto** (Erster Gang)

Typische **Zuppe** (Suppen) sind die Zuppa di faro (Dinkelsuppe), Zuppa di pane (Brotsuppe) und die Zuppa di verdura (Gemüsesuppe).
Pasta (Teigwaren) gibt es sozusagen in allen Formen und Farben, gefüllt und ungefüllt. Gute Trattorien machen die Nudeln selbst (fatta in casa). Zubereitet

3.2 Toskanisches Kaleidoskop

werden die Nudeln entweder mit Wildragout, Gemüse, Trüffeln oder Steinpilzen.
Crespelle di funghi sind sehr dünn ausgebackene Pfannkuchen, die mit einer Pilzfüllung bestrichen und eingerollt werden.

■ **Secondo piatto** (Zweiter Gang und eigentlicher Hauptgang)
Der Hauptgang besteht aus einem Fleisch-, Fisch-, oder Geflügelgericht ohne Beilagen. Die **Contorni** müssen zusätzlich bestellt werden. Meistens stehen verschiedene Gemüsesorten, wie weiße Bohnen, Erbsen, Kichererbsen, Linsen, Zucchini oder Mangold, zur Auswahl.

INFO

Weiße Bohnen

Das absolute Lieblingsgemüse der Toskaner sind weiße Bohnen, die auf verschiedene Weise zubereitet werden. Man ißt sie zu allen Fleischgerichten, und vor allem die Florentiner lieben Fagioli über alles. Diese Bohnengerichte sind wirklich köstlich und einfach nachzukochen.

Rezept für Fagioli all'uccelletto *(weiße Bohnen mit Salbei)*
200 g getrocknete weiße Bohnen
2 Salbeistengel
4 Knoblauchzehen
2 Tomaten
Salz und Pfeffer
Olivenöl

Über Nacht müssen die Bohnenkerne in viel Wasser eingeweicht werden. Zusammen mit dem Einweichwasser, Salz, Salbeiblättern, Knoblauch, der halbierten Zwiebel und der entkernten und gehäuteten Tomaten werden die Bohnen ohne Deckel langsam zum Kochen gebracht. Bei niederer Hitze und mit Deckel ungefähr zwei Stunden garziehen lassen. Als Beilage werden die Bohnen mit kaltgepreßtem Olivenöl beträufelt und je nach Geschmack mit grob gemahlenem Pfeffer bestreut.

Nach einem Käsegang runden frische Früchte die Mahlzeit ab. Eine große Auswahl an raffinierten Süßspeisen findet man in der traditionell eher sparsamen toskanischen Küche nicht. Meistens wird zum Kaffee (caffè ist gleichbedeutend mit Espresso) nur ein kleines Stück Kuchen (Torta) angeboten.

Rezept für Torta di Mele (Apfelkuchen)
5 säuerliche Äpfel
Zitronensaft
2 Eier
300 g Zucker
1 Päckchen Vanillinzucker
100 g flüssige Butter
100 g Mehl
½ Päckchen Backpulver
1/10 l Milch
Butter zum Einfetten der Springform (26 cm)
Mehl zum Ausstreuen der Form
Puderzucker zum Bestäuben

3.2 Toskanisches Kaleidoskop

Die Äpfel schälen, Kerngehäuse entfernen, vierteln und in dünne Scheibchen hobeln. Sofort mit Zitronensaft beträufeln. Mit dem Rührgerät die übrigen Zutaten in einer Schüssel gründlich verrühren, bis ein glatter, ziemlich dickflüssiger Teig entsteht. Zum Schluß mischt man die Apfelscheiben unter. Danach wird die Masse in eine mit Mehl bepuderte dicht schließende Form gefüllt. Etwa 45 Minuten im 180 Grad warmen Backofen goldbraun backen. Mit Puderzucker überstäuben und noch warm servieren.

Rezept für Torta della Nonna (nach Großmutter Art)

Für den Teig:	Für die Füllung:
300 g Mehl	4 Eigelb
150 g Zucker	150 g Zucker
150 g Butter	1 Päckchen Vanillinzucker
1 Prise Salz	2 gehäufte EL Mehl
	400 ccm Milch
	50 Pinienkerne

Mehl, Zucker, Butter und Salz rasch zu einem Mürbeteig verarbeiten. In Folie gewickelt für eine halbe Stunde kalt stellen. Währenddessen aus Eigelb, Zucker, Vanillezucker und Mehl mit dem Rührgerät zu einer hellen, dicken Creme schlagen. Die Milch unter ständigem Rühren hinzufügen. Bei mittlerer Hitze wird die Masse auf dem Herd mit dem Schneebesen zu einem heißen und dicklichen Brei gerührt. Vorsicht, nicht kochen lassen, da sonst die Creme gerinnt. Abkühlen lassen und ab und zu umrühren.
Die Hälfte des Mürbeteigs zu einer runden Platte ausrollen. Die gefettete Springform (26 cm) damit auslegen und die Creme einfüllen. Die andere Hälfte des Teigs ebenfalls dünn ausrollen und als Deckel oben auf den Kuchen setzen. Die Ränder vorsichtig festdrücken, ohne daß der Deckel reißt und die Creme hervorquillt. Die Pinienkerne überstreuen und mit der Handfläche behutsam festdrücken. Bei etwa 175 Grad ca. 45 Minuten hellbraun backen. Abkühlen lassen und mit Puderzucker bestreuen.

INFO

Vinsanto "Heiliger Wein" und harte Kekse

Als Krönung nach einem üppigen toskanischen Menü werden meistens ein Glas Vinsanto und Cantuccini (Mandelgebäck) angeboten. Diese steinharten Plätzchen werden in den Süßwein getunkt. Durchtränkt mit dem aromatischen Wein, schmecken sie in der Tat unvergleichlich gut. Leider verändern die Krümel und das Eigelb in den Keksen den Geschmack des Vinsantos. Um den "heiligen Wein" richtig genießen zu können, bestellen Sie einfach ein zweites Glas.

Vinsanto ist ein natursüßer, gold- bis bernsteinfarbener Dessertwein. Anfang Oktober werden die schönsten Traubenstiele von den Weinstöcken geschnitten, in einem trockenen und gut durchlüfteten Raum aufgehängt oder auf Strohmatten ausgelegt und zwei Monate lang getrocknet. Die fauligen Beeren werden wöchentlich ausgelesen. Die geschrumpelten Trauben werden anschließend von den Stielen befreit und vorsichtig ausgepreßt. Danach wird der Süßmost mit etwa 10 cm Luftraum in kleine Holzfässer (50 l) gefüllt und luftdicht mit Zement verschlossen. Wichtig bei der Lagerung der Vinsantofässer ist der Aufbewahrungsort. Der

3.2 Toskanisches Kaleidoskop

> Wein darf nicht in einem konstant kühlen Keller liegen. Vielmehr lagert er auf dem Dachboden, wo er im Laufe mehrerer Jahre (mindestens 2) großen Temperaturschwankungen ausgesetzt ist. Der meist recht süße Wein mit ca. 16 % Vol. ist samtig-weich im Geschmack und verströmt einen Duft nach Rosinen und Honig. Aufgrund dieses sehr zeitintensiven Herstellungsprozesses wird der Vinsanto nur in kleinen Mengen erzeugt. Die meisten kleinen Weinbaubetriebe stellen ihn nur für den eigenen Bedarf her.

Wein

DOC ist die Abkürzung für Denominazione di origine controllata und die kontrollierte Herkunftsbezeichnung italienischer Qualitätsweine. Dieses Kontrollsystem wurde 1963 in Anlehnung an das französische System der Appellation controlée geschaffen, um die traditionellen und typischen Weine in Italien zu schützen und einen gewissen Qualitätsstandard zu garantieren. Dabei werden die Gebietsgrenzen, Rebsorten, Pflanzmethoden, Hektarerträge und zum Teil

Weinkeller in den Colli Senesi

auch die Vinifikations- und Ausbaumethode genau festgelegt. Nach etlichen Weinskandalen wurde 1980 zusätzlich das **DOCG** System eingeführt. Denominazione di origine controllata e garantita ist die oberste Qualitäts- und Garantiestufe für italienische Qualitätsweine. Zu den verschärften Auflagen gehört außer einer physikalisch-chemischen Analyse eine Qualitätsprüfung nach Aussehen, Geruch und Geschmack. In der Toskana besitzen fünf Weine einen DOCG-Status: die Rotweine Carmignano (westlich von Florenz), Brunello di Montalcino, Vino nobile di Montepulciano, Chianti und der Weißwein Vernaccia di San Gimignano.

Infolge dieser starken Reglementierung, insbesondere in den Mischverhältnissen der einzelnen Rebsorten und in den festgelegten Anbauregionen, erfüllen

3.2 Toskanisches Kaleidoskop

allerdings die besten Weine einiger experimentierfreudiger Spitzenerzeuger für eine DOC- oder DOCG-Prämierung nicht die gewünschen Voraussetzungen und dürfen nur als Tafelweine (unterste Weinkategorie laut EG-Recht) in den Handel gebracht werden. Dazu gehören zum Beispiel der Sassicaia und der Tignanello aus dem Hause Antinori. Der Sassicaia stammt aus dem Weingut Tenuta San Guido, ungefähr 50 km südlich von Livorno bei Bolgheri. Er gehört zu den größten Rotweinen Italiens und braucht selbst den Vergleich mit den bemerkenswertesten Weinen aus dem Bordeaux nicht zu scheuen.

Der Tignanello stammt aus Santa Cristina im Val di Pesa, also aus dem Gebiet des Chianti classico und genießt weltweit große Anerkennung. Er kommt allerdings nicht ganz an die Größe des Sassicaia heran.

Grappa

Grappa ist ein Branntwein, der aus den Preßrückständen der Weinmaische gewonnen wird (in Frankreich wird er als Marc und in Deutschland als Trester oder Treber bezeichnet). Sein Geschmack ist intensiver als Weinbrand und je nach Lagerungsart (im Stahltank oder Eichenfaß) wird er klar oder mit gelblicher Farbe angeboten. Im italienischen Sprachgebrauch ist Grappa auch die allgemeine Bezeichnung für Schnaps.

Weinlese im Chianti

Persönliche Notizen

Persönliche Notizen

Das kostet Sie die Toskana

- Stand: Juli 1996 -

Auf den „grünen Seiten" finden Sie Preisbeispiele für Ihren Urlaub in der Toskana, damit Sie sich ein realistisches Bild über die Kosten Ihrer Reise machen können. Die Angaben sind jedoch nur als Richtlinie zu verstehen.

Beförderungskosten

- **Internationale Flüge**

  - Frankfurt - Pisa, Hin- und Rückflug 660 DM
  - Stuttgart - München - Pisa, Hin- und Rückflug 530 DM
  - München - Florenz, Hin- und Rückflug 555 DM
  - Stuttgart - München - Florenz, Hin- und Rückflug 660 DM

- **Fähren**

Die angegebenen Fährkosten beziehen sich auf die Gesellschaft Toremar. In der Nebensaison sollte man bei Buchung vor Ort unbedingt die Preise der einzelnen Gesellschaften vergleichen.

  - **Piombino - Portoferraio** einfache Fahrt: pro Person 9.000 Lire, Pkw bis 3,50 Meter Länge 40.000 Lire, Pkw von 3,51 bis 4,50 Meter 51.500 Lire, Pkw über 4,50 Meter 69.500 Lire
  - **Livorno - Capraia** einfache Fahrt: pro Person 18.500 Lire, Pkw bis 3,50 Meter Länge 52.000 Lire, Pkw von 3,51 bis 4,50 Meter 77.000 Lire, Pkw über 4,50 Meter 110.000 Lire
  - **Piombino - Rio Marina** einfache Fahrt: pro Person 5.500 Lire, Pkw bis 3,50 Meter Länge 33.000 Lire, Pkw von 3,51 bis 4,50 Meter 47.500 Lire, Pkw über 4,50 Meter 64.000 Lire
  - **Piombino - Porto Azzurro** einfache Fahrt, pro Person 9.000 Lire, Pkw bis 3,50 Meter Länge 40.000 Lire, Pkw von 3,51 bis 4,50 Meter 51.500 Lire, Pkw über 4,50 Meter 69.500 Lire
  - **Porto S. Stefano - Giglio**, einfache Fahrt, pro Person 9.000 Lire, Pkw bis 3,50 Meter Länge 40.000 Lire, Pkw von 3,51 bis 4,50 Meter 51.500 Lire, über 4,50 Meter 69.500 Lire

- **Mietwagen**

Ein Wagen der Kleinwagen-Klasse kostet bei Hertz in der Nebensaison wöchentlich ca. 580 DM und bei Sixt ca. 650 DM.

Das kostet Sie die Toskana

- **Eisenbahn**

Florenz - Pistoia: ca. 14.000 Lire hin und zurück.

Aufenthaltskosten

- **Übernachten**

Jugendherberge: Erwachsene bezahlen pro Nacht zwischen 15.000 und 20.000 Lire. Hotels: Je nach Standort und Saison liegen die Preise und das Qualitätsniveau innerhalb der einzelnen Kategorien so weit auseinander, daß selbst eine ungefähre Preisrichtlinie nicht getroffen werden kann. Generell gilt, daß die Hotels im Vergleich mit deutschen Unterkünften gleicher Kategorie zum Teil wesentlich günstiger sind.

- **Lebensmittelpreise**

Vergleichbar mit Preisen in Deutschland, sind alkoholische Getränke und Käse billiger.

- **Essen im Lokal**

Einfache Lokale in Tourismuszentren bieten häufig ein Menu Turistico (Touristenmenu) für ca. 20.000 Lire inklusive Getränke (Tafelwein) an.
In normalen Trattorien liegen die Preise für ein Menu à la carte inklusive Getränke (Flaschenwein) um die 30.000 bis 35.000 Lire. Gute Restaurants fangen bei ungefähr 50.000 Lire für ein komplettes Menu an; nach oben hin sind die Grenzen offen.

- **Benzin**

- 1 Liter Normalbenzin bleifrei (senza piombo) kostet ca. 1.800 Lire.
- 1 Liter Superbenzin kostet ca. 1.900 Lire.
- 1 Liter Diesel (gasolio) kostet ca. 1.400 Lire.

- **Telefonkosten**

Von Italien aus sind die Tarife erheblich teurer als umgekehrt. Am preiswertesten ist der Freizeittarif von 22-8 Uhr (50% des Normaltarifs), dann kosten drei Minuten ca. 4.000 Lire.

4 REISEN IN DER TOSKANA

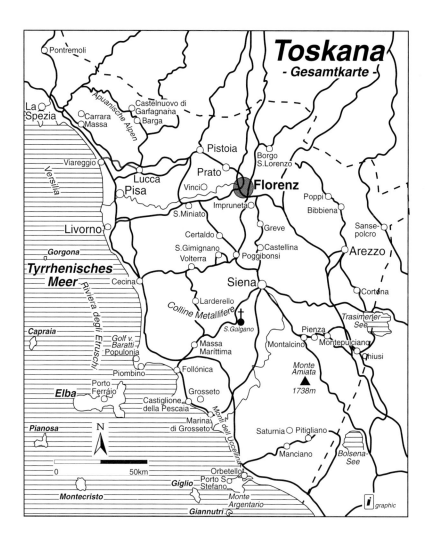

4.1 BADEURLAUB

Die toskanische Küste ist ungefähr 340 km lang. Sie beginnt bei Marina di Carrara in der Versilia mit ihren zum Teil mondänen Seebädern und hört kurz hinter der Halbinsel Monte Argentario auf. Von der Küste lohnen sich verschiedene Abstecher in die küstennahen Städte wie Lucca, Pisa, Volterra und Massa Marittima. Nach Livorno beginnt die etruskische Riviera mit etlichen typisch italienischen Badeorten. Nach Castiglione trifft man auf einen der schönsten Strände im Parco Naturale della Maremma. Allerdings lädt nicht die ganze Küstenstrecke zum Baden ein. Abschreckend sind die Industrieanlagen bei Piombino und Livorno. Die zum Teil aus dem Boden gestampften Badeorte haben nicht immer einen akzeptablen Sandstrand. Die besten Bademöglichkeiten bietet die Insel Elba mit einer hervorragenden Infrastruktur, schönen kleinen Sandbuchten und Steilküstenabschnitten, die sich ideal zum Tauchen und Schnorcheln eignen.

Das tyrrhenische Küstengebiet ist mit Flachstränden und steilen Felsenküsten äußerst abwechslungsreich: Im Norden, von Carrara bis Viareggio, die berühmten Sandstrände der Versilia. Die elegantesten Orte sind Viareggio und Lido di Camaiore. Hier liegen die Verkehrsstraßen weit vom Ufer entfernt. Ähnlich wie an der Adria sind die Strände in unzählige stabilimenti (Badeanstalten) aufgeteilt. Vor dem Hintergrund der Apuanischen Alpen bietet die Versilia mit ihren Pinienhainen und Grünanlagen, ihrer gepflegten Hotellerie eine Atmosphäre, die weitgehend vom 19. Jahrhundert geprägt wurde.

Tirrenia, südlich von Pisa, ist hingegen ein junger Badeort, ebenfalls mit feinem Sandstrand. Nach dem ausgedehnten Industriegebiet von Livorno beginnt bei Quercianella die Riviera Etrusca mit Badebuchten und felsigen Küstenabschnitten.

Marina di Castagneto und San Vincenzo sind im Vergleich zur Versilia einfachere Orte. Ferien an nicht zu vollen Stränden in reizvoller Landschaft bietet der Golf von Baratti bei Populonia. Follonica ist der größte und bekannteste Strand der Riviera Maremmana. Die Orte Marina di Grosseto und Principina a Mare haben für den Kunstfreund den Vorzug, daß man auf gut ausgebauten Straßen schnell Siena erreichen kann (85 km).

Eine Sonderstellung nimmt Punta Ala ein, eine in jüngster Zeit errichtete Ferienanlage auf einem dicht bewaldeten Felsenvorsprung mit vielen Hotels der oberen Kategorien.

Punta Ala bietet kleine Sandstrände, eine Segel- und Reitschule, Golf- und Tennisplätze und einen Poloplatz.

Wer die abwechslungsreiche Macchia-Landschaft der Maremma liebt und einfaches ungebundenes Strandleben sucht, wird die Halbinsel des Monte Argentario und die benachbarten Küstenabschnitte bevorzugen. Die wichtigsten Etruskerstädte der Toskana und Latiums sowie mehrere Naturschutzgebiete sind von hier aus bequem zu erreichen.

Wandern

Die Region um den Monte Amiata, die Garfagnana im Hinterland von Lucca und die Apuanischen Alpen zwischen der Versilia und dem Serchio-Tal sind schöne Wandergebiete, die auch in der Hauptsaison nicht überlaufen sind. Die Möglichkeiten reichen von leichten Wanderungen bis zu schwierigeren Bergtouren. Ausführlichere Informationen finden Sie in den jeweiligen Reiseabschnitten.

Radfahren

Die Toskana hat sich in den letzten Jahren zu einem beliebten Reiseziel für den Radsport-Tourismus und Mountainbike-Fahrer entwickelt. Viele Reisebüros führen mittlerweile auch Veranstalter in ihrem Programm, die sich auf organisierte Radwanderreisen und Mountainbike-Touren mit Reiseleiter, Bus und Radanhänger spezialisiert haben. Für eine individuelle Tour ist es ratsam, sich vorher einen Radwanderführer, Kartenmaterial und spezifische Informationen über die jeweiligen Fremdenverkehrsämter zu besorgen.

Kulturtrip

Wer zum erstenmal die Toskana besucht und sich die kulturellen Highlights nicht entgehen lassen möchte, dem wird die Auswahl der Städte und Sehenswürdigkeiten schwerfallen. Die Hauptziele einer Kulturreise durch die toskanische Landschaft sind unbestritten Florenz, Siena, Pisa und Lucca, die eine unglaubliche Fülle an Sehenswürdigkeiten und Eindrücken bieten.

Doch auch abseits dieser Tourismuszentren trifft man quer durch die gesamte Region auf Städte mit einem ganz eigenen Reiz wie Arezzo, Cortona, San Gimignano, Volterra, Massa Marittima und unzähligen kleineren und verträumten Ortschaften aus dem Mittelalter. Doch die Kultur einer Region wird nicht nur durch ihre Geschichte und Kunstschätze geprägt, sondern auch durch die Landschaft und die Lebensart ihrer Menschen. Zwischen den einzelnen Städten liegen herrliche Landschaftsstriche mit berühmten Weinbaugebieten wie dem Chianti Classico zwischen Florenz und Siena oder der Gegend um Montalcino und Montepulciano. Hervorragende Weine, die nicht nur den Weinkenner begeistern, und eine ausgezeichnete Küche machen diese Abstecher zu einer Bereicherung jeder Toskanareise.

4.2 AUSGEWÄHLTE RUNDFAHRTEN

Einige Kilometerangaben für den ersten Überblick
von Carrara nach Pisa: ca. 60 km
von Pisa auf der Küstenstraße nach Ansedonia: ca. 220 km
von Florenz über Siena zum Monte Amiata: ca. 130 km
von Siena nach Grosseto: ca. 70 km

Die Toskana ist von ihrer Größe her ein recht kleines und überschaubares Gebiet. Aber wegen der unerschöpflichen Fülle an kulturellen Sehenswürdigkeiten und den verschiedensten Landschaften könnte man hier ohne weiteres 4-5 Wochen verbringen. Man hätte noch längst nicht alles Sehenswerte gesehen und erlebt.

Doch für viele Besucher aus Deutschland, vor allem Süddeutschland, Schweiz und Österreich, ist die Toskana vor allem ein beliebtes Ferienziel für einen Kurzurlaub über Ostern, Pfingsten und während der Herbstferien.

Im folgenden möchte ich zur ersten Orientierung zwei Rundfahrten vorschlagen:
Der **"Kurztrip zum Kennenlernen"** ist vor allem für diejenigen gedacht, die zum erstenmal in die Toskana reisen und denen nur ungefähr eine Woche zur Verfügung steht. Er enthält das toskanische Kernland mit den wichtigsten Städten Florenz, Siena, Pisa und Lucca.
Die längere Version **"Toskana für Fans"** (ca. 3 Wochen) richtet sich an Reisende, die die üblichen Highlights der Toskana schon kennen. Sie berücksichtigt vor allem weniger bekannte Regionen und macht Vorschläge für Landschaftsfahrten und andere Freizeitaktivitäten, die eher der Erholung dienen als strapaziöse Städtebesichtigungen.

Selbstverständlich sind beide Rundfahrten und ihre Zeiteinteilung nur als Anregungen gedacht, die einen ersten und schnellen Einblick in das Reiseziel ermöglichen und das Zusammenstellen einer individuellen Route erleichtern sollen. Da die Entfernungen zwischen den einzelnen Regionen nicht groß sind, lassen sich beide Versionen problemlos miteinander kombinieren, ohne dabei immer das jeweilige Standquartier wechseln zu müssen.

"Kurztrip zum Kennenlernen"

1. Tag Florenz (2 Übernachtungen): Ausgiebiger Stadtrundgang mit Besichtigung und Besteigung des Doms, Besuch der Uffizien und Spaziergang durch die Boboli-Gärten. Nach einer Erholungspause sollte man den Tag mit einem Abendessen im "Il Cibreo" und einem anschließenden Bummel zur Ponte Vecchio beschließen.
2. Tag Florenz und Fiesole: Morgendlicher Einkaufsbummel durch die Markthalle von San Lorenzo und über den umliegenden Straßenmarkt. Am Nachmittag empfiehlt sich ein Ausflug mit dem Auto oder Bus nach Fiesole. Das wohl beliebteste Ausflugsziel in der Umgebung von Florenz bietet einen schö-

nen Ausblick auf die unterhalb gelegene Kulturmetropole und besitzt ein interessantes archäologisches Ausgrabungsgebiet.

3. Tag Siena (2 Übernachtungen): Weiterfahrt nach Siena durch die herrliche Landschaft des Chianti entlang der Via Chiantigiana mit einer ausgiebigen Mittagspause in der Trattoria del Montagliari in Panzano. Nach einem abendlichen Bummel durch die verwinkelten Gassen Sienas genießt man am besten in einem Café an der Piazza del Campo die Atmosphäre der beeindruckenden Platzanlage.

4. Tag Siena: Stadtrundgang mit Besichtigung des Palazzo Pubblico, des Domes und des Dombaumuseums. Der Aufstieg auf den Facciatone wird mit einem unvergleichlichen Blick über Siena belohnt. Nachmittags sollte man sich auf keinen Fall die süßen Spezialitäten aus der Pasticceria Nannini entgehen lassen.

5. Tag Pisa (2 Übernachtungen): Weiterfahrt über Cecina und am Tyrrhenischen Meer entlang bis nach Pisa. Auf dem Weg nach Cecina sollte man unbedingt einen mehrstündigen Aufenthalt in Volterra einplanen, um das bedeutende etruskische Museo Guarnacci sowie das Teatro Romano und die Alabaster-Werkstätten zu besichtigen. Da die meisten Hotels in Pisas Innenstadt zu teuer, überfüllt und zu laut sind, empfiehlt es sich, etwas außerhalb in der stilvollen Villa Corliano zu übernachten.

6. Tag Pisa: Nach einem morgendlichen Bummel durch das Marktviertel lohnt es sich, im Caffé Federigo Salza einen Mittagssnack einzunehmen, um sich für die anschließende Besichtigung der Piazza Miracoli mit Dom, Baptisterium und Camposanto zu stärken. Bei einem abendlichen Spaziergang entlang des Arno kann man sich vom Touristenrummel und dem Lärm rund um den schiefen Turm wieder etwas erholen.

7. Tag Lucca (2 Übernachtungen): Da die Entfernung von Pisa nach Lucca nur ca. 22 km beträgt, kann man den Morgen entweder noch in Pisa verbringen oder einen Abstecher ans Meer in den bekannten Badeort Viareggio mit seinen herrschaftlichen Jugendstilhotels machen. Abendlicher Spaziergang durch Lucca zur Piazza dell'Anfiteatro.

8. Tag Lucca: Morgens leiht man sich am besten Fahrräder aus und umrundet die Stadt auf der breiten Allee der Ringmauer. Nachmittags bietet sich ein Bummel durch die Altstadt mit ihren zahlreichen Antiquitäten- und Juweliergeschäften an. Der Blick vom baumbestandenen Torre di Guinigi auf die "hundert Kirchen" Luccas ist am frühen Abend, während des Sonnenuntergangs, am schönsten.

"Toskana für Fans"

1. Tag Arezzo (3 Übernachtungen): Der schnellste Weg nach Arezzo führt auf der Autobahn A11 über Florenz nach Arezzo. Wenn man bereits bei der Anreise eine Zwischenübernachtung einplant und schon um die Mittagszeit die Toskana erreicht hat, bietet sich alternativ zur A 11 die längere, aber auch schönere Strecke durch das Mugello an (Autobahnausfahrt Barberino, ca. 20 km nördlich von Sesto Fiorentino).

2. Tag Arezzo: Rundgang durch die Altstadt und Besuch der Kirche von San Francesco mit den Fresken von Piero della Francesca in der Hauptchorkapelle. Wenn man sich an einem ersten Sonntag des Monats in Arezzo aufhält, lohnt sich der Besuch der Fiera Antiquaria, einem großen Antiquitätenmarkt auf der Piazza Grande, und in den umliegenden Gassen.

3. Tag Ausflug ins Casentino und Valtiberina: Nördlich von Arezzo beginnt das grüne und heitere Casentino. Über Bibbiena und Poppi gelangt man nach Pratovecchio. Hier führt eine kleine Gebirgsstraße bis hinauf zur Abtei und Einsiedelei von Camaldoli inmitten von dichten Wäldern. Wieder zurück nach Bibbiena, gelangt man auf der N. 208, einer kleinen und unbefahrenen Straße, in östlicher Richtung zum einsam gelegenen Franziskanerkloster auf über 1.100 Meter Höhe. Anstatt den gleichen Weg zurück nach Arezzo zu nehmen, lohnt sich ein Umweg durch das obere Tibertal (Valtiberina) mit ausgedehntem Wald- und Weideland. Für Liebhaber von Piero della Francesca sind die Orte Sansepolcro und Monterchi ein unbedingtes Muß. Zwischen beiden Orten empfiehlt sich ein Aufenthalt und ein Spaziergang durch die Gassen der mittelalterlichen Stadt Anghiari.

4. Tag Cortona (1 Übernachtung): Fahrt durch das Chiana-Tal. Stadtrundgang durch Cortona und Besuch des Museo dell'Accademia Etrusca oder ein Spaziergang zum 4 km oberhalb von Cortona gelegenen Convento delle Celle. Übernachten im Hotel San Michele.

Für die nächste Woche empfehle ich alternativ zum Hotelaufenthalt eine Ferienwohnung (Agriturismo) im Süden der Toskana als Standquartier. Wer lieber im Hotel übernachtet, sollte dafür einen zentral gelegenen Ort wie Montalcino wählen.

5. Tag : Fahrt in den berühmten Weinort Montepulciano mit Besuch einer Enoteca. Für Etruskerfans lohnt sich danach ein Abstecher nach Chiusi. Über Monticchiello weiter nach Pienza und San Quirico d'Orcia.

6. Tag: Landschaftsfahrt durch den schönsten Teil der Sieneser Crete über Buonconvento, Abbazia di Monte Oliveto Maggiore, Murlo und in den Weinort Montalcino.

7. Tag: Morgens kurzer Spaziergang durch Bagno Vignoni mit seinem Thermalbecken. Besichtigung von Sant'Antimo, einer der beeindruckendsten Kirchen auf dem Land. Fahrt in die Gebirgsregion des Monte Amiata. Mehrstündige Wanderung durch den Parco Faunistico dell'Amiata. Auf dem Rückweg lohnt sich ein Bad im Fosso Bianco von Bagni S. Filippo.

8. Tag: Ganztägiger Ausflug in die mittelalterlichen reizvollen Miniaturstädte Sorano, Pitigliano und Sovana. Baden in den Schwefelquellen von Saturnia.

9. Tag: Ausflug auf die Halbinsel Monte Argentario und nachmittags Besichtigung des Figurenparks von Niki de Saint-Phalle in Capálbio.

10. Tag: Baden am Strand des Parco Naturale della Maremma oder mehrstündige geführte Wanderung zu Fuß oder zu Pferd durch den Naturschutzpark.

11. Tag: Ausflug nach Grosseto und Baden am Strand von Castiglione della Pescaia. Auf dem Rückweg sollte man sich die Etruskergräber bei Vetulonia ansehen.

12. Tag Massa Marittima (2 Übernachtungen): Auf dem Weg nach Massa Marittima lohnt sich ein Umweg über Roccastrada zur Abtei von San Galgano. Abendlicher Spaziergang auf die Festung von Massa Marittima.

13. Tag: Ausgiebige Stadtbesichtigung von Massa Marittima durch die Città Vecchia und die Città Nuova.

14. Tag San Gimignano (2 Übernachtungen): Fahrt über die landschaftlich schöne N. 439 bis nach Volterra und hier den Nachmittag verbringen. Weiterfahrt nach San Gimignano und abendlicher Spaziergang zur Festung.

15. Tag San Gimignano: Vom Pro Loco organisierte mehrstündige Wanderung mit Besuch eines Weinguts in der Umgebung von San Gimignano. Nachmittags Besichtigung der Stadt und Besteigung der Torre Grossa.

16. Tag San Miniato (1 Übernachtung): Fahrt über Certaldo und Castelfiorentino in die "Trüffelstadt" San Miniato. Hier lohnt sich im Oktober der Kauf eines frischen Trüffels oder eines Trüffelöls und der Besuch eines Restaurants mit Trüffelspezialitäten.

17. Tag Lucca (3 Übernachtungen): Besichtigungstour Livornos durch die mediceischen Kanäle ("Livorno dall'Acqua") und Bummel über den Mercatino Americano. Weiterfahrt über den Lago di Massaciuccoli nach Lucca.

18. Tag: Ganztägige Besichtigung von Lucca und Umrundung der Stadt auf der Passeggiata della Mura mit dem Fahrrad oder zu Fuß.

19. Tag: Ganztägiger Ausflug in die Garfagnana über Borgo a Mozzano, Bagni di Lucca und Barga. Mehrstündiger Rundgang durch die Windhöhle "Grotta del Vento" mit unterirdischen Gängen, Seen und einem Wasserfall. Auf dem Rückweg nach Lucca Abendessen in Celle di Pescaglia.

20. Tag Pistoia (1 Übernachtung): Durch das Weinbaugebiet von Montecarlo nach Collodi. Besuch des Pinocchio-Parks in Collodi. Weiterfahrt über Pescia und Montecatini nach Pistoia.

5 DIE KULTURMETROPOLE FLORENZ

Highlights

- Ausgiebige Besichtigung der Uffizien
- Besuch des Doms S. Maria del Fiore und Besteigung der Domkuppel
- Panorama-Blick auf Florenz vom Piazzale Michelangelo
- Einkaufsbummel über die Ponte Vecchio und im Gebiet um den Dom und die Piazza della Repubblica
- Spaziergang durch die Boboli-Gärten
- Besuch der Lederwerkstätten von S. Croce
- Bummel durch das Viertel von San Lorenzo
- Besichtigung des Archäologischen Museums

5.1 ÜBERBLICK

Topographisch liegt Florenz in einer weiten Flußebene. Der Arno teilt die von Hügeln umgebene Stadt in zwei Teile. Im Norden gehen die Anhöhen allmählich in die Ausläufer des Apennin und im Osten in das Gebiet des Pratomagno über, nach Süden begrenzen die Monti del Chianti die Ebene.

Das **Klima** in Florenz ist gekennzeichnet durch milde Winter und heiße Sommer. Auch im kältesten Monat des Jahres, im Januar, liegen die durchschnittlichen Höchsttemperaturen selten unter 8° C. Im Juli und August klettert das Thermometer meist über 30° C, und auch in der Nacht sinken die Temperaturen nur wenig.

Verkehrstechnisch erschließt sich die Stadt durch eine ausgezeichnete Zuganbindung. Sie liegt an der Haupteisenbahnstrecke Mailand-Bologna-Rom und ist somit wichtigster toskanischer Knotenpunkt für Zugverbindungen ins In- und Ausland. Durch die Autostrada del Sole (A 1) hat man im Norden eine direkte Verbindung nach Bologna und Mailand und im Süden nach Rom und Neapel. Eine weitere Autobahn, die Autostrada del Mare (A 11), führt ans Tyrrhenische Meer über Prato, Pistoia, Montecatini Terme, Lucca und Pisa. Einige Teilstrecken der gebührenpflichtigen Autobahnen, wie z.B. Florenz-Sie-

5.1 Florenz – Überblick

na, sind als Superstrada ausgewiesen und deshalb gebührenfrei. Die Flugverbindungen sind etwas schlechter als die Zuganbindung. Der Flughafen Peretola, 4 km außerhalb, bietet nur wenige internationale Flüge. Nächster internationaler Flughafen ist der etwa 80 Kilometer entfernt liegende "Galileo Galilei" in Pisa, der durch stündlich fahrende Züge mit Florenz verbunden ist.

In Florenz herrschte bis vor wenigen Jahren noch ein unglaubliches Verkehrschaos. Zum Glück wurde der Individualverkehr im Altstadtbereich stark eingeschränkt, mittlerweile herrscht hier ein normales Verkehrsaufkommen. Viele Florentiner sind auf Motorroller umgestiegen. Anstatt sich durch Autoschlangen durchzuzwängen, ist man jetzt auf der Flucht vor der "Vespa-Fraktion", die im Feierabendverkehr rund um den Domplatz ihre Runden dreht.

Die Vespa-Fraktion

Florenz mit ungefähr einer halben Million Einwohner, unzähligen Kunstschätzen und seiner historischen Vergangenheit ist auch in **politischer** und **wirtschaftlicher** Hinsicht das Zentrum der Toskana. Hier befindet sich der Regierungssitz der Region, zu der die zehn Provinzen Florenz, Prato, Pistoia, Lucca, Carrara, Pisa, Arezzo, Siena, Livorno mit den Inseln Elba, Gorgona, Capraia, Montecristo, Pianosa und Grosseto mit der Insel Giglio gehören.

Die Wirtschaftsstruktur der Stadt ist geprägt durch mittlere und kleine Betriebe aus dem Handwerks- und Industriesektor und durch den Fremdenverkehr. Jedes Jahr besuchen mehrere Millionen Touristen das historische Zentrum, viele nur als Tagesbesucher.

Florenz bietet heute nicht mehr das Bild der verklärten Reiseberichte vergangener Zeiten. Die Metropole ist eine moderne Großstadt mit den üblichen

5 Florenz

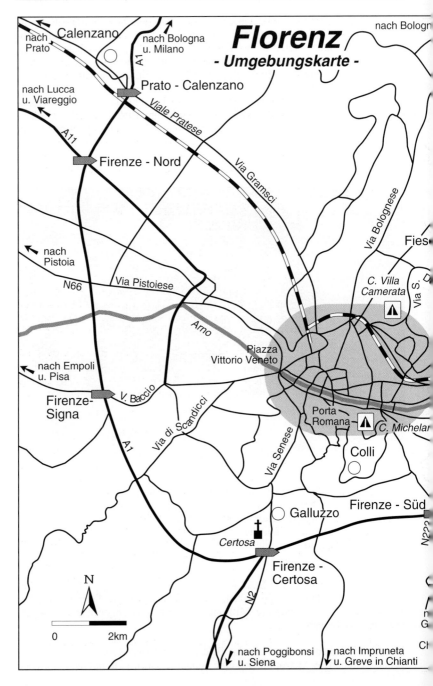

5.1 Florenz – Überblick

graphic

Problemen, wie Verkehrslärm, Umweltverschmutzung, Jugendarbeitslosigkeit, Wohnungsnot und Kriminalität. Wer sich darauf einstellt und die Stadt nicht in drei Tagen abhandeln will, wird seinen Aufenthalt in der "Perle der Renaissance" auf jeden Fall genießen.

Florenz bietet dem Besucher eine Fülle an kostbaren Kunstschätzen, malerischen Plätzen und beeindruckenden Monumenten. Wer nur einen Ausflug dorthin unternimmt oder nur ein oder zwei Tage hier verbringt, sollte sich auf weniges beschränken und auch einmal ohne Stadtplan in der Hand auf Entdeckungsreise gehen.

5.2 REISEPRAKTISCHE HINWEISE

Information
- **APT-Hauptbüro, Firenze**, Via Manzoni 16, 50121 Firenze, Tel.: 055/23320, Fax: 055/2346286, geöffnet Mo - Sa 8.30 - 13.30 Uhr, So geschlossen.
- **APT**, Via Cavour 1r, etwas versteckte Seitengasse an der Loggia dei Lanzi, 50129 Firenze, Tel.: 055/290832, Fax: 055/2760383, geöffnet Mo - So 8 - 14 Uhr, im Sommer von 8 - 19 Uhr.
- **APT**, vor dem Hauptbahnhof bei den Busabfahrtsstellen (Stazione Santa Maria Novella), Chiasso Baroncelli 17/19 r, 50129 Firenze, Tel.: 055/212245, Fax: 055/215870, geöffnet im Sommer von 8 - 19 Uhr, im Winter von 8 - 13 Uhr, So von 8 - 13.30 Uhr.

Wichtige Telefonnummern
Vorwahl: 055
Polizeinotruf: 113, Feuerwehr: 115, Verkehrshilfe ACI: 24861, Abschleppdienst: 116, Polizeipräsidium (Questura, Ufficio Stranieri)-Dienststelle bei Autodiebstahl: 49771, Verkehrspolizei-Soforteinsatz: 3283333.

Buslinien im Stadtverkehr
- **A.T.A.F.** Auskunftsbüro am Hauptbahnhof, Tel.: 055/580528, Fahrkarten sind in Tabakgeschäften und an autorisierten Verkaufsstellen (Bars und Kioske) erhältlich. Ein Standardticket mit 60 Minuten Gültigkeit kostet 1.400 Lire, im 4er-Block 5.400 Lire, ein 120-Minuten-Ticket 1.900 Lire, das 24-Stunden-Ticket 5.000 Lire. Die Fahrrouten:
- **1** Cure-Duomo-Stazione-Viale Talenti;
- **6** Via Rondinella-Duomo-S.Marco-Piazza Unità-Legnaia-Sofiano;
- **7** Stazione S.M.Novella-S.Marco-Cure-S.Domenico-Fiesole;
- **8** Piazza Libertà-Careggi;
- **10** Stazione-S.Marco-Savonarola-Coverciano-Settignano;

93

5.2 Florenz – Reisepraktische Hinweise

- **11A** Viale Calatafimi-Duomo-Poggio Imperiale-Due Strade;
- **13** Stazione-Piazzale Michelangelo-Porta Romana;
- **14** Rovezzano-Stazione-Careggi;
- **17B** Cascine-Stazione-Duomo-Salviatino (Jugendherberge);
- **19** Stazione S.M.Novella-Fortezza-Libertà-Mazzini-Proconsolo-Beccaria;
- **23A** Sorgane-Gavinana-Duomo-Stazione-Ponte di Mezzo-Firenze Nuova;
- **25A** Stazione-S.Marco-Trespiano-Pratolino;
- **28** Stazione S.M.Novella-Castello-Sesto Fiorentino;
- **37** Stazione-Porta Romana-Galluzzo-Certosa-Tavarnuzze.

Überlandbusse
Der Bus-Terminal befindet sich neben dem Bahnhof.
- **CAT**, Via Fiume 5r, Tel.: 055/283400, nach Anghiare, Arezzo, Città di Castello, Gubbio, Sansepolcro.
- **CO.PI.T.**, Piazza S.Maria Novella 22r, Tel.: 055/215451, nach Pistoia.
- **Flli. LAZZI**, Piazza Stazione 4-6r, Tel.: 055/215154 - 2398840, nach La Spezia, Livorno, Lucca, Pisa, Viareggio, Pistoia.
- **SITA**, Via S.Caterina da Siena 15r, Tel.: von Montag bis Freitag 055/214721, Samstag und Sonntag 055/211487, nach Assisi, Bologna, Camaldoli, Casentino, Chianciano Terme, Colle Val d'Elsa, Greve, La Verna, Massa Marittima, Montevarchi, Perugia, Piombino, Siena, Volterra.

Zugauskunft und Fahrpläne
Reiseauskunft Staatliche Eisenbahn (FFSS), Im Hauptbahnhof Santa Maria Novella, Tel.: 055/288785, geöffnet von 9.00 - 17.00 Uhr.

Flüge
- **Flughafen Florenz A.Vespucci**, Via del Termine 1, Peretola, 7 km außerhalb, Fluginformationen Tel.: 055/373498 - 30615, Fax: 055/318776, Zubringerdienst mit der Busgesellschaft **SITA** ab Bahnhof, wenig internationale Flüge.
- **Flughafen Galileo Galilei Pisa**
- **Fluggesellschaften**
  - **Lufthansa**, Via Pellicceria 6, Tel.: 055/2382890
  - **Swissair**, Via del Parione 1, Tel.: 055/295055
  - **Allitalia**, Lungarno Acciaiuoli 10, Tel.: 055/27881

Taxi
- **Funktaxi SO.CO.TA.**, Tel.: 055/4798 - 4242
- **Funktaxi CO.TA.FI.**, Tel.: 055/4390

Autovermietung
- **Avis**, Borgognissanti 128r, Tel.: 055/213629 - 2398826, Fax: 055/2382697
- **Europcar**, Borgognissanti 53r, Tel.: 055/ 2360072
- **Far**, Via Bocci 165, Tel.: 055/4377906
- **Hertz**, Via M. Finiguerra 33r, Tel.: 055/282260 - 2398205, Fax: 055/230011
- **Italy by Car**, Borgognisssanti 134r, Tel.: 055/293021 - 287161, Fax: 055/293021
- **Maggiore**, Via M. Finiguerra 31r, Tel.: 055/210238 - 294578, Fax: 055/294578

Fahrradverleih
- **Alinari**, Via Guelfa 85r, Tel.: 055/280500
- **Ciao e basta**, Lungarno Pecori Girardi 1, Tel.: 055/2342726
- **Motorent**, Via S. Zanobi 9r, Tel.. 055/055/490113

5.2 Florenz – Reisepraktische Hinweise

Motorradverleih
- **Alinari**, s.o. und Via de Bardi 35, Tel.: 055/2346436, Fax: 055/211748, Piazza Cavalleggeri, geöffnet im Sommer (nur Mopeds)
- **Eurodrive**, Via della Scala 48r, Tel.: 055/2398817
- **Motorent**, s.o.
- **Vesparent**, Via Pisani 103r, Tel.: 055/715691

Automobilclubs
- **Automobil Club d'Italia (A.C.I.)**, Viale Amendola 36, Tel.: 055/24861
- **Touring Club Italiano (T.C.I.)**, Viale S. Lavagnini 6r, Tel.: 055/474192

Apotheken
Durchgehend geöffnet, Nachtdienst und Wochenende:
- **Stadtapotheke Nr.13 8 (Comunale)**, im Bahnhof S.Maria Novella, Tel.: 055/289435
- **Molteni**, Via Calzaioli 7r, Tel.: 055/289490
- **All'insegna del Moro**, Piazza S. Giovanni 20r, Tel.: 055/211343

Krankenhäuser
- **Arcispedale di S.M. Nuova**, Piazza S.M. Nuova 1, Tel.: 055/27581
- **Careggi**, Viale Morgagni 85, Tel.: 055/4277111
- **I.O.T.**, Istituto Ortopedico Toscano, Viale Michelangelo 41, Tel.: 055/65881
- **Mayer**, Kinderkrankenhaus für Kinder bis 13 Jahren, Via L. Giordano 13, Tel.: 055/56221

Geldwechsel
Banken im Zentrum, geöffnet 8.30 - 13.30 und 14.45 - 16 Uhr.
Zahlreiche **Bankautomaten** außerhalb der Öffnungszeiten, z.T. auch mit Geldscheinwechsel-Automaten.

Sightseeing
Täglich finden vormittags und nachmittags Stadtrundfahrten mit Führer statt. Die örtlichen Reisebüros organisieren Ausflüge nach Pisa, Siena und S. Gimignano.
Führungen durch die Villen und Gärten von Florenz nach Voranmeldung bei: Assessorato alla Cultura (Amt für kulturelle Angelegenheiten), Via S. Egidio 21, von 9.00-13.00 oder bei la Cooperativa Lo Studiolo degli Amici dei Musei, Viga degli Alfani 39, von 9.30-11.30.

Tips
Kunstliebhaber, die sich für die florentinischen Abendmahlsäle (cenacoli fiorentini) interessieren, können sich bei den Fremdenverkehrsämtern und beim Centro Guide Turismo erkundigen, Tel.: 055/288448, Fax: 055/288476
- **Rundgänge am Morgen:**
1. Abendmahle des 14. und 15. Jh.; Kirche von Ognissanti und Fresko von Ghirlandaio, Kirche von S. Spirito und Fresko von Orcagna; Museum von Santa Croce und Fresko von Taddeo Gaddi
2. Abendmahle – Museen; Museum und Refektorium von S. Apollonia (Andrea del Castagno), Museum von San Marco und Fresko von Ghirlandaio, Museum von San Salvi und Fresko von Andrea del Sarto
3. Unterschiede und Kontraste in den florentinischen Abendmahlen; Refektorium von Foligno (Perugino), Refektorium von S. Apollonia (Andrea del Castagno), Refektorium von S. Salvi (Andrea del Sarto), Refektorium von Ognissanti (Ghirlandaio)

5.2 Florenz – Reisepraktische Hinweise

- **Ganztägige Rundgänge und Ausflüge:**
1. Florenz-Stadt; Refektorium von S. Apollonia (Andrea del Castagno), Museum und Refektorium von S. Marco (Beato Angelico, Ghirlandaio, Sogliani), Refektorium von Foligno (Perugino), Kloster und Refektorium von Ognissanti (Ghirlandaio), Museum und Refektorium von Santa Croce (Taddeo Gaddi)
2. Florenz und Umgebung; Refektorium von S. Spirito (Orcagna) und Kirche von S. Spirito, Refektorium des Klosters der "Calza" (Franciabigio), Museum und Refektorium von S. Salvi (Andrea del Sarto), Ausflug zur Abtei von Passignano (Ghirlandaio), Ausflug zum Museum der sakralen Kunst, San Casciano Val di Pesa.

Bewachte Parkplätze
- **Fortezza da Basso**, in der Nähe des Hauptbahnhofs
- **Parkplatz Bahnhof Santa Maria Novella**, Piazza Stazione
- Mercato Centrale, Lungarno Torrigiani, Lungarno Zecca Vecchia, Piazza della Libertà

Hotelreservierung
Coopal, Via il Prato 2r, Tel.: 055/219525 - 292792, nur für Gruppen
Florence Promhotels, Viale Volta 72, Tel.: 055/570481, Fax: 055/587189
Family Hotels, Via Faenza 77, Tel.: 055/217975, Fax: 055/2381905

Unterkunft
- ***** **Excelsior**, Piazza Ognissanti 3, 50123 Firenze, Tel.: 055/264201, Fax: 055/210278, großzügiges Gebäude aus dem 19. Jahrhundert am Arno-Ufer. Dachgarten-Restaurant mit Panoramablick, DZ 395.000-790.000 Lire.
- ***** **Grand Hotel**, Piazza Ognissanti 1, 50123 Firenze, Tel.: 055/288781, Fax: 055/217400, vergleichbar mit dem Excelsior, nur etwas kleiner, mit Garage, DZ 400.000-800.000 Lire.
- **** **Brunelleschi**, Piazza S. Elisabetta 3, 50122 Firenze, Tel.: 055/562068, Fax: 055/219653, schönes Gebäudeensemble aus mehreren Palazzi, zwischen Dom und Piazza della Signoria, äußerst komfortabel und sehr guter Service, mit Garage, DZ 225.000-450.000 Lire.
- **** **Monna Lisa**, Borgo Pinti 27, 50121 Firenze, Tel.: 055/2479751, Fax:2479755, Renaissance-Villa mit vielen Kunstschätzen, in Domnähe, DZ 200.000-400.000 Lire.
- **** **J and J**, Via di Mezzo 20, 50121 Firenze, Tel.: 055/240951, Fax: 055/240282, ruhig gelegenes Hotel, unweit der Piazza S. Ambrogio. Es enstand aus einem Kloster des 16. Jahrhunderts. Bei der Restaurierung kamen Fresken, Säulen zum Vorschein. Die Räume sind geschmackvoll und mit jedem Komfort ausgestattet, mit Parkplatz DZ 225.000-450.000 Lire.
- **** **Ville sull'Arno**, Lungarno Colombo 1/3/5, 50136 Firenze, Tel.: 055/670971, Fax: 055/678244, die vollständig restaurierte Villa liegt ca. 3 km vom historischen Zentrum entfernt am Ufer des Arno. Es besitzt 47 schöne und komfortable Zimmer, mit Schwimmbad, Restaurant und Parkplatz, DZ 160.000-320.000 Lire.
- *** **Annalena**, Via Romana 34, 50125 Firenze, Tel.: 055/222402, Fax: 0557222403, in der Nähe der Boboli-Gärten, eleganter und weiträumiger Palazzo, Zimmer meist mit Blick auf die Gärten, DZ 140.000-205.000 Lire.
- *** **Le Due Fontane**, Piazza SS. Annunziata 14, 50122 Firenze, Tel.: 055/210987, Fax: 055/294461, zentrumsnah und ruhig gelegen mit moderner Ausstattung, mit Garage incl., DZ 180.000-245.000 Lire.
- *** **Morandi alla Crocetta**, Via Laura 50, 50121 Firenze, Tel.: 055/2344747, Fax: 055/2480954, das kleine Hotel mit sehr geschmackvoll eingerichteten Zimmern liegt am Rande der Piazza dell'Annunziata in einem ehemaligen Renaissance-Kloster, DZ 115.000-230.000 Lire.

5.2 Florenz – Reisepraktische Hinweise

- *** **Pendini**, Via Strozzi 2, 50123 Firenze, Tel.: 055/211170, Fax: 0557210156, Seitenstraße an der Piazza Repubblica, geräumige und gemütlich eingerichtete Zimmer, z.T. mit Blick auf die Piazza, störender Verkehrslärm, DZ 100.000-200.000 Lire.
- *** **Pitti Palace**, Via Barbadori 2, 50125 Firenze, Tel.: 055/2398711, Fax: 055/2398867, komfortable Zimmer, schöner Salon, Dachterrasse, störender Verkehrslärm, DZ 115.000-230.000 Lire.
- *** **Porta Rossa**, Via Porta Rossa 19, 50123 Firenze, Tel.: 055/287551, Fax 055/282179, das Porta Rossa ist eines der ältesten Hotels der Stadt. Die Umbauten bis zur Jahrhundertwende haben ein interessantes Stilgemisch hinterlassen, geräumige und gemütliche Zimmer, zentral und relativ ruhig gelegen, Garage, DZ 95.000-190.000 Lire.
- *** **Quisisana & Pontevecchio**, Lungarno Archibusieri 4, 50122 Firenze, Tel.: 055/485314, Fax: 055/485326, Zimmer mit herrlichem Ausblick auf Arno und Ponte Vecchio. Beeindruckende Einrichtung. Das Hotel erlangte als Kulisse für den Film "Zimmer mit Aussicht" von James Ivory Berühmtheit, DZ 143.000-152.000 Lire.
- *** **Select**, Via G. Galliano 24, 50144 Firenze, Tel.: 055/330342, außerhalb des Stadtzentrums, modern und komfortabel, alle Zimmer mit Bad, Klimaanlage, TV, Minibar, hoteleigene Garage, deutschsprachige Rezeption, DZ 115.000-230.000 Lire.
- *** **Villa Liberty**, Viale Michelangiolo 40, 50125 Firenze, Tel.: 055/6810581, Fax: 055/6812595, kleines ruhiges Hotel mit familiärer Atmosphäre, DZ 105.000-210.000 Lire.
- ** **La Scaletta**, Via Guicciardini 13, 50125 Firenze, Tel.: 055/283028, Fax: 055/214255, hinter der Ponte Vecchio, verwinkeltes Treppenhaus, gemütliche Atmosphäre und altertümliche Möbel, Dachgarten mit herrlichem Ausblick auf die Boboli-Gärten, englischsprachige Besitzerin, DZ 85.000-140.000 Lire.
- ** **Villa Natalia**, Via Bolognese 106, 50139 Firenze, Tel.: 055/2396451, Fax: 055/470773, die Villa aus dem 16. Jahrhundert in schöner Hügellage befindet sich ca. 3 km vom historischen Zentrum entfernt. Alle 22 Zimmer sind mit Bad oder Dusche/WC, Telefon und mit antiken Möbeln ausgestattet. Durch die Hügellage hat man einen herrlichen Blick über die florentinische Landschaft, DZ 90.000-180.000 Lire.
- ** **Cimabue**, Via B. Lupi 7, 50129 Firenze, Tel.: 055/471989, Fax: 055/475601, das gemütliche kleine Hotel mit 15 Zimmern befindet sich in einem 1993 restaurierten Palazzo aus dem 18. Jahrhundert nördlich der Piazza San Marco und etwa 1 km zum Dom. Alle Zimmer sind mit Dusche/WC, Telefon und TV ausgestattet, DZ 85.000-170.000 Lire.

Jugendherbergen
- **Ostello della Gioventù Villa Camerata**, Viale Augusto Righi 2/4, 50137 Firenze, Tel.: 055/601451, Fax: 055/610300, 4 km in Richtung Fiesole, Massenbetrieb mit insgesamt 322 Betten, 10-20 pro Saal, ab 23.00 Uhr geschlossen.
- **Ostello Archi Rossi**, Via Faenza 94r, 50123 Firenze, Tel.: 055/290804, Fax: 055/2302601, neue Jugendherberge mit 22 Zimmern und insgesamt 80 Betten.
- **Ostello Santa Monaca**, Via Santa Monaca 6, Tel.: 055/268338, Fax: 055/280185, private Herberge in Zentrumsnähe mit 107 Betten, bereits morgens anmelden, da oft überfüllt.

Camping
- **Michelangelo**, Viale Michelangelo 80, Tel.: 055/6811977, geöffnet von April bis Oktober, städtischer Campingplatz unterhalb des Piazzale Michelangelo, leider viel Verkehrslärm.
- **Villa Camerata**, Viale A.Righi 2/4, gehört zur obengenannten Jugendherberge, geöffnet von April bis Oktober.

Restaurants
- **Enoteca Pinchiorri**, Via Ghibellina 87, Tel.: 055/242777, gehört zu den besten Restaurants in Europa. Ausgezeichnete nouvelle cuisine unter der Leitung eines französischen Küchenchefs, bekannt für seinen gutsortierten Weinkeller.

5.2 Florenz – Reisepraktische Hinweise

Für den Weinliebhaber gibt es Weindegustationsmenüs. Das Restaurant ist in einem alten Palast untergebracht und stilvoll eingerichtet, teuer.
- **Cantinetta Antinori**, Piazza Antinori 3, Tel.: 055/292234, das Stammhaus der berühmten Antinori-Weingüter bietet mittags typisch toskanische Imbisse mit Weinen des Hauses, abends Dinner im eleganten Speisesaal, gehobene Preisklasse.
- **Enoteca und Rosticceria I Pilastri**, Via dei Pilastri 16r, Tel.: 055/245200, große Auswahl an italienischen Weinen und Lebensmitteln, mittags kann man sich hier kleine, aber sehr gut zubereitete Gerichte zusammenstellen und an Tischen mit einem guten Glas Wein zu sich nehmen, mittlere Preisklasse.
- **Il Cibrèo**, Via dei Macci 118r, Tel.:055/2341100, ausgezeichnetes Restaurant mit florentinischer Küche in stilvoller Umgebung, sehr beliebt bei Florentinern und Touristen, gehobene Preisklasse.
- **Il Cibrèo**, Piazza Ghiberti 35r, Tel.: 055/2341100. Eine Häuserecke weiter vom obengenannten Restaurant und etwas versteckt befindet sich der Eingang zur Trattoria Il Cibrèo. Restaurant und Trattoria sind nur durch die gemeinsame Küche getrennt. An 4 Tischen können Sie hier hervorragend zubereitete, alte florentinische Gerichte essen. Vielleicht nicht ganz die nouvelle cuisine, aber dafür erheblich billiger, mittlere Preisklasse.
- **Caffè Concerto**, Lungarno Colombo 7, Tel: 055/677377, hohe Qualität der Speisen, vor allem der Fleischgerichte. Nicht nur toskanische Küche, Tische im Freien, gehobene Preisklasse.
- **La Capannina di Sante**, Piazza Ravenna/Ecke Ponte da Verrazzano, Tel.: 055/688345, hervorragendes Fisch-Restaurant, gehobene Preisklasse.
- **Le Fonticine**, Via Nazionale 79r, Tel.: 055/282106, angenehme Atmosphäre, zu empfehlen sind die Antipasti und die hausgemachten Nudeln, toskanische Küche, mittlere Preisklasse.
- **Osteria del Mercato**, Piazza Ghiberti 87r, Tel.: 055/2347584, die Gerichte sind zwar nicht so raffiniert wie beim benachbarten Il Cibrèo, aber das Preis-Leistungsverhältnis stimmt, mittlere Preisklasse.
- **Osteria del Chiasso**, Via Fiesolana 13r, Tel.: 055/242241, angenehmes Ambiente in alten Gewölbekellern, traditionelle toskanische Küche mit einer gepflegten Weinkarte, mittlere Preisklasse.
- **Pane e Vino**, Via San Niccolò 60/70r, Tel.: 055/2476956, sehr ruhiges Lokal mit betonter Schlichtheit eingerichtet, interessante Mischung aus toskanischen Gerichten mit Anleihen aus anderen Regionen, mittlere Preisklasse.
- **Pepolino**, Via Caterina Franceschi Ferrucci 16r, Tel.: 055/608905, gemütliches kleines Restaurant mit monatlich wechselnder Speisekarte. Nicht nur Liebhaber der regionalen Küche kommen hier auf ihre Kosten, mittlere Preisklasse.
- **Ristorante Natalino**, Borgo Albizi 17r, Tel.: 055/289404, hervorragend zubereitete Primi, die Hauptgerichte etwas überteuert, mittlere Preisklasse.
- **Taverna del Bronzino**, Via delle Ruote 25r, Tel.: 055/495220, traditionelle toskanische Küche mit konstanter Qualität und hervorragender Tageskarte, gehobene Preisklasse.
- **Le Mossacce**, Via del Proconsolo 55r, Tel.: 055/294361, bei Florentinern sehr beliebte kleine Trattoria mit guter toskanischer Hausmannskost, preiswert.

Caffès und Eisdielen
- **Caffè Pasticceria Rivoire**, Piazza della Signoria 5r. Seit 1871 im Besitz der Familie Rivoire war hier ursprünglich eine Schokoladenfabrik mit Laden untergebracht. Heute ist das Rivoire ein sehr schönes, aber teures Caffè mit hervorragender Confiserie und Blick auf den Palazzo Vecchio.
- **Paszkowski**, Piazza Repubblica 4, prachtvolles, historisches Caffè mit horrenden Preisen und dezenter abendlicher Piano-Musik.
- **Giubbe Rosse**, Piazza Repubblica, einst Lieblingscaffè von Dichtern und Schriftstellern, sehr teuer.

5.2 Florenz – Reisepraktische Hinweise

- **Gilli**, Piazza Repubblica, eines der ältesten Kaffeehäuser der Stadt.
- **Gelateria Vivoli**, Isole delle Stinche 7. Die Eiskreationen dieser Gelateria sind traumhaft gut, mit Sicherheit das beste Speiseeis der Toskana. Etwas abseits hinter dem Teatro Verdi, Mo geschl.
- **Festival del Gelato**, Corso 75r, zwar sehr modern eingerichtet und viele Eissorten, aber dem Vergleich mit dem Vivoli hält es nicht stand.
- **Gelateria dei Neri**, Via dei Neri 22r, hervorragendes Eis. Aber auch dieses Speiseeis erreicht nicht die Spitzenqualität von der Gelateria Vivoli.
- **Cavini**, Piazza delle Cure 22r, sehr zu empfehlen sind hier die Eissorten mit Schokolade, große Auswahl an Halbgefrorenem.

Nightlife

Die Zeitung Firenze Spettacolo und der Veranstaltungskalender Florenz aktuell, kostenlos erhältlich bei den Touristenbüros, informieren über das florentinische Nachtleben. Während des Musikfestivals (Mai bis Mitte Juli) finden auch viele Konzerte in Innenhöfen und Klostergärten statt.

In Italien gibt es keine "Kneipenkultur" wie z.B. in Deutschland. Da Florenz aber einen großen Anteil an ausländischen Studenten, vorwiegend Sprachschüler aus den USA, Japan und Deutschland, hat, gibt es ein reichhaltiges Angebot an Kneipen, Jazz- und Musiklokalen. Allerdings sind die Preise hier erheblich höher als in Deutschland. Die meisten sind im Universitätsviertel zwischen Dom und Piazza SS. Annunziata (Borgo Pinti und in der Via dei Servi) angesiedelt. Viele dieser Lokale bezeichnen sich auch als "Club". Am Eingang erhält man entweder eine Besucherkarte oder man bezahlt einen monatlichen Clubbeitrag (5.000-15.000 Lire).

- **Café Voltaire**, Via degli Alfani 26r, gemischtes Publikum, abends oft Live-Musik oder Varieté.
- **Red Garter**, Via dei Benci 33r, Musikkneipe mit Live-Musik am Wochenende. Viele amerikanische Studenten.
- **Be Bop**, Via dei Servi 76c, Cocktail-Bar, Jazz-, Blues- und Country-Live-Musik.
- **Ristorante e Birreria Le Boccale**, Borgo SS. Apostoli 15, auch von jüngeren Florentinern vielbesucht, am frühen Abend auch Restaurantbetrieb.
- **Space Electronic**, Via Palazzuolo 37, Diskothek mit Laser- und Videoshow.

Einkaufen/Vinotheken

- **Marchesi L. e P. Antinori**, Piazza degli Antinori 3, Tel.: 055/282202, weltweit bekanntes Weinhaus mit jahrhundertelanger Tradition (seit Mitte des 14. Jahrhunderts), trotz der ungeheuren Menge sind die Antinori-Weine, die nicht nur aus Weingütern der Toskana, sondern aus ganz Italien stammen, auf einem hohen Qualitätsniveau. Hervorragend sind die zwei außergewöhnlichen und teuren Rotweine Tignanello und Solaia. Die "normalen" Weine gehören ebenso zu den besten, die die Toskana zu bieten hat.
- **Marchesi de' Frescobaldi**, Via S.Spirito 11, Tel.: 055/218751, neben den Antinori besitzen die Frescobaldi eines der größten Weinhäuser in der Toskana, mit großer Produktionskapazität und qualitativ hochwertigen Weinen.
- **Champagneria da Marcello**, Via Lambruschini 15r, Tel.: 055/490804, reiche Auswahl an Champagner- und Spumantisorten. Das im Jugendstil eingerichtete Lokal bietet auch eine kleine Auswahl an Speisen und Süßigkeiten.
- **Enoteca Alessi**, Via dell'Oche 27r, Tel.: 055/214966, während die Weinhandlung im Untergeschoß liegt, können die Weine in Räumen des Erdgeschosses verkostet werden. Außer einem hervorragenden Angebot an Chianti-Jahrgängen bietet die Enoteca eine Auswahl an französischen und kalifornischen Weinen.

5.2 Florenz – Reisepraktische Hinweise

● **Enoteca Birreria Centrale**, Piazza dei Cimatori 1r, Tel.: 055/211915, zu einem hervorragenden Imbiß kann man hier gute Weine und Biere aus Bayern trinken, sehr gute Auswahl an Grappa.

Märkte
● **Mercato delle pulci**, Piazza dei Ciompi, täglicher, kleiner Händler-Flohmarkt mit ca. 30 Buden, Mo-Sa 9-19 Uhr.
● **Mercato Centrale di San Lorenzo**, größte Markthalle für Lebensmittel in der Via del Ariento, Mo-Sa 7.30-13 Uhr, zweistöckige Markthalle mit Fleisch, Geflügel, Fisch und Käse im Erdgeschoß und Obst und Gemüse im Obergeschoß, tägl. 7-14 Uhr, im Winter auch am Sa nachmittag. In den Gassen rings um die Markthalle ca. 250 Stände mit Lederwaren, Kleidern etc.
● **S. Ambrogio**, Piazza Ghiberti, Markthalle für Lebensmittel, viele Gemüse- und Obststände rings um die Halle, Mo-Sa 7-14 Uhr.
● **Mercato Cascine**, Viale A. Lincoln, großer Wochenmarkt am Arno-Ufer zwischen dem Ponte della Vittoria und der Fußgängerbrücke zum Stadtviertel Isolotto, Kleider und Gebrauchsgegenstände, Di 8.00-13.00 Uhr.
● **Mercatino dei Liberi Artigiani**, Loggia del Grano, tägl. 10-17 Uhr.
● **Kunsthandwerk** auf der Piazza Santo Spirito, jeder 2. So im Monat, ab 9.00 Uhr. Hier gibt es Antiquitäten, Möbel, Bilder, Schmuckstücke, Eisengießereien und Verzierungen.
● **Schmuck** in kleinen Geschäften auf der Ponte Vecchio.
● **Mode** in Luxusboutiquen auf der Flaniermeile der Via Tornabuoni.
● **Leder** in den berühmten Lederwerkstätten von Santa Croce.

Theater
● **Teatro Comunale**, Corso Italia, 50123 Firenze, Tel.: 055/27791, Kartenverkauf Tel.: 055/211158, Fax: 055/2779410
● **Teatro della Pergola**, Via della Pergola 12/13, 50121 Firenze, Tel.: 055/2479651
● **Teatro Tenda**, Via de Nicola, 50136 Firenze, Tel.: 055/6504112
● **Teatro Verdi**, Via Ghibellina, 101, Tel.: 055/212320

Redaktions-Tips
▩ Morgendlicher Bummel durch die Markthalle von San Lorenzo
▩ Übernachten im berühmten Hotel Quisisana & Pontevecchio, Filmkulisse für James Ivory's "Zimmer mit Aussicht"
▩ Abendessen bei der kleinen Altstadttrattoria Il Cibreo
▩ Eiskreationen der Gelateria Vivoli genießen
▩ Aperitif im Rivoire an der Piazza della Signoria einnehmen
▩ Besuch der Restaurierungswerkstätten "Opificio delle Pietre Dure"
▩ Spaziergang im Oltrarno-Viertel
▩ Besichtigung des Vasari-Korridors
▩ Führung für Kunstliebhaber durch die florentinischen Abendmahlsäle

Feste/Veranstaltungen

● **Scoppio del Carro** am Ostersonntag auf der Piazza Duomo mit historischem Umzug.
● **Calcio Storico Fiorentino** im Juni an der Piazza Santa Croce, Tel.: 055/295409. Traditionelles Fußballturnier zwischen den vier historischen Stadtvierteln und historischer Umzug.
● **Festa di San Giovanni** am 24. Juni. Fest des Stadtpatrons mit historischem Umzug und Feuerwerk.
● **Firenze Estate**, von Ende April bis September mit Konzerten und Aufführungen, Tel.: 055/2302124.

5.3 GESCHICHTLICHER ÜBERBLICK

Die Gründung von Florenz im 1. vorchristlichen Jahrhundert geht auf die Römer zurück. Die Stadt entstand unter dem Namen Fiorentina, die Blühende, am Fuße eines Hügels, auf dem die noch ältere etruskische Stadt Fiesole liegt.

Bis ungefähr um das Jahr Tausend hatte die Stadt keinerlei Bedeutung. Erst ab dem 11. und verstärkt ab dem 12. Jahrhundert ist ein stetes Wachstum, verbunden mit einem wirtschaftlichem Aufstieg, zu verzeichnen. Aus dieser Zeit stammen das romanische Baptisterium und die Kirche San Miniato.

Nach dem Tod der kinderlosen Markgräfin Mathilde von Canossa im Jahr 1115 wurde Florenz zur freien Kommune. In dieser Zeit entwickelten sich auch der Handel und das Gewerbe (Wolle und Seide) und damit ein erstarkendes und wohlhabendes Bürgertum. Adelsgeschlechter regierten die Stadtrepublik.

Zu Beginn des 13. Jahrhunderts spaltete sich der Adel in zwei große Parteien: die **Guelfen** (Welfen, Anhänger des Papsttums) und die **Ghibellinen** (Waiblinger, Anhänger der Hohenstaufen). Da die Ghibellinen das Erstarken von freien Kommunen verhindern wollten, stand das Großbürgertum auf seiten der Guelfen. Doch auch innerhalb der papsttreuen Partei führten Auseinandersetzungen zu einer Spaltung der Guelfen in Weiße und Schwarze. 1282 brachten das wohlhabende Bürgertum und mit ihm die erstarkten Zünfte die Regierung an sich. An die Spitze der Stadt trat die "Signoria", die sich aus den Vorstehern der Zünfte, den sogenannten Priori, zusammensetzte.

Trotz dieser heftigen und langandauernden Machtkämpfe wurde Florenz immer reicher und mächtiger und hatte bald die Vorherrschaft in Mittelitalien erlangt. Diese Vormachtstellung spiegelte sich auch in einer regen Bautätigkeit wider. Bedeutende weltliche und religiöse Bauwerke, wie der Palazzo Vecchio, S. Maria Novella, S. Croce, S. Maria del Fiore, der Campanile von Giotto und Orsanmichele, entstanden. In dieser Zeit prägten Künstler, wie Giotto, Cimabue, Arnolfo di Cambio und Andrea Pisano, das Stadtbild.

Zu Beginn des 14. Jahrhunderts kam es zu einer vorübergehenden Rückeroberung durch die Ghibellinen unter der Führung von Castruccio Castracani und Heinrich VII.

In der Folgezeit wurde die Stadt von Katastrophen heimgesucht: 1333 Überschwemmung, 1340-1346 mehrere Hungersnöte, 1342 und 1345 Bankenkrach. 1348 dezimierte eine große Pest-Epidemie die Bevölkerung auf die Hälfte. Die Stadt konnte sich nur langsam von den Katastrophen erholen. In den 70er Jahren brachen erneut Hungersnöte aus. Machtkämpfe unter den höheren und niederen Zünften führten 1378 zu den Ausschreitungen der Ciompi (Arbeiter der Wollindustrie). Trotz dieser Schwierigkeiten beherrschte die Stadt einen Großteil der Toskana.

Aus der politischen Krise heraus übernahm eine reiche Bankiersfamilie die Macht. **Giovanni de' Medici** aus Rom eröffnete 1397 in Florenz ein Bank-

5.3 Florenz – Geschichtlicher Überblick

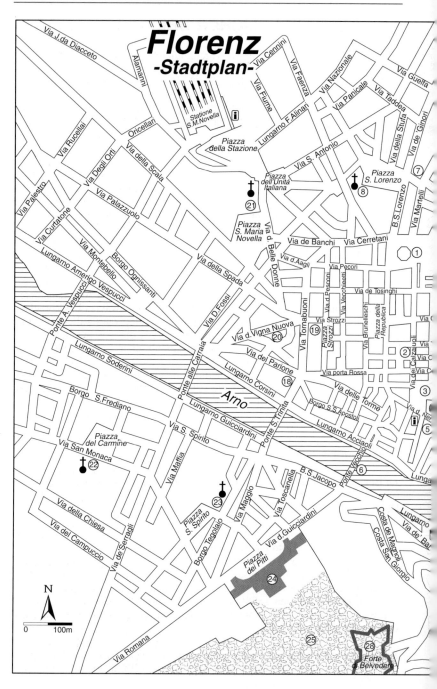

5.3 Florenz – Geschichtlicher Überblick

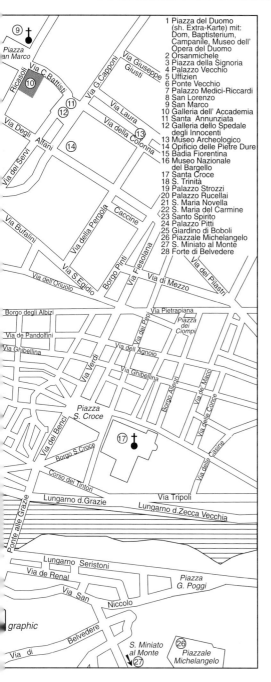

1 Piazza del Duomo
  (sh. Extra-Karte) mit:
  Dom, Baptisterium,
  Campanile, Museo dell'
  Opera del Duomo
2 Orsanmichele
3 Piazza della Signoria
4 Palazzo Vecchio
5 Uffizien
6 Ponte Vecchio
7 Palazzo Medici-Riccardi
8 San Lorenzo
9 San Marco
10 Galleria dell' Accademia
11 Santa Annunziata
12 Galleria dello Spedale
   degli Innocenti
13 Museo Archeologico
14 Opificio delle Pietre Dure
15 Badia Fiorentina
16 Museo Nazionale
   del Bargello
17 Santa Croce
18 S. Trinità
19 Palazzo Strozzi
20 Palazzo Rucellai
21 S. Maria Novella
22 S. Maria del Carmine
23 Santo Spirito
24 Palazzo Pitti
25 Giardino di Boboli
26 Piazzale Michelangelo
27 S. Miniato al Monte
28 Forte di Belvedere

haus und verwaltete die Gelder des Kirchenstaates. Er gehörte zu den sieben Zunftoberen, die gemeinsam die Signoria bildeten. 1434 übernahm sein Sohn Cosimo, der später den Beinamen der Ältere erhält, die Macht. Während der Alleinherrschaft von Cosimo und dessen Enkel Lorenzo dem Prächtigen fand die kulturelle Blütezeit in Florenz statt. Mit dem Tod Lorenzos ging eine ganze Epoche zu Ende. 1494 wurden die Medici aus der Stadt vertrieben.

Größter Gegner der Medici-Dynastie war in den darauffolgenden Jahren der Dominikanermönch **Girolamo Savonarola**. Er gab dieser Familie die Schuld für den geistigen und moralischen Verfall der Stadt. Doch bereits 1498 verlor er die päpstliche Unterstützung und wurde als Ketzer auf dem Scheiterhaufen vor dem Palazzo Vecchio verbrannt.

1512 nahmen die Medici mit Hilfe spanischer Truppen die Stadt wieder ein, bis sie 1527 erneut vertrieben wurden. 1531 zog Alessandro de' Medici mit den Heerscharen Karl V. als erster Großherzog in die Toskana ein. 1569 wurde Cosimo I. zum Großherzog der Toskana ernannt. Die Blütezeit ging ihrem Ende zu. Im 17. und 18. Jahrhundert folgte der wirtschaftliche Niedergang. 1737 starb die Dynastie der Medici aus. Die Toskana kam als Reichslehen an die Lothringer.

5.3 Florenz – Geschichtlicher Überblick

Während der napoleonischen Zeit 1801-14 setzte Napoleon Ludwig von Bourbon-Parma als König ein. Zwischen 1815 und 1860 bestiegen die Lothringer wieder den Thron.

Nach einer Volksbefragung schlossen sich Florenz und die Toskana dem italienischen Königreich an. Florenz wurde von 1865 bis 1871 zur Hauptstadt des vereinten Italiens erhoben.

Während des zweiten Weltkriegs wurde die Stadt in ihrem alten Kern stark beschädigt. Wiederaufbau und Wirtschaftsaufschwung in der Nachkriegszeit folgten. Bei einer katastrophalen Überschwemmung des Arno am 4. November 1966 stand in den Häusern und Straßen meterhoch das Wasser und hinterließ eine dicke Schlammschicht. Unzählige Kunstwerke wurden zerstört oder beschädigt. Die meisten konnten jedoch bis heute wieder restauriert werden.

5.4 STADTBESICHTIGUNG

Es empfiehlt sich, einen Stadtrundgang auf der rechten Seite des Arnoufers zu beginnen. Hier befindet sich das sakrale und weltliche Zentrum von Florenz. Auf dem Domplatz steht eine der faszinierendsten Kathedralen Italiens, und nur wenige Minuten entfernt liegt die Piazza della Signoria, eine der beeindruckendsten mittelalterlichen Platzanlagen der Toskana. Doch auch das Stadtviertel links vom Arno, der sogenannte **Oltrarno** (jenseits des Arno), besitzt äußerst reizvolle Ecken und Plätze. Ein Bummel durch das Viertel eignet sich hervorragend als Pause zwischen den Besichtigungsgängen.

■ **Piazza del Duomo (1)**

Der **S. Maria del Fiore** in Florenz ist die viertgrößte Kathedrale der Welt und wird nur noch durch den Petersdom in Rom, St. Paul's in London und den Mailänder Dom an Größe übertroffen. An der Stelle der kleinen Vorgänger-

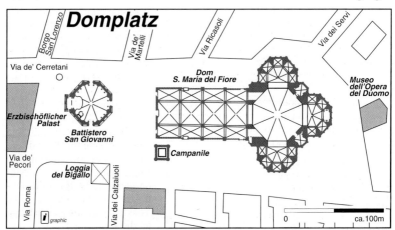

5.4 Florenz – Stadtbesichtigung

Porträtmaler auf dem Domplatz

kirche S. Reparata (Ausgrabungsstellen sind im Inneren zu besichtigen) wurde bereits 1296 unter der Leitung von Arnolfo di Cambio mit dem gotischen Bau begonnen. In der neuen Kathedrale sollten 30.000 Personen, die gesamte florentinische Bevölkerung, Platz finden. Über hundert Jahre arbeiteten unzählige Arbeiter an dieser Großbaustelle. Erst 1420 wurde Filippo Brunelleschi (1377-1446) mit dem imposanten Kuppelbau beauftragt. Mit einem freien Innendurchmesser von 41,5 m gab es zuvor außer dem Pantheon keine vergleichbare Kuppel dieser Größenordnung. Brunelleschi erfand eine völlig neue Konstruktionsmethode. Unter Verwendung von im Fischgrätmuster angelegten Ziegelsteinen ließ er ein ringförmiges Mauerwerk anlegen. Die nächsten Mauerringe wurden mit eingebauten senkrechten Haken aufgehängt. Durch diese neuartige Konstruktion vermied er sowohl gefährliche Unregelmäßigkeiten im Mauerwerk als auch die problematische Herstellung eines traditionellen, gewölbten Holzgerüsts. Um die Innenkuppel vor der Witterung zu schützen, ließ Brunelleschi zusätzlich noch eine äußere Kuppel errichten. Beide Schalen wurden durch starke Gewölberippen miteinander verbunden. Über 463 Stufen führen durch die doppelschalige Kuppel zur Laterne hinauf. Von hier genießt man einen der schönsten Rundblicke von Florenz. Nicht nur im Hochsommer warten hier Besucherschlangen, um auf die Kuppel hochsteigen zu können. Aber sowohl der Aufstieg als auch der herrliche Ausblick sind die Wartezeiten wert.

Öffnungszeiten
- S. Maria del Fiore, Piazza Duomo, Tel.: 294514, tägl. 9-18 Uhr, Sa. 8.30-17 Uhr, So 13-17 Uhr.
- Cupola del Brunelleschi, Tel.:2302885, tägl. 9.30-17.20 Uhr, Sa 9.30-17 Uhr, So geschl. (L. 8.000)

5.4 Florenz – Stadtbesichtigung

■ Battistero San Giovanni

Das Baptisterium ist eines der ältesten mittelalterlichen Bauwerke der Stadt (1059-1150). Die große achteckige Taufkirche diente als Vorbild für die Renaissancearchitektur. Ihr Stil wird deshalb von der Kunstgeschichte als "Protorenaissance" bezeichnet. Bis ins 19. Jahrhundert wurden alle Florentiner Bürger hier getauft. Während das zweischalige Wandsystem mit in Nischen eingestellten antiken Säulen eher an das römische Pantheon erinnert, sind der achteckige Grundriß und architektonische Details mit byzantinischen und karolingischen Bauten vergleichbar. Die äußere Gestalt ist durch eine Eigenart der florentinischen Protorenaissance geprägt. Die Marmorinkrustation besteht nicht aus massiven Blöcken, sondern aus 4 bis 5 cm dünnen Platten, die den Mauern aus Bruchgestein vorgelegt sind. Nur zwei Farben werden hier verwendet, der weiße Carrara-Marmor und der grüne Marmor aus Prato. Berühmt ist das Baptisterium für seine drei reliefgeschmückten Bronzetüren:

❶ Die südliche Bronzetür von Andrea Pisano (1330-1336). In 28 Vierpaßfeldern schildern die Reliefs das Leben des Kirchenpatrons Johannes des Täufers und die personifizierten Tugenden.

❷ Die nördliche Bronzetür von Lorenzo Ghiberti (1403 -1424). Auf ihr sieht man 28 Szenen aus dem Leben Jesu, der vier Kirchenväter und der vier Evangelisten.

❸ Die östliche, dem Dom zugewandte Bronzetür von Lorenzo Ghiberti (1425-1452). Die sogenannte Paradiespforte zeigt Szenen aus dem Alten Testament auf 10 Bildfeldern.

Tagsüber verhindern Besuchertrauben das eingehende Betrachten der Relieffelder. Aber während der Abendstunden, wenn die Touristenmassen ihr Besuchsprogramm abgeschlossen haben und die Türen angestrahlt sind, kann man in aller Ruhe die Details studieren.

Öffnungszeiten
Piazza S. Giovanni, Tel.: 2302885, tägl. 13.30-18 Uhr, So 9-13.30 Uhr.

■ Campanile

1334 begann Giotto mit den Arbeiten für den Glockenturm des Doms. Ursprünglich sollte der Turm in einer durchbrochenen Spitze enden und eine Höhe von 122 Metern erreichen. Giotto starb jedoch 1337 vor der Fertigstellung. Andrea Pisano und Francesco Buontalenti führten die Arbeit Giottos mit seinen Entwürfen fort. Allerdings begnügten sie sich mit einer Höhe von 84 m. Die Marmorinkrustation der Außenfassade lehnt sich an das Vorbild des Baptisteriums an; zusätzlich wurde roter Marmor verwendet. Zum größten Teil wurden die Originale der einzigartigen Flachreliefs

Campanile von Giotto

5.4 Florenz – Stadtbesichtigung

durch Kopien ersetzt. Sie können jetzt im Dombaumuseum besichtigt werden.
Die Skulpturen stammen von Donatello, Pisano und Lucca della Robbia.

Öffnungszeiten
Piazza Duomo, Tel.: 2302885, 1.4.-31.10.: tägl. 9-18.50 Uhr, 1.11.-31.3.: tägl. 9-16.20 Uhr (L. 8.000)

■ Museo dell'Opera del Duomo
Sehenswert ist das Dombaumuseum mit Originalskulpturen vom Dom und dem Baptisterium. Hier sind unter anderem die Paradiespforte des Baptisteriums, Maria Magdalena von Donatello, die Sängertribünen von Donatello und Luca della Robbia und die unvollendete Pièta von Michelangelo zu sehen.

Öffnungszeiten
Piazza Duomo 9. Tel.: 2302885, 1.4.-31.10.: tägl. 9-18.50 Uhr, 1.11.-31.3.: 9-17.20 Uhr, So geschl. an Feiertagen 9-13 Uhr (L. 8.000)

Südlich des Domes beginnt die belebte Einkaufsstraße **Via de'Calzaiuoli**. An ihrer Ecke steht gleich zu Beginn die **Loggia del Bigallo** (1352-58). Die Bigallo-Bruderschaft kümmerte sich um Findelkinder und alte Leute. Elegante Geschäfte, Cafés und Andenkenläden machen heute die Via de'Calzaiuoli zu einer lebhaften Einkaufsmeile.

■ Orsanmichele (2)
Rechts in der Nähe der großen Piazza della Repubblica steht man nach wenigen Metern vor der interessanten Kirche Orsanmichele. Architektonisch ist sie recht ungewöhnlich. Zuerst fallen die großen Figuren in Nischen und die Fassade auf. Im Auftrag der Zünfte wurde sie im 14. Jahrhundert erbaut. Der unkonventionelle Kirchenbau diente ursprünglich als Markthalle für Getreide und war nach allen vier Seiten offen. Von Anfang an wurde im Inneren auch ein Bild des Erzengels Michael verehrt. 1380 verlagerte man den Markt, schloß die offenen Arkadenbögen der Loggia und gestaltete den ehemaligen Zweckbau zu einer zweischiffigen Hallenkirche mit Fresken und schönen Fenstern um. Im Innenraum befindet sich ein gotisches Marmortabernakel (1355-59) von Andrea Orcagna mit einem Gnadenbild Marias von Bernardo Daddi (Schüler Giottos). Jede Zunft stiftete eine der Nischenfiguren an den Außenwänden und beauftragte die berühmtesten Künstler ihrer Zeit, wie Donatello, Ghiberti und Nanni di Banco, mit der Ausführung.

Öffnungszeiten
Via dei Calzaiuoli, Tel.: 284715, tägl. 9-12 Uhr und 16-18 Uhr.

Kurz bevor man auf die Piazza della Signoria trifft, führt rechterhand die Via Porta Rossa zum **Mercato Nuovo** an der Via Calimala, neben der Piazza della Repubblica. Die Loggia mit ihren hohen Säulenbögen (1547-51), auch Strohmarkt genannt, beherbergte ursprünglich den Seiden- und Goldmarkt. Vom

5.4 Florenz – Stadtbesichtigung

19. Jahrhundert bis vor ungefähr dreißig Jahren wurden hier aus Stroh angefertigte Gegenstände verkauft. Heute erhält man an den Ständen ein breites Angebot an Ledersachen, Strohhüten und Taschen. In der Nähe des Mercato Nuovo steht ein kleiner Brunnen mit einer Bronzekopie eines römischen Marmorebers aus dem 17. Jahrhundert. Das Original befindet sich in den Uffizien. In Florenz erzählt man sich, daß jeder Besucher, der die bereits blank polierte Schnauze des "Porcellino" reibt, wieder in die Stadt zurückkehrt. Viele Touristen werfen, wie beim Trevi-Brunnen in Rom, zusätzlich Münzen in das darunterliegende Becken.

■ Rund um die Piazza della Signoria (3)

Seit Jahrhunderten ist die Piazza della Signoria das weltliche Zentrum der Stadt. Vom Dom kommend, bietet sich dem Betrachter eine beeindruckende Architekturkulisse. Pferdekutschen, berittene Carabinieri, die vor dem Palazzo Vecchio zur Freude der japanischen Besucherscharen Wache stehen, und Straßencafès vervollständigen das Bild. Nach einer anstrengenden Besichtigungstour sollte man mit Blick über die Piazza della Signoria genußvoll im Rivoire einen Aperitif einnehmen. Doch Vorsicht, zuerst einen Blick auf die Preise werfen, die besondere Lage muß teuer bezahlt werden.

◆ Loggia dei Lanzi

An der Südseite des Platzes steht die Loggia dei Lanzi, die früher della Signoria oder dei Signori hieß. Im Gegensatz zu den Bogenhallen anderer oberitalienischer Stadtpaläste diente sie nicht dem Marktleben. Die dreijochige Stadtloggia (1376-81) war in erster Linie ein Repräsentationsbau. Hier fanden Kundgebungen und Empfänge statt. Ihren Namen erhielt sie erst im 16. Jahrhundert, als hier die Landsknechte der Schweizer Garde Cosimos I., die Lanzichenecchi, untergebracht waren. Heute sind wahllos mehrere Figurengruppen aufgestellt. Die

Piazza della Signoria

5.4 Florenz – Stadtbesichtigung

berühmteste ist die Bronzeskulptur "Perseus mit dem Haupt der Medusa" von Benvenuto Cellini (1545-54). Von Giambologna stammt die Marmorgruppe "Raub der Sabinerinnen" (1583) und "Herkules und der Zentaur Nessus" (1599). Die Figurengruppe "Menelaos und Patroklos" ist eine römische Kopie nach griechischem Original.

◆ Fontana del Nettuno

Der Neptun-Brunnen, von Ammannati 1563-75 entworfen, steht an der Nordwestecke des Stadtpalastes und beeindruckt vor allem auf Grund seiner Größe. Davor ist eine Platte in den Boden eingelassen. Erst vor hundert Jahren hier angebracht, markiert sie die Stelle, an der Savonarola, reformatorischer Dominikanermönch, 1498 als Ketzer auf dem Scheiterhaufen verbrannt wurde. Vor dem Eingang zum Palazzo Vecchio stehen sich zwei Statuen auf hohen Sockeln und von jeder Stelle des Platzes gut sichtbar gegenüber. Links eine Kopie des berühmten "David" von Michelangelo (das Original befindet sich in der Galleria dell'Accademia) und rechts die Marmorgruppe Bandinellis "Herkules tötet Cacus" von 1534. Das Symbol für die Kraft des Volkes steht dem Zeichen der Macht der Medici gegenüber.

◆ Palazzo Vecchio (4)

Das Rathaus, 1299 erbaut, diente der Signoria, die sich aus den 12 Zunftoberen zusammensetzte und die Geschicke der Stadt lenkte. Um jegliche Beeinflussung zu verhindern, durften sie während ihrer Amtszeit von 60 Tagen den Palast nur für Amtsgeschäfte verlassen.
Im Inneren sind der Innenhof mit Säulengang und die Fresken sehenswert. Der Waffensaal, einziger Raum aus der Erbauerzeit, grenzt an den Innenhof. Einige Räume im 1. und 2. Stock sind zugänglich, die sogenannten **Quartieri Monumentali** (Monumentalräume): Saal der 500 von 1495 (der Saal der 200 ist geschlossen), das Spätrenaissance-Studio Francesco I. de'Medici, die Wohnräume von Eleonora, der Liliensaal und der Raum der Weltkarten. Zwischen dem Saal der Elemente und dem Jupitersaal steht das Original des kleinen bronzenen Jungen mit dem Delphin von Andrea del Verrocchio um 1476.

Öffnungszeiten
Piazza Signoria, Tel.: 27681, Mo-Sa 9-19 Uhr, So 8-13 Uhr, Do geschl. (L. 8.000)

INFO

Der Bombenanschlag am 27. Mai 1993

Der Sprengstoffanschlag auf die Uffizien ging tagelang durch die Weltpresse. Menschen wurden schwer verletzt, Häuser in der näheren Umgebung, darunter die an der Ponte Vecchio gelegene historische Pensione Quisisana aus dem 17. Jahrhundert, in Mitleidenschaft gezogen. Bis heute sind die Hintergründe des Attentats nicht bekannt. Innerhalb des Uffizienmuseums wurden zahllose Werke beschädigt, einige gänzlich vernichtet. Noch heute sind die Räume 1, 8, 17, 27 - 33, 41 - 45 und der

5.4 Florenz – Stadtbesichtigung

> *Vasari-Korridor geschlossen. Ursprünglich sollten die Restaurierungsarbeiten des Ganges bis Mai und die der Säle bis Weihnachten 1995 abgeschlossen sein. Doch bis heute (Sommer 1966) ist noch nicht absehbar, wann die Uffizien in ihrem vorherigen Zustand den Besuchern wieder zugänglich sein werden.*

■ **Uffizien (5)**

Zwischen Arno-Ufer und Palazzo Vecchio erstreckt sich das U-förmige Gebäude der Uffizien (Ämter). Von Giorgio Vasari 1560-1574 errichtet, diente der Trakt als zentrales Verwaltungsgebäude der Toskana, nachdem Florenz die große Konkurrentin Siena endgültig besiegt hatte. Cosimo de' Medici war der Bauherr. Sein Nachfolger Großherzog Francesco I. legte in der dritten Etage der Uffizien mit einer Galerie den Grundstock für das spätere Museum. Ursprünglich beherbergte der Trakt die Verwaltung, Rechtseinrichtungen und das Staatsarchiv des Großherzogtums. Heute ist hier neben dem Staatsarchiv die Kunstsammlung Galleria degli Uffizi, kurz Uffizien genannt, untergebracht. Die Gemäldegalerie zählt wie der Louvre und der Prado zu den berühmtesten der Welt. Sie bietet nicht nur einen umfassenden Überblick über die Entwicklung der florentinischen Malerei vom 13. bis 16. Jahrhundert, sondern präsentiert von bedeutenden oberitalienischen Malern bis zu altdeutschen und niederländischen Meistern ein breites Spektrum nordeuropäischer Kunst.

Die Uffizien sind das meistbesuchte Museum von Florenz. Während des Sommers reichen die Besucherschlangen bis zum Portikusbau am Arno. Bis auf wenige Wochen im Dezember und Januar muß man stundenlange Wartezeiten in Kauf nehmen. Genau wie der Louvre ist auch diese Gemäldesammlung mit ihrer Menge an Kunstwerken nicht in ein paar Stunden umfassend zu besichti-

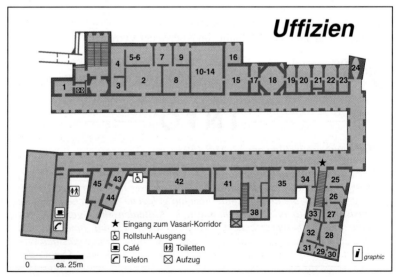

5.4 Florenz – Stadtbesichtigung

gen. Nur Besuchern mit gezielten Interessen oder einer Beschränkung auf Hauptwerke der Sammlung wird dieser Museumsbesuch zum Kunstgenuß.
Im 1. Stock ist **die graphische Sammlung** (Gabinetto dei Disegni e delle Stampe) mit Zeichnungen und Drucken Florentiner Schulen vom 14. bis 17. Jahrhundert untergebracht.
Die Räume der Gemäldegalerie befinden sich im Obergeschoß.

Besuchergruppen vor den Uffizien

Öffnungszeiten
Via della Ninna 5, 50122 Firenze, Tel.: 055/2388651-2, Fax: 055/2388699, Di-Sa 9-19 Uhr (letzter Einlaß 18.15 Uhr, Räumung der Säle 18.45 Uhr), So 9-14 Uhr (letzter Einlaß 13.15 Uhr, Räumung der Säle 13.45 Uhr), Mo geschl. (L. 12.000)

◆ **Corridoio del Vasari**
Der Vasari-Korridor wurde im Auftrag Cosimo I. 1564 ebenfalls von Vasari erbaut. Über eine Treppe am südlichen Ende der West-Galerie gelangt man in den über 1 km langen Korridor. Er diente ehemals den Medici als geschützter Verbindungsgang zwischen Uffizien und Palazzo Pitti und führt über die Ponte Vecchio. Durch die Aufhängung von Bildern wurde der Weg kurzweiliger gestaltet. Werke des 17. bis 20. Jahrhunderts sind hier ausgestellt, u.a. die berühmte Sammlung der Selbstbildnisse von Raffael, Rembrandt, Rubens und Ensor.

Öffnungszeiten
z.Zt. wegen Restaurierungsmaßnahmen geschlossen. Auch in Zukunft ist der Vasari-Korridor nur nach Voranmeldung beim Uffizien-Büro zugänglich.

◆ **Rundgang durch die Galleria degli Uffizi**

Saal 1 Archäologischer Saal, vorwiegend hellenistische Skulpturen. Geschlossen.

Saal 2 Toskanische Malerei des 13. Jahrhunderts. Die wichtigsten Werke sind: thronende Madonna mit Engeln um 1280/85 von Cimabue, ursprünglich das Hochaltarbild von S. Trinità, thronende Madonna mit Kind von Duccio di Buoninsegna, auch Madonna Rucellai genannt, da sie ursprünglich aus der Rucellai-Kapelle von S. Maria Novella stammt, Madonna von Ognissanti mit Engeln und Heiligen von Giotto di Bondone.

Saal 3 Sienesische Malerei des 14. Jahrhunderts, vertreten durch die Verkündigung von Simone Martini, thronende Madonna von Pietro Lorenzetti, Leben des hl. Nikolaus von Bari und Darstellung Jesu im Tempel von Ambrogio Lorenzetti.

Saal 4 Florentinische Malerei des 14. Jahrhunderts, vorwiegend Werke von Schülern Giottos.

5.4 Florenz – Stadtbesichtigung

Saal 5/6	Spätgotische Malerei von Lorenzo Monaco und Gentile da Fabriano.
Saal 7	Toskanische Malerei der Frührenaissance, u.a. Paolo Uccello mit der Schlacht von S.Romano.
Saal 8	Werke von Filippo Lippi, darunter die Krönung Mariä und die Madonna mit Kind und zwei Engeln.
Saal 9	Werke von Antonio Pollaiuolo und Jugendwerk von Botticelli.
Saal 10/14	Botticelli und seine Hauptwerke "Die Geburt der Venus" (1486) und "Allegorie des Frühlings".
Saal 15	Werke von Leonardo da Vinci, Verrocchio und seiner Werkstatt.
Saal 16	Gemälde von Hans Memling, historische Landkarte der Insel Elba, Kopien von Galileo Galileis Fernrohr und Astrolabium.
Saal 17	Hermaphroditen-Saal mit den römischen Marmorskulpturen "Liegender Hermaphrodit" und "Amor und Psyche".
Saal 18	Saal der Tribuna. Dieser achteckige von Vasari, Bronzino und Pontormo ausgemalte Raum diente ursprünglich den Meisterwerken der Medici-Sammlung. Heute ist hier u.a. die "Mediceische Venus" ausgestellt.
Saal 19	Gemälde von Lucca Signorelli und Perugino.
Saal 20	Dürer-Saal. Außer Werken von Dürer und Cranach, z.B. deren Darstellungen des Themas "Adam und Eva", sind hier weitere flämische und deutsche Meister des 15. und 16. Jahrhunderts ausgestellt.
Saal 21	Venezianische Renaissance-Malerei, vertreten durch Giambellino und Giorgione.
Saal 22	Deutsche und niederländische Meister des 15. und 16. Jahrhunderts, u.a. Porträts von Hans Memling und ein Selbstbildnis Hans Holbeins.
Saal 23	Correggio-Saal. Neben Gemälden von Correggio einige Werke Andrea Mantegnas.
Saal 24	Miniaturen des 15.-18. Jahrhunderts.
Saal 25	Michelangelo-Saal mit der Darstellung der heiligen Familie auf dem runden Votiv-Bild (Tondo Doni) von Michelangelo.
Saal 26	Raffaels "Madonna mit Zeisig", ein Selbstporträt und Gemälde von Andrea del Sarto.
Saal 27	Gemälde von Pontormo und Rosso Fiorentino. Geschlossen.
Saal 28	Werke von Tizian, einer der wichtigsten Vertreter der venezianischen Renaissance, u.a. die "Venus von Orbino" und Sebastiano del Piombo. Geschlossen.
Saal 29	Parmigianino und sein Hauptwerk die "Madonna mit dem langen Hals". Hier sind die Hauptmerkmale des Manierismus zu erkennen: langgestreckte, kleinköpfige, bewegliche Figuren ohne festen Boden unter den Füßen und ein unruhiges Spiel der Farben. Werke von Dosso Dossi. Geschlossen.
Saal 30	Emilianische Maler, wie z.B. Mazzolino aus Ferrara aus dem 16. Jahrhundert. Geschlossen.
Saal 31	Paolo Veronese. Geschlossen.
Saal 32	Tintoretto. Geschlossen.
Saal 33	Korridor des 16. Jahrhunderts mit manieristischen Gemälden verschiedener Künstler und Schulen. Geschlossen.

Saal 34	Gemälde von Paolo Veronese.
Saal 35	Ausstellung bereits restaurierter Gemälde von Baroccio.
Saal 38	Wechselausstellungen.
Saal 41	Barockgemälde von Peter Paul Rubens. Geschlossen.
Saal 42	Raum der Niobe mit römischen Marmorkopien aus der Niobidengruppe. Geschlossen.
Saal 43	Caravaggios "Bacchus" und "Medusa", Darstellungen von biblischen Themen, wie z.B. "Die Opferung Isaaks". Geschlossen.
Saal 44	Vertreter der nordeuropäischen Malerei des 17. Jahrhunderts, darunter Selbstbildnisse und Arbeiten aus dem Spätwerk Rembrandts. Geschlossen.
Saal 45	Französische und italienische Malerei des 18. Jahrhunderts. Geschlossen.

■ Ponte Vecchio (6)

Die Südseite der Uffizien öffnet sich mit einer Loggia zum Arno. Gleich rechts überspannt mit 3 Bögen die älteste Brücke von Florenz den Fluß. Sie stammt aus dem Jahr 1345, während der Vasari-Gang, über der linken Seite verlaufend, erst im 16. Jahrhundert angebaut wurde. Zunächst richteten Metzger ihre Läden auf der Brücke ein, die ihre Abfälle in

Ponte Vecchio

den Fluß warfen. Großherzog Cosimo I., der täglich auf dem Weg zu seinen Amtsgeschäften die Brücke überqueren mußte, störte der Gestank. Er verordnete, daß nur noch die Zunft der Goldschmiede auf der Brücke ihrem Gewerbe nachgehen durfte. Seither sind hier traditionell Juwelier- und Goldschmiede-Geschäfte untergebracht. Wie bei einer Schmuckschatulle klappen die Besitzer am Morgen die hölzernen Läden ihrer Schaufenster nach oben.

■ Palazzo Medici-Riccardi (7)

Der Palazzo ist einer der drei wichtigsten Renaissancepaläste der Stadt. Für die Medici wurde er 1444-64 von Michelozzo um einen herrlichen Innenhof erbaut. 1584 ging er in den Besitz der Familie Riccardi über. Im Obergeschoß ist heute das Museo Mediceo untergebracht. Eines der wichtigsten Exponate der Sammlung ist das Fresko "Der Zug der Könige" von Benozzo Gozzoli in der Cappella dei Maghi.

Öffnungszeiten
Via Cavour 1, Tel.: 2760340, Mo-Sa 9-13 u. 15-18 Uhr, So 9-13 Uhr, Mi geschl., Eintritt nach Voranmeldung (L. 6.000, Gruppen über 15 Personen L. 4.000)

5.4 Florenz – Stadtbesichtigung

■ S. Lorenzo (8)

Rund um die Piazza S. Lorenzo herrscht reges Leben. Bereits morgens findet hier täglich ein Markt mit Lederwaren- und Souvenirständen statt.
Die schlichte Kirche S. Lorenzo, von Brunelleschi entworfen, wurde niemals vollendet. Die bedeutenden Kunstschätze im Inneren lohnen jedoch einen ausführlichen Besuch.

Markthalle von S. Lorenzo

Im Kreuzgang ist die **Biblioteca Medicea Laurenziana** untergebracht. Auf der Rückseite befinden sich die **Medici-Kapellen** der Medici-Großherzöge. Durch einen Gang sind sie mit der sogenannten Neuen Sakristei, dem ersten Zentralbau von Florenz, verbunden. Die allegorischen Figuren von Michelangelo schmücken die Grabmäler der Medici.

 Öffnungszeiten
● Kirche S. Lorenzo, Tel.: 216634, Mo-Sa 7-12 u. 15-18 Uhr, So 7-12 u. 15.30-19 Uhr.
● Biblioteca Medicea Laurenziana an der Piazza S. Lorenzo 9, Tel.: 210760, Mo-Sa 9-13 Uhr, So geschl.
● Medici-Kapellen an der Piazza Madonna degli Aldobrandini, Tel.: 23885, Di-So 9-14 Uhr, Mo geschl. (L. 9.000)

■ San Marco (9)

Das Museo San Marco liegt innerhalb der Klostermauern von San Marco. Es wurde 1299 erbaut, von Michelozzo erweitert und ist seit 1436 dominikanisch. Cosimo II., il Vecchio genannt, benutzte es als Zufluchtsort. In den Mönchszellen sind die berühmten Fresken von Fra Angelico zu besichtigen: Verkündigung, Himmelfahrt und Krönung der Jungfrau Maria.

5.4 Florenz – Stadtbesichtigung

Öffnungszeiten
Piazza S. Marco 1, Tel.: 23885, Di-So 9-14 Uhr, Mo geschl. (L. 8.000)

▪ Galleria dell'Accademia (10)

Wieder in Richtung Dom, in der Via Ricasoli, gelangt man zur Galleria dell'Accademia. Die ehemalige Kunstschule wurde 1784 von Großherzog Leopold I. eingerichtet. Später diente sie als Auslagerungsraum für Kunstwerke, die in anderen Museen keinen Platz mehr fanden. Zentral unter einer Glaskuppel steht lichtumflutet das beeindruckende Original von Michelangelos David.

Öffnungszeiten
Via Ricasoli 60, Tel.: 23885, Mo-Sa 9-19 Uhr, So 9-14 Uhr, Mo geschl. (L. 12.000)

▪ SS. Annunziata (11)

Diese Kirche aus dem Jahre 1250 liegt an der schönen, gleichnamigen Piazza.
In dem ehemaligen Findelhaus ist die **Galleria dello Spedale degli Innocenti (12)** untergebracht. Auf dem Platz stehen das bronzene Reiterdenkmal Großherzog Ferdinand I. und zwei Springbrunnen. Wichtigstes Gestaltungsmittel der Piazza sind die Arkadengänge, die Brunelleschi 1419 erstmals bei der Fassadengestaltung des Findelhauses verwendete. 1444 baute Michelozzo auch an die Kirche eine siebenbogige Vorhalle an.

Davidstatue von Michelangelo

Öffnungszeiten
• Kirche an der Piazza SS. Annunziata, Tel: 2398034, tägl. 7.00-12.30 und 16.00-18.30 Uhr.
• Ospedale degli Innocenti, Piazza SS. Annunziata 12, Tel.: 2477952, tägl. 8.30-14.00 Uhr, So 8.30-13.00 Uhr, Mi geschl. (Lire 3.000)

▪ Museo Archeologico (13)

Ein Besuch des Archäologischen Museum lohnt sich. Wie viele andere Museen in Florenz hat auch dieses seinen Ursprung in den großherzoglichen Sammlungen der Medici und Lothringer. Es besitzt die größte Sammlung etruskischer Funde aus der Toskana. Zu sehen sind Bronzestatuen, Sarkophage und Urnen sowie eine Abteilung mit griechischer, römischer und ägyptischer Kunst. Das berühmteste und beeindruckendste Stück ist die Chimäre von Arezzo, ein Fabeltier mit dem Kopf und dem Körper eines Löwen, einer Schlange als Schwanz und einem Widderkopf, der aus dem Rückgrat wächst.

5.4 Florenz – Stadtbesichtigung

Öffnungszeiten
Via della Colonna 36, Tel.: 23575, Di-Sa 9-14 Uhr, So 9-13 Uhr, Mo geschl. (L. 8.000)

INFO

Opificio delle pietre dure (14)

Die "Werkstätte für harte Steine" ist ein einzigartiges Museum, das eine Sammlung der kunstvollsten Steinintarsienarbeiten birgt. Im 16. Jahrhundert entdeckten die Medici ihre Vorliebe für dieses Kunsthandwerk, und Großherzog Ferdinand I. gründete 1588 eine Hofmanufaktur zur Herstellung von Mosaiken und Intarsien aus Stein. Die Werkstätten waren bis 1788 in den Uffizien untergebracht und wurden dann in die Via Alfani verlegt. Dreihundert Jahre stellten sie kostbare Gegenstände her, und gegen Ende des 19. Jahrhunderts entstand das Museo dell'Opificio delle Pietre Dure. Doch noch viel bedeutender ist die Funktion des Opificio als nationales Zentrum für Restaurierungsarbeiten. Bei der Überschwemmungskatastrophe 1966 wurden viele Kunstwerke in Florenz zerstört, und die bestehenden Restaurierungswerkstätten mußten vergrößert und erweitert werden. In einem Teil der Fortezza da Basso wurden in zwei Stockwerken neue Werkstätten eingerichtet. Das berühmte Kruzifix von Cimabue aus der Kirche Santa Croce, 1966 stark beschädigt, konnte hier restauriert werden. In der Via Alfani werden nur noch Steinarbeiten und Metallarbeiten ausgeführt, wie z.B. die "Paradiespforte" des Baptisteriums.

Das Museum ist nach einer vollständigen Umgestaltung seit Sommer 1995 wieder geöffnet.

Öffnungszeiten
Via degli Alfani 78, Tel.: 210102, Mo-Sa 9-14 Uhr, Mo geschl., eine Änderung der Öffnungszeiten ist bereits geplant (Stand Sommer 1996), sinnvoll ist eine telefonische Anfrage, Buchung für Gruppenführungen über Tel.: 055/294115.

■ **Badia Fiorentina (15)**
Eine der ältesten Kirchen der Stadt ist die Badia Fiorentina (ab 978) mit einem Kreuzgang und einem gotischen, sechseckigen Campanile. Vor der Erbauung des Domes im 10. und 11. Jahrhundert war die Badia das religiöse und geistige Zentrum der Stadt. Sie wurde im 13. Jahrhundert von Arnolfo di Cambio erweitert. Im 16. Jahrhundert erhielt sie ihre heutige barocke Gestalt. Der Glockenturm und die Apsis stammen noch aus dem Mittelalter. Angeblich erblickte der Dichter Dante Alighieri hier zum erstenmal seine große Liebe Beatrice, die ihn zu seiner "Göttlichen Komödie" inspirierte.

Öffnungszeiten
Via del Proconsolo, Tel.: 287389, nur während der Messen Mo-Sa 17-19 Uhr, So 7.30-11.30 Uhr.

5.4 Florenz – Stadtbesichtigung

■ **Museo Nazionale del Bargello (16)**
Gegenüber liegt der Palazzo Bargello mit dem Museo Nazionale del Bargello. Als Glanzstücke der eindrucksvollen Sammlung florentinischer und toskanischer Skulpturen vom 14.-16. Jahrhundert gelten der bronzene David von Donatello, Arbeiten von Michelangelo, Cellini, Verrocchio sowie Andrea und Giovanni della Robbia.

Öffnungszeiten
Via del Proconsolo 4, Tel.: 23885, Di-So 9-14 Uhr, Mo geschl. (L. 8.000)

■ **S. Croce (17)**
Zwischen hohen Palästen aus Mittelalter und Renaissance trifft man in der Borgo dei Greci auf den Platz von S. Croce mit der gleichnamigen Kirche. Diese gilt als die größte Franziskanerkirche Italiens (1294-1443). Hier befinden sich die Grabstätten zahlreicher Persönlichkeiten, wie Michelangelo, Galileo Galilei, Luigi Cherubini, Gioacchino Rossini, Leonardo Bruni und Niccolò Macchiavelli. Das Scheingrab Dantes, der in Ravenna gestorben und begraben ist, befindet sich an der Südwand. Die **Pazzi-Kapelle**, 1430-1446 von Brunelleschi erbaut, liegt im Kreuzgang hinten links und gehört zum Museum.

Wichtigstes Stück des **Museo dell'Opera di S. Croce** ist das Holzkruzifix von Cimabue. Bei der Überschwemmung 1966 wurde es sehr stark beschädigt. Es ist das berühmteste Beispiel für die gelungenen Restaurierungsarbeiten des Opificio delle pietre dure. An die Kirche ist rechts ein großer Klosterkomplex angeschlossen.

Außer dem Museum lohnt hier der Besuch

Dali-Skulptur

5.4 Florenz – Stadtbesichtigung

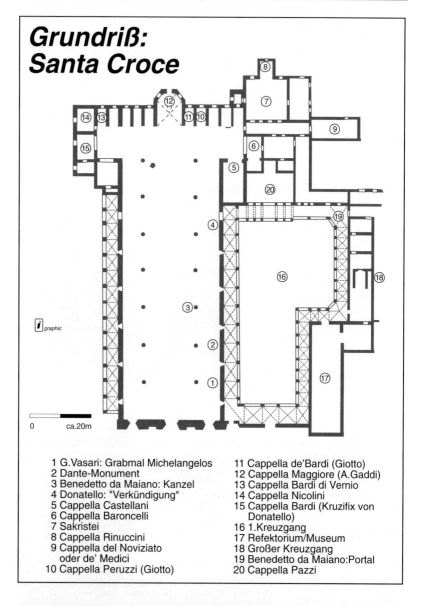

Grundriß: Santa Croce

1 G.Vasari: Grabmal Michelangelos
2 Dante-Monument
3 Benedetto da Maiano: Kanzel
4 Donatello: "Verkündigung"
5 Cappella Castellani
6 Cappella Baroncelli
7 Sakristei
8 Cappella Rinuccini
9 Cappella del Noviziato oder de' Medici
10 Cappella Peruzzi (Giotto)
11 Cappella de'Bardi (Giotto)
12 Cappella Maggiore (A.Gaddi)
13 Cappella Bardi di Vernio
14 Cappella Nicolini
15 Cappella Bardi (Kruzifix von Donatello)
16 1.Kreuzgang
17 Refektorium/Museum
18 Großer Kreuzgang
19 Benedetto da Maiano: Portal
20 Cappella Pazzi

der traditionellen Leder-Kunsthandwerksschule. In dieser Gegend befindet sich das Zentrum der Lederwerkstätten und Läden. Zum Arno hin erstreckt sich die Nationalbibliothek.

5.4 Florenz – Stadtbesichtigung

Öffnungszeiten
- Piazza S. Croce, Tel.: 244619, im Sommer Mo-Sa 8-18.30 Uhr, So 8-12.30 u. 15-18.30 Uhr, im Winter Mo-Sa 8-12.30 u. 15.-18.30 Uhr, So 15-18 Uhr.
- Museo dell'Opera di S. Croce, Piazza S. Croce 16, Tel.: 2342289, 1.3.-30.9.: tägl. 10-12.30 u. 14.30-18.30 Uhr; 1.10.-28.2.: tägl. 10-12.30 u. 15-17 Uhr, Mi geschl. (L. 3.000)

An der Nordseite der Piazza S. Croce steht eine große bronzene Mädchenstatue von Salvador Dali. Im Palazzo dahinter ist eine ständige Ausstellung mit Skulpturen und Aquarellen untergebracht.

Entlang des Arno und an der Ponte Vecchio vorbei gelangt man zur Piazza S. Trinità. Nach Norden beginnt die eleganteste Einkaufsstraße von Florenz, die **Via Tornabuoni**.

▧ S. Trinità (18)

An der Westseite der Piazza S. Trinità liegt die im 12. Jahrhundert erbaute und später umgestaltete Kirche. Die Fassade aus dem 16. Jahrhundert stammt von Buontalenti. Im Innenraum ist vor allem der Freskenzyklus von Domenico Ghirlandaio aus dem 15. Jahrhundert sehenswert. Er befindet sich in der Sassetti-Kapelle im rechten Querschiff. Dargestellt sind Szenen aus dem Leben des Hl. Franziskus vor der Kulisse der Stadt aus dem 15. Jahrhundert.

Öffnungszeiten
Piazza S. Trinità, Tel.: 216912, tägl. 9-11.30 u. 16-17.30 Uhr.

▧ Palazzo Strozzi (19)

Dieser Profanbau (1489-1538) ist ein Wohnpalast aus der Hochrenaissance und ein wichtiges Zeugnis für die Wohnkultur der Medici. Er liegt jenseits der Piazza Repubblica und erstreckt sich entlang der Via Strozzi bis zur Via Tornabuoni. Seine Fassade ist mit großen Buckelquadern gestaltet. Er befindet sich in Privatbesitz.

▧ Palazzo Rucellai (20)

Gegenstück zum Palazzo Strozzi ist der Palazzo Rucellai (1446-51) in der Via della Vigna Nuova 18. Er hat flache Rustikaquader, Pilaster und nach oben niedrigere Geschosse. Über dem Mittelgeschoß taucht im Fries das Zeichen der Rucellai, die aufgeblähten Segel, auf. Er befindet sich in Privatbesitz.

▧ S. Maria Novella (21)

Die Kirche fällt vor allem durch ihre wunderschöne Renaissancefassade von Leon Battista Alberti auf. Sie ist aus olivgrünen Marmorstreifen auf weißem Untergrund gearbeitet. Ein Fries mit aufgeblähten Segeln, dem Zeichen der Familie Rucellai, schließt das Erdgeschoß ab. Die eigentlich gotische Dominikanerkirche stammt von 1278-1350.
Sehenswert sind die Fresken von Domenico Ghirlandaio im Chor, links sind ein Zyklus aus dem Marienleben und rechts Szenen aus dem Leben Johannes des Täufers abgebildet. Das Refektorium und der Chiostro Verde sind als

Museum eingerichtet. Hier werden der Kirchenschatz und abgenommene Fresken von Ghirlandaio aus dem Kreuzgang (14. Jahrhundert) gezeigt. Zum Museum gehört auch der freskierte Kapitelsaal.

Öffnungszeiten
S. Maria Novella, Tel.. 055/210113, Mo-Mi, Sa 9-14 Uhr, Do 9-19 Uhr, So 8-13 Uhr, Fr geschl. (L. 5.000)

■ **Der Oltrarno**
Nur wenige hundert Meter vom Trubel und den Menschenmengen um die Piazza della Signoria und auf der Ponte Vecchio entfernt, lohnt sich ein Spaziergang durch die wesentlich ruhigeren und malerischen Viertel auf der anderen Seite des Arno.

■ **S. Maria del Carmine (22)**
Die an der Piazza del Carmine gelegene Kirche gehört zum Viertel von San Frediano, einem der malerischsten der Stadt. Bei einem Brand 1771 wurde S. Maria del Carmine stark zerstört und in den darauffolgenden Jahren wieder aufgebaut. Am interessantesten sind die Fresken der Capella Brancacci im rechten Querschiff. Nach jahrelangen Restaurierungsarbeiten sind hier wieder Meisterwerke der florentinischen Früh-Renaissance zu bewundern: Die Fresken von Masolino, Filippino Lippi und Masaccios Legende des heiligen Petrus von 1424-27 waren Vorbild für Fra Angelico, Michelangelo und Raffael. Seit der Restaurierung präsentieren sich die Fresken von Adam und Eva von Masolino und Masaccio wieder im ursprünglichen Zustand ohne Feigenblätter.

Öffnungszeiten
Capella Brancacci, Piazza del Carmine, Tel.: 055/2382195, Mo-Sa 10-16.30 Uhr, So 13-16.30 Uhr, Mo geschl. (L. 5.000)

■ **S. Spirito (23)**
An der gleichnamigen, von hohen Bäumen überschatteten Piazza laden einige Straßencafés zum Verweilen ein. Am hinteren Ende des Platzes liegt die äußerlich schlichte Kirche von S. Spirito, 1444-87 nach Plänen von Filippo Brunelleschi erbaut. Doch im Inneren verbirgt sich ein Meisterwerk der Florentiner Renaissance-Baukunst. In der dreischiffigen Kirche mit Säulen, Kapitellen und Gesimsen gegliedert, befinden sich 40 halbkreisförmige Kapellen. Im **Cenacolo di S. Spirito** mit einem Kreuzigungsfresko von Orcagna (1360) ist die **Collezione Romano** untergebracht. Kernstücke dieser Kunstsammlung aus dem 14.-16. Jahrhundert sind Werke von Donatello und Jacopo della Quercia. Der erst später hinzugefügte Campanile von Baccio d'Agnolo stammt aus dem Jahr 1545.

Öffnungszeiten
● Piazza S. Spirito, Tel.: 210030, tägl. 7.30-12 u. 16-18.30 Uhr, Mi nachmittags geschl.
● Cenacolo di S. Spirito e Fondazione Romano, Piazza S. Spirito 29, Tel.: 287043, Di-So 10-13 Uhr, Mo geschl. (Lire 3.000)

5.4 Florenz – Stadtbesichtigung

▪ Palazzo Pitti (24)

Der mächtige Repräsentationsbau wurde 1458 von der Pitti-Familie in Auftrag gegeben. Er sollte den Palast der Medici in den Schatten stellen. Doch die Pittis mußten ihr zu groß gewordenes Stadtpalais aus finanziellen Gründen 1549 an Eleonora von Toledo, der Gemahlin Cosimos I., verkaufen. Ab 1560 residierten hier die toskanischen Großherzöge, bis 1580 wurde der Palazzo Pitti ständig erweitert. Er erstreckt sich über eine Länge von 205 m.

Dahinter steigt der **Giardino di Boboli (25)** an. Der Palast ist in der Mitte drei- und an den Seiten zweistöckig. Er beherbergt gleich mehrere Museen: Galleria Palatina, das Silbermuseum, das Kutschenmuseum, die Prunkgemächer der Appartamenti della Duchessa d'Aosta, von denen insgesamt 11 Räume restauriert sind, darunter zwei Schlafgemächer, Salons, eine Uhren-Kollektion und ein Raum mit Tapisserien. Über den Innenhof gelangt man zum sog. Amphitheater aus dem 17. Jahrhundert. Dahinter liegt ein Fischteich mit einer Neptunstatue von 1565.

Hofzwerg von Cosimo I.

Das Porzellan-Museum befindet sich am hinteren Ende des Parks im Giardino del Cavaliere, dem höchst gelegenen Punkt der Boboli-Gärten. Von hier genießt man einen herrlichen Rundblick über die umliegenden Hügel von Florenz mit der florentinischen Villenarchitektur, umgeben von Zypressenhainen und Obstgärten. Östlich des Palazzo Pitti und zugleich am Ende eines Rundgangs durch die Gartenanlagen lohnt sich die Besichtigung der verspielten Grotte des Buontalenti (1583-1586).

 Öffnungszeiten
● Galleria Palatina, Palazzo Pitti, Piazza Pitti, Tel.: 055/210323, Di-So 9-14 Uhr, Mo geschl. (L. 12.000)
● Für die folgenden drei Museen gilt ein Sammelticket von L. 8.000:
- Museo degli Argenti, Palazzo Pitti, Tel.: 055/294279, Di-So 9-14 Uhr, Mo geschl.
- Galleria del Costume, Giardino di Boboli, Palazzina di Meridiana, Di-So 9-14 Uhr, Mo geschl.
- Museo delle Porcellane, Giardino di Boboli, Di-So 9-14 Uhr, nur im Sommer geöff., Mo geschl.
● Museo delle Carrozze, Palazzo Pitti, nur im Winter geöff. Di-So 9-14 Uhr, Mo geschl.
● Für die folgenden zwei Museen gilt ein Sammelticket von L. 4.000:
- Galleria d'Arte Moderna, Palazzo Pitti, Tel.: 055/287096, Di-So 9-14 Uhr, Mo geschl.
- Appartamenti della Duchessa d'Aosta, Palazzo Pitti, Sa morgen 10.30-11.30 Uhr mit tel. Voranmeldung. (L. 4.000)
● Giardino di Boboli, Piazza Pitti, Tel.: 213440, November-Februar tägl. 9-16.30 Uhr, März und Oktober 9-17.30 Uhr, April, Mai, September 9-18.30 Uhr, Juni-August 9-19.30 Uhr, 1. und letzter Mo im Monat geschl. (L. 4.000)

5.4 Florenz – Stadtbesichtigung

■ **Piazzale Michelangelo (26)**
Auf dem beliebtesten Aussichtsplatz von Florenz steht eine weitere Kopie des berühmten David von Michelangelo. Auf Grund des riesigen Parkplatzes ist die Piazzale Michelangelo ein bevorzugtes Ausflugsziel für Busreisegesellschaften. Zusammen mit unzähligen Andenkenständen beherrschen sie tagsüber das Bild. Doch kurz vor Sonnenuntergang, wenn der letzte Bus den Platz verlassen hat und die Silhouette der Stadt in einem anderen Licht erscheint, erlebt man hier einen der stimmungsvollsten Momente eines Florenzbesuchs.

■ **S. Miniato al Monte (27)**
In der Nähe der Piazzale Michelangelo erhebt sich über einer großen Freitreppe die ganz aus weißem und grünem Marmor verkleidete Fassade der Kirche S. Miniato al Monte. Der untere Teil ist durch fünf Arkaden und drei Türen gegliedert. Im oberen Teil sitzt in der Mitte eine Ädikula (kleiner Aufbau zur Unterbringung einer Statue) mit einem Mosaik aus dem 13. Jahrhundert. Die Kirche entstand über der Grabstätte des Hl. Minias, der unter Kaiser Decius im Jahr 250 bei der Christenverfolgung in Florenz das Martyrium erlitt. Die heutige romanische Kirche stammt aus dem 11. Jahrhundert und gehört zu den schönsten und ältesten Sakralbauten der Stadt.

David-Kopie auf der Piazzale Michelangelo

Beim Eintritt fällt der Blick zuerst auf den erhöhten Chorraum mit der darunterliegenden siebenschiffigen Hallenkrypta. Der abstrakte Inkrustationsstil der Außenfassade setzt sich im Innenraum durch imitierende Malerei an den Mittelschiffswänden und im Chor fort. Zwischen den beiden Eingängen zur Krypta steht eine von Michelozzo (Hofarchitekt der Medici) gestaltete Kapelle aus der Renaissance mit einer Terrakotta-Decke aus der Werkstatt Luca della Robbias. Zu beiden Seiten der Chorschranke führt eine Treppe zum Presbyterium mit der romanischen Marmorkanzel hinauf. Von hier aus hat man auch Zugang zur Sakristei, die durch Spinello Aretino mit Szenen aus dem Leben des Hl. Benedikt ausgemalt wurde.

 Öffnungszeiten
Via Monte alle Croci, Tel.: 2342768, tägl. 8-12 u. 14-18 Uhr.

■ **Forte di Belvedere (28)**
Die sternförmige Festung wurde 1590-95 zum Schutz des Palazzo Pitti von Buontalenti erbaut. Sie besteht aus einer zentral in der Mitte gelegenen Villa mit einer doppelten Loggia und ist umgeben von in verschiedenen Ebenen auf die Stadt und die Hügel ausgerichteten Bastionen. Gelegentlich finden in der

5.4 Florenz – Stadtbesichtigung

Villa und im Freien Kunstausstellungen statt. Von hier genießt man abends einen herrlichen Ausblick auf die Stadt.

Öffnungszeiten
Via S. Leonardo, Tel.: 2342822, im Sommer tägl. 9-20 Uhr, im Winter tägl. 9-16.30 Uhr.

\	\	Museen in Florenz	\
Name	Adresse	Besichtigungsobjekt	Öffnungszeiten
Galleria degli Uffizi	Loggiato degli Uffizi 6, Tel.: 23885	berühmteste Gemäldegalerie Italiens mit Hauptwerken der florentinischen Malerei und Abteilungen mit bedeutenden Werken flämischer, französischer, holländischer und deutscher Maler	tägl. 9.00-19.00, So 9.00-14.00, Mo geschl.
Corridoio Vasariano	Loggiato degli Uffizi 6	Porträtsammlung	wegen Restaurierungsarbeiten geschlossen
Galleria Palatina	Palazzo Pitti, Tel.: 210323	Gemäldesammlung Cosimos III. und Statuen aus Antike und Gegenwart	tägl. 9.00-14.00, Mo geschl.
Museo degli Argenti	Palazzo Pitti, Tel.: 294279	Edelsteine, Juwelen und Silberwaren florentinischer Herrschaftsdynastien	tägl. 9.00-14.00, Mo geschl.
Galleria del Costume	Giardino di Boboli, Palazzina della Meridiana, Tel.: 294279	Kleidungsstücke vom 18.Jh. bis zu den zwanziger Jahren des 20.Jh.	tägl. 9.00-14.00, Mo geschl.
Collezione Contini Bonacossi	Giardino di Boboli, Palazzina della Meridiana, Tel.: 23885	Gemälde- und Kunstgewerbesammlung von Conte Contini Bonacossi	Besuch nur nach Absprache mit dem Uffizien-Büro
Museo delle porcellane	Giardino di Boboli, Casino del Cavaliere, Tel.: 294279	Tafelporzellan der Medici, Lothringer und Savoyer	Di-So 9.00-14.00, Mo geschl., nur im Sommer
Museo delle carrozze	Palazzo Pitti, Südflügel	Kutschen-Sammlung aus dem 17.-19.Jh	z.Zt. geschl.
Galleria d'Arte Moderna	Palazzo Pitti, Tel.: 287096	Bilder des 19.Jh.	tägl. 9.00-14.00, Mo geschl.
Appartamenti Reali	Palazzo Pitti, Tel.: 210323	Prunkgemächer der Medici	nur nach telefonischer Voranmeldung bei der Galleria Palatina
Museo Nazionale del Bargello	Via del Proconsolo 4, Tel.: 23885	Sammlung florentinischer und toskanischer Skulpturen aus dem 14.-16.Jh.	tägl. 9.00-14.00, Mo geschl.

5.4 Florenz – Stadtbesichtigung

Galleria dell'Accademia	Via Ricasoli 60 Tel.: 23885	vorwiegend Gemälde und Skulpturen toskanischer und umbrischer Künstler darunter Michelangelos Originalstatue des "David"	Di-Sa 9.00-19.00, So 9.00-14.00
Museo Archeologico	Via della Colonna 36, Tel.: 23575	Sammlung von ägyptischer und etruskischer Kunst	tägl. 9.00-14.00, So 9.00-13.00, Mo geschl.
Museo di San Marco	Piazza S. Marco, Tel.: 23885	Dominikaner-Kloster mit Kreuzgang, Bilbliothek und Mönchszellen mit Fresken von Fra Angelico	tägl. 9.00-14.00, Mo geschl.
Opificio delle Pietre Dure	Via degli Alfani 78, Tel.: 210102	Landschaftsbilder, Modelle und Gußformen für die Fürstenkapelle, Möbelstücke	z.Zt. geschlossen
Museo di Palazzo Davanzanti	Via Porta Rossa 13, Tel.: 216518	antike Möbel, kunstgewerbliche Gegenstände und Textilien	tägl. 9.00-14.00, Mo geschl.
Museo Botanico	Via La Pira 4, Tel.: 2757462	Musterpflanzen, Kräutersammlungen und botanische Manuskripte mit Malereien aus dem späten 15.Jh.	Mo, Mi, Fr 9.00-12.00, 1. So im Monat 9.30-12.30, in der Woche um den 15. August geschl.
Museo di Geologia e Paleontologi	Via La Pira 4, Tel.: 2757536	ca. 300.000 Fossilien-Funde	Mo 14.00-18.00, Di-Do und So 9.00-13.00, 1. So im Monat 9.30-12.30, 1.So im Juli und in der Woche von Ferragosto (15. August) geschl.
Museo di Mineralogia e Litologia	Via la Pira 4, Tel.:2757537	5 Sammlungen mit ca. 35.000 Mineralien	Mo-Fr 9.00-13.00, 1. So im Monat 9.300-12.30, in der Woche von Ferragosto geschl.
Museo di Antropologia ed Etnologia	Via del Proconsolo 9, Tel.: 2396449	anthropologische und ethnologische Sammlungen verschiedener Länder und Kontinente	Do-Sa und 3.So im Monat 9.00-13.00, in der Woche von Ferragosto geschl.
Museo e Istituto Fiorentino di Preistoria	Via S. Egidio 21, Tel.: 295159	prähistorische Sammlungen ab der Steinzeit	tägl. 9.30-12.30, So geschl.
Museo di Storia della Scienza	Piazza dei Giudici 1, Tel.: 293493-2398876	Sammlung wissenschaftlicher Instrumente der Medici und Lothringer	tägl. 9.30-13.00 u. Mo, Mi, Fr 14.00-17.00, So. geschl.
Museo di Storia naturale La Specola	Via Romana 17, Tel.: 222451-2	zoologische Sammlungen und anatomische Wachsmodelle	tägl. 9.00-12.00, So 9.00-13.00, Mi und in der Woche von Ferragosto geschl.
Palazzo Vecchio	Piazza Signoria, Tel.: 27681	Regierungs- und Wohnräume der Medici	tägl. 9.00-19.00, So 8.00-13.00, Do geschl.

5.4 Florenz – Stadtbesichtigung

Raccolta di Arte Moderna "A. della Ragione"	Piazza Signoria 5, Tel.: 283078	Gemälde und Skulpturen des 20.Jh.	tägl. 10.00-13.00, Di geschl.
Museo Bardini	Via dei Mozzi 1, Tel.: 2342427	Sammlung Stefano Bardinis mit Meisterwerken aus Malerei, Bildhauerei und Kunstgewerbe	tägl. 9.00-14.00, So 8.00-13.00, Mi geschl.
Museo di S. Maria Novella	Piazza S. Maria Novella, Tel.: 282187	Kirchenschatz und die abgenommenen Fresken Ghirlandaios aus dem Kreuzgang	tägl. 9.00-14.00, So 8.00-13.00, Fr geschl.
Museo Storico Topografico Firenze com'era	Via dell'Oriuolo 24, Tel.: 2398483	geschichtlich-topographisches Museum der Stadt	tägl. 10.00-13.00, Do geschl.
Casa Buonarroti	Via Ghibellina 70, Tel.: 241752	Werke des jungen Michelangelo und die Kunstsammlung seiner Familie	tägl. 9.30-13.30, Di geschl.
Galleria dello Spedale degli Innocenti	Piazza SS. Annunziata 1, Tel.: 2477952	Gemälde aus dem 15.-17. Jh.	tägl. 8.30-14.00, So 8.30-13.00, Mi geschl.
Museo Horne	Via dei Benci 6, Tel.: 244661	Gemälde, Skulpturen, Keramiken etc. aus dem 14.-16. Jh.	tägl. 9.00-13.00, So geschl.
Museo dell'Opera di Santa Croce	Piazza S. Croce 16 Tel.: 2342289	Fresken und Sinopien des Klosters aus dem 13.-17.Jh.	1.3.-30.9. tägl. 10.00-12.30 u. 14.30-18.30, 1.10.-30.2. tägl. 10.00-12.30 u. 15.00-17.00, Mi geschl.
Museo dell'Opera del Duomo	Piazza del Duomo 29, Tel.: 2398796	Sammlung von Originalskulpturen aus Dom und Baptisterium	1.4.-31.10. tägl. 9.00-18.50, 1.11.-31.3. tägl. 9.00-17.20, feiertags 9.00-13.00, So geschl.
Museo di Storia della Fotografia "Fratelli Alinari"	Via della Vigna Nuova 16, Palazzo Rucellai, Tel.: 213370	ca. 350.000 Fotoabzüge und Gerätschaften	tägl. 10.00-19.30, Fr, Sa 10.00-23.30, Mi geschl.
Museo "Marino Marini"	Piazza San Pancrazio, Tel.: 219432	Werke von Marino Marini	Juni-September tägl. 10.00-17.00, Do 10.00-22.00, Oktober-Mai 10.00-13.00 u. 15.00-18.00, Di u.So geschl.
Museo Stibbert	Via Stibbert 26, Tel.: 486049	Gemälde, Kostüme, Waffen und Rüstungen	tägl. 9.00-13.00, feiertags 9.00-12.30, Do geschl.

5.5 DIE UMGEBUNG VON FLORENZ

- Besichtigung der Archäologischen Zone in Fiesole
- Ausflug ins Mugello
- Besuch der Trüffelstadt San Miniato
- Besuch des Leonardo-Museums in Vinci

Fiesole liegt auf den Hügeln im Norden der Stadt und ist wegen seiner aussichtenreichen Lage und des **archäologischen Ausgrabungsgebiets** das wohl beliebteste Ausflugsziel in der Umgebung von Florenz. Doch bereits hinter Fiesole gibt es noch unentdeckte und reizvolle Flecken, die sich ideal für Tagesausflüge abseits der Touristenströme eignen. In der waldreichen Landschaft nördlich von Florenz ließen sich die Medici ihre Sommerresidenzen errichten. Noch heute flüchten die reichen Florentiner im Sommer vor der Hitze in das kühlere Hinterland der Provinzhauptstadt. An das Florentiner Umland schließt sich die Wald- und Berglandschaft des **Mugello** an. Das Gebiet liegt im oberen Teil des Sieve-Tals und reicht bis Vicchio. Hier zeugen verlassene Bergdörfer von der Landflucht in dieser Region, aus der auch zwei berühmte toskanische Meister, **Giotto** und **Beato Angelico**, stammen.

Hinter Vicchio beginnt das eigentliche Sieve-Tal, das bis zum Zusammenfluß von Arno und Sieve bei Pontassieve reicht. Es wird links des Flusses von den Hängen des Monte Giovi und rechts von den Ausläufern des Apennin flankiert.

Westlich von Florenz, entlang der SS 67 in Richtung Pisa, lohnt sich ein Ausflug nach Vinci, der Geburtsstadt Leonardos. Auch das idyllische Städtchen San Miniato al Monte, ein berühmter Trüffelort, ist einen Besuch wert.

5.5.1 FIESOLE

Information
APT, Piazza Mino 37, Fiesole, Tel.: 055/598720, April-Sept.: 8.30-13.30 u. 15-18 Uhr, Okt.-März 8.30-13.30 Uhr, Sa 8.30-13.30 Uhr, So geschl.

Unterkunft
- **** **Villa Aurora**, Piazza Mino 39, 50014 Fiesole, Tel.: 055/59100-59292, Fax: 055/59587, schönes altes Haus direkt an der Piazza Mino da Fiesole mit herrlichem Ausblick, DZ 160.000-298.000 Lire.
- *** **Villa Bonelli**, Via F. Poeti 1, 50014 Fiesole, Tel.: 055/59513-598941, Fax: 055/598942, Familienbetrieb mit Restaurant, DZ 140.000-185.000 Lire.
- * **Villa Sorriso**, Via Gramsci 21, 50014 Fiesole, Tel.u. Fax: 055/59027, kleines Hotel mit nur 7 Zimmern, DZ 70.000-98.000 Lire.
- * **Villa Baccano**, Via Bosconi 4, 50014 Fiesole, Tel.: 055/59341, einfaches Hotel mit 9 Zimmern, etwas außerhalb von Fiesole, DZ 75.000-95.000 Lire.

5.5.1 Fiesole

Camping
*** **Panoramico**, Via Peramonda 1, 50014 Fiesole, Tel.: 055/599069, Fax: 055/59186, schöner und schattiger Platz einige Kilometer außerhalb von Fiesole.

Restaurants/Eisdiele
- **Il Trebbiolo**, Via del Trebbiolo 8, 50014 Fiesole, Tel.: 055/8300098, Mo u. Samstagabend Ruhetag, Restaurant in einer schön gelegenen Villa mit hervorragenden Fischspezialitäten, meist nur ein Menü auf der Karte, reichhaltige Weinkarte. Teuer.
- **Le Cave di Maiano**, Via delle Cave 16, 50014 Fiesole, Tel.: 055/59133, typisch toskanische Ristorante-Trattoria in Maiano mit guter traditioneller Küche. Mittlere bis gehobene Preisklasse.
- **Gelateria Villani**, Via S. Domenico 8, 50014 Fiesole, Tel.: 055/599716, Seit 1922 zaubert die Familie Villani ihre Eisköstlichkeiten aus frischen und natürlichen Zutaten, geöffn. bis 1 Uhr nachts.

Veranstaltungen/Markt
- **S. Romolo patrono di Fiesole**, Patronatsfest des Stadtheiligen auf der Piazza Mino, am 6. Juli.
- **Fiera di S. Francesco**, Piazza Mino, am ersten Sonntag und Montag im Oktober.
- **Fiesole Antiquario**, Antiquitätenmarkt auf der Piazza Mino, zweiter Sonntag im Monat außer Juli und August.
- **Wochenmarkt**, Sa auf der Piazza Mino.

Fiesole liegt 7 km nordöstlich von Florenz in 295 m Höhe. Die Straße führt über zahlreiche Serpentinen hinauf. Anstatt mit dem Wagen oder dem Bus hinaufzufahren, kann man den Ort auch zu Fuß an der **Badia Fiesolana** vorbei erreichen. In der Renaissance umgestaltet, ist die Kirche heute Sitz des internationalen Hochschulinstituts.

Weiter hinauf führt der Weg zur Kirche **San Domenico** (1406-35). Hier lebte und malte Fra Angelico, bevor er nach Florenz ging. Von den vielen Werken, die er hier schuf, ist noch eine "Madonna con Santi" vorhanden, die sich heute in der ersten Kapelle links befindet. Über die Via Vecchia Fiesolana und die Via Fra Giovanni Angelico gelangt man nach Fiesole.

Öffnungszeiten
Chiesà di San Domenico, tägl. 9-12.30 Uhr und 15.30-18 Uhr.

Früher als in Florenz entstand hier im 7. oder 6. Jahrhundert v. Chr. bereits die erste etruskische Siedlung. Unter dem Namen Faesulae war sie ab dem 1. Jahrhundert v. Chr. römisch, ab 1125 gehörte sie zu Florenz.

Mittelpunkt von Fiesole ist die **Piazza Mino da Fiesole**, an der ursprünglichen Stelle des römischen Forums gelegen. Auf dem Platz steht ein Denkmal für König Vittorio Emmanuele II. und Garibaldi. Im Nordwesten des Platzes trifft man auf den Dom **San Romolo**. Er wurde 1028 begonnen, im 13. und 14. Jahrhundert erweitert und im 19. Jahrhundert umgebaut. Der 42 Meter

5.5.1 Fiesole

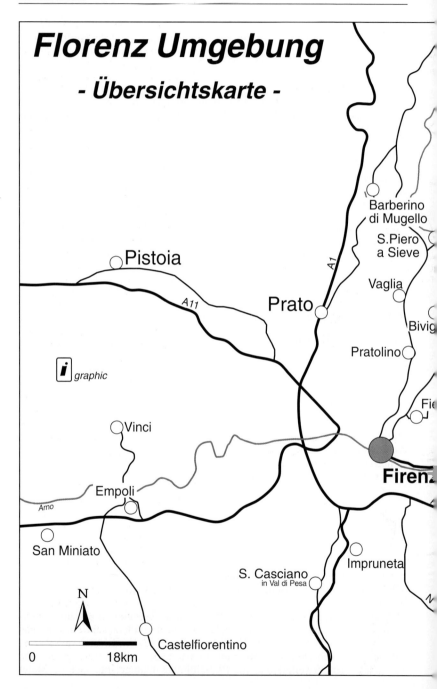

5.5.1 Fiesole

hohe Campanile (1213) ist für romanische Verhältnisse recht schlank. Die Fresken von Rosselli in der **Cappella Salutati** im Inneren des Domes stammen aus dem 15. Jahrhundert. Die Skulpturen sind von Mino da Fiesole (1430-84). Neben dem Dom befindet sich der **Palazzo Vescovile** (Bischofspalast) aus dem 11. Jahrhundert und links davon das **Priesterseminar** von 1697. Neben dem Rathaus steht die kleine Kirche **Santa Maria Primerana** mit einer Renaissancevorhalle aus dem 16. Jahrhundert. Die Ostseite des Platzes wird vom **Palazzo Pretorio** aus dem 14. Jahrhundert eingenommen. Hier mündet der Hauptplatz in die kleinere Piazza Garibaldi ein. Zwischen Priesterseminar und Bischofspalast führt ein schöner Spazierweg zur Kirche **Sant' Alessandro** mit einer herrlichen Aussichtsterrasse.

▪ San Francesco

Noch ein Stück weiter oben steht das Kloster von San Francesco aus dem 14. Jahrhundert mit schönen Kreuzgängen und und einem kleinen Missionsmuseum.

 Öffnungszeiten
Convento di San Francesco, Tel.: 59175, im Winter: tägl. 9-12 u. 15-18 Uhr, So 9-11 u. 15-18 Uhr, im Sommer: tägl. 9.30-12.30 u. 15-19 Uhr, So 9-11 u. 15-19 Uhr.

▪ Museo Bandini

Hinter dem Dom zeigt das Museo Bandini die gesamte Sammlung von Angiolo Maria Bandini (1726-1803). Im Sommer 1990 wurde das Museum nach der vollständigen Renovierung

5.5.1 Fiesole

des Gebäudes wiedereröffnet. Die Gemälde aus dem 13. bis 15. Jahrhundert stammen von toskanischen Meistern, wie Bernardo Daddi, Taddeo Gaddi und Lorenzo Monaco.

Öffnungszeiten
Via Dupré 1, Tel.: 59477, im Sommer: tägl. 10-19 Uhr, im Winter: 10-18 Uhr, Di geschl. (Gemeinsame Eintrittskarte mit Antiquarium und Archäologischem Museum Lire 6.000).

■ Museo Primo Conti
Das 1987 eröffnete Museum befindet sich in der Villa des Künstlers, in der er 35 Jahre lebte und arbeitete. Die Sammlung umfaßt über 60 Ölgemälde und mehr als 150 Zeichnungen Primo Contis aus den Jahren 1911 bis 1985. Das umfangreiche Archivmaterial mit Briefen, Manuskripten, futuristischen, dadaistischen und surrealistischen Bucherstausgaben aus dem Nachlaß Contis ist im Obergeschoß der Villa ausgestellt.

Öffnungszeiten
Via Dupré 18, Fiesole, Tel.: 597095, Di-Sa 9-13.30 Uhr, So u. Mo geschl. (L.4.000).

■ Zona Archeologica
Ganz in der Nähe befindet sich auch der Eingang zur archäologischen Ausgrabungsstätte von Fiesole. Das römische Theater aus dem ersten Viertel des 1. Jahrhunderts bot mit einem Durchmesser von 34 Meter ungefähr 3000 Zuschauern Platz. 1792 wurden das Theater, 1809 die Zuschauertribüne ausge-

Das römische Theater

5.5.1 Fiesole

graben und 1911 restauriert. Rechts davon sind die Reste einer Thermenanlage mit ihrer alten Struktur von Heiß- und Warmwasserinstallationen zu sehen. Links gegenüber steht die Ruine eines römischen Tempels, der auf einem vorhergehenden etruskischen Tempel aus dem 3. bzw. 1. Jahrhundert v. Chr. erbaut wurde. Reste des einstigen Tempels sind im Museum zu besichtigen. Ein Teil der etruskischen Mauer schließt den Bezirk im Norden ab. Gleich rechts hinter dem Eingang befindet sich das 1914 im klassizistischen Stil erbaute **Museo Archeologico** mit lokalen Fundstücken.

Öffnungszeiten
Via Portigiani 1, Tel.: 59477, im Winter: tägl. 9-18 Uhr, im Sommer: tägl. 9-19 Uhr, Okt.- März Di geschl. (Lire 6.000).

■ **Antiquarium Costantini**
Die Privatsammlung des Professors Alfiero Costantini umfaßt etruskische und römische Klein-Plastiken und ungefähr 160 korinthische Keramiken und etruskische Vasen. Um die große Sammlung ausstellen zu können, wurde das Museo Civico um einen Nebenbau aus dem 19. Jahrhundert erweitert. Bei den Bauarbeiten entdeckte man wertvolle Reste von Fresken.

Öffnungszeiten
Via Portigiani 1, Fiesole, im Sommer: 9-19 Uhr, im Winter 9-18 Uhr, Di geschl. (Sammelticket mit Teatro Romano L.6.000).

5.5.2 VOM MUGELLO IN DAS UNTERE SIEVE-TAL

Vaglia

Unterkunft
● **** **Demidoff**, Via S. Jacopo, 50036 Pratolino, Tel.: 055/409772, Fax: 055/409780, sehr großes komfortables Hotel mit 98 Zimmern, DZ 130.000-260.000 Lire.
● *** **Giotto Park Hotel**, Via Roma 11, 50030 Vaglia, Tel.: 055/406608, Fax: 055/406730, komfortables Haus mit 18 Zimmern, DZ 130.000-260.000 Lire. Das Park Hotel besitzt noch eine Dependance auf dem gleichen Gelände mit billigeren Zimmern bis 200.000.

Camping
** **Poggio degli Uccellini**, Loc. Bivigliano, 50030 Vaglia, Tel.: 055/406725, ganzjährig geöffneter Platz.

Redaktions-Tips
■ Besuch des Parco Demidoff in Vaglia
■ Besichtigung der Villa di Cafaggiolo
■ Fahrt ins Weinbaugebiet von Rufina

■ **Parco Demidoff**
Über die SS 65, der alten Straße nach Bologna, gelangt man im Ortsteil Vaglia zur Villa Demidoff mit ihren herrlichen Parkanlagen. 1568 kaufte

5.5.2 Vom Mugello in das untere Sieve-Tal

Francesco I. de' Medici dieses waldreiche Gebiet um Pratolino und beauftragte Bernardo Buontalenti 1570 mit dem Bau der Villa. Erst 1580 war die gesamte Parkanlage mit Teichen, Wasserspielen und Springbrunnen auf einer Fläche von ungefähr 20 Hektar fertig angelegt. Mit der monumentalen Statue des **"Apennin"** von Giambologna, einem Labyrinth und verschiedenen Grotten, war der Park eine der großartigsten Gartenanlagen des 16. Jahrhundert.

Parco Demidoff

Um 1700 wurde der ehemals manieristische Garten barock umgestaltet, das große Labyrinth hinter dem "Apennin" entfernt und an dieser Stelle ein großer steinerner Drache aufgestellt. Bis ins 19. Jahrhundert verfielen die Parkanlagen, und 1814 ließ Ferdinando III. die völlig heruntergekommene Villa abreißen. Er beauftragte Joseph Frietsch mit der Umgestaltung des Barockgartens in einen englischen Landschaftspark. 1872 kaufte Paolo Demidoff den Park und ließ die monumentale Apenninstatue restaurieren.

Öffnungszeiten
Via Bolognese, Loc. Pratolino, Tel.: 055/409558-409225, von Mai-Sept.: Do-Sa 10-20 Uhr, So 10-20 Uhr, im Winter geschl. (Lire 5.000).

Monte Senario

Unterkunft
** **Montesenario**, Via Montesenario 23, 50030 Monte Senario, Tel.: 055/406679, Fax: 055/374569, DZ 65.000-80.000 Lire.

Östlich von Vaglia liegt der kleine Ort **Monte Senario** mit dem gleichnamigen Kloster. Es wurde 1233 von Florentiner Adeligen gegründet. Im Innern befinden sich Gemälde von Matteo Rosseli und Ridolfo Ghirlandaio.

Öffnungszeiten
Sacro Convento di Monte Senario, im Sommer: 9-12.30 u. 15-19 Uhr, im Winter: 9-12.30 u. 15-18 Uhr.

Wieder zurück nach Vaglia und bei Novoli links ab führt ein kleines Sträßchen zum **Castello del Trebbio** hinauf, das anmutig auf einem Hügel unweit von S. Piero a Sieve liegt. Das kastellartige Schloß wurde von Michelozzo Michelozzi um die Mitte des 15. Jahrhunderts auf den Ruinen einer ehemaligen Festung als Sommerresidenz für die Medici erbaut. Zum Schloß gehört eine schöne Gartenanlage.

5.5.2 Vom Mugello in das untere Sieve-Tal

Öffnungszeiten
S. Piero a Sieve, Tel.: 055/8458793, Di u. Do Führungen nur für Gruppen.

An der Straße von S. Piero a Sieve nach Barberino di Mugello liegt die zweite Sommerresidenz der Medici, die **Villa di Cafaggiolo**. Ursprünglich ebenfalls eine Florentiner Festung, ließ sie Cosimo der Alte ebenfalls von Michelozzo 1451 in eine Villa umbauen. Der wehrhafte Charakter mit dem vorkragenden Wehrgang und großem Turm blieb jedoch erhalten. Hinter dem Schloß erstreckt sich ein dichtes Waldgebiet.

Öffnungszeiten
Barberino di Mugello, Tel.: 055/8458793, Führungen nur für Gruppen.

Kurz vor S. Piero a Sieve befindet sich die **Fortezza di San Martino**. Sie wurde nach Plänen von Bernardo Buontalenti von Cosimo de' Medici erbaut. Die über tausend Meter lange labyrinthartige Festungsanlage wurde 1571 begonnen und um 1600 fertiggestellt. Im Innern wurden zahlreiche Munitionsdepots angelegt.

Öffnungszeiten
S. Piero a Sieve, Tel.: 055/8458793, Führungen nur für Gruppen.

S. Piero a Sieve

Unterkunft
*** **Villa Ebe**, Via Ferracciano 11, 50038 Ferracciano, Tel.: 055/8403039, Fax: 055/8403370, in der Nähe von San Piero a Sieve, schöne Villa im Grünen, DZ 75.000-150.000 Lire.

Camping
*** **Mugello Verde**, Loc. La Fortezza, Via Massorondinaio 39, S. Piero a Sieve, Tel.: 055/848511, Fax: 055/8486910.

Wochenmarkt
Sa nachm.

In der Pfarrkirche **S. Piero a Sieve** steht ein sechseckiges Taufbecken der Della Robbia.

▪ Bosco ai Frati
Wenige Kilometer von S.Piero a Sieve entfernt, erhebt sich in herrlicher Panoramalage das Kloster Bosco ai Frati. Das Franziskaner-Kloster (um 1230)

5.5.2 Vom Mugello in das untere Sieve-Tal

ist eine der ersten Klostergründungen der Franziskaner in der Toskana. Im Auftrag von Cosimo dem Alten vergrößerte Michelozzo ab 1420 die Kirche und die Mönchszellen und errichtete einen einfachen Kreuzgang. Kostbarstes Stück im Kloster ist ein Holzkruzifix von Donatello.

Öffnungszeiten
Loc. Bosco ai Frati, S. Piero a Sieve, Tel.: 055/848111, Besichtigung tägl. auf Anfrage oder für Gruppenführungen Tel.: 055/8458793.

Barberino di Mugello

Unterkunft
** **Gualtieri**, Via Bolognese 7, 50030 Barberino di Mugello, Tel.: 055/8423051, das kleine Hotel besitzt 2 Einzel- und 8 Doppelzimmer mit Bad, mit Restaurant, DZ 85.000-95.000 Lire.

Camping
** **Il Sergente**, Via di S. Lucia 24/a, Loc. Monte di Fò, Tel.: 055/8423018, ganzjährig geöffneter Campingplatz mit 76 Stellplätzen.

Veranstaltungen/Markt
• **Canto Maggio**, So im Mai, Folklorefest mit Chören.
• **Wochenmarkt**, am Sa vormittag.

Der mittelalterliche Ort entstand am Fuß einer Burg, die im 12. Jahrhundert von den Cattani di Cambiate erbaut wurde. 1351 ging es in den Besitz der Vizegrafen von Mailand über. Durch seine verkehrsgünstige Lage an der Autobahn A 1 ist Barberino heute ein wichtiger Ort im Mugello.

■ **L'Abbadia di Vigesimo**
Bei Barberino di Mugello liegt auch die Abtei von Vigesimo. Durch die Größe und das dicke Mauerwerk blieb der Abtei das Aussehen eines Vallombrosaner-Komplexes (siehe Kap. 7.2) erhalten. Im Jahre 1074 gegründet, hat die Kirche S. Maria eine reich mit Figuren und architektonischen Elementen geschmückte Fassade.

Öffnungszeiten
Barberino di Mugello, Tel.: 055/841063, Besichtigung auf Anfrage.

Borgo San Lorenzo

Information
• **Ufficio Promozione Turistica**, Via P. Togliatti 45, 50032 Borgo S. Lorenzo, Tel.: 055/8495346, Fax: 055/8456288, geöff. 9-13 Uhr.
• **Associazione Turismo e Ambiente**, Piazza Dante 29, 50032 Borgo S. Lorenzo, Tel.: 055/845793, Mo, Mi, Fr 9.30-12.30, Informationen und Führungen.

5.5.2 Vom Mugello in das untere Sieve-Tal

Hotelreservierung für die Region
Promo Mugello, Consorzio di Promozione Turistica-Centro Commerciale Mugello, Piazza Martin Luther King 5/6, 50032 Borgo S. Lorenzo, Tel.: 055/8458742, Fax: 055/8495772

Führungen
Itineraio Liberty, Tel.: 055/8457197, in der Stadt und in der Umgebung werden anhand von 27 Zwischenstops in Kirchen, öffentlichen und privaten Gebäuden die Arbeiten der berühmten Keramikmanufaktur Chini vorgestellt.

Unterkunft
● *** **La Rosa**, Via Faentina 105, 50030 Borgo San Lorenzo, Tel.: 055/8403010, Fax: 055/8403385, außerhalb von Borgo San Lorenzo, DZ 60.000-110.000 Lire.
● * **Degli Artisti**, Piazza Romagnoli 2, 50032 Borgo San Lorenzo, Tel.: 055/8459041, kleine Pension im Zentrum, Zimmer alle ohne Bad, DZ 27.000-35.000 Lire.

Veranstaltungen/Märkte
● **Fiera agricola Mugellana**, Do, Fr, Sa u. So in der zweiten Juniwoche, Piazza Dante 29, 50032 Borgo S. Lorenzo, Tel.: 055/8458793.
● **Wochenmarkt**, jeden Di morgen.

Borgo San Lorenzo liegt im Tal des Sieve und ist der Hauptort der Region. Bereits während des Mittelalters war Borgo San Lorenzo ein sehr wichtiger Ort im Mugello. Im 12. Jahrhundert eine freie Kommune, geriet er 1290 unter die Herrschaft der Medici. 1351 befestigten diese die Stadt mit einem Mauerring, der bei einem Erdbeben 1919 stark beschädigt wurde und von dem nur noch einige Reste und die Porta dell'Orologia und Porta Fiorentina erhalten sind.

Heute ist Borgo San Lorenzo das Verwaltungszentrum der gesamten Provinz. Sehenswert sind der wappengeschmückte **Palazzo del Podestà** an der Piazza Garibaldi und die romanische Kirche **San Lorenzo** aus dem 12. Jahrhundert. Zur dreischiffigen Basilika gehört ein beachtlicher sechseckiger Glockenturm (1263) aus Ziegelsteinen.

■ **San Giovanni Maggiore**
Auf der Strecke nach Ronta in Richtung Faenza führt kurz vor der Ortschaft Panicaglia eine Zypressenreihe zur romanischen Pfarrkirche San Giovanni Maggiore hinauf. Die Ursprünge der Kirche gehen auf das 11. Jahrhundert zurück. Sie wurde 1529 neu errichtet und im 19. Jahrhundert verändert. Interessant ist der achteckige romanische Glockenturm auf quadratischem Grundriß aus dem 12. Jahrhundert. Im Innern ist noch eine romanische Kanzel mit geometrischem Dekor vorhanden.

Öffnungszeiten
Panicaglia, So 9-17 Uhr.

5.5.2 Vom Mugello in das untere Sieve-Tal

Vespignano
(S.S. 551 in Richtung Dicomano)

Es wird vermutet, daß in Vespignano das Geburtshaus von Giotto (1267-1337) stand.

Die Fassade der **Casa di Giotto** soll noch original erhalten sein. Ursprünglich hatte das vermeintliche Geburtshaus Giottos zwei Geschosse. Bei einem Erdbeben 1919 wurden das Dach und ein großer Teil des Obergeschosses zerstört. In dem eingeschossigen Haus ist heute eine Dauerausstellung der Kunstakademie in Florenz untergebracht, die Leben und Werk Giottos dokumentiert.

Öffnungszeiten
Loc. Vespignano, Vicchio di Mugello, Tel.: 055/844782, Mai-Sept.: Di, Do 16-19 Uhr, Sa 9-12 u. 16-19 Uhr, Okt.-April: Di, Do 15-17 Uhr, Sa, So 10-12 u. 15-17 Uhr, Mo, Mi, Fr geschl. (L.2.000).

Giotto und Cimabue

Einer Legende nach soll ganz in der Nähe bei einer Brücke (Ponte di Ragnaia) über den Fluß Ensa Cimabue auf dem Rückweg von Bologna nach Florenz einen Hirten namens Giotto di Bondone mit seiner Schafherde getroffen haben. Cimabue, einer der größten Maler seiner Zeit, sah, wie dieser Hirte seine Herde einfach und zugleich meisterhaft mit einem Stock auf die Erde zeichnete. Von dieser Kunst der ungelernten Nachahmung der Natur beeindruckt, bat er den Vater um eine Unterkunft für die Nacht und lud den Jungen nach Florenz ein.

Giotto di Bondone verließ seine Schafe und die grünen Hügel des Mugello und wanderte mit seiner gesamten Familie nach Florenz, wo er in der Werkstatt des großen Cimabue seine Lehre begann. Im Jahre 1290, mit nur 23 Jahren, folgte er der Einladung der Franziskaner nach Assisi, die ihn mit den Franziskus-Darstellungen der Oberkirche von San Francesco beauftragten.

Vicchio di Mugello

Information
Pro Loco, Piazza Giotto 15, 50039 Vicchio, Tel.: 055/8448686

Unterkunft
*** Villa Campestri, Via di Campestri 19, 50039 Campestri, Tel.: 055/8490107, Fax: 055/8490108, die Villa Campestri ist das einzige Mittelklassehotel in Vicchio, es besitzt 11 modern ausgestattete Doppelzimmer, Schwimmbad und Restaurant, geöff. 1.4.-31.12., DZ 180.000-220.000 Lire.

5.5.2 Vom Mugello in das untere Sieve-Tal

Camping
** **Campeggio Comunale "Vecchio Ponte"**, Via Costoli 10, 50039 Vicchio, Tel.: 055/8448306, Fax: 055/8448301, schön gelegener Platz in Ortsnähe.

Veranstaltung/Markt
- **Mostra artigianato Comunità Montana Zona "E"**, in den letzten zehn Augusttagen, Handwerksmesse des Mugello und des Sieve-Tals.
- **Wochenmarkt**, jeden Do vormittag.

Neben Giotto, der in der Nachbargemeinde zur Welt kam, wurde in dieser Gegend auch der ebenso berühmte Maler Fra Angelico 1387 geboren. Vicchio liegt auf einer Anhöhe über dem Fluß des Sieve und diente, wie viele andere Orte des Mugello im 14. Jahrhundert, als Bastion für die Republik Florenz. Bereits 1295 errichteten die Florentiner ein Kastell. Reste der Befestigungsmauern von 1324 sind noch erhalten. Mittelpunkt von Vicchio ist die Piazza Giotto mit der Kirche **San Giovanni Battista** und dem **Palazzo Pretorio**, in dem früher das Museum Beato Angelico untergebracht war. In der Nähe des Oratoriums der Barmherzigkeit steht das Haus, in dem Benvenuto Cellini vorübergehend gewohnt hat.

■ **Museo Beato Angelico**
An der nach dem großen Maler Fra Angelico benannten Allee liegt links in Richtung Zentrum das Museum. Seit 1990 verbirgt sich in dem ehemaligen und leider häßlichen Gebäude des Consorzio Agrario das Museo Comunale "Beato Angelico" mit einer Kunstsammlung des städtischen Museums und etruskischen Fundstücken.

Öffnungszeiten
Viale Beato Angelico, Tel.: 8497026, wegen Personalmangel meistens geschlossen.

Scarperia

Unterkunft
** **Cantagallo**, Viale Kennedy 17, 50038 Scarperia, Tel.: 055/8340442, Fax: 055/8430442, Hotel mit 4 Einzel- und 11 Doppelzimmern, alle mit Bad, DZ 65.000-130.000 Lire.

Markt/Veranstaltung
- **Manifestazione del Diotto**, Palazzo dei Vicari, historischer Umzug und Messer-Messe am letzten Augustsonntag und in den ersten drei Septemberwochen.
- **Scarperia infiorata**, letzter So im Mai, Blumenteppiche auf den Straßen und Plätzen.
- **Wochenmarkt**, jeden Fr vormittag.

Einkaufen/Messerschmiede
- **Berti Severino**, Via della Resistenza, 50038 Scarperia, Tel.: 055/8469903.
- **Il Giglio**, Via delle Oce 48, 50038 Scarperia, Tel.: 055/846148.
- **Tonerini**, Via dell' Azzurro 5, 50038 Scarperia, Tel.: 055/846010.

5.5.2 Vom Mugello in das untere Sieve-Tal

Zu Beginn des 14. Jahrhunderts gründeten die Florentiner hier eine befestigte Siedlung. Im Laufe des 14. und 15. Jahrhunderts wurde aus Scarperia eine blühende Handelsstadt. Aus dieser Zeit stammen der wappengeschmückte **Palazzo Pretorio** oder Palazzo Vicario mit seinem schlanken Turm (wg. Restaurierungsmaßnahmen für Besucher derzeit geschl.) und gegenüber die Renaissancekapelle **Oratorium della Madonna di Piazza** mit einem Andrea della Robbia zugeschriebenen Tabernakel im Innern.

Scarperia ist bekannt für sein Messerhandwerk.

■ **Museo dei ferri taglienti**
Die Sammlung dokumentiert mehrere Jahrhunderte der Messerschmiede-Tradition.

Öffnungszeiten
Via Solferino, Tel.: 055/8430671, im Sommer: Mo-Do 15-19 Uhr, Fr, Sa 9.30-12.30 u. 15.30-19 Uhr, So 15.30-19 Uhr (Eintritt frei).

Noch in einer Zeit, bevor Naturparks in der Toskana eingerichtet wurden, entstand leider in den 70er Jahren östlich von Scarperia eine Rennstrecke über ein Gebiet von 175 ha. Im **Autodromo Internazionale del Mugello** röhren mehrmals im Jahr Motoren bei internationalen Rennveranstaltungen.

■ **Sant' Agata**
Nur 4 km von Scarperia entfernt liegt diese romanische Kirche. Im 13. Jahrhundert entstand auf den Fundamenten einer kleinen und viel älteren Kirche der heutige Bau. Die Fassade ist nüchtern und ohne jeglichen Schmuck gehalten. Besonders interessant ist der Innenraum: Schlanke Säulen unterteilen den Raum in drei Kirchenschiffe, auf denen ohne Arkaden- und Obergadenzone direkt die Balkendecke aufliegt.

Öffnungszeiten
Sant' Agata, Scarperia, Tel.: 055/8406926, Mo-Fr 9-18 Uhr, Sa 9-17 Uhr, So 9-10 u. 12-18 Uhr.

Badia di Moscheta

Richtung Firenzuola führt die Straße auf den Passo di Giogo. In Rifredo, einem kleinen Dorf, geht eine Abzweigung zur Badia di Moscheta. Die Abtei aus dem 11. Jahrhundert ist von einem dichten Tannenwald umgeben.

Firenzuola

Information
Pro Loco, Tel.: 055/819792-819770.

5.5.2 Vom Mugello in das untere Sieve-Tal

Unterkunft
* **Cacciatori**, Piazza Agnolo 5, 50053 Firenzuola, Tel.: 055/819098, einfache und preisgünstige Pension im Zentrum mit Trattoria, DZ 48.000 Lire.

Camping
** **Lo Stale**, Frazione Bruscoli, Loc. Postiglione-Stale, Tel.: 055/815297, große Anlage mit nur 57 Stellplätzen, ganzjährig geöffnet.

Veranstaltung
Sagra del fungo Prugnolo, Wochenende der letzten Maiwoche, Folklorefest und Spezialitäten mit Prugnolo-Pilzen.

Bei einem Bombenangriff wurde 1944 die mittelalterliche Stadt fast vollständig zerstört. Die nach dem Krieg zum größten Teil wiederaufgebaute Stadt hat noch zwei erhaltene Stadttore, die Porta Fiorentina und die Porta Bolognese.

Palazzuola sul Senio

Information
Pro Loco, Piazza Alpi 1, 50035 Palazzuola sul Senio, Tel.: 055/8046125

Unterkunft
● *** **Senio**, Borgo dell'Ore 1, 50035 Palazzuola sul Senio, Tel.: 055/8046019, Fax: 055/8046485, kleines Hotel mit nur 7 Doppelzimmern, 120.000-180.000 Lire.
● * **Biagi**, Via Roma 55, 50035 Palazzuola sul Senio, Tel.: 055/8046064, freundliche Familienpension im Zentrum mit guter Trattoria, DZ 50.000-60.000 Lire.

Camping
** **Visano**, Via Provinciale della Faggiola, Tel.: 055/8046106, große Anlage mit 80 Stellplätzen, geöffnet von Juni-September.

Veranstaltungen/Markt
● **Ottobre Palazzuolese**, an den Oktobersonntagen, Folklorefest, bei dem regionale Spezialitäten aus Waldfrüchten und Kastanien angeboten werden.
● **Wochenmarkt**, jeden Sa vormittag.

■ **Museo della Vita e del Lavoro delle Genti di Montagna**
Auf dem Hauptplatz des kleinen und ruhigen Städtchens steht der wappengeschmückte Palazzo del Capitani. Er beherbergt ein Museum mit einer ausführlichen Dokumentation zur Bauern- und Handwerksgeschichte und eine Ausstellung von prähistorischen Ausgrabungsfunden.

Öffnungszeiten
Palazzo del Capitani, Palazzuolo sul Senio, Tel.: 055/8046154, Juli-Aug.: tägl. 16-19 Uhr, März-Dez.: So 15-18 Uhr.

5.5.2 Vom Mugello in das untere Sieve-Tal

■ Badia del Borgo
In der Nähe von Marradi im Flußtal des Lamone liegt die Badia del Borgo, auch S. Reparata in Salto genannt. Die Abtei aus dem 12. Jahrhundert wurde in den Jahren 1741-1765 barock umgestaltet. Der schöne Glockenturm stammt aus der romanischen Zeit. Hinter der Kirche befinden sich die Reste der ehemaligen Konventsgebäude.

Öffnungszeiten
Marradi, Tel.: 055/8045498, Besichtigung nur mit Voranmeldung.

San Godenzo

Information
Pro Loco, Via Matteotti 3, 50060 San Godenzo, Tel.: 055/8374126.

Veranstaltung/Markt
● **Sagra del cacio pecorino**, erstes Wochenende im Juli, Folklorefest und Verkauf regionaler Produkte.
● **Wochenmarkt**, jeden So vormittag.

1302 trafen sich in San Godenzo die aus Florenz vertriebenen Ghibellinen mit den Territorialherren Ubaldini, um sich gegen die Guelfen in Florenz zu verbünden. Die Piazza Dante Alighieri ist nach dem Dichter und Ghibellinenführer benannt.

■ Badia di San Godenzo
An der Piazza Dante Alighieri steht die Badia di San Godenzo. Die Benediktinerabtei wurde 1029 von dem florentinischen Bischof Jacopo il Bavaro gegründet. Sie bewahrt in der Krypta die Reliquie des Schutzheiligen San Godenzo auf. Der Legende nach hatten im Jahre 855 einige Jäger den Leichnam des Eremiten aufgefunden. Der Kirchenbau wurde im 13. Jahrhundert erweitert.

■ Il Castagno d'Andrea
In San Godenzo lohnt sich ein Abstecher nach Il Castagno d'Andrea, dem Geburtsort von Andrea del Castagno (1423). Jeden Sommer finden in der Kirche von S. Martino klassische Konzerte statt. Der kleine Ort ist ein idealer Ausgangspunkt für eine dreistündige Wanderung auf den Monte Falterone in 1654 m Höhe. Hier entspringt der Arno. Das Panorama ist überwältigend. Vor kurzem wurde hier ein Nationalpark eingerichtet, der bis zu den Wäldern des Casentino reicht.

5.5.2 Vom Mugello in das untere Sieve-Tal

Dicomano

Wochenmarkt
jeden Sa vormittag.

Dicomano liegt bereits im engen Sieve-Tal, das hinter Vicchio bis zum Zusammenfluß von Arno und Sieve reicht. Der städtebauliche Charakter des im Mittelalter entstandenen Ortes ist noch deutlich zu erkennen.

Rufina

Unterkunft
*** **La Speranza**, Via Piave 14/16, 50068 Rufina, Tel.: 055/8397027, Fax: 055/ 8397028, einziges Mittelklassehotel in Rufina mit 6 Einzelzimmern ohne Bad und 23 Doppelzimmern mit Bad, mit Restaurant, DZ 70.000-75.000 Lire.

Veranstaltungen/Markt
• **Bacco Artigiano**, Do, Fr, Sa u. So in der letzten Septemberwoche, Weinmesse mit den Weinen des Chianti-Rufina und Pomino. Interessante Handwerksmesse.
• **Wochenmarkt**, jeden Sa nachmittag.

Die Gemeinde von Rufina ist vor allem für die Produktion ihres Weines berühmt.

▪ **Villa Medicea**
Oberhalb des Ortes liegt die herrschaftliche Villa Medicea di Poggio Reale aus dem späten 16. Jahrhundert, deren Entwurf Raffael zugeschrieben wird. Im Dachgeschoß und in den Kellerräumen der Villa ist das **Museo delle Vite e del Vino** eingerichtet. Es umfaßt eine ausführliche Dokumentation über Anbau und Herstellung von Wein und eine große Sammlung von mundgeblasenen Gläsern des 18. Jahrhunderts.

Öffnungszeiten
Villa di Poggio Reale, Rufina, Tel.: 055/8396111, Besichtigung nach Voranmeldung bei der Kommune von Rufina.

INFO

Chianti-Rufina

*Das **Weinbaugebiet** der Gemeinde Rufina liegt ca. 30 km nordöstlich von Florenz im Sievetal und zieht sich von Dicomano bis nach Pontassieve. Die Weinberge liegen in relativ hoher Lage. Von den sieben Chianti-Regionen ist Rufina die kleinste. Führende Erzeuger sind die Weingüter von Marchesi de' Frescobaldi und der Fattoria Selvapiana.*

5.5.2 Vom Mugello in das untere Sieve-Tal

> Der tanninreiche Wein braucht einen Vergleich mit anderen Chianti nicht zu scheuen.
>
> Seit 1983 hat neben dem Chianti auch der Pomino den DOC-Status (siehe Kap.3.2.2) erhalten, der nur für die Weine aus dem gleichnamigen Ort gilt. Haupterzeuger ist **Marchesi de' Frescobaldi**, der in Lagen bis 700 Meter die Weine Chianti Rufina, Pomino Rosso und den Weißwein Pomino di Benefizio anbaut. Das Weingut Frescobaldi erzeugt seit ca. 700 Jahren Wein und besitzt heute acht Güter in den bedeutendsten Anbaugebieten der Toskana.
>
> Die Weine aus der Gegend Rufina sollten nicht mit dem Markennamen Ruffino verwechselt werden.

Pontassieve

Unterkunft
- ****** Moderno**, Via Londra 5, 50065 Pontassieve, Tel.: 055/8315541, Fax: 055/8315542, großes und modernes Hotel mit 120 Zimmern, DZ 130.000-260.000 Lire.
- ***** Il Trebbiolo**, Via del Trebbiolo, 50060 Pontassieve, Tel.: 055/8300098, Fax: 055/8300583, kleines Haus mit nur 9 Zimmern, DZ 180.000-210.000 Lire.

Markt/Veranstaltungen
- **Wochenmarkt**, am Sa vorm.
- **Toscanello d'oro**, Mi-So in der dritten Maiwoche, Tel.: 055/83601, Weinmesse für die Weine des Chianti Rufina, Colli Fiorentini e Pomino D.O.C.

Weingüter
- **Fattoria Selvapiana**, Loc. Selvapiana, 50065 Pontassieve, Tel.: 055/8369848, das Weingut erzeugt ca. 40.000 Flaschen. In guten Jahren wird außer dem normalen Chianti Rufina auch ein Riserva hergestellt, ein ausgezeichneter Vin Santo.
- **Tenuta di Bossi**, Via dello Stracchino 32, 50065 Pontassieve, Tel.: 055/8317830, zu empfehlen sind der Cabernet Sauvignon "Mazza Ferrata", der Chianti Rufina Riserva und der Vin Santo.

Pontassieve ist heute ein Wein- und Industriezentrum. Trotz starker Beschädigung im letzten Krieg sind noch Reste der mittelalterlichen Befestigungsanlage und drei Stadttore erhalten. Besonders interessant ist die **Porta dell'Orologio**. Der dahinterliegende Ortsteil reicht bis zur Medici-Brücke.

5.5.3 VON FLORENZ NACH SAN MINIATO

Certosa di Galluzzo
(5 km südlich von Florenz)

Das mächtige Kartäuserkloster thront auf einer Bergkuppe, die Mönchszellen scheinen sich an die Felswände zu klammern. Ordensgründer war der Heilige Bruno aus Köln. In der Blütezeit des Ordens entstanden im 14. Jahrhundert in der Toskana sechs Klöster. Ein angesehener Kaufmann aus Florenz stiftete 1341 die Kartause von Galluzzo. In der Folgezeit wurde sie mehrfach umgestaltet, u.a. von Bramante, der den kleinen Renaissance-Kreuzgang mit Doppelarkaden gestaltete. Bei einem Rundgang gelangt man auch in die **Pinakothek**. Am interessantesten sind die fünf Lünettenfresken. Der Maler Jacopo Pontormo malte in der Zeit um 1523, während in Florenz die Pest wütete, hier einen Passionszyklus.

Mönchszellen

Im Inneren der schlichten Kirche befindet sich ein eindrucksvolles Chorgestühl mit zweimal 18 Sitzen, die mit Fratzen und Engelsköpfen geschmückt sind. An den großen Kreuzgang schließen sich die 18 Mönchszellen an. Trotz der großen Gemeinschaft war das oberste Gebot innerhalb der Klostermauern die Schweigepflicht. Die einfachen und engen Einzelbehausungen bestehen aus einem Arbeits-, Eß- und Schlafzimmer sowie einem eigenen kleinen Garten. 1948 wurde die Klausur aufgehoben.

1957 verließen die letzten Mönche das Kloster. Es beherbergt heute neun Zisterziensermönche, die in der alten Klosterapotheke ihre eigenen Liköre, ihren Honig und Souvenirs verkaufen. Im Sommer finden Konzerte statt.

Öffnungszeiten
Loc. Galluzzo, im Sommer: Di-So 9-12 u. 15-18 Uhr, im Winter: Di-So 9-12 u. 15-17 Uhr, So 9-12 u. 15-18 Uhr, Mo geschl. (Eintritt frei).

Montelupo Fiorentino

Information
Pro Loco, Via delle Croci 54, 50056 Montelupo Fiorentino, Tel.: 0571/541009.

Redaktions-Tips

- Besichtigung des Kartäuserklosters von Galluzzo
- Besuch des Museo Leonardino und Museo Ideale Leonardo da Vinci in Vinci
- Stadtrundgang durch San Miniato und Mittagssnack auf der Aussichtsterrasse des Caffè Centrale einnehmen
- Im Oktober einen weißen Trüffel in San Miniato kaufen

5.5.3 Von Florenz nach San Miniato

Unterkunft
- *** **Baccio da Montelupo**, Via D. Minzoni 3, 50056 Montelupo Fiorentino, Tel.: 0571/51215, Fax: 0571/51171, Mittelklassehotel mit 6 Einzel- und 16 Doppelzimmern mit Bad, DZ 123.000-165.000 Lire.
- *** **Tonio**, Via 1° Maggio 23, 50056 Montelupo Fiorentino, Tel.: 0571/541444, Fax: 0571/541436, Mittelklassehotel mit 6 Einzel- und 20 Doppelzimmern, alle mit Bad, Restaurant, DZ 120.000 Lire.

Der Ort liegt am Zusammenfluß von Arno und Pesa. Montelupo ist bekannt für seine Keramik- und Terrakotta-Herstellung. Das Ortsbild wird durch das Kastell und die Prioratskirche S. Lorenzo, die beide aus dem 13. Jahrhundert stammen, beherrscht. Auch die beeindruckende romanische Pfarrkirche **S. Giovanni Evangelista** lohnt einen Besuch.

■ **Museo Archeologico e della Ceramica**
Hier sind Ausgrabungsstücke aus der frühen prähistorischen Zeit und Keramiken lokaler Produktion vom Beginn des 14. Jahrhunderts bis zum Ende des 18. Jahrhunderts ausgestellt. Eine Abteilung des Museums befaßt sich mit dem Herstellungsverfahren von Keramik, vom Ton über die Farben bis hin zum Brennvorgang. Bei frühzeitiger Buchung kann auch die Restaurierungswerkstatt des Museums besichtigt werden.

Öffnungszeiten
Via Bartolomeo Sinibaldi 45, 50056 Montelupo Fiorentino, Tel.: 0571/51352, Fax: 0571/51506, Di-So 9-12 u. 14.30-19 Uhr, Mo geschl. (L. 5.000).

Vinci

Unterkunft
*** **Alexandra**, Via del Martiri 38/40, 50059 Vinci, Tel.: 0571/56224/7, Fax: 0571/567972, das Mittelklassehotel Alexandra mit 8 Einzel- und 8 Doppelzimmern besitzt noch eine Dependance in der Via Puccini mit weiteren 11 Zimmern, alle mit Bad, Restaurant, DZ 65.000-115.000 Lire.

Camping
Barco Reale, Via Nardini11/13, 51030 S. Baronto (PT), Tel. u. Fax: 0573/88332, ca. 10 km nach Vinci in Richtung Pistoia, großer Platz auf einem Hügel inmitten eines Pinien- und Eichenwaldes, mit Schwimmbad, Sportplätzen und Restaurant.

Inmitten von sanften Hügeln und Olivenhainen liegt Vinci. Von hier stammt der berühmte Maler **Leonardo da Vinci**.

■ **Museo Leonardiano**
Im Castello dei Conti Guidi aus dem 13.Jh. ist das Leonardo-Museum eingerichtet. Das sehr schön konzipierte Museum ist vor allem für technisch Interessierte lohnenswert. Es zeigt eine große Anzahl von Modellen von Maschinen, die nach seinen Konstruktionszeichnungen nachgebaut wurden, und ist ausgezeichnet dokumentiert.

5.5.3 Von Florenz nach San Miniato

Öffnungszeiten
Castello dei Conti Guidi, Vinci, Tel.: 0571/56055, im Winter: tägl. 9.30-18 Uhr, im Sommer: tägl. 9.30-19 Uhr (L. 5.000).

■ **Museo Ideale Leonardo da Vinci**
Unterhalb des Castellos ist ein weiteres Museum dem Leben und Werk Leonardos gewidmet. Auch hier gibt es Maschinenmodelle, die nach Zeichnungen von Leonardo konstruiert wurden, und eine Bibliothek mit Studienzentrum.

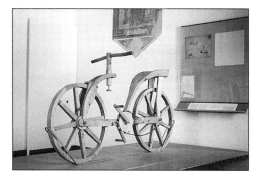
Museo Leonardino

Öffnungszeiten
Via di Montalbano 2-6, Tel.: 0571/56296, tägl. 10-13 u. 15-19 Uhr (L. 5.000).

■ **Anchiano**
Nur 1,5 km entfernt, inmitten von Olivenhainen, steht das vermeintliche Geburtshaus Leonardos.

■ **Casa di Leonardo**
1986 wurde das kleine bescheidene Bauernhaus als Museum eingerichtet. Zu sehen gibt es nur gemalte Landkarten. Die Ausstellung ist zum größten Teil nur in italienischer Sprache dokumentiert. Vor einem Besuch sollte man dies bedenken.

Öffnungszeiten
Loc. Anchiano, Tel.: 0571/56519, im Sommer: 9.30-13 u. 15.30-18 Uhr, im Winter: 9.30-13 u. 14.30-17 Uhr (Eintritt frei).

Cerreto Guidi

Information
Pro Loco, Tel.: 0571/55671.

Unterkunft
** **Il Tegolo**, Via Corliano 16, 50050 Cerreto Guidi, Tel.: 0571/559011, Fax: 0571/559038, einziges Hotel am Ort mit 2 Einzel- und 6 Doppelzimmern, alle mit Bad, Restaurant, DZ 65.000-80.000 Lire.

5.5.3 Von Florenz nach San Miniato

Veranstaltungen/Märkte
- **Settembre Cerretese** mit Jahrmarkt am Dienstag und Mittwoch vor dem ersten Sonntag im September.
- **Festa di Santa Liberata** am ersten Sonntag im September.
- **Palio del Cerro**, Minipalio für Kinder am zweiten Samstag im September.
- **Mostra del vino**, Weinmesse während des ganzen Septembers.

Die Entstehung des Ortes geht wahrscheinlich auf das Jahr 780 zurück. Die Herrschaft der Grafen Guidi ist bereits urkundlich für das Jahr 1086 belegt. Sie legten auch die erste runde Burganlage an. Ab der zweiten Hälfte des 13. Jahrhunderts gehörte Cerreto zu Florenz. 1337 errichteten die Florentiner einen zweiten Mauerring mit vier Stadttoren.

■ Villa Medicea

Im Jahre 1565 ließ Cosimo I., der sich mit seiner Familie oft in Cerreto aufhielt, die baufällige Burganlage durch eine Villa nach Plänen von Buontalenti ersetzen. Die Villa wurde durch eine Tragödie berühmt. In der Nacht vom 15. zum 16. Juli 1576 ermordete Paolo Orsini Duca di Bracciano in den fürstlichen Gemächern seine Frau Isabella, Lieblingstochter Cosimo I. Er hatte ihr Verhältnis mit Troilo Orsini di Monterotondo entdeckt. Nach der Medici-Ära wechselte die Villa mehrfach den Besitzer, bis sie 1978 in ein staatliches Museum umgewandelt wurde. Heute sind im **Museum** der Villa Medicea Porträts der Medici-Familie aus dem 16. und 17. Jahrhundert, Fresken, die Schlafgemächer der Isabella de' Medici und der Garten zu besichtigen.

Öffnungszeiten
Villa Medicea, Via Ponti Medicei 7, Tel.: 0571/55707, Mo-Sa. 9-19 Uhr, So 9-14 Uhr (L. 4.000).

Fucecchio

Information
Pro Loco, Via Roma 48, 50054 Fucecchio, Tel.: 0571/20035.

Unterkunft
*** **La Campagnola**, Viale Colombo 144, 50054 Fucecchio, Tel.: 0571/260786, Fax: 0571/261781, einziges Hotel in Fucecchio mit 13 Einzel- und 12 Doppelzimmern, alle mit Bad, Restaurant, DZ 110.000-120.000 Lire.

Unweit von Cerreto Guidi liegt der **Padule di Fucecchio**. Innerhalb dieses ausgedehnten Sumpfgebietes wurden in letzter Zeit neun Natur- und Lehrwanderwege angelegt.

Kartenmaterial und Informationen zu Führungen
gibt es bei **Zentrum für Nachforschung, Dokumentation und Förderung des Padule di Fucecchio**, Via Castelmartini 11, 51030 Castelmartini-Larciano, Tel.: 0573/84540.

5.5.3 Von Florenz nach San Miniato

San Miniato al Monte

Information
Pro Loco, Tel.: 0571/42745, Fax: 0571/418739.

Unterkunft
● *** **Miravalle**, Piazza del Castello 3, 56027 San Miniato, Tel.: 0571/418075, mit Restaurant, DZ 130-160.000 Lire.
● ** **Albergo Elio**, Via Tosco Romagnola 458, 56028 San Miniato Basso, Tel.: 0571/42010, Fax: 0571/43590, modernes Hotel der Mittelklasse, DZ 80.000-95.000 Lire.
● **Convento di San Francesco**, Piazza San Francesco, 56027 San Miniato, Tel.: 0571/43051, DZ 60.000 Lire.
● **Azienda Agrituristica Montalto**, Via Vaghera 14, San Miniato, Tel.: 0571/466459, Landgut mit rustikal eingerichteten Zimmern, liegt auf einem Hügel in der Nähe von Montopoli, mit Restaurant, Schwimmbad, Tennisplatz und Reitplatz.

Restaurants
● **Il Convio**, Via San Maiano 2, 56027 San Miniato, Tel.: 0571/408114, Mi Ruhetag. Gehobene Preisklasse
● **Canapone**, Piazza Buonaparte 5, 56027 San Miniato, Tel.: 0571/418121, Mo Ruhetag, mittlere bis gehobene Preisklasse.
● **Caffè Centrale**, Via IV Novembre 19, 56027 San Miniato, Tel.. 0571/43037, Mo Ruhetag, schönes Kaffeehaus mit kleinen Gerichten und einer Terrasse mit Postkartenblick auf die umliegenden grünen Hügel, Weinberge und Olivenhaine.

Trüffelverkauf
● **Gazzarini Ferruccio**, Loc. Genovini, Via Balconevisi, 56027 San Miniato, Tel.: 0571/460047.

Postkartenblick vom Caffè Centrale

5.5.3 Von Florenz nach San Miniato

- **Gemignani Bellarmino**, Loc. Balconevisi, Via Castello 7, 56027 San Miniato, Tel.: 0571/460121.
- **Nacci Nello**, Loc. Corazzano, Via Zara, 56027 San Miniato, Tel.: 0571/462825.
- **Costagli Rolando**, Via San Regolo 19, 56027 San Miniato, Tel.: 0571/460017.

Sprachkurse
Intensivkurse für Ausländer im mittelalterlichen Kloster von San Francesco, Informationen bei: Studio Lingua, Via Caravaggio 2, 56029 S. Croce sull'Arno, Tel.: 0571/35073, Fax: 0571/35785.

Veranstaltungen/Märkte
- **Fuochi di San Giovanni**, großes Johannisfeuer am 23. Juni.
- **Palio di San Rocco**, historischer Wettkampf am 14., 15. und 16. August.
- **Festa del Contadino**, Bauernfest im September im Dorf La Catena.
- **Sagra del Fungo e del Tartufo**, Fest mit Trüffel- und Pilzspezialitäten am dritten Oktobersonntag in Loc. Balconevisi.
- **Mostra-Mercato nazionale del Tartufo bianco**, nationale Trüffelmesse in der letzten Novemberwoche.
- **Wochenmarkt**, jeden Di und Sa in Ponte a Egola.

Auf kleinen Straßen erreicht man nach ca. 15 km das südlich des Arno gelegene malerische Städtchen San Miniato. Man nimmt an, daß es der Geburtsort der Mathilde von Canossa (1046) ist, deren Name noch heute jedem durch das berühmte Sprichwort vom Gang nach Canossa bekannt ist. In 158 Meter Höhe hat der Ort eine herrliche Panoramalage. Durch seine strategische Bedeutung an der Via Francigena ließ Friedrich II. 1218 eine Kaiserburg mit einem trapezförmigen Mauerring errichten. Der Turm, im zweiten Weltkrieg durch einen deutschen Offizier gesprengt, wurde wieder aufgebaut und ist heute Mittelpunkt des Altstadtkerns.

Lohnenswert ist der Besuch des **Domes** aus dem 12. Jahrhundert und ein Blick in das **Diözesanmuseum**, in dem Bilder von Filippo Lippi ausgestellt sind.

Öffnungszeiten
San Miniato al Monte, Via del Monte alle Croci, im Sommer: 8-12 u- 14-19 Uhr, im Winter: 8-12 u. 14.30-18 Uhr (Eintritt frei).

Unterhalb des Domes liegen die Kirche **San Francesco** (Baubeginn ab 1276) und der **Palazzo Comunale**, in dem ein schöner Ratssaal mit einem Gemälde aus der Giotto-Schule zu besichtigen sind.

Der berühmte Trüffel-Ort veranstaltet jedes Jahr im November eine große Trüffel-Messe. Kenner und Käufer aus ganz Italien treffen sich hier. In den Restaurants werden Trüffelspezialitäten angeboten.

5.5.3 Von Florenz nach San Miniato

INFO

Il Tartufo – der Pilz mit dem einzigartigen Aroma

Seit jeher ranken sich die erstaunlichsten Geschichten um die unscheinbare Knolle. Bereits die Griechen wußten das Aroma des Trüffels zu schätzen und schrieben ihm eine aphrodisische Wirkung zu. Im frühen Mittelalter, als der Aberglaube das Leben der Menschen diktierte, galt die Frucht gar als gefährlich und von teuflischer Herkunft. Erst im 12. und 13. Jahrhundert erlangte der Trüffel seine große Beliebtheit. Auf keinem Bankett des Adels durfte er fehlen und auch heute noch ist er ein Glanzstück der Haute Cuisine.

Nicht nur in Piemont, sondern auch in der Gegend um San Miniato reift eine der edelsten und auch der teuersten Trüffelsorten, der weiße Tuber magnatum pico. Er hat eine weißlich-graue Farbe und verbreitet einen unvergleichlichen und aufregenden Duft. Die Knollen reifen in Symbiose mit ca. fünfzig Pflanzenarten heran. Die meisten Sorten bevorzugen als Wirtspflanze Bäume, wie z.B. Eichen, Pappeln, Weiden, Linden oder Nußbäume. In der Regel vermehren sie sich an den Wurzeln dieser Bäume ungefähr 20 bis 30 cm unter der Erde. In der Trüffelsaison zwischen

Weiße Trüffel

Oktober und Dezember machen sich die Trüffelsucher, die Tartufai, bereits frühmorgens oder nachts mit ihren Hunden an die Arbeit. Das Gewicht der einzelnen Knollen variiert zwischen wenigen Gramm und 100 Gramm. Sehr selten sind Trüffel, die mehr als ein Kilo wiegen. Der Weltrekord liegt bei 2,52 Kilogramm. Ein Händler aus Alba erwarb diesen Trüffel, der 1954 in San Miniato gefunden wurde, und schenkte ihn dem U.S.-Präsidenten Truman. Ein Gramm kostet ungefähr 1.000 Lire.

Da weiße Trüffel beim Kochen zuviel an Aroma verlieren, werden sie mit einem speziellen Trüffelschneider hauchdünn über die fertigen Gerichte gehobelt. Kühl gelagert oder in einem gut verschlossenen Glas mit trockenem Reis kann er mehrere Tage aufgehoben werden.

5.5.3 Von Florenz nach San Miniato

Castelfiorentino

Unterkunft
** **Lami**, Piazza Gramsci 82, 50051 Castelfiorentino, Tel.: 0571/64076, einzige **-Unterkunft in Castelfiorentino mit 6 Einzel- und 14 Doppelzimmern, nicht alle Zimmer besitzen ein Bad, Restaurant, DZ 85.000 Lire.

Ab dem 12. Jahrhundert gehörte Castelfiorentino zum Herrschaftsgebiet von Florenz. Wie der Name verrät, wurde die Stadt als Bastion gegen den größten Feind Siena ausgebaut.

■ Raccolta Comunale d'Arte

Größte Sehenswürdigkeit im Ort sind die bedeutenden Fresken **von Benozzo Gozzoli** im städtischen Museum. Ursprünglich stammen sie aus dem **Oratorium der Madonna della Tosse** und aus der **Cappella della Visitazione**. Aus Sicherheitsgründen wurden sie 1965 wegen der Gefahr von Wasserschäden abgenommen und restauriert. Dabei kamen auch die Vorzeichnungen, die sog. Sinopien (Kap. 12.6.3.), zum Vorschein.

Aus dem Oratorium stammen die Szenen der Madonna mit Heiligen, die Grablegung und die Himmelfahrt Marias. Aus der Cappella della Visitazione stammt der Freskenzyklus "Geburt Mariens" (1466/67).

Öffnungszeiten
Tel.: 0571/64019, Di, Do, Sa 16-19 Uhr, So 10-12 u. 16-19 Uhr, Mo, Mi, Fr geschl. (L. 3.000).

Montaione

Information
Pro Loco, im Rathaus, Tel.: 699255/6991.

Unterkunft
*** **Vecchio Mulino**, Via Italia 10, 50050 Montaione, Tel. u. Fax: 0571/697966, einziges Mittelklassehotel in Montaione mit 6 Einzel- und 11 Doppelzimmern, alle mit Bad, DZ 70.000- 100.000 Lire.

Agriturismo
In der Gegend um Montaione bieten viele Landwirtschaftsbetriebe auch "Urlaub auf dem Bauernhof" an. Informationen bei: **ATP Firenze**, Via Manzoni 16, 50121 Firenze, Tel.: 055/23320, Fax: 055/2346286.

Busverbindungen
Eine Buslinie verbindet Montaione mit den Ortschaften in der Umgebung und mit dem Bahnhof von Castelfiorentino. Den Flughafen von Pisa erreicht man in ca. 1 Stunde.

5.5.3 Von Florenz nach San Miniato

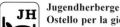**Jugendherberge**
Ostello per la gioventù Peter Pan, Via Marconi 25/27, 50050 Montaione, Tel.: 0571/628251-697691, Fax: 0571/62176, geöff. 1.3.-31.10. und 1.11.-1.3. nur für Gruppen, neu umgebautes und renoviertes altes Stadthaus im Zentrum von Montaione, 8 Zimmer mit zwei bis sieben Betten.

In einer reizvollen Landschaft südwestlich von Castelfiorentino liegt Montaione. Archäologische Funde beweisen, daß die Gegend bereits in etruskischer Zeit besiedelt war. In der zweiten Hälfte des 13. Jahrhunderts war die unabhängige Gemeinde zunächst immer wieder in die Auseinandersetzungen zwischen San Gimignano, Volterra und San Miniato verwickelt. In der Folgezeit geriet Montaione mehr und mehr unter den Einfluß von Florenz, bis es sich 1369 endgültig unterwarf.

Die alte Stadtmauer wurde während des zweiten Weltkrieges beschädigt, die zwei Haupttore und etliche Türme mußten abgebrochen werden. Der Grundriß innerhalb der Mauern wird durch drei senkrecht verlaufende parallele Achsen durchzogen. Sehenswert ist vor allem der **Palazzo Pretorio** aus dem 15. Jahrhundert. Seine Fassade ist mit zahlreichen Wappen der ehemaligen Bürgermeister und Stadtvögte geschmückt, die aus Stein und Majolika gearbeitet sind.

6 IM CHIANTI-CLASSICO

- Besuch der Terrakotta-Manufakturen in Impruneta
- Mittagessen in der Trattoria des Weingutes Montagliari in Panzano
- Fahrt über die Via Chiantigiana
- Besichtigung von Castello di Brolio

6.1 ALLGEMEINER ÜBERBLICK

Das Gebiet des Chianti-Classico ist eines der bekanntesten Weinanbauflächen Italiens und eine der schönsten Landschaften in der Toskana. Das Hügelgebiet ist zur Hälfte mit dichten Wäldern und Macchia bestanden. Es erstreckt sich zwischen Florenz im Norden und Siena im Süden, zwischen dem Tal des Arno und dem des Ombrone. Politisch ist das Gebiet zweigeteilt: Im Norden bis Greve und Panzano gehört es zur Provinz Florenz, der Süden gehört zur Provinz Siena.

Der Reiz des Chianti liegt in seiner Landschaft. Man fährt durch kleine Flußtäler und Laubwälder, vorbei an schattigen Oliven- und Zypressenhainen, Bauernhäusern, herrschaftlichen Weingütern und Burgen. Freundliche und gepflegte Dörfer laden zum Verweilen ein. Das Chianti hat keine faszinierenden Ortsbilder wie die südliche Toskana zu bieten und ist auch nicht reich an Kunstwerken. Doch nach einer Besichtigungstour durch Florenz ist eine Fahrt durch diese großartige Landschaft eine reizvolle Abwechslung.

Vielleicht die schönste Route von Florenz nach Siena, sicher aber die bekannteste, ist die **Via Chiantigiana SP 222**. Sie beginnt in Badia a Ripoli, einem Stadtteil südlich des Arno, führt unter der Autobahn durch und am Golfplatz von Ugolino vorbei. Hier lohnt sich einen kleiner Umweg über Impruneta, das für seine **Keramikmanufakturen** bekannt ist. Über Greve verläuft die Chiantigiana weiter bis nach Siena. Besonders zur Zeit der Weinlese ist die Fahrt durch die Hügel des Chianti mit Weingärten, Olivenhainen und Wäldern besonders zu empfehlen.

6.1 Im Chianti-Classico – Überblick

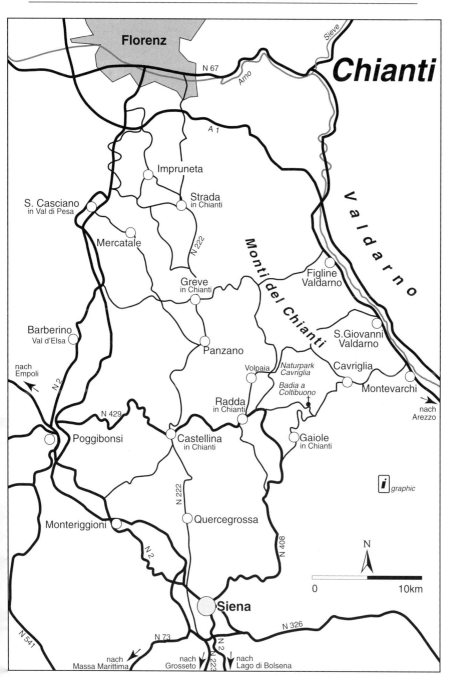

6.1 Im Cianti-Classico – Überblick

INFO

Chianti-Classico

Zwischen Florenz und Siena, im Herzen der Toskana, liegt die klassische Anbauzone des Chianti-Classico. In den Gemeinden Greve, Barberino Val d'Elsa, San Casciano, Tavernelle Val di Pesa, Castellina in Chianti, Gaiole, Radda, Castelnuovo Berardenga und Poggibonsi wächst der berühmteste Wein Italiens.

1924 gründeten die Winzer dieses kleinen Anbaugebiets ein Konsortium (Consorzio del Vino Chianti-Classico) als Kontrollinstanz, die über die Qualität des Weines wacht. Erkennungsmerkmal ist das Echtheitssiegel am Flaschenhals mit dem schwarzen Hahn (gallo nero), im Unterschied zu den Weinen anderer Chianti-Regionen, die die goldene Putte (putto) ziert.

Ursprünglich wurde der Chianti in der strohumflochtenen Flasche (fiasco) in den Handel gebracht. Heute wird er in den braunen Bordeaux-Flaschen abgefüllt, was auch seinen modernen Charakter zum Ausdruck bringen soll. Der traditionelle Chianti-Classico wird im sogenannten Governo-Verfahren hergestellt. Dabei wird ein Teil der Trauben beim Pressen zurückgehalten. Diese werden eingetrocknet und erst im November gepreßt und vergoren. Dieser gärende Saft wird dem bereits vergorenen Chianti beigemischt. Dadurch bleibt die bei der Gärung entstehende Kohlensäure im Wein gebunden, was zu einem frischen, leicht prickelnden Wein führt. Der traditionelle Chianti wird aus Sangiovese-Trauben (75-90%), Canaiolo (5-10%) und den weißen Sorten Trebbiano und Malvasia hergestellt.

Im Chianti finden sich, ähnlich wie im Bordeaux, statt der weißen Sorten insbesondere Cabernet Sauvignon-Trauben.

6.2 ZWISCHEN FLORENZ UND SIENA

Impruneta

Information
Pro Loco, Via Mazzini 1, 50029 Impruneta, Tel.: 055/2313729.

Unterkunft
- *** **La Vallombrosina**, Via Montebuoni 95, 50029 Impruneta, Tel.: 055/2020491, Fax: 055/2020492, einziges ***-Hotel in Impruneta mit 7 Einzel- und 24 Doppelzimmern, alle mit Bad, Restaurant, DZ 90.000-180.000 Lire.
- ** **Scopeti**, Via Cassia 183, 50029 Impruneta, Tel.: 055/2022008, Fax: 055/2373015, einfaches Hotel mit 4 Einzel- und 9 Doppelzimmern, nicht alle mit Bad, Restaurant, DZ 60.000-110.000 Lire.

Camping
** **Internazionale**, Loc. Bottai, Via S. Cristofano 2, 50029 Impruneta, Tel.: 055/2374704, große Anlage mit 360 Stellplätzen und 14 Bungalows, geöffn. April-Oktober.

Restaurants
- **I Cavallacci**, Via Aldo Moro 5, 50029 Impruneta, Tel.: 055/2313863, mittags und So. geschl., stilvolle Einrichtung und sehr gute toskanische Küche. Mittlere Preisklasse.
- **La Loggettina**, Piazza Buondelmonti 45, 50029 Impruneta, Tel.: 055/2011931, Mo geschl., große Freiterrasse mit Blick auf die Piazza. Mittlere Preisklasse.

Veranstaltungen/Märkte
- **Festa dell'uva** am dritten Septembersonntag. Weintraubenfest mit Karrenumzug.
- **Patronatsfest des Heiligen Lukas** am dritten Oktobersonntag.

Impruneta liegt am Rande des berühmten Chianti-Weinbaugebietes, ca. 15 km südlich von Florenz. Der Legende nach fand man im Mittelalter in der Nähe des heutigen Ortes beim Pflügen auf einem Feld eine Madonnenikone, die dem Evangelisten Lukas zugeschrieben wurde. Anläßlich dieses Fundes entstand im Jahre 1054 die Wallfahrtskirche **S. Maria dell'Impruneta**. In der Folgezeit entwickelte sich der Ort zu einem bedeutenden religiösen Zentrum. Die Kirche wurde im Laufe der Jahrhunderte mehrmals umgestaltet und während des zweiten Weltkriegs stark zerstört. Bei Restaurierungsarbeiten entdeckte man die ältesten Teile der Krypta aus der Zeit der Erbauung. Apsis und Chor stammen von 1525, der äußere Säulengang von 1634. Im Innern befinden sich Werke von Michelozzo, Luca della Robbia, Giovanni da Bologna und Tacca. Die Kreuzgänge sind aus dem 12. und 14. Jahrhundert.

■ **Museo del Tesoro di S. Maria**
1987 öffnete das Schatzmuseum der Basilika von Santa Maria. Es bewahrt zahlreiche Goldschmiedeerzeugnisse, Vasen, Leuchter und Reliquiare auf, die im Laufe der Jahrhunderte zur Verehrung der Maria von Impruneta gestiftet wurden. Zu den Stiftern gehörten u.a. die Medici-Fürsten, Adelsfamilien und

6.2 Zwischen Florenz und Siena

die Zünfte. Seit 1990 gibt es auch eine Abteilung für Handschriften aus dem 14. bis 16. Jahrhundert.

Öffnungszeiten
Basilica di S. Maria, Sala Silvani, Piazza Buondelmonti, Tel.: 055/2011700, 1.6.-30.9.: Do-Fr 10-13 Uhr, Sa-So 10-13 u. 16.30-20 Uhr, 1.10.-31.5.: Fr 10-13 u. 15-18.30 Uhr, Sa 15-18.30 Uhr, So 10-13 u. 15-18.30 Uhr (Lire 2.000).

Der Ort ist vor allem für seine Töpferwaren bekannt. Bereits für das Jahr 1308 läßt sich die Herstellung von Ziegeln nachweisen. Die heutigen Manufakturen sind alteingesessene Familienbetriebe, die außer Blumentöpfen jeglicher Größe und Form auch Reliefs, Statuetten und vieles mehr kunstvoll von Hand auf der Töpferscheibe anfertigen. Von Florenz kommend, befindet sich am Ortseingang links bereits die erste Manufaktur. In der Ortsmitte geht es vor der Piazza Buondelmonti rechts ab in das "Gewerbegebiet" von Impruneta. Bei der nächsten Abzweigung weisen Schilder auf die verschiedenen Fornace, die Keramikmanufakturen, hin. Links gelangt man zur Fornace Masini. Hier lohnt sich ein Blick in die Werkstatt, in der die Töpfer sich bei der Arbeit über die Schulter schauen lassen.

Öffnungszeiten
Via Fornaci 57-59, 50029 Impruneta, Mo - Fr 8-12 und 13-18.30 Uhr, Sa 8.30-12 und 15-17 Uhr.

Sehenswert ist auch die Töpferei von Marco Mariani und die M.I.T.A.L. (Manifattura Imprunetana Terrecotte Artistiche e Laterizi), die auf einem großen Gelände die gesamte Palette ihres Kunsthandwerks zur Schau stellt.

Öffnungszeiten
Via Cappello 31, 50029 Impruneta, Tel./Fax: 055/2011414.

Fornace Masini

6.2 Zwischen Florenz und Siena

Greve in Chianti

Unterkunft
- *** **Albergo del Chianti**, Piazza Matteotti 86, 50022 Greve in Chianti, Tel.: 055/853763, liegt direkt am Hauptplatz von Greve, DZ 90.000-180.000 Lire.
- *** **Giovanni Verrazzano**, Piazza Matteotti 28, 50022 Greve in Chianti, Tel.: 055/853189, Fax: 055/853648, kleines Hotel mit gutem Restaurantbetrieb und Freiterrasse, Mo. geschl., DZ 110.000-125.000 Lire.
- ** **Da Omero**, Via G. Falcone 68/70, 50020 Passo dei Pecorai, Tel. und Fax: 055/850716, 7 km außerhalb in nördlicher Richtung, liegt an der Straße, mit Trattoria, sehr günstig, DZ 60.000-120.000 Lire.

Agriturismo/Weingüter
- **Castello di Verrazzano**, Via San Martino in Valle 12, 50022 Greve in Chianti, Tel.: 055/854243, Fax: 055/854242, mit Restaurant. Zum Schloß gehört auch ein Weingut mit 50 ha Anbaugebiet, das vom Schloßherrn Luigi Cappellini selbst geführt wird. Im 16. Jahrhundert war hier der Wohnsitz des Seefahrers Giovanni da Verrazzano.
- **Fattoria di Vignamaggio**, Via Petriolo 5, 50022 Greve in Chianti, Tel.: 055/853559, Fax: 055/8544468, herrlich gelegenes Landhaus mit 10 Zimmern, außer Wein werden hier auch kaltgepreßtes Olivenöl und Konfitüre hergestellt und verkauft.
- **Castello di Uzzano**, Via Uzzano 5, 50022 Greve in Chianti, Tel.: 055/854032/3, Fax: 055/854375, 6 Appartements.
- **Castello di Vicchiomaggio**, Via Vicchio 4, 50022 Greve in Chianti, Tel.: 055/854079, Fax: 055/853911, 3 Appartements.
- **Fattoria di Nozzole**, Loc. Passo dei Pecorai, 50022 Greve in Chianti, Tel.: 055/858018, großes Weingut mit 100 ha Rebfläche, sehr guter Chianti-Classico La Forra, auch Barrique-Weine und der Cabernet Sauvignon Pareto.

Restaurants
- **Giovanni da Verrazzano**, siehe bei Unterkunft.
- **Borgo Antico**, Via Case Sparse 15, Loc. Lucolena, 50022 Greve in Chianti, Tel.: 055/851024, Di. Ruhetag, einige Kilometer von Greve entfernt, gutes Restaurant mit Freiterrasse, toskanische Spezialitäten in mittlerer Preisklasse.
- **La Novella**, Via Musignano 1, Loc. Pian del Quarto, San Polo, 50022 Greve in Chianti, Tel.: 055/855195, nur mit Voranmeldung, Mi. Ruhetag. Das Restaurant liegt auf der Strecke von San Polo in Chianti über Poggio alla Croce nach Figline Valdarno, in der Nähe des Weilers Pian del Quarto, sehr gut zubereitete toskanische Gerichte in mittlerer Preisklasse.

Einkaufen
- **Antica Macelleria Falorni**, Piazza Matteotti 69, 50022 Greve in Chianti, Tel.: 055/853029, Metzgerei mit Spezialitäten aus dem Chianti, wie z.B. Wildschweinschinken, zu vernünftigen Preisen.
- **Enoteca del Gallo Nero**, Piazzetta Santa Croce 8, 50022 Greve in Chianti, Tel.: 055/853297, Weinhandlung direkt am Dorfplatz, bietet die besten Erzeugnisse der Gegend an.

Veranstaltung/Markt
- **Mostra Mercato del Chianti-Classico**, zusammen mit dem Consorzio del Gallo Nero veranstaltet Greve traditionell im September die bekannte Weinmesse des Chianti-Classico-Gebietes.
- **Wochenmarkt**, jeden Samstag.

6.2 Zwischen Florenz und Siena

Greve in Chianti liegt ungefähr 30 km südlich von Florenz und ist der Hauptort im Weinbaugebiet des Chianti-Classico. Hauptattraktion des sehr belebten Ortes ist die langgestreckte, dreieckige Piazza, umgeben von einem Arkadengang mit Einzelhandelsgeschäften. Auf dem Platz ist zu Ehren von Giovanni da Verrazzano, dem Entdecker der Nordwestküste der USA, ein Denkmal errichtet. In der näheren Umgebung liegen etwas abseits das mittelalterliche Schloß **Montefioralle** mit seiner Kirche **S. Stefano** und das Schloß- und Weingut **Verrazzano**.

Weiter in Richtung Süden führt die ansteigende Chiantigiana nach Panzano mit Ausblicken auf die parallel zum Arno-Tal verlaufenden Monti del Chianti.

Panzano

Restaurant
Trattoria e Fattoria del Montagliari, 50020 Panzano, Tel.: 055/852184-852014, Fax: 055/475687-852014, Landgasthof kurz vor Panzano mit sehr guter toskanischer Küche. Zur Trattoria gehört ein erstklassiges Weingut mit sehr guten Riserva- und im Eichenfaß ausgebauten Weinen. Eine Delikatesse: 30 Jahre alter Vin Santo. Die Erzeugnisse kann man im angeschlossenen Laden kaufen.

Weingüter
• **Tenuta Fontodi**, Via San Leolino 87, 50020 Panzano, Tel.: 055/852005, modernes Weingut mit ca. 50 ha Rebfläche, außer den üblichen Chianti-Weinen werden auch Pinot Bianco, Sauvignon und Traminer angebaut.
• **Carobbio**, Via San Martino in Cecione 26, 50020 Panzano, Tel.: 055/852136, das Gut besitzt 8 ha Rebfläche in 300 Metern Höhe, sehr guter Chianti-Classico und der in besonderen Jahrgängen hergestellte Chianti-Classico Riserva.

Panzano liegt malerisch auf einer Hügelkuppe in 507 m Höhe und ist umgeben von Olivenbäumen und Weinterrassen. Wegen seiner strategisch günstigen Lage befestigten die Florentiner bereits zu Beginn des 13. Jahrhunderts den Ort. Das bekannte Weindorf besitzt noch einen kleinen mittelalterlichen Ortskern und Reste der Befestigungsmauer. Das imposante **Schloß** stammt zum größten Teil aus dem 13. Jahrhundert. Es befindet sich in Privatbesitz und ist deshalb nicht zu besichtigen.

Etwas außerhalb in Richtung Castellina lohnt sich ein kleiner Umweg zur romanischen Pfarrkirche **San Leolino a Panzano** aus dem 13. Jahrhundert. Im Osten sind die drei Kirchenschiffe durch drei Apsiden abgeschlossen, und an die Westfassade wurde im 16. Jahrhundert ein Renaissance-Portikus angebaut.

Castellina in Chianti

Information
Comune, Piazza del Comune 1, 53011 Castellina in Chianti, Tel.: 0577/740201, Fax: 0577/740625.

6.2 Zwischen Florenz und Siena

Zug- und Busverbindungen
● **Bahnhof**, in Castellina Scalo.
● **TRA-In**, Busverbindung nach Siena.

Unterkunft
● ****** Tenuta di Ricavo**, Loc. Ricavo, 53011 Castellina in Chianti, Tel.: 0577/740221, Fax: 0577/741014, göffnet von 1.3.-30.11., ruhig gelegenes Landhaus mit Restaurant, DZ 210.000-420.000 Lire.

● ***** Colle Etrusco Salivolpi**, Loc. Salivolpi, Via Fiorentina 89, 53011 Castellina in Chianti, Tel.: 0577/740484, Fax: 0577/740998, von Castellina in Richtung San Donato, freundliches und komfortables Hotel mit geschmackvoll eingerichteten Zimmern im alten Hauptgebäude, DZ 110.000-125.000 Lire.

Camping
** **Luxor srl**, Loc. Trasqua, 53011 Castellina in Chianti, Tel.: 0577/743047, geöff. 1.6.-15.9.

Agriturismo
Casavecchia alla Piazza, di Gabriele Buondonno e Valeria Sodano, Loc. Casavecchia alla Piazza, 53011 Castellina in Chianti, Tel.: 0577/733603, einer der wenigen Bio-Winzer im Chianti, produziert einen sehr guten Chianti-Classico, Bianco, Rosato, Rosso sowie Olivenöl Extravergine.

Weingüter
● **Tenuta da Lilliano**, Loc. Lilliano, 53011 Castellina in Chianti, Tel.: 0577/743070, empfehlenswert ist der normale Chianti-Classico, der Riserva und der Spezial-Riserva Ruspoli Berlinghieri.
● **Castello di Fonterutoli**, Loc. Fonterutoli, 53011 Castellina in Chianti, Tel.: 0577/740476, das 54 ha große Weingut mit einer Jahresproduktion von 300.000 Flaschen ist eines der führenden Häuser in diesem Gebiet, sehr guter Chianti-Classico und Riserva Ser Lapo.
● **Fattoria Nittardi**, Loc. Nittardi, 53011 Castellina in Chianti, Tel.: 0577/740269, das kleine Weingut ist im Besitz eines deutschen Kunsthändlers und produziert wegen der guten Lage in 400 Metern Höhe einen sehr guten Chianti-Classico und Chianti-Classico Riserva.

Markt
Wochenmarkt, jeden Sa in der Via IV Novembre von 8-14 Uhr.

Der freundliche Ort liegt knapp 10 km weiter südlich in 578 m Höhe. Im Mittelalter gehörte Castellina den Adeligen von Trebbio, die wiederum dem mächtigen Grafengeschlecht der Guidi unterstanden. 1193 kam der Ort unter die Herrschaft von Florenz und wurde um 1400 mit Stadtmauern befestigt. In der Umgebung gibt es viele stilecht restaurierte Bauernhäuser, die als Ferienhäuser genutzt werden. Für die zahlreichen Selbstversorger bietet Castellina sehr gute Einkaufsmöglichkeiten.

Das bemerkenswerteste Gebäude in der kleinen Altstadt ist die mittelalterliche **Rocca** aus dem 15. Jahrhundert, in der sich heute die Gemeindeverwaltung befindet. In der Umgebung fand man viele Spuren etruskischer Ansiedlungen. Großartigster Fund ist der sogenannte **Tumolo di Montecalvario**, ein etruski-

6.2 Zwischen Florenz und Siena

sches Grab aus dem 7. bis 6. Jahrhundert v. Chr., das ungefähr einen Kilometer außerhalb Castellinas liegt. Die Anlage besteht aus vier Grabkammern. Die Fundstücke sind in der **Esposizione di reperti Etruschi** ausgestellt.

Öffnungszeiten
Comune, Piazza del Comune 1, 53011 Castellina in Chianti, Tel.: 0577/740201, Mo-Sa 9-13 Uhr, So geschl.

Ab Castellina sollte man die Via Chiantigiana verlassen, um ostwärts auf der Strada dei Castelli (S.S. 429) über Radda und die Badia a Coltibuono nach Gaiole zu gelangen. Dies ist eine landschaftlich besonders reizvolle Strecke durch das Chianti. Gelbe Hinweisschilder am Straßenrand weisen auf die in der Nähe liegenden Schlösser, Burgen und mittelalterlichen Ortschaften.

Westlich von Castellina führt die S.S. 429 schmal und kurvenreich abwärts nach **Poggibonsi**, einer Strecke mit weiten Ausblicken bis nach Monteriggioni im Süden.

Radda

Information
● **Ufficio Informazione Pro-Loco** Piazza Ferrucci 1, 53017 Radda in Chianti, Tel. u. Fax: 0577/738494, März-Okt.: 10-13 u. 15.30-19.30 Uhr.
● **Comune**, Piazza Ferrucci 1, 53017 Radda in Chianti, Tel.: 0577/738003-738311, Fax: 0577/738062, Mo-Fr 8-14 Uhr.

Unterkunft
● ****** Relais Fattoria Vignale**, Via Pianigiani 8, 53017 Radda in Chianti, Tel.: 0577/738300, Fax: 0577/738592, restauriertes Herrenhaus mit 27 komfortablen Zimmern, alle mit Bad, Schwimmbad, DZ 240.000-360.000 Lire.
● **** Villa Miranda**, Loc. Villa Radda, 53017 Radda in Chianti, Tel.: 0577/738021, Fax: 0577/738668, das kleine Hotel mit 7 Doppelzimmern liegt an der S.S. 429, mit Schwimmbad und Tennisplatz, Restaurant, DZ 130.000-150.000 Lire.

Weingüter
● **Poggerino**, Via Poggerino 6, 53017 Radda in Chianti, Tel.: 0577/738232, kleines Weingut mit 5 ha Rebfläche in 450 Metern Höhe, sehr guter Chianti-Classico und Riserva aus einer Mischung von Barrique- und Stahltank-Weinen, Spezialität ist der Vigna di Bugialla.
● **Pruneto**, Loc Pruneto 14, 53017 Radda in Chianti, Tel.: 0577/738013, kleines Weingut mit nur 2 ha Rebfläche auf 500 Metern Höhe, hervorragende gute Chianti-Classico- und dazugehörende Riserva-Weine.

Markt
Wochenmarkt, jeden 4. Montag des Monats, Piazza IV Novembre 15-20 Uhr.

Radda liegt auf einem Hügelrücken in 533 m Höhe zwischen den Flußtälern von Pesa und Arbia. Im Jahre 1203 ging der Ort, der im Besitz der Grafen

6.2 Zwischen Florenz und Siena

Guidi war, an Florenz über und wurde um 1400 mit einer Stadtmauer befestigt. Bereits im 13. Jahrhundert schloß Florenz die Orte Radda, Gaiole und Castellina zur Lega del Chianti zusammen. 1415 wurde Radda zum Hauptort der Lega erklärt. Die Satzung erhielt Anweisungen zum Weinanbau und zur Weinlese. Von der ehemaligen Befestigung sind nur noch einige Türme und Reste der Stadtmauer erhalten.

Volpaia

Veranstaltung
Festa di S. Lorenzo, Patronatsfest im Castello di Volpaia, erste Augusthälfte.

Wenige Kilometer von Radda entfernt, lohnt sich ein kurzer Abstecher nach Volpaia, einem kleinen, wunderschönen mittelalterlichen Dorf. Der befestigte Ort hat sich sein pittoreskes Aussehen vollständig bewahrt. Er besteht nur aus dem Castello (11. Jahrhundert), der Kirche S. Eufrosino aus dem Jahre 1443, einer Piazza, Brunnen, Ställen und ein paar Häusern.

■ Badia a Coltibuono

Von Radda in Richtung Montevarchi führt nach 6 km links eine Abzweigung zur ehemaligen Abtei der Vallombrosaner auf 624 Meter Höhe. Die Ursprünge des Klosters reichen bis ins 11. Jahrhundert zurück, die kleine romanische Kirche stammt von 1160. Der Kreuzgang und die Wohn- und Wirtschaftsräume wurden seit dem 15. Jahrhundert öfter umgestaltet. Nach der Säkularisation zu Beginn des 19. Jahrhunderts baute man das Kloster zu einem Gutsbetrieb um. Heute ist die Badia a Coltibuono ein renommiertes Weingut mit angeschlossenem Restaurant. Die ehemaligen Klosterräume sind nur bei kulturellen Veranstaltungen im Sommer zugänglich.

Weingut/Restaurant
Badia a Colitbuono, 53013 Gaiole in Chianti, Tel.: 0577/749498, Fax: 0577/749235, hervorragende Chianti-Küche, teuer.

Gaiole in Chianti

Information
Comune, Via Ricasoli 83, 53013 Gaiole in Chianti, Mo-Fr 8-12 Uhr.

Busverbindung
● **TRA-IN** nach Siena.
● **SITA** nach Florenz und Valdarno.

Autovermietung
Michele Colella, Via Puccini 3, 53013 Gaiole in Chianti, Tel.: 0577/749285

6.2 Zwischen Florenz und Siena

Unterkunft
- **** **Castello di Spaltenna**, Loc. Spaltenna 13, 53013 Gaiole in Chianti, Tel.: 0577/749483, Fax: 0577/749269, Luxus-Hotel in einem ehemaligen Klosterkomplex, DZ 450.000 Lire.
- **** **Park Hotel Cavarchione**, Loc. Cavarchione, 53013 Gaiole in Chianti, Tel.: 0577/749550, geöff. 15.3.-31.10., komfortables Haus, etwas außerhalb, DZ 185.000 Lire.

Restaurant
Castello di Spaltenna, Loc. Castello di Spaltenna, 53013 Gaiole in Chianti, Tel.: 0577/749483, Fax: 0577/749269, Mi Ruhetag. Castello Pieve di Spaltenna ist ein kleines Kloster aus dem 13. Jahrhundert. Das ehemalige Schloß wurde in ein Hotel mit Restaurant umgebaut. Man genießt eine herrliche Aussicht auf das Arbia-Tal. Im Sommer kann man in einem harmonischen Innenhof mit Brunnen angenehm speisen.

Weingüter/Weinhandlungen
- **Castello di Ama**, Loc. Lecchi in Chianti, 53013 Gaiole in Chianti, Tel.: 0577/746031, großes Weingut mit 80 ha Rebfläche in 400 bis 480 Metern Höhe, bemerkenswerter Chianti-Classico und hervorragende Barrique-Weine.
- **Castello di Brolio**, siehe unten.
- **Enoteca La Cantinetta**, Via Ferrucci 14, 53013 Gaiole in Chianti, Tel.: 0577/749125.
- **Enoteca Montagnani**, Via Baccio Bandinelli 9, 53013 Gaiole in Chianti, Tel.: 0577/749517.

Markt
Wochenmarkt, jeden 2. Montag des Monats.

Nachdem Gaiole 1378 unter florentinische Herrschaft geriet, gewann es im darauffolgenden Jahrhundert an Bedeutung und entwickelte sich zum Handels- und Marktzentrum. Die mittelalterliche Siedlungsanlage und einige Häuser aus dieser Zeit sind erhalten geblieben. In der näheren Umgebung des netten Ortes liegen mehrere Burgen, Villen, Schlösser und Klöster. Das **Castello di Meleto** liegt ungefähr 2 km weiter südlich von Gaiole. Die wuchtige Burg auf fast quadratischem Grundriß mit zwei mächtigen runden Eckbastionen stammt wahrscheinlich aus dem 12. Jahrhundert und wurde später ausgebaut. Der Innenhof wurde in der Renaissance erbaut und besitzt als Besonderheit ein kleines Theater aus dem 17. Jahrhundert im Erdgeschoß.

▪ Castello di Brolio
Wieder zurück auf der Hauptstraße, kommt nach ca. 3 km eine Abzweigung auf die SS 484 zum Castello di Brolio. Nach weiteren 5 km erreicht man das Schloß. Das wohl bedeutendste historische Kastell im Chianti-Classico gehört seit 1142 der Familie Ricasoli, die für ihr Weingut bekannt ist. Die repräsentative Rückseite des Schlosses mit einer 3-geschossigen Sandsteinfassade und zwei grauen Türmen aus Travertinstein von 1147 ist ein beliebtes Fotomotiv. Bettino Ricasoli ließ die Anlage im 19. Jahrhundert historisierend umbauen.

Öffnungszeiten
Castello di Brolio, im Sommer: tägl. 10-12 und 15-18 Uhr, im Winter: 10-12 und 15-17 Uhr, Fr geschl. (L. 3.000).

7 Der stille Osten

7 DER STILLE OSTEN

- Besichtigung der romanischen Basilika von Gropina
- Einkaufsbummel über den Antiquitätenmarkt in Arezzo
- Stadtrundgang in Cortona und Übernachten im Renaissance-Palast San Michele
- Ausflug zu den Meisterwerken von Piero della Francesca in Arezzo, Monterchi und Borgo Sansepolcro
- Besichtigung der Klöster Camaldoli und La Verna

7.1 ÜBERBLICK

Zwischen Florenz im Nordwesten und Arezzo im Südosten liegt die breite Talebene des Arno, das Valdarno (Tal des Arno). Der Pratomagno, ein langgezogener Höhenrücken, begrenzt die Flußebene im Osten. Die höchste Erhebung ist der Croce di Pratomagno mit 1592 m. Wie der Name schon verrät, zeichnet sich dieses Gebiet durch grüne Wiesen aus, die an den westlichen Ausläufern in Wein- und Olivengärten, im Nordwesten und an der rauheren Ostseite des Casentino in Kastanienwälder übergehen.

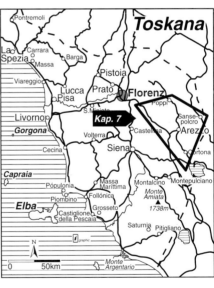

Die Landschaft des Casentino verläuft parallel zum Pratomagno und reicht im Osten bis zum Tal des Tiber und im Westen bis zum Sieve-Tal. Kleine Ortschaften, kleine Kirchen, mittelalterliche Burgen und nicht zuletzt die Klöster von Camaldoli und La Verna bereichern das Landschaftsbild.

Von Arezzo in Richtung Süden durchquert man die breite Ebene des Chiana-Tals. Hier führen die Autostrada del Sole (A 1 nach Rom) und die Bahnstrecke entlang. Der Nordosten der Toskana ist ein bislang wenig besuchtes Gebiet. Städte wie Arezzo und Cortona gehören zu den schönsten Bergorten der Toskana und zeigen dem Besucher ein weniger bekanntes, aber faszinierendes Gesicht dieser vielfältigen Kulturlandschaft.

7.2 Von Florenz nach Arezzo

7.2 VON FLORENZ NACH AREZZO

Vallombrosa

Kurz vor der Paßhöhe biegt rechts ein Sträßchen nach Vallombrosa ab. Unterhalb des 1449 m hohen Monte Secchieta, inmitten von Laub- und Tannenwäldern, liegt das Vallombrosaner-Kloster. In diesem schattigen Tal (ital. Valle ombrosa) gründete 1036 der Florentiner Giovanni Gualberto eine Eremitensiedlung. Nachdem 1055 die Vallombrosaner von Papst Viktor II. anerkannt wurden, entwickelten sie sich zu einer benediktinischen Reformkongregation.

Erst im Laufe der Jahrhunderte entstand der heutige Klosterbezirk. Er weist Baustile verschiedener Epochen auf. Die barock anmutende Front (ab 1635) wendet sich festungsartig mit zwei Ecktürmen dem Tal zu. Im Inneren befinden sich zahlreiche Kunstschätze und eine große Bibliothek.

7.2 Von Florenz nach Arezzo

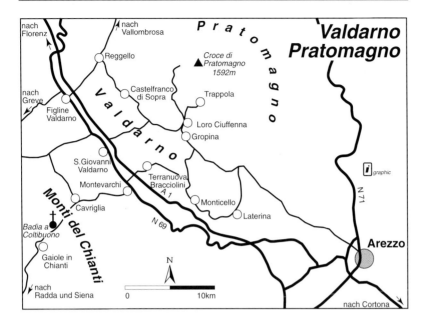

San Giovanni Valdarno

 Information
Informacittà, Palazzo d'Arnolfo, Piazza Cavour 1, Tel.: 055/9126321, Mo-Sa 9-13 Uhr.

Der Ort liegt auf halber Strecke zwischen Arezzo und Florenz. Neben Industriegebieten besitzt die Stadt auch einen lebendigen historischen Kern. Der Geburtsort des bedeutenden Renaissancemalers Masaccio (1401-1428) wurde wahrscheinlich am Ende des 13. Jahrhunderts gegründet. Der schachbrettartige Grundriß der Stadt und die Zeichnung des Palazzo Pretorio stammen aus der Hand des berühmten Architekten der Florentiner Republik, Arnolfo di Cambio.

Hauptplätze sind die **Piazza Cavour** und die **Piazza Masaccio**. Der nach Arnolfo di Cambio benannte **Palazzo Pretorio** befindet sich genau in der Mitte zwischen beiden Plätzen. Bereits im 15. Jahrhundert wurde das Gebäude umgebaut. Heute sind hier die Büros der Gemeinde und Kunstausstellungen untergebracht. Das Erdgeschoß ist auf allen vier Seiten mit einem Laubengang umgeben. In der Vorhalle wird die Originalstatue des Marzocco aufbewahrt. Er ist das Wappen der Republik Florenz und stellt die Florentiner Herrschaft dar. Ein sitzender Löwe hält in einer Pranke ein Schild mit der florentinischen Lilie.

Die **Basilika Santa Maria delle Grazie** schließt die ganze westliche Seite der Piazza Masaccio ab. Die Kirche stammt aus dem späten 15. Jahrhundert. In

165

7.2 Von Florenz nach Arezzo

der Folgezeit wurde sie mehrmals vergrößert und umgebaut. In der Vorhalle steht eine Darstellung der Mariä Himmelfahrt aus farbigem Terrakotta von Giovanni della Robbia (1513). Seit 1864 befindet sich in der Basilika ein wertvolles Museum. Prunkstück der kleinen Gemäldesammlung ist die sehenswerte "Mariä Verkündigung" (Annunciazione) von Beato Angelico (1430-1432), die ursprünglich aus der Kirche San Francesco des **Convento di Montecarlo**, 2 km südlich von S. Giovanni, stammt.

Öffnungszeiten
Museo della Basilica di S. Maria delle Grazie, Piazza Masaccio, 52027 S. Giovanni Valdarno, Tel.: 055/92445, Di-So 16-19 Uhr, Sa, Do 10-12 u. 16-19 Uhr (Eintritt frei).

Im Corso Italia Nr. 83 kann man das Haus von Masaccio besichtigen, in dem heute ein Museum mit Werken zeitgenössischer Künstler untergebracht ist.

Öffnungszeiten
Museo Casa Masaccio, Corso Italia 83, 52027 S. Giovanni Valdarno, Tel.: 055/9121421, Di - So 10-12 und 16-19 Uhr, Mo geschl., Eintritt frei.

Loro Ciuffena

Der Ort liegt an den Ausläufern des Pratomagno-Gebirges und lebt vor allem von der Landwirtschaft. An der Piazza im Stadtkern ist im **Palazzo Comunale** in acht Sälen des Erdgeschosses seit Juni 1993 das **Museo Venturino Venturi** eingerichtet. 92 Bildwerke und Skulpturen des Künstlers, der in Loro Ciuffena geboren wurde und hier lebte, sind zu besichtigen.

Öffnungszeiten
Piazza Matteotti 7, 52024 Loro Ciuffena, Tel.: 055/9172551, tägl. 9-12 Uhr, So 9-12 und 16-19 Uhr, Di geschl. (Eintritt frei).

Gropina

Etwas oberhalb von Loro Ciuffena liegt das malerische Dorf Gropina, das man bequem zu Fuß von Loro Ciuffena aus erreichen kann. Hier lohnt die Besichtigung einer der schönsten romanischen Pfarrkirchen (= Pieve) in der Tos-

Romanische Kapitelle

7.2 Von Florenz nach Arezzo

kana. Die Kirche aus dem 12. Jahrhundert wurde auf römischen und etruskischen Grundmauern errichtet. Im Jahre 780 schenkte Karl der Große einen Vorgängerbau der Benediktinerabtei Nonantola bei Modena. Das Äußere der dreischiffigen Basilika wirkt mächtig und streng. Beeindruckend sind die romanischen Kapitelle und die Kanzel im Innern. Leider sind die meisten Fensteröffnungen zugemauert, so daß nur wenig Licht in das Kircheninnere dringt. Die Säulen, die den Raum teilen, tragen reich geschmückte Kapitelle, die Geschichten aus dem Alten und Neuen Testament und auch aus vorchristlicher Zeit illustrieren.

Das prächtigste Ausstattungsstück ist die Kanzel. Sie ist rund und mit ornamentalen und figuralen Reliefs verziert. Getragen wird der Kanzelkörper von zwei Knotensäulen und zwei Pfeilern an den Seiten. Fünf kleine schematisierte Karyatiden schließen mit erhobenen Händen die Knotensäulen ab. Beim Chorraum führt eine Treppe in die Unterkirche. Bei Ausgrabungen 1969 entdeckte man die Reste von zwei Vorgängerbauten.

Öffnungszeiten
Gegenüber der Apsis befindet sich das Pfarrhaus. Der Pfarrer schließt auf Anfrage die Kirche auf.

Montevarchi

Jugendherberge
Ostello della Gioventu, Loc, Caffaggiolo, 52022 Cavriglia, Tel.: 055/967418, Fax: 055/967544, ganzjährig geöff., Okt.-März nur für Gruppen. Die Jugendherberge liegt ca. 8 Kilometer westlich von Montevarchi und verfügt insgesamt über 112 Betten.

Das historische Zentrum Montevarchis hat einen leicht ovalen und symmetrischen Grundriß. Gleichmäßig gehen von der Hauptstraße, der Via Roma, die Straßen ab. Am Anfang der Via Roma liegen die Piazza Vittorio Veneto und die Piazza Mazzini, am Ende die Piazza Garibaldi.

■ **Collegiata di S. Lorenzo**
Die Kirche liegt am zentralen Platz, der Piazza Varchi. Hier befindet sich auch das **Museo d'Arte sacra della Collegiata di S. Lorenzo** mit ca. 50 Fresken, Bronzestücken, Keramiken, Zeichnungen und Skulpturen aus dem sakralen Bereich.

Öffnungszeiten
Tempietto Robbiano, Piazza Varchi, 52025 Montevarchi, Tel.: 055/980468, nur mit Voranmeldung (Eintritt frei).

■ **San Lodovico**
Über die Via Poggio Bracciolini gelangt man zu dem ehemaligen Klosterkomplex von San Lodovico. Heute sind hier eine Bibliothek mit über 20.000

7.2 Von Florenz nach Arezzo

Bänden, eine Akademie und das **Museo Paleontologico** untergebracht. Die paläontologische Sammlung entstand bereits zu Anfang des 19. Jahrhunderts und ist somit eines der ältesten Museen dieser Art in Italien. Fast 1.700 prähistorische Fossilien und Knochenfunde sind hier ausgestellt.

Öffnungszeiten
Via Poggio Bracciolini 36, Tel.: 055/981227, tägl. 9-12 und 16-19 Uhr, So 10-12 Uhr, Mo, 1. Januar, 1. Mai, 15. August, Weihnachten und Ostern geschl. (L. 3.000).

7.3 UNBEKANNTES AREZZO
7.3.1 ÜBERBLICK

Arezzo liegt ca. 80 km südöstlich von Florenz, zwischen dem bergigen und bewaldeten Casentino im Norden und der breiten Talsenke des Chiana-Tals im Süden. Die Stadt erhebt sich auf einem Hügel. An ihrem höchsten Punkt stehen der Dom und die Medici-Festung. Von hier aus verlaufen die Hauptstraßen fächerförmig abwärts bis zu den Stadttoren. Während die Oberstadt ihr mittelalterliches Aussehen bewahrt hat, besitzt die Unterstadt eine lebhafte Peripherie mit modernen Zweckbauten.

Die Hauptstadt der gleichnamigen Provinz mit ungefähr 95.000 Einwohnern lebt traditionell von der Möbel- und Schmuck-Herstellung und der Landwirtschaft. Die Produktion von **Goldschmuck** ist heute der wichtigste Industriezweig. Der älteste Betrieb Uno a Erre, mit 850 Beschäftigten, rühmt sich, der weltgrößte zu sein. Bei ihm werden jährlich 30 Tonnen Gold verarbeitet. Rund 7.000 Menschen sind insgesamt in Arezzo in dieser Branche beschäftigt.

Redaktions-Tips
- Bummel über den Antiquitätenmarkt
- Rundgang durch die Altstadt und Besuch der Kirche von San Francesco
- Abendessen auf der Terrasse des La Capannaccia
- Eis in der Gelateria "Il Gelato" genießen
- Ausflug nach Cortona

Obwohl die schöne Altstadt viele Kunstschätze birgt, zählt Arezzo zu den Städten der "Toscana minore", der kleinen und unbekannten Toskana. Am bekanntesten sind die Chorfresken von **Piero della Francesca** in der Kirche San Francesco.

Doch noch weitere Persönlichkeiten haben ihre Spuren in dieser Stadt hinterlassen: Gaius Maecenas (1. Jh. v. Chr), Förderer von Vergil und Horaz. Von seinem Namen wurde der Begriff des Mäzens abgeleitet. Der Benediktinermönch Guido d'Arezzo, auch Guido Monaco genannt, war Erfinder der Intervall-Notenschrift und der Tonleiter. Der Dichter und Humanist **Francesco Petrarca** (geb. 1304) und **Giorgio Vasari** (1511-1574), der Begründer der Kunstgeschichte und Baumeister der Uffizien, wurden ebenfalls in Arezzo geboren.

Da Arezzo abseits der großen Touristenzentren liegt, konnte die Stadt ihren eigenen Charakter und Charme bewahren. Sie wirkt auf den ersten Blick etwas provinziell, bietet aber in jeder Hinsicht ausgezeichnete Einkaufsmöglichkeiten.

In Italien ist Arezzo in erster Linie für seine monatlichen **Antiquitätenmärkte** auf der schönen Piazza Grande und in den umliegenden Gassen berühmt, die viele Besucher anlocken. Am beliebtesten ist der Markt im September, wenn gleichzeitig auf der Piazza Grande der Giostra del Saracino, ein historischer Wettkampf, stattfindet.

169

7.3.2 REISEPRAKTISCHE HINWEISE

Information
- **APT**, Piazza Risorgimento 116, 5210 Arezzo, Tel.: 0575/23952/3, Fax: 0575/28042.
- **Ufficio Informazioni**, Piazza della Repubblica 22, 5210 Arezzo, Tel.: 0575/377678, Informationsbüro am Bahnhofsvorplatz, tägl. 8.15-20 Uhr.

Wichtige Telefonnummern
- Vorwahl: 0575
- Polizeinotruf: 112, Feuerwehr: 115, Verkehrspolizei: 353333, Notarzt: 118, Zugauskunft: 2263

Taxi
Radio-Taxi, Tel.: 382626

Autovermietung
- **Avis**, Piazza della Repubblica, Tel.: 0575/354232
- **Hertz**, Via Gobetti 35, Tel.. 0575/27577
- **Servizio ACI Seri Auto**, Loc. Pratacci, Tel.: 0575/984369
- **Autocarozzeria Centrale**, Viale Sansovino 20, Tel.: 0575/355915

Fahrrad-/Motorradverleih
Autorimessa Piero della Francesca, Via Piero della Francesca 40, Tel.: 0575/357360

Automobilclub
Automobil Club d'Italia (A.C.I.), Viale Signorelli 24a, Tel.: 0575/303601 und Via Arno 26, Tel.: 0575/901080

Apotheken
- **Al Corso**, Corso Italia 73 c, Tel.: 0575/20618.
- **Antica Farmacia del Cervo**, Piazza San Francesco 38, Tel.: 0575/20234.

Geldwechsel
Bei allen Banken, bei der Post (l'Ufficio Postale Centrale) in der Via Guido Monaco und bei der Informazioni Turistiche in der Piazza Repubblica (wochentags von 16-18 Uhr).

Sightseeing
Bei allen Informationsbüros erhält man Auskünfte über geführte Stadtbesichtigungen.

Unterkunft
- ***Hotel Etrusco**, Via Fleming 39, 52100 Arezzo, Tel.: 0575/984066, Fax: 0575/382131, großes Hotel mit 80 Zimmern, alle mit Bad, südwestlich der Stadtmauer, mit Restaurant, DZ 160.000 Lire.
- ***Hotel Continentale**, Piazza Guido Monaco 7, 52100 Arezzo, Tel.: 0575/20251, Fax: 0575/350485, Stadtzentrum, keine Parkmöglichkeiten, Parkhaus in der Nähe, neu renoviert mit geräumigen Zimmern, DZ 120.000-150.000 Lire.

7.3.2 Arezzo – Reisepraktische Hinweise

● *** **Hotel Milano**, Via Madonna del Prato 83, 52100 Arezzo, Tel.: 0575/26836, Stadtzentrum, renoviert, DZ 120.000-145.000 Lire.
● *** **Albergo Minerva**, Via Fiorentina 4, 52100 Arezzo, Tel.: 0575/370390, westlich der Stadtmauer, DZ 145.000-150.000 Lire.
● *** **Albergo Residenziale Villa Burali**, loc. Policiano, Tel.: 0575/979045, Fax: 0575/979045, Landhaus aus dem 18. Jahrhundert, hübsch gelegen an der SS 71 Richtung Cortona im Vorort Policiano mit Restaurant, DZ 180.000 Lire.
● ** **Astoria**, Via Guido Monaco 54, 52100 Arezzo, Tel.: 0575/24361, Stadtzentrum, Parkhaus in der Nähe, geräumige Zimmer, DZ 70.000-90.000 Lire.

Jugendherberge
Ostello Villa Severi, Via F. Redi 13, 52100 Arezzo, Tel.: 0575/29047, Fax: 0575/300442, geöff. 5.4.-10.4., 1.6.-30.9., 23.12.-2.1., die Anmeldung ist geöff. 8-14.30 u. 17.30-23.30 Uhr, eine Übernachtung kostet 18.000 Lire und mit Frühstück 20.000-24.000 Lire.

Restaurants
● **Buca di San Francesco**, Via San Francesco 1, 52100 Arezzo, Tel.: 0575/23271, Mo abend und Di Ruhetag, traditionsreiches Lokal in einem Gewölbekeller mit einfacher toskanischer Küche, regionale Weinkarte, mittlere Preisklasse.
● **Antica Osteria l'Agania**, Via Mazzini 10, 52100 Arezzo, Tel.: 0575/25381, Mo Ruhetag, bei Aretinern sehr beliebtes Restaurant mit guter aretinischer Küche und schnellem Service.
● **Le Tastevin**, Via de' Cenci 9, 52100 Arezzo, Tel.: 0575/38304, Mo Ruhetag, in der Nähe des Corso Italia, gute Küche und angenehmes Ambiente, mittlere Preisklasse.
● **Vecchia Svizzera**, Corso Italia 61, 52100 Arezzo, Tel.: 0575/21260, So Ruhetag, Delikatessenladen mit Restaurantbetrieb, toskanische Küche und vegetarische Gerichte in stilvollem Ambiente, mittlere Preisklasse.
● **Logge Vasari**, Via Vasari 19, 52100 Arezzo, Tel.: 0575/300333, Di Ruhetag, hier sitzt man am schönsten draußen unter den Arkaden der Vasari-Loggia mit herrlichem Blick über die Piazza Grande, toskanische Küche, mittlere Preisklasse.
● **La Capannaccia**, Loc. Antecchia 51/C, Compriano, Tel.: 0575/361759, So abend und Mo Ruhetag, wenige Kilometer Richtung Anghiari und rechts ab nach Campriano, auf 564 m Höhe hat man von der Freiterrasse aus einen weiten Panoramablick, Familienbetrieb mit hervorragender toskanischer Küche mit sehr gutem Preis-Leistungsverhältnis, in der Hauptsaison empfiehlt sich eine Reservierung, Grillspezialitäten werden im Restaurant über einem Holzfeuer frisch zubereitet.
● **Caffè dei Costanti** an der Piazza San Francesco, im Stil des 19. Jhs. restauriertes Kaffeehaus, an den Wänden Reliefs berühmter Söhne der Stadt: Gaius Maecenas, Guido Monaco, Francesco Petrarca, Pietro Aretino. Gegenüber befindet sich die Kirche San Francesco.

Tip
Eisdiele "Il Gelato", Via de' Cenci/Via Madonna del Prato. Das Speiseeis dieser noch jungen Eisdiele wird in der Toskana nur noch von der florentinischen Eisdiele Vivoli übertroffen.

Märkte/Veranstaltungen
● **Wochenmarkt** jeden Samstagmorgen.
● **Fiera Antiquaria**, großer Antiquitätenmarkt am 1. Sonntag jeden Monats auf der Piazza Grande und in den umliegenden Gassen.
● **Giostra del Saracino**, historischer Wettkampf zwischen den einzelnen Stadtteilen und Umzug in historischen Kostümen, Mitte Juni und Anfang September.

7.3.3 GESCHICHTE

Bereits im 7. Jahrhundert v. Chr. besiedelten die Etrusker den sanft ansteigenden Hügel, auf dem Arezzo heute liegt. Ein Zeugnis aus dieser Zeit ist die Chimäre aus dem 5. Jahrhundert v. Chr., die von den Medici beim Bau der Festung im 16. Jahrhundert entdeckt und nach Florenz gebracht wurde. Seither kämpft die Stadt darum, ihr Wahrzeichen zurückzubekommen.

Im Jahre 294 v. Chr. war Aretium bedeutendste Metropole im etruskischen Zwölferbund und eine Verbündete Roms. In der Folgezeit besaß die befestigte Siedlung auf Grund ihrer strategischen Lage große militärische Bedeutung. Von hier konnte Rom das obere und mittlere Arnotal, den Oberlauf des Tiber und im Süden die Straße von Florenz nach Rom durch das Chiana-Tal kontrollieren.

Seit der Zeit der Etrusker war Arezzo als Produktionsstätte für Keramik und als Zentrum einer florierenden Metallindustrie berühmt. Nachdem Arezzo im Jahr 270 Bischofssitz wurde, erlebte die Stadt ihre wirtschaftliche Blütezeit. Bis ins 11. Jahrhundert wurde Arezzo allein von ihren Bischöfen beherrscht. 1098 fanden die ersten Wahlen zum Konsul der Stadtrepublik statt. Durch den Bau einer neuen Stadtmauer um 1200 konnte sich die freie und starke Kommune bis 1289 erfolgreich gegen das mächtige Florenz behaupten. Unter dem Bischof und Grafen Guido Tarlati erreichte die Stadt ihren Höhepunkt. Mit seinem Tod 1328 begann der Niedergang der freien Stadtrepublik und die politische Abhängigkeit von Florenz. Im Jahre 1384 kam Arezzo endgültig unter florentinische Herrschaft.

1538-60 errichtete Francesco da Sangallo für Cosimo I. die heute noch erhaltene Stadtmauer mit Bastionen. Der Mauergürtel um die historische Altstadt umfaßte allerdings ein kleineres Gebiet als vorher.

7.3.4 STADTRUNDGANG

Für Tagesbesucher empfiehlt es sich, mit öffentlichen Verkehrsmitteln anzureisen, da in Arezzo, wie in den meisten Ballungszentren der Toskana, sehr viel Verkehr herrscht und Parkplätze Mangelware sind. Übernachtungsgäste sollten sich vorher erkundigen, ob ihr Hotel eine eigene Garage besitzt. Vom Bahnhof aus ist man in wenigen Minuten im historischen Stadtzentrum, das glücklicherweise wochentags von 9.30-20.30 Uhr, mit kurzen Ausnahmezeiten zum Be- und Entladen als Fußgängerzone ausgewiesen ist.

■ San Francesco (1)
Die Franziskanerkirche beherbergt die berühmteste Sehenswürdigkeit Arezzos: die Fresken in der Hauptchorkapelle mit der Darstellung der Kreuzeslegende von Piero della Francesca (1453-1464). An der linken Seite ist das idealisierte Jerusalem mit dem Stadtbild Arezzos dargestellt. Deutlich erkennt man den erhöhten Dom, den Campanile der Pfarrkirche, die gotischen Patrizierhäuser, Wohntürme und die Stadtmauern. Der Zyklus beeindruckt durch

7.3.4 Arezzo – Stadtrundgang

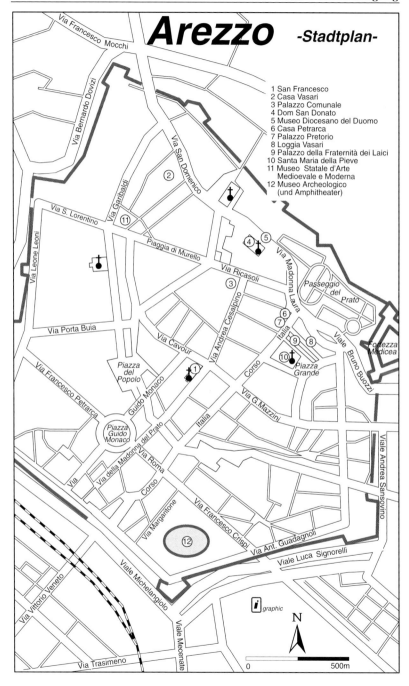

7.3.4 Arezzo – Stadtrundgang

seinen klaren perspektivischen und szenischen Aufbau, durch ausdrucksstarke Porträts und seine Farbenpracht. Piero della Francesca schilderte dramatische und grausame Szenen mit dem Realismus der Renaissance, die zugleich eine große Ruhe ausstrahlen.

Öffnungszeiten
Piazza S. Francesco, Tel.: 0575/20630, tägl. 8.30-12 und 14-18 Uhr (Eintritt frei)

――――― ―――――

Piero della Francesca (1410-1492)

stammte aus Borgo Sansepolcro und gilt als einer der größten italienischen Maler des 15. Jahrhunderts. Er war Meister im Anlegen von perspektivischen Zeichnungen, einer Erfindung seiner Zeit, die er ständig weiterentwickelte. Alle Bilder sind klar aufgebaut, seine Figuren haben einen geschlossenen Umriß. Sie sind vertikal betont und wirken deshalb sehr statuarisch, so als stünden sie fest auf dem Boden.

Zum 500. Todestag des Meisters wurden seine Werke in Arezzo und Umgebung aufwendig restauriert und erstrahlen jetzt wieder im besten Licht. Die Stationen seines Schaffens in Arezzo, Monterchi und in Borgo Sansepolcro sollten sich Kunstliebhaber auf keinen Fall entgehen lassen.

■ **Casa Vasari (2)**
Westlich vom Dom steht das Wohnhaus des Architekten, Malers und Künstlerbiographen Giorgio Vasari, der 1511 in Arezzo geboren wurde. Die Räume gestaltete der Künstler selbst aus. Decken und Wände der repräsentativen Räume im ersten Stock, dem piano nobile, sind mit allegorischen Darstellungen ausgemalt. Im sogenannten Musen-Zimmer malte Vasari das Porträt seiner jungen Ehefrau Niccolosa Bacci, die aus einer reichen aretinischen Familie stammte.

Öffnungszeiten
Via XX. Settembre 55, Tel.: 0575/300301, tägl. 9-19 Uhr (Eintritt frei).

Gegenüber befindet sich der **Palazzo Comunale (3)**. Das heutige Rathaus wurde 1333 für die Prioren, die Vorstände der Handwerkerzünfte, errichtet. Ab 1384 war im Palazzo Comunale der Sitz der florentinischen Verwaltungskommissare. Aus dieser Zeit stammen die Wappen an der Fassade.

Öffnungszeiten
Via Cesalpino, geöff. Mo-Fr morgens während der Öffnungszeiten der Verwaltungsbüros.

7.3.4 Arezzo – Stadtrundgang

■ **Dom San Donato (4)**
Der Dombau wurde 1277 mit finanzieller Hilfe des aus Arezzo stammenden Papstes Gregor X begonnen. Nach dem Tod des Bischofs Guido Tarlati kam es zu einem Stillstand des Baubetriebes. Erst 1510 wurde das Langhaus fertiggestellt. Der Campanile stammt aus den Jahren 1857-60, die Fassade ist im Stil der toskanischen Neugotik 1896-1914 errichtet. Im Unterschied zu den Bischofskirchen von Florenz, Siena, Lucca und Pisa ist der Dom in Arezzo nicht mit Marmor verkleidet und besitzt kein Querschiff. Das Deckenfresko der östlichen 3 Mittelschiffsgewölbe und mehrere Glasfenster im Südschiff stammen vom burgundischen Benediktiner Guillaume de Marcillat (1467-1529), dem ersten Lehrmeister von Giorgio Vasari.

Am sehenswertesten ist im Nordschiff das Wandbild von Piero della Francesca aus der Zeit der Frührenaissance um 1460. Das Fresko der Maria Magdalena mit dem Salbgefäß liegt etwas versteckt rechts vom Grabmal des 1328 verstorbenen Bischofs Guido Tarlati.

Öffnungszeiten
Piazza Duomo, Tel.: 0575/23991, tägl. 7-12.30 Uhr und 15-18.30 Uhr (Eintritt frei).

■ **Museo Diocesano del Duomo (5)**
Auf einem kleinen Platz hinter dem Dom befindet sich das Diözesanmuseum. Die Sammlung beinhaltet Fresken, Gerätschaften, Gemälde, Skulpturen und sakrale Gewänder aus dem Dom und aus verschiedenen Kirchen der Diözese.

Öffnungszeiten
Piazzetta dietro il Duomo 13, Tel.: 0575/23991, Do, Fr, Sa 10-12 Uhr (L. 5.000).

Östlich vom Dom liegt der **Passeggio del Prato,** ein schöner Park mit einem nicht zu übersehenden neuzeitlichem Petrarca-Denkmal. Die Grünanlage reicht bis zur **Festung.** Von hier aus kann man einen herrlichen Ausblick genießen.

■ **Casa Petrarca (6)**
Südöstlich des Domes an der Via dell'Orto steht das angebliche Geburtshaus des Humanisten Francesco Petrarca (1304-1374). Allerdings stammt der heutige Bau aus dem 16. Jahrhundert. Im 2. Weltkrieg wurde der Gebäudekomplex stark zerstört. Bei den Restaurierungen fand man etruskische Gewölbebögen. In der umfangreichen alten Bibliothek des Hauses, die zur berühmten Accademia Petrarca di Lettere, Arti e Scienze gehört, kann man noch heute seinen Studien nachgehen. Unter den Ausstellungsstücken findet sich auch eine Handschrift Petrarcas, die er einige Jahre, bevor er starb, niederschrieb.

Öffnungszeiten
Via dell'Orto, Tel.: 0575/24700, tägl. 10-12 und 15-17 Uhr, Sa nachm. und So geschl. (Eintritt frei).

7.3.4 Arezzo – Stadtrundgang

■ **Palazzo Pretorio (7)**
Der frühere Adelspalast (1322) war Sitz der Justizverwaltung und wurde im 15. und 16. Jahrhundert erheblich verändert. An der Fassade sind zahlreiche Wappen der Podestà (Stadtvögte und Kommissare) angebracht. Im Innern befindet sich heute die Stadtbibliothek.

■ **Rund um die Piazza Grande**
Der reizvollste Platz Arezzos liegt westlich der Medici-Festung. Ursprünglich wurde die Piazza Grande als Marktplatz angelegt. Mit einem Ziehbrunnen und dem Pranger war der Platz bis zum 2.Weltkrieg das Herz der Stadt. Heute spielt sich das Leben eher auf dem Corso Italia mit seinen Geschäften und Cafès ab.

Auf der Piazza Grande findet seit 1968 jeden Monat der größte italienische Antiquitätenmarkt statt. Hunderte von Händlern verbreiten auf dem Platz, in den Seitengassen, Innenhöfen und Treppenaufgängen eine unvergleichliche Atmosphäre von Trödel und Kunst. Am schönsten ist der Markt im September, wenn gleichzeitig der Giostra del Saracino, ein historischer Wettkampf zwischen den vier alten Stadtvierteln, stattfindet.

Piazza Grande

Rund um die nach Süden abfallende, trapezförmige Piazza Vasari sind mehrere Baustile vertreten.

Der **Palazzo delle Logge** nimmt die ganze Nordseite ein. Er wurde 1573-1581 nach Plänen von Giorgio Vasari in Anlehnung an antike Vorbilder errichtet und hat zum Platz hin hohe und weit geöffnete Loggien. Die **Loggia Vasari (8)** reicht bis zum anderen Ende der Piazza Grande, die früher Piazza Vasari hieß. Davor steht eine Nachbildung des sogenannten Petrone, des mittelalterlichen Prangers.

An der Ost- und Südseite befinden sich Häuser und Turmstümpfe, die zum großen Teil aus dem 13. und 14. Jahrhundert stammen. Sehenswert sind die in der Toskana typischen Holzbalkone. In den meisten anderen Städten der Toskana sind nur noch die Kragsteine im Mauerwerk übriggeblieben. Im Westen führt von der Piazza Grande eine kegelförmige Freitreppe zum **Palazzo del Tribunale** (Justizpalast) aus dem 17. und 18. Jahrhundert hinauf. Daran angeschlossen ist der **Palazzo della Fraternità dei Laici (9)**. Die Laienbruderschaft, eine caritative Einrichtung, begann 1375-77 mit dem Bau in gotischen Formen. Der Uhrturm wurde erst 1552 vollendet.

Links vom Justizpalast steht die Chorapsis der Kirche **Santa Maria della Pieve (10)**. Die Westfassade mit dem Haupteingang liegt am Corso Italia. Die

7.3.4 Arezzo – Stadtrundgang

Pfarrkirche ist das bedeutendste romanische Bauwerk der Stadt. Ende des 12. Jahrhunderts errichteten die Aretiner diesen hohen romanischen Bau mit seiner ungewöhnlichen Fassade. Im 13. Jahrhundert erhielt er eine vorgeblendete zweite Fassade mit nach oben immer zierlicheren Blendarkadenreihen. Auffällig ist, daß die beiden Schichten nicht ganz miteinander korrespondieren. Das Rundbogenfenster im ersten Stock der hinteren Fassade liegt nicht auf einer Achse mit dem Hauptportal.

Der Glockenturm (1330) ist das Wahrzeichen der Stadt. Er trägt den Beinamen Torre delle cento buche (= Turm der hundert Löcher), wegen der zahlreichen Doppelbogenöffnungen (Biforien).

Öffnungszeiten
Corso Italia, Tel.: 0575/22629, tägl. 8-13 und 15-18.30 Uhr (Eintritt frei).

■ **Museo Statale d'Arte Medioevale e Moderno (11)**
Die Gemäldegalerie und das Museum des Mittelalters und der Neuzeit liegt westlich von der Piazza Grande. Allerdings enthält es keine moderne Kunst, sondern eine große Majolika-Sammlung. Gemälde aus dem 13. bis 19. Jahrhundert und wertvolle Goldschmiedearbeiten ergänzen die Ausstellung.

Öffnungszeiten
Via S. Lorentino 8, Tel.: 0575/300301, tägl. 9-19 Uhr (L. 8.000).

■ **Museo Archeologico und Amphitheater (12)**
Lohnenswert ist der Besuch des Archäologischen Museums im Südosten der Altstadt. Es hat seit 1937 seinen Sitz im ehemaligen Kloster San Bernardo. 1547 errichteten Mönche des Benediktinerordens von Monte Oliveto auf den Ruinen eines Amphitheaters ihre Konventgebäude. Das römische Theater aus dem 2. Jahrhundert hatte Platz für ungefähr 10.000 Zuschauer. In einem Teil der Tribünenkonstruktion erbauten die Olivetaner ihr Kloster. Im Garten des Museums sind noch die übriggebliebenen Reste der Ruine zu sehen. Die Sammlung umfaßt Funde aus der Stein- und Bronzezeit und aus der etruskischen und römischen Epoche, wie z.B. die berühmten Aretiner Vasen, wegen ihrer Farbe auch Korallengefäße genannt.

Öffnungszeiten
Via Margaritone 10, Tel.: 0575/20882, tägl. 9-14 und 9-13.30 Uhr (L. 8.000).

7.4 NÖRDLICHES CHIANA-TAL

Castiglion Fiorentino

Durch das fruchtbare Chiana-Tal führt die S.S. 71 südwärts nach Castiglion Fiorentino. Auf halber Strecke zwischen Arezzo und Cortona liegt der Ort aussichtenreich auf einem Hügel in etwa 500 m Höhe und ist von einer mittelalterlichen Mauer umgeben. Die Altstadt des lebhaften Provinzstädtchens mit mehr als 11.200 Einwohner ist sehr gut erhalten. Mittelalterliche Türme, enge gepflasterte Gassen, schöne Renaissancepaläste und zwei noch intakte Stadttore prägen das Stadtbild.

■ **Palazzo Comunale**
Hauptplatz ist die Piazza del Municipio mit der Loggia del Vasari. Von hier genießt man einen herrlichen Ausblick ins Chiana-Tal. Im Palazzo Comunale aus dem frühen 16. Jahrhundert ist die **Pinacoteca Comunale** mit einer Gemäldesammlung untergebracht.

Öffnungszeiten
Piazza del Municipio 12, 52043 Castiglion Fiorentino, Tel.: 0575/659457, Di-So 10-12.30 und 16-18.30 Uhr, im Winter: 10-12.30 und 15.30-18 Uhr, Mo geschl. (L. 2.000).

■ **San Francesco**
Die Kirche aus der 2. Hälfte des 13. Jahrhunderts erreicht man über die Hauptstraße, den Corso Italia, in Richtung Porta Fiorentina. Sie ist ein interessantes Beispiel für die Übergangszeit zwischen Romanik und Gotik. Während die Details der Fassade romanischem Formengut entsprechen, ist die langgestreckte Form mit hochgezogenen Fenstern ein Element der Gotik.

Öffnungszeiten
Mo, Di, Mi, Do, Sa 17.30-19 Uhr, Fr 8-11 Uhr, So 11-12 Uhr.

■ **Castello di Montécchio Vespóni**
Ca. 3 km südlich liegt eine der interessantesten und besterhaltenen Burgen in der Provinz von Arezzo. Der mächtige Festungsbau stammt aus dem 13. Jahrhundert. Der 30 m hohe Mittelturm ist schon von weitem sichtbar. Seinen wehrhaften Charakter verdankt das Castello den 263 m langen Zinnenmauern mit ihren mächtigen Türmen. Die Burg befindet sich in Privatbesitz und ist nur mit Führungen zu besichtigen.

Öffnungszeiten
Montécchio, Tel.: 0575/651272, Mo 11-13 Uhr

7.4 Nördliches Chiana-Tal

Cortona

Information
APT, Palazzo Venuti, Via Nazionale 42, 52044 Cortona, Tel.: 0575/630352/ 630610.

Überlandbusse
L.F.I., La Ferrovia Italiana, nach Arezzo, Castiglion Fiorentino, Foiano della Chiana, Mercatale, Terontola, Camucia, Pozzuolo, Ossaia, Montecchio del Loto, S. Pietro a Dame, Chianciano, Castiglion del Lago.

Bus-/Zugverbindung
Tägliche Busverbindung von Arezzo nach Cortona.
Bahn nach Camucia und dann mit dem Bus weiter nach Cortona.

Apotheken
• **Farmacia Centrale**, Via Nazionale 38, 52044 Arezzo, Tel.: 0575/603206.
• **Farmacia Ricci**, Piazza della Repubblica 8, 52044 Arezzo, Tel.:0575/603035.

Geldwechsel
• **Banca Popolare di Cortona**, Via Guelfa 4, 52044 Cortona, Tel.: 0575/630316.
• **Cassa di Risparmio di Firenze**, Piazza Signorelli 7, 52044 Cortona, Tel.: 0575/630337.
• **Monte dei Paschi di Siena**, Via Nazionale 42, 52044 Cortona, Tel.: 0575/630284.

Unterkunft
• ****** San Michele**, Via Guelfa 15, 52044 Cortona, Tel.: 0575/604348, Fax: 0575/630147, geschmackvoll restaurierter Renaissance-Palast im Stadtzentrum mit 35 individuell eingerichteten Zimmern (mehrere Suiten auch mit 3 und 4 Betten), im Turm des Hotels reizende kleine, über zwei Etagen gehende Suite mit herrlichem Panorama-Blick bis zum Lago di Trasimeno, DZ 135.000-190.000, Suite 170.000-210.000 Lire.
• ***** Italia**, Via Ghibellina 7, 52044 Cortona, Tel.: 0575/630254, Fax: 0575/630564, Palast aus dem 17. Jahrhundert im Stadtzentrum bei der Piazza Repubblica mit 27 Zimmern, DZ 70.000-90.000 Lire.
• ***** San Luca**, Piazza Garibaldi 2, 52044 Cortona, Tel.: 0575/630460, Fax: 0575/630105, großes Hotel mit 56 Zimmern unterhalb der südlichen Stadtmauer, mit Restaurant, DZ 90.000-115.000 Lire.

Jugendherberge
Ostello per la Gioventù, Via Maffei 57, 52044 Cortona, Tel.: 0575/601392, geöffnet von 15.2.-15.10., hübsch renoviertes ehemaliges Kloster oberhalb der südlichen Stadtmauer, L. 15.000.

Restaurants
• **Il Preludio**, Via Guelfa 11, 52044 Cortona, Tel.:0575/630104, neues, geschmackvoll eingerichtetes Restaurant neben dem Hotel San Michele, sehr gute toskanische Küche mit hervorragenden Trüffel- und Steinpilzgerichten zur Pilzsaison, gehobene Preisklasse.
• **La Loggetta**, Piazza Pescheria 3, 52044 Cortona, Tel.: 0575/630575, außer im Sommer Mo Ruhetag, in den Kellern des Palazzo Poccetti aus dem 16. Jh. im Stadtzentrum, mit Panoramaterrasse oberhalb der Piazza della Repubblica, toskanische Küche, gehobene Preisklasse.

7.4 Nördliches Chiana-Tal

- **Trattoria dell'Amico**, Via Dardano 12, 52044 Cortona, Tel.: 0575/604192, außer im Sommer Mo Ruhetag, neben der Piazza Repubblica, kleines Lokal mit einfacher toskanischer Küche, mittlere Preisklasse.

Feste/Märkte
- **Mostra Mercato Nazionale del Mobile Antico di Cortona**, findet bereits zum 34. Mal in den historischen Räumen der Palazzi Casali (Museo Accademia Etrusca) und Vagnotti statt. 26. August - 10. September. Informationen erhalten Sie bei der APT von Arezzo.
- **Sagra della Bistecca** 14. und 15. August, gastronomisches Straßenfest. Auf einem 14 qm großen Rost werden Steaks von Kälbern aus dem Chiana-Tal gebraten.
- **Mostra Mercato del Mobile Antico**, 25. August - 8. September, Antiquitätenmesse in den historischen Räumen des Palazzo Vagnotti.
- **Wochenmarkt,** jeden Samstag auf der Piazza Signorelli.

Cortona liegt auf einem Vorsprung des Monte Sant'Egidio (32 km südlich von Arezzo) an der Grenze zu Umbrien und ist von einem rechteckigen, mächtigen Mauergürtel umgeben. Von der Höhe der Stadtmauer blickt man auf eine der schönsten Landschaften Italiens: das fruchtbare Chiana-Tal mit einem Teil des Trasimenischen Sees und die Berge von Siena im Hintergrund, aus denen das vulkanische Massiv des Monte Amiata emporragt.

Von der Ebene aus führen serpentinenreiche Straßen hinauf zu den mittelalterlichen Stadttoren. Terrassenförmig überziehen Oliven, Pinien- und Zypressenhaine den Hang. Dazwischen stehen vereinzelt Villen, Bauernhäuser und Kirchen.

Cortona lebt von der Landwirtschaft, dem Kunsthandwerk und dem Tourismus. Eine der größten Attraktionen ist die jährlich stattfindende Antiquitätenmesse, an der sich Händler aus ganz Italien beteiligen.

STADTRUNDGANG

Durch die **Porta Sant'Agostino** beginnt der steile Anstieg über die mit Steinplatten gepflasterte Via Guelfa zum Zentrum der Altstadt, der **Piazza della Repubblica**. Seine Ostseite nimmt der **Palazzo del Popolo (1)** aus dem 14. Jahrhundert ein. Nach 1514 wurde er mehrmals umgebaut und mit offenen Arkaden versehen.

An seiner Westseite steht der **Palazzo Comunale (2)** mit einer breiten steilen Freitreppe und einem Uhrturm. Die ältesten Teile des Baus gehen wahrscheinlich

Piazza della Repubblica

7.4 Nördliches Chiana-Tal

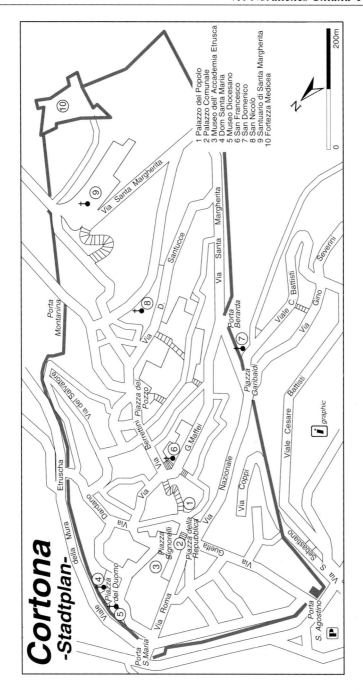

7.4 Nördliches Chiana-Tal

auf das frühe 13. Jahrhundert zurück. In den darauffolgenden Jahrhunderten wurde er erheblich verändert und 1896 restauriert.

▪ Museo dell'Accademia Etrusca (3)
Durch die Gasse neben dem Palazzo Comunale gelangt man auf die **Piazza Signorelli**. Im **Palazzo Casali** ist die Accademia Etrusca untergebracht. Durch einen Innenhof mit einer steilen Steintreppe gelangt man in die hellen und großzügigen Ausstellungsräume. Das sehenswerte Museum besitzt wertvolle Stücke aus der etruskischen Zeit. Zum größten Teil handelt es sich um reiche Grabbeigaben, die aus den zahlreichen Etruskergräbern aus der näheren Umgebung Cortonas stammen. Prunkstück der Sammlung ist ein einzigartiger Fund aus der Etruskerzeit: der bronzene etruskische Radleuchter mit Musikanten-Reliefs aus dem 5. Jahrhundert v. Christus.

Palazzo Comunale

Öffnungszeiten
Palazzo Casali, Piazza Signorelli 9, Tel.: 0575/630415, 1.4.-30.9. Di-So 10-13 und 16-19 Uhr, 1.10.-31.3. Di-So 9-13 und 15-17 Uhr, Mo geschl. (L. 5.000).

▪ Dom Santa Maria (4)
Die im 11. Jahrhundert gegründete Kirche ist geprägt durch einen Umbau im Renaissancestil von den Nachfolgern des Baumeisters Giuliano da Sangallo (1445-1516).
Daneben steht der **Bischofspalast**. Von hier oben genießt man einen schönen Panorama-Blick über das Chiana-Tal.

▪ Museo Diocesano (5)
Das Diözesan-Museum, gegenüber dem Dom, ist in der ehemaligen Jesuitenkirche Chiesa del Gesù untergebracht. Zur Sammlung gehören bemerkenswerte Bilder der Maler Pietro Lorenzetti, Beato Angelico, Duccio da Boninsegna und Luca Signorelli. Die interessante architektonische Anlage besteht aus zwei übereinandergebauten Schiffen (1498-1505) und wurde nach Plänen von Vasari im 16. Jahrhundert umgebaut. Im oberen Schiff befindet sich das Diözesan-Museum. Im unteren Teil sind Fresken von Vasari zu sehen.

Innenhof des Palazzo Casali

7.4 Nördliches Chiana-Tal

Öffnungszeiten
Piazza del Duomo 1, 52044 Cortona, Tel.: 0575/62830 1.4.-31.9. tägl. 9-13 und 15-18.30 Uhr, 1.10.-31.3. 9-13 und 15-17 Uhr, Mo geschl. (L. 5.000)

■ San Francesco (6)
Die gotische Franziskanerkirche liegt östlich des Palazzo Comunale. Bereits 1245 begonnen, ist sie eine der ältesten Franziskanerkirchen Italiens. Entsprechend den Prinzipien der Bettelorden ist das Äußere der einschiffigen Kirche sehr schmucklos. Das kostbarste Ausstattungsstück ist eine byzantinische Elfenbeintafel auf dem Hauptaltar (10. Jahrhundert).

■ San Domenico (7)
Die Kirche liegt südlich außerhalb der Stadtmauer und war ehemals Teil eines Dominikanerklosters. Eine Zeitlang war Fra Angelico Mitglied dieser Ordensgemeinschaft. Die Bettelordenskirche aus dem frühen 15. Jahrhundert besitzt einen Flügelaltar von Lorenzo Gherini mit einem Bild von Luca Signorelli.

■ San Nicolò (8)
Die kleine Kirche aus dem 15. Jahrhundert liegt an einem sehr ruhigen und beschaulichen Ort oberhalb des betriebsamen Zentrums auf halbem Weg zur Festung. Der Aufstieg hierher ist etwas mühsam. Er führt durch zahllose Gänge, steile Gassen und Treppenwege. Doch man wird mit der altertümlichen Atmosphäre dieses Viertels und herrlichen Ausblicken belohnt.

Vorbei am **Santuario di Santa Margherita (9)**, einer kleinen Wallfahrtskirche, gelangt man zur

Convento delle Celle

7.4 Nördliches Chiana-Tal

■ **Fortezza Medicea (10)**,
die hoch über dem Stadtkern liegt. Sie wurde 1556 auf älteren Fundamenten errichtet und beherbergt heute eine Lehr- und Forschungsanstalt.

■ **Tanella di Pitagora**
Südlich der **Porta Sant'Agostino** erreicht man ein etruskisches Grab, das wahrscheinlich aus dem 4. Jahrhundert v. Chr. stammt und wegen einer Verwechslung den Namen von Pythagoras erhielt. Über einer runden Plattform erhebt sich eine rechteckige Grabkammer, die von Monolithen bedeckt ist.

■ **Convento delle Celle**
Ein schöner Spaziergang führt zu einem ca. 4 km oberhalb von Cortona liegenden Franziskanerkloster. Das reizvolle Ensemble von Mönchszellen liegt idyllisch inmitten von Terrassengärten, durch die ein Gebirgsbach fließt. 1211 gründete Franz von Assisi dieses Kloster. Zu besichtigen sind die kleine Kirche von 1572 und einige Klosterzellen.

Öffnungszeiten
Tel.: 0575/603362, tägl. im Sommer: 9-12 und 16-19 Uhr, im Winter: 15.30-17 Uhr.

7.5 CASENTINO UND VALTIBERINA

7.5.1 ÜBERBLICK

Unter dem **Casentino** versteht man das obere Tal des Arno, vom Monte Falterone, wo er entspringt, bis nach Arezzo. Parallel zum Arno durchfließt der Tiber in seinem oberen Teil das sogenannte **Valtiberina**. Beide Flüsse sind nur durch ein schmales Bergjoch getrennt. Das Casentino ist grüner und heiterer als das benachbarte Valtiberina. Von Arezzo bis Bibbiena ist das Arno-Tal gewunden und schmal, um sich dann bis nach Pratovecchio wie ein Amphitheater zu öffnen. Im Westen wird es durch den Höhenrücken des **Pratomagno** und im Osten durch die Ausläufer des Monte Falterone begrenzt.

Von Florenz führt die Staatsstraße Nr. 70 über Pontassieve auf den Consuma-Paß in 1.060 Metern Höhe in diese Region. Ab Bibbiena geht sie in die Nr. 71 über und führt weiter bis nach Arezzo. Ins Valtiberina führt die kurvenreiche Nr. 73. Während auf den Hügeln des Casentino Oliven- und Weingärten liegen, wird das obere Tiber-Tal von Wald- und Weideland beherrscht.

Der äußerste Nordostzipfel der Toskana bietet außer einer schönen Landschaft auch interessante Sehenswürdigkeiten. Aufgrund seiner Lage abseits der Touristenzentren wird das Gebiet jedoch nur wenig frequentiert.

7.5.2 Casentino und Valtiberina – Reisepraktische Hinweise

7.5.2 REISEPRAKTISCHE HINWEISE

Wichtige Telefonnummern
● Vorwahl: 0575
● Polizei: 112, Feuerwehr: 115, Pannenhilfe (A.C.I): 116, Erste Hilfe: 118

Bus-/Zugverbindung
● **SITA**; Autobus nach Florenz, Tel.: 055/211487-214721.
● **L.F.I.**, lokale Buslinie, Bahnhof in Bibbiena: Tel. 0575/593471.
● **L.F.I.**, Zugverbindung Arezzo-Stia, Tel.: 0575/370687.

Camping
● **Fonte del Menchino**, Loc. Camaldoli, Tel.: 0575/556157, an der Straße nach Eremo di Camaldoli, geöff. 1.6.-30.9.
● **La Verna**, Loc. Vezzano 31, Chiusi della Verna, Tel.: 0575/532093, geöff. 15.6.-15.9.
● **Parco Pucini**, Loc. Pucini, Camaldoli, Tel.: 0575/556006, geöff. 1.6.-30.9.
● **Il Capanno**, Loc. Capanno Badia Prataglia, Tel.: 0575/518015, geöff. 20.6.-30.9.

Aktivitäten
● Für **Golfspieler** im Golf Club Casentino, Loc. Palazzo, Poppi, Tel.: 0575/520317, 9-Loch-Parcours.
● **Wandern** im **Parco Nazionale delle Foreste Casentinesi, Monte Falterona e Campigna**. 35.000 Hektar großer Nationalpark der Toskana und der Emilia-Romagna. Kostenloses Kartenmaterial mit vorgeschlagenen Routen erhältlich bei Centro Visite Parco, Ufficio Turistico Museo Forestale, Via Nazionale 14, Badia Prataglia, Tel.: 0575/559054.

7.5.3 CASENTINO

Bibbiena

Information
Azienda di Promozione Turistica, Via Berni 29, Tel.: 0575/593098.

Unterkunft
*** **Borgo Antico**, Via B. Dovizi 18, 52011 Bibbiena, Tel.: 0575/536445, Fax: 0575/536447, restauriertes Hotel in der Altstadt, DZ 90.000-100.000 Lire.

Wochenmarkt
jeden Do vormittag.

Die lebhafte Kleinstadt liegt ca. 30 km nördlich von Arezzo auf einem Hügel. Im Tal hat sich ein modernes Viertel entwickelt, das Handels- und Industriezentrum des Casentino. Bibbiena hat seine Ursprünge in der etruskischen Zeit und gehörte im Mittelalter zum Feudalbesitz der Bischöfe von Arezzo. Aus dieser Zeit stammen einige Herrschaftspaläste. Unter ihnen ist der

7.5.3 Casentino

■ **Palazzo Dovizi**
hervorzuheben. Der Renaissancebau wurde 1498 für den Kardinal Bernardo Dovizi errichtet. Wie die meisten Stadtpaläste ist er in Privatbesitz und für Besucher nicht zugänglich. Gegenüber befindet sich die dreischiffige Kirche San Lorenzo.

Poppi

Unterkunft
** **Casentino**, Piazza Repubblica 6, 52014 Poppi, Tel.: 0575/529090, stilvoll restauriertes Wirtschaftsgebäude des Schlosses, mit gutem Restaurant, DZ 80.000 Lire.

Wochenmarkt, jeden Sa vorm.

Poppi liegt im Herzen des Casentino, ungefähr 40 km nördlich von Arezzo und 55 km östlich von Florenz. Der Ort wird gänzlich vom **Castello Pretorio** im Zentrum der Altstadt eingenommen. Hier residierten von 1100 bis 1400 die Feudalherren der Guidi. In dieser geschützten Hochlage konnten sie bis ins 15. Jahrhundert ihre Unabhängigkeit gegenüber Florenz bewahren. Das zinnenbewehrte mittelalterliche Schloß ist sehr gut erhalten. Im Innern sind kostbar ausgestattete Räume, eine Bibliothek mit einer alten Handschriftensammlung und die Kapelle mit Fresken von Taddeo Gaddi zu besichtigen.

Öffnungszeiten
Loc. Poppi, Tel.: 0575/529964, tägl. 9.30-12.30 und 14.30-17.30 Uhr, Mo geschl. (L. 5.000).

■ **Zoo Fauna Europea**
In diesem Tierpark, der sich über ein Waldgebiet von ungefähr 50 Hektar mit Pinien-, Kastanien- und Eichenbäumen erstreckt, kann man Bären, Hirsche, Büffel, Elche und viele andere Tierarten beobachten.

Öffnungszeiten
Via del Parco 16, 52014 Poppi, Tel.: 0575/504541, Fax: 0575/504174, im Sommer: 8-17 Uhr, im Winter: 8-20 Uhr (L. 7.000).

Über **Pratovecchio** gelangt man zu einer weiteren Burg der Grafen Guidi, zum **Castello Romena**. Um 1100 errichteten die mächtigen Feudalherren der Gegend auf dem Hügel von Romena ihr zweites Kastell. Mit 14 Türmen und drei Mauergürteln befestigt, konnte von hier aus das gesamte Casentino kontrolliert werden. Drei Türme und ein Teil der Befestigungsmauern sind noch erhalten.

Öffnungszeiten
Castello Romena, Pratovecchio, Tel.: 0575/58633, Privatbesitz, Besichtigung nach Voranmeldung (Eintritt frei).

187

7.5.3 Casentino

Unterhalb des Kastells liegt eine der ältesten und interessantesten romanischen Kirchen im Casentino, die **Pieve di S. Pietro a Romena**. Archäologische Grabungen ergaben, daß die um 1150 errichtete Kirche auf den Fundamenten eines kleineren Vorgängerbaus aus dem 8./9. Jahrhundert ruht. Die Außenwände der Apsis und die Rückseiten der Seitenschiffe sind durch Blendarkaden auf Halbsäulen und zahlreiche Fensteröffnungen belebt. Die schlichte Fassade wurde 1678 erneuert. Gedrungene Säulen gliedern das Innere der dreischiffigen Basilika. Die Arkadenbögen ruhen auf würfelförmigen Kapitellen mit sehr plastischer Dekoration. Vor allem die figürlichen Darstellungen und die Monsterwesen verdienen wegen ihrer Ausdruckskraft besondere Beachtung.

Öffnungszeiten
Tel.: 0575/58725, Besichtigung nach Voranmeldung.

Camaldoli

Unterkunft
Foresteria del Convento, Camaldoli, Tel.: 0575/556013, Fax: 0575/556001, Gästehaus des Klosters, auch mit Vollpension, DZ 60.000 Lire.

Die Abtei Camaldoli liegt etwa 50 km nördlich von Arezzo in den dichtbewaldeten Bergen des Casentino und ist das Zentrum des Kamaldulenserordens. Die Bautengruppe des Klosters umfaßt das Konventsgebäude, das Pilgerhospiz und die Kirche. Im Inneren der Kirche hängen Bilder von Vasari. Der

Einsiedelei Camaldoli

7.5.3 Casentino

reizvolle Kreuzgang stammt von 1543. Die Apotheke mit ihrer alten Einrichtung ist besonders sehenswert. Hier werden klostereigene Erzeugnisse, wie Seifen, Honigprodukte und Liköre, verkauft.

Öffnungszeiten
Convento di Camaldoli, Tel.: 0575/556013.

■ Eremo di Camaldoli

Wenige Kilometer oberhalb von Camaldoli gründete der Heilige Romuald 1012 seine erste Einsiedelei mit fünf Zellen und einer kleinen Kapelle. Der Komplex ist umgeben von Wäldern und besteht heute aus einer Gruppe von 20 Mönchszellen und einer Kirche. Die Chiesa del Salvatore wurde 1027 gegründet und im späten 17. Jahrhundert barock erneuert.

Öffnungszeiten
Eremo di Camaldoli, Tel.: 0575/556013, Mo-Sa 8.30-11.15 u. 15-18 Uhr, So 8.30-11.45 u. 12-12.30 Uhr.

La Verna

Unterkunft
Foresteria del Convento, La Verna, Tel.: 0575/534210-211, Gästehaus des Klosters, auch mit Vollpension, DZ 50.000.

Empfehlenswert ist der Besuch dieses Franziskanerklosters. Es liegt ca. 60 km nördlich von Arezzo in landschaftlich schöner Lage, inmitten von Nadelwäldern. Auf dem Berg Verna gründete Franz von Assisi 1214 die erste Einsiedelei. Nach der Überlieferung erhielt er 1224 an diesem Ort seine Wundmale. Seither ist diese geheiligte Stätte ein beliebter Wallfahrtsort.

Beim Eingang steht die kleine Kirche Santa Maria degli Angeli mit Terrakotten aus der Werkstatt der Della Robbia und daneben die Chiesa Maggiore mit Terrakotten von Andrea della Robbia. Über den Corridoio delle Stimmate (Gang der Stigmata), geschmückt mit Fresken über Franziskus, gelangt man zur Chiesa delle Stimmate. Unterhalb des Klosters befinden sich ein großer Parkplatz und ein Ausflugslokal.

Kloster La Verna

Öffnungszeiten
Convento della Verna, Tel.: 0575/5341, Fax: 0575/599320, ganztägig geöffnet (Eintritt frei).

7.5.4 VALTIBERINA

Caprese Michelangelo

Unterkunft/Restaurant
*** **Il Faggeto**, Loc. Alpe Faggeta, 52033 Caprese Michelangelo, Tel.: 0575/793925, ruhiges angenehmes Hotel mitten im Wald, abseits vom städtischen Trubel, besonders zu empfehlen ist das Restaurant, DZ 60.000-80.000 Lire.

Wie der Name schon verrät, wurde in dem kleinen Ort am 6. März 1475 Michelangelo geboren. Sein Vater Lodovico Buonarotti stammte aus Florenz und wurde als Bürgermeister (Podestà) nach Caprese versetzt. Über dem Ort liegt die wiederaufgebaute Burg aus dem 14. Jahrhundert mit einem kleinen Museum. Es enthält Kopien und Fotografien seiner Werke. Gegenüber steht das frühere Haus des Podestà, das allgemein als das Geburtshaus Michelangelos gilt.

Öffnungszeiten
Museo Michelangelo, Loc. Capoluogo, 52033 Caprese Michelangelo, Tel.: 0575/793912, tägl.: 9.30-12-30 und 15.30-17.30 Uhr (Eintritt frei).

Sansepolcro

Information
APT im Gebäude des Museo Civico, Tel.: 0575/730231, Fax: 0575/740536, hier erhalten Sie Informationen über die Führungen im Museum, Dom, Santa Maria delle Grazie, S. Francesco, S. Lorenzo, S.Giovanni.

Unterkunft/Restaurant
● *** **Fiorentino**, Via L. Pacioli 60, 52037 Sansepolcro, Tel.: 0575/740350, Fax: 0575/740370, zentrales, schön restauriertes Hotel mit gepflegtem Restaurant, DZ 80.000 Lire.
● *** **L'Oroscopo**, Piazza Togliatti 66-68, 52037 Sansepolcro, Tel.: 0575/734875, Fax: 0575/735051, schöne Zimmer mit Stilmöbeln, sehr gutes Restaurant, DZ 80.000-110.000 Lire.

Feste und Märkte
Palio della Balestra, am 2. Sonntag im September findet ein Armbrustschützenfest in historischen Kostümen statt.

Sansepolcro ist der größte Ort im oberen Tibertal und liegt gut 35 km nordöstlich von Arezzo. Die Struktur der Stadt mit der noch erhaltenen viereckigen Stadtmauer und ihren Toren stammt aus dem Mittelalter. Das Stadtbild wird hingegen zum großen Teil durch Gebäude aus der Renaissance und dem Barock geprägt.

Die Stadt steht ganz im Zeichen ihres berühmten Sohnes Piero della Francesca (1416 - 1492). Zu seinem 500. Todestag 1992 wurden viele Häuser aus dem Mittelalter und der Renaissance renoviert, das städtische Museum und sein Geburtshaus aufwendig umgebaut.

7.5.4 Valtiberina

■ **Museo Civico**
Hier sind sehenswerte Altartafeln und Fresken ausgestellt, die in den verschiedenen Kirchen abgenommen wurden. Darunter sind die berühmte Schutzmantelmadonna des Polyptychons "Madonna della Misericordia" und die "Auferstehung" von Piero della Francesca.

Öffnungszeiten
Via Aggiunti 65, 52037 Sansepolcro, Tel.: 0575/732218, Fax: 0575/732258, Juni - September tägl. 9-13.30 und 14.30-19.30 Uhr, Oktober - Mai 9.30-13 und 14.30-18 Uhr, 25. Dez., 1. Jan., Ostern und 15. Aug. geschl. (L. 10.000).

Anghiari

Piero della Francesca

Unterkunft
*** **La Meridiana**, Piazza IV Novembre 8, 52031 Anghiari, Tel.: 0575/788102, Fax: 0575/788365, Mittelklassehotel mit 22 Zimmern, alle mit Bad, Restaurant, DZ 75.000 Lire.

Am Ortsanfang bietet eine Aussichtsterrasse einen großartigen Blick auf die weite Ebene des oberen Tiber-Tals bis nach Sansepolcro. Im 16. Jahrhundert wurden außerhalb der alten Burgmauern ein Platz und eine stark abfallende Straße angelegt. Ein Spaziergang durch den gut erhaltenen mittelalterlichen Ortskern führt über steingepflasterte Gassen, Treppen, durch Torbögen und vorbei an kleinen Gärten.

■ **Museo Statale**
Im **Palazzo Taglieschi** aus der Renaissance sind Skulpturen und Gemälde aus Kirchen und historischen Gebäuden aus dem Valtiberina ausgestellt. Hervorzuheben sind die Terrakotta-Sammlung und die Holzskulpturen aus dem 14. - 16. Jahrhundert.

Öffnungszeiten
Piazza Mameli 6, 52031 Anghiari, Tel.: 0575/788001, tägl. 9-19 Uhr, So Führungen stündlich ab 14.30 (Eintritt frei).

Monterchi

Für Piero della Francesca-Liebhaber ist ein Abstecher nach Monterchi ein absolutes Muß, denn in der Volksschule ist eines seiner Hauptwerke zu bewundern: das Fresko "Madonna del Parto". Die Darstellung der schwangeren Jungfrau Maria (um 1445) stammt ursprünglich aus der Friedhofskapelle von Monterchi. Auf diesem Friedhof liegt die Mutter Piero della Francescas be-

7.5.4 Valtiberina

graben. Für die jahrelangen Restaurierungsarbeiten wurde das Fresko abgenommen und in die Volksschule von Monterchi gebracht, wo es vorläufig bleiben soll. Zum ersten Mal in der abendländischen Kunst stellte ein Künstler die Jungfrau als Schwangere dar. Er gab der Maria die sanften Gesichtszüge einer Frau aus dem Volk, die mit ihrer Hand das Gewand öffnet und damit auf ihre Schwangerschaft hinweist. An ihren Seiten stehen zwei spiegelbildliche Engel. Sie schieben die brokatenen Vorhänge des mit Pelz ausgestatteten Baldachins zur Seite.

Die Restaurierungsarbeiten der Madonna del Parto und Bilder der Chorfresken in Arezzo sind sehr aufwendig dokumentiert.

Öffnungszeiten
Via della Reglia, Monterchi, Tel.: 0575/70713, Di - So 9-13 und 14-19 Uhr, Mo geschl. (L. 5.000).

8 Siena und Umland

8 SIENA UND DAS UMLAND

- Besuch des Palio delle Contrade
- Ausflug nach San Gimignano und Volterra
- Besichtigung von Sant'Antimo
- Landschaftsfahrt durch die Crete
- Weinprobe in Montepulciano und Montalcino

8.1 ÜBERBLICK

Das gotische Siena, geschichtsträchtig und reich an Kunstwerken, bietet eine ganz eigenartige Atmosphäre wie aus früheren Zeiten. Zwischen der Stadt und ihren Einwohnern besteht eine besonders enge Beziehung. Diesem Umstand ist es zu verdanken, daß Siena noch eine vollständig erhaltene mittelalterliche Altstadt besitzt. Trotzdem ist die Stadt selbst kein Museum, sondern vielmehr eine lebendige Provinzhauptstadt mit einer hervorragenden Infrastruktur. Siena eignet sich durch Verkehrsanbindung und Nähe zu den schönsten und interessantesten Orten der Toskana hervorragend als Ausgangspunkt für Ausflüge.

Das abwechslungsreiche Umland von Siena hat die unterschiedlichsten Gesichter. Südöstlich von Siena, zwischen Asciano und dem Arbia-Tal liegt die karge und zugleich faszinierende Mondlandschaft der Crete. Die sanften Hügel reichen wellenförmig bis nach Pienza. Eine Fahrt durch das Hügelmeer der **Crete Senesi** führt vorbei an einsam und majestätisch gelegenen Klöstern. Das gleichmäßige Landschaftsbild mit Ölbäumen und Rebstöcken ist verschwunden. Hier wird überwiegend Getreide angebaut und Schafzucht betrieben. Die einzelnen Häuser, von Zypressen umstanden, heben sich deutlich von der Umgebung ab. Lange Zeit war die Crete ein touristisch unerschlossenes Gebiet. Mittlerweile hat sich das geändert. Trotzdem halten sich die Besucherzahlen immer noch in Grenzen.

Im Westen, auf einem lieblichen Hügel im Elsa-Tal, umgeben von Weingärten, thront ein städtebauliches Kleinod, **San Gimignano** mit seinen Geschlechtertürmen. Nur 30 km weiter westlich erhebt sich das eher düstere **Volterra**. Die be-

8 Siena und Umland

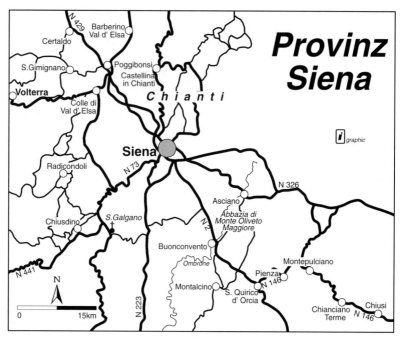

deutende Stadt der Etrusker und des **Alabasters** liegt inmitten einer stark erodierten Landschaft, der **Balze**.

Die Wirtschaft dieser Region basiert vor allem auf der Landwirtschaft und auf der ständig wachsenden Tourismusbranche. Industrie spielt nur eine bescheidene Rolle. Es handelt sich dabei um kleine und mittelständische Betriebe aus der mechanischen, pharmazeutischen und Lebensmittel-Branche. Die Gegend von Siena ist auch bekannt als das Land der fürstlichen Weine. Außer dem Chianti im Norden sind vor allem die berühmten Rotweine im Süden der Region hervorzuheben: der **Brunello von Montalcino** und der **Vino Nobile von Montepulciano**.

8.2 REISEPRAKTISCHE HINWEISE

Information
APT Hauptbüro, zuständig für die gesamte Provinz, Via di Città 43, 53100 Siena, Tel.: 0577/42209, Fax: 0577/281041.

Zugverbindung
Siena liegt an einer Nebenstrecke, fast stündliche Verbindung über Poggibonsi, Castelfiorentino und Empoli nach Florenz oder nach Pisa und Livorno oder Anschluß nach Orvieto, Zugauskunft: Bahnhof an der Piazzale Flli. Rosseli, 7.30-20 Uhr.

8.2 Siena und Umland – Reisepraktische Hinweise

Überlandbusse
TRA-IN, stündliche Verbindung nach Florenz, San Gimignano und Volterra, Fahrkartenverkauf und Information an der Piazza San Domenico, Tel.: 204245.

Hotelreservierung
● **Siena Hotels Promotion**, Piazza San Domenico, 53100 Siena, Tel.. 0577/288084, Fax: 0577/280290, Sommer 9-20 Uhr, Winter 9-19 Uhr, So geschl.
● **Protur**, Via Fontanella 4, Parcheggio Il Campo, 53100 Siena, Tel.: 0577/45900, Fax: 0577/283145, Sommer 9-14 Uhr u. 15-20 Uhr, Winter 9-13 Uhr u. 15-19 Uhr, So geschl.

Agriturismo
Auf Anfrage ist bei der APT Siena kostenlos ein Führer mit Karte über "Urlaub auf dem Bauernhof" erhältlich (Guida Agrituristica della Provincia di Siena). Er enthält eine kurze Beschreibung der Objekte und ist bebildert.

8.3 SIENA

8.3.1 ÜBERBLICK

Bereits von weitem erblickt man die Silhouette Sienas mit ihren spitzen Türmen und Fialen. In der näheren Umgebung gibt es keine Vororte, nur vereinzelt stehen einige Häuser um eine Kirche gruppiert auf einer Anhöhe. Im Norden liegen die bewaldeten und bestellten Hügel des Chianti und im Süden die kargen Steilhänge der Crete. Von Florenz aus erreicht man die Stadt bequem über eine moderne Schnellstraße (Superstrada) oder mit der Bahn.

Siena ist zwar mit rund 65.000 Einwohnern die kleinste unter den Provinzhauptstädten, aber nach Florenz das bedeutendste Kunstzentrum der Toskana. Während Florenz eine Stadt der Renaissance ist, gilt Siena als die gotische Stadt schlechthin.

Redaktions-Tips

■ Besichtigung des Palazzo Pubblico und Ausblick vom Torre della Mangia
■ Süße Spezialitäten aus der Pasticceria Nannini naschen
■ Abendessen in der Antica Trattoria Botteganova
■ Besichtigung des Doms und der Maestà von Duccio di Buoninsegna im Dommuseum
■ Aufstieg auf den Facciatone
■ Besuch des Palio und der Contraden-Museen

Auf den drei Hügeln Terzo di Camollia, Terzo di San Martino und Terzo di Città gelegen, bildet sie ein einzigartiges Gewirr von steilen Gassen und engen Plätzen. Die drei alten Straßen Via di Città, Via Banchi di Sopra (früher Camollia) und Via Banchi di Sotto (früher S. Martino), die auf den Hügelrücken verlaufen, bilden eine Art Y. Sie verbanden Siena mit dem Meer im Westen, Florenz im Norden und Rom im Süden. Kreuzungspunkt dieser drei Straßen ist der Croce del Travaglio in der Nähe der **Piazza del Campo**. Der berühmteste Platz in der Toskana und einer der schönsten Italiens ist muschelförmig in einer natürlichen Senke angelegt.

8.3.1 Siena – Überblick

Bei einem Stadtrundgang geht es immer auf und ab, von einem Hügelrücken zum nächsten, mit weiten Ausblicken auf die umliegende Hügellandschaft. Immer wieder gelangt man wie magisch angezogen in das Herz der Stadt, auf den Campo.

Zweimal jährlich findet hier der **Palio** delle Contrade statt, ein historisches Pferderennen, bei dem die verschiedenen Stadtteile, die Contraden, gegeneinander antreten.

Der Palio ist nur nebenbei eine touristische Attraktion. Vielmehr ist der Wettkampf seit Jahrhunderten das beliebteste Gesellschaftsspiel der Sienesen. Mit wahrer Begeisterung beteiligen sich das ganze Jahr über jung und alt an den Vorbereitungen für dieses Fest, und besser als alles andere vermittelt der Besuch des Palio eine Vorstellung von der Stadt und ihren Bürgern.

Piazza del Campo

8.3.2 REISEPRAKTISCHE HINWEISE

Information
APT Siena, Centro Servizi Informazioni Turistiche, Piazza del Campo 56, 53100 Siena, Tel.: 0577/280551, Fax: 0577/270676, Sommer tägl. 8.30-19.30 So geschl., Winter 8.30-13 und 15.30-18.30 Uhr, Sa nachm. und So geschl.

Wichtige Telefonnummern
- Vorwahl: 0577
- Polizeinotruf: 112, Polizei: 292558, Feuerwehr: 115, Erste Hilfe: 280028, Pannendienst: 116

Buslinien im Stadtverkehr
TRA-IN, Fahrkartenverkauf und Information an der Piazza Gramsci, Tel.: 204246.

8.3.2 Siena – Reisepraktische Hinweise

Zugauskunft
Ufficio Informazioni Ferroviarie im Hauptbahnhof, Piazza Fratelli Rosselli, Tel.: 0577/280115.

Taxi
- **Radio-Taxi**, Tel.: 49222.
- **Piazza Matteotti**, Tel.: 289350.
- **Piazza Stazione**, Tel.: 44504.

Autovermietung
- **Bellucci Daniele**, Agenzia Hertz c/o Albergo Lea, Viale XXIV Maggio 10, Tel.: 45085.
- **De Martino Autonoleggi**, Agenzia AVIS, Via Simone Martini 18, Tel.: 270305.
- **Minucci Benito**, Viale Sardegna 11, Tel.: 282000.
- **General Cars**, Viale Toselli 20/26, Tel.: 40518, Fax: 47984.

Fahrradverleih
- **DF Bike**, Via dei Gazzani 14, Tel.: 41559.
- **Automotocicli Perozzi**, Via del Romitorio 5, Tel.: 223157 (Fahrrad- und Motorrollerverleih).

Automobilclub
Automobil Club d'Italia (A.C.I.), Viale Vittorio Veneto 47, Tel.: 49001.

Unterkunft
- ****** Athena**, Via P. Mascagni 55, 53100 Siena, Tel.: 0577/286313, Fax: 0577/48153, großes, modernes Hotel, schlichte Zimmer, aber zentrumsnah mit eigener Garage, DZ 170.000-220.000 Lire.
- ****** Park Hotel**, Via Marciano 18, 53100 Siena, Tel.: 0577/44803, Fax: 0577/49020, teuerstes und schönstes Hotel Sienas, sehr ruhig gelegen auf einem Hügel oberhalb der Stadt mit herrlichem Blick, komfortabel ausgestatteten Zimmern und schönen Gartenanlagen mit Tennisplätzen und Swimmingpool, DZ 330.000-440.000 Lire.
- ****** Villa Scacciapensieri**, Via di Scacciapensieri 10, 53100 Siena, Tel.: 0577/41441, Fax: 0577/270854, ca. 3 km außerhalb, restauriertes Landhaus mit Park, Tennisplatz und Swimmingpool, DZ 190.000-380.000 Lire.
- ***** Santa Caterina**, Via E.S. Piccolomini 7, 53100 Siena, Tel.: 0577/221105, Fax: 0577/271087, in der Nähe der Porta Romana im Zentrum, gut ausgestattete Zimmer und schöner Garten, liegt zwar an einer Straßenkreuzung, die Fenster sind jedoch schallisoliert, DZ 150.000 Lire.
- ***** Palazzo Ravizza**, Pian dei Mantellini 34, 53100 Siena, Tel.: 0577/280462, Palazzo aus dem 17. Jahrhundert, zentrumsnah, komfortabel schöne Zimmer, Garten hinter dem Haus, DZ 130.000-184.000 Lire.
- **Hotelreservierung:**
- **Siena Hotels Promotion**, Piazza San Domenico, 53100 Siena, Tel.. 0577/288084, Fax: 0577/280290, Sommer 9-20 Uhr, Winter 9-19 Uhr, So geschl.
- **Protur**, Via Fontanella 4, Parcheggio Il Campo, 53100 Siena, Tel.: 0577/45900, Fax: 0577/283145, Sommer 9-14 Uhr u. 15-20 Uhr, Winter 9-13 Uhr u. 15-19 Uhr, So geschl.

Jugendherberge
Ostello Guidoriccio, Via Fiorentina 89, Loc. Stellino, 53100 Siena, Tel.: 0577/52212, Fax: 0577/56172, ca. 3 km außerhalb mit der Buslinie 15 von der Piazza Gramsci, ganzjährig geöffnete Jugendherberge mit 111 Betten, leider etwas laut, 18.5000-21.000 Lire.

8.3.2 Siena – Reisepraktische Hinweise

Camping
*** **Siena Colleverde**, Strada di Scacciapensieri 47, 53100 Siena, Tel: 0577/ 280044, Fax: 0577/333298, mit der Buslinie 8 von der Piazza Gramsci, geöff. 21.3.-10.11. (Erw., Zelt, Auto L. 11.000-13.000), der Campingplatz mit vielen Bäumen liegt auf einem Hügel, mit Schwimmbad.

Agriturismo
- **Podere il Casello**, Loc. Vico d'Arbia, 53100 Siena, Tel. u. Fax: 0577/369189, restauriertes Bauernhaus, 6 km von Siena entfernt, mit 4 DZ, 4 Bäder, Küche, Wohnzimmer, Garten, Telefon u. Fax.
- **Podere il Palazzetto**, Stradi di Larniano 2, Loc. Larniano-Pieve a Bozzone, 53100 Siena, Tel. u. Fax: 0577/223661, restauriertes Bauernhaus, 4 km von Siena entfernt, restauriertes Bauernhaus, 4 DZ, 3 Bäder, Küche, Wohnzimmer, Garten, Telefon.
- **Fattoria Il Ferraiolo** di Ciliberti Letizia, Strada di Montechiaro 54, 53010 Pianella-Siena, Tel.: 0577/363013-0583/493776, geöff. Mai-September. Das Landgut liegt inmitten von Weinbergen und Olivenhainen ca. 10 km von Siena entfernt, mit 2 Wohnungen für 7/9 Pers.
- **Azienda Agricola Fullino di Paolini Orlando**, Via Belriguardo 158, 53100 Siena, Tel.: 0577/685524, Fax: 0577/686480, ganzjährig geöffnet. Idyllisch gelegenes Landgut mit einer Ferienwohnung in einem restaurierten Bauernhaus.
- **Azienda Agricola Il Colle**, Strada del Tinaio 2, 53100 Siena, Tel.: 0577/364795, ganzjährig geöffnet. Das Landgut liegt in der Nähe von Siena auf einem Hügel, 2 unabhängige Wohnungen.

Restaurants
- **Osteria dell'Artista**, Via Stalloreggi 11, 53100 Siena, Tel.: 0577/380306, Do Ruhetag, mittlere Preisklasse.
- **Locanda Garibaldi**, Via G. Dupré 18, 53100 Siena, Tel.: 0577/284204, Sa Ruhetag, mittlere Preisklasse.
- **Rosticceria Monti**, Via Calzoleria 12, 53100 Siena, Tel.: 0577/289010, Fr Ruhetag, mittlere Preisklasse.
- **Mariotti da Mugolone**, Via dei Pellegrini 8/12, 53100 Siena Tel.: 0577/283235, Do Ruhetag, traditionsreiches Lokal mit klassischer sienesischer Küche, mittlere Preisklasse.
- **La Torre**, Via Salicotto 7, 53100 Siena, Tel.: 0577/287548, Do Ruhetag, traditionelle Küche, einfach und gut zubereitete Speisen, mittlere Preisklasse.
- **Antica Trattoria Botteganova**, Via Chiantigiana 29, 53100 Siena, Tel.: 0577/284230, So Ruhetag, etwas außerhalb in Richtung Gaiole auf der Chiantigiana, eines der besten Restaurants der Provinz mit hervorragendem Weinkeller (der Inhaber Ettore Silvestri ist in der italienischen Sommelier-Vereinigung), hervorragende toskanische Küche, gehobene Preisklasse.

Weinhandlungen
- **Enoteca Italiana**, Fortezza Medicea, Tel.: 0577/ 288497, Fax: 0577/ 270717, tägl. 1.4.-30.9.: 12-1.00 Uhr, 1.10.-31.3.: 12-0.30 Uhr, sehr gut sortierter Weinkeller mit Verkostung in den Gewölben der alten Festung.
- **Enoteca Le Bollicine**, Via Giovanni Dupré 64, 53100 Siena, Tel.: 0577/42650, einer der besten Weinläden Sienas mit Verkostung, abends geöffnet.
- **Enoteca San Domenico**, Via del Paradiso 56, sehr gutes Weingeschäft, hier wird alles angeboten, was die Toskana zu bieten hat.

Einkaufen
- **Pasticceria Nannini**, Via F. Tozzi 2, 53100 Siena, Tel.: 0577/41301, Viccolo Rinuccini/Banchi di Sopra 24, süße Spezialitäten sind: Mandel-Nuß-Gewürzkuchen (Panforte), Honig-Mandel-Plätzchen (Ricciarelli). Danilo Nannini ist nicht

8.3.2 Siena – Reisepraktische Hinweise

nur für seine Backwaren berühmt, sondern auch für seine Kinder: die Rocksängerin Gianna Nannini und Formel-1- Rennfahrer Alessandro.
- **Drogheria Manganelli**, Via di Città 71/73, 53100 Siena, Tel.: 0577/280002, traditionsreiches Feinkostgeschäft, vor allem spezialisiert auf Süßigkeiten, wie z.B. Panforte und Wein.
- **Gastronomia Morbidi**, Banchi di Sopra 75, 53100 Siena, Tel.: 0577/280268, traditionsreiches Feinkostgeschäft, spezialisiert auf Wurst- und Käsesorten und Spezialitäten der sienesischen Küche zum Mitnehmen.
- **Consorzio Agrario**, Via Pianigiani 9, Supermarkt des Dachverbandes der toskanischen Produzenten mit all ihren Produkten.

Nightlife – Club/Discoteche
- **Al Cambio**, Via Pantaneto 48, Tel.: 0577/43183
- **Gallery**, Via Pantaneto 13, Tel.: 0577/288378
- **L'Officina**, Piazza del Sale 3, Tel.: 0577/286301
- **Barone Rosso**, Via dei Termini 9.
- **Caffè 115**, Via dei Rossi 115.

Veranstaltungen/Märkte
- **Palio** am 2. Juli und 16. August (siehe Infokasten "Der Palio und die Contraden").
- **Mercato** mit Kleidern jeden Mittwoch, von der Viale XXV Aprile bis zur Piazza La Lizza von 8-13 Uhr.
- **Flohmarkt**, im Kreuzgang von San Domenico, jeden 3. Sonntag.
- **Lebensmittelmarkt**, tägl. an der Piazza Mercato.

Sprachkurse
- **Università per Stranieri di Siena**, staatlich anerkannte Universität für Ausländer. Informationsmaterial erhält man über: **Divisione Promozione**, Via dei Termini 6, 53100 Siena, Tel.: 0577/280695, Fax: 0577/281030.
- **Segreteria Studenti**, Piazzetta Grassi 2, 52100 Siena, Tel.: 0577/49260, Fax: 0577/283163.

Museen der Contraden von Siena
- **Nobile Contrada dell'Aquila** (Adler), Casata di Sotto, Tel.: 0577/288086, Besichtigung nach schriftlicher Anmeldung.
- **Nobile Contrada del Bruco** (Raupe), Via del Comune 48, Tel.: 0577/44842, tel. Anmeldung bei Enzo Giuggioli.
- **Contrada della Chiocciola** (Schnecke), Via S. Marco 37, Tel.: 0577/45455, letzter So im Monat 9-12 Uhr.
- **Contrada Priora della Civetta** (Eule), Piazzetta del Castellare, Tel.: 0577/285505, Besichtigung nach schriftlicher Anmeldung.
- **Contrada del Drago** (Drache), Piazza Matteotti 19, Tel.: 0577/40575, Bes. nach Anmeldung.
- **Contrada Imperiale della Giraffa** (Giraffe), Via delle Vergini 18, Tel.: 0577/287091, Bes. nach schriftlicher Anmeldung.
- **Contrada Sovrana dell'Istrice** (Stachelschwein), Via Camollia 87, Tel.: 0577/48495 von 17-19 Uhr, Sa nachm. und So vorm., kurze Anmeldung.
- **Contrada del Leocorno** (Einhorn), Via di Follonica 15, Info über Sig. Giovanni Franchi Tel.: 0577/286737.
- **Contrada della Lupa** (Wölfin), Via Vallerozzi 71/73, Tel.: 0577/270777, tel. Anmeldung.
- **Nobile Contrada del Nicchio** (Muschel), Via Pispini 68, Tel.: 0577/49600, tel Anmeldung.

199

8.3.2 Siena – Reisepraktische Hinweise

- **Nobile Contrada dell'Oca** (Gans), Vicolo del Tiratoio 11, Tel.: 0577/285413-282534, tel. Anmeldung.
- **Contrada Capitana dell'Onda** (Welle), Via Giovanni Duprè 111, Tel.: 0577/48384, mind. 3 Tage vorher anmelden.
- **Contrada della Pantera** (Panther), Via S. Quirico 26, Tel.: 0577/48468, z.Z. wegen Restaurierung geschlossen.
- **Contrada della Selva** (Wald), Piazzetta della Selva, Tel.: 0577/45093, tel. Anmeldung.
- **Contrada della Tartuca** (Schildkröte), Via Tommaso Pendola 21, Tel.: 0577/49448, z.Z. wegen Restaurierung geschlossen.
- **Contrada della Torre** (Turm), Via Salicotto 76, Tel.: 0577/222181, z.Z. wegen Restaurierung geschlossen.
- **Contrada di Valdimontone** (Widder), Via di Valdimontone 6, Tel.: 0577/222590, tel. Anmeldung.

8.3.3 GESCHICHTLICHER ÜBERBLICK

Der Gründungslegende nach wurde Siena von Aschinus und Senius, den Söhnen von Remus, gegründet. Sie hatten sich mit ihrem Onkel Romulus zerstritten und waren in die Toskana geflohen. Ein Standbild der römischen Wölfin mit den säugenden Kindern vor dem Dom erinnert an diese Legende.

Zur Zeit der Etrusker und der Römer war Siena im Vergleich zu bedeutenderen Siedlungen wie Volterra, Chiusi und Arezzo von geringer Bedeutung.

Seit dem Jahre 313 war die Stadt Bischofssitz. Trotzdem besaß Siena im Mittelalter bis zur Zeit der Langobarden nur bescheidene Güter. Gegen Ende des 9. Jahrhunderts entwickelte sich in der Stadt ein Händlernetz. Grund dafür war der ständig wachsende Verkehr auf der Via Francigena, dem Verbindungsweg von Nord- und Mitteleuropa nach Rom. Siena wurde zu einem der wichtigsten Durchgangsorte.

Römische Wölfin

Kleine Siedlungen und Burgen schlossen sich um den Stadtkern herum zusammen, und bereits Anfang des 12. Jahrhunderts hatte Siena einen städtischen Charakter und eine eigene Verwaltung. Gleichzeitig begannen die kriegerischen Auseinandersetzungen mit Florenz um die Kontrolle der Handelswege und Wegzölle. Während in Florenz die Guelfen (Anhänger des Papstes) regierten, schlug sich Siena auf die Seite der Ghibellinen (Anhänger des Kaisers). Dafür erhielt die Gemeinde als Lohn für ihre Treue gegen Ende des 12. Jahrhunderts von Friedrich Barbarossa das Münzrecht und die Gerichtsbarkeit verliehen.

8.3.3 Siena – Geschichte

Seit 1236 war Siena eine freie Stadtrepublik. Bei der Schlacht von Montaperti am 4. September 1260 konnte Florenz vernichtend geschlagen werden. Obwohl 1269 wieder von Florenz besiegt, ging der 4. September als wichtiger Tag des Triumphes über die ewige Konkurrentin in die Stadtgeschichte ein.

Im 13. und 14. Jahrhundert hatte die Stadt ihre Blütezeit. Auf Grund ihrer strategischen Lage und der nahegelegenen Silberminen entwickelte sie sich zu einem Handels- und Finanzzentrum. In den Colline Metallifere (Metallhügel) hatte man Silber entdeckt, und aus den Besitzern der Silberminen wurden Geldverleiher. Siena entwickelte sich zur Bankenstadt. 1472 wurde die Bank Monte dei Paschi di Siena gegründet. Sie gehört heute zu den führenden Geldinstituten Italiens und ist einer der größten Arbeitgeber der Stadt.

Der Konkurrenzkampf beider Städte dauerte bis 1555 an. Nach einjähriger Belagerung wurde Siena endgültig von den Medicis in das Großherzogtum Toskana einverleibt. Die Herrschaft von Florenz endete erst 1860 mit der italienischen Einigung.

8.3.4 STADTRUNDGANG

Die **Piazza del Campo (1)** wird von den Sienesen nur il Campo genannt und ist das Herz der Stadt. Der muschel- und fächerförmige Rathausplatz ist mit Backsteinen im Fischgrätmuster angelegt und mit weißen Travertinstreifen radial unterteilt. Das Bodenniveau fällt bis zum Palazzo Pubblico insgesamt 10 Meter ab. Durch die Musterung wird der Blick unweigerlich auf das Rathaus gezogen. Ihm gegenüber in der Mittelachse des Platzes steht die **Fonte Gaia** (heitere Quelle). Der kunstvoll eingefaßte Brunnen stammt von Sienas berühmtesten Bildhauer Jacopo della Quercia (1412-1419). Seine lebhaften Renaissance-Reliefs bilden einen schönen Kontrast zur gotischen Umgebung.

INFO

Der Palio und die Contraden

Die Geschichte des Palio (abgeleitet von Pallium = Stoff) ist eng mit der Geschichte der Contraden verknüpft. Zum ersten Mal wird der Palio zu Beginn des 13. Jahrhunderts erwähnt. In dieser Zeit gewann Siena immer mehr an Ansehen und Macht. Regelmäßig wurden religiöse Veranstaltungen zu Ehren von Heiligen organisiert. Die wichtigste Heiligenfigur war die Mutter Gottes, die spätere Stadtpatronin, das größte religiöse Fest war Mariä Himmelfahrt. In der Folgezeit gewann diese Feier auch eine starke politische Bedeutung. Die Stadtherren zwangen die Burgherren, die sich Siena unterwerfen mußten, an dem prunkvollen Umzug durch die geschmückten Straßen teilzunehmen und somit ihre Niederlage offen einzugestehen. In dieser Zeit wurde wahrscheinlich auch das Fest zu Mariä Himmelfahrt mit dem Pferderennen zusammen-

8.3.4 Siena – Stadtrundgang

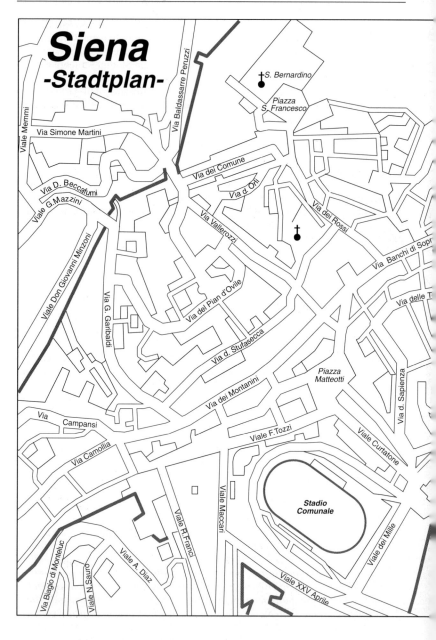

8.3.4 Siena – Stadtrundgang

1 Campo
2 Palazzo Pubblico
3 Palazzo Sansedoni
4 Loggia della Mercanzia
5 Palazzo Chigi-Saracini
6 Pinacoteca Nazionale
7 Dom Santa Maria
   Baptisterium, Libreria
   Piccolomini
8 Museo dell' Opera
   Metropolitana
9 Spedale di Santa Maria
   della Scala
10 Santuario e Casa di
   Santa Caterina
11 Fontebranda
12 San Domenico
13 Orto Botanico

8.3.4 Siena – Stadtrundgang

gelegt. Lange Zeit bestritten nur Adlige mit ihren eigenen Pferden das Rennen. Der Austragungsort war der Campo, und die Siegestrophäe war das "Pallium", ein wertvolles Stück Stoff. Die einzelnen Contraden (Stadtviertel), die sich um die Pfarrkirchen herum angesiedelt hatten, durften nur Wettkämpfe wie Boxen und Stierkämpfe austragen. Bereits damals wurden die Mannschaften aus den drei Stadtteilen und den jeweils dazugehörigen Contraden gebildet.

Am 15. August 1546 nahmen alle 17 Contraden, wie sie heute noch bestehen, an einem Stierkampf teil. Wahrscheinlich fand 1633 das erste Palio-Rennen statt, das von den Contraden rund um die Piazza del Campo ausgetragen wurde. Am 2. Juli 1656 wurde der Palio mit der Feier des Offenbarungswunders der Madonna von Provenzano zusammengelegt. Auf die Initiative der Contrade Oca (Gans) geht die Einführung des zweiten Palio am 16. August, dem Tag nach Mariä Himmelfahrt, zurück. Die

APT Siena, Fahnenschwinger vor dem großen Rennen

zum größten Teil noch heute gültigen Austragungsregeln stammen aus dem Jahre 1721. Wenige Jahre später legte man die Zahl und die Gebietsgrenzen der noch heute bestehenden 17 Contraden fest.

Seither findet in Siena jedes Jahr am 2. Juli und 16. August nach den Regeln eines jahrhundertealten Rituals das bedeutendste und aufregendste Ereignis im Jahr statt. Nur 10 Parteien nehmen am Rennen teil: die 7 Contraden, die im Vorjahr nicht am Palio teilgenommen hatten, und die 3 Contraden, die wenige Wochen vor dem großen Ereignis ausgelost wurden.

Drei Tage vor dem großen Rennen führen die Züchter frühmorgens ihre Pferde vor den Palazzo Pubblico, wo sie veterinärmedizinisch untersucht werden. Die Kapitäne der Contraden wählen von den vorgeführten Pferden die 10 besten aus, die dann unter den einzelnen Parteien verlost werden. Bis zum Vorabend des Palio finden die Proberennen statt. Jeder Stadtteil hat seinen eigenen zum Teil elegant ausgestatteten Stall. In den 4 Tagen bis zum Rennen kümmert sich ein "Barberesco" liebevoll um das Pferd. Auch wenn nur wenige Aussichten auf Erfolg bestehen, wird die Hoffnung nie ganz aufgegeben, das Pferd von den Contradenmitgliedern wie ein Idol verehrt.

8.3.4 Siena – Stadtrundgang

Am Vorabend des Rennens veranstaltet jede Contrada in ihrem Viertel ein großes Abendessen im Freien, an dem sich Hunderte von Personen auf den bevorstehenden Sieg einstimmen. Am nächsten Tag geleitet die Contrada ihr Pferd feierlich zur eigenen Kapelle. Hier segnet es der Pfarrer und gibt ihm die besten Wünsche mit auf den Weg. Am späten Nachmittag treffen sich alle Contraden mit ihren Pferden auf der Piazza del Campo, um mit Fanfaren und Fahnenwerfern am historischen Umzug teilzunehmen. Am Ende des Umzugs zieht der Karren (Carroccio) mit der begehrten Siegestrophäe, dem Palio, auf dem Platz ein. Auf dem Tuch ist das Bild der Jungfrau Maria gemalt, der das Fest gewidmet ist. Viele dieser Palii wurden von bekannten zeitgenössischen Malern angefertigt, wie z.B. von Mario Guttuso, der das Tuch für die Contrada der Giraffe malte. Schließlich werden die Pferde gegen 20 Uhr aus dem Innenhof des Palazzo Pubblico auf den mit Sand bedeckten Campo geführt. Zwischen zwei

Siegerpferd

Straßenfest der Sieger

8.3.4 Siena – Stadtrundgang

> *Seilen, den sogenannten Canape, drängen sich auf engstem Raum die nervösen Pferde, von ihren Reitern angespornt. Wenn beide Seile gesenkt werden, ist der Start freigegeben. Bei den drei Runden, die gelaufen werden, ist scheinbar jedes Mittel erlaubt. Die Reiter behindern sich gegenseitig mit der Gerte, es wird gedrängelt und gestoßen. Die Bahn ist eng und steil, und regelmäßig kommt es zu gefährlichen Stürzen. Bis spät in die Nacht zieht die Siegercontrade singend und trommelnd mit ihren Fahnen durch die Straßen.*

Tip
Der Palio ist kein Touristenspektakel, sondern ein jahrhundertealtes Fest. Die beste Erklärung für den Palio findet sich in den Contraden selbst. Eine Contrade ist nicht einfach nur ein Stadtviertel, sondern eher eine kleine Gemeinde. Man wird in ihr geboren und bleibt bis zum Tod ihr Mitglied. Jede Gemeinde hat ihr eigenes Museum, das meist mit einer eigenen Kirche verbunden ist, und einen Klub. Hier trifft man sich täglich und hält Versammlungen ab. Ein Besuch von zwei oder drei Contraden-Museen rundet das Bild dieser Stadt und seiner Geschichte sehr gut ab.

Seit einiger Zeit dürfen auch Besucher am Vorabend des Palio am Festmahl der einzelnen Contraden teilnehmen. Dieses Spektakel sollte man sich auf keinen Fall entgehen lassen. Die Karten sind bei den Contraden direkt erhältlich (s. Kap. 8.3.1).

■ **Palazzo Pubblico (2)**
Nach der siegreichen Schlacht von Montaperti setzte in Siena eine große Bautätigkeit ein. 1297 begannen die Stadtherren mit dem Rathausbau.

Ursprünglich bestand er nur aus einem dreigeschossigen Mittelbau, das Obergeschoß wurde 1305, die Seitenflügel 1307 und der **Torre del Mangia** (1325-44) hinzugefügt. Der Rathausturm ist das Wahrzeichen der Stadt. Obwohl

Torre del Mangia

8.3.4 Siena – Stadtrundgang

er an der niedrigsten Stelle der Stadt steht, überragt er mit seinen 102 Meter alle anderen Türme.

Öffnungszeiten
Torre del Mangia, Piazza del Campo, 10-18 Uhr (L. 5.000).

Im Palazzo Pubblico (Palazzo Comunale) lohnt sich der Besuch des **Museo Civico**. Sofort nach der Fertigstellung des Rathauses begann man mit der Innenausmalung der Ratssäle. Die größten sienesischen Künstler wurden mit der Fertigstellung der Fresken beauftragt. Der wichtigste Saal im Palazzo Pubblico ist der große Ratssaal, die Sala del Mappamondo (Saal der Weltkarte). Er wurde nach einer drehbaren Landkarte von Ambrogio Lorenzetti benannt, die heute leider verschollen ist. Erst vor einigen Jahren wurde unter einer dicken Farbschicht das wohl älteste Fresko des Palazzo freigelegt. Bei der Darstellung zweier Personen und einer Burg handelt es sich wahrscheinlich um die Eroberung der Burg von Giuncarico im Jahre 1314. Das Wandbild wird Duccio di Buoninsegna zugeschrieben. Am beeindruckendsten sind jedoch an den Stirnwänden die beiden Fresken von Simone Martini. Die Maestà nimmt eine ganze Wand ein und wurde vor kurzem restauriert. Sehr interessant ist der Vergleich von Vorher und Nachher. Eigens dafür wurde daneben ein original großes Foto mit dem Zustand vor der Restaurierung aufgehängt. Gegenüber der harmonischen und realistischen Darstellung der Madonna, umgeben von Engeln und Heiligenscharen, hat Simone Martini hier ein ganz anderes Thema dargestellt: Als Anführer der sienesischen Truppen reitet der Feldherr Guidoriccio da Fogliano zur Belagerung der Burg von Montemassi. Das monumentale Gemälde (1328) besticht durch seine ungewöhnliche Komposition. Die zentrale Figur gleicht eher einem Reiterstandbild und ist nicht in die Gesamtanlage des Gemäldes integriert. Roß und Reiter sind in das gleiche prunkvolle Ornat gekleidet und scheinen zu einer Einheit zu verschmelzen.

In der benachbarten **Sala della Pace** (Saal des Friedens) sollte der Gemäldezyklus der "guten und schlechten Regierung" von Ambrogio Lorenzetti (1338-1440) die Ratsherren an ihre Aufgaben erinnern. Interessant ist die lebendige und anschauliche Darstellung des damaligen Siena mit Details aus dem Alltagsleben.

Öffnungszeiten
Piazza del Campo, 7.1.-29.2. 9.30-13.30 Uhr, 1.3.-31.3. 9.30-18 Uhr, 1.4.-30.4. 9.30-18.30 Uhr, So 9.30-13.30 Uhr, 2.5.-30.6. 9-19 Uhr, 1.7.-31.8. 9-19.30 Uhr, 1.9.-30.9. 9.30-18.30 Uhr, 1.10.-31.10. 9.30-18 Uhr, 2.11.-24.12. 9.30 -13.30 Uhr, 27.12.-5.1. 9.30-18 Uhr (L. 6.000).

Den bedeutendsten Familien der Stadt gehörten die herrschaftlichen Häuser am Campo. Ungefähr seit dem Jahre 1309 gab es Verordnungen und später eine Art Denkmalbehörde zur Gestaltung der Piazza del Campo. Besonderer Wert wurde auf eine einheitliche Fassadengestaltung in Anlehnung an das Rathaus gelegt. Die Bestimmungen verlangten, daß die Vorderseiten der Häuser nicht mit Balkonen versehen werden sollten, und daß die Fenster zwei

8.3.4 Siena – Stadtrundgang

oder dreibogig sein mußten. Ein gutes Beispiel dafür ist der **Palazzo Sansedoni (3)** in der nördlichen Kurve beim Vico di San Pietro. Er wurde 1339 aus mehreren Wohnhäusern erbaut. Heute beherbergt er einen der Sitze der Bank Monte dei Paschi di Siena. Im Erdgeschoß befindet sich das Informationsbüro.

In der Via di Città auf der Höhe der Fonte Gaia tagte das Handelsgericht. Die **Loggia della Mercanzia (4)** (1417-44), eine halb geöffnete Arkadenhalle mit drei Bögen aus dem 15. Jahrhundert, erinnert an die Loggia dei Lanzi in Florenz. Mittelalterliche Wohnpaläste säumen die Via di Città mit zahlreichen Geschäften und Delikateßläden. Sie führt zum **Palazzo Chigi-Saracini (5)** hinauf. Seit 1932 hat hier eine Musikschule, die Accademia Musicale Chigiana, ihren Sitz.

Seit 1932 ist im Palazzo Buonsignori die **Pinacoteca Nazionale (6)** untergebracht. Ein schöner Renaissance-Brunnen ziert den Innenhof des vollständig restaurierten gotischen Stadthauses. Die umfangreiche Sammlung enthält überwiegend sienesischer Malerei aus dem 13.-16. Jahrhundert, darunter Werke der Brüder Pietro und Ambrogio Lorenzetti und Duccio.

Öffnungszeiten
Palazzo Buonsignori, Via San Pietro 29, im Sommer Di-Sa 9-19 Uhr, So 8-18 Uhr, im Winter Di-Sa 8.30-13.30 Uhr, nachm. Eintritt um 14.30, 16, 17.30 Uhr, So 8-13 Uhr, Mo geschl. (L. 8.000).

■ Dom Santa Maria (7)

An der höchsten Stelle auf 346,4 m Höhe erhebt sich der mächtige Dom Santa Maria majestätisch über die Stadt. Der Baubeginn geht wahrscheinlich auf die Mitte des 12. Jahrhunderts zurück. Die jetzige Gestalt mit Kuppel, Querschiff und Chorschluß stammt allerdings aus dem 13. Jahrhundert. Ungefähr um 1250 begannen namhafte Künstler mit der Innenraumausstattung. Ab 1297 entstanden die Skulpturen von Giovanni Pisano an der Fassade.

Der Innenraum ist wie ein riesengroßes Museum inmitten eines Säulenwaldes. Bereits der Fußboden ist mit seinen Bildern ein Kunstwerk. Vom 15. bis ins 16. Jahrhundert entstanden 56 Felder, die als Einlegearbeiten, aus Marmor oder in monochromer Ritzzeichnung angelegt sind. Bei den älteren Marmorplatten sind die Fugen mit Teer aufgefüllt. Zum Schutz sind sie meistens bedeckt und werden manchmal zu besonderen Anlässen freigelegt.

Die Wände der dreischiffigen Basilika mit hohen rundbogigen Arkaden sind in den Farben Sienas, Schwarz und Weiß, querge-

Campanile

8.3.4 Siena – Stadtrundgang

streift. Unterhalb des umlaufenden Gesims hängen im gesamten Langhaus die unzähligen Porträtbüsten von Päpsten aus dem 15.-16. Jahrhundert.

Die **Kanzel** von Nicola Pisano (1266-68) und seinen Gehilfen (darunter Arnolfo di Cambio, Baumeister in Florenz, und sein Sohn Giovanni) ist eine der vier berühmten Kanzeln der Pisani (die anderen befinden sich im Dom und im Baptisterium von Pisa und in der Kirche Sant'Andrea in Pistoia). Der achteckige Kanzelkörper ruht auf neun Säulen. An den Seiten schildern Reliefs mit ausdrucksstarken Figuren Szenen aus dem Leben Christi.

Öffnungszeiten
Piazza del Duomo, 1.1.-15.3.: 7.30-13.30 u. 14.30-17 Uhr, 16.3.-31.10.: 7.30-19.30 Uhr, 1.11.-31.12.: 7.30-13.30 u. 14.30-17 Uhr (Eintritt frei)

Die **Libreria Piccolomini** ist links vom Chor an das Langhaus angebaut. Francesco Todeschini Piccolomini, der spätere Papst Pius III., ließ diese Bibliothek eigens für die wertvolle Handschriftensammlung seines Onkels Pius II. (s. Pienza) errichten.

Öffnungszeiten
Eingang im Dom, 2.1.-15.3.: 10-13 u. 14.30-17 Uhr, 16.3.-31.10.: 9-19.30 Uhr, 1.11.-31.12.: 10-13 u. 14.30-17 Uhr (L. 2.000).

Kurz nach der Fertigstellung entwickelten die Sienesen 1320 bereits neue Pläne für eine noch viel größere Kirche. Der Neubau sollte die bisherige Kirche als Querschiff integrieren. Mit diesem gewaltigen Gotteshaus mit einer Länge von mindestens 140 Metern wollte die Stadt ihre große Konkurrentin Florenz in den Schatten stellen, die kurz vorher mit dem Bau von Santa Maria del Fiore begonnen hatte. Wegen Geldmangel und Statikfehlern scheiterte das Projekt. Nur einige ins Leere strebende Pfeiler und Wände sind als Reste des Neubau-Projekts stehengeblieben. In die drei Seitenschiffe wurde das Dommuseum eingebaut. Von hier gelangt man auf die Fassade hinauf, der **Facciatone** (große Fassade) und wird für den mühsamen Aufstieg mit einem herrlichen Ausblick über die Stadt belohnt.

■ Museo dell'Opera Metropolitana (8)

Im Dommuseum sind unter anderem die Originalskulpturen der Domfassade von Giovanni Pisano (1284-1297) ausgestellt. Das wichtigste Gemälde aus der Sieneser Schule hängt im ersten Stock: das große Tafelgemälde der Maestà von Duccio di Buoninsegna (1308-1311). Es wurde für den Hochaltar im Dom angefertigt und blieb dort bis 1505. In der Folgezeit wechselte mehrmals der Standort des Hauptaltars. Dabei wurde der Rahmen zerstört, und mehrere kleinere Tafeln des Retabels gingen verloren oder wurden verkauft.

Seit der Schlacht von Montaperti 1260 stand Siena unter dem Schutz der Mutter Gottes, und die Maestà wurde zum Zeichen der Verehrung gestiftet. In der Mitte des Bildes thront die Madonna mit Kind. Sie ist umgeben von Engeln und Heiligen. Vor ihr knien die vier Schutzheiligen der Stadt.

8.3.4 Siena – Stadtrundgang

Öffnungszeiten
2.1.-15.3.: 9-13.30 Uhr, 16.3.-30.9.: 9-19.30 Uhr, 1.10.-31.10.: 9-18 Uhr, 1.11.-31.12.: 9-13.30 Uhr (L. 5.000).

Da der Dom auf einem sehr abschüssigen Hügel errichtet wurde, war bei der Erweiterung des Chors ein Unterbau erforderlich. Das **Baptisterium** (1325) liegt deshalb als Unterkirche unterhalb der Apsis, ungefähr 14 Meter tiefer als der Domeingang. Eine Treppe zwischen dem Museum und dem Domchor führt hinunter bis zum Baptisterium an der Piazza San Giovanni. Die dreischiffige Taufkirche mit einer schönen Raumwirkung hat in jedem Schiff zwei Joche, wie die darüberliegende Domchor-Erweiterung. Die Gewölbe ruhen auf dicken Pfeilern und tragen das Gewicht des Erweiterungsbaus. Das kostbarste Ausstattungsstück ist zweifellos der Taufbrunnen mit Reliefs aus dem Leben Johannes des Täufers (ab 1417), angefertigt von den Bildhauern Donatello, Lorenzo Ghiberti, Giovanni Turino und Jacopo della Quercia.

Öffnungszeiten
Piazza San Giovanni, 2.1.-15.3.: 10-13 u. 14.30-17 Uhr, 16.3.-30.9.: 9-19.30 Uhr, 1.10.-31.10.: 9-18 Uhr, 1.11.-31.12.: 9-13.30 Uhr (L. 5.000).

Die Nordwestseite des Domplatzes nimmt der **Palazzo Vescovile** ein. Das Erzbischöfliche Palais wurde 1718-23 im gotisierenden Stil erbaut und ist nicht zu besichtigen.

Gegenüber dem Hauptportal des Doms steht eines der ältesten europäischen Kirchen-Hospize, das **Spedale di Santa Maria della Scala (9)** (13.-14. Jahrhundert). Es diente noch bis 1990 als Krankenhaus. Im linken Flügel ist das **Museo Archeologico Nazionale** mit Ausgrabungsfunden aus Siena und Umgebung und aus Chiusi untergebracht. Interessant in diesem Gebäude ist auch die frisch restaurierte **Sala del Pellegrinaio** (Pilgersaal) mit einem Freskenzyklus von Domenico di Bartolo (1440-43). An den Wänden und Gewölben des breiten Ganges sind Szenen aus dem Alltag des Krankenhaus geschildert, die sicherlich nicht immer sehr erbaulich für die Kranken waren. Noch vor einigen Jahren gehörte der Pilgersaal zur Orthopädie-Abteilung. Seit einiger Zeit wird das Gebäude zu einem Kulturzentrum ausgebaut, in dem jetzt schon häufig Wechselausstellungen stattfinden.

Öffnungszeiten
• Spedale Santa Maria della Scala, Piazza Duomo, 7.1.-29.2.: 10.30-13.30 Uhr, 1.3.-31.3.: 10.30-16.30 Uhr, 1.4.-30.4.: 10.30-17.30 Uhr, 2.5.-30.6.: 10-18 Uhr, 1.7.-31.8.: 10-18.30 Uhr, 1.9.-30.9.: 10.30-17.30 Uhr, 1.10.-31.10.: 10.30-16.30 Uhr, 2.11.-24.12.: 10.30-13.30 Uhr, 27.12.-5.1.: 10.30-16.30 Uhr (L. 3.000).
• Museo Archeologico Nazionale, Piazza Duomo, Mo-Sa 9-14 Uhr, So 9-13 Uhr, 1. u. 3. Mo des Monats geschl. (L. 4.000)

■ **Santuario e Casa di Santa Caterina (10)**
In diesem hübschen Gebäude mit einem Renaissance-Portal und einer Loggia wohnte Caterina Benincasa (1347-1380), Tochter eines Färbers und vorletztes

von insgesamt 25 Kindern. Gegen den Willen ihrer Eltern trat sie in den Dominikanerorden ein und widmete ihr Leben den Kranken und Armen. Caterina war leidenschaftliche Verfechterin einer Erneuerung der Kirche und hielt regen Briefkontakt mit Papst Gregor XI. Sie bewegte ihn zur Rückkehr von Avignon nach Rom. Die Dominikanerin wurde 1451 von Papst Pius II. heiliggesprochen und ist seither eine der größten Heiligen Italiens. Ab 1464 gestaltete man die ehemaligen Wohnräume zu Kapellen um.

Öffnungszeiten
Costa di S. Antonio, tägl. 9-12.30 Uhr u. 15.30-18 Uhr, im Sommer 9-12.30 u. 14.30-18 Uhr (Eintritt frei).

Unterhalb der Wallfahrtskirche gelangt man zum Brunnenhaus **Fontebranda (11)**, dem eindrucksvollsten und größten Brunnen von Siena. Seine jetzige Form mit spitzbogigen Arkaden und Zinnen stammt aus dem Jahr 1246.

■ San Domenico (12)

Der sienesische Adlige Fortebraccio Malavolti schenkte 1225 den Dominikanern ein Baugelände auf einem Hügel im Westen der Altstadt. Mit der finanziellen Unterstützung reicher Bürger gelang es den Mönchen des Bettelordens in nur vierzig Jahren, die gewaltige Backsteinkirche mit einer betont schlichten Fassade fertigzustellen. Anfang des 14. Jahrhunderts fügte man ein Querschiff hinzu. Wie bereits beim Dombau war auf Grund der Hanglage der Bau einer Unterkirche als Krypta erforderlich.

In der Capella delle Volte (Kapelle der Gewölbe) im Westteil ist die älteste Darstellung der Katharina zu sehen. Auf dem Fresko von Andrea Vanni (1380) ist die Heilige in Ordenstracht gemalt. Sie hält einen Blütenzweig in der linken Hand, mit der Rechten segnet sie eine vor ihr kniende Frauengestalt. Die Capella di Santa Caterina an der Südseite birgt Fresken mit Szenen aus dem Leben der Heiligen und ihre Kopfreliquie.

■ Orto Botanico (13)

Unweit der Pinakothek im Südosten der Stadt erstreckt sich über zwei Hektar der Botanische Garten (1784 gegründet) der Universität von Siena. Außer den in der Toskana beheimateten Pflanzengruppen wachsen hier in Treibhäusern auch seltene exotische Gewächse, die im Sommer ins Freie gebracht werden und die Wege und Lichtungen in ein tropisches Gewächshaus verwandeln.

Öffnungszeiten
Via Pir Andrea Mattioli 4, Tel.: 0577/298874, Mo-Fr 8-17 Uhr, Sa 8-12 Uhr, So geschl., Führungen für Schulklassen nach Voranmeldung (Eintritt frei).

8.4 WESTLICH VON SIENA
8.4.1 VON SIENA NACH GIMIGNANO

Monteriggióni

Information
Pro-Loco, Piazza Roma, im Castello di Monteriggioni.

Unterkunft
**** Hotel Monteriggioni, Via 1. Maggio 4, Castello di Monteriggioni, 53035 Monteriggioni, Tel.: 0577/305009, Fax: 0577/305011, einziges Hotel innerhalb der Stadtmauern, DZ 150.000-290.000 Lire.

Agriturismo
• **Tenuta di Scorgiano**, Loc. Scorgiano, 53030 Monteriggioni, Tel.: 0577/ 301020-055/243093, Fax: 0577/301176, geöff. 1.4.-31.10., großes Landgut mit mehreren gut ausgestatteten Ferienwohnungen.
• **Azienda La Gavina**, Loc. S. Colomba, 53100 Siena, Tel.: 0577/317046, Fax: 0577/ 317046, 13 km von Siena entfernt, 3 Zimmer mit Bad und gemeinsamem Aufenthaltsraum.

Restaurants
• **Il Pozzo**, Piazza Roma, Tel.: 0577/ 304127, Mo geschl., sehr gute regionale Küche und hervorragende Weinkarte, gutes Preis-Leistungsverhältnis.
• **Il picccolo Castello**, Piazza Roma, Tel.: 05777304370, Di geschl., etwas schlichter als das Pozzo, ebenfalls mit guter Küche und schöner Aussichtsterrasse.

Stadtbefestigung von Monterrigioni

8.4.1 Von Siena nach Gimignano

Das auffälligste an dem mittelalterlichen Ort ist die weithin sichtbare ovale Stadtmauer mit einer Länge von ca. 600 Metern und 14 Wehrtürmen. Die schwer einnehmbare Befestigungsanlage errichteten die Sienesen zu Beginn des 13. Jahrhundert, zu einem Zeitpunkt, als Siena und Florenz erbittert um das Elsa-Tal kämpften. Innerhalb der Stadtmauern gibt es eine kleine romanisch-gotische Kirche, einen Dorfplatz mit zwei netten Restaurants und ein paar kleine Gassen. Monteriggioni ist ein sehr angenehmer und beschaulicher Ort und bietet sich für eine Mittagspause an.

8.4.1 Von Siena nach Gimignano

Colle di Val d'Elsa

Information
Pro loco e Comune, Via Campana 18, Tel.: 0577/912111, Fax: 0577/912270, 1.4.-30.9.: 10-13 Uhr.

Unterkunft
*** **Hotel Arnolfo**, Via Campana 8, 53034 Colle di Val d'Elsa, Tel.: 0577/922020, Fax: 0577/922324, gepflegtes älteres Hotel in der Oberstadt, DZ 85.000-96.000 Lire.

Kunsthandwerk (Kristall)
- **Bereno Cigni**, Vicolo delle Fontanelle 8, 53034 Colle di Val d'Elsa, Tel.: 0577/920326.
- **Vilca**, Loc. Grocciano, Via F.lli Bandiera 53, 53034 Colle di Val d'Esa, Tel.: 0577/929188, Fax: 0577/929876, Besichtigung von Mo-Fr 8-12 Uhr.

Colle di Val d'Elsa liegt auf einem Hügel über dem Elsa-Tal, ca. 5 km südlich von Florenz. Der Ort besteht aus der modernen Unterstadt, **Colle Bassa** oder Piano, und der alten Oberstadt, **Colle Alta**. Auf dem Hügelrücken ziehen sich die beiden Stadtteile **Borgo** und **Castello** hin. Die Verbindung zwischen ihnen

Palazzo Campana

ist der **Palazzo Campana** an der gleichnamigen Brücke, ein Beispiel manieristischer Renaissancearchitektur. Mit einem gewaltigen Torbogen überspannt der Palast aus dem 16. Jahrhundert die Via del Campana. Die 110 m lange Via delle Volte und die bogenüberspannte Via delle Romite führen hinauf zum **Castello**, dessen alter Kern aus dem 13. Jahrhundert stammt. In der Via Castello 63 steht die **Casa Torre**, das angebliche Geburtshaus von Arnolfo di Cambio (1232), dem Dombaumeister von Florenz. Gegen Westen, in Richtung Volterra, schließt die **Porta Nuova**, ein Tor mit zwei zylindrischen Türmen, das Borgo ab.

An der Piazza del Duomo steht, an der Stelle einer romanischen Pieve, der **Dom** von 1619. Im Inneren lohnt sich ein Blick auf ein Bronzekruzifix, das Giambologna zugeschrieben wird, und auf eine Marmorkanzel aus der Renaissance. Daneben befindet sich der **Palazzo Pretorio** mit dem **Museo Archeologico**, in dem Funde aus einigen etruskischen Nekropolen ausgestellt sind.

Öffnungszeiten
Piazza del Duomo, Palazzo Pretorio, 1.10.-31.3.: Di-Fr 15.30-17.30 Uhr, Sa-So 10-12 u. 15.30-18.30 Uhr, Mo geschl., 1.4.-30.9.: Di-Fr 17-19 Uhr, Sa-So 10-12 u. 16-19 Uhr, Mo geschl. (L.3.000).

8.4.1 Von Siena nach Gimignano

Die schönsten Ausblicke über das Elsa-Tal und die Stadt hat man auf dem Fußweg von Colle Castello über die Via delle Ronite zur Unterstadt. Sehenswert in der Unterstadt ist das neue Bankgebäude der **Monte dei Paschi in Siena** mit einem für die Toskana ungewöhnlichen modernen Baustil. Es wurde mit einem Gerüst aus roten Stahlträgern und viel Plexiglas 1983 von dem berühmten Pistoieser Architekten Giovanni Michelucci entworfen (s. Kap. 13.4).

Certaldo

Restaurant
Osteria del Vicario, Via Rivellino, Mi geschl., mit Freiterrasse.

Die Oberstadt von Certaldo ist ein hübscher kleiner mittelalterlicher Ort mit roten Backsteingebäuden, umgeben von einer zinnenbewehrten Stadtmauer. Sehenswert ist der **Palazzo Pretorio** aus dem 13. Jahrhundert am Ende der Via Boccaccio. Die Fassade ist mit vielen Wappen geschmückt. Davor ist eine einfache Loggia angebaut, die Versammlungszwecken diente.

Öffnungszeiten
Comune di Certaldo, Tel.: 0571/661219, im Sommer Di-So 10-12.30 u. 16.30-19.30 Uhr, im Winter 10-12 u. 15.30-18 Uhr, Mo geschl. (L. 2.500).

Berühmtester Sohn Certaldos ist Giovanni Boccaccio, Verfasser der Novellensammlung Decamerone. Er soll die letzten Jahre seines Lebens bis zu seinem Tod 1375 in der **Casa del Boccaccio** verbracht haben. Das Haus besitzt eine öffentlich zugängliche Bibliothek mit Literatur zu Boccaccio und seinem Werk.

Öffnungszeiten
Tel.: 0571/664208, Besichtigung nur nach Voranmeldung (Eintritt frei).

Casole d'Elsa

Information
● **Pro Loco**, Via Casolani 32, Tel. u. Fax: 0577/948705.
● **Comune**, Piazza Lucchetti 1, 53031 Casole d'Elsa, Tel.: 0577/948716, Fax: 0577/948260, Mo-Fr 10-13 Uhr.

Unterkunft
● *** **Gemini**, Strada Provinciale 4, 53031 Casole d'Elsa, Tel.: 0577/948622, Fax: 0577/948241, mit Restaurant, Di Ruhetag, DZ 115.000-140.000 Lire.
● *** **Pietralata**, Via del Teschio 35, Loc. Pietralata, Tel. u. Fax: 0577/948657, mit Restaurant, DZ 120.000 Lire.

Das befestigte Städtchen im Elsa-Tal war lange Zeit Bollwerk der Sienesen im Kampf gegen Volterra und Florenz, sozusagen der letzte Vorposten. Der Mau-

8.4.1 Von Siena nach Gimignano

erring ist größtenteils noch erhalten; die östlichen zwei Rundtürme wurden nach den Zeichnungen des Architekten Francesco di Giorgio aus Siena erbaut. Am Ortseingang trifft man auf ein romanisches Kloster der Serviten und auf einen Palast der Familie Porrina aus dem 14. Jahrhundert. Sie waren lange Zeit Lehnsherren von Casole. Die Stiftskirche **Santa Maria Assunta** wurde 1161 und in den folgenden Jahrhunderten mehrmals verändert. Im Innern sind Werke von Rutilio Manetti, Marco Romano und Gano da Siena zu sehen. Gemälde von Bernardino Mei und Girolamo del Pacchia sind im brandneuen **Museo di Casole d'Elsa** untergebracht. Zur Sammlung gehören auch archäologische Ausstellungsstücke.

Öffnungszeiten
Piazza della Libertà, Informationen über die Öffnungszeiten sind beim Pro Loco erhältlich.

Sehenswert sind weiterhin der **Palazzo Pretorio** mit einer wappengeschmückten Fassade und die **Rocca** aus dem Jahre 1352 mit zwei ungleichen befestigten Wehrtürmen, in der die Gemeindeverwaltung ihren Sitz hat.

8.4.2 SAN GIMIGNANO

Allgemeiner Überblick

Völlig unerwartet steigt über dem Hügelland die Silhouette San Gimignanos auf. Inmitten einer üppigen Landschaft aus Olivenhainen und Weinbergen erheben sich über dem Häusergewirr 15 kubische Türme. San Gimignano war bereits von den Etruskern besiedelt, wie viele Gräberfunde in der Umgebung beweisen.

Als freie Kommune regierten seit 1199 eigene Konsule die Stadt. Da San Gimignano an der Frankenstraße, der alten Hauptverbindung von Nordeuropa nach Rom lag, entwickelte sich die Stadt während des 12. und 13. Jahrhunderts zu einem blühenden Handelsplatz. Der Verlauf der heutigen Hauptgassen Via San Matteo – Via San Giovanni entspricht noch dem Straßenverlauf des frühen Mittelalters.

Zu ihrer Verteidigung vor allem gegen Volterra wurde eine ringförmige Mauer angelegt. Nach der verheerenden Pest im Jahre 1348 unterwarf sich die entvölkerte und geschwächte Gemeinde 1352 endgültig der Stadt Florenz. Doch auch innerhalb der Mauern kämpften mehrere wohlhabende Familien der Guelfen und Ghibellinen um die Vorherrschaft. Sie errichteten aus Verteidigungs- und auch aus Prestigegründen Türme und Turmpaläste. Im 14. Jahrhundert war die Zahl der Türme auf 72 angewachsen. Bei

Redaktions-Tips

- Besteigung der Torre Grossa
- Aufführung im Miniaturtheater des Palazzo des Podestà
- Abendessen bei Il Pino
- Übernachtung in einem der alten Stadtpaläste

8.4.2 San Gimignano

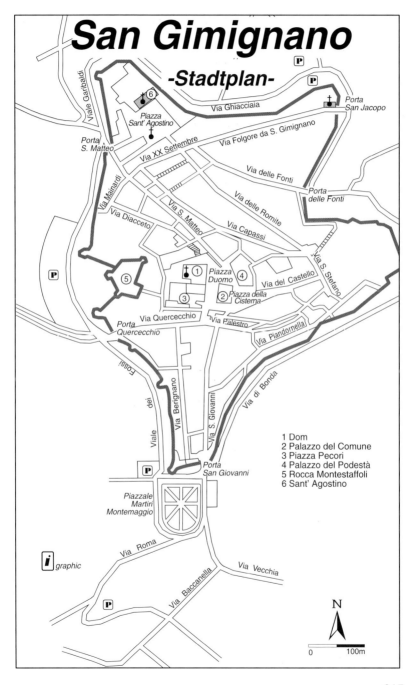

8.4.2 San Gimignano

blutigen Kämpfen konnten die Familien sich in ihren Türmen verbarrikadieren. Die Turmhöhe war gleichbedeutend mit der Größe des Ansehens.

Nur die beiden Stadttürme des Rathauses mit 54 m und der Turm des Palazzo del Podestà mit 51 m durften nicht überragt werden.

Der Ort steht auf der UNESCO-Liste der schützenswerten historischen Städte-Ensemble und konnte deshalb gründlich restauriert werden. In der Stadt leben ungefähr 7.000 Einwohner, die meisten davon außerhalb der Mauern. Im Jahr kommen 1,5 Mio. Besucher, d.h. 25 mal mehr pro Einwohner als in Florenz. Die meisten sind Tagesbesucher. Deshalb lohnt es sich auf jeden Fall, in San Gimignano zu übernachten. Denn am späten Nachmittag beginnen sich die Gassen zu leeren, ein Abendspaziergang durch dieses mittelalterliche Kleinod ist ein Highlight jeder Toskanareise.

Die Geschlechtertürme von San Gimignano

Reisepraktische Hinweise

Information
Pro Loco San Gimignano, Piazza del Duomo 1, Tel.: 0577/940008, Fax: 0577/940903 mit Geldwechsel-Schalter, Zugfahrkartenverkauf und Telefonzellen, 1.11.-28.2.: 9-13 u. 14-18 Uhr, 1.3.-31.10.: 9-13 u. 15-19 Uhr.

Parkplätze
Alle Parkplätze liegen außerhalb der Stadtmauern. Hotelgästen ist es jedoch gestattet, zum Be- und Entladen in die Altstadt zu fahren. Im Hotel erhält man eine Kurzparkerlaubnis und einen Plan mit ausgewiesenen Parkplätzen. Es ist ratsam, sich vorher nach den jeweiligen Preisen zu erkundigen. In der Regel kostet ein Platz über Nacht L. 15.000 und ab morgens pro Stunde L. 1.500.

8.4.2 San Gimignano

Busverbindung
TRA-IN, Tel.: 0577/204111-204245, Haltestellen: werktags an der Porta San Matteo, Porta San Giovanni; feiertags nur an der Porta San Giovanni. Verbindung nach Poggibonsi, von da weiter nach Florenz, Siena, Volterra, Colle di Val d'Elsa.

Autovermietung
Hertz, Daniele Bellucci, Tel.: 0577/942220.

Unterkunft
● ****** Villa San Paolo**, Loc. Casini, an der Straße nach Certaldo, 53037 San Gimignano, Tel.: 0577/955100, Fax: 0577/955113, die herrschaftliche Villa liegt inmitten von Olivenhainen und alten Bäumen in der Nähe von San Gimignano und verfügt über 15 komfortabel ausgestattete Zimmer, mit Restaurant und Schwimmbad, DZ 130.000-250.000 Lire.
● ***** La Cisterna**, Piazza della Cisterna 24, 53037 San Gimignano, Tel.: 0577/940328, Fax: 0577/942080, schön restaurierter Gebäudekomplex mit komfortablen Zimmern, ein Teil war zwischen dem 16. und 19. Jahrhundert ein Waisenhaus. Es trug den Namen Ospedale degli Innocenti, DZ 100.000-140.000 Lire.
● ***** Leon Bianco**, Piazza della Cisterna 13, 53037 San Gimignano, Tel.: 0577/ 941294, Fax: 0577/942123, restauriertes altes Stadthaus, Zimmer mit Blick auf die Piazza oder auf die Landschaft des Elsa-Tals, DZ 90.000-150.000 Lire.
● ***** Le Renaie**, Loc, Pancole 10/B, 53037 San Gimignano, Tel.: 0577/955044, Fax: 0577/955126, im malerischen Wallfahrtsort Pancole ca. 5 km außerhalb von San Gimignano liegt dieses angenehme und ruhige Hotel. Alle Zimmer sind mit Bad oder Dusche/WC, Fernseher und Telefon ausgestattet, mit gutem Restaurant und Schwimmbad, DZ 80.000-135.000 Lire.
● ***** Bel Soggiorno**, Via San Giovanni 91, 53037 San Gimignano, Tel. u. Fax: 0577/ 940375, im Zentrum hinter der Porta San Giovanni, sehr schönes modernisiertes Gebäude, DZ 90.000-135.000 Lire.
● ***** L'Antico Pozzo**, Via San Matteo 87, 53037 San Gimignano, Tel.: 0577/942014, Fax: 0577/942117, restauriertes, mittelalterliches Gebäude mit schönen Zimmern und einem Innenhof, DZ 120.000-190.000 Lire.
● **Hotelreservierung: C.S. Hotel Promotion S. Gimignano**, Via S. Giovanni 125, 53037 San Gimignano, Tel.: 0577/940809, Fax: 0577/940809
● **Zimmervermittlung: Associazione Strutture Extralberghiere**, Piazza della Cisterna 4, Tel.: 0577/943190.

Jugendherberge
Ostello della gioventù, Via delle Fonti 1, 53037 San Gimignano, Tel.: 0577/ 941991, Fax: 0577/941982, geräumiges Haus mit 75 Plätzen, regulär geöffn. 1.3.-31.10., von November-Februar nur nach Anmeldung, 18.000-21.000 Lire.

Camping
* **Il Boschetto di Piemma**, Loc. Santa Lucia, 53037 San Gimignano, Tel.: 0577/ 940352, geöff. 1.4.-15.10., der Campingplatz liegt ca 3 km außerhalb, neben dem Fußballplatz mit Cafébar.

Agriturismo
● **Casanova di Pescille** di Cappellini Marisa, Loc. Pescille, 53037 San Gimignano, Tel.u. Fax: 0577/941902, schönes Landhaus 4 km in Richtung Volterra, DZ 90.000 Lire.

8.4.2 San Gimignano

- **Azienda Agricola Casalino**, Loc. Casale 27, 53037 San Gimignano, Tel.: 0577/941558, Fax: 055/2301250, Landgut mit 6 Hektar, 2 km in Richtung Certaldo, App. 60.000-150.000 Lire.
- **Azienda Agricola il Poggio**, Loc. San Biagio, 53037 San Gimignano, Tel.:941441, 2 km in Richtung Certaldo mit Schwimmbad, DZ 80.000 App. 60.000-120.000 Lire.
- **Podere Arcangelo**, Loc. Capezzano, Via Fonte di Campaino, 53037 San Gimignano, Tel. u. Fax: 0577/944404, 8 km in Richtung Certaldo, Landgut in einem restaurierten ehemaligen Kloster, Zimmer mit Bad für 4-9 Pers., DZ 80.000 App. 700.000-1.000.000 Lire wöchentlich.

Restaurants
- **Il Pino**, Via S. Matteo 102, 53037 San Gimignano, Tel.: 0577/940415, Do Ruhetag, hervorragende toskanische Küche mit Weinen vor allem aus der Gegend, sehr gutes Preis-Leistungsverhältnis.
- **Bel Soggiorno**, gutes Restaurant im gleichnamigen Hotel mit traditioneller toskanischer Küche, mittlere Preisklasse.
- **Le Terrazze**, im Hotel della Cisterna, Tel.: 0577/940328, Di Ruhetag, regionale Küche, mittlere Preisklasse.
- **Osteria delle Catene**, Via Mainardi 18, 53037 San Gimignano, Tel.: 0577/941966, Mi Ruhetag, liegt etwas versteckt in einer Seitengasse, schönes Restaurant mit sorgfältig zubereiteten Regionalgerichten, mittlere bis gehobene Preisklasse.

Veranstaltungen/Markt
- **Fiera di S. Fina**, Fest der Stadtheiligen Fina Anfang August auf der Piazza Duomo und der Piazza della Cisterna.
- **Wochenmarkt**, Do an der Piazza Duomo, Piazza della Cisterna, Piazza delle Erbe 8-13 Uhr.

Stadtrundgang

Da die Altstadt von San Gimignano autofrei ist, läßt man seinen Wagen am besten auf einem der Parkplätze entlang der Viale dei Fossi und Via Ghiacciaia unterhalb der Stadtmauer stehen. Im Süden führt nach der **Porta San Giovanni** die gleichnamige Gasse, gesäumt von Wein-, Souvenir- und Delikateßläden bis zur **Piazza della Cisterna** hinauf.

Der wunderschöne Platz hat die Form eines ungleichmäßigen, ansteigenden Dreiecks und ist umringt von hohen Palästen, in denen sich Cafés und zwei schöne Hotels befinden. In der Mitte steht auf einem hohen Sockel eine Zisterne aus grauweißem Travertin aus dem Jahre 1273. Jahrhundertelang zogen die Bewohner aus diesem Brunnen mit Stricken ihr Wasser hoch.

Die **Piazza del Duomo** mit dem **Dom (1)** ist etwas kleiner und wird durch die breite Domtreppe (1263) beherrscht. Die Bezeichnung Dom

Stadttor Porta San Giovanni

8.4.2 San Gimignano

Piazza della Cisterna

ist irreführend, denn es handelt sich eigentlich um eine Stiftskirche (Collegiata). Die Kirche Santa Maria Assunta stammt ursprünglich aus der Romanik, wurde aber ab dem 12. Jahrhundert mehrmals umgebaut. An der schlichten Fassade mit zwei Seitentüren und drei Rundfenstern lassen sich die baulichen Veränderungen im Laufe der Jahrhunderte ablesen. Im Innern der dreischiffigen Basilika sind alle Wände und Gewölbe mit Fresken aus dem 14. und 15. Jahrhundert ausgemalt. An der linken Wand sind Szenen des Alten Testaments von Bartolo di Fredi (1367) und rechts Szenen des Neuen Testaments von Barna da Siena um 1350 dargestellt. Sehenswert sind die zwei herrlichen Fresken von Ghirlandaio und seiner Werkstatt von 1475 in der Kapelle der Heiligen Fina. In der rechten Szene kündigt der Hl. Gregor der Stadtpatronin das Nahen des Todes an, links ist das Begräbnis der Fina dargestellt.

 Öffnungszeiten
Cappella di Santa Fina, Piazza Duomo, 1.4.-30.9.: tägl. 9.30-12.30 und 15-18 Uhr, 1.10.-31.3.: 9.30-12.30 und 15-17.30 Uhr, Mo geschl. (L. 3.000).

Links neben der breiten Domtreppe erhebt sich der **Palazzo del Comune (2)** oder **Palazzo Nuovo del Podestà**. Der Sitz des Bürgermeisters wurde wahrscheinlich von Arnolfo di Cambio 1288 beendet und 1323 erweitert. Die Wappen der Stadtvögte schmücken die Fassade. Er beherbergt das städtische Museum. Durch ein Gewölbe hat man Zugang zum 54 Meter hohen **Torre Grossa** von 1311. Obwohl man für den Turm noch einmal Eintritt bezahlen muß, sollte man sich die Besteigung nicht entgehen lassen. Von hier oben ist der Ausblick über San Gimignano und das ganze umliegende Tal traumhaft. Über einen Innenhof mit einer Zisterne und einer Gerichts-Loggia führt eine Treppe in die neu restaurierten Museumsräume mit Werken von Lippo Memmi, Benozzo Gozzoli, Pinturicchio und zwei Arbeiten von Filippo Lippi. Außergewöhnlich sind die Fresken in der Camera del Podestà, da sie keine reli-

8.4.2 San Gimignano

giösen Inhalte wiedergeben. Memmo di Filippuccio malte zu Beginn des 14. Jahrhunderts die Wände mit Szenen aus dem privaten Liebesleben von der Brautwerbung bis zur Hochzeit aus.

Öffnungszeiten
Museo Civico u. Torre Grossa, Piazza del Duomo, Tel.: 0577/940340, 1.4.-30.9. tägl. 9.30-19.30 Uhr, 1.-31.3. u. 1.-31.10. tägl. 9.30-18 Uhr, 1.11.-28.2. tägl. 9.30-13.30 und 14.30-16.30 Uhr, Mo geschl., (Kombi-Karte für Museum u. Turm, L. 12.000)

Zwischen Palazzo del Comune und Stiftskirche liegt etwas versteckt die **Piazza Pecori (3)**. Man erreicht sie über eine breite Treppe und durch den Torbogen **Arco di San Giovanni**. An der rechten Seite des Platzes befindet sich die **Loggia del Battistero**. Der schöne Arkadengang hat achteckige Säulen mit einem Fresko der "Verkündigung" von Ghirlandaio (1482) an der Stirnseite. Im Sommer sitzen hier oft Musiker und spielen klassische Musik.

Gegenüber erhebt sich der ehemalige **Palazzo della Propositura** aus dem 12. und 13. Jahrhundert mit dem Sitz des Archivio Capitolare dell'Opera. Im Haus Nr. 1 ist das **Museo d'Arte Sacra / Museo Etrusco** untergebracht. Neben Skulpturen und Gemälden aus dem 13. - 15. Jahrhundert, Chorbüchern mit Miniaturen und Messornaten aus dem 15.-18. Jahrhundert enthält das Museum auch eine kleine etruskische Abteilung mit Bestattungsurnen aus der Umgebung.

Öffnungszeiten
Piazza Pecori, 53037 San Gimignano, Tel.: 0577/942226, 1.4.-30.9. tägl. 9.30-20 Uhr, 1.-31.3 u. 1.-31.10. tägl. 9.30-18 Uhr, 1.11.-28.2. tägl. 9.30-12.30 und 14.30-17.30 Uhr, Mo geschl. (L. 7.000).

Gegenüber vom Dom steht der alte **Palazzo del Podestà (4)** (1239) mit seinen guelfischen Zinnen und einem riesigen Eingangsbogen, dem **Voltone**. Die Loggia diente als Versammlungsplatz und als Gerichtslaube. 1539 errichtete man im Innern ein richtiges Theater in Miniaturausgabe. Im Zuge der Altstadtsanierung wurde das **Teatro dei Leggieri** mit einer gelungenen Kombination aus alten und neuen Architekturelementen restauriert. Seit 1994 finden vor allem in der Nebensaison hier wieder Konzerte, Theater o.ä. statt. Im Sommer sind die meisten Veranstaltungen auf der Piazza del Duomo und der Piazza Pecori. Der Palazzo mit dem Turm La Rognosa (Unglück bringender) oder auch Uhrenturm genannt (51 m hoch) stammt aus dem 13. Jahrhundert. Links daneben erheben sich die Zwillingstürme der Familie Salvucci am Anfang der Via San Matteo.

Über die **Piazza delle Erbe** zwischen der Stiftskirche und den Torri Salvucci führt ein schmaler Weg, die Via della Rocca, hinauf zur Festung, **Rocca Montestaffoli (5)**. Am höchsten Punkt des Ortes erheben sich die Ruinen der ehemaligen Befestigungsanlage, die 1353 von den Florentinern erbaut worden war. Der fünfeckige Grundriß mit Ecktürmen und die Mauern sind noch erhalten. Das Innere dient heute als kleiner Stadtpark. Vom einzig noch erhaltenen Turm hat man den besten Blick auf die Türme San Gimignanos.

8.4.2 San Gimignano

Die **Kirche Sant'Agostino (6)** liegt am Rand der Altstadt. Der romanisch-gotische Bau wurde zwischen 1280-1298 erbaut. Besonders sehenswert sind die Fresken des Chorraums. Der Renaissance-Maler Benozzo Gozzoli und seine Werkstatt stellten 17 Geschichten aus dem Leben des heiligen Augustinus (1464-65) im erzählerischen Stil dar. Die Kapelle des Hl. Bartolo beherbergt einen Altar von Benedetto da Maiano und einen Kreuzgang aus dem 15. Jahrhundert.

Tip

Empfehlenswert sind die vom örtlichen Fremdenverkehrsamt von San Gimignano (Pro Loco) organisierten Tages- und Halbtageswanderungen mit Führer in die Umgebung. Unter anderem werden auch Weingüter besichtigt. Informationen bei Pro-Loco an der Piazza del Duomo 1, Anmeldung mindestens zwei Tage vorher (Tageswanderung L. 20.000, Halbtageswanderung L. 10.000).

8.4.3 VOLTERRA

Allgemeiner Überblick

Das etwas abgelegene Städtchen mit ca. 15.000 Einwohnern liegt auf einem Hügel zwischen dem Era- und dem Cecina-Tal in 545 Metern Höhe. Über schmale und kurvenreiche Straßen gelangt man in die Stadt. Bereits von weitem ist die riesige Festung in steiler Hanglage zu sehen. Auffällig ist der runde Turm il Maschio, von Lorenzo Il Magnifico de' Medici 1472-72 erbaut.

Der Ort war unter dem Namen Velathri von den Etruskern besiedelt. Wegen der strategischen Lage und der Bodenschätze spielte die Stadt bereits im 9. Jahrhundert eine wichtige Rolle unter den Städten des Zwölferbundes der Fürstentümer (Lukomonien). Grabfunde bezeugen, daß zur Blütezeit des etruskischen Volterra im 4. Jahrhundert die Stadt und die umliegenden Felder von einem 7 km langen Mauergürtel eingeschlossen war. Die mittelalterlichen Stadtmauern umschließen nur noch 1/5 der früheren befestigten Fläche. Im Jahre 260 wurde Volterra von den Römern eingenommen. Das Amphitheater stammt aus dieser Zeit. Während der Zeit des Großherzogtums Toskana spielte Volterra keine bedeutende Rolle mehr.

Redaktions-Tips

- Besichtigung von Alabaster-Werkstätten
- Spaziergang zur Abbazia delle Balze
- Besuch des Museo Guarnacchi
- Besichtigung des Teatro Romano

Die Stadt hat einen sehr einheitlichen architektonischen Charakter mit mittelalterlichen, hohen Bauten, gepflasterten Gassen und einer strengen und würdevollen Atmosphäre. Einige schöne Renaissance-Paläste lockern das Ortsbild etwas auf.

Volterra grenzt im Westen an ein stark erodiertes Hügelland, in dem kaum noch Wein und Öl gedeihen. Getreideäcker und Schafweiden herrschen hier

8.4.3 Volterra

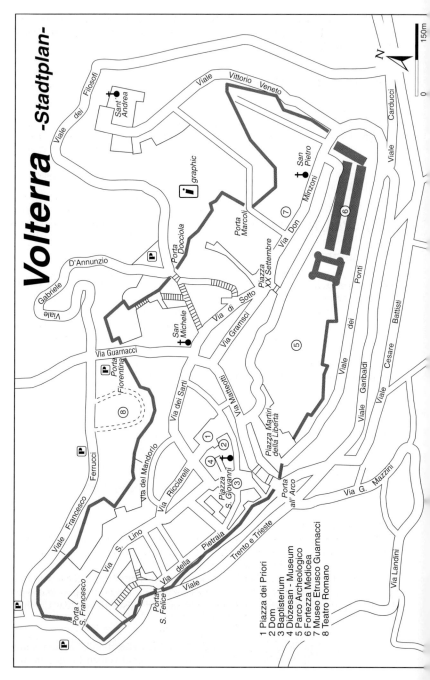

8.4.3 Volterra

vor. Durch die Bodenerosion sind Risse und tiefe Abgründe entstanden, die bei den **Balze,** 1 km nordwestlich des Stadtzentrums, besonders eindrucksvoll ausgeprägt sind.

Reisepraktische Hinweise

Das Auto
muß man vor der Stadtmauer stehen lassen. Zum Ausladen des Gepäcks ist die Fahrt bis vor das Hotel erlaubt. Im Westen, an der Piazza **Martiri della Libertà,** gibt es ein Parkhaus. Im Osten, in der Nähe des Teatro Romano, gibt es mehrere Parkplätze.

Information
Ufficio del Consorzio Turistico di Volterra e dell'Alta Val di Cecina, Via Giusto Turazza 2, 56048 Volterra, Tel. u. Fax: 0588/87257, Mo-Sa 10-13 u. 14-18 Uhr, So 10-13 Uhr, mit kostenlosem Reservierungsservice für: Hotels, Ferien auf dem Bauernhof, Ferienwohnungen, Residenzen, Campingplätze und Restaurants.

Zugverbindung
Bahnhof: in Saline di Volterra, 8 km entfernt. Verbindung nur nach Cecina (am Meer), Zugauskunft: 44116.

Überlandbusse
Busverbindung 3-4 mal täglich nach San Gimignano, Siena, Florenz, häufiger über Pontedera nach Pisa, Informationen und Tickets beim Consorzio, Tel.: 86150

Flughafen
Nächster internationaler Flughafen Galileo Galilei in Pisa.

Taxi
Longarini, Tel.: 87517

Apotheken
• **Amidei,** Via Ricciarelli, Tel.: 86060
• **Cerri,** Via Matteotti, Tel.: 86043
• **Mangano Venturi,** Via Porta all'Arco, Tel.: 86052

Unterkunft
• ****** San Lino,** Via San Lino 26, 56048 Volterra, Tel.: 0588/85250, Fax: 0588/80620, im Zentrum in den Räumen eines ehemaligen Klosters, z.T. komplett renoviert, eigene Garage, mit Restaurant, DZ 120.000-180.000 Lire.
• ***** Villa Nencini,** Borgo Santo Stefano 55, 56048 Volterra, Tel.: 0588/86386, Fax: 0588/50601, kleines Hotel in einem ehemaligen Landhaus aus dem 17. Jahrhundert zwischen der mittelalterlichen und etruskischen Stadtmauer, gut ausgestattete Zimmer, Park mit Swimming-Pool und Parkplatz, DZ 85.000-105.000 Lire.
• ***** Villa Rioddi,** Loc. Rioddi, S.P. del Monte Volterano, 56048 Volterra, Tel.: 0588/88053-88051, Fax: 0588/88074, restaurierte Villa 2 km vom Zentrum entfernt mit 9 Zimmern und 4 Appartements, DZ 85.000-105.000 Lire.

8.4.3 Volterra

Camping
Campeggio, Borgo San Giusto, Loc. Le Balze, 56048 Volterra, Tel. u. Fax: 0588/87880, in der Nähe der Kirche San Giusto ca. 1 km vom Zentrum entfernt, mit Swimming-Pool und renovierten sanitären Anlagen, geöffn. März-Oktober.

Jugendherberge
Ostello, Via del Poggetto 4, 56048 Volterra, Tel. u. Fax: 0588/85577, renovierter Palazzo in der Nähe der Festung, Zimmer mit 2-10 Betten, insgesamt gibt es 80 Betten.

Agriturismo
- **La Mandriola**, SS. 439 Pisa-Volterra, 56030 Lajatico, Tel.: 0588/86929-0587/ 643002, Fax: 0588/87417, großes, schön gelegenes Landgut mit 2 Landhäusern und Swimming-Pool.
- **Lischeto**, Loc. San Giusto, 56048 Volterra, Tel.: 0586/670346-0336/708978, Landgut mit Schafzucht, 5 km von Volterra entfernt mit Blick auf die Landschaft der Balze, Ferienwohnungen für 2 bis 4 Personen.
- **Sant'Antonio**, Podere Sant'Antonio, Frazione Sensano, 56048 Volterra, Tel. u. Fax: 0588/42090-0588/88854, 18 km von Volterra entfernt, 3 komfortable Ferienwohnungen in einem restaurierten Landgut aus dem 18. Jahrhundert in einem mittelalterlichen Borgo.
- **San Michele**, Loc. Ulignano, 56048 Volterra, Tel. u. Fax: 0588/42062, renoviertes Bauernhaus zwischen Volterra und San Gimignano mit 2 Ferienwohnungen für 4-6 Personen.
- **San Piero**, Podere San Piero, Via della Zambra, 56048 Volterra, Tel. u. Fax: 0588/ 39106-87010, altes Bauernhaus in der Umgebung von Volterra, renoviertes Bauernhaus mit 4 unabhängigen Ferienwohnungen.

Restaurants
- **Trattoria del Sacco Fiorentino**, Piazza XX Settembre 18, Tel.: 0588/88537, Mi Ruhetag, klassische toskanische Küche, mittlere Preisklasse.
- **Etruria**, Piazza dei Priori 6/8, 56048 Volterra, Tel. u. Fax: 0588/86064, Do Ruhetag, geschmackvoll eingerichtetes Restaurant mit sehr guten Wildgerichten, mittlere bis gehobene Preisklasse.

Kurse
Scuola Bottega per l'Alabastro, Piazza dei Priori 5, Tel.: 0588/87590, zweimonatige Kurse von 4. Juli bis 27. August für Alabaster-Kunsthandwerk, Kursgebühr L. 300.000.

Alabaster-Werkstätten
- **ALI Alabastri Lavorati Italiani**, Verkauf: Via dei Marchesi 4, Tel.: 0588/ 86234, Produktionsbetrieb: Via Orti S. Agostino 2/8, Tel.: 0588/86084, kostenlose Führungen.
- **Cooperativa Artieri Alabastro**, Piazza dei Priori 6, Tel.: 0588/87590.
- **Gallerie Agostiniane**, Piazza XX Settembre 3/5, Tel.: 0588/86868.
- **Rossi Camillo Alabastro**, Via Lungo le mura del Mandorlo, Tel.: 0588/85460, Bes. der Werkstatt.
- **Bellacchini di Ferruccio Bruci e Figlia**, Via Iacopo Guidi, Tel.: 86332.

Sightseeing
Informationen und Buchung von Stadtführungen unter Tel.: 0588/86150.

8.4.3 Volterra

Veranstaltungen
Volterra Teatro, Theaterfestival im Juli.

Stadtrundgang

Hauptplatz ist seit jeher die **Piazza dei Priori (1)**. Die Westseite nimmt der **Palazzo dei Priori** ein, der älteste Rathausbau der Toskana, aus dem Jahre 1208. Die Fenster sind 1254 in gotischer Form hinzugekommen. Auf Anfrage kann man den Ratsherrensaal und die Sala del Consiglio mit Fresken aus dem 14. Jahrhundert besichtigen. Gegenüber steht der **Palazzo Pretorio** mit einer dreibogigen Loggia. Er wuchs aus mehreren privaten Palästen und Türmen aus dem 12. und 13. Jahrhundert zusammen und diente dem Capitano del Popolo als Sitz.

Das sakrale Zentrum ist die **Piazza Duomo,** hinter der Piazza dei Priori. Der **Dom (2)** und das **Baptisterium (3)** stammen wahrscheinlich aus dem 12. Jahrhundert. Im 13. Jahrhundert gestaltete man die Fassaden von Dom und Baptisterium in Anlehnung an den Inkrustationsstil von Pisa um. Im Inneren ist außer einer "Kreuzabnahme" von der ursprünglichen romanischen Ausstattung nicht mehr viel erhalten. Die Kanzel ist im 17. Jahrhundert mit Reliefs aus dem 12. Jahrhundert neu zusammengesetzt worden.

Im Innenraum des achteckigen Baptisteriums mit einer Kuppel aus dem 16. Jahrhundert steht ein Renaissance-Taufbecken von Andrea Sansovino (1502) mit einer Darstellung der Taufe Christi und den personifizierten Kardinaltugenden. Der **Campanile** wurde nach einem Einsturz 1493 neu aufgebaut.

Das **Diözesan-Museum (4)** ist in den Räumen des ehemaligen Pfarrhauses, dem heutigen Bischofspalast, untergebracht und beherbergt Werke aus dem Dom und den Kirchen der Diözese. Darunter sind auch Marmorskulpturen aus dem Dom (14. Jahrhundert), einige Gemälde, Skulpturen und Meßgewänder.

Öffnungszeiten
Museo dell'Opera del Duomo, Via Roma 1, Tel.: 87580, 16.3.-15.10. 9.30-13 u. 15-18.30 Uhr (Kombikarte für Diözesanmuseum, Pinacoteca, Museo Guarnacci L. 10.000).

Vorbei an zwei erhaltenen Wohntürmen aus dem 12. und 13. Jahrhundert, den **Case torri Buonparenti** und **Buonaguidi** am Anfang der Via Ricciarelli, gelangt man über die Via Buonparenti zur **Pinacoteca (5)**. Seit 1982 befindet sich diese Gemäldegalerie im **Palazzo Minucci Solaini**. Er ist ein schönes Beispiel für einen Renaissancebau aus dem späten 15. Jahrhundert und wird Antonio da Sangallo d.Ä. zugeschrieben.

Die städtische Sammlung umfaßt bedeutende Werke, wie die "Kreuzabnahme" von Rosso Fiorentino, das Altarbild Christus gloriosus von Domenico Ghirlandaio und zwei Gemälde von Luca Signorelli.

8.4.3 Volterra

Öffnungszeiten
Pinacoteca e Museo Civico, Palazzo Minucci Solaini, Via dei Sarti 1, Tel.: 87580, 16.3.-2.11.: tägl. 9-19 Uhr, 3.11.-15.3.: 9-14 Uhr (Kombikarte für Pinacoteca, Diözesanmuseum, Museo Guarnacci L. 10.000).

INFO

Alabaster

Seit Jahrtausenden hat das Alabasterhandwerk in Volterra Tradition. Schon im 6. Jahrhundert v. Ch. verwendeten etruskische Handwerker das zarte Mineral zur Herstellung von Urnen für ihre Toten. Sie wurden mit Szenen aus der griechischen Mythologie und aus dem Alltag geschmückt. Lange Zeit war das weiße Gestein in Vergessenheit geraten. Erst Ende des 18. Jahrhunderts kamen Gegenstände aus Alabaster wieder in Mode. In Volterra entstanden zahlreiche Werkstätten. Seither ist neben dem Tourismus die Herstellung von Alabastergegenständen einer der wichtigsten Erwerbszweige.

Alabaster-Werkstatt in der Via Porta all'Arco

Der Stein ist weicher als Marmor und deshalb sehr gut formbar. Er besteht aus kristallisiertem Kalziumsulfat und wird in den Minen von Volterra, Castellina Marittima und Pomarance abgebaut. Er zeichnet sich durch seine Transparenz und außergewöhnliche Fähigkeit zur Lichtverteilung aus. Die Palette der Gegenstände aus Alabaster ist sehr vielseitig, die Grenze zwischen Kunst und Kitsch ist jedoch auch schnell überschritten.

Das Zentrum der Alabaster-Betriebe befindet sich in der Via Porta all'Arco, die zur **Porta all'Arco** führt, dem einzigen erhaltenen etruskischen Stadttor aus dem 4. Jahrhundert v. Christi. An dieser Stelle wurde die etruskische Mauer in den mittelalterlichen Mauerring integriert. Im zweiten Weltkrieg füllten die Einwohner das Tor mit Steinen auf und retteten es dadurch vor den deutschen Bomben.

Der **Parco Archeologico (6)** liegt ganz in der Nähe der Porta all'Arco am westlichen Fuß der Festung. Inmitten eines großen Stadtparks, mit Blick auf Volterra, sind Ausgrabungsfelder mit Resten der antiken Akropolis und Tempelfundamenten zu besichtigen. Die überdimensionale **Fortezza Medicea (7)** wird heute als Gefängnis benutzt.

8.4.3 Volterra

Sehr lohnenswert ist der Besuch des **Museo Etrusco Guarnacci (8)**. Es ist, neben Chiusi, eines der interessantesten und bedeutendsten Etruskermuseen. Gründer war der Abt Mario Guarnacci (1701/1785) aus Volterra. Er arbeitete außer als Geistlicher auch als Historiker und leidenschaftlicher Sammler etruskischer Funde. Noch vor seinem Tod vermachte er der Stadt seine umfangreiche Sammlung und verhinderte, daß die wertvollen Stücke aus den Nekropolen Volterras auseinandergerissen wurden. Kern der Sammlung sind 600 Urnen aus Tuffstein und Alabaster.

Urnendeckel mit Braupaar

Jede Urne hat die Form eines Kastens mit Reliefs an den Seiten und einer liegenden Figur, die sich seitlich auf einen Arm stützt und individuelle Gesichtszüge trägt. Sie sind sehr übersichtlich nach den Themen auf den Reliefs geordnet. Von besonderer Schönheit ist die modern anmutende Bronzestatuette (56 Zentimeter) mit dem passenden Titel l'Ombra della Sera (Der Abendschatten) aus dem 2. Jahrhundert v. Christi. Die schmale Figur eines nackten Jünglings sieht auf den ersten Blick aus wie eine Figur von Giacometti.

 Öffnungszeiten
Via Don Minzoni 15, Tel.: 86347, 3.11.-15.3. tägl. 10-14 Uhr, 16.3.-2.11. tägl. 9-19 Uhr (Kombikarte für Pinacoteca, Diözesanmuseum, Museo Guarnacci L. 10.000).

Das **Teatro Romano (9)** (Römisches Amphitheater) liegt im Norden in der Nähe der Porta Fiorentina, an einem Hang unterhalb der Stadtmauer. An eine halbkreisförmige Tribüne mit steinernen Sitzreihen schließen sich eine Bühne mit Säulen an. Dahinter liegen die Ruinen einer römischen Thermenanlage aus dem 3. Jahrhundert.

8.4.3 Volterra

Ein halbstündiger Spaziergang (2 km) führt über die mittelalterliche Porta San Francesco, die Via del Borgo Santo Stefano und Via del Borgo San Giusto zum ehemaligen etruskischen Stadttor **Porta Menseri.** Von hier aus sieht man die tiefen Abgründe der **Balze**.

Grate und Abbrüche haben bereits Teile der etruskischen Stadtmauer und die mittelalterliche Kirche San Giusto zum Einstürzen gebracht. Deshalb wurde die neue Kirche innerhalb der mittelalterlichen Stadtmauer vor dem Menseri-Tor wiederaufgebaut.

Die **Abbazia delle Balze** (1130) steht auf einem Hügel nahe dem Abgrund. Die Mönche verließen nach einem Erdbeben im 19. Jahrhundert aus Angst vor neuen Beben ihre Abtei. Zur Zeit wird sie restauriert. Sie ist nur von außen zu besichtigen.

Die "Balze"

8.5 SÜDLICH VON SIENA

8.5.1 AUSFLUG NACH SAN GALGANO

Die N. 73 in Richtung Massa Marittima führt nach Rosia. Hier zweigt links eine kleine Landstraße nach **Torri** ab. Im Mittelpunkt des kleinen Dorfes steht die ehemalige Vallombrosaner-Abtei **San Mustiola a Torri**, im 11. Jahrhundert gegründet. Neben dem Kirchenportal führt ein Zugang in einen quadratischen Innenhof mit einem beeindruckenden dreigeschossigen **Kreuzgang** (Ende 12. Jahrhundert begonnen). Das Erdgeschoß besteht aus einer rundbogigen Arkadenreihe in grün-weißer Marmorinkrustation, die auf Säulen mit interessanten Kapitellen ruht. Darüber liegt ein Stockwerk mit gedrungenen Pfeilern und Ziegelmauerwerk. Den Abschluß bildet eine Loggia mit hölzernen Balken.

Abbazia di San Galgano

Klosterruine von San Galgano

Wieder zurück auf der N. 73 in Richtung Südwesten folgt nach ungefähr 10 km die Kreuzung Bivio del Madonnino. Inmitten von weiten Weizenfeldern, im Hügelland am Fuße des Monte Siepi, liegt die beeindruckende Klosterruine **San Galgano**. Von der ehemaligen Klosterkirche stehen nur noch die Mauern. Im gewaltigen Innenraum mit seinen Säulen ist der Boden mit Gras überwuchert, durch die Spitzbogenfenster strömt das Licht ein.

Die Zisterzienser erbauten in einer von ihnen bevorzugten Tallage von 1224 bis Ende des 13. Jahrhunderts diesen gewaltigen Klosterkomplex. Deutlich sind noch heute die Prinzipien der zisterziensischen Or-

8.5.1 Ausflug nach San Galgano

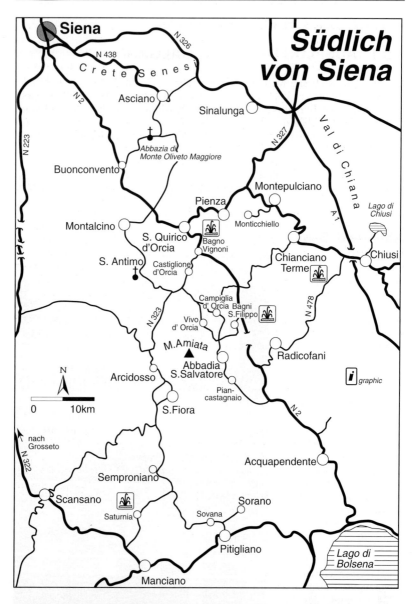

densbaukunst mit dreischiffigem Langhaus und Kreuzrippengewölbe, Querschiff um Seitenschiffbreite vorspringend und der platte Chorschluß zu erkennen. Dem Schema entsprechend, wurden auch die Klostergebäude um einen großen Kreuzgang im Süden der Kirche angelegt. Dazu gehörten der Bau für die Laienbrüder, das Refektorium (Speisesaal), der Kapitelsaal (Versamm-

8.5.1 Ausflug nach San Galgano

lungsraum) und das Dormitorium (Schlafraum) über den Schreibstuben. Vom Untergeschoß des ehemaligen Kapitelsaals sind noch die Biforien erhalten. Im 13. Jahrhundert war der Konvent der größte Grundbesitzer der Gegend. Der Niedergang des Klosters wurde durch Überfälle von Söldnerführern im 14. Jahrhundert ausgelöst. Im 16. Jahrhundert wurden die Bleidächer der Abtei verkauft, und von da an war der materielle Verfall nicht mehr aufzuhalten. Gegen Ende des 18. Jahrhunderts stürzten die Gewölbe der Klosterkirche ein. Die Steine wurden als Baumaterial verwendet, und nur die hohen eindrucksvollen Kirchenwände blieben stehen. Heute wird der noch erhaltene Ostteil der Konventsgebäude von Olivetanermönchen genutzt.

■ **San Galgano sul Monte Siepi**
Die Abtei von San Galgano ging aus der kleinen Kuppelkirche San Galgano sul Monte Siepi, die in 338 Metern Höhe oberhalb der Klosterruine liegt, hervor. Um 1180 hatte sich der reiche Adlige Galgano Guidotti an diesen Ort zurückgezogen, um als Eremit nach den Regeln des Zisterzienser-Ordens zu leben. Der Legende nach hatte er eine Erscheinung, die ihn dazu bewog, sein bisheriges Leben aufzugeben. Zum Zeichen für seine innere Umkehr rammte er ein Schwert in einen Felsen und verwandelte den Griff in ein Kreuz. Nach seinem Tod wurde an dieser Stelle eine kleine romanische Kapelle auf kreisförmigem Grundriß errichtet. Zisterzienser-Mönche siedelten sich hier an.

Im Zentrum des Innenraums steckt noch immer ein Schwert (19. Jahrhundert) in einem Felsblock. In einem rechteckigen Anbau befinden sich bemerkenswerte Fresken von Ambrogio Lorenzetti.

8.5.2 DURCH DIE CRETE NACH MONTEPULCIANO

Von Siena fährt man zunächst auf der SS 73 in Richtung Arezzo und biegt bei Taverna d'Arbia rechts ab auf die N. 438 in Richtung Asciano und weiter auf der N. 451 zur Abbazia di Monte Oliveto Maggiore, den landschaftlich schönsten Strecken der Sieneser Crete. Auf unbewaldeten Hügeln verteilen sich vereinzelte, herrschaftliche Gehöfte, die von weiten Getreidefeldern umgeben sind. Die zypressenbestandenen Anfahrtswege setzen besondere landschaftliche Akzente.

Asciano

Information
Ufficio Turistico Comunale, Corso Matteotti, 53041 Asciano, Tel.: 0577/719510, Mai-Okt.
Pro-Loco, Via Amos Cassioli 1.

Unterkunft
*** **Il Bersagliere**, Via Roma 41, 53041 Asciano, Tel.: 0577/718629, Mittelklassehotel mit 16 Zimmern, alle mit Bad, Restaurant, DZ 70.000-80.000 Lire.

8.5.2 Durch die Crete nach Montepulciano

Asciano liegt am Oberlauf des Ombrone, 25 km südöstlich von Siena. Der Ort war ab dem 10. Jahrhundert im Besitz der Grafen von Scialenga und wurde im 13. Jahrhundert von den Sienesen eingenommen, die ihn festungsartig ausbauten. Bis 1554 konnte sich Asciano gegen Florenz verteidigen. Das kleine Ortszentrum hat sein mittelalterliches Aussehen beibehalten und beherbergt einige Kunstschätze.

Auf der **Piazza del Grano** fällt ein herrlicher Brunnen von Antonio di Paolo Ghini von 1471 mit figürlichen Basreliefs auf. An der Piazza Bandiera steht die **Collegiata Sant'Agata**, eine romanische Basilika aus dem

Brunnen auf der Piazza del Grano

11. Jahrhundert. Rechts neben der Kirche befindet sich das **Museo d'Arte Sacra** (Museum für religiöse Kunst) mit Bildern aus den umliegenden Kirchen, darunter auch einige abgenommene Fresken von Giovanni d'Asciano, der an den Fresken im Dom von San Gimignano mitarbeitete.

 Öffnungszeiten
Piazza F.lli Bandiera, 53041 Asciano, Tel.: 0577/718207, Besichtigung beim Pfarrer anmelden.

Das **Museo Etrusco** ist in der kleinen romanischen Kirche S. Bernardino untergebracht. Es umfaßt Fundstücke aus Etruskergräbern, die man 1957 auf dem östlich des Städtchens gelegenen Poggio Pinci entdeckte.

 Öffnungszeiten
Corso Matteotti 46, 53041 Asciano, tägl. 10-12.30 Uhr, 15.6.-15.9. tägl. 10-12.30 und 16.30-18.30 Uhr, Mo geschl. (L. 3.000).

Monte Oliveto Maggiore

Die "Abtei zum Großen Ölberg" liegt in 273 Metern Höhe und ist Sitz des Generalabtes der Benediktinerkongregation der Olivetaner. Der beeindruckende Klosterkomplex liegt ca. 30 km südöstlich von Siena, etwas abseits der

8.5.2 Durch die Crete nach Montepulciano

Terrakotta-Figur am Torturm

Straße von Asciano nach Buonconvento. Typisch für die Landschaft sind die einzeln stehenden Gehöfte auf den Hügeln, von Zypressen umgeben. Man betritt die Abtei durch einen festungsähnlichen Torturm von 1393, an dem farbige Terrakotta-Reliefs aus der Schule Luca della Robbia angebracht sind.

Eine breite Allee führt leicht abwärts durch einen schattigen, dichten Pinien- und Eichenwald bis zum Kloster.

Nach dem Tod Kaiser Heinrich VII., der nur 9 km entfernt in Buonconvento starb, gründeten 1313 drei Adlige aus Siena den Olivetaner-Orden, einen Ableger der reformierten Benediktiner.

Das nüchterne Konventsgebäude aus Backstein wurde von 1387 bis 1514 erbaut und später restauriert. Das Innere der mächtigen Kirche aus dem 15. Jahrhundert ist barock umgestaltet und besitzt ein aufwendiges Chorgestühl mit Einlegearbeiten. Sehenswert sind die Fresken an den vier Seiten des Großen Kreuzganges. Es handelt sich um einen Zyklus mit 36 Szenen aus dem Leben des Ordensgründers Benedikt von Nursia 480 - 5547. Neun Darstellungen stammen aus der Hand von Luca Signorelli (1497/98). Die anderen malte Antonio Bazzi, genannt Sodoma (1505-08). Die Bibliothek, in Form einer dreischiffigen Basilika, besitzt eine kostbare Sammlung mit rund 40.000 Bänden, darunter wertvolle Handschriften. Seit einem Diebstahl ist die Bibliothek leider nicht mehr zu besichtigen. Direkt vor dem Eingang liegt ein großer Parkplatz. Im Eingangsgebäude befindet sich eine Trattoria mit einer Freiterrasse. In der Klosterapotheke werden Souvenirs, wie z.B. der hauseigene Klosterlikör, verkauft.

Öffnungszeiten
im Sommer: 9.15-12.00 und 15.15-17.45 Uhr, im Winter: 9.15 -12.00 und 15.15-17.00 Uhr (Eintritt frei).

Klosterkirche Monte Oliveto Maggiore

8.5.2 Durch die Crete nach Montepulciano

Buonconvento

Information
Comune di Buonconvento, Via Soccini 32, 53022 Buonconvento, Tel.: 0577/806012-806016, Fax: 0577/807212.

Unterkunft
** **Roma**, Via Soccini 14, 53022 Buonconvento, Tel.: 0577/806021, Fax: 807284, DZ 80.000 Lire.

In Buonconvento trifft die N. 451 wieder auf die N. 2, die von Siena direkt nach S. Quirico d'Orcia führt. Bedeutendster Gast in dem befestigten Städtchen war Kaiser Heinrich VII., der am 24. August 1313 kurz nach seiner Krönung in Rom und auf dem Weg nach Pisa in Buonconvento starb.

Der kleine Ort entstand auf den Resten des römischen Kastells Percenna an der Via Cassia und ist von einer Ringmauer aus dem 14. Jahrhundert umgeben. Hauptsehenswürdigkeit innerhalb der intakten mittelalterlichen Mauern ist die Pfarrkirche **Santi Pietro e Paolo** aus dem 15. Jahrhundert. Daneben befindet sich das **Museo d'Arte Sacra della Val d'Arbia** mit Tafelbildern vor allem von sienesischen Malern des 15. Jahrhunderts.

Öffnungszeiten
Via Soccini 17, 53022 Buonconvento, im Winter tägl. 10-12 u. 15-17 Uhr, im Sommer 10-12 u. 16-19 Uhr, Mo u. So nachm. geschl. (Eintritt L. 2.500).

Murlo

Information
• **Comune**, Via Tinoni 1, 53016 Vescovado di Murlo, Tel.: 0577/814213.
• **Associazione Culturale "Murlo"**, Via delle Carceri, Murlo Castello, 53016 Murlo, Tel.: 0577/814121.

Unterkunft
• *** **L'Albergo di Murlo**, Via Martiri di Rigosecco, Vescovado, 53016 Murlo, Tel.: 0577/814033, Fax: 0577/814243, Mittelklassehotel mit 24 Doppelzimmern, alle mit Bad, Schwimmbad, Tennisplatz, Restaurant, DZ 90.000-120.000 Lire.
• *** **Mirella**, Casa Chiavistrelli, Loc. Casciano, 53016 Murlo, Tel.: 0577/817667, Fax: 0577/817575, Mittelklassehotel mit 29 Zimmern, alle mit Bad, Restaurant, DZ 75.000-110.000 Lire.

Camping
*** **Le Soline**, Loc. Casafranci, Casciano di Murlo, Tel.: 0577/817410, ganzjährig geöffnet.

Von Buonconvento lohnt sich ein kleiner Abstecher nach **Murlo**. Die Gegend war ein wichtiges Siedlungsgebiet zur Zeit der Etrusker. Im 13. Jahrhundert gehörte der Ort den Sieneser Bischöfen. Der befestigte Weiler besteht aus

8.5.2 Durch die Crete nach Montepulciano

einem imposanten Bischofspalais mit Wirtschaftsgebäuden.

Heute ist nach einer vollständigen Restaurierung der Museums-Komplex des **Antiquariums** mit archäologischen Funden aus den wichtigen Ausgrabungen von Poggio Civitate ausgestellt. Ein fast vollständig erhaltenes Dach und der Giebel eines Hauses aus dem 5. Jahrhundert v. Chr. sind zu besichtigen.

Antiquarium di Poggio Civitate

Öffnungszeiten
Antiquarium di Poggio Civitate, Castello di Murlo, 53016 Murlo, Tel.: 0577/814099, 1.4.-30.9. Di, Fr 9.30-12.30 und 15-18.30, Sa-So 15.30-19 Uhr, Mo geschl., 13.6.-12.9. auch montags und am Abend 21-23 Uhr, 1.1.-31.3. und 1.10.-31.12. Di u. Fr 9.30-12.30 und 14.30-17 Uhr, Sa-So 15-18 Uhr, Mo geschl. (L. 5.000)

Die Gemeindeverwaltung befindet sich im nahegelegenen Vescovado.

Montalcino

Information
- **Ufficio Turistico Comunale**, Costa del Municipio 8, 53024 Montalcino, Tel.: 0577/849331, Mai-Sept. 9.30-13 und 15.30-19 Uhr, Okt.-April 10-13 und 15-17 Uhr, Mo geschl.
- **Pro-Loco**, Costa del Municipio 8, Tel.: 0577/848242.

Unterkunft/Pasticceria
- *** **Al Brunello**, Loc. Bellaria, Traversa Osticcio, 53024 Montalcino, Tel.: 0577/849304, Fax: 0577/849430, modernes Hotel mit komfortablen Zimmern und Restaurant, ca. 1 km außerhalb in Richtung Grosseto, DZ 130.000-260.000 Lire.
- *** **Il Giglio**, Via Soccorso Saloni 5, 53024 Montalcino, Tel.: 0577/848167, Zimmer z.T. mit schönem Ausblick, DZ 100.000 Lire.
- *** **Il Giardino**, Via Cavour 4, 53024 Montalcino, Tel.: 0577/848257, Palazzo aus dem 18. Jh. im Zentrum, DZ 65.000-85.000 Lire.
- **Pasticceria Gelateria Mariuccia**, Piazza del Popolo 29, 53024 Montalcino, Tel.: 0577/849319-848151, die Pasticceria mit hervorragender Mandorlata di Montalcino vermietet auch Zimmer mit Bad, DZ 60.000 Lire.

Agriturismo
- **Il Greppo** di Biondi Santi Franco, Loc. Il Greppo, 53024 Montalcino, Tel.: 0577/848087, die Fattoria il Greppo produziert einen sehr guten Brunello di Montalcino, Riserva und eine kleine Menge Extravergine-Öl.

8.5.2 Durch die Crete nach Montepulciano

Landschaft bei Montalcino

- **Fattoria dei Barbi** di Colombini Cinelli Francesca, Loc. Podernuovi-Podernovaccio, 53024 Montalcino, Tel.: 0577/848277, Fax: 0577/849356, eines der ältesten Weingüter in Montalcino mit 52 ha Weinbergen und guter Trattoria.
- **Podere Poderuccio** di Girardi Giorgio, Loc. Sant'Angelo in Colle, 53024 Montalcino, Tel.: 0577/864052, Fax: 0577/864052, ca. 10 km von Montalcino entfernt, Landgut in schöner Lage inmitten der Brunello-Weinberge. März-November.
- **Podere Poggiarellino** di Ginotti Ludovico, Loc. Poggiarellino, 53024 Montalcino, Tel.: 0577/378045.
- **Il Molinello** di Bianchini Giuseppe, Via Borgo di Mezzo, Loc. Castelnuovo a Molinello, 53024 Montalcino, Tel.: 0577/835749.

Restaurants
- **Il Pozzo**, Loc. St. Angelo in Colle, Piazza del Pozzo 2, 53024 Montalcino, Tel.: 0577/864015, Di Ruhetag, gepflegtes Ambiente und sehr gute regionale Küche, mittlere Preisklasse
- **Fattoria dei Barbi**, s.o.

Bars
- **Fiaschetteria**, mit Weinen aus der Cantina del Brunello, mit rotem Plüsch und großen Spiegeln eingerichtet, gegründet 1880, Nostalgie-Ambiente.
- **Bar Mariuccia**, hat einen versteckten Hinterraum mit traumhafter Aussicht.

Weingüter
- **Cerbaiola**, Piazza Cavour 19, Tel.: 0577/848499, kleines Weingut mit hervorragendem Brunello di Montalcino. Der Weinkeller befindet sich im Zentrum.
- **Case Basse**, Loc. Villa S. Restituta, Tel.: 0577/848567, das Weingut liegt in der Nähe der Pieve di S. Restituta und füllt jährlich ca. 35.000 Flaschen. Der Brunello der Case Basse gehört zu den besten italienischen Weinen.

8.5.2 Durch die Crete nach Montepulciano

- **Cerbaiona**, Tel.: 0577/848660, kleines Weingut mit hervorragendem Brunello.
- **Poggio Antico**, Tel.: 848044, ist eines der bekanntesten Weingüter in Montalcino, mit kleinem Laden.

Enoteca
- **Enoteca La Fortezza**, Piazzale della Fortezza, Tel.: 0577/849211, gutsortierte Weinhandlung in der Festung.
- **Enoteca Montalcino Produce**, Piazza Garibaldi 6, Tel.: 849418, kleine Weinhandlung, die nicht nur hiesigen Wein verkauft, sondern auch eine Auswahl an großen italienischen Weinen anbietet.

Veranstaltung/Markt
- **Sagra del Tordo**, Ende Oktober. Das Drosselfest geht auf die frühere traditionelle Drosseljagd im Herbst zurück. Folkloreveranstaltung in historischen Kostümen.
- **Wochenmarkt**, Fr 7-13 Uhr in der Viale della Libertà.

Sagra del Tordo

Zwischen den Tälern des Asso im Osten, Orcia im Süden und des Ombrone im Nordwesten erhebt sich in 564 Metern Höhe der berühmte Weinort Montalcino. Das intakte befestigte Städtchen war als freie Kommune jahrhundertelang wegen seiner strategischen Lage Streitobjekt zwischen Florenz und Siena. Erst nachdem Siena bei der Schlacht von Montaperti 1260 Florenz besiegte, schlug sich Montalcino auf die Seite des Siegers. Sie gewährte der Regierung von Siena 1555 Schutz vor den kaiserlichen Truppen. Nach der Niederlage Sienas 1559 gehörte Montalcino endgültig zu Florenz. Das historische Zentrum besteht aus einem Labyrinth enger Gassen mit Handwerksbetrieben, Cafés und kleinen Einzelhandelsgeschäften mit regionalen Produkten. In der Mitte liegt die imposante Festung aus dem 14. Jahrhundert, von den Sienesen errichtet. Viele Familien aus Siena suchten in der Burg Zuflucht vor den kaiserlichen Truppen Karls V. im Jahre 1555 nach der Eroberung von Florenz.

Plauderstunde im Innenhof der Fortezza

Öffnungszeiten
Piazzale della Fortezza, 53024 Montalcino, Tel.: 0577/

8.5.2 Durch die Crete nach Montepulciano

849211, im Sommer 9-13 und 14.30-20 Uhr, im Winter 9-13 und 14-18 Uhr, Mo geschl., 15.7.-15.9. tägl. (Eintritt frei, zu den Laufgräben L. 3.500).

Von der Stadt hat man einen herrlichen Ausblick über die Hügel der Crete und auf die mittelalterlichen Häuser mit ihren schlanken Türmen.

Mittelpunkt ist die **Piazza del Popolo** mit dem **Palazzo Comunale**, einem schmalen und hohen Rathausturm aus dem 14. Jahrhundert und einer Loggia mit sechs Arkadenbögen aus dem 14.-15. Jahrhundert. In Nähe liegt die Kirche **Sant'Agostino** mit gotischem Portal aus dem 14. Jahrhundert. Der Chor ist mit sienesischen Fresken aus dem 15. Jahrhundert ausgestattet.

Der ehemalige erzbischöfliche Palast (Palazzo Arcivescovile) beherbergt die Abteilungen des **Museo Civico, Diocesano und Archeologico**. Schönstes sakrales Stück ist ein romanisches Holzkreuz aus dem späten 12. Jahrhundert, ehemals im Besitz des Klosters von Sant'Antimo. Die städtische Sammlung umfaßt Terrakotten aus der Werkstatt der Della Robbia und Tafelbilder der Sieneser Schule. Die Archäologische Abteilung zeigt Funde aus der Stein-, Bronze- und Eisenzeit und etruskische Urnen.

Öffnungszeiten
Palazzo Arcivescovile, Via Spagni 4, 53024 Montalcino, nur auf Anfrage beim Informationsbüro geöffnet.

Im Norden lohnt sich der Besuch des barocken Wallfahrtsziels **Madonna del Soccorso** aus dem 16./17. Jahrhundert. Von hier hat man einen weiten Ausblick auf die Crete im Nordosten und die Wälder im Nordwesten. Die Kirche ist über die Piazza Cavour und die Viale Roma zu erreichen.

Ein schöner Rundgang führt entlang der Stadtmauer, die ehemals mit 6 Stadttoren und 19 Türmen ausgestattet war.

INFO

Brunello di Montalcino

In der Landschaft um Montalcino wächst der Brunello, einer der renommiertesten und teuersten Rotweine Italiens. In 20 Jahren wurde die Anbaufläche um das Zwölffache vergrößert, und die Zahl der Winzer stieg in den Jahren 1967 bis 1986 von 37 auf 127 an. Das hat zur Folge, daß um Montalcino herum auch viel Durchschnittsware produziert wird.

Oft sind die Preise für den Brunello überteuert. Ein sehr guter Vino Nobile aus Montepulciano kann durchaus an einen Brunello heranreichen.

8.5.2 Durch die Crete nach Montepulciano

Abbazia di Sant'Antimo

Ein Besuch der Abtei von Sant'Antimo gehört zu den Höhepunkten einer Fahrt in den Süden der Toskana. Ungefähr 10 km südlich von Montalcino trifft man auf das wohl unbestritten schönste Beispiel einer romanischen Landkirche in der Toskana. Eingebettet in die lieblichen Hügel des Starcia-Tales und unterhalb des Dorfes Castelnuovo dell'Abate liegt das ehemalige Kloster Sant'Antimo. Es soll auf eine Gründung von Karl dem Großen 813 zurückgehen und zählte im Hochmittelalter zu den reichsten Abteien der Toskana. Im 12. Jahrhundert begann man mit dem Bau der hellen romanischen Kirche aus Travertin. Malerisch fügt sie sich in das Landschaftsbild ein. Eine große Zypresse, fast so hoch wie der gedrungene quadratische Glockenturm, neben dem sie steht, und Olivenbäume umsäumen die Apsis. Im Süden ist noch eine Kapelle aus der Karolinger-Zeit vorhanden. Die Portale werden von steinernen Löwen bewacht. Im Inneren und Äußeren der dreischiffigen Kirche beeindrucken vor allem die romanischen Kapitelle durch raffinierte Schlichtheit. Sie sind mit Ornamenten und ausdrucksstarken Szenen geschmückt.

Kloster Sant' Antimo

Der Chorumgang mit freistehenden Säulen und einem Kapellenkranz an den Seitenschiffen erinnert an französische Vorbilder. Das zweite Kapitell an der Südseite des Langhauses schildert auf besonders anschauliche Weise die Geschichte von Daniel in der Löwengrube. Es wird dem Maitre de Cambestany aus dem französischen Languedoc zugeschrieben.

 Öffnungszeiten
tägl. 10.30-12.30 und 15.00-17 bis 18.30 Uhr (Eintritt frei).

8.5.2 Durch die Crete nach Montepulciano

San Quirico d'Orcia

Information
- **Ufficio Turismo**, Via Dante Alighieri 33, 53027 San Quirico d'Orcia, Tel.: 0577/897211, Juni-Oktober, Weihnachts- und Osterzeit tägl 10.30-13 und 15.30-19 Uhr.
- **Comune**, Via Dante Alighieri 65, 53027 San Quirico d'Orcia, Tel.: 0577/897506, Fax: 0577/897591.

Unterkunft
*** **Palazzuolo**, Via Santa Caterina 43, Loc. Palazzuolo, 53027 San Quirico d'Orcia, Tel.: 0577/897080, Fax: 0577/898264, Mittelklassehotel mit 42 Zimmern, alle mit Bad, Schwimmbad, Restaurant, DZ 124.000-140.000 Lire.

Fest
La Festa del Barbarossa, Barbarossa-Fest im Juni. Historische Aufführung, Armbrustschießen und Bewirtung mit lokalen Spezialitäten anläßlich der Begegnung zwischen Friedrich Barbarossa und den Abgesandten des Papstes.

San Quirico d'Orcia liegt 45 km südöstlich von Siena, oberhalb der Flußtäler von Orcia und Asso. Die mittelalterliche Stadt etruskischen Ursprungs hatte eine wichtige strategische Lage an der Via Cassia, der Hauptverkehrsstraße durch die Toskana. Jahrhundertelang stritten sich die großen toskanischen Städte um diesen Ort. Ein Teil der ehemaligen Stadtbefestigung ist erhalten geblieben. Durch ein Stadttor gelangt man nach kurzer Zeit zur Hauptsehenswürdigkeit: der **Collegiata**, einem romanischen Bau aus dem 12.-13. Jahrhundert. Besonders sehenswert sind die Portale.

Das Hauptportal im Westen ist lombardisch beeinflußt, erkennbar an den in sich geschlunge-

Hauptportal der Collegiata

8.5.2 Durch die Crete nach Montepulciano

nen Säulengruppen und den geknoteten Rundpfeilern, auf Löwen ruhend. Die Seitenportale sind romanisch-gotisch und stammen aus dem 13. Jahrhundert. Das rechte figurengeschmückte Portal wird der Schule von Giovanni Pisano zugeschrieben. Im Inneren befindet sich im linken Querhaus ein Triptychon von Sano di Pietro aus dem 15. Jahrhundert. Direkt hinter der Collegiata steht der mittlerweile sehr baufällige **Palazzo Chigi**. Er wurde um 1680 von Kardinal Flavio Chigi erbaut, der 1677 San Quirico d'Orcia von Cosimo de'Medici als Geschenk erhielt.

Das Zentrum der Städtchens bildet die **Piazza Libertà** mit der Kirche **San Francesco** und den im Süden liegenden prachtvollen Renaissance-Gärten, die **Orti Leonini**, aus dem 16. Jahrhundert. Hier werden im Sommer zeitgenössische Plastiken aufgestellt.

Öffnungszeiten
Der Park ist von Sonnenaufgang bis Sonnenuntergang geöffnet.

Palazzo Chigi

Pienza

Information
● **Ufficio Turistico Comunale**, Piazza Pio II, 53026 Pienza, Tel. u. Fax: 0578/749071, tägl.10-13 und 16-19 Uhr.
● **Associazione Pro-Loco**, Via Case Nuove 22, 53026 Pienza, Tel.: 0578/748072.

Unterkunft/Restaurant
● *** **Il Chiostro di Pienza Relais**, Corso il Rossellino 26, 53026 Pienza, Tel.: 0578/748400, Fax: 0578/748440, schönes Hotel mit 26 Zimmern in einem ehemaligen Kloster, DZ 160.000 Lire.
● *** **Corsignano**, Via della Madonnina 11, 53026 Pienza, Tel.: 0578/748501, Fax: 748166, Mittelklassehotel mit 36 Zimmern, alle mit Bad, DZ 120.000 Lire.

Käserei (Caseificio)
Caseificio Cacio di Pienza, Loc. Poggio Colombo, Tel.: 0578/748695.

Veranstaltung/Markt
● **Fiera del Cacio**, traditionelles Käse-Fest Anfang September.
● **Wochenmarkt**, jeden Freitag.

Die kleinste Stadt der südlichen Toskana, ca. 55 km südöstlich von Siena, liegt nahe der umbrischen Grenze, hat ungefähr 2.400 Einwohner und hieß ursprünglich Corsignano.

8.5.2 Durch die Crete nach Montepulciano

Die Geschichte der Stadt ist eng verbunden mit Papst Pius II., einem sehr gebildeten Kirchenfürsten, der 1405 als Enea Silvio Piccolomini in Corsignano geboren wurde. Nach seiner Wahl 1458 zum Papst plante er, seinen Geburtsort zum Zentrum der südlichen Toskana auszubauen, und zwar unter den städtebaulichen Idealvorstellungen der Renaissance. Für die Verwirklichung seiner hochtrabenden Vorstellungen beauftragte er den Architekten Bernardo Rossellino, einen Schüler von Leon Battista Alberti, mit dem Um- und vor allem Ausbau von Corsignano, das nach ihm benannt, fortan Pienza hieß. 1459 begann man mit den Arbeiten auf dem Hauptplatz. Sie wurden aber nicht vollendet, da Pius bereits nach wenigen Jahren starb.

Von der kleinen Hauptstraße gelangt man zur trapezförmigen **Piazza Pio II.**, die perspektivisch angelegt wurde. Hier befand sich ursprünglich die Burg von Corsignano. Vom **Palazzo Pubblico** mit einem mächtigem Turm aus Travertin errichtet, verlaufen die Häuserfronten etwas auseinander und über die Domfront gegenüber hinaus. An der rechten Seite steht der **Palazzo Piccolomini**. Er hat den Palazzo Rucellai in Florenz zum Vorbild. Von seiner Terrasse hat man einen phantastischen Ausblick über das Orcia-Tal mit dem Monte Amiata im Hintergrund. Die linke Seite nimmt der **Bischofspalast** ein.

Öffnungszeiten
Palazzo Piccolomini, Juni-Sept.: Di-So 10-12.30 u. 16-19 Uhr, Okt.-Mai: 10-12.30 u. 15-18 Uhr (L. 5.000).

Die Stadt ist berühmt für ihren Schafskäse, den **Pecorino di Pienza**. In der Altstadt gibt es zahlreiche kleine Lebensmittelläden mit Käse, Wein, Öl, Wurst, Schinken, Kräuter und Honig.

Wenige Kilometer außerhalb von Pienza in Richtung Westen liegt die alte **Pieve von Corsignano** aus dem 11./12. Jahrhundert, in der Enea Silvio Piccolomini getauft wurde. Sehenswert ist der Figurenschmuck an den Portalen.

Monticchiello

Veranstaltung
Teatro Povero (Armes Theater), Theaterfestival im Juli und August. Die Dorfbewohner spielen Theater auf den Plätzen und in den Gassen des Städtchens.

Das malerische Dorf liegt 5 km südöstlich von Pienza und ist von einer alten Stadtmauer mit 17 Türmen umgeben. Die Stadt wurde 1256 von den Sienesen zur Grenzbefestigung ausgebaut.

Das interessanteste Gebäude ist die kleine Kirche **Santi Leonardo e Cristoforo** aus dem 13. Jahrhundert. Über dem spitzbogigen Portal der gotischen Fassade befindet sich eine Rosette. Im Innenraum sind Fresken der sienesischen Schule aus dem 14./15. Jahrhundert und ein Hl. Christophorus aus der Schule von Simone Martini zu besichtigen. Ein wichtiges historisches Datum

8.5.2 Durch die Crete nach Montepulciano

in der Stadtgeschichte ist der 6. April 1944, als die Bevölkerung von Monticchiello gegen deutsche Besatzungstruppen Widerstand leistete.

Montepulciano

Information
Ufficio Turistico Comunale, Piazza Don Minzoni 2, 53045 Montepulciano, Tel.: 0578/757442 und in der Via Ricci 9, Tel.: 0578/758687.

Fahrradverleih
Cicloposse, Via dell' Opio nel Corso 18, Montepulciano, Tel. u. Fax: 0578/716392 oder Tel.: 0368/462497, L. 7.000 pro Std., 30.000 pro Tag, 130.000 pro Woche, es gibt ca. 300 km unasphaltierte Strecke für Mountainbiker zwischen Val di Chiana und Parco dell'Orcia in der Nähe von Amiata.

Toskana wie im Bilderbuch: Zypressenallee bei Monticchiello

Unterkunft
● *** **Il Borghetto**, Borgo Buio 7, 53045 Montepulciano, Tel.: 0578/757535, Mittelklassehotel mit 11 Zimmern, nicht alle mit Bad, DZ 125.000 Lire.
● *** **Hotel Marzocco**, Piazza G. Savonarola 18, 53045 Montepulciano, Tel.: 0578/757262, Fax: 0578/757530, renoviertes Hotel innerhalb der Stadtmauern, mit Restaurant, DZ 92.000 Lire.
● ** **La Terrazza**, Via Piè al Sasso 16, 53045 Montepulciano, Tel.: 0578/757440, Fax: 0578/757440, Hotel in einem alten Stadtpalast neben dem Dom, DZ 82.000 Lire.

Agriturismo
Tenuta Valdipiatta, 53045 Montepulciano, Tel.: 0578/757930, Fax: 0578/717037, Das Weingut produziert einen hervorragenden Vino Nobile und hat zwei liebevoll restaurierte und schön gelegene Ferienwohnungen.

Restaurants
● **Trattoria Diva el Maceo**, Via di Gracciano nel Corso 36, Montepulciano, Tel.: 0578/716951, freundliches Lokal mit familiärer Atmosphäre am Ortseingang von Montepulciano, gute regionale Küche, mittlere Preislage.
● **Ristorante La Grotta**, sehr gutes Restaurant etwas außerhalb der Stadt, mit hervorragenden Weinen aus Montepulciano, gehobene Preisklasse.
● **Antico Caffè Poliziano**, Montepulciano, Tel.: 0578/758615, traditionsreiches Kaffeehaus seit 1868, hier saßen schon Carducci, Pirandello, Malaparte und Fellini, 1992 geschmackvoll und im Stil der 20er Jahre restauriert, Verkostung von Vino Nobile, kleine Gerichte.

8.5.2 Durch die Crete nach Montepulciano

Käserei (Caseificio)
Caseificio Emilio Cugusi, Strada per Pienza, 34, Montepulciano, Tel.: 0578/ 758338.

Veranstaltungen/Markt
- **Cantiere internazionale d'Arte**, Musikfestspiele im Juli-Anfang August.
- **Il Bruscello**, traditionelles Bauerntheater mit Laiendarstellern auf dem Domplatz, um den 15. August.
- **Bravio delle Botti** am 26. Juli, historischer Wettkampf zwischen den 8 Stadtteilen, dabei werden schwere Weinfässer die steilen Gassen hochgerollt. Abends findet die Siegerehrung mit Festmahl und Umzug durch die Gassen statt.
- **Wochenmarkt**, jeden Do.

Nur 20 km westlich vom Trasimenischen See liegt der berühmte Weinort Montepulciano auf einem steilen Hügel zwischen dem Orcia- und dem Chiana-Tal. Das Stadtbild hat wie Pienza einen würdevollen Renaissancecharakter mit zahlreichen Adelspalästen entlang der steilen Gassen.

Piazza Grande

Montepulciano wurde angeblich vom etruskischen Herrscher Porsenna von Chiusi gegründet. Die Römer benannten den Ort nach dem Berg, auf dem sie stand, Mons Politianus. Noch heute heißen die Einwohner Poliziani. Bereits im 8. Jahrhundert gab es hier eine befestigte Ansiedlung. Im Hochmittelalter wechselte Montepulciano häufig das politische Lager. Mal gehörte es zu Florenz und mal zu Siena. 1561 wird der Bischofssitz von Chiusi nach Montepulciano verlegt. Gleichzeitig erhält es das Stadtrecht.

Die historische Altstadt ist als Fußgängerzone ausgewiesen, und es ist ratsam, außerhalb der Stadtmauern zu parken.

Durch die **Porta al Prato** im Norden gelangt man auf den Corso, der sich in Nord-Süd-Richtung durch die Stadt zieht. Das Stadttor mit einem toskanischen Wappen und einem florentinischen Löwen war Teil der Befestigungsanlage von Antonio da Sangallo und stammt aus dem 16. Jahrhundert. Im Süden begrenzt die **Porta delle Farine** die Altstadt. Sie stammt aus der älteren Stadtmauer des 14. Jahrhunderts.

Zahlreiche Palazzi aus dem 16. und 17. Jahrhundert säumen den Corso. An der **Piazza Manin** steht auf dem **Torre di Pulcinella (1)** eine große Figur aus weiß angemaltem Blech. Pulcinella, eine Gestalt aus der Commedia dell'Arte schlägt jede Stunde mit einem Schlegel auf die Turmglocke. An der **Chiesa del Gesù** von 1733 vorbei führt die Straße weiter zur **Casa del Poliziano (2)** (Geburtshaus) von Agnolo Ambrogini 1454-94, genannt Poliziano. Er war

8.5.2 Durch die Crete nach Montepulciano

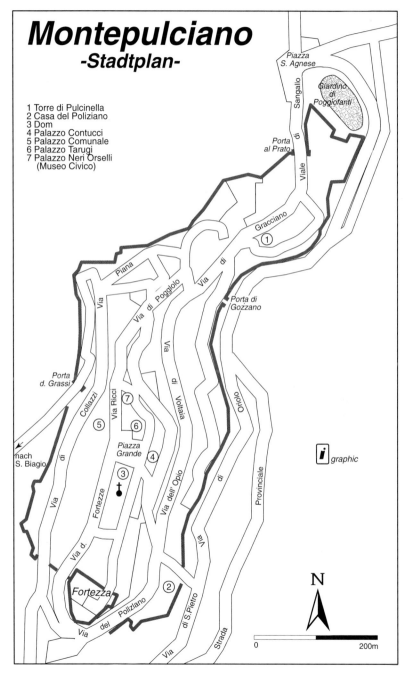

8.5.2 Durch die Crete nach Montepulciano

Humanist und Dichter. Hinter diesem Gebäude führt die Porta delle Farine aus der Stadt. Über die Via del Poliziano gelangt man weiter zur Kirche **Santa Maria dei Servi** (14. Jahrhundert). Gegenüber erhebt sich die erst 1885 wiederaufgebaute **Fortezza Medicea**.

Der wichtigste Platz ist die **Piazza Grande** im südlichen Drittel der Altstadt. Sie ist von Palästen, Rathaus und Dom umgeben. Der Boden ist mit Backsteinen im Fischgrätmuster angelegt. An der Südseite steht der **Dom (3)** mit einer unvollendeten Fassade (ab 1594). Im Inneren ist ein bemerkenswertes Triptychon der "Mariä Himmelfahrt" (1403) von Taddeo di Bartolo. Der **Palazzo Contucci (4)** von Sangallo d.Ä. 1519 erbaut, nimmt die Ostseite des Platzes ein. Im Inneren sind Fresken von Andrea Pozzo (1642-1709).

Pulcinella-Glockenspiel

Der **Palazzo Comunale (5)** (Rathaus) beherrscht die westliche Seite. Er wurde nach Entwürfen von Michelozzo 1440-65 ausgeführt und ähnelt dem Palazzo Vecchio in Florenz. An der Nordseite stehen zwei Komplexe, der **Palazzo Ricci** aus dem 16. Jahrhundert und der **Palazzo Tarugi (6)**, der auf einen Entwurf von Sangallo zurückgeht. An der Via Ricci beherbergt der **Palazzo Neri Oselli (7)** aus dem 14. Jahrhundert das **Museo Civico** mit einer kleinen Gemäldegalerie.

 Öffnungszeiten
Via Ricci, Tel.: 0578/716935-716943, Okt.-Mai: nur auf Anfrage geöff., 16.4.-Sept.: 9-13 u. 15-18 Uhr, Di geschl. (L.3.000)

Neben dem Chianti und Brunello ist der **Vino nobile di Montepulciano** einer der bekanntesten toskanischen Weine.

8.5.2 Durch die Crete nach Montepulciano

In zahlreichen Weinkellern kann der Wein verkostet und gekauft werden: Cantine Poliziano, Contucci am Domplatz, der freundliche Familienbetrieb Crociani in der Via del Poliziano und die renommierte, aber teure Cantina Avignonesi in der Via Roma.

▪ Madonna di San Biagio

Ungefähr 2 km südwestlich von Montepulciano in Richtung Pienza erhebt sich eindrucksvoll am Ende einer langen Zypressenallee der Zentralbau der Wallfahrtskirche Madonna di San Biagio, die nach Plänen von Sangallo d.Ä. 1518 - 1545 erbaut wurde. Die harmonisch proportionierte Kirche ist ein schönes Beispiel für die sakralen Zentralbauten der italienischen Hochrenaissance. Der Innenraum ist mit Fresken ausgestattet.

Weinbaugenossenschaft von Montepulciano

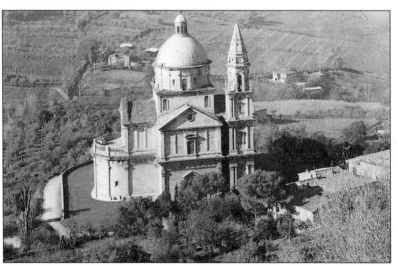

Wallfahrtsziel Madonna di San Biagio

8.5.3 HEISSE QUELLEN UND ETRUSKERGRÄBER

Chianciano Terme

Information
- **APT**, Via G. Sabatini 7, 53042 Chianciano Terme, Tel.: 0578/63538/9, Fax: 0578/64623.
- **Ufficio Informazioni**, Piazza Italia 67, Chianciano Terme, Tel.: 0578/63167-63648, Fax: 0578/64623-63277, mit Wechselstube und Verkauf von Bahnfahrkarten.

Kuranlagen
- **Terme di Chianciano s.p.a.**, Via delle Rose 12, Tel.: 0578/69111-68253.
- **Terme Sorgente Sant'Elena s.p.a.**, Viale della Libertà 112, Tel.: 0578/31141/2.

Reiterhof (Maneggio)
I Prati, Loc. La Foce, Tel.: 0578/69108.

Der moderne Thermalkurort liegt ca. 10 km südöstlich von Montepulciano in 550 Metern Höhe. Innerhalb der letzten 80 Jahre hat er sich zu einem bekannten italienischen Kurort für Leberleiden mit über 200 Hotels entwickelt. Bis hinauf ins historische Zentrum von Chianciano ziehen sich die zahlreichen Hotelbauten.

Chiusi

Information
- **APT**, Via Porsenna 67, Chiusi, Tel.: 0578/227667.
- **Pro Loco**, Via Petrarca 4.

Unterkunft
- ***** La Fattoria**, Via Le Paccianese 48, 53043 Chiusi, Tel.: 0578/21407, Fax: 0578/20644, komfortables Hotel in Seenähe, DZ 100.000.
- **** La Sfinge**, Via G. Marconi 2, 53043 Chiusi, Tel.: 0578/20157, Hotel im Zentrum mit gepflegten Zimmern, DZ 85.000.

Camping
- *** La Fattoria**, Via le Paccianese 48, Loc. Lago, 53043 Chiusi, Tel.: 0578/21407, geöffn. Mai-Okt., großes Gelände mit nur 29 Stellplätzen, 4 km außerhalb von Chiusi, in der Nähe des Chiusi-Sees.
- *** Pesce d'Oro**, Via Sbarchino 36, Loc. Lago, 53043 Chiusi, Tel.: 0578/21403, ganzjährig geöffneter kleiner Campingplatz mit 23 Stellplätzen, 5 km außerhalb von Chiusi, in der Nähe des Chiusi-Sees.

Chiusi gehörte unter den Etruskern zu den wichtigsten Zentren des Zwölfstädtebundes. Als Regierungssitz von Porsenna, der im Jahre 507 v. Chr. Rom erobert haben soll, begann die Blütezeit von Chiusi. Besuchenswert ist das

8.5.3 Heiße Quellen und Etruskergräber

Museo Archeologico Nazionale mit einer der größten Sammlungen etruskischer Funde Italiens. Auf Anfrage im Museum sind die beiden Gräber Tomba della Pellegrina (Grab der Pilgerin) und die Tomba del Leone (Grab des Löwen) zu besichtigen.

Öffnungszeiten
Via Porsenna, Tel.: 0578/20177, Mo-Sa 8-14 Uhr, So 8-13 Uhr (L. 4.000)

9 DIE GEBIRGSLANDSCHAFT DES MONTE AMIATA

Highlights

- Baden im Fosso Bianco von Bagni S. Filippo
- Spaziergang durch Bagno Vignoni
- Tierbeobachtungen im Parco Faunistico dell'Amiata
- Wanderung auf dem Anello della Montagna
- Tagesausflug mit dem Zug nach Rom

9.1 ÜBERBLICK

Der Monte Amiata ist mit 1.738 Metern der höchste Berg und der einzige erloschene Vulkan in der Toskana. Auf seinem Gebiet gibt es zahlreiche Quellen, Mineralvorkommen und Quecksilber. Es entstand vor rund dreitausend Jahren nach einer Reihe von Bodeneruptionen. An den Abhängen liegen Wälder, Weiden, Flüsse und Thermalquellen. Im Herzen der Region breitet sich ein Kastanien- und Buchenwald aus, der bis zum Gipfel hinaufreicht und im Südwesten in die Weinberge und Olivenhaine der Flußtäler von Albegna und Fiora übergeht.

Eine ganz besondere Attraktion sind die heißen Thermalquellen im Nordosten. Ein Naturereignis, das man sich auf keinen Fall entgehen lassen sollte und das zu jeder Jahreszeit ein kostenloser Badespaß für die ganze Familie ist.

Das gesamte Gebiet ist ein idealer Urlaubsort für Sportbegeisterte und Familien mit Kindern. Für Wanderungen zu Fuß, zu Pferd und mit dem Mountainbike stehen hundert markierte Wege zur Verfügung.

Im Winter trifft man auf Langlaufloipen und Skipisten.

Die dünnbesiedelte Gebirgsregion um den Monte Amiata ist keine typische Toskana-Landschaft, aber die ständigen Landschaftswechsel zwischen einsamen Buchen- und Kastanienwäldern, lieblichen Hügeln und Zypressen sind nicht weniger reizvoll. Die kleinen Bergdörfer liegen meist auf 600 bis 900 Metern

Höhe. Steile Gassen, verwinkelte Treppchen und Durchgänge sind charakteristisch für ihr Erscheinungsbild.

Im Amiata-Gebiet findet man keine Tourismuszentren mit berühmten Kunstschätzen wie in der nördlichen Toskana. Dieser Tatsache ist es zu verdanken, daß diese Region noch nicht überlaufen ist. Ein weiterer Pluspunkt ist das frische Klima. Im Sommer wird es hier nie brütend heiß. Man sollte allerdings bedenken, daß der Herbst hier bereits im September anfängt. Abends wird es schon empfindlich kühl, und nachts kommt es häufig zu Niederschlägen.

Rund um den Monte Amiata gibt es viele kleine Dörfer zu entdecken, in denen sich kleine Kunstwerke verstecken. Als Tagesausflug sind Städte wie Florenz, Siena und selbst Rom problemlos zu erreichen.

Paradies für Mountainbiker

9.2 REISEPRAKTISCHE HINWEISE

Information
APT, Via Mentana 97, 53021 Abbadia San Salvatore, Tel.: 0577/778608, Fax: 0577/779013.

Hotelreservierung
● **Associazione Albergatori**, Via Pinelli, Abbadia San Salvatore, Via Pinelli, Tel.: 0577/778324.
● **Associazione Albergatori**, Via dell'Opera 1, Castel del Piano, Tel.: 0567/956678.

Überlandbusse
R.A.M.A., gute Verbindung nach Grosseto, Siena und Florenz. Bushaltestellen sind z. B. in Campagnatico, Civitella Marittima, Paganico, Arcidosso.

Zugverbindung
Von Grosseto aus gibt es eine günstige Zugverbindung nach Rom. Die Fahrt dauert ca. 1,5 Stunden und kostet nur ca. 30.000 Lire hin und zurück. Eine entspannende und preisgünstige Alternative zum Autofahren.

Campingplätze
● *** **Amiata**, Via Roma 15, Loc. Montoto, 58033 Castel del Piano, Tel. u. Fax: 0564/955107, großes Gelände mit 124 Stellplätzen und 8 Bungalows, mit Restaurant.
● ** **Lucherino**, Loc. Lucherino, 58047 Cinigiano/Monticello Amiata, Tel.: 0564/992975.

9.2 Monte Amiata – Reisepraktische Hinweise

Geldwechsel
Bankomaten gibt es in Paganico und Arcidosso.

Sportmöglichkeiten
● **Reiten**: Bauernhöfe mit Reitmöglichkeiten gibt es in Arcidosso, Radicofani, Roccalbegna, Santa Fiora, Seggiano und Semproniano.
● **Wandern** in den Naturschutzparks:
- **Parco Faunistico del Monte Amiata**, Loc. Podere dei Nobili, Zancona, Tel.: 0564/966867, Infos über Führungen über Coop. La Peschiera, Tel.: 0564/977778.
- **Peschiera di Santa Fiora**, Santa Fiora, Infos über Coop. Amiata Up, Tel.: 0564/977571.
- **Riserva Naturale Monte Penna**, Castell'Azzara, Infos über Comune Castell'Azzara, Tel.: 0564/941076.
- Eine Wanderkarte über das gesamte Gebiet ist kostenlos erhältlich bei der Azienda di Promozione Turistica dell'Amiata, Via Mentana 97, 53021 Abbadia San Salvatore, Tel.: 0577/778608, Fax: 0577/779013.
● **Skifahren**: Alpine Skipisten und Langlaufloipen findet man in den Gipfellagen des Monte Amiata.
● **Mountainbike-Verleih**
- **Albergo La Croce**, Vetta Amiata, Tel.: 789748
- **Albergo Rifugio Sella**, Vetta Amiata, Tel.: 789747

9.3 RUND UM DEN MONTE AMIATA

Arcidosso

Information
Pro Loco, Via Ricasoli 1, 58031 Arcidosso, Tel.: 0564/966083

Reiterhof/Maneggio
Agriturismo I Rondinelli, Loc. Rondinelli, 58031 Arcidosso, Tel.: 0564/968168, verleiht auch Mountainbikes und vermietet Ferienwohnungen.
Faggio Rosso, Loc. Aiole, 58031 Arcidosso, Tel.: 0564/967274.
Scuderia Ivan Lazzeroni, Loc. Canali-Bagnoli, Tel.: 0564/967560.

Unterkunft
● *** **Toscana**, Via Lazzaretti 37, 58031 Arcidosso, Tel.: 0564/967486, mit Restaurant, Mittelklassehotel mit 49 Zimmern, alle mit Bad, Tennisplatz, Restaurant, DZ 50.000-100.000 Lire.
● *** **Aiole**, Loc, Aiole, 58031 Arcidosso, Tel.: 0564/967300, DZ 52.000-85.000 Lire, Restaurant mit sehr guter regionaler und toskanischer Küche, sorgfältig zusammengestellter Weinkarte, außer im Sommer Mo Ruhetag, mittlere bis gehobene Preisklasse.
● ** **Dayana**, Via Risorgimento 4, 58031 Arcidosso, Tel.: 0564/966406, geöffn. 5.4.-30.9. u. 24.12.-3.1., einfaches Hotel mit 31 Zimmernn, aber nicht alle mit Bad, Restaurant, DZ 35.000-80.000 Lire.

Agriturismo
● **Dei Frati**, Podere dei Frati, 58031 Arcidosso, Tel.: 0564/966351, Bauernhof mit 7 Zimmern.
● **Le Puscine**, Loc. Le Puscine, 58030 Montelaterone, 6 Zimmer und 1 Wohnung.

9.3 Rund um den Monte Amiata

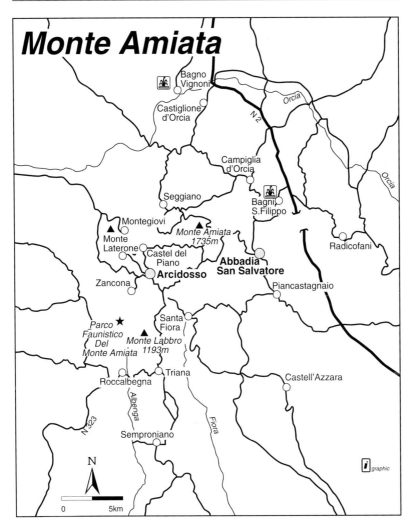

Restaurants
- **Ristorante La Fonte**, Loc. Le Macchie, Tel.: 0564/966461, Mi Ruhetag, liegt etwas außerhalb in Richtung Zancona, sehr gute Pilzgerichte, mittlere Preisklasse.
- **La Tagliola**, Via di Centro, 58030 Bagni di Arcidosso, Tel.: 0564/967351, Mo Ruhetag, hervorragende Pilzgerichte, mittlere Preisklasse.
- **I Rondinelli**, siehe Reiterhof, sehr gute Trattoria, mittlere Preisklasse.

Einkaufen
- **Latteria di Bramerini**, Corso Toscana, kleine Käserei an der Straße, die ins Zentrum führt. Etwas ganz Besonderes ist der Marzomino, ein Pecorino, der im März produziert wird und sehr aromatisch ist.

9.3 Rund um den Monte Amiata

- **Korbflechterei**, Via del Fonte 39, Montegiovi. Der Inhaber der Korbflechterei schneidet das Rohr für seine Körbe noch selbst am Ombrone. Auch wird eigenproduziertes Olivenöl verkauft.

Veranstaltung/Markt
- **La Festa di S.Antonio**, am 13. Juni, Patronatsfest mit Blumenmarkt.
- **Palio delle Contrade**, am 15. August in Montelaterone, Prozession und Pferderennen der 3 Contraden la Valle, la Rocca und la Porta.
- **Wochenmarkt**, Di vorm.

Arcidosso liegt am Westabhang des Monte Amiata auf einer Hügelkuppe in 661 Metern Höhe. Der Bergort hat eine gut erhaltene historische Altstadt. In einer Urkunde von 860 wird er erstmals als Besitztum der Abbazia di San Salvatore erwähnt. Reizvoll ist der Gang zwischen den mittelalterlichen Häusern über enge und steile Gassen hinauf zum **Kastell**. Die Burg der Aldobrandeschi liegt am höchsten Punkt und beherrscht den Ort. Von der einstigen mächtigen Festungsanlage stehen noch einige Gebäude, überragt von einem zinnengeschmückten Turm auf quadratischem Grundriß. Bereits im 11. Jahrhundert errichtet, entwickelte sie sich unter der Herrschaft der Grafen Aldobrandeschi zu einer wichtigen militärischen Festung. 1332 gehörte der Ort zu Siena, nach 1559 stand er als Teil des Großherzogtums Toskana unter der Herrschaft der Medici.

Im Norden, an der Straße nach Montelaterone, errichteten die Mönche der Abbadia San Salvatore für die Bauern und Hirten im 10. Jahrhundert die Pfarrkirche S. Maria in Lamula. Nach einer Zerstörung durch die Sienesen wurde sie 1268 unter einem stufenlosen Satteldach als Basilika wiederaufgebaut. Die barocke Umgestaltung wurde bei Restaurierungmaßnahmen entfernt. Ursprünglich sind noch die Fassade, zwei romanische Kapitelle mit Tier- und geometrischen Motiven und die drei halbrunden Apsiden. Auf dem Hochaltar befindet sich eine geschnitzte Madonna mit Kind (15. Jahrhundert) aus der sienesischen Schule.

Tagesausflug in den Parco Faunistico

Der Naturschutzpark liegt auf dem Gemeindegebiet von Arcidosso und erstreckt sich über mehrere tausend Hektar. Er ist vor allem auf Huftiere spezialisiert. In einer herrlichen Gebirgslandschaft kann man hier unter natürlichen Bedingungen Hirsche, Rehe, Damwild und Mufflons beobachten.

Hier leben auch Wölfe, Steinmarder, Stachelschweine, Hasen, 121 Vogelarten und vieles mehr. Das ganze Areal ist mit gekennzeichneten Wegen ausgestattet, es gibt keine Einzäunungen. Um die Tiere nicht zu verschrecken und um die Flora nicht zu zerstören, dürfen die Besucher die Wege nicht verlassen.

Zu erreichen ist der Parco Faunistico von Zancona aus. Zum Teil über eine Schotterstraße erreicht man nach ca. 3-4 km den Eingang. Ungefähr einen Kilometer weiter folgt ein bewirtschafteter Bauernhof (Podere dei Nobili) mit einer Bar. Für die Tierbeobachtungen sind die Abendstunden am besten geeig-

9.3 Rund um den Monte Amiata

net. Sehr zu empfehlen sind festes Schuhwerk und ein Fernglas. Für Pausen sind alle 500 Meter Holzbänke aufgestellt. Picknick ist nur im Eingangsbereich und beim Podere dei Nobili gestattet.

Hirsche im Parco Faunistico

 Öffnungszeiten
Parco Faunistico del Monte Amiata, Zancona, Loc. Podere dei Nobili, Infos über Führungen bei der Direktion Tel.: 05964/966867, Di-So von Sonnenaufgang bis Sonnenuntergang, Mo geschl. (L. 4.000)

Castel del Piano

 Information
Pro Loco, Via G. Marconi 9, 58033 Castel del Piano, Tel.: 0564/955284

 Unterkunft/Restaurant
*** **Impero**, Via Roma 7, 58033 Castel del Piano, Tel.: 0564/955337, mit Restaurant, einziges Mittelklassehotel in Castel del Piano mit 53 Zimmern, Tennisplatz, Restaurant, DZ 90.000 Lire.

 Camping
*** **Camping Amiata**, Via Roma 15, Loc. Montoto, 58033 Castel del Piano, Tel.: 0564/955107, großes Gelände mit 124 Stellplätzen und 8 Bungalows, mit Restaurant.

 Ski-Schule
Scuola di Sci Monte Amiata Ovest, Tel.: 0564/959004

 Veranstaltung/Markt
• **Palio delle Contrade**, 8. September auf der Piazza Garibaldi, seit 1402 traditionelles Pferderennen zu Ehren der Madonna delle Grazie der vier Stadtteile Borgo, Poggio, Monumento und Storte.
• **Wochenmarkt**, erster Mittwoch im Monat.

Castel del Piano (im lat. "castrum plani") erhielt diesen Namen aufgrund seiner herrlichen Lage auf einer Hochebene am Westhang des Monte Amiata, umgeben von Wäldern. Bereits Papst Pius II. Piccolomini erwähnte Castel del Piano in seinen "Commentari" als einen Ort, der sich wegen seiner schönen Lage, der angenehmen Gebäude und seiner lieblichen Landschaft zweifellos als Hauptort am Monte Amiata bezeichnen könnte.

9.3 Rund um den Monte Amiata

Der heutige Ferienort besteht aus einem alten und einem neuen zu Anfang des 20. Jahrhunderts entstandenen Stadtteil. Seine Vorgeschichte ist ungefähr deckungsgleich mit der von Arcidosso. Durch die **Torre dell'Orologio** (Uhrturm) gelangt man in das historische Zentrum, das sowohl Gebäude aus dem Mittelalter als auch aus dem 16. Jahrhundert besitzt.

Castiglione d'Orcia

Information
- **Pro Loco**, Viale G. Marconi, 53023 Castiglione d'Orcia, Tel.: 0577/887363
- **Pro Loco**, Campiglia d'Orcia, Via Fiume 9, 53023 Castiglione d'Orcia, Tel.: 0577/872722

Unterkunft
* **Le Rocche**, Via Senese 10, 53023 Castiglione d'Orcia, Tel.: 0577/887031, einziges Hotel im Ort mit 10 einfachen Zimmern, Restaurant, DZ 50.000-60.000 Lire.

Restaurants
- **Il Castagno**, Loc. Vivo d'Orcia, 53023 Castiglione d'Orcia, Tel.: 0577/873508, Mo Ruhetag, gute Trattoria, mittlere Preisklasse.
- **Il Borgo**, Rocca d'Orcia, gutes Lokal, mittlere Preisklasse.

Agriturismo
- **Poggio Istiano**, 53023 Castiglione d'Orcia, Tel.: 0577/887046, 055/280539, restauriertes Bauernhaus in schöner Hügellage im Orcia-Tal, 3 Wohnungen für 2 und 5 Personen.
- **Poggio Covili**, Loc. Gallina, 53023 Castiglione d'Orcia, Tel.: 0577/87106, an der S.S. 2 km 178, 1 km von Bagno Vignoni entfernt, altes Landgut mit restaurierten Gebäuden, komfortable Wohnungen mit Kamin und Heizung.
- **Centro Agrituristico I Lecci**, Loc. Fossalupo, 53023 Castiglione d'Orcia, Tel. u. Fax: 0577/887154, schönes Landgut mit Restaurant.
- **Coop. Agr. Il Poggio**, Loc. Poggio Grande, Ripa d'Orcia, 53023 Castiglione d'Orcia, Tel. u. Fax: 0577/897175, Landgut am Ufer des Orcia, in der Nähe von Bagno Vignoni.

Castiglione d'Orcia beherrscht von einem Felsen aus das Tal. Am höchsten Punkt des Ortes thronen die Reste des ehemaligen **Kastells** der Aldobrandeschi, von denen man einen traumhaften Ausblick über das Orcia-Tal und auf den Monte Amiata hat. Pittoreske Gassen und Häuser scharen sich um die Burg und um die **Piazza Vecchietta**. Der Boden wurde mit Flußsteinen angelegt, unterbrochen von Streifen mit Ziegelsteinen, die auf einen Brunnen aus Travertin (1618) zulaufen.

Der Platz ist Lorenzo di Pietro "Il Vecchietta", einem Maler, Bildhauer und Architekten, gewidmet, der hier 1412 geboren wurde. In der kleinen Kirche **S. Maria Maddalena** am Ortsrand bewahrt man eine Madonna des Künstlers auf.

Bagno Vignoni

Unterkunft/Restaurant
- *** **Le Terme**, Bagno Vignoni, 53027 San Quirico d'Orcia, Tel.: 0577/887150, Fax: 0577/887497, direkt am Thermalbecken in einem alten Stadthaus, mit Restaurant, DZ 95.000-125.000 Lire.
- *** **Posta Marcucci**, Bagno Vignoni, 53027 San Quirico d'Orcia, Tel.: 0577/887112, Fax: 0577/887119, ruhiges und komfortables Haus mit Swimmingpool und Restaurant, DZ 155.000-215.000 Lire.
- **Terme di Bagno Vignoni**, Piazza del Maretto, 53027 San Quirico d'Orcia, Tel.: 0577/887365, geöff. Juni-Oktober, 9-13 u. 14.30-18 Uhr, Di nachm. geschl. (Erw. L. 15.000 u. Kinder 10.000, über Mittag kann man das Bad verlassen und nachmittags mit der gleichen Eintrittskarte wieder hinein gelangen.)

Der kleine Thermalort liegt ca. 6 km südlich von San Quirico d'Orcia. Er besteht nur aus wenigen Häusern. Anstatt einer Piazza steht im Mittelpunkt des kleinen Ortes ein großes rechteckig aufgemauertes Bassin mit 40 Grad warmem Thermalwasser, in dem die Quellen entspringen. Bagno Vignoni ist ein sehr ruhiger und idyllischer Platz zum Ausspannen und Kuren. Bereits vor dreitausend Jahren war die Heilwirkung des Wassers bekannt. Früher badeten die Kurgäste direkt in dieser überdimensionalen Badewanne. Heute wird das Heilwasser in die beiden Kurhotels geleitet. An einem Abhang ganz in der Nähe befindet sich die öffentlich zugängliche Quelle. Das Wasser hat den Stein ausgehöhlt und bizarre Formen hinterlassen. In die ausgewaschenen Rinnen kann man seine Beine hängen.

Anstatt auf der Via Cassia (N. 2) direkt nach Bagni S. Filippo zu fahren, lohnt sich ein Umweg auf kleinen Sträßchen entlang der Nordostflanke des Monte Amiata. Mit einem herrlichen Blick über das Orcia-Tal bis nach Radicofani geht die Fahrt über **Madonna delle Querce** nach **Campiglia d'Orcia**. Das historische Zentrum ordnet sich fächerförmig unterhalb eines Felsenrückens an, auf dem sich die Überreste einer Burg aus dem 10. Jahrhundert erheben. Sie wurde von den Sienesen zerstört. Nur wenige Kilometer entfernt liegt **Vivo d'Orcia**, bekannt für einen mächtigen Palastkomplex aus dem 16. Jahrhundert. Der Ort trägt den Namen **Eremo di Vivo**, da ursprünglich an dieser Stelle die Camaldulenser im 11. Jahrhundert ein Kloster errichtet hatten, das als Einsiedelei diente. 1534 ging er in den Besitz der Familie Cervini aus Montepulciano über.

Bagni S. Filippo

Unterkunft/Restaurant
*** **Terme San Filippo**, Loc. S. Filippo 23, 83023 Castiglione d'Orcia, Tel.: 0577/872982, einfaches Kurhotel mit Restaurant, DZ 85.000-125.000 Lire.

Wie Bagni Vignoni besteht auch dieser Ort nur aus ein paar Häusern und einem Kurhotel. Archäologische Funde bezeugen, daß er bereits in römischer Zeit existierte. Eine Legende erzählt, daß Bagni San Filippo von dem Heiligen

9.3 Rund um den Monte Amiata

Kalkformationen beim Fosso Bianco

Filippo Benizi gegründet wurde. Im 13. Jahrhundert soll der Eremit an diesem Ort gelebt und mit dem Wasser Wunder vollbracht haben. Der berühmte Medici-Fürst Lorenzo il Magnifico ließ sich im Jahre 1485 seine Schulter kurieren.

Das jetzige Kurhaus stammt aus dem Anfang des 19. Jahrhunderts. Eine Behandlung in Bagni San Filippo wird bei Rheuma, gynäkologischen Problemen und bei Erkrankungen der Haut und der Atemwege verordnet.

Die größte Attraktion ist der **Fosso Bianco**, ein Wasserfall mit warmem Mineralwasser. Ähnlich wie in Saturnia ergießt sich hier das schwefelhaltige Wasser mitten im Grünen über weiße Kalkfelsen in natürlich gebildete Becken – ein herrlicher Badespaß, für den man keinen Eintritt bezahlen muß.

Abbadia San Salvatore

Information
- **APT**, Via Mentana 97, 53021 Abbadia San Salvatore, Tel.: 0577/778608, Fax: 0577/779013
- **Pro Loco**, Via Pinelli, 53021 Abbadia San Salvatore, Tel.: 0577/778324

Fahrradverleih
Bici e Bike, Via Adua, Abbadia San Salvatore.

Skischule
Scuola di Schi Monte Amiata, Tel.: 0577/789740.

Unterkunft/Restaurant
- ***** Aurora**, Via Piscinell 51, 53021 Abbadia San Salvatore, Tel.: 0577/778173, am Ortsrand gelegenes Hotel mit 14 Zimmern und Restaurant, Mi Ruhetag, DZ 70.000-110.000 Lire.
- ***** Parco Erosa**, Via Remedi, 53021 Abbadia San Salvatore, Tel.: 0577/776326, schön gelegenes Hotel in Altstadtnähe mit gut ausgestatteten Zimmern und großem Restaurant, Do Ruhetag, DZ 80.000-160.000 Lire.
- **** Albergo San Marco**, Via Matteotti 19. 53021 Abbadia San Salvatore, Tel.: 0577/778089, einfaches Hotel mit Restaurant, am Rande der Altstadt gelegen, DZ 50.000-100.000 Lire.

9.3 Rund um den Monte Amiata

Veranstaltung/Markt
- **Le Fiaccole di Natale**, großes Weihnachtsfeuer am 24. Dezember mit einem hohen Scheiterhaufen. Die Stadt wird bis zum Morgengrauen von zahlreichen Fakkeln erleuchtet. Der 1.000-jährige Brauch entstand zu einer Zeit, als es den Ort selbst noch nicht gab und die Gläubigen vor der Kirche Feuer anzündeten, um sich zu wärmen.
- **Wochenmarkt**, jeden 2. u. 4. Do im Monat.

Die alte Bergarbeiterstadt liegt an der Ostflanke des Monte Amiata in 829 Metern Höhe und ca. 60 km südöstlich von Siena. Bis in die siebziger Jahre lebte die Bevölkerung hauptsächlich von der Arbeit in den umliegenden Quecksilberminen.

Hauptsehenswürdigkeit ist die **Abbazia del San Salvatore** (Abtei des Heiligen Erlösers), die dem alten Städtchen den Namen gegeben hat. Sie wurde 743 von den Langobarden gegründet und zuerst von Benediktinern bewohnt. Später übernahmen Zisterzienser das Kloster. Die Abtei hatte zur Gründungszeit die Gerichtsbarkeit über die Via Francigena unter sich, die stark frequentierte Verbindungsstraße für Kaufleute und Pilger nach Rom. Durch die strategische Lage gewann der Ort schnell an Reichtum. Im Jahre 1036 wurde die jetzige Abteikirche geweiht. Die Klosteranlage existiert heute nicht mehr. Das Äußere der Kirche wird von einer Fassade mit zwei Türmen beherrscht, von denen der rechte unvollendet blieb.

Sehr eindrucksvoll im Inneren ist die Krypta. Wahrscheinlich war sie zur Entstehungszeit im 8. Jahrhundert die eigentliche Kirche und wurde beim Neubau 1036 in eine Grabkapelle umgebaut. Sie ist in 13 Schiffe unterteilt. 36 elegante Säulen mit verschieden gestalteten Schäften und variationsreichen Kapitellen tragen das Kreuzgratgewölbe. Außer der Abtei lohnt sich ein Spaziergang durch die guterhaltene mittelalterliche Altstadt. Das älteste Gebäude ist das **Kastell** (Castellina), 1347 von einem Grafengeschlecht aus Santa Fiora erbaut und später von den Medici übernommen.

Ausflug auf den Monte Amiata

Über eine Ringstraße gelangt man auf den Gipfel (Vetta) des Monte Amiata. Er ist mit dem Auto am besten über Abbadia San Salvatore zu erreichen. Südlich führt eine Stichstraße von der Ringstraße auf einen großen Parkplatz. An der Westseite fördert eine Sesselbahn von Prato delle Macinaie (1385 Meter) die Besucher bis auf den Gipfel hinauf. Vom Parkplatz aus gelangt man auf einem steilen Weg an einem Skihang auf den höchsten Punkt. Das große eiserne Gipfelkreuz (1910) und die Funkstation sind bereits von weitem sichtbar.

Gipfelkreuz

9.3 Rund um den Monte Amiata

Bei klarem Wetter hat man von diesem Aussichtspunkt eine sehr gute Fernsicht. Leider haben sich hier unpassenderweise Imbißbuden und Souvenirläden angesiedelt. An einem Sonntag im August dürfte die Atmosphäre eher an einen Jahrmarkt erinnern.

Für Wanderfreunde empfiehlt sich der **Anello della Montagna**, ein ausgeschilderter Rundwanderweg um den Monte Amiata. Über eine Länge von 28 km verläuft der Weg meistens zwischen 1.000 und 1.250 Höhenmetern. Die Zweitagestour beginnt beim Laghetto Verde bei Abbadia S. Salvatore. Ausführliche Informationen mit Karte zum Rundwanderweg sind bei den Fremdenverkehrsämtern erhältlich.

Radicofani

Information
Ufficio Turistico, Via Renato Magi 31, 53040 Radicofani, Tel.: 0578/55684.

Reiterhof
Casatonietti Ranch, Loc. Casatonietti, 53040 Radicofani, Tel.: 0578/55876, bietet auch Übernachtungsmöglichkeit.

Unterkunft
● ** **Eni**, Loc. Contignano, 53040 Radicofani, Tel.: 0578/52025, einfaches, kleines Hotel mit nur 6 Zimmern, Restaurant, DZ 40.000-80.000 Lire.
● ** **La Torre**, Via Matteotti 7, 53040 Radicofani, Tel.: 0578/55943, einfaches, kleines Hotel mit 9 Doppelzimmern, Restaurant, DZ 40.000-80.000 Lire.

Agriturismo
La Palazzina, Loc. Le Vigne, 53040 Radicofani, Tel.: 0578/55771-055/280539, restaurierte, ehemalige Jagdvilla aus dem 18. Jahrhundert, heute elegantes Landgut mit Park, 1 Wohnung und mehrere Doppelzimmer, nur mit Halbpension, geöff. März-Oktober.

Restaurants
● **Il Pama**, Via Marconi, Tel.: 0578/55919, Mo Ruhetag, gutes Restaurant mit großem Garten, günstig.
● **La Grotta**, Piazza S. Agata 12, Tel.: 0578/55866, Di Ruhetag, Restaurant im Zentrum mit guten Wildgerichten, günstig.

Der einsame Bergort Radicofani liegt an den Osthängen des Monte Amiata über dem Flußtal Paglia in 814 m Höhe, beherrscht von einer **Rocca**, die 1154 von Papst Hadrian IV. errichtet wurde. Gegen Ende des 13. Jahrhunderts diente die strategisch günstig gelegene Burg dem Raubritter Ghino di Tacco als Residenz. Er raubte nur reiche Händler und Pilger aus, die auf der nahegelegenen Via Francigena reisten. Bald rankten sich viele Legenden um die Figur dieses Raubritters. Die Dichter Dante und Boccaccio widmeten ihm in ihren berühmtesten Werken eine Geschichte. Das Dorf hat seinen mittelalterlichen Charakter bewahrt. Die Hausfassaden sind aus Steinquadern gemauert. Die engen Gassen sind durch Bögen und Treppen miteinander verbunden. Vom mächtigen Turm der Rocca hat man einen schönen Ausblick. Nennenswerte Gebäude sind der wappengeschmückte **Palazzo Pretorio** neben dem Turm, die romanische Kirche **S. Pietro** aus dem 13. Jahrhundert mit Terrakotten aus der Werkstatt der Robbias und die romanisch-gotische Kirche **Sant'Agata**. Etwas außerhalb des Zentrums, an der Via Cassia, steht der **Palazzo della Posta**. Die schöne Medici-Villa wurde zu Jagdzwecken erbaut und später in ein Hotel umgewandelt. Hier logierten Berühmtheiten, wie Dickens, Chateaubriand und Montaigne.

Piancastagnaio

Information
Pro Loco, Viale Gramsci 1, 53025 Piancastagnaio, Tel.: 0577/786024.

Unterkunft/Restaurant
*** **Capriolo**, Via Grossetana 41, 53025 Piancastagnaio, Tel.: 0577/786611, außerhalb des Zentrums gelegenes Hotel mit großem Restaurant, DZ 60.000-95.000 Lire.

Veranstaltung/Markt
• **Il Palio del 18 Agosto**, zu Ehren der Madonna di San Pietro tragen die 4 Contraden ein Pferderennen aus.
• **Wochenmarkt**, am 1. und 3. Samstag im Monat.

Der kleine mittelalterliche Ort Piancastagnaio liegt inmitten von schönen Kastanienwäldern in 827 Metern Höhe über dem Paglia-Tal (4 km südlich von Abbadia S. Salvatore). Das bemerkenswerteste Gebäude im historischen Zentrum ist die mächtige **Rocca Aldobrandesca**. Die gut erhaltene Burg stammt, bis auf die Zinnen und Konsolen, die in den 60er Jahren rekonstruiert wurden, aus dem 13. Jahrhundert. Wer von Santa Fiora oder Abbadia San Salvatore anfährt, sieht bereits von weitem die eindrucksvolle Festung. Der nach unten breiter werdende Sockel und die zwei verschieden hohen Türme verleihen dem Bau ein sehr wuchtiges Aussehen.

Santa Fiora

Information
Pro Loco, Piazza Garibaldi, 58037 Santa Fiora, Tel.: 0564/977124

Reiterhof/Maneggio
Arminio Agri Horsy's, Podere di Maggio, Via delle Vigne 13, 58037 Santa Fiora, Tel.: 0564/978154-977377.

Unterkunft
• ** **Eden**, Via Roma 1, 58037 Santa Fiora, Tel.: 0564/977033, Hotel in der Altstadt, einfaches Hotel mit 19 Zimmern, nicht alle mit Bad, DZ 32.000-70.000 Lire.
• ** **Fiora**, Via Roma 8, 58037 Santa Fiora, Tel.: 0564/977043, renovierter Palast in Altstadtnähe, mit Restaurant, DZ. 34.000-66.000 Lire.

9.3 Rund um den Monte Amiata

Restaurant
Al Barilotto, Via Carolina 24, 58034 Santa Fiora, Tel.: 0564/977083, Mi Ruhetag, gute Trattoria mit angenehmem Ambiente, mittlere Preisklasse.

Peschiera di Santa Fiora
Öffnungszeiten
Coop. La Peschiera, Auskünfte über Tel.: 0564/977778

Santa Fiora ist mit seinem engen Gassengewirr einer der typischsten und hübschesten mittelalterlichen Orte im Amiata-Gebiet. Er liegt in 687 Metern Höhe auf einem Trachyt-Felsen. Auf den Resten der ehemaligen Burg der Aldobrandeschi befindet sich der Dorfplatz **Piazza Garibaldi** mit dem **Palazzo Sforza-Cesarini**, in dem heute die Gemeindeverwaltung untergebracht ist.

Über die Via Carolina gelangt man zur romanischen Pfarrkirche **SS. Fiora e Lucilla**. In die schlichte Fassade mit romanischer Fensterrosette wurde im späten 16. Jahrhundert ein Portal eingefügt. Im dreischiffigen Innenraum sind etliche glasierte Terrakottareliefs von Giovanni und Andrea della Robbia zu sehen. Im unteren Ortsteil entspringt die Quelle des Flusses Fiora. Zu ihrer Nutzung wurde im 18. Jahrhundert ein künstliches Becken, die sog. **Peschiera** (Fischteich), angelegt.

La Peschiera

9.4 VON ARCIDOSSO NACH GROSSETO

Die Fahrt nach Grosseto ist auf der Nebenstrecke über Monticello und Cinigiano landschaftlich besonders reizvoll. Von Arcidosso muß man zuerst in Richtung Zancona fahren. Wunderschöne Kastanienwälder liegen auf der Strecke nach Cinigiano, immer wieder unterbrochen von Lichtungen mit Panoramablicken auf weite Täler und Bergketten.

Monticello Amiata

Information
Pro Loco, Via Amiata 16, Monticello Amiata, Tel.: 0564/0564/992777

Restaurant
Da Rio, in Monticello Richtung Montenero, einfaches Landgasthaus mit familiärer Atmosphäre, sehr gute Nudelgerichte, günstig.

Monticello besteht aus einem engen Gassengewirr, winkligen Durchgängen, steilen Treppen und Natursteinhäusern. Dazwischen bieten sich immer wieder herrliche Ausblicke auf die umliegende Landschaft. Besondere Sehenswürdigkeiten gibt es hier keine. Aber ein Spaziergang durch das kleine Dorf mit seiner mittelalterlichen Atmosphäre ist ein Genuß.

Cinigiano

Information
Pro Loco, Via Italia, Cinigiano, nur im Sommer geöffnet.

Restaurants
• **Trattoria Tonino** an der Hauptstraße, günstig.
• **Ristorante Rintocco**, Mo Ruhetag, ausgezeichnetes Restaurant, günstig.
• **Pizzeria di Vestri Corrado**, Tel.: 905601, sehr gute und günstige Pizzeria an der Straße von Paganico nach Arcidosso.

Cinigiano liegt eingetaucht zwischen den Hügeln der Flußtäler Ombrone und Orcia und hat einen sehr dörflichen Charakter. Die Häuser wurden auf den Mauern des ehemaligen **Kastells** erbaut. Da es hier ein paar gute und preiswerte Lokale gibt, eignet sich der Ort ideal für eine Mittagspause.

Paganico

Tennis
Tennis Club Paganico, Tel.: 905632, zur Anlage gehören 2 Tennisplätze, Tischtennis, Boccia, Kinderspielgeräte und eine nette Bar.

9.4 Von Arcidosso nach Grosseto

Unterkunft
**** **Grand Hotel Terme di Petriolo**, Loc. Petriolo, 58045 Civitella Paganico-Pari, Tel.: 0564/908871/2, Fax: 0564/90872, das komfortable Kurhotel liegt ungefähr 20 km nördlich von Paganico, DZ 220.000-418.000 Lire.

Restaurants
• **La Locanda del Cacciatori**, Loc. Pari, Piazza della Chiesa 16, 58045 Civitella Paganico, Tel.: 0564/908887, Di Ruhetag, liegt in der Nähe der Therme von Petriolo, freundlicher Familienbetrieb mit hervorragenden saisonalen Pilzgerichten, günstig.
• **Il Castelluccio**, Via Dante Alighieri 1, 58048 Paganico, Tel.: 0564/905061, Trattoria-Pizzeria mit sehr gutem Trüffel-Huhn.
• **3 Cantoni**, Via della Stazione 14, 58048 Paganico, Tel.: 0564/905041, Mi Ruhetag, von Arcidosso kommend, kurz vor dem Ort zur Tenuta Paganico, Restaurant mit ausgezeichneten Nudelgerichten, mittlere Preisklasse.
• **La Torre**, Corso Fagare 45, Paganico, Mo Ruhetag, netter Familienbetrieb mit guter Küche.

Einkaufen
Pasticceria Fiorella Medaglini, Via del Leccio 4, Paganico, Tel.: 0564/905533, Spezialität dieser ausgezeichneten Bäckerei sind die Brutti ma Buoni (= häßlich, aber gut) und das Mandelgebäck.

Paganico ist ein Musterbeispiel für sienesische Festungsanlagen aus dem 14. und 15. Jahrhundert. Im Jahre 1193 geriet der Ort in den Besitz Sienas. Als südlichster Grenzpunkt sienesischen Territoriums war eine sichere Festung hier besonders wichtig. Die Anlage auf rechteckigem Grundriß besteht aus einem starken Mauerring aus dem 14. Jahrhundert mit Stadttoren an allen vier Seiten und Türmen. Geplant wurde sie von Lando di Pietro, dem Erbauer des Neuen Doms in Siena. Drei Tore sind noch erhalten. Sehenswert ist die Kirche **S. Michele**, 1297 erbaut. Im Inneren ist die Apsis von Bartolo di Fredi (1368) ausgemalt. Auf dem Hauptaltar befindet sich ein Tafelbild "Madonna mit Kind" des Sienesen Andrea di Niccolò aus den Jahren 1480-1490.

Von Paganico in Richtung Norden gelangt man über **Civitella Marittima**, auf einem mit Olivenbäumen bestandenen Hügel gelegen, nach **Bagni di Petriolo**. Der Ort besitzt einen modernen Kurkomplex. Die Anwendungen mit 38-46 Grad warmem, schwefelhaltigem Wasser helfen bei Krankheiten, wie Gicht und Arthritis.

10 GROSSETO UND DIE MAREMMA

- Stadtbesichtigung von Massa Marittima
- Baden in den heißen Schwefelquellen von Saturnia
- Geführte Wanderung zu Pferd durch die Maremma
- Baden am naturbelassenen Strand des Parco Naturale della Maremma
- Besuch des Giardino dei Tarocchi der Künstlerin Niki de Saint-Phalle
- Besichtigung der etruskischen Tomba Ildebranda bei Sovana
- Ausflug zu den Etruskerstädten Roselle und Vetulonia

10.1 ÜBERBLICK

Die größte Provinz liegt im äußersten Süden der Toskana und umfaßt die südlichen Ausläufer der Colline Metallifer, einen großen Teil des Ombrone-Tals, das westliche und südliche Gebiet des Monte Amiata, einen 130 km langen Küstenstreifen, die sogenannte Maremma Grossetana mit zahlreichen Badeorten, die Halbinsel Monte Argentario und die kleinen Inseln Giglio und Giannutri. Die gesamte Region ist landläufig unter dem Namen Maremma bekannt.

Die Umgebung der Provinzhauptstadt Grosseto weist sehr verschiedenartige Landschaftsmerkmale auf: An der Küste wechseln sich Sandstrände mit felsigen Küstenabschnitten ab, dahinter liegen das fruchtbare Gebiet der Maremma und das eindrucksvolle Bergmassiv des Amiata am Horizont.

Vom 9.-13. Jahrhundert regierte die Familie Aldobrandeschi das Land. Schlösser und Burgen stammen aus dieser Zeit. Zu Beginn des 13. Jahrhunderts wurden die Aldobrandeschi von den Sienesen entmachtet. Gegen Mitte des 16. Jahrhunderts verlor auch Siena an Macht. Das Florentiner Geschlecht der Medici dehnte seine Hegemonie im Süden der Toskana aus. Zeugnis davon sind unter anderem die sechseckige Stadtmauer und die Burg von Grosseto.

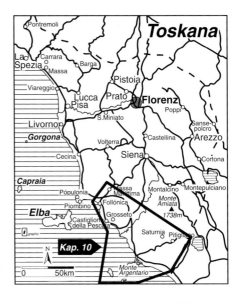

10.1 Grosseto und die Maremma – Überblick

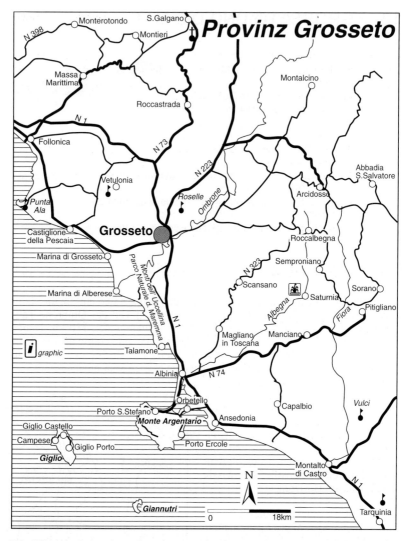

Die Wirtschaft der ehemals ärmsten toskanischen Region basiert vor allem auf der Landwirtschaft, die jahrhundertelang stark durch die großen Sumpfgebiete beeinträchtigt war. Hinzu kamen die ständigen Malariaepidemien, die der bettelarmen Bevölkerung über Jahrhunderte hinweg stark zusetzten. Seit der Trokkenlegung der Sümpfe werden neben Weizen auch Gerste, Mais, Obst und Wein angebaut. Der Fremdenverkehr spielt vor allem in den Küstenorten heute eine bedeutende Rolle.

Die Maremma ist die ruhigste Gegend der Toskana. Kilometerweit ist die Landschaft hier fast völlig unberührt. Nur ab und zu trifft man auf eine Herde

10.1 Grosseto und die Maremma – Überblick

typischer weißer Maremma-Rinder, die von Cowboys, den sogenannten Butteri, gehütet werden.

Das dünnbesiedelte Hinterland der Maremma ist die sogenannte Toscana minore (kleine Toskana). In diesem hauptsächlich agrarisch genutzten Gebiet liegen städtebauliche Kleinode, wie Massa Marittima, Pienza, Pittigliano und Sovana. Diese kleinen Städte im Süden sind noch relativ unbekannt, da sie abseits der großen Reiserouten liegen.

Ganz im Gegensatz zum Norden der Toskana mit den großen und bekannten Zentren Florenz, Pisa, Siena und Lucca gibt es südlich der Linie Cecina-Siena-Arezzo außer der Provinzhauptstadt Grosseto mit 70.000 Einwohnern keine größeren Städte mehr. Trotzdem weisen die Ortschaften oft bemerkenswerte Kunstschätze auf und besitzen eine ausgezeichnete Gastronomie.

10.2 REISEPRAKTISCHE HINWEISE

Buslinien
R.A.M.A., gute Busverbindung nach Massa Marittima, Siena, Florenz und nach Arcidosso, Tel.: 454169.

Zugverbindung
Stazione Ferroviaria F.S., Piazza G. Marconi, 58100 Grosseto, Tel.: 22366-27049, der Bahnhof liegt im Norden, außerhalb des Zentrums, gute Zugverbindung nach Livorno, Siena und Rom.

Flüge
Aeroporto civile, Via Orcagna, 58100 Grosseto, Tel.: 0564/492356, Flüge zum Flughafen Pisa nur in der Hauptsaison.

Krankenhaus
Ospedale Civile, Via Senese 161, 58100 Grosseto, Tel.: 0564/485111

Hotelreservierung
• **Consorzio Provinciale Albergatori**, Viale Matteotti 50, 58100 Grosseto, Tel.: 0564/26315, Fax: 0564/415838.

• **Consorzio Turismaremma**, Centro Commerciale Le Palme, Via de' Barberi 108, 58100 Grosseto, Tel.: 0564/20550, Fax: 0564/413589.

• **Associazione Provinciale Albergatori**, Viale Matteotti 55, 58100 Grosseto, Tel.: 0564/26315, Fax: 0564/415838.

Agriturismo
Bei den folgenden Veranstaltern kann man sich Infomaterial zu "Urlaub auf dem Bauernhof" in der Provinz Grosseto zuschicken lassen.

• **Agriturist**, Centro Commerciale Le Palme, Via de'Barberi 108, 58100 Grosseto, Tel. u. Fax.: 0564/417418, gibt folgende Broschüre heraus: Guida dell'Ospitalità rurale – Agriturismo e Vacanze verdi.

• **Turismo Verde**, Via d'Azeglio 21, 58100 Grosseto, Tel.: 0564/452398, Fax: 0564/454916, gibt folgende Broschüre heraus: Agriturismo in Italia.

10.2 Grosseto und die Maremma – Reisepraktische Hinweise

● **Terra Nostra**, Via Tolmino 18, 58100 Grosseto, Tel.: 0564/24453, Fax: 0564/20009, gibt folgende Broschüre heraus: Vacanze & Natura.

Camping
Die meisten Campingplätze liegen am Meer bei Marina di Grosseto, Castiglione della Pescaia, Capalbio und Orbetello. Direkt bei Grosseto gibt es keine Möglichkeit zum Campen.

Wandern/Reiten
● In der Provinz Grosseto gibt es ca. 150 km Wanderwege, die im Gebiet von Roccastrada, Castiglione della Pescaia und im Parco Naturale della Maremma liegen.
● Reitausflüge werden von Scarlino aus angeboten.
Nähere Informationen bekommt man in den oben erwähnten Broschüren der Agriturismo-Veranstalter und bei: Amministrazione comunale di Scarlino "Guida al Territorio, Comune di Roccastrada "Trekking Roccastrada".

10.3 GROSSETO

10.3.1 ÜBERBLICK

Die Verwaltungshauptstadt der Maremma liegt in der Schwemmlandebene des Ombrone im Südwesten der Toskana, ungefähr 12 km vom Meer enfernt. Grosseto hat 70.000 Einwohner und ist vor allem eine moderne Geschäftsstadt mit einer gesichtslosen Peripherie und häufigen Verkehrsstaus. Davon sollte man sich aber nicht abschrecken lassen, denn ein Bummel durch die Fußgängerzone der kleinen Altstadt, die innerhalb der Stadtmauern nur 12 Hektar groß ist, lohnt sich auf jeden Fall. Die Innenstadt ist autofrei. Vor den Stadttoren befinden sich mehrere gebührenpflichtige Parkplätze.

Eindrucksvoll ist die geschlossene Stadtmauer aus rotem Backstein, im 16. Jahrhundert von den Medici errichtet. Auf sechseckigem Grundriß befinden sich sechs fünfeckige Bastionen. Eine davon, die Fortezza Medicea, wurde zusätzlich als eigene Festung ausgebaut. Nach dem zweiten Weltkrieg wurde die zum großen Teil zerstörte Altstadt vollständig wiederaufgebaut.

10.3.2 REISEPRAKTISCHE HINWEISE

Information
● **APT**, Viale Monterosa 206, 58100 Grosseto, Tel.: 0564/454510-454527, Fax: 0564/454606.
● **Ufficio informazioni**, Corso Carducci, 58100 Grosseto, Tel.: 0564/488207, das Informationsbüro liegt in der Nähe des Doms und ist nur im Sommer geöffnet.
● **Pro Loco**, Piazza del Popolo 3, 58100 Grosseto, Tel.: 0564/25213.

Wichtige Telefonnummern
Vorwahl: 0564
Polizeinotruf: 112, Feuerwehr: 115, Erste Hilfe: 118, Pannenhilfe: 116

10.3.2 Grosseto – Reisepraktische Hinweise

Automobilclub
ACI Automobile Club Grosseto, Via Mazzini 105, 58100 Grosseto, Tel.: 0564/414045

Apotheke
Farmacia Comunale, Via dei Mille, Tel.: 29343.

Post/Telekom
Piazza Rosselli, 58100 Grosseto, Tel.: 0564/486111.

Unterkunft
- ****** Bastiani Grand Hotel**, Via Gioberti 64, 58100 Grosseto, Tel.: 0564/20047, Fax: 0564/29321, sehr schönes und komfortables Hotel in Domnähe, DZ 149.000-296.000 Lire.
- ***** Leon d'Oro**, Via S. Martino 46, 58100 Grosseto, Tel.: 0564/22128, Fax: 0564/22578, in Domnähe, DZ 65.000-130.000 Lire.
- *** Mulinacci**, Via Mazzini 78, 58100 Grosseto, Tel.: 0564/28419, preiswertes und einfaches Hotel in der Altstadt, DZ 40.000-63.000 Lire.

Camping
siehe unter Marina di Grosseto.

Restaurants
- **La Buca di San Lorenzo**, Viale Manetti 1, 58100 Grosseto, Tel.: 0564/25142, stilvolles Ambiente mit Backsteingewölbe und Kamin, große Grappaauswahl, umfangreiche Weinkarte, erfindungsreiche und gute Küche, sehr teuer.
- **Il Pescatore**, Via Aurelia Nord, 58100 Grosseto, Tel.: 0564/23813, Restaurant am Stadtrand, sehr gute Fischgerichte, mittlere Preisklasse.
- **La Maremma**, Via F. de' Calboli, Tel.: 0564/21177, traditionsreiches Restaurant mit guter regionaler Küche im Zentrum, mittlere Preisklasse.
- **Canapone**, Piazza Dante 3, Tel.: 0564/24546, gutes Restaurant mit regionaler Küche in einem alten Palast im Zentrum, mittlere Preisklasse.

Einkaufen
- **Caseificio Graziella dei F.lli Cioni**, VIII Zona Grancia, 58100 Grosseto, Tel.: 0564/28000. Die Käserei verkauft ausgezeichneten Pecorino aus der Maremma und andere Produkte aus Schafsmilch.
- **Macelleria Salumeria Leo Chiti**, Via de' Barberi 16, 58100 Grosseto, Tel.: 0564/26184, Feinkostgeschäft mit Wildspezialitäten.

Feste/Markt
- **Rincorsa di San Lorenzo** am 10. August, Feier für den Schutzheiligen von Grosseto. Bei einer Prozession durch die Stadt wird die Heiligenstatue auf einem Wagen mit einer mittelalterlichen Glocke transportiert.
- **Wochenmarkt**, jeden Donnerstag an der Porta Vecchia.

10.3.3 GESCHICHTE

Die Stadt entstand wahrscheinlich im 9. Jahrhundert als Durchgangsort für die Reisenden auf der Via Aurelia. Diese Straße führte seit dem 3. Jahrhundert v. Chr. an der Tyrhennischen Küste entlang und war der Verbindungsweg von Rom über Cosa und Populonia nach Pisa. Ursprünglich lag auch Grosseto viel näher am Meer. Doch durch die Aufschüttung des Ombrone-Deltas entfernte sie sich immer weiter von der Küste. Da Roselle im Jahre 935 von den Sarazenen zerstört worden war, übernahm Grosseto die wichtige Rolle als Knotenpunkt zwischen Rom und Pisa. 1138 wurde der Bischofssitz hierher verlegt. Bis zur endgültigen Eroberung durch die Sienesen 1336 gehörte die Stadt zum Besitztum der Aldobrandeschi. Siena beabsichtigte dadurch, einen Teil der Küste zu kontrollieren und die an Getreide, Salz und Bodenschätzen reiche Region auszubeuten.

Die Malaria, die in den Sumpfgebieten herrschte, und die jahrhundertelangen Kriege mit Siena hatten aus der ehemals blühenden Maremma eine der ärmsten Regionen der Toskana gemacht. Erst während des Großherzogtums Toskana unter den Medici erholte Grosseto sich wieder etwas. Der wirtschaftliche Aufschwung folgte aber erst mit der Teilung der Provinz Siena 1766 durch die lothringisch-habsburgischen Großherzöge. Leopold II. ließ Entwässerungskanäle anlegen, Flüsse umleiten, die Sümpfe mit Geröll auffüllen und begann mit der sozialen Umstrukturierung des Landes. Grosseto wurde zur südlichen Hauptstadt des sienesischen Gebiets. Nach der Einigung des italienischen Staates im 19. Jahrhundert und in den 30er Jahren folgten weitere Sanierungsmaßnahmen. Bis zur Trockenlegung der Sümpfe war die wirtschaftliche Entwicklung der Maremma immer stark beeinträchtigt. Mittlerweile ist sie wieder eine fruchtbare Region, bestimmt durch Ackerbau und Viehzucht. Grosseto ist ihr Verwaltungs- und Landwirtschaftszentrum.

Im Zweiten Weltkrieg wurden bei Bombenangriffen der Alliierten viele Einwohner getötet und ein Großteil der Stadt zerstört.

10.3.4 STADT-RUNDGANG

Der vollständig erhaltene Mauerring (1574-93) erinnert durch seine Anlage als Mauersechseck mit Eckbastionen an die weitaus größere Stadtmauer von Lucca. Die **Porta Nuova** im Norden und im Süden die **Porta Vecchia** sind die eigentlichen Stadttore. Ähnlich wie in Lucca kann man auch auf der Mauer von Grosseto spazieren gehen. Im Nordosten befindet sich die **Fortezza Medicea (1)**.

Leopold-Denkmal auf der Piazza Dante

10.3.4 Grosseto – Stadtrundgang

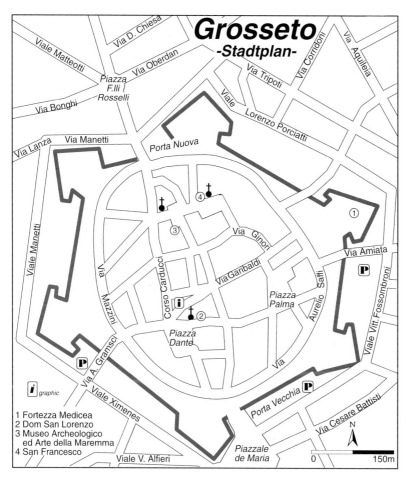

1 Fortezza Medicea
2 Dom San Lorenzo
3 Museo Archeologico ed Arte della Maremma
4 San Francesco

Hauptplatz der Altstadt ist die **Piazza Dante** in der Nähe der Porta Vecchia. In der Mitte steht ein Denkmal für Leopold II. von 1846. Symbolisch zertritt er unter seinen Füßen drei Schlangen – Sinnbild für die Bekämpfung der Malaria. Die Süd- und Westseite des Platzes schmücken hübsche Bogengänge. An der Ostseite liegt der aus dem Historismus stammende **Palazzo della Provincia**. Er soll mit seinen Fensterformen an den Palazzo Pubblico von Siena erinnern.

Die Nordseite wird vom **Dom San Lorenzo (2)** (1294-1302) eingenommen. Die Fassade im Sieneser Stil mit abgetreppter Zwerggalerie und Fensterrose ist eine Zutat des 19. Jahrhunderts.

Über den Corso Carducci, der Hauptgeschäfts- und Flanierstraße, trifft man nördlich vom Dom auf das **Museo Archeologico ed Arte della Maremma**

(3) an der **Piazza Baccarini**. Hauptattraktion dieses Museums sind die etruskischen Funde aus Roselle, Vulci, Vetulonia, Pitigliano und Populonia. Der Besuch ist auf jeden Fall lohnenswert. Leider ist es wegen Restaurierungsarbeiten und einer grundlegenden Umgestaltung geschlossen. Von Jahr zu Jahr wird die Wiedereröffnung verschoben. Deshalb ist auch auf die Ankündigung, daß noch 1996 das Museum seine Tore wieder öffnet, kein Verlaß.

Öffnungszeiten
Piazza Beccarini, 58100 Grosseto, Tel.: 0564 27290, Mi geschl., z.Z. geschlossen.

In der Nähe liegt an der **Piazza dell'Independenza** die schlichte gotische Kirche **San Francesco (4)** aus dem 13. Jahrhundert. Sie wurde von Benediktinern errichtet und später von den Franziskanern übernommen. Im Innenraum sind Freskenreste aus dem 14. Jahrhundert und ein hölzernes Kruzifix aus der Schule von Duccio di Buoninsegna (1289) zu sehen.

10.3.5 AUSFLUG ZU DEN STÄTTEN DER ETRUSKER NACH ROSELLE UND VETULONIA

Die etruskischen Ausgrabungsstätten von Roselle sind ein absolutes Muß für Hobby-Archäologen. Sie befinden sich ungefähr 9 km nordöstlich von Grosseto auf einer niedrigen Erhebung zu Füßen des Poggio di Moscona. Von Grosseto sind sie über die S.S. 223 in Richtung Siena zu erreichen. Russelae gehörte zu den bedeutendsten Städten des etruskischen Reiches. Der etruskische 3,2 km lange Mauerring bestand aus Steinblöcken, die zum Teil 5 Meter hoch waren. Reste der alten Stadtmauer sind noch vorhanden. 294 v. Chr. eroberten die Römer den Ort und bauten auf den etruskischen Grundmauern eine neue Stadt auf. Im Hochmittelalter war in Roselle der Bischofssitz, der später nach Grosseto verlegt wurde.

Jahrelange Ausgrabungen innerhalb des Mauerrings haben Überreste der römischen Stadt ans Tageslicht gebracht. Das Amphitheater liegt auf dem nördlichen Hügel, darunter befinden sich die Thermenanlagen und das kaiserliche Forum. Die Reste einer römischen Villa kamen nördlich des Forums zum Vorschein.

Öffnungszeiten
Parco Archeologico Etrusco-Romano, Auskünfte über Tel.: 0564/410121 oder bei der Coop. Maremmagica, Tel.: 0564/496670, das Ausgrabungsfeld ist nicht immer zu besichtigen. Man sollte sich vorher beim Informationsbüro in Grosseto oder telefonisch über die Öffnungszeiten informieren.

Vetulonia

Information
Pro Loco, Via Garibaldi 20, Tel.: 0564/34449.

Unterkunft/Restaurant
Nesi & Renzetti, Piazza Stefani 12, Loc. Vetulonia, Tel.: 0564/949802, die einzige Pension am Ort, die Zimmer vermietet, DZ 60.000-75.000 Lire. Der Eingang der einzigen Trattoria am Ort liegt neben der Bar Taverna Etrusca, große überdachte Terrasse mit Aussicht bis zum Meer und ins Landesinnere. Das Haus schließt komplett Ende September, mittlere Preisklasse.

Nordwestlich von Grosseto führt eine schmale und kurvenreiche Straße nach **Vetulonia** hinauf. Der Ort war zu etruskischen Zeiten eine der bedeutendsten Städte. Ihre Blütezeit hatte die Stadt im 8. Jahrhundert v. Chr. durch die Ausbeutung der reichen Bodenschätze. Heute ist sie vor allem bekannt wegen der etruskischen Grabhügel.

Wenige Kilometer vor dem Ort erscheinen die ersten gelben Hinweisschilder mit der Aufschrift "Tombe etrusche". Auf einer Schotterstraße gelangt man nach ca. 600 m zur ersten etruskischen Nekropole **Tumulo Etrusco della Pietrera** aus dem 7. Jahrhundert v. Christi. Das Grab liegt in einem künstlich aufgeschütteten Hügel und besteht aus zwei übereinanderliegenden Grabkammern. Die untere Kammer ist die ältere und hatte in der Mitte einen Pilaster. Nachdem sie eingestürzt war, wurde darüber ein neues Grab auf quadratischem Grundriß mit einer Pseudokuppel aus vorkragenden Steinplatten errichtet. Ein 28 Meter langer Dromos (Gang) führt in den zentralen Kuppelbau und in die zwei Seitenkammern. Ursprünglich war das Grab von einem großen Hügel bedeckt, der beachtliche Ausmaße besaß: 14 Meter hoch, 70 Meter im Durchmesser und 210 Meter im Umfang.

Weiter abwärts stößt man auf die **Tomba del Diavolino II.** aus der gleichen Zeit.

Im Gegensatz zum Grab der Pietrera führt ein im ersten Teil offener Dromos abwärts in die quadratische Kammer. Auch hier ist das Gewölbe mit vorkragenden Steinplatten konstruiert und in der Mitte durch einen Pilaster abgestützt, der unpassenderweise durch einen schwarzen Kunststoffpfeiler ersetzt wurde.

Die Tomba del Diavolino I. sucht man vergeblich. Sie wurde abgebrochen und im Archäologischen Museum von Florenz originalgetreu wieder aufgebaut.

Tomba del Diavolino

10.3.5 Ausflug nach Roselle und Vetulonia

Öffnungszeiten
- **Tumolo Etrusco della Pietrera,** Informationen über Tel.: 0564/949877, wegen Sicherungsmaßnahmen z.Z. noch geschlossen (Stand Sommer 1996).
- **Tomba del Diavolino**, täglich geöff. 9-kurz vor Sonnenuntergang, elektronische Schließanlage (Eintritt frei).

Kurz vor Vetulonia, links an der Straße befindet sich die **Scavi Città**. Ein Ausgrabungsfeld mit Gebäuderesten aus der hellenistischen und etruskisch-römischen Zeit.

In der Via Garibaldi ist das **Museo Archeologico Antiquarium** mit Funden aus der Umgebung untergebracht.

Öffnungszeiten
Di-Fr 9.30-12.30 und 15-19.00, z.Z. noch wg. Restaurierungen geschlossen, Informationen über Tel.: 0564/949877

Von der einst reichen Stadt ist nicht mehr viel übriggeblieben. Das 700 Einwohner zählende Dorf macht heute einen malerischen und eher verschlafenen Eindruck. Ein Ausflug nach Vetulonia lohnt sich vor allem in der Nebensaison. Dann ist der Ort wie ausgestorben, und man kann in aller Ruhe durch eine landschaftlich sehr reizvolle Gegend zu den Grabstätten spazieren und mittags von der Terrasse des Dorflokals den weiten Ausblick genießen.

10.4 PARCO NATURALE DELLA MAREMMA

Der Naturschutzpark der Maremma erstreckt sich auf einem Gebiet von 100 km², entlang der Küste von Principina al Mare im Norden bis nach Talamone im Süden und reicht im Osten bis zur Via Aurelia (N.1.). Der südliche Abschnitt ist durch eine Steilküste gekennzeichnet, an den sich weiter nördlich Strände anschließen. Direkt am Strand besteht die Vegetation aus Versuchspflanzen, die in der Lage sind, sich der salzhaltigen und sandigen Umgebung gut anzupassen. Sie wird durch die typisch mediterrane Macchia abgelöst, die bei Marina di Alberese in einen großen Pinienhain übergeht. Im äußersten Norden, oberhalb der Mündung des Ombrone-Flusses, liegen die Sümpfe **Paludi della Trappola**. Hier wechseln sich flache Dünen mit vorübergehend gebildeten und zum Teil ständig bestehenden Küstenseen ab. In dieser Gegend leben die charakteristischen weißen Maremma-Rinder das ganze Jahr über im Freien. An den Binnenseen überwintern viele Vogelarten. In einiger Entfernung von der Küste wurden die Sümpfe trockengelegt. Das dabei gewonnene Land dient modernen Tierzuchtbetrieben.

Maremma-Rinder

Der zentrale Teil des Parks liegt im Süden und wird von den parallel zur Küste verlaufenden **Monti dell' Uccellina** beherrscht. Diese bewaldete Hügelkette besteht zum Teil aus Kalkstein und aus kieselhaltigem Gestein. Die höchste Erhebung ist der **Poggio Lecci** mit 417 Metern. Am unteren Teil der Osthänge wurden Weiden und Olivenhaine angelegt. Alte mittelalterliche Wehrtürme und das verfallene **Benediktinerkloster San Rabano** liegen auf den Anhöhen. Die Fauna des Naturschutzgebiets umfaßt Rehe, Hirsche, Stachel- und Wildschweine, Dachse, Füchse, Wildkatzen, Wiesel und Steinmarder, eine artenreiche Vogelwelt, Reptilien und Amphibien.

Die Einfahrt in den Park liegt bei Alberese und ist kostenlos. Es empfiehlt sich, den Park zur Nebensaison (Frühling, Herbst und Winter) zu besuchen, da nur eine begrenzte Anzahl an Besuchern pro Tag im Park zugelassen ist und es deshalb zu Wartezeiten kommen kann. Nach einem Schlagbaum führt eine lange Allee vorbei an Pferden und Rinderweiden bis zum Pinienhain am Strand von Marina di Alberese. Hier befinden sich gebührenpflichtige Parkplätze, öffentliche Toiletten und einige Imbißbuden. Da sich die meisten Badenden gleich am ersten Strandstück aufhalten, lohnt es sich, ein Stück an der Küste entlang zu spazieren. Der naturbelassene Strand ist kilometerlang und bietet viele einsame Stellen.

Eine reizvolle Alternative zum Baden sind die geführten Wanderungen zur Klosterruine, zu den Türmen, an die Ombrone-Mündung und die teilweise kostenlose Besichtigung des Parks ohne Führer auf ausgewiesenen Wegen.

10.4 Parco Naturale della Maremma

Nähere Informationen über die Dauer und den Schwierigkeitsgrad der Wanderungen sind auch auf Deutsch beim Centro Visite del Parco (Besucherzentrum) in Alberese erhältlich. Teilnehmer der Führungen werden mit dem Bus von Alberese bis zum Ausgangspunkt der Wanderung gebracht.

Öffnungszeiten
Centro Visite del Parco mit Informationsbüro und Ticketverkauf, Alberese, Via del Fante, Tel.: 0564/407098, Fax: 0564/407278, Okt.-März: 8.30-13.30 Uhr, April-14. Juni: 8.30-16 Uhr, 15. Juni-30.9.: Mo, Di, Do, Fr 7.30-18 Uhr, Mi, Sa, So 6.30-18 Uhr, Führung zum Kloster und zu den Türmen je L. 7.500, Waldlehrpfad L. 4.500, der Wanderweg zum Ombrone-Delta ist kostenlos.

Veranstaltungen
● **Merca del Bestiame**, am 1. Mai in Alberese, die Füllen und Jungstiere werden von den berittenen Hirten eingefangen und gebrannt.
● **Rodeo della Rosa**, am 15. August, bei diesem Turnier versuchen berittene Hirten, sich gegenseitig die am Rockkragen befestigte Rose abzureißen.

Talamone

Information
Pro Loco, Via Cala di Forno 7.

Unterkunft
● ****** Telamonio**, Via Garibaldi 4, 58010 Talamone, Tel.: 0564/887008, Fax: 0564/887380, geöff. 1.4.-31.10., komfortables Hotel mit 30 Zimmern, alle mit Bad, DZ 100.000-260.000 Lire.
● ***** Capo d'Uomo**, Via Cala di Forno 7, 58010 Talamone, Tel.: 0564/887077, Fax: 0564/887298, geöff. 4.4.-15.10., schönes Haus mit 24 Zimmern, alle mit Bad und Meerblick, DZ 140.000-170.000 Lire.

Camping
** Talamone, Via Talamone, Loc. Talamone, 58015 Orbetello, Tel.: 0564/887026, Fax: 0564/887170, geöffn. 1.4.-30.9., große Anlage mit 350 Stellplätzen und 50 Bungalows.

Wochenmarkt
jeden Do.

Der kleine Fischer- und Badeort liegt in reizvoller Lage ca. 25 km südlich von Grosseto an den südlichen Ausläufern der Monti dell'Uccellina. Auf einem Hügel am Ortsende entstand die etruskische Stadt Tlamu und später das römische Telamon. Beherrscht wird Talamone von einer wuchtigen grauen **Burg**, in der heute das **Museo del Parco Naturale della Maremma** u.a. mit einer ausführlichem Dokumentation über den Naturschutzpark der Maremma untergebracht ist.

Öffnungszeiten
Rocca di Talamone, Auskunft über das Besucherzentrum Tel.: 0564/407098.

10.5 DAS HINTERLAND DER MAREMMA

Manciano

Information
Pro Loco, Via Marsala 42, Manciano, Tel.: 0564/629218.

Unterkunft
*** **Il Boscaccio**, Via P. Pascucci 9, 58014 Manciano, Tel.: 0564/620283, Fax: 0564/620380, Mittelklassehotel mit 16 Zimmern, alle mit Bad, DZ 100.000-120.000 Lire.

Manciano liegt auf einem nach allen vier Himmelsrichtungen hin offenen Hügel in 443 Metern Höhe. Die Kleinstadt mit ungefähr 8.000 Einwohnern lebt vorwiegend von der Landwirtschaft und von der Verarbeitung landwirtschaftlicher Produkte der ganzen Umgebung.

Bereits im Jahre 973 wird der Ort zum erstenmal urkundlich erwähnt. Vom 13. bis in den Anfang des 15. Jahrhunderts hinein regierten hier die Aldobrandeschi. Im Jahre 1335 bemächtigten sich die Grafen von Orsini des Gebiets, und 1416 eroberte Siena die Stadt. Auf der Hügelkuppe liegt die mittelalterliche Altstadt. Ihr Wahrzeichen ist die Burg mit dem Turm **Cassero Aldobrandeschi Senese** (um 1350 erbaut) an der Piazza Garibaldi. Von der Burg aus bietet sich ein unvergleichliches Panorama mit weiten Horizonten, vom Monte Amiata bis zur Halbinsel Monte Argentario und zur Insel Giglio.

Das städtische Museum, **Museo della Preistoria e della Protostoria della Valle della Fiora**, informiert über die prähistorische Vergangenheit des Fiora-Tales mit Fundstücken aus dem Paläolithikum, Neolithikum, Eneolithikum und verschiedenen Epochen der Bronzezeit.

Öffnungszeiten
Auskünfte über Tel.: 0564/62922, Mo geschl.

Pitigliano

Information
Pro Loco, Via Roma 6, Pitigliano, Tel.: 0564/614433.

Unterkunft
• ** **Corano**, Loc. Corano, 58017 Pitigliano, Tel.: 0564/616712, Fax: 0564/616112, etwas außerhalb an der N. 74 in Richtung Manciano, mit Swimming-Pool, DZ 60.000-75.000 Lire.

• ** **Guastini**, Via Petruccioli 4, 58017 Pitigliano, Tel.: 0564/616065, Fax: 0564/616652, zentral gelegenes Hotel, Zimmer z.T. mit schönem Ausblick auf das Tal, DZ 58.000-76.000 Lire.

10.5 Hinterland der Maremma

- **Poggio del Castagno**, Loc. Sconfitta Vecchia, 58046 Pitigliano, Tel.: 0564/615545, landwirtschaftlicher Betrieb mit biologischen Anbaumethoden (Verkauf ab Hof), billige und einfache Unterkunftsmöglichkeit.

Einkaufen
- **Cocci Laboratorio dei Lecci** von Laura Patriarca, Loc. La Sconfitta, 58046 Pitigliano, Keramikwerkstatt mit schönen und zum Teil originellen Gebrauchs- und Ziergegenständen.
- **Roberto Polidori**, Via Roma 97, 58046 Pitigliano, Keramikwerkstatt im Zentrum, spezialisiert auf kunstvolle Ziergegenstände.

Die Staatsstraße N.74 führt zuerst ins Fiora-Tal hinab, überquert dann den Fluß und wendet sich wieder hinauf nach Pitigliano. Das malerische Städtchen liegt festungsähnlich auf einem Tuffsteinfelsen und bietet sich unerwartet dem Blick des Betrachters. Die Häuser scheinen mit dem gelblich-roten Felsen zu verschmelzen, so als seien sie aus ihm herausgeschlagen.

Felsenhäuser von Pitigliano

Unterhalb der Stadt sind Löcher zu sehen. Es sind ehemalige etruskische Grabkammern, die heute als Weinkeller benutzt werden.

Unter der römischen Familie der Orsini (ab 1293) wurden Kirchen und Paläste der Stadt ausgebaut. Danach folgten die Strozzi und Medici aus Florenz und die Lothringer. Am auffälligsten ist der fünfzehnbogige **Aquädukt**, der über die Schlucht des Lente-Flusses führt. Die große Wasserleitung stammt aus dem Jahre 1545.

Im 16. Jahrhundert entstand in Pitigliano eine jüdische Gemeinde. 1598 legte man den Grundstein für die Synagoge. Sie galt lange Zeit neben Livorno als

10.5 Hinterland der Maremma

Aquädukt

das wichtigste Zentrum der toskanischen Juden. Durch eine Auswanderungswelle im 19. Jahrhundert wurde die Gemeinde stark verkleinert, bis sie 1938 von den Faschisten vollständig ausgelöscht wurde. Nur einige Gebäude, die wieder hergerichtete Synagoge und der Gemeindebackofen erinnern an dieses traurige Kapitel in der Geschichte Pitiglianos.

Durch eine Toreinfahrt gelangt man in die Stadt. Der Reiz Pitiglianos liegt vor allem in seiner baulichen Anlage. Die engen Gassen sind untereinander mit Quertreppen verbunden, die Wege und die kleinen Terrassen mit Steinen oder Ziegeln gepflastert. Herausragend sind die Bauwerke der Renaissance, wie der zinnenbekrönte **Palazzo Orsini** mit seinem Innenhof, einem Portal aus Travertin und einem verzierten Brunnen aus dem 14.-16. Jahrhundert. Der Palast beherbergt das **Museo Civico Archeologico**, ein kleines archäologisches Museum mit überwiegend etruskischen Fundstücken.

 Öffnungszeiten
Piazza della Fortezza, im Sommer 10-13 u. 16-19 Uhr.

Aus dem Mittelalter stammt der **Dom Santi Pietro e Paolo** an der Piazza Gregorio VII, der im 16. und 18. Jahrhundert stark verändert wurde. Auf dem Hauptplatz fällt das Wappenzeichen der Orsini auf, ein Bär (Orso) auf einer Säule.

Auf dem Weg nach Sorano fährt man an zahlreichen **Columbarien** (lat. Taubenschlag) vorbei. Diese römischen und frühchristlichen Begräbnisstätten für Aschenurnen ähneln mit den zahlreichen Wandhöhlungen tatsächlich einem

Taubenschlag. Raummangel und Sparsamkeit führten wohl zu dieser Sitte, die nichts mit der symbolischen Bedeutung der Taube zu tun hat.

Sorano

Information
Pro Loco, Piazza della Chiesa, Pitigliano, Tel.: 0564/633277.

Unterkunft
* **La Botte**, Loc. Montorio, 58010 Sorano, Tel.: 0564/638633, Fax: 0564/638535, an der Straße nach Pitigliano liegt das einzige Hotel Soranos, es besitzt 9 einfache Zimmer mit Bad, DZ 65.000-75.000 Lire.

Fest
Sagra del Prosciutto, Volksfest mit Bewirtung am 4./16. August.

Sorano liegt 9 km weiter nordöstlich auf einem Tuffsteinfelsen inmitten des Fiora-Tals und bietet ein ähnliches Bild wie Pitigliano. Dichtgedrängte Häuser scheinen übergangslos mit den Felsen verbunden, und auch das mittelalterliche Stadtbild mit einem Labyrinth verwinkelter Gassen und Treppen erinnert an den Nachbarort.

Zur etruskischen Zeit war Sorana ein Hauptort im Fiora-Tal. Ende des 13. Jahrhundert übernahmen die Orsini von den Aldobrandeschi den Ort und erbauten 1380 die mächtige **Burg** mit Türmen, Bastionen und Gräben. Um 1700 befestigte man zusätzlich den sogenannten **Sasso Leopoldino**.

Landschaft von Sorano

Sovana

Unterkunft/Restaurant
● *** **Taverna Etrusca**, Via Pretorio 6, 58010 Sovana, Tel.: 0564/616183, Fax: 0564/614193, kleines Hotel mit 8 Zimmern, zentral gelegen mit gutem Restaurant, DZ 70.000-120.000 Lire.
● * **Scilla**, Via del Duomo 5, 58010 Sovana, Tel.: 0564/616181, Fax: 0564/614329, Di Ruhetag, kleines Hotel mit 8 Zimmern, in einem mittelalterlichen Palazzo im Zentrum, DZ 65.000 Lire. Restaurant mit sehr guter regionaler Küche, große Freiterrasse, mittlere bis gehobene Preisklasse.

10.5 Hinterland der Maremma

Palazzo dell'Archivio

Sovana liegt ebenfalls auf einem langgezogenen Tuffplateau und gehört mit den Nachbarorten Sorano und Pitigliano wegen des einheitlichen mittelalterlichen Stadtbilds zu den eindrucksvollsten Orten der Provinz Grosseto.

In der Etruskerzeit war Sovana eine bedeutende Stadt. In der näheren Umgebung befindet sich die größte Anhäufung von Nekropolen in der Toskana. Als Hauptstadt der Aldobrandeschi gedieh sie im Mittelalter zum Handels- und Landwirtschaftszentrum. Unter der Herrschaft der Orsini am Anfang des 14. Jahrhunderts begann der wirtschaftliche Abstieg. In den folgenden Jahrhunderten starb der Ort, bedingt durch die vielen Kämpfe mit Siena und durch die Malaria, langsam aus. Erst im 18. Jahrhundert wurde der Verfall durch den Bau eines Wasser- und Kanalisationsnetzes aufgehalten.

Die verfallene Burgruine **Rocca Aldobrandeschi,** auf etruskischen Grundmauern im 11. Jahrhundert errichtet, steht am östlichen Ortseingang.

Die Hauptstraße führt auf die **Piazza Pretorio**, an der die wichtigsten öffentlichen Gebäude liegen. Rechts sieht man den **Palazzo Pretorio** aus dem 13. Jahrhundert, der im 15. Jahrhundert umgebaut wurde. Die Fassade ist mit dem Wappen von Siena geschmückt und im Innern mit Fresken der sienesischen Schule ausgemalt. An den Palazzo schließt sich die **Loggetta del Capitano** mit den Wappen der Medici und einem Portikus an. Am Ende des Platzes steht der **Palazzo dell'Archivio** (12./13. Jahrhundert), in dem heute das Postamt untergebracht ist. Beachtenswert ist der schmale Uhrturm.

Sehr sehenswert sind die beiden Kirchen. Am Hauptplatz, gegenüber dem Palazzo Pretorio, befindet sich die Kirche **Santa Maria** aus dem 13. Jahrhun-

10.5 Hinterland der Maremma

dert. Äußerst bemerkenswert ist im Innenraum ein mehr als tausendjähriger Altarbaldachin (Ziborium) aus vorromanischer Zeit. Der aus Travertin gearbeitete Baldachin ruht auf Säulen und ist mit einer achteckigen Pyramide abgeschlossen. Er diente zur Aufhängung eines Gefäßes für das eucharistische Brot.

Altarbaldachin in der Kirche Santa Maria

Der **Palazzo Bourbon del Monte** aus dem 16. Jahrhundert mit einem vorgelagerten Portikus ist an das zugemauerte Westportal angebaut und gehörte ursprünglich den Herzögen Bourbon del Monte.

Über die im Fischgrätmuster gepflasterte Via del Duomo gelangt man zum **Dom Santi Pietro e Paolo** am westlichen Ortsrand. Man nimmt an, daß mit dem monumentalen Bau bereits im 9. Jahrhundert zu Lebzeiten des in Sovana geborenen Papstes Gregor VII. begonnen wurde. Fertiggestellt wurde die Kirche erst im 13. Jahrhundert. Das bemerkenswerte Seitenportal stammt wahrscheinlich von der Fassade, an die im 14. Jahrhundert ein Bischofspalais angebaut wurde. Das Portal ist mit Menschen, Tieren und Ornamentik geschmückt. Im Innenraum beeindrucken die figuralen Darstellungen romanischer Kapitelle.

Am berühmtesten sind in der näheren Umgebung die etruskischen **Nekropolen**. Der griechische Ausdruck bedeutet übersetzt Totenstadt. Bei den Etruskern wurden die Toten besonders verehrt. Sie bauten in der Nähe der Siedlungen ganze Städte für sie. Die Gräber bildeten sie ihren Wohnhäusern nach. Sie bestanden entweder aus einem Raum mit Nischen für die Totenbetten oder aus mehreren Räumen um ein Atrium herum und wurden mit kostbaren Grabbeigaben ausgestattet. Die Kammern höhlten sie direkt ins weiche Tuffgestein

10.5 Hinterland der Maremma

und verzierten sie mit Scheintüren, Fassaden und Ornamenten. Der größte Teil etruskischer Fundstücke stammt aus solchen Totenstädten.

Das gesamte archäologische Gebiet ist frei zugänglich von Sonnenaufgang bis Sonnenuntergang. Da die Nekropolen von Sovana aus gut ausgeschildert sind, bietet sich ein Spaziergang zu den Stätten der Etrusker an. Kurz hinter dem westlichen Ortsausgang in Richtung San Martino sul Fiora führt ein schmaler Trampelpfad zur **Tomba della Sirena** aus dem 3. vorchristlichen Jahrhundert.

Über einer breiten Nische an der Vorderseite befindet sich im Giebelfeld ein be-

Tomba della Sirena

reits sehr verwittertes Relief mit der Darstellung einer Sirene mit einem fischähnlichen Schwanz. In ihrer rechten Hand hält sie ein Schiff. In der Nähe liegen noch einige ältere Gräber.

Ein Stück weiter gelangt man rechts von der Straße zur tempelförmigen Anlage **Tomba Ildebranda** aus derselben Zeit. Es ist das aufwendigste und bekannteste Grab in dieser Gegend. Das Herzstück der Anlage ist ein höhergelegenes Podium, auf dem sich der eigentliche Tempel befand. Drei Seiten waren mit 12 Säulen und kunstvoll geschmückten Kapitellen versehen. An beiden Seiten führen Stufen

Cavone

10.5 Hinterland der Maremma

zum Tempel hinauf. Vor der Anlage öffnet sich ein schmaler Gang (Dromos) zur eigentlichen Grabkammer hinab.

Ganz in der Nähe liegt eine der Etruskerstraßen, der sogenannte **Cavone**. Die tief in den Tuffstein eingeschnittenen Hohlwege dienten zum Schutz der Reisenden vor Wind und Regen. Im Laufe der Jahrhunderte sind die hohen Wände mit Farnen, Moos und Brombeerhecken bewachsen. Zahlreiche solcher Hohlwege verbanden Sovana mit den wichtigsten Nachbarorten.

Man sollte es auf keinen Fall versäumen, eine kurze Strecke auf dem Cavone in Richtung Monte Amiata zu Fuß zurückzulegen und dabei die interessanten Besonderheiten dieser Landschaft kennenzulernen.

Saturnia

Information
Pro Loco, Via degli Aldobrandeschi.

Unterkunft
● **** **Terme di Saturnia**, Via della Follonata, 58050 Saturnia, Tel.: 0564/601061, Fax: 0564/601266, Kurhotel der Luxus-Klasse, ganzjährig geöffnet, Behandlungen von Hauterkrankungen, Hals-, Nasen-, Ohrenleiden, Zahn- und Munderkrankungen, Atemwege, der weiblichen Geschlechtsorgane, des Verdauungssystems, bei Durchblutungsbeschwerden, Übergewicht oder Stoffwechselstörungen, DZ 280.000-560.000 Lire.

Thermalbecken des Hotels Terme di Saturnia

● *** **Villa Clodia**, Via Italia 43, 58050 Saturnia, Tel.: 0564/601212, Fax: 0564/601305, schöne Villa mit nur 9 Zimmern, DZ 70.000-130.000 Lire.
● ** **Saturnia**, Via Mazzini 4, 58050 Saturnia, Tel.u. Fax: 0564/601007, einfaches Hotel, mit 15 Zimmern, alle mit Bad, DZ 65.000-105.000 Lire.

Restaurants
● **I due Cippi**, Piazza Vittorio Veneto 26, 58050 Saturnia, Tel.: 0564/601074, Di Ruhetag, sehr gute toskanische Küche, mittlere bis gehobene Preisklasse.
● **Il Capriccio**, Via del Poggio 113, Loc. Poggio Murella, 58050 Saturnia, Tel.: 0564/607711, wochentags nur abends geöffnet. Das Restaurant liegt wenige Kilometer außerhalb in Richtung San Martino sul Fiora, sehr gute regionale Gerichte, mittlere bis gehobene Preisklasse.
● **La Posta**, Via San Martino 12, Loc. Catabbio, 58050 Saturnia, Tel.: 0564/986376, Mo Ruhetag. Das Lokal mit sehr guter traditioneller toskanischer Küche liegt ca. 10 km außerhalb Saturnias in Richtung San Martino sul Fiora.

10.5 Hinterland der Maremma

Einer Legende nach soll Saturnia die erste von Saturn selbst gegründete Stadt auf der italienischen Halbinsel sein. Zuerst etruskisch, dann römisch, gehörte der Ort im Mittelalter den Aldobrandeschi und wurde 1299 von den Sienesen erobert, geplündert und zerstört. Bis Anfang des 20. Jahrhunderts verfiel Saturnia immer mehr zu einer Geisterstadt. Erst die berühmten Thermalquellen in der Nähe des Ortes bewirkten einen neuerlichen wirtschaftlichen Aufschwung.

Die warmen Quellen kommen mit 37,5 Grad aus dem Boden. Die heilende Wirkung des schwefelhaltigen Wassers kann man auf verschiedene Weise genießen. Entweder im komfortablen Schwimmbad des luxuriösen Vier-Sterne-Hotels Terme di Saturnia oder ohne Eintritt und draußen beim Wasserfall **Cascata del Molino**, nur wenige hundert Meter von der Hotelanlage entfernt. Neben einer verfallenen Mühle ergießt sich der Wasserfall über eine Felswand und bildet unterhalb natürliche kleine Badebecken. Diese Stelle inmitten einer reizvollen Landschaft ist zu jeder Jahres- und Tageszeit frei zugänglich.

Ein größerer Spaß ist sicher der Wasserfall. Allerdings ist die Cascata del Molino an den Wochenenden im Sommerhalbjahr völlig überlaufen. Es ist ratsam, einen alten Badeanzug mitzunehmen und den Schmuck abzulegen. An den störenden Schwefelgeruch gewöhnt man sich nach einiger Zeit.

Montemerano

Information
Pro Loco, Via del Bivio.

Unterkunft
● *** **L'Oliveto**, Via E. Fermi 20, Loc. Montemerano, 58014 Manciano, Tel.: 0564/602849, Fax: 0564/602639, Mittelklassehotel mit 19 Zimmer, alle mit Bad, Restaurant, DZ 65.000-130.000 Lire.
● * **Locanda Laudomia**, Via Case Ciani 1/3, Loc. Poderi Montemerano, 58014 Manciano, Tel.: 0564/620062, einfaches Haus, 12 Zimmer, nicht alle DZ mit Bad, Restaurant, DZ 75.000 Lire.

Restaurants
● **Da Caino**, Via Canonica 3, Montemerano, Tel.: 0564/602817, im Winter Mi Ruhetag, gepflegtes Ambiente, teuer aber sehr gutes Preis-Leistungsverhältnis.
● **Enoteca dell'antico Frantoio**, Piazza Solferino 7, Montmerano, Tel.: 0564/602645, Mo Ruhetag, in einer alten Olivenölmühle, ausgezeichnete trad. Küche, in der Hauptsaison vorbestellen, gehobene Preisklasse.
● **Enoteca Passaparola**, Via del Bivio 16, Montemerano, Tel.: 0564/602827, gut sortierte Weinhandlung.

Montemerano liegt malerisch auf einem Hügel im Flußtal des Albegna und geht wahrscheinlich auf eine römische Gründung zurück. Im Jahre 1382 kam der Ort in den Besitz von Siena und ab 1556 zu den Medici. Die Sienesen erbauten um 1409 eine neue Burg und umgaben den Ort mit drei Mauerringen. Ab 1556 gehörte es zum Großherzogtum Toskana.

10.5 Hinterland der Maremma

Die kleine Altstadt ist ein Juwel mittelalterlicher Baukunst. Die Häuser sind um die Burg herum angeordnet. Sehenswert ist die romanische Kirche **San Giorgio**, 1430 geweiht und 1491 mit sienesischen Fresken ausgeschmückt.

Scansano

Information
Ufficio Informazioni, Via XX Settembre, Tel.: 0564/507819, nur im Sommer geöffnet.

Unterkunft/Restaurant
- ****** Antico Casale di Scansano**, Loc. Castagneta, 58054 Scansano, Tel.: 0564/507219, Fax: 0564/507805, geöff. 1.3.-10.1., freundliches Haus mit gemütlichen Zimmern, Reitstall, DZ 180.000-205.000 Lire, mit gutem Restaurant und traditioneller Küche aus der Maremma, mittlere bis gehobene Preisklasse.
- **Verdiana-Simi Miranda**, Loc. Pomonte, 58054 Scansano, Tel.: 0564/599184, Mi Ruhetag, Trattoria mit guter regionaler Küche in angenehmer Atmosphäre, mittlere Preisklasse.

Einkaufen
- **Caseificio Carlucci**, Loc. Cretacci, Pomonte, Die Käserei liegt auf halbem Weg von Montemerano nach Scansano mit einem breiten Angebot an Schafskäse.
- **Il Prunello di Iole Montani**, Loc. Chiesa in Giù, Murci, der Landwirtschaftsbetrieb liegt an der N. 323 in Richtung Roccalbegna, Verkauf von Marmelade, eingelegtem Gemüse, Saucen oder eigenem Pecorino, je nach Saison.

Fest
Festa dell'Uva, Weinfest am 29. September.

In dem vorwiegend modernen Ort sind um die Via Vittorio Emanuele noch Reste des mittelalterlichen Stadtkerns und die mittelalterliche Gesamtanlage der Stadt erhalten. Bis in die 70er Jahre lebten die Bewohner hauptsächlich vom Quecksilberabbau. Seit Schließung der Minen ist die Landwirtschaft Haupterwerbsquelle der Bevölkerung von Scansano. Der Ort ist vor allem bekannt durch den **Morellino di Scansano**, einem Rotwein aus Sangiovese-, Cannaiolo- und Malvasia-Trauben.

Im Norden führt die N. 322 mit wunderschönen Ausblicken auf das Meer über Istia d'Ombrone nach Grosseto.

Pereta

Restaurants
- **Moretti**, Via Roma 14, Pereta, Tel.: 0564/505002, Mi Ruhetag, sehr gute Trattoria mit gepflegter Atmosphäre und Gerichten aus der Maremma, mittlere Preisklasse.
- **Wilma**, Via Roma 28, schlichte Trattoria mit hervorragenden Spezialitäten aus der Maremma, mittlere Preisklasse.

10.5 Hinterland der Maremma

Auf halbem Weg von Scansano nach Magliano in Toscana lohnt sich ein kurzer Aufenthalt in dem pittoresken Dorf Pereta mit seinen drei Türmen und zwei Mauerringen. Die erste Stadtmauer stammt aus dem 13. Jahrhundert, die zweite mit der spitzbogigen **Porta Senese** wurde von den Sienesen angelegt.

Magliano in Toscana

Information
Pro Loco, Via Garibaldi, 58052 Magliano, Tel.: 0564/592047.

Unterkunft
* **I Butteri**, Via Provinciale 8, 58052 Magliano, Tel.: 0564/589824, kleine Pension mit 8 Doppelzimmern, DZ 35.000-70.000 Lire.

Restaurants
• **Antica Trattoria Aurora**, Chiasso Lavagnini, 58052 Magliano, Tel.: 0564/592030, Mi Ruhetag, Restaurant mit traditioneller toskanischer Küche und schönem Innengarten, mittlere bis gehobene Preisklasse
• **Sandra**, Via Garibaldi 20, 58052 Magliano, Tel.: 0564/592196, Mo Ruhetag, gepflegtes Restaurant mit sehr guten Pilz- und Wildgerichten, mittlere bis gehobene Preisklasse.

Weingüter
• **Fattoria Le Pupille**, Loc. Pereta, Tel.: 0564/505129, das Weingut stellt einen sehr guten Rotwein, den Morellino di Scansano, her.
• **Ezio Mantellassi**, Podere Banditaccia 16, Tel.: 0564/592037, das große Weingut produziert ausgezeichnete Morellino-Weine.

Das mittelalterliche Dorf Magliano in Toscana entstand auf den Resten einer etruskischen Stadt, die von den Römern Heba genannt wurde. In der näheren Umgebung fand man im letzten Jahrhundert etliche Nekropolen. Die Häuser gruppieren sich um die **Rocca** der Aldobrandeschi. Ein niedriger und sehr gut erhaltener Mauerring mit Wehrgang aus dem 14. und 15. Jahrhundert umgibt den Altstadtkern. Die **Porta Nuova** aus dem 16. Jahrhundert führt in das historische Zentrum. Vorbei am **Palazzo dei Priori** (1430) mit wappengeschmückter Fassade gelangt man zur **Piazza della Repubblica** mit der sehenswerten Kirche **S. Giovanni Battista**. Der ehemals romanische Bau wurde mehrmals umgebaut. Aus der Renaissance-Zeit stammt die Fassade aus Travertin (1471).

10.6 DIE HALBINSEL MONTE ARGENTARIO
10.6.1 ÜBERBLICK

Der **Monte Argentario** (35 km südlich von Grosseto) ist mit 635 Metern die höchste Erhebung an der toskanischen Küste. Die Halbinsel ist durch drei schmale Dämme mit dem Festland verbunden. Der südlichste Damm ist eine für den Durchgangsverkehr gesperrte Privatstraße. Dazwischen ist ein weites Lagunengebiet entstanden, die Lagune von Orbetello. An den steilen Felsenküsten des 62 km² großen Felsmassivs liegen hübsche Ortschaften mit vielen Hotels. Inmitten der mediterranen Macchia verstecken sich noble Ferienvillen reicher Italiener, in den Häfen ankern teure Segelyachten.

Tourismuszentren sind vor allem Porto Stefano an der Nordküste, Porto Ercole an der Ostküste und der moderne Yachthafen Cala Galera. Vom Monte Telegrafo reicht der Blick bis nach Korsika und zum Monte Amiata.

10.6.2 INSELRUNDFAHRT

Orbetello

Information
Ufficio Informazioni, Piazza della Repubblica, Tel.: 0564/861226, Fax: 0564/867252-860648.

Unterkunft
● *** **I Presidi**, Via Mura di Levante 34, 58015 Orbetello, Tel.: 0564/867601 Orbetello, Fax: 0564/867601, modernes Mittelklassehotel, 61 Zimmer, alle mit Bad, Restaurant, DZ 65.000-160.000 Lire.
● *** **Sole**, Via Colombo 2, 58015 Orbetello, Tel.: 0564/860410, Fax: 0564/860475, modernes Mittelklassehotel, 18 Zimmer, alle mit Bad, DZ 75.000-180.000 Lire.
● * **La Perla**, Via Volontari del Sangue 10, 58015 Orbetello, Tel.: 0564/863546, einfaches Haus, 15 Zimmer, z.T. mit Bad, DZ 45.000-80.000 Lire.
● * **Piccolo Parigi**, Corso Italia 169, 58015 Orbetello, Tel.: 0564/867233/11, kleines, einfaches Hotel in der Fußgängerzone, DZ 38.000-86.000 Lire.

Restaurants
● **Le Querciolaie da Clara**, Loc. Fonteblanda Querciolaie, Via Montianese, 58015 Orbetello, Tel.: 0564/886106, Mi Ruhetag, sehr gute maremmanische Küche, Freiterrasse, mittlere bis gehobene Preisklasse.
● **Il Nocchino**, Via dei Mille 64, 58015 Orbetello, Tel.: 0564/860329, Mo Ruhetag, bekannt für seine Fischgerichte, gehobene Preisklasse.

Wochenmarkt
jeden Sa.

Orbetello besitzt aufgrund seiner einzigartigen Lage mitten in der 26 qkm großen schmalen Lagune zwischen Festland und Monte Argentario eine ganz

10.6.2 Halbinsel Monte Argentario – Inselrundfahrt

Etruskische Seemauer in Orbetello

besondere Atmosphäre. Die Landzunge wurde 1842 durch einen künstlichen Deich verlängert, der Orbetello mit der Halbinsel Argentario verbindet.

Reste einer polygonalen Seemauer aus dem 4. Jahrhundert v. Chr. weisen auf einen etruskischen Ursprung hin.

1555 besetzten die Spanier den Ort und bauten ihn zu einem militärischen Stützpunkt aus. Interessante etruskische Fundstücke aus der Umgebung Orbetellos sind im **Museo Archeologico Guzman** ausgestellt.

Öffnungszeiten
Informationen über Tel.: 0564/868010-867089, z.Z. geschlossen (Stand Sommer 1996).

Porto Santo Stefano

Information
APT, Corso Umberto 55, Tel.: 0564/814208, Fax: 0564/814052.

Schiffsverbindung
Toremar, Ticketverkauf Porto Santo Stefano, Tel.: 0564/818506, Januar-Mitte Juni u. Ende Sept.-Ende Dez. von Mo-Sa: Porto S. Stefano-Isola del Giglio 8.30, 14.30, 19 Uhr und zurück: 6, 10.30, 17 Uhr, So: Porto S. Stefano-Isola del Giglio

10.6.2 Halbinsel Monte Argentario – Inselrundfahrt

7.40, 10.30, 16.30, 19.30 Uhr und zurück: 6.15, 9, 15, 18 Uhr. Mitte Juni-Ende Sept. tägl.: Porto S. Stefano-Isola del Giglio 7.40, 10.30, 14.10, 17.10, 19.45 Uhr und zurück: 6.15, 9, 11.50, 15.50, 18.30 Uhr.

Unterkunft
- *** **Belvedere**, Via Fortino 51, 58019 Porto S. Stefano, Tel.: 0564/812634, geöff. 1.4.-20.10., kleines, hübsch gelegenes Hotel, 12 Zimmer, alle mit Bad, DZ 80.000-160.000 Lire.
- *** **Vittoria**, Strada del Sole 65, 58019 Porto S. Stefano, Tel.: 0564/0564/818580, Fax: 0564/818055, geöff. 1.4.-31.10., Hotel mit 28 Zimmern und Meerblick, Restaurant, DZ 80.000-175.000 Lire.
- *** **Villa Domizia**, Orbetellana 38, Loc. Santa Liberata, 58019 Porto S. Stefano, Tel. u. Fax: 0564/812735, geöff. 15.4.-15.10., das Hotel mit 24 Zimmern liegt auf dem nördlichen Damm, Restaurant, DZ 100.000-175.000 Lire.
- ** **La Lucciola**, Via Panoramica, 58019 Porto S. Stefano, Tel.: 0564/812976, Fax: 0564/812298, größeres Hotel, 59 Zimmer, z.T. mit Bad, Restaurant, DZ 100.000-130.000 Lire.

Camping
s. Porto Ercole

Restaurants
- **Orlando**, Via Breschi 3, 58019 Porto S. Stefano, Tel.: 0564/812788, Do Ruhetag, sehr gutes Fischrestaurant an der Uferpromenade des Hafens, Spezialität Fischsuppe und Spaghetti alla Pirata (mit Meeresfrüchten), gehobene Preisklasse.
- **Il Veliero**, Via Panoramica 149/151, 58019 Porto S. Stefano, Tel.: 0564/812226, Mi Ruhetag, sehr gutes Fischrestaurant mit ausgewählter Weinkarte, gehobene Preisklasse.

Veranstaltungen/Markt
- **Palio Marinaro Argentario**, am 15. August. Der Wettkampf wird in vier bemalten Booten ausgetragen, die die vier Stadtteile repräsentieren. Der Gewin-

Porto Santo Stefano

10.6.2 Halbinsel Monte Argentario – Inselrundfahrt

ner erhält eine Fahne und nach drei Siegen in Folge einen goldenen Pokal. Vor dem Wettkampf findet ein Umzug in historischen spanischen Kostümen des 17. Jahrhunderts statt.
• **Wochenmarkt**, jeden Di.

Der Fischer- und Badeort Porto Santo Stefano liegt an der Nordküste und ist der Hauptort des Argentario. Am Ortseingang liegt der neue Stadtteil mit einem modernen Hafen, Werften, Fischerbooten und einer Fähranlegestelle für die Schiffe zur Isola del Giglio. Während des zweiten Weltkrieges wurde Porto Santo Stefano stark zerstört, nach dem Krieg wieder vollständig aufgebaut. Eines der wenigen erhaltenen Bauwerke ist die **Rocca** im älteren Stadtteil, die aus der Zeit der spanischen Herrschaft stammt.

Von Porto Santo Stefano aus führt eine Panoramastraße an die Westseite der Küste und weiter nach Porto Ercole.

Porto Ercole

Information
Pro Loco, Via Arcidosso.

Unterkunft/Restaurant
• ****** Il Pellicano**, Loc. Sbarcatello, 58018 Porto Ercole, Tel.: 0564/833801, Fax: 0564/833418, Luxus-Hotel mit eigener Badebucht, schönem Garten, ca. 4 km vom Ort entfernt, Restaurant, DZ 284.000-830.000 Lire.
• ****** Villa Portuso**, Poggio Portuso, 58018 Porto Ercole, Tel.: 0564/834181, gehobenes Mittelklassehotel, 19 Zimmer, Restaurant, DZ 200.000-335.000 Lire.
• ***** Don Pedro**, Via Panoramica 7, 58018 Porto Ercole, Tel.: 0564/833914, Fax: 0564/833129, geöff. 1.4.-31.10., Mittelklassehotel, 44 Zimmer, alle mit Bad, Restaurant, DZ 75.000-200.000 Lire.
• ***** Marina**, Lungomare A. Doria 30, 58018 Porto Ercole, Tel.: 0564/833123, Fax: 0564/833055, kleines Hotel mit 12 Zimmern an der Hafenpromenade, DZ 80.000-140.000 Lire.

Camping
* **Feniglia**, Loc. Feniglia, 58018 Porto Santo Stefano, Tel.: 0564/831090, Fax: 0564/867255, geöffn. 1.4.-39.9., die Anlage mit 140 Stellplätzen befindet sich auf dem südlichsten Damm.

Veranstaltung/Markt
• **Festa di Sant'Erasmo**, am 2. Juni, Patronatsfest für den Heiligen Erasmus.
• **Wochenmarkt**, jeden Mo.

Der früher wichtige Fischereihafen ist heute ein bekannter Badeort an der Ostküste des Argentario, 7 km von Orbetello entfernt.

Der Ort wird seitlich von zwei mächtigen spanischen Festungsanlagen, **Stella** und **Monte Filippo**, beherrscht, die zu teuren Wohnungen umgestaltet wurden. Oberhalb des modernen Stadtteils mit seinen Hotels liegt das alte Viertel mit engen Sträßchen und Häusern, die am Hang zu kleben scheinen. Hier

10.6.2 Halbinsel Monte Argentario – Inselrundfahrt

Porto Ercole

befindet sich auch die Pfarrkirche **Sant'Erasmo** mit dem Grab von Michelangelo da Caravaggio, einem der Hauptvertreter der beginnenden italienischen Barockmalerei. Am 18.7.1610 starb Caravaggio mit nur 36 Jahren hier an der Malaria.

Nur zwei Kilometer von Porto Ercole entfernt beginnt der Landstreifen **Tómbolo di Feniglia**, die südlichste Begrenzung der Lagune von Orbetello. Das Naturschutzgebiet **Riserva Naturale Duna Feniglia**, Lebensraum für Damhirsche und Vögel, wird vom staatlichen Forstamt verwaltet (Infos über Amministrazione Foreste Demaniali Tel.: 0564/40019). Die Straße, die über den Damm nach Ansedonio führt, ist eine gesperrte Privatstraße. Vor dem Campingplatz liegt ein schöner Badestrand.

Ansedonia und Cosa

Wieder zurück auf dem Festland, lohnt sich ein Abstecher in die südlichste Ecke der Toskana. Gegenüber der Halbinsel Monte Argentario und ca. 40 km südlich von Grosseto liegt Ansedonia. Der elegante Ferienort mit vielen Villen zieht sich vom Meer bis zu den Abhängen der Küstenberge hin. Am interessantesten ist ein Spaziergang durch die Ruinen der antiken Stadt **Cosa** in 113 m Höhe. Die römische Siedlung wurde 273 v. Chr. gegründet. Die Stadt war mit einer 1,5 km langen Mauer und 18 Türmen befestigt. Noch erhalten sind Teile der Mauer, mit polygonalen Quadern erbaut, die Reste des Forums, das Capitol und die Stadtanlage mit gepflasterten Straßen. Das Ausgrabungsfeld ist täglich von 9 Uhr bis eine halbe Stunde vor Sonnenuntergang zugänglich. Das **Museo Archeologico** zeigt Funde aus Cosa und eine Dokumentation über die Ausgrabungsarbeiten.

10.6.2 Halbinsel Monte Argentario – Inselrundfahrt

Öffnungszeiten
Rovine di Cosa, Tel.: 0564/881421, tägl, Okt.-April: 9-14 Uhr, Mai-Sept.: 9-19 Uhr.

Unweit östlich von Ansedonia trifft man auf die **Tagliata Etrusca** (etruskischer Einschnitt). Dabei handelt es sich um einen zum großen Teil senkrecht in den Tuffstein gehauenen Abzugskanal, angelegt um das Versanden des Hafens von Cosa zu vermeiden.

Tagliata Etrusca

Weiter auf der Via Aurelia N.1 kommt man in Richtung Süden zu einer Abzweigung, die zum Tierschutzgebiet des **Lago di Burano** führt. Das mit dem Meer verbundene Sumpfgebiet ist ca. 300 Hektar groß und wird vom **W.W.F.** (World Wide Fund) geschützt und verwaltet. Hier überwintern viele Zugvögel.

Öffnungszeiten
Lago di Burano, Riserva Naturale W.W.F., Tel.: 0564/898829, von September-April mit Führer zu besichtigen.

Capálbio

Information
Ufficio Informazioni, Via Collacchioni, Tel.: 0564/896611, nur im Sommer geöffnet.

Camping
● *** **Costa d'Argento**, S.S. Aurelia Km 134, Tel.: 0564/893007, Fax: 0564/893107, geöffn. 1.4.-30.9., Anlage mit 130 Stellplätzen und 13 Bungalows.
● ** **Capálbio**, Via Pedemontana, Tel.: 0564/898615, Fax: 0564/898615, geöffn. 1.4.-31.10., große Anlage mit 192 Stellplätzen und 30 Bungalows.
● ** **Chiarone**, Via Burano, Loc. Graticciaia (= Chiarone Scalo), Tel. u. Fax: 0564/890101, ca. 12 km südlich von Capálbio, gut ausgestattete große Anlage mit 225 Stellplätzen und 15 Bungalows, direkt am Meer.

Restaurant
● **Da Maria**, Via Comunale 3, 58011 Capálbio, Tel.: 0564/896014, Di Ruhetag, Wildgerichte, gehobene Preisklasse.
● **La Selva**, Loc. Selva Nera, Via Provinciale, 58011 Capálbio, Tel.: 0564/890236, gutes Restaurant in der Nähe des Lago di Burano mit Sommerveranda, mittlere bis gehobene Preisklasse.

10.6.2 Halbinsel Monte Argentario – Inselrundfahrt

Der mittelalterliche Ort in Küstennähe liegt auf einer grünen Hügelkette und ist von einer Stadtmauer mit Wehrgang aus dem 15. Jahrhundert umgeben. Über dem Ort erhebt sich der **Palazzo Collacchioni**, der auf den Resten der alten Festung der Aldobrandeschi errichtet wurde. Von der Stadtmauer hat man einen weiten Ausblick auf den Monte Argentario und das Hinterland von Capálbio. Viele Häuser wurden in den letzten Jahren restauriert. Der beschauliche Ort abseits der Touristenzentren dient vielen Italienern als Feriendomizil.

INFO

Die Räuber von Capálbio

Ein wichtiges Kapitel in der Stadtgeschichte ist die Legende vom Banditen Tiburzi. Im letzten Jahrhundert war der kleine Ort in der Hand einer Räuberbande, die von Domenico Tiburzi, genannt Domenichino, angeführt wurde. Er galt in der Gegend von Capálbio als eine Art Robin Hood.

Im Oktober 1896 wurde er von seinen eigenen Gefolgsleuten verraten und von den Carabinieri erschossen. Der Pfarrer weigerte sich, den Banditen auf dem Friedhof zu begraben. Zum Kompromiß begrub man den Leichnam Tiburzis zur Hälfte innerhalb und zur anderen Hälfte außerhalb der Friedhofsmauern.

Einer der zauberhaftesten Höhepunkte einer Reise in den Süden der Toskana ist ein Besuch des Skulpturenparks **Giardino dei Tarocchi** von Niki de Saint Phalle, die sich damit einen Lebenstraum erfüllte. In einem stillgelegten Steinbruch (10 km südöstlich von Capálbio) schuf die französische Künstlerin in einer Zeit von 15 Jahren diesen märchenhaften Park. Den Besucher erwarten riesengroße buntbemalte Fabelwesen, Ungeheuer, Wasserspiele und nicht zuletzt die haushohen Frauenfiguren, die "Nanas", die Niki de Saint-Phalle berühmt machten. Vorlage für die überlebensgroßen Figuren sind die Spielkarten des Tarock.

Öffnungszeiten
Loc. Caravicchio, Pescia Fiorentina, der Privatpark ist nur im Sommer geöffnet, nähere Informationen über Tel.: 0564/895093.

Giardino dei Tarocchi

10.6.3 AUSFLUG ZUR ISOLA DEL GIGLIO UND GIANNUTRI

Überblick

Die **Isola del Giglio** ist mit 21 km² die zweitgrößte Insel des toskanischen Archipels. Sie ist kleiner, weniger bekannt und deshalb auch nicht im selben Maße touristisch erschlossen wie ihre große Schwester Elba. Die kleine Granitinsel liegt rund 14 km westlich des Monte Argentario im Tyrrhenischen Meer und ist von Porto Santo Stefano in einer Stunde mit der Fähre zu erreichen. Zum Glück konnte sie sich ihr malerisches Aussehen bewahren. Keine Imbußbuden und Appartementhäuser trüben das Bild. Nur in der Nordhälfte liegen drei winzige Dörfer, die durch eine 10 km lange Straße verbunden sind. Der Rest der mit Macchia bedeckten Insel ist nicht befahrbar. Autos sind im Sommer nur eingeschränkt auf der Insel zugelassen. Man kann sie in Garagen in Porto Santo Stefano unterstellen.

Giglio besitzt eine unregelmäßige elliptische Form und hat zum größten Teil eine steile und felsige Küste. Die höchste Erhebung ist der Poggio della Pagana mit 498 Meter Höhe. Einige Sandstrände befinden sich im Osten und Nordwesten der landwirtschaftlich genutzten Insel.

Bereits von den Etruskern besiedelt, kam Giglio nach mehrmaligem Besitzerwechsel im Mittelalter zu Pisa und später zum Großherzogtum Toskana. Im 19. Jahrhundert wurde die Insel auch als Strafkolonie genutzt.

Giglio Porto

Information
Pro Loco, Piazza Pontile, Giglio Porto, Tel.: 0564/809265.
Informationen zur Insel sind auch bei der APT in Grosseto erhältlich, Tel.: 0564/454527-454510.

Wichtige Telefonnummern
Vorwahl: 0564, Polizeinotruf: 112, Polizei in Giglio Castello: 806064 und in Giglio Porto: 809232

Fährverbindung
von Porto Santo Stefano/Monte Argentario, Abfahrtszeiten siehe bei Porto Santo Stefano. Da in den Monaten Juli und August nur eine begrenzte Anzahl Autos auf der Insel zugelassen sind, sollte man vorher reservieren.
- **Toremar**, Porto Santo Stefano, Tel.: 0564/814615, Isola del Giglio, Tel.: 0564/809349
- **Maregiglio**, Porto Santo Stefano, Tel.: 0564/812920, Isola del Giglio, Tel.: 0564/809309, veranstaltet auch Inselrundfahrten und Ausflüge auf die Insel Giannutri.

Insel-Busse
Autolinee Brizzi, Tel.: 0564/804055-804086.

10.6.3 Ausflug zur Isola del Giglio und Giannutri

Taxi
- **Pietro Baffigi**, Tel.: 0564/806163.
- **Adriano Pini**, Tel.: 0564/806029.
- **Gianpiero Centurioni**, Tel.: 0564/806304.

Apotheke
Giglio Porto, Tel.: 0564/809223

Geldwechsel
Cassa di Risparmio di Firenze, Giglio Porto, Tel.: 0564/809241.

Post
Postämter gibt es in Giglio Porto, Giglio Castello, Giglio Campese (nur im Sommer).

Unterkunft
- *** **Arenella**, Via Arenella 5, Loc. Arenella, 58013 Giglio Porto, Tel.: 0564/ 809340, Fax: 0564/809443, ca. 2,5 km südlich von Giglio Porto, in Strandnähe mit einfachem Restaurant, Familienappartements, DZ 70.000-170.00 Lire.
- *** **Castello Monticello**, Via Provinciale, 58013 Giglio Porto, Tel.: 0564/809252, Fax: 0564/809473, geöff. 1.4.-30.9., schönes, schloßähnliches Hotel auf einem Hügel, zentral gelegen, zu empfehlen sind die Zimmer mit Balkon, Tennisplatz, Restaurant, DZ 80.000-160.000 Lire.
- *** **Delmo's Hotel**, Via Thaon de Revel, 58013 Giglio Porto, Tel.: 0564/809235, Fax: 0564/809319, geöff. 1.4.-31.10., gut ausgestattetes Haus mit eigenem Strand, DZ 90.000-200.00.
- *** **Il Saraceno**, Via del Saraceno 69, 58013 Giglio Porto, Tel.: 0564/809006, Fax: 0564/809007, schönes größeres Hotel, direkt am Meer, DZ 90.000-140.000 Lire.
- ** **Pardini's Hermitage**, Loc. Cala degli Alberi, 58013 Giglio Porto, Tel.: 0564/809034, Fax: 0564/809177, geöff. 23.3.-30.9., ca. 3 km südlich von Giglio Porto, komfortables und ruhiges Hotel, idyllisch gelegen mit gutem Restaurant, DZ 75.000-190.000 Lire.
- ** **La Pergola**, Via Thaon de Revel 30, 58013 Giglio Porto, Tel.: 0564/809051, kleines Haus mit 7 Doppelzimmern DZ 65.000-115.000 Lire.

Veranstaltungen/Markt
- **S. Lorenzo-Palio Marinaro**, Patronatsfest mit Umzug am 10. August.
- **Stella Maris-Processione a Mare**, Prozession zum Meer am 15. August.
- **Wochenmarkt**, jeden Mittwoch.

Giglio Porto ist ein charakteristischer Fischerort an der Ostküste mit einem kleinen Hafen. Ein paar farbige Häuser verteilen sich direkt an der Bucht, in erhöhter Lage liegt eine Feriensiedlung. Von hier fährt auch der Bus zu den beiden anderen Orten ab. Südlich von Giglio Porto sind die Strände Cala delle Canelle und Cala degli Alberi zu erreichen.

10.6.3 Ausflug zur Isola del Giglio und Giannutri

Giglio Castello

Restaurant
Le Tamerici, Piazza Gloriosa 43, Giglio Castello, Tel.: 0564/806266, im Winter Mo Ruhetag, Restaurant in einer ehemaligen Ölmühle vor dem Castello, ausgezeichnete Fischgerichte, gehobene Preisklasse.

Veranstaltung/Markt
• **San Mamiliano-Palio dei Somari**, Patronatsfest und Umzug am 15. September.
• **Wochenmarkt,** jeden Donnerstag.

Über eine serpentinenreiche Straße gelangt man nach 6 km in den kleinen Bergort Giglio Castello. Er liegt etwas abseits der Küste in 400 Metern Höhe und verdankt seinen Namen der Stadtmauer und der alles beherrschenden Burg aus dem 14. Jahrhundert. Lohnenswert ist ein Rundgang durch das hübsche verwinkelte alte Ortszentrum mit einem Stadttor aus dem 14. Jahrhundert.

Campese

Unterkunft
• *** **Campese**, Via della Torre 18, 58012 Campese, Tel.: 0564/804003, geöff. 4.4.-26.9., Haus mit breitem Sandstrand, DZ 140.000 Lire.
• *** **Da Giovanni**, Via di Mezzo Franco 10, 58012 Campese, Tel.: 0564/804010, geöff. 1.6.-30.9., kleines Haus mit 23 Doppelzimmern, DZ 80.000-130.000 Lire.
• ** **Giardino delle Palme**, Via della Torre, 58012 Campese, Tel.u. Fax: 0564/804037, preisgünstiges kleines Hotel mit Garten, DZ 70.000-100.000 Lire.

Camping
* **Baia del Sole**, Loc. Sparvieri, 58012 Campese, Tel.: 0564/804036, Fax: 0564/804036, einziger Campingplatz der Insel, im Sommer oft belegt.

Felsenformation "Faraglioni"

10.6.3 Ausflug zur Isola del Giglio und Giannutri

Veranstaltung/Markt
- **San Rocco-Processione a Mare**, Prozession ans Meer, 16. August.
- **Wochenmarkt**, im Sommer jeden Freitag.

Der reine Ferienort mit vier Hotels und einem Campingplatz an der Nordwestküste ist über eine steile Straße von Giglio Castello aus zu erreichen. Hier gibt es den längsten Sandstrand der Insel. Auf einem vorgelagerten Felsen in Ufernähe steht ein Rundturm, der von den Medici im 18. Jahrhundert errichtet wurde. Wegen der vielen Piratenüberfälle gab es entlang der Maremma-Küste zahlreiche solcher Wachtürme.

Früher wurde auf der Insel vor allem Wein angebaut. Heute sind die meisten Terrassen von Pinien, Palmen und Macchia überwuchert. Die bergige Insel eignet sich ideal zum Wandern. Als Ausflugsziel bieten sich die **Faraglioni**, beeindruckende Klippenformationen an der westliche Spitze von Campese, an.

Giannutri

Die halbmondförmige Insel umfaßt 2,6 km² und ist die südlichste Insel des toskanischen Archipels. Der Capel Rosso an der Südspitze ist mit 88 Metern die höchste Erhebung. Der größte Teil der Küste ist felsig, nur im Nordwesten und Nordosten gibt es kurze Sandstrände. Die Insel ist ein lohnendes Gebiet für Sporttaucher. An der Nordküste liegt ein großes archäologisches Ausgrabungsfeld mit den Resten einer römischen **Villa** aus dem 1. Jahrhundert. Im Mittelalter diente sie als Unterschlupf für Piraten. Die Villa Domizia ist nur mit Führer zu besichtigen.

Ausflüge nach Giannutri finden von Porto Santo Stefano und Giglio Porto statt.

Montecristo

Der Name der kleinsten, fast kreisrunden Insel des Toskanischen Archipels ist den meisten Besuchern durch den berühmten Roman von Alexandre Dumas "Der Graf von Montecristo" (1844/45) bekannt. Die Reste eines ehemals reichen Benediktinerklosters und die Legende von einem verborgenen Schatz sollen Dumas (1802-1870) zu seinem Roman inspiriert haben. Die zerklüftete und abgelegene Insel war Jahrhunderte lang ein idealer Platz für Piraten und Eremiten. Es wird behauptet, daß der Schriftsteller die Geschichten über das kleine Eiland von einem französischen Kaufmann aus Livorno erfuhr.

Die unwirtliche Insel aus Granit hat eine Fläche von 10,39 km² und eine zerklüftete Küste. Sie steht bereits seit Anfang der 70er Jahre unter Naturschutz. Bis auf ein Ehepaar ist Montecristo unbewohnt. Leider darf man die Insel nur mit einer Sondergenehmigung der Forstbehörde betreten. Es gibt keine Bootsverbindungen.

10.7 VON GROSSETO ÜBER FOLLONICA NACH MASSA MARITTIMA

Marina di Grosseto

Information
Pro Loco, Via Piave 2, Tel.: 0564/34449.

Unterkunft
- *** **Ariston**, Via Giannutri 15, 58046 Marina di Grosseto, Tel.: 0564/34062, moderner funktionaler Hotelkomplex, 12 Zimmer, alle mit Bad, eigener Strand, Restaurant, DZ 75.000-125.000 Lire.
- *** **I due pini**, Via IV Novembre 61, 58046 Marina di Grosseto, Tel.u. Fax: 0564/34607, Mittelklassehotel, 16 Zimmer, alle mit Bad, Restaurant, DZ 55.000-130.000 Lire.
- *** **Lola Piccolo Hotel**, Via XXIV Maggio 39, 58046 Marina di Grosseto, Tel.: 0564/ 34402-34687, Fax: 0564/34011, etwas gesichtsloser Hotelkomplex, 24 Zimmer, alle mit Bad, eigener Strand, Restaurant, DZ 75.000-123.000 Lire.

Camping
- *** **Rosmarina**, Via delle Colonie 37, 58046 Marina di Grosseto, Tel.: 0564/ 36319, Fax: 0564/34758, geöffn. 11.5.-29.9., gut ausgestattete Anlage mit 70 Stellplätzen.
- ** **Cielo Verde**, Loc. La Trappola, 58046 Marina di Grosseto, Tel.: 0564/30150, Fax: 0564/30178, geöffn. 11.5.-22.9., riesige Anlage mit 1.260 Stellplätzen und 70 Bungalows.
- ** **Le Marze**, Via delle Collacchie km 30, 58046 Marina di Grosseto, Tel.: 0564/35501, Fax: 0564/35534, schöner Platz im Pinienwald Pineta del Tombolo zwischen Marina und Castiglione della Pescaia gelegen, 590 Stellplätze.

Der moderne Badeort liegt 13 km von der Provinzhauptstadt Grosseto entfernt und ist Sommersitz für viele Familien aus der Stadt. Marina di Grosseto verfügt über einen langen Sandstrand und ist von einem dichten Pinienwald umgeben, der bis nach Castiglione della Pescaia reicht.

Castiglione della Pescaia

Information
- **APT**, Piazza Garibaldi 6, Tel.: 0564/933678, Fax: 0564/933954.
- **Pro Loco**, Via V. Veneto 56, Tel.: 0564/934769.

Unterkunft
- **** **L'Approdo**, Via Ponte Giorgini 29, 58043 Castiglione della Pescaia, Tel.: 0564/933466, Fax: 0564/933086, großes und modernes Hotel am Kanalhafen gelegen, Strandnähe, DZ 88.000-253.000 Lire.
- *** **Corallo**, Via N. Sauro 1, 58043 Castiglione della Pescaia, Tel.: 0564/933668, Fax: 0564/936268, kleines nettes Hotel, DZ 100.000-130.000 Lire, mit gutem Restaurant der mittleren Preisklasse.
- *** **Roma**, Via C. Colombo 14, 58043 Castiglione della Pescaia, Tel.u. Fax: 0564/ 933542, liegt direkt am Hafen, DZ 65.000-120.000 Lire.

10.7 Von Grosseto über Follonica nach Massa Marittima

Altstadt von Castiglione della Pescaia

● *** **Piccolo Hotel**, Via Montecristo 7, 58043 Castiglione della Pescaia, Tel.: 0564/937081, kleines Hotel mit nur 22 Zimmern, an der südlichen Flußseite gelegen, DZ 112.000-162.000 Lire.

Feste
Palio Marinaro Castiglione, erster Sonntag nach dem 15. August. Wettkampf zwischen den fünf Stadtteilen. Am Samstag davor findet eine Prozession statt, bei der das Meer gesegnet wird.

Castiglione della Pescaia ist, abgesehen von den Inseln, der schönste Badeplatz entlang der Maremma-Küste. Der beliebte Urlaubsort liegt an der Mündung des Flusses Bruna und hat einen natürlichen Hafen für die Fischerboote und Segelyachten.

Der moderne Stadtteil am Hafen besteht überwiegend aus Appartementhäusern, kleinen Pensionen, Restaurants und Geschäften. Lohnenswert ist ein Gang in die oberhalb des Hafens liegende Altstadt.

Der mittelalterliche Siedlungskern liegt auf einem Hügel und ist umgeben von einer pisanischen Ringmauer mit mächtigen Türmen. Über ein Labyrinth von kleinen Gäßchen und Treppen, vorbei an liebevoll re-

Steile Gassen und romantische Bogengänge

staurierten Häusern, gelangt man zur **Burg** (14.-15. Jahrhundert) hinauf, von der man einen wunderschönen Ausblick über die Stadt, den malerischen Hafen und das Meer genießt.

Punta Ala

Information
Pro Loco, Piastra Servizi il Gualdo, Tel.: 0564/922342.

Unterkunft
• *** **Park Hotel Pozzino**, Via del Pozzino 2, 58040 Castiglione della Pescaia-Punta Ala, Tel. u. Fax: 0564/922430, Mittelklassehotel, 19 Zimmer, alle mit Bad, DZ 100.000-150.000 Lire.
• *** **Punta Ala**, Via del Pozzino 5, 58040 Castiglione della Pescaia-Punta Ala, Tel.: 0564/922646, Fax: 0564/922636, Mittelklassehotel, 16 Zimmer, die Einzelzimmer sind ohne Bad, DZ 110.000-150.000 Lire.

Camping
• **** **Punta Ala**, Loc. Punta Ala, 58043 Castiglione della Pescaia, Tel.: 0564/922294, Fax: 0564/920379, geöffn. 1.4.-31.10., komfortable Anlage mit 690 Stellplätzen und 4 Bungalows.
• *** **Baia Verde**, S.S. Collacchie, Loc. Punta Ala, 58043 Castiglione della Pescaia, Tel.: 0564/922298, Fax: 923044, geöffn. 20.4.-20.10., riesige Anlage mit 1.138 Stellplätzen.

Bei Pian d'Alma, 12 km nordwestlich von Castiglione, zweigt linkerhand eine kleine Straße nach Punta Ala am südlichen Ende des Golfs von Follonica ab. Bis in die 50er Jahre war der Ort in Privatbesitz. Seit seinem Verkauf entwikkelt er sich immer mehr zu einem exclusiven Ferienort mit luxuriösen Hotels, großem Yachthafen, Tennisplätzen, Polo- und Golfplatz. Die Ferienwohnanlagen und Villen liegen inmitten schöner Pinienhaine mit Blick auf die Insel Elba.

In einem Pinienwald in der Nähe von Punta findet man die zwei sehr gut ausgestatteten Campingplätze.

Follonica

Information
• **APT**, Palazzo Tre Palme, Viale Italia, 58022 Follonica, Tel.: 0566/40177, Fax: 0566/44308.
• **Pro Loco**, Chiosco Piazza Sivieri, 58022 Follonica, Tel.: 0566/44537.

Unterkunft
• *** **Parrini**, Via Italia 103, 58022 Follonica, Tel.: 0566/40293, Fax: 0566/44017, das Hotel liegt direkt am Strand, DZ 80.000-110.000 Lire.
• *** **Piccolo Mondo**, Viale Carducci 2, 58022 Follonica, Tel.: 0566/40361, Fax: 0566/44547, liegt ebenfalls am Strand, DZ 60.000-160.000 Lire.

10.7 Von Grosseto über Follonica nach Massa Marittima

Camping
● * **Pineta del Golfo**, Via delle Collacchie, 58022 Follonica, Tel.: 0566/53369, Fax: 0566/844211, liegt am Strand.
● * **Tahiti**, Viale Italia 320, Loc. Pratoranieri, 58022 Follonica, Tel.: 0566/60255.

Restaurant
Da Paolino di Leonardo Cappelli, Piazza XXV Aprile 33, 58022 Follonica, Tel.: 0566/44637, Mo Ruhetag, gehobene Küche, zur Hauptsaison recht laut. Sehr teuer.

Follonica ist heute vor allem ein moderner Industriestandort mit Papierfabriken, Stahlgießereien und Eisenhüttenwerken für die Verarbeitung des in den Colline Metallifere abgebauten Eisenerzes. Auf die meisten Besucher, die aus dem einsamen Süden anreisen, wirkt diese Kulisse auf den ersten Blick abschreckend. Auf den zweiten Blick ist der Ort aber auch ein äußerst sehenswertes Denkmal der Architektur des frühen Industriezeitalters. Charakteristisch für diese Zeit ist die Verwendung von Metall. Nicht nur Fabrikhallen und Bahnhöfe sind aus Metall gebaut, auch das Portal der Pfarrkirche **San Lepoldo** ist aus Eisen gegossen. Initiator dieser Erneuerungen war Leopold II., der das am Ortsrand liegende Werk Ilva 1834 modernisieren ließ. Das dafür neu geschaffene Eingangstor (1834-40), eine Dokumentation über die Geschichte der Metallverarbeitung, zahlreiche Einrichtungsgegenstände und technisches Gerät aus dieser Zeit sind auf dem ehemaligen Werksgelände der Ilva im **Museo del Ferro** ausgestellt. Ein Besuch dieses Museums ist für viele eine interessante Abwechslung zu den überwiegend etruskischen und mittelalterlichen Museen in der Toskana.

Öffnungszeiten
c/o ex ILVA, Via Zara, nähere Informationen über Tel.: 0566/43506, feiertags geschl.

Massa Marittima

Information
Ufficio Informazioni, Via Norma Parenti 22, 58024 Massa Marittima, Tel.: 0566/902756.

Unterkunft
● *** **Il Sole**, Corso della Libertà 43, 58024 Massa Marittima, Tel.: 0566/901971, Fax: 0566/901959, neues, komfortables Hotel, DZ 95.000 Lire.
● ** **Duca del Mare**, Via Dante Alighieri 1/2, 58024 Massa Marittima, Tel.: 0566/902284, Fax: 901905, Zimmer z.T. mit schönem Ausblick, gutes Restaurant, DZ 55.000-80.000 Lire.
● ** **Il Girifalco**, Via Massetana Nord 25, 58024 Massa Marittima, Tel. u. Fax: 0566/902177, zentrumsnahes Hotel, DZ 55.000-80.000 Lire.
● * **Cris**, Via degli Albizzeschi, 58024 Massa Marittima, Tel.: 0566/903830, an der Piazza Cavour gelegene einfache Pension mit Etagendusche und WC, gutes Restaurant, Eingang über die Via Cappellini, DZ 55.000 Lire.

10.7 Von Grosseto über Follonica nach Massa Marittima

Restaurant
Da Bracali, Loc. Ghirlanda, 58024 Massa Marittima, Tel.: 0566/902063, Mo abends u. Di Ruhetag, unterhalb von Massa Marittima, sehr gute, etwas ausgefallene Küche, gehobene Preisklasse.

Feste
Balestro del Girifalco, am 26. Mai und in der zweiten Augustwoche.

INFO

Der Balestro del Girifalco

Zu Beginn der Folkloreveranstaltung findet ein feierlicher Umzug in historischen Kostümen durch die Gassen der Stadt statt, der vor dem Dom endet. Hier treten zuerst die Fahnenschwinger auf. Bei dem eigentlichen Wettkampf schießen vierundzwanzig Armbrustschützen aus den Stadtteilen Cittavecchia, Cittanova und Borgo auf eine Scheibe in der Form eines Falken, daher der Name Giri = drehen und falco = Falke. Der Gewinner erhält einen goldenen Pfeil und eine Fahne (Palio) seines Viertels. Der Ursprung dieses Spieles liegt im Mittelalter.

Fahnenschwinger beim Balestro del Girifalco

Massa Marittima bietet eines der faszinierendsten Städtebilder der mittelalterlichen Toskana. Der Ort liegt nicht, wie der Name vermuten läßt, am Meer, sondern in der mineralreichen Hügelgegend der Colline Metallifere. Der Bergbau hat hier eine jahrtausendealte Tradition, bereits die Etrusker schmolzen Erz in dieser Gegend. Erst 1985 schloß die letzte Zeche.

Um das Jahr 1000 wurde Massa Marittima bischöflicher Lehenssitz. Durch die Ausbeutung der Kupfer- und Silberminen hatte die Stadt im 13. Jahrhundert als freie Stadtrepublik ihre Blütezeit. Die Herrschaft unter den Sienesen und später unter den Medici bedeutete für Massa den wirtschaftlichen Niedergang. Erst unter den Lothringern im 18. Jahrhundert erlebte der Bergbaubetrieb einen erneuten Auftrieb. Auf die Zeit der freien Stadtrepublik gehen die meisten öffentlichen und privaten Gebäude wie auch die Stadtanlage zurück. Massa

10.7 Von Grosseto über Follonica nach Massa Marittima

besteht aus zwei Stadtteilen, aus der unteren und älteren **Città Vecchia** und aus der oberen **Città Nuova**.

Die **Piazza Garibaldi**, geistliches und weltliches Zentrum der Città Vecchia, ist einer der schönsten Plätze der Toskana. Er ist asymmetrisch und leicht ansteigend angelegt, rundherum gruppiert sich ein reizvolles Ensemble mittelalterlicher Bauten.

Fast die ganze Südseite nimmt der seitlich versetzte **Dom San Cerbone** ein.

Von einem Podest herab beherrscht er die Piazza Garibaldi. Eine hohe Treppe über die gesamte Breite führt hinauf und wird an Sommerabenden als eindrucksvolle Tribüne für zahlreiche Theater- und

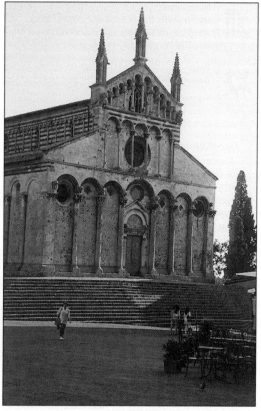

Dom San Cerbone

Musikaufführungen benutzt. Die prachtvolle Kirche aus dem 13. Jahrhundert wurde nach dem Vorbild der Pisaner Romanik begonnen und wenig später um die Apsis und das Presbyterium erweitert. Der Innenraum der Basilika birgt eindrucksvolle romanische Reliefs und einen reich geschmückten Taufbrunnen (um 1270), das Grabmal des heiligen Cerbone (1324) und Fresken.

Die breite Treppe dient auch als Podest für den Campanile und den **Bischofspalast** (Palazzo Vescovile).

Romanische Reliefs im Dom San Cerbone

10.7 Von Grosseto über Follonica nach Massa Marittima

Aus der Zeit als mittelalterliche Stadtrepublik stammen die beiden Rathäuser. Neben dem Dom steht der **Palazzo del Podestà** (1225) aus weiß-grauem Travertin mit den Wappen der verschiedenen Podestà. Der ehemalige Palast des Bürgermeisters ist heute Sitz des **Museo Archeologico** und der **Pinacoteca**, in dem neben einer sehenswerten Sammlung etruskischer Funde auch eine Maestà von Lorenzetti ausgestellt ist.

Öffnungszeiten
Piazza Garibaldi, Tel.: 0566/902289, im Sommer 10-12.30 u. 15.30-19 Uhr, im Winter 10-12.30 u. 15.30-17 Uhr, Mo geschl.

Der **Palazzo Comunale** mit einer zinnengeschmückten Travertinfassade besteht aus zwei Turmhäusern und dient heute als Rathaus. Der älteste Teil (um 1250) ist der Torre del Bargello. Gegenüber liegt die **Loggia del Comune** aus dem 14. Jahrhundert. Am nördlichen Ende der Piazza beginnt die Via Moncini, gesäumt von mittelalterlichen Häusern. Hinter der **Porta alla Sicili** beginnt die **Città Nuova**.

Die **Piazza Matteotti** ist das Zentrum der Oberstadt. Nach der sienesischen Eroberung wurde 1337 die neue **Fortezza dei Senesi** errichtet. Sehenswert ist an der Piazza Matteotti der **Torre del Candeliere** (Leuchtturm) von 1228, auch Torre dell'Orologio (Uhrturm) genannt. Er gehörte zur alten Befestigungsanlage. Später wurde der Wachturm über den **Arco dei Senesi** mit der neuen Festung verbunden. Im Sommer kann man den Turm besteigen.

Öffnungszeiten
Piazza Matteotti, 1.4.-15. 7. u. 1.-31.9.: 11-13 u. 17-19 Uhr, 15.6.-31.8.: 11-13 u. 16-20 Uhr, Mo geschl.

An der Piazza Matteotti wurde im **Palazzina delle Armi** das **Museo di Storia e Arte delle Miniere** eingerichtet. Das Gebäude in der Nähe der Festung wurde 1443 als Waffenmagazin erbaut. In vier Sälen wird sehr anschaulich anhand von Karten und Instrumenten die Geschichte des Bergbaus, beginnend mit den Etruskern, erklärt.

Öffnungszeiten
Piazza Matteotti, Tel.: 0566/902289, 1.4.-15.7. u. 1.-31.9.: 10-11 u. 15.30-17 Uhr, 15.7.-31.8.: 10-12 u. 16-19 Uhr, Okt-März nur auf Anfrage geöffnet, Mo geschl.

Sehr empfehlenswert ist ein Besuch des **Museo della Miniera** am südlichen Rand der Altstadt. Ein ehemaliger Stollen wurde zum Bergwerksmuseum umfunktioniert. In der 700 Meter langen Galerie dokumentieren Werkzeuge, Maschinen und lokale Gesteinsarten die Geschichte des Bergbaus.

Öffnungszeiten
Via Corridoni, Auskunft über Tel.: 0566/902289, Di-So: im Sommer 10-12.30 u. 15.30-19 Uhr, im Winter 10-12 u. 15-16 Uhr, Mo geschl., Besichtigung nur mit Führer.

10.7 Von Grosseto über Follonica nach Massa Marittima

In der Nähe von Massa Marittima liegt das Gelände des **Centro Carapax**. 1989 entstand als europäisches Gemeinschaftsprojekt dieses erste italienische Zentrum zur wissenschaftlichen Forschung und Wiedereinführung der Schildkröte. Auf dem 15 Hektar großen Gelände hat man die einmalige Gelegenheit, inmitten einer wilden Vegetation die verschiedensten Schildkrötenarten in einer natürlichen Umgebung zu beobachten.

Öffnungszeiten
Oasi per la Salvaguardia delle Tartarughe, Casella Postale 34 (Postfach), 58024 Massa Marittima, Tel.: 0566/940083, Fax: 0566/902387, 1.4.-31.5.: Mo-Fr nur für Gruppen, Sa, So 9-12.30 u. 14.30-17.30 Uhr, 1.6.-15.9.: tägl. 9-12.30 u. 16-19 Uhr, 16.9.-1.11. Mo-Fr nur Gruppen, Sa, So 9.30-12.30 u. 14.30-16.30 Uhr, Gruppenführungen mit dreiwöchiger Anmeldung.

11 DIE INSEL ELBA

- Übernachtung im "Hermitage" in der Bucht Biodola
- Panoramafahrt entlang der Westküste
- Wanderung von Poggio auf den Monte Capanne
- Bootsausflug auf die Insel Capraia
- Stadtrundgang in der Altstadt von Portoferraio

11.1 ÜBERBLICK

Mit 223 km² ist Elba die größte Insel des toskanischen Archipels und liegt ca. 10 km vom Festlandshafen Piombino entfernt (Fahrzeit ca. 1 Stunde). Bedingt durch ihre vielen Buchten, verfügt Elba über eine 118 km lange abwechslungsreiche Küste mit wildzerklüfteten, steilen Klippen, zahlreichen flachabfallenden Sandstränden und tiefen Felsbuchten. Das Binnenland ist sehr gebirgig und wird vom **Monte Capanne** mit 1.019 Metern beherrscht.

Aufgrund der kleinen, serpentinenreichen Sträßchen ist Elba mittlerweile auch ein beliebtes Urlaubsziel von Mountainbike-Fahrern.

Bemerkenswert ist das besonders milde, regenarme Klima. Es ermöglicht eine sehr lange Badesaison und begünstigt eine ausgesprochen mediterrane Vegetation an der Küste mit schönen Laubwäldern in den höheren Lagen. Darüber hinaus findet man auf der ganzen Insel Weinberge und Olivenhaine. Das Wasser an den Küsten ist kristallklar.

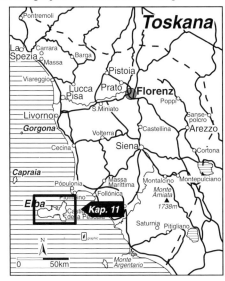

Die rund 29.000 Inselbewohner verteilen sich auf acht Gemeinden. Wichtigster Wirtschaftsfaktor neben der Landwirtschaft und dem Fischfang ist seit der Schließung der Erzminen der zunehmende Fremdenverkehr.

Jährlich verbringen ungefähr eine halbe Million Besucher ihren Urlaub in den über 200 Hotels.

Trotz des großen Beliebtheitsgrades und des jährlichen Besucherandranges hält sich die Zersiedelung in Grenzen. Durch eine behutsame Baupolitik gibt es auf Elba

11.1 Insel Elba – Überblick

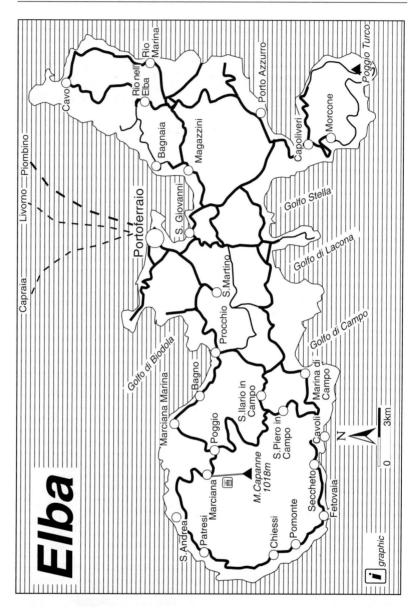

keine Bettenburgen. Die meisten Hotelanlagen sind höchstens zweigeschossig, liegen an den grünen Hängen oberhalb der Badebuchten und sind in die Landschaft integriert. Außerhalb der Hauptsaison verteilen sich die Touristen unauffällig über die ganze Insel. Man kann auf Elba einen geruhsamen Badeurlaub verbringen, verbunden mit Spaziergängen und Wanderungen in das Binnenland.

11.1 Insel Elba – Überblick

Wichtigstes Kapitel in der Geschichte Elbas war die Zeit zwischen Mai 1814 und Februar 1815. Nach der Abdankung Napoleon Bonapartes schickte ihn Frankreich auf die entlegene Insel ins Exil. Während seines kurzen Aufenthalts ließ er zwei Villen zur Residenz ausbauen, förderte die Landwirtschaft und den Handel und bereitete seine Rückkehr vor.

Badebucht

11.2 REISEPRAKTISCHE HINWEISE

Information
APT, Calata Italia 26, 57037 Portoferraio, Tel: 0565/914671/2, Fax: 0565/916350, Hauptsaison vom 15. Juni - 15. September

Wichtige Telefonnummern
Vorwahl: 0565
Carabinieri 112, Polizei 113, Straßenpolizei 914744, Feuerwehr 115, Krankenhaus 938511.

Fähren
● **Navarma Lines**, Ticketverkauf: Viale Elba 4, 57037 Portoferraio, Tel.: 0565/9361, Fax: 0565/916758.
● **Elba Ferries**, Ticketverkauf: Hafen Portoferraio, Tel.: 0565/930676, Fax: 0565/930673.
● **Toremar**, Ticketverkauf: Hafen Portoferraio, Tel.: 0565/918080, mit Verbindung zur Isola Capraia.

Flugverbindung
Aeroporto Internazionale dell'Isola d'Elba, winziger internationaler Flughafen für kleinere Maschinen in Marina di Campo, saisonbedingte Flüge nach Bologna, Mailand, Bern, Zürich, Wien, Innsbruck, Salzburg, München und Frankfurt (vom 18.5.-28.9. jeden Sa. von und nach Frankfurt und München).

Autovermietung
Hertz, Calata Italia 26, 57037 Portoferraio, Tel.: 0565/914671, Fax: 0565/916350, ab 3 Tagen L. 90.000, ab 7 Tagen L. 71.000.

Hotelvereinigung
Associazione Albergatori, Calata 20, Portoferraio, Tel.: 0565/914754-915555-930237, Fax: 0565/917865, direkt am Hafen, kostenlose Zimmerreservierung und Informationen zu Ausflügen auf den Monte Capanne und zu Bootsrundfahrten.

11.2 Insel Elba – Reisepraktische Hinweise

Camping
Über die Insel verteilt gibt es 29 Plätze, die meisten direkt am Meer liegen. Die schönste Lage haben die Campingplätze bei Cap d'Enfola, Marina di Campo und Lacona. Wildes Zelten ist wegen der Waldbrandgefahr strengstens verboten.

Segeln
Scuola di Vela, Loc. Lo Schiopparello, 57037 Portoferraio, Tel.: 0565/933265, Programme mit dem Kursangebot beim Sekretariat anfordern, Via del Mare 74, 57128 Livorno, Tel.: 0586/505562. Segel-, Cruiser- und Surfkurse von April bis Okt., für Anfänger und Fortgeschrittene.

11.3 PORTOFERRAIO

Information
s.S. 311

Unterkunft
● **** **Hermitage**, Loc. Biodola, 57037 Portoferraio, Tel.: 0565/936911, Fax: 0565/969984, etwas außerhalb, bestes Hotel auf Elba, gut in die Landschaft integrierte Hotelanlage, z.T. mit kleinen Bungalows, alle mit Terrasse und Meerblick, herrlicher und ruhiger Privatstrand, nur mit Halb- und Vollpension, 3 Schwimmbäder, großes Sportangebot, DZ. 159.000-340.000 Lire pro Person.
● **** **Biodola**, Loc. Biodola, 57037 Portoferraio, Tel.: 0565/936811, Fax: 0565/969852, gehört zum Hermitage in derselben Bucht, nur mit Halb- und Vollpension, ebenfalls schöne Anlage, nur keine Bungalows, deshalb etwas billiger, DZ. 123.000-273.000 Lire pro Person.

Hafen von Portoferraio

11.3 Portoferraio

- *** **Acquamarina**, Loc. Padulella, 57037 Portoferraio, Tel.: 0565/914057, Fax: 0565/915672, geschmackvolles und ruhiges Hotel mit Meerblick, kurz nach dem Strand Le Ghiaie, DZ 116.000-240.000 Lire.

Camping
*** **Enfola Camping**, Loc. Enfola, Portoferraio, Tel.: 0565/939001, Fax: 0565/918613, geöff. 1.4.-15.10., schön gelegener Platz auf dem Kap von Enfola.

Wochenmarkt
jeden Freitag.

Stadtrundgang

Portoferraio ist der Hauptort und Fährhafen der Insel. Der Name setzt sich aus Porto/Hafen und Ferraio/Eisen zusammen. Bereits die Etrusker und Römer ließen auf Elba ihr Eisenerz verhütten. Beim Einfahren der Fähre in die Bucht von Portoferraio sieht man rechterhand das historische Stadtzentrum mit dem Yachthafen, das sich bis hinauf zur **Medici-Festung** zieht. Die Festung, 1548

313

11.3 Portoferraio

begonnen und von Napoleon 1814 umgebaut, besteht aus zwei Teilen. Enge Gassen und steile Treppen führen bis zur **Piazza Napoleone** hinauf. Westlich davon liegt die **Forte Falcone (1)**, und im Osten befindet sich oberhalb des Leuchtturms die **Forte Stella (2)**. Die Seeseite des Platzes nimmt die einfache **Villa dei Mulini (3)** ein, von Napoleon zur Residenz ausgebaut. Im Inneren befindet sich seine Bibliothek. Von hier oben genießt man einen herrlichen Ausblick auf die Stadt und das Meer.

Öffnungszeiten
Piazzale Napoleone, tägl. 9-18 Uhr, So 9-13.30 Uhr (L. 8.000).

Wieder hinunter zur Piazza Repubblica über die stufenreiche Via Garibaldi, kommt man am **Museo Napoleonico (4)** vorbei. Das kleine Museum in einer ehemaligen Kirche bewahrt einen Bronzeabguß der Totenmaske und der Hand Napoleons auf.

Öffnungszeiten
Chiesa della Misericordia, Di, Mi, So 9-12.30 und 16-18 Uhr.

Östlich vom alten Hafen lohnt sich der Besuch des **Museo Civico Archeologico (5)**. Das Archäologische Museum mit zahlreichen Amphoren, römischen und etruskischen Funden ist vollständig restauriert, die Ausstellungen sind sehr gut dokumentiert. Zwischen dem Gebäude und einem wuchtigen Rundturm am Hafen liegt ein archäologisches Ausgrabungsfeld. Hier finden im Hochsommer zahlreiche Aufführungen und Konzerte statt.

Öffnungszeiten
tägl. 9.30-12.30 und 16-19 Uhr, So geschl., im Juli/August tägl. 9.30-12.30 und 18-24 Uhr.

11.4 Elba – Inselrundfahrt

11.4 INSELRUNDFAHRT

Ungefähr 6 km südwestlich von Portoferraio liegt am Abhang des bewaldeten Monte San Martino in 370 m Höhe die **Villa Napoleonica**, einst Sommerresidenz von Napoleon Bonaparte, mit einer Gemäldesammlung. Von Portoferraio aus gibt es zur Villa einen Fußweg und gute Busverbindungen. Hier herrscht immer viel Betrieb.

Öffnungszeiten
tägl. 9-18 Uhr und So 9-13.30 Uhr (L. 6.000 gilt am selben Tag auch für die Villa dei Mulini).

Villa Napoleonica

Marciana Marina

Marciana Marina, 18 km westlich von Portoferraio ist ein malerisches ehemaliges Fischerdorf mit ca. 2.000 Einwohnern. Die meisten leben heute vom Tourismus. Der kleine Hafen fügt sich geschickt in eine Landzunge ein und ist somit vor stürmischem Seegang geschützt. Ein zylindrischer Wachturm beherrscht das Hafenbecken. Eine ausgedehnte Uferpromenade mit Läden, Restaurants, Bars und bunten Fischerbooten lädt zum Bummeln ein.

Bunte Fischerboote in Marciana Marina

Poggio/Marciana

Unterkunft
** Belmare, Loc. Patresi, 57030 Marciana, Tel.: 0565/908067, modernes Hotel an der Westküste Elbas mit Meerblick, Mountainbike-Vermietung, Restaurant, DZ mit HP 100.000-190.000 Lire.

Restaurant
Publius, Piazza XX. Settembre, Loc. Poggio, Tel.: 0565/99208, im Winter Mo Ruhetag, sehr gute toskanische Küche, zu empfehlen die Steinpilz- und Wildschweingerichte, gehobene Preisklasse.

Die beiden bezaubernden Bergdörfer mit nur ein paar hundert Einwohnern liegen oberhalb von Marciana Marina, inmitten ausgedehnter Edelkastanien-

11.4 Elba – Inselrundfahrt

wälder. Ein sehr schöner Ausflug von Poggio aus ist die mehrstündige Wanderung auf markierten Wegen auf den höchsten Berg Elbas, den **Monte Capanne** (1.018 Meter). Traumhaft ist dieser Tagesausflug im Mai und Juni, wenn die Macchia-Pflanzen blühen.

Von Poggio aus lohnt sich auch der weniger anstrengende Aufstieg zum südöstlich gelegenen **Monte Perone** (630 Meter). Nähere Informationen über die Wanderrouten mit Wegbeschreibung sind beim APT in Portoferraio erhältlich. Wer nicht so gut zu Fuß ist, gelangt von Marciana aus auch mit einer Seilbahn auf den Monte Capanne.

Anstatt von Procchio direkt an die Südküste nach Marina di Campo zu gehen, lohnt es sich, den Umweg über die Panoramastraße entlang der Westküste zu nehmen. Dieser Teil der Küste wird wenig frequentiert. Es gibt kaum Hotels. Faszinierend ist hier das Landschaftsbild. Bizarre Steilhänge wechseln sich mit Stränden und einer üppigen grünen Vegetation im Hinterland ab. Gute Bademöglichkeiten gibt es bei Chiessi, Pomonte und Fetovàia.

Marina di Campo

Unterkunft
- *** **La Stella**, Loc. Seccheto, Campo nell'Elba, Tel.: 0565/987013, Fax: 0565/987215, Hotel direkt am Meer mit Privatstrand, DZ mit HP 110.000-240.000 Lire.
- ** **Da Fine**, Loc. Seccheto, Campo nell'Elba, Tel.: 0565/987017, Fax: 0565/987250, direkt am Meer mit eigenem Strand, Restaurant, DZ mit HP 110.000-210.000 Lire.
- *** **Baia Imperiale**, Loc. Cavoli, Campo nell'Elba, Tel.: 0565/987055, Fax: 0565/987020, modernes und komfortables Hotel, alle Zimmer mit Balkon und Meerblick, gutes Restaurant, DZ. 65.000-180.000 Lire.

Marina di Campo und die zur Gemeinde gehörenden Orte Cavoli und Seccheto sind reine Badeorte an der Südküste. Anziehungspunkt für die vielen Besucher Marina di Campos ist der zwei Kilometer lange Sandstrand an der gleichnamigen Bucht. Ganz in der Nähe liegt auch der kleine internationale Flughafen der Insel mit Verbindungen nach Mailand, Bologna, Schweiz, Österreich und Deutschland. Hoch über dem Ort, an der Straße nach Procchio, erhebt sich die mächtige Turmruine der zerstörten Kirche von **San Giovanni**.

Entlang der Südküste gelangt man in östlicher Richtung zum Badeort **Lacona** bei der gleichnamigen Bucht mit ausgedehnten Sandstränden. Durch bestellte Felder und mit herrlichen Ausblicken auf das Meer führt die Straße ostwärts bis zu einer Kreuzung nach Capoliveri.

Capoliveri

Capoliveri auf dem südlichsten Zipfel der Insel in 170 Metern Höhe ist ein alter Bergarbeiterort mit 3.000 Einwohnern. Seit Schließung der Erzminen lebt die Bevölkerung überwiegend vom Tourismus. Aufgrund der strategisch günstigen Aussichtslage wurde der Ort im Mittelalter von den Pisanern gegründet. Auf dem Gipfel des Hügels liegt die Piazza, das Herz des Städtchens. Von ihr führen enge Gassen mit kleinen Geschäften ins Tal hinab.

Porto Azzurro

In einer geschützten Bucht an der Ostküste erhebt sich das malerische Fischerstädtchen **Porto Azzurro**. Es ist eines der charakteristischsten Dörfern entlang der elbanischen Küste und besonders beliebt bei Badeurlaubern. Eine mächtige und sternförmig angelegte **Festung** dominiert den Ort. Philipp III. von Spanien gab 1603 den Wehrbau in Auftrag, der heute als Gefängnis genutzt wird.

Rio nell'Elba

Ein Besuch des alten Bergarbeiterdorfs Rio nell'Elba lohnt sich. Der Ort hat einen reizvollen, gut erhaltenen Altstadtkern und bietet einen weiten Ausblick über die Insel und das Meer – eine willkommene Abwechslung zu den zahlreichen Badeorten. Oberhalb von Rio nell'Elba in Richtung Südwesten führt die Straße an der Festungsruine **Forte Volterraio** aus dem 11. Jahrhundert vorbei. Sie ist wahrscheinlich auf etruskischen Grundmauern errichtet.

Rio Marina

Fischer in Porto Azzurro

Rio Marina mit 2.700 Einwohnern liegt wie Rio nell'Elba im ehemaligen Bergbaugebiet der Insel. Im Hafen von Rio Marina wurde das Eisenerz verladen. Beeindruckend ist die stillgelegte Verladebrücke an der Küste. Ein Muß für Mineralogen ist ein Besuch des **Museo Minerario**. Es befindet sich im **Palazzo Comunale** und bewahrt eine umfangreiche Sammlung elbanischer Mineralien auf.

Öffnungszeiten
Tel.: 962747, 1.4.-30.9.: Mo-Fr 9-12 Uhr und 15-18 Uhr, nach tel. Anmeldung über das Museum kann man auch ein Bergwerk in der Nähe besichtigen.

Abstecher auf die Isola di Capraia

Eine weitere Insel des toskanischen Archipels ist Capraia mit einer Oberfläche von 19,5 km² und nur 400 Einwohnern. Die Insel ist vulkanischen Ursprungs mit steilabfallenden Felsenküsten und einer wilden und unberührten Landschaft. Über kleine Sträßchen und Pfade erreicht man das Gebiet des Natio-

11.4 Elba – Inselrundfahrt

nalparks. Früher bevölkerten wilde Ziegen (Capre) das Eiland, daher auch der Name. Die ehemalige Gefängnisinsel besitzt nur einen einzigen bewohnten Ort und einen Hafen. Schiffsverbindungen gibt es von Portoferraio und Livorno aus. Rund um die Insel liegen etliche Grotten, die zum Schnorcheln einladen.

Wild und unberührt – Capraia

12 DIE ETRUSKISCHE RIVIERA

- Besichtigung der etruskischen Nekropole von Populonia
- Baden am Golf von Baratti
- Ausflug in das Weinbaugebiet Montescudaio
- Stadtbesichtigung bei einer Bootsfahrt durch die Kanäle von Livorno
- Bummel über den Mercato Americano in Livorno

12.1 ÜBERBLICK

Nördlich von Livorno beginnt die gleichnamige Provinz, die sich über 100 km an der Küste bis Follonica im Süden entlangzieht. Die zahlreichen Etruskerstätten gaben dieser Region ihren Namen. Darunter sind vor allem die Nekropolen bei Populonia hervorzuheben.

Die Etruskische Riviera zeichnet sich durch einen Landschaftswechsel zwischen Felsenküsten und Sandstränden aus. Im Hinterland werden dichte Pinienwälder und Macchia von Weinbergen und Hügelformen abgelöst. Die langgestreckte Küstenprovinz ist von Cecina bis zur Provinzgrenze Pisa nur 3 km breit.

Verwaltungstechnisch gehören zu Livorno auch die Inseln Elba, Gorgona, Capraia, Pianosa und Montecristo.

Hafenstädte wie Livorno, Piombino und die Industrieanlagen bei Rosignano Solvay wechseln sich mit den unterschiedlichsten Badeorten ab. Südlich von Cecina beginnt die Küstenmaremma mit dichten Pinienwäldern, die aus historischen Gründen Maremma Pisana genannt wird und bis Piombino reicht.

In dieser Region gibt es nur geringe Niederschläge, das Klima zeichnet sich durch ganzjährig milde Temperaturen (die niedrigsten Werte sind im Januar und Dezember mit 9°) aus.

Die etruskische Riviera ist ein bevorzugtes Urlaubsziel der Italiener, erkennbar an den typischen italienischen Badeorten mit zahlreichen Strandbädern

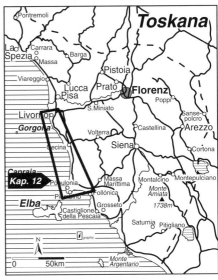

12.1 Etruskische Riviera – Überblick

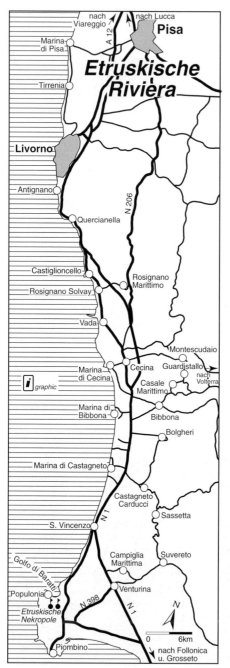

und Campingplätzen. Einen Besuch dieser Küstenregion sollte man im August tunlichst vermeiden, da ganz Italien in diesem Monat Urlaub macht, und die Strände restlos überfüllt sind.

12.2 REISEPRAKTISCHE HINWEISE

Hotelreservierung
Consorzio Tirreno Promo Tour, Via Pietro Gori 7/A, 57023 Cecina, Tel: 0586/630838, Fax: 0586/681436

Fährverbindungen
In der Hauptsaison, Ostern, Pfingsten und im August unbedingt über ein heimisches Reisebüro mehrere Wochen vorher buchen und eine Stunde vor der Abfahrt am Hafen sein, da die Stellplätze sonst an Wartende vergeben werden. In der Nachsaison können Sie bedenkenlos erst am Hafen buchen. Wichtig: In der Nebensaison gibt es zum Teil große Preisunterschiede der einzelnen Linien.

● **Navarma Lines**, Ticketverkauf: Hafen Piombino, Tel.: 0565/221212-225211, Viale Elba 4, 57037 Portoferraio, Tel.: 0565/9361, Fax: 0565/916758, Verbindungen auch nach Korsika und Sardinien.

● **Elba Ferries**, Ticketverkauf: Hafen Piombino, Tel.: 0565/220956, Fax: 0565/220996, Hafen Portoferraio, Tel.: 0565/930676, Fax: 0565/930673.

● **Toremar**, Ticketverkauf: Hafen Piombino, Tel.: 0565/31100-32508, Hafen Portoferraio, Tel.: 0565/918080, mit Verbindung von Portoferraio zur Isola Capraia.

● **Lloyd Sardegna**, Ticketverkauf: Hafen Piombino, Tel.: 0565/222300, Fährverbindung nur nach Sardinien.

12.2 Etruskische Riviera – Reisepraktische Hinweise

Baden
Sehr schöne Bademöglichkeiten gibt es am Golf von Baratti, in der Nähe der etruskischen Nekropolen von Populonia.

Fahrradfahren
Beim Fremdenverkehrsamt von Marina di Castagneto ist ein kleiner Führer mit acht ausgearbeiten Rundtouren im Gebiet zwischen Cecina und Castagneto Carducci erhältlich.

Wandern
Bei Bibbona, Sassetta, Suvereto, Campiglia Marittima gibt es ausgeschilderte Wanderrouten, Informationen und Wanderkarten sind bei den jeweiligen örtlichen Fremdenverkehrsämtern erhältlich. In Campiglia Marittima bei Trekking-Adventure, Paolo Bandini, Vivolo del Sole 2.

12.3 ENTLANG DER KÜSTE VON PIOMBINO BIS LIVORNO

Piombino

Information
• **APT**, Via Cellini 102, 57025 Piombino, Tel.: 0565/49121.
• **APT**, am Hafen, Piazzale Premuda, 57025 Piombino, Tel.: 0565/224432, nur von 1.6.-30.9. geöffnet.

Fähren
• **Navarma Lines**, Ticketverkauf: Hafen Piombino, Tel.: 0565/221212-225211, Fax: 0565/916758-918101, Fährverbindung Piombino-Portoferraio (Elba), ab Juli auch nach Bastia auf Korsika.
• **Elba Ferries**, Ticketverkauf: Hafen Piombino, Tel.: 0565/220956, Fax: 0565/220996, Fährverbindung Piombino-Portoferraio (Elba), April-Sept. auch nach Porto Vecchio (Korsika).
• **Toremar**, Ticketverkauf: Hafen Piombino, Tel.: 0565/31100-32508, Fährverbindung Piombino-Portoferraio-Rio Marina-Porto Azzurro (Elba)-Pianosa. Schnellverbindung mit dem Tragflächenboot, nur für Passagiere Piombino-Cavo-Portoferraio (Elba).
• **Compagnia Sarda Navigazione**, Ticketverkauf: Hafen Piombino, Tel.: 0565/222300., Fährverbindung Piombino-Olbia (Sardinien).

Unterkunft
• *** **Moderno**, Corso Italia 44, 57025 Piombino, Tel. u. Fax: 0565/33204, schlichtes Hotel in Bahnhofsnähe mit Restaurant, DZ 60.000-120.000 Lire.
• ** **Il Piave**, Piazza Niccolini 2, 57025 Piombino, Tel.: 0565/226050, Hotel am Bahnhof mit störendem Verkehrslärm, DZ 50.000-90.000 Lire.
• ** **Roma**, Via San Francesco 43, 57025 Piombino, Tel.: 0565/34341, Fax: 0565/34348, kleines, ruhiggelegenes Haus mit einfachen Zimmern und Restaurant, DZ 60.000-130.000 Lire.

Camping
In der Nähe der Stadt gibt es keine Campingplätze. Der nächste liegt bei Populonia.

12.3 Entlang der Küste von Piombino bis Livorno

Piombino liegt ungefähr in der Mitte der toskanischen Küste am Golf von Baratti und ist eine wichtige Hafen- und Industriestadt. Von der Insel Elba ist sie durch den Canale di Piombino nur 10 km entfernt. Der Name leitet sich von Piombo (= Blei) ab und weist auf den wichtigsten Wirtschaftszweig Piombinos, die Eisen- und Stahlindustrie hin. Die Entwicklung dieses Industriestandorts steht im engen Zusammenhang mit der Insel Elba. Der Ort wurde von den Römern gegründet, die ihm den Namen **Porto di Falesia** gaben. In Piombino verarbeiteten sie das von Elba stammende Eisenerz. Hinter den abschreckenden Anlagen der Schwerindustrie mit qualmenden Hochöfen verbirgt sich eine kleine nette Altstadt. Eine Besichtigung des Ortes eignet sich zur Überbrückung der Wartezeit auf die Fähre nach Elba.

Zentrum des Altstadtkerns ist die **Piazza Giuseppe Verdi** mit einem noch erhaltenen Turm, **Torrione Rivellino** (13. Jahrhundert), und einem Stadttor (14. Jahrhundert).

Die Hauptstraße **Corso Vittorio Emanuele II** führt zum **Palazzo Comunale**. Seine Ursprünge gehen auf das 12. Jahrhundert zurück. In den folgenden Jahrhunderten wurde er mehrmals umgebaut. Daneben erhebt sich ein Uhrturm (1598).

Sehenswert ist vor allem die in der Nähe liegende Pfarrkirche **Sant'Antimo** an der Piazza Curzio Desideri. Sie stammt ursprünglich aus dem 14. Jahrhundert, wurde aber so oft verändert, daß von der Fassade nur noch der obere Teil original ist. Der Innenraum beherbergt ein marmornes Taufbecken (1470) und schöne Grabmäler aus dem 14. und 15. Jahrhundert. In südlicher Richtung liegt die **Piazza Bovio**. Von ihr genießt man einen eindrucksvollen Blick auf die Küste und die Insel Elba.

Populonia

Camping
** **Sant'Albinia**, Via della Principessa, Populonia, Tel.: 0565/29389, Fax: 0565/ 221310, großer Platz in Strandnähe.

Auf einem Hügel oberhalb des Golfs von Baratti und ungefähr 15 km nördlich von Piombino erhebt sich der mittelalterliche Ort Populonia. Die Gründung der Stadt geht auf die Etrusker zurück. Die heutige Anlage mit einer mittelalterlichen **Rocca** und dem Mauerring stammt aus dem 14. Jahrhundert. Von der ehemaligen Festung sind noch ein großer zylindrischer und ein viereckiger Turm erhalten, von denen sich ein Rundblick lohnt.

Das private **Museum Gasparri** zeigt interessante Grabbeigaben aus der nahegelegenen Nekropole.

Öffnungszeiten
Nur auf Anfrage geöffnet, Tel.: 0565/29512.

12.3 Entlang der Küste von Piombino bis Livorno

Bekannt ist Populonia vor allem durch die etruskische Gräberstadt unterhalb des Stadtkerns. Die Nekropole war seit dem Altertum bis zu ihrer Entdeckung im Jahre 1908 unter einer Schlackenschicht verborgen und ist deshalb besonders gut erhalten. Sie ist das einzige Beispiel einer etruskischen Begräbnisstätte am Meer. Die Grabbeigaben sind im Archäologischen Museum in Florenz zu sehen.

Grabkammer Tomba a Tamburo

Bei dieser Anlage sind drei Grabtypen zu unterscheiden: das **Hügelgrab** mit einem aus Kragsteinen gefügten Gewölbe, **Grabkammern**, die in den Tuffstein geschnitten wurden, und sogenannte **Ädikula-Gräber**, die aus Quadern errichtet und mit Satteldach aus Steinplatten versehen frei im Gelände stehen. Die meisten Grabkammern haben einen rechteckigen Grundriß und stammen aus dem 8.-1. Jahrhundert. v. Christi.

Öffnungszeiten
tägl. 9-12 u. 16-19 Uhr, Tel.: 0565/29545-29339. Das Ausgrabungsgelände ist eingezäunt und darf nur mit Führer besichtigt werden. Wenn der Besucherandrang nicht so groß ist, muß man warten, bis sich genug Interessenten eingefunden haben (Eintritt frei, mit den Trinkgeldern werden weitere Ausgrabungen finanziert).

Die Bucht von Baratti mit einem weiten und flachen Sandstrand, in der Nähe des Ausgrabungsgeländes, ist völlig unverbaut und bietet außerhalb der Wochenenden und der Hauptsaison ideale Bademöglichkeiten.

San Vincenzo

Information
Pro Loco, Via B. Alliata, 57027 San Vincenzo, Tel.:0565/701533.

Unterkunft
** **Il Mulinaccio**, Via Caldanelle 2, 57027 San Vincenzo, Tel.: 0565/701556, Fax: 0565/701951, renoviertes Hotel in einem Palazzo von 1844, von einem Pinienhain umgeben, etwas außerhalb, mit Restaurant, DZ 75.000-110.000 Lire.

12.3 Entlang der Küste von Piombino bis Livorno

Camping
*** **Park Albatros**, Loc. Pineta di Torre Nuova, 57027 San Vincenzo, Tel.: 0565/701018, Fax: 0565/703589, riesiger Campingplatz mit 800 Stellplätzen.

Restaurants
● **Gambero Rosso**, Piazza della Vittoria 13, San Vincenzo, Tel.: 0565/701021, Di Ruhetag, das am Hafen gelegene Gambero Rosso gehört zu den besten Lokalen ganz Italiens, hervorragende Fisch- und Fleischgerichte, geschmackvolles Ambiente, sehr teuer.
● **Il Bucaniere**, Lungomare Marconi 8, San Vicenzo, Tel.: 0565/703387, gutes Lokal in einer umgebauten Badeanstalt mit Fischgerichten, mittlere Preisklasse.

San Vincenzo ist ein stark besuchter Badeort mit Pinienhainen, langem Sandstrand und einem Yacht- und Fischerhafen. Vom eigentlichen alten Dorf und seiner Atmosphäre ist nicht mehr viel übriggeblieben. Hotels und Ferienhäuser sind hier wie Pilze aus dem Boden geschossen. Die Einwohner leben neben dem Fremdenverkehr von der Arbeit in den Kalksteinbrüchen von San Vincenzo.

Weiter südlich beginnt der **Parco Naturale di Rimigliano**, ein 5 km langer und unter Schutz gestellter Piniengürtel mit einem langen Sandstrand. Von der Straße aus führen etliche Zugänge in den Pinienwald und zu den Parkplätzen.

Venturina

Unterkunft
* **Terme di Caldana**, Loc. Caldana, Via Aurelia Nord 16, 57029 Venturina, Tel.: 0565/851400, Fax: 0565/855394, einfaches Hotel neben dem Kurhaus der Terme Valle del Sole, DZ 40.000-70.000 Lire.

In der Nähe von Campiglia Marittima entspringen bei Venturina drei Quellen mit schwefel-, kalk- und magnesiumhaltigem Wasser bei einer Temperatur von 36°. Außer einer kleinen Kuranlage hat Venturina nichts Nennenswertes zu bieten.

Das **Calidario**, ungefähr 500 Meter vom Ortszentrum entfernt, ist eine Art Thermalsee und wird deshalb auch **Laghetto terminale** genannt. Die warmen Quellen des Calidario entspringen im Inneren des großen Beckens mit 12.000 Litern pro Minute. Die Anlage ist mit beheizten Umkleidekabinen ausgestattet. Vor allem im Winter lohnt sich ein Besuch. Besonders reizvoll sind die nächtlichen Öffnungszeiten.

Öffnungszeiten
Jan-Mai, Okt.-Dez.: 9-23 Uhr, Juni-Sept: 8.30-24 Uhr, im August bis 2 Uhr nachts geöffnet.

Die **Terme Valle del Sole** mit Kurhaus und Freibecken liegt etwas nördlich außerhalb von Venturina.

12.3 Entlang der Küste von Piombino bis Livorno

Campiglia Marittima

Information
Pro Loco, Via Roma, Campiglia Marittima, Tel.: 0565/838958, nur im So geöffnet.

Camping
** **Blucamp**, Loc. Pozzatello, Tel.: 0565/838553, Fax: 0574/574272, kleiner Campingplatz, 9 km vom Meer entfernt.

Campiglia Marittima

Campiglia Marittima ist ein kleiner Ort mittelalterlichen Ursprungs mit einer Festungsanlage und einer umlaufenden Stadtmauer, von der man einen herrlichen Ausblick auf den Felsvorsprung von Piombino und die Insel Elba genießen kann. Über dem Stadttor hängen die Wappen der früheren Besitzer Pisa, Florenz und Gherardesca.

Die Ursprünge der **Rocca San Silvestro** gehen auf das 11. Jahrhundert zurück. Sehenswert ist der wappengeschmückte **Palazzo Pretorio** aus dem 15.-16. Jahrhundert und die Pfarrkirche **San Giovanni** (12. Jahrhundert) mit romanischen Reliefs an einem Seitenportal. Zur Zeit der Etrusker wurden in dieser Gegend Kupfer, Eisen, Blei und Zink abgebaut und in Populonia verarbeitet.

In der Nähe der Kirche **Madonna di Fucinaia**, etwas nördlich von Campiglia Marittima, sind kürzlich Reste von verschiedenen Öfen für die Kupferverarbeitung ausgegraben worden. Sie stammen wahrscheinlich aus dem 4. Jahrhundert.

Öffnungszeiten
Um die Ausgrabungen besichtigen zu können, muß man sich an das Kulturamt der Gemeinde Campiglia wenden, Tel.: 0565/839111.

Suvereto

Information
Pro Loco, Piazza S. Francesco, Suvereto, Tel.: 0565/829304, nur von 1.6.-30.9. geöff.

Lohnenswert ist ein Abstecher in das auf einer Hügelkette liegende Suvereto mit seinen verwinkelten Gäßchen, Treppengängen und grauen Steinhäusern. Die Ursprünge des Ortes gehen auf das Jahr Tausend zurück. Bis ins 14. Jahrhundert gehörte es den Grafen Aldobrandeschi und ging dann in den

12.3 Entlang der Küste von Piombino bis Livorno

Besitz von Pisa über. Aus dieser Zeit stammen die Reste der **Rocca** und der **Palazzo Comunale** aus dem frühen 13. Jahrhundert mit einer überdachten und mit Arkadenbögen geschmückten Außentreppe. Charakteristisches Merkmal des Palazzo Comunale ist der wuchtige und zinnenbekrönte Uhrturm. Vom ehemaligen Kloster **San Francesco**, ebenfalls aus dem 13. Jahrhundert, existiert nur noch ein schlichter, schöner Kreuzgang.

Castagneto Carducci

Unterkunft
- *** **Nuovo Hotel Bambolo**, Loc. Bambolo 31, 57024 Donoratico, Tel.: 0565/775206, Fax: 0565/775346, modernes und komfortables Hotel in einem Pinienhain, an der Via Aurelia, Abzweigung nach Castagneto Carducci, mit Swimmingpool, Sauna, Solarium, DZ 65.000-216.000 Lire.
- *** **Zi Martino**, Loc. San Giusto 264, 57024 Donoratico, Tel.: 0565/766000, Fax: 0565/763444, Mittelklassehotel mit 23 Zimmern, alle mit Bad, Restaurant, DZ 85.000-170.000 Lire.

Camping
*** **Le Pianacce**, Loc. Le Pianacce, 57022 Castagneto Carducci, Tel.: 0565/63667, Fax: 0565/429575, Abzweigung an der Straße nach Bolgheri, sehr schöner bewaldeter Platz, Bungalows, Tennisplatz und Swimmingpool.

Restaurant
Da Zi'Martino, Loc. San Giusto 262, 57022 Castagneto Carducci, Tel.:0565/763666, Mo Ruhetag, bei Bambolo auf der Via Aurelia in Richtung Castagneto Carducci abbiegen, gute Trattoria im Familienbetrieb, mittlere Preisklasse

Einkaufen
- **Bottega Verde**, Loc. Casone Ugolini, Donoratico, 57022 Castagneto Carducci, Tel.: 0565/775147-775143-775488, die Bottega Verde ist ein Lebensmittelgeschäft der Cooperativa Produttori Agricoli Livornesi mit Produkten aus biologischem Anbau.
- **Carciola e Rocchi**, Via IV Novembre, Donoratico, 57022 Castagneto Carducci, Kunsthandwerkstatt für Alabaster und Onyx.
- **Milla Meletti Cavallari**, Via Marconi 28, 57022 Castagneto Carducci, Tel.: 0565/763339, Keramikwerkstatt im Zentrum Castagnetos.

Weingut
Grattamacco, Loc. Grattamacco, 57022 Castagneto Carducci, Tel.: 0565/763840, Grattamacco Rosso, Grattamacco Bianco, sehr gutes Extravergine-Olivenöl

Fahrradverleih
Eva Odörfer, Via Cavour 15.

Das mittelalterliche Dorf Castagneto liegt in einer ehemals sumpfigen Ebene auf einem Hügel mit weiter Sicht und hieß früher Castagneto Marittimo. 1848/49 lebte der berühmte italienische Dichter Giosuè Carducci in der Nähe des Stadttors. Ihm zu Ehren wurde das Dorf 1907 umbenannt.

12.3 Entlang der Küste von Piombino bis Livorno

Bei **Donoratico**, 4 km entfernt, erhebt sich auf einem Hügel die Ruine des **Castello Donoratico** aus dem 9. Jahrhundert. Die Burg wurde zweimal von den Florentinern und Aragoniern zerstört. Um die Turmruine herum liegen die Überreste der einstigen Burgmauer.

INFO

Der Dichter Giosuè Carducci

Die Familie des am 27.7.1835 in Valdicastello bei Pietrasanta geborenen Giosuè Carducci zog 1838 nach Bolgheri um, wo der Vater eine Stelle als Allgemeinarzt antrat. Dottore Carducci gehörte einer Untergrundbewegung (Carbonara) an, die gegen die Adelsherrschaft und für die bürgerlichen Rechte kämpfte. Er ließ sich auch hier recht schnell in die örtlichen Auseinandersetzungen mit der Adelsfamilie Gherardesca verwickeln. Aus diesem Grund mußte er mit seiner Familie 1848 in das Dorf Castagneto fliehen. Sein Sohn Giosuè wurde Dichter und Professor für Literatur in Bologna. 1867 entdeckte der Dichter seine Liebe zur alten Heimat wieder. Er verbrachte viele Tage in der Maremma. Hier verfaßte er einen ergreifenden Gedichtband, in dem er die Orte und Eindrücke dieser Landschaft verarbeitete.

Den größten Erfolg als Dichter erzielte Carducci in den sechziger und siebziger Jahren, in denen er als Interpret nationaler, oft schon nationalistischer Ideen auftrat.

Marina di Castagneto

Information
Pro Loco, Via della Marina 8, 57024 Marina di Castagneto, Tel.: 0565/744276, nur von 1.6.-30.9. geöffnet.

Fahrradverleih
• **Noleggio Cicli "Parco il Leccio"**, Via Colombo, Marina di Castagneto, Tel.: 0565/744337.
• **Ciclo Sport**, Via Aurelia 25, Donoratico, Tel.: 0565/777149.

Unterkunft
• *** **Alle Dune Club Hotel**, Via Milano 14, 57024 Marina di Castagneto, Tel.: 0565/745790, Fax: 0565/744478, moderne Anlage mit eigenem Sandstrand, DZ 105.000-130.000 Lire.
• *** **Hotel Il Tirreno**, Via della Triglia 4, 57024 Marina di Castagneto, Tel.: 0565/744036-744361, Fax: 0565/744187, modernes Hotel im Landhausstil, nur 100 Meter vom Strand entfernt, DZ 80.000-150.000 Lire.

Camping
• ** **Belmare**, Via del Forte 1, 57024 Marina di Castagneto, Tel.: 0565/744092, Fax: 0565/744264, 525 Stellplätze, direkter Strandzugang, wenig Schattenplätze.

12.3 Entlang der Küste von Piombino bis Livorno

● ** **Continental**, Via 1° Maggio, 57024 Marina di Castagneto, Tel. u. Fax: 0565/744014, 565 Stellplätze, direkter Strandzugang.
● ** **International Etruria**, Via della Pineta, 57024 Marina di Castagneto, Tel.: 0565/744254, Fax: 0565/744494, 600 Stellplätze u. 17 Bungalows, direkter Strandzugang.

Marina di Castagneto ist einer der meistbesuchten Badeorte der Provinz Livorno mit einer modernen Struktur und einem langen Sandstrand, der öffentlich zugänglich ist.

Bolgheri

Weingüter
● **Tenuta dell'Ornellaia**, Via Bolgherese, 57020 Bolgheri, Tel.: 0586/762140, junges Weingut mit großen Weinkellern.
● **Tenuta San Guido dei Marchesi**, Incisa della Rocchetta, Loc. Capanne 27, 57020 Bolgheri, Tel.: 0586/762003.

Kurz vor Marina di Bibbona zweigt von der Via Aurelia eine Zypressenallee landeinwärts nach **Bolgheri** ab. Bei der Kapelle **San Guido** (1703) trifft man wieder auf die Spuren des Dichters.

In seiner Ode "Davanti San Guido" beschreibt Carducci die Zypressenallee, die sich von der oktogonalen

Kapelle San Guido

Kirche San Guido bis nach Bolgheri hinzieht. Der Dichter verbrachte einen Großteil seiner Kindheit in diesem kleinen Dorf mit abgeschlossenem Altstadtkern.

Marina di Bibbona

Information
Pro Loco, Via dei Melograni, Marina di Bibbona, Tel.: 0586/600699, nur im So. geöffnet.

Der Badeort entstand um eine Befestigungsanlage am Strand, die von den Medici errichtete **Forte di Bibbona**. Heute ist die Burg in eine Feriensiedlung integriert. Marina di Bibbona ist ein leider typisch verbauter Badeort mit einem langen und sehr breiten Badestrand.

Zypressenallee zur Fattoria La Badiola

12.3 Entlang der Küste von Piombino bis Livorno

Bibbona

Lebensmittel
Fattoria Sant'Anna, Loc. 7 Fattorie, 57020 Bibbona, Tel.: 0586/670230, Familienbetrieb, Produkte stammen aus eigenem Anbau, zu empfehlen: das eingelegte Gemüse.

Bibbona liegt auf einem Hügel ungefähr 5 km landeinwärts. Das mittelalterliche Städtchen erstreckt sich um die Pfarrkirche **Sant'Ilario** aus dem 14. Jahrhundert. Eine weitere sehenswerte Kirche ist **Santa Maria della Pietà** aus der Renaissance. Sie wurde von Malern der Florentiner Schule ausgemalt.

Cecina/Cecina al Mare

Information
Pro Loco, Largo Cairoli 17, 57023 Marina di Cecina, Tel.: 0586/620678, nur im Sommer geöffnet.

Unterkunft
*** **Hotel Posta**, Piazza Gramsci 12, 57023 Cecina, Tel.: 0586/686338-685573, Fax: 0586/680724, komplett renovierter Palast im Zentrum von Cecina, DZ 70.000-140.000 Lire.

Restaurant
Scacciapensieri, Via Don Minzoni 33, 57023 Cecina, Tel.: 0586/680900, Mo Ruhetag, gutes Lokal in einem Palazzo in der Altstadt mit meeresfrischen Fischgerichten, Spezialität ist die Cacciucco (Fischsuppe), teuer.

Camping
• **** **Le Gorette**, Via Campilunghi, Marina di Cecina, Tel.: 0586/622460-892297, nobler Platz mit 345 Stellplätzen in Strandnähe.
• *** **Bocca di Cecina**, Via Guado alle Vacche 2, Marina di Cecina, Tel.: 0586/620509, Fax: 0586/621326, genauso groß und komfortabel wie Le Gorette, direkt am Strand.

Einkaufen
• **Sandra Cruschelli**, Via Manzoni 5a, 57023 Cecina, Goldschmiedewerkstatt mit einfallsreichen Einzelstücken, oft auch in kleiner Auflage.
• **Horus di Angela Chilli**, Viale Marconi 106, 57023 Cecina, Goldschmiedewerkstatt wie oben.

Cecina liegt in einem Gebiet zwischen den Colline Metallifere und dem Meer am Südufer des gleichnamigen Flusses. Das eher moderne Städtchen entstand nach der Trockenlegung der Sümpfe in der zweiten Hälfte des 19. Jahrhunderts. Innerhalb der letzten dreißig Jahre hat es sich zu einem Verkehrsknotenpunkt und Handelszentrum entwickelt, begünstigt durch die Nähe zu den Salzminen in Volterra und Larderello und zum Industriekomplex Rosignano Solvay.

In einem Flügel des Gutshauses La Cinquantina aus dem 18. Jahrhundert befindet sich das örtliche **Archäologische Museum** mit Funden von der Neusteinzeit bis zur römischen Epoche. Darunter sind vor allem Stücke aus den umliegenden Orten Bibbona, Bolgheri, Guardistallo, Montescudaio und Casale Marittimo. Beeindruckend sind die Steinurnen mit Verzierungen, die zu einem Kammergrab mit Dromos aus dem 6. Jahrhundert v. Chr. gehören, und die zahlreichen Grabbeigaben. Die sehenswerte Sammlung umfaßt auch eine Serie schöner Etruskervasen und bemalte Keramik aus der griechischen Klassik und der hellenistischen Zeit.

Öffnungszeiten
zu erfragen bei "La Cinquantina", Cecina Mare, Tel.: 0586/680145.

Nur 2 km vom Hauptort Cecina entfernt liegt an der Flußmündung **Marina di Cecina**, ein typischer moderner Badeort mit einem Yachthafen am Cecina-Delta. Ein schöner, langer Sandstrand mit Kieseln zieht sich bis zum nächsten Ort Vada hin.

Im Hinterland von Cecina liegt das Weinbaugebiet Montescudaio mit vielen kleinen Weinbaubetrieben.

Casale Marittimo

Information
Pro Loco, Piazza del Popolo, Tel.: 0586/652306.

Lebensmittel
• **Miele Camerini**, Via Vittorio 19, 57023 Casale Marittimo, Tel.: 0586/652081, große Auswahl an eigenen Honigsorten; je nachdem, an welcher Stelle die Stökke aufgestellt werden, gibt es auch so seltene Geschmacksrichtungen wie Erika, Eukalyptus und Orange.
• **Kina Rubra Poggi**, Via Cantini 51, 57023 Cecina, Tel.: 0586/661200, dieser traditionelle Betrieb stellt nach altem Rezept einen hervorragenden Magenbitter, den Amaro Rubra her, frei von Farb- und anderen künstlichen Stoffen.

Bei einer Fahrt in das Weinbaugebiet des Montescudaio sollte man auch einen Rundgang durch das idyllische Casale Marittimo einbeziehen. Der befestigte Ort liegt im Hinterland von Cecina nur wenige Kilometer vom Meer entfernt auf einem Hügel. Wie die anderen Orte mittelalterlichen Ursprungs hat auch Casale Marittimo eine wechselvolle Geschichte unter mehreren Herren hinter sich. Trotzdem blieb das historische Zentrum mit den Resten der ringförmigen Stadtmauer erhalten.

Montescudaio

Restaurant
Il Frantoio, Via della Madonna 11, 57023 Cecina, Tel.: 0586/650381, Mo Ruhetag, familiäres Restaurant in einer ehemaligen Ölmühle, sehr gute regionale Fleisch- und Fischgerichte, zu empfehlen ist auch die Fischsuppe, mittlere bis gehobene Preisklasse

12.3 Entlang der Küste von Piombino bis Livorno

Einkaufen
● **Panificio La Scalinata**, Via San Sebastiano 2, 57023 Montescudaio, Tel.: 0586/650283, klassisches Holzofenbrot und mehrere Fladenbrotsorten.
● **I Massi**, Via dei Mulini, 57023 Guardistallo, Tel.: 0586/655065, Landwirtschaftsbetrieb, seit einigen Jahren hauptberuflich von zwei Deutschen geführt, produziert erstklassiges kaltgepreßtes Öl von biologisch angebauten Olivenbäumen.

Weingut
● **Morazzano**, Via di Morazzano 28, 57023 Montescudaio, Tel.: 0586/650015, sehr guter Rosé und Montescudaio Rosso, der ein Jahr im Eichenfaß lagert.
● **Fattoria Poggio Gagliardo**, Loc. Poggio Gagliardo, 57023 Montescudaio, Tel.: 0586/684681, eines der größten Weingüter der Gegend. Empfehlenswert sind die Rotweine Malemacchie und Rovo, die ein Jahr in Holzfässern gelagert werden, und der weiße Montescudaio.

Vada

Information
Pro Loco, Piazza Garibaldi 93, 57018 Vada, Tel.: 0586/788373.

Unterkunft
*** **Elly Mar**, Via del Mare 31, 57018 Vada, Tel.: 0586/787452, Fax: 0586/787227, Hotel in Strandnähe, mit Restaurant, DZ 60.000-120.000 Lire.

Restaurant
Il Ducale, Piazza Garibaldi 33, 57018 Vada, Tel.: 0586/788600, Mo Ruhetag, sehr gutes Fischrestaurant (Spez. Hummer und Langusten) in den stilvollen Räumen eines Palazzo, teuer.

Camping
** **Campo dei Fiori**, Loc. Campo dei Fiori, 57018 Vada, Tel.: 0586/770096, Fax: 0586/770323, großer, etwas landeinwärts gelegener Platz, vermietet auch Bungalows.

Campingplätze, Strandbäder und Neubausiedlungen mit Hotels, Pensionen, Restaurants und Pizzerien prägen das Gesicht dieses typisch italienischen Badeortes. Der Ort zieht sich entlang der Via Aurelia und hat einen kleinen Hafen. Je nach Windrichtung macht sich die Nähe zu den Industrieanlagen weiter nördlich manchmal unangenehm bemerkbar. Die Campingplätze liegen südlich von Vada.

Rossignano Marittimo

Information
Pro Loco, Via Gramsci 44, Rossignano Marittimo, Tel.: 0586/792973, nur im Sommer geöff.

Rossignano Marittimo liegt malerisch auf einer Bergkuppe und besitzt einen netten alten Ortskern mit einer **Festung** aus dem 14. Jahrhundert. Der Palazzo

Bombardieri beherbergt das **Museo Archeologico**. Die Ausstellung gliedert sich in chronologische und topographische Abteilungen von der Etruskerzeit bis ins Mittelalter. Schwerpunkt der Sammlung liegt auf etruskischen und römischen Stücken, die in der Umgebung ausgegraben wurden. Darunter ist eine interessante Alabasterurne aus dem 2. Jahrhundert v. Chr, die in Volterra gearbeitet wurde.

Öffnungszeiten
Palazzo Bombardieri, Via del Castello, Rossignano Marittimo, Tel.: 0586/799232, Juli-Aug.: 17.30-23.30 Uhr, im Winter Mo-Sa: 9-13 Uhr, So 16-19 Uhr, Mo geschlossen.

Rossignano Solvay

Information
Pro Loco, Via Gramsci, Rossignano Solvay, Tel.: 0586/767215, nur im Sommer geöffnet.

Auf der Fahrt nach Castiglioncello durchquert man zuerst Rossignano Solvay, ein Industriestandort mit riesigen Fabrikanlagen der Chemie-Industrie. Der Name des Ortes stammt von der Chemiefabrik Solvay. Vom Baden sollte man absehen. In diesem Gebiet wurden in den letzten Jahren umfangreiche Ausgrabungsarbeiten vorgenommen. Im Zusammenhang mit den daraus resultierenden Ergebnissen vermuten die Archäologen auf dem Gelände des heutigen Piers des Solvay-Konzerns die Stelle, an der sich der antike Hafen befand.

Castiglioncello

Information
Pro Loco, Via Aurelia 967, Castiglioncello, Tel.: 0586/752017, nur im So. geöffnet.

Unterkunft
● *** **Mon Hotel**, Via Aurelia 1023, 57012 Castiglioncello, Tel.: 0586/752570-752582, Fax: 0586/752677, liegt über einer Bucht, alle Zimmer mit Meerblick und Balkon, DZ 130.000-150.000 Lire.
● * **Tre Palme**, Via Aurelia 438, 57012 Castiglioncello, Tel.: 0586/794284, einfaches Hotel, nur 200 Meter vom Meer entfernt, DZ 70.000 Lire.

Der größte Badeort an der etruskischen Riviera liegt auf einem mit Pinien und Steineichen bewachsenen Bergvorsprung und ist vollständig auf den Tourismus eingestellt. Viele Hotels, Restaurants und Läden prägen das Stadtbild. Bereits zu Beginn dieses Jahrhunderts war Castiglioncello ein bekanntes Seebad. Die Felsenküste wird von kleinen Sandbuchten unterbrochen.

Bis in den nächsten Ort führt eine schöne Küstenstraße. Allerdings muß man im Sommer mit Schrittempo rechnen, da es hier beliebte Strandabschnitte mit etlichen Zugängen und entsprechend viel Verkehrsaufkommen gibt.

12.4 LIVORNO

12.4.1 ÜBERBLICK

Die Provinzhauptstadt mit 177.000 Einwohnern ist die zweitgrößte Stadt der Toskana. Sie liegt rund 20 km südlich von Pisa an der flachen, aber felsigen tyrrhenischen Küste. Livorno besitzt eine der bedeutendsten Hafenanlagen im Mittelmeer mit Fährverbindungen nach Sizilien, Sardinien, Korsika, auf den toskanischen Archipel und mit Anlegegestellen für Kreuzfahrtschiffe am alten **Porto Mediceo**. Wichtigster Wirtschaftsfaktor sind die Industrieansiedlungen entlang der Küste. An den alten Hafen schließt sich im Norden ein großer und moderner Industriehafen, der **Darsena Toscana** an. Seit der Nachkriegszeit nahmen vor allem die Erdölraffinerien einen starken Aufschwung. Von Norden kommend, prägen riesige Anlagen bereits kilometerlang vor der Stadt die Küstenlandschaft.

Erst durch die Entstehung des Großherzogtums Toskana im Jahre 1537 unter Cosimo I. dei Medici entwickelte sich Livorno zu einer bedeutenden Hafen- und Handelsstadt. Cosimo I. ließ eine neue Befestigungsanlage, Kanäle und Plätze anlegen und den Hafen ausbauen. Zusätzlich kam die Stadt in den Genuß von Steuerbefreiungen. Eine neue Zollordnung öffnete den Hafen für den internationalen Handel, der noch heute als Medici-Hafen bekannt ist.

Die fünfeckige Altstadt wird vom **Fosso Reale**, einem wassergefüllten alten Festungsgraben, umschlossen und ist von einander sich rechtwinklig schneidenden Straßen durchzogen. Im zweiten Weltkrieg wurden die wichtige Hafenstadt bombardiert und viele Denkmäler, wie die Festungen, die Stadtmauer, Bürgerhäuser und Villen, stark zerstört. Nach dem Krieg wurde Livorno zum großen Teil neu aufgebaut und ist heute eine Geschäftsstadt mit modernem Aussehen und einer verkehrsberuhigten City.

Im Süden bestimmen zahlreiche Strandbäder (Bagni) entlang der langen Uferpromenade Viale Italia das Stadtbild.

12.4.2 REISEPRAKTISCHE HINWEISE

Information
- **APT**, Piazza Cavour 6, 57100 Livorno, Tel.: 0586/898111-899798-899112, Fax: 0586/896173.
- **APT**, Terminal Passeggeri Calata Carrara, 57100 Livorno, Tel.: 0586/210331, nur im Sommer geöffnet.
- **APT**, Porto Mediceo, Livorno, Tel.: 0586/895320, nur im Sommer geöffnet.

Fährverbindungen
- **Toremar**, Porto Mediceo, Tel.: 0586/896113, Fax: 0586/887263, Fährverbindung Livorno – Isola di Capraia.
- **Corsica Ferries**, Stazione Marittima, buchen über Tel.: 0586/989979-881380, Fax: 0586/896103, Fährverbindung Livorno – Bastia (Korsika).

12.4.2 Livorno – Reisepraktische Hinweise

- **Corsica Marittima**, Stazione Marittima, Tel.: 0586/210507, Fax: 0586/210515, von April-Sept. Fährverbindung Livorno-Bastia und Livorno-Porto Vecchio (Korsika).
- **Moby Lines**, Stazione Marittima, Tel.: 0586/890325, Fax: 0586/888630, Fährverbindung Livorno-Bastia-Bonifacio (Korsika) und Livorno-Olbia (Sardinien).
- **Sardinia Ferries**, Stazione Marittima, Tel.: 0586/881380, Fax: 0586/896103, buchen über Tel.: 0586/898979, Fährverbindung Livorno-Golfo Aranci (Sardinien).
- **Compagnia Sarda Navigazione Linea dei Golfi**, Varco Galvani-Calata Assab-Porto Nuovo, Tel.: 0586/409925, Fax: 0586/401213, Fährverbindung Livorno-Olbia (Sardinien).
- **Sicil Ferry**, buchen über Tel.: 010589331, Fährverbindung Livorno-Palermo (Sizilien).

Zugverbindung
Stazione Centrale, der Bahnhof liegt im Osten Livornos an der Piazza Dante, über die Viale Carducci vom Stadtzentrum zu erreichen, Verbindungen nach Rom, Genua und über Pisa nach Florenz.

Automobilclub
ACI Livorno, Via Verdi 32, 57100 Livorno, Tel.: 0586/829050.

Taxi
- **Stazione F.S.**, Tel.: 0586/401294.
- **Piazza Grande**, Tel.: 0586/898094.

Sightseeing
"Livorno dall' Acqua" ist eine wunderbare Alternative zur sonst üblichen Stadtbesichtigung. Täglich werden diese Besichtigungstouren mit dem Boot durch die mediceischen Wassergräben (Il Giro in Battello dei Fossi Medicei) angeboten, Dauer ca. 1 Std. (L. 9.000).
Die Bootsfahrt durch die Kanäle mit Zwischenaufenthalt an der Fortezza Vecchia und in der Innenstadt dauert ca. 2,5 Std. (L. 16.000).
Besichtigung der Fortezza Vecchia mit einem Reiseführer, Sa u. So. ab 9 Uhr alle zwei Std., Dauer ca. 1 Std. (L. 5.000).
Ganztägige Sightseeing-Tour mit Bus und Boot, Museumsbesuchen und Mittagessen (L. 65.000).

Fosso Reale

12.4.2 Livorno – Reisepraktische Hinweise

Unterkunft
- ****** Gran Hotel Palazzo**, Viale Italia 195, 57100 Livorno, Tel.: 0586/805371, Fax: 0586/803206, bestes Haus der Stadt, DZ 135.000-270.000 Lire.
- ***** Boston**, Piazza Mazzini 40, 57100 Livorno, Tel.: 0586/882333, Fax: 0586/882044, Hotel in Hafennähe, DZ 80.000-120.000 Lire.
- **** Corsica**, Corso Mazzini 148, 57100 Livorno, Tel.: 0586/882280, Fax: 0586/882103, freundliches Hotel in Hafennähe, mit Garten und eigenem Parkplatz, DZ 45.000-90.000 Lire.
- **** Giardino**, Piazza Mazzini 85, 57100 Livorno, Tel.: 0586/806330, zentral gelegenes Hotel in Hafennähe mit eigenem Parkplatz, DZ 45.000-90.000 Lire.
- **** Mini Hotel**, Via Buontalenti 57, 57100 Livorno, Tel.: 0586/887282, Fax: 0586/882530, Hotel mit 17 Zimmern, alle mit Dusche, DZ 56.000-96.000 Lire.

Jugendherberge
Villa Morazzana, Via di Collinet 40, 57100 Livorno, Tel.: 0586/500076, Fax: 0586/502426, Jugendherberge mit 22 Zimmern, z.T. mit Bad, 65 Betten, Restaurant.

Camping
- **** Miramare**, Via del Litorale 220, 57100 Livorno, Tel.: 0586/580402, Fax: 0586/883388, geöff. 15.4.-31.9. bei Antignano, südlich von Livorno gelegener Campingplatz am Meer, mit 190 Stellplätzen, Einkaufsmöglichkeiten, Restaurant.
- *** Collina 1**, Via di Quercianella 269, 57100 Livorno, Tel.: 0586/579573, kleinere Anlage mit 100 Stellplätzen, 2,5 km vom Meer entfernt, Einkaufsmöglichkeiten, Restaurant.

Restaurants
- **La Chiave**, Scali delle Cantine 52, 57100 Livorno, Tel.: 0586/888609, Mi Ruhetag, bestes Restaurant der Stadt, in der Nähe der Fortezza Medicea, teuer.
- **Le Volte del Cio**, Via Calafati 4, 57100 Livorno, Tel.: 0586/896868, So Ruhetag, sehr gutes Fischlokal gegenüber den "vier Mohren", auch hier leider keine Speise- und Weinkarte, teuer.
- **Il Sottomarino**, Via Terrazzini 48, 57100 Livorno, Tel.: 0586/887025, Do Ruhetag, berühmt für die Cacciucco (Fischsuppe), mittlere Preisklasse.
- **Cantina Nardi**, Via Cambini 6, 57100 Livorno, Tel.: 0586/808006, So Ruhetag, traditionelle Vinothek, Degustationsmöglichkeit mit Snacks und hervorragendem Mittagstisch, mittlere bis gehobene Preisklasse.

Einkaufen
- **Torteria Gagarin**, Via del Cardinale 24, 57100 Livorno, So geschl., bei Gagarin gibt es die beste Torta der Stadt, eine Art Fladen aus Kichererbsenmehl und Pizza auf die Hand, idealer Snack für zwischendurch, in der Nähe der Markthalle (Mercato Centrale).
- **Paolo Braschi**, Via Pellettier 41, 57100 Livorno, Tel.: 0586/897901, Produktion und Verkauf von Glaslampen.
- **La Gazza Ladra** (= diebische Elster) **di Barsotti & Piccaluga**, Borgo Capuccini 121, 57100 Livorno, Tel.: 0586/880930, die "diebische Elster" ist eine Goldschmiedewerkstatt mit Verkauf von Gold- Silber- und Edelsteinarbeiten.
- **Keramos di Roberta Rovelli**, Via E. Rossi 61a, 57100 Livorno, Tel.: 0586/501568, Keramik-Manufaktur, Verkauf von feinen handbemalten Keramikarbeiten.

12.4.2 Livorno – Reisepraktische Hinweise

Veranstaltungen/Märkte
- **Palio Marinaro**, historischer Ruderwettkampf zwischen den einzelnen Stadtteilen, in der ersten Julihälfte, Terrazza Mascagni.
- **Mercatino Americano**, Mo nachm., Di-Sa ganztägig. Der Mercatino Americano ist ein in ganz Italien bekannter Straßenmarkt. Er entstand zunächst als Schwarzmarkt nach dem zweiten Weltkrieg. Heute bekommt man hier von spottbilligen Kleidern über Kleinkram einfach alles. Wegen der einmaligen Marktatmosphäre sollte man sich einen Bummel über den Mercatino Americano auf keinen Fall entgehen lassen.
- **Wochenmarkt**, Fr vorm. in der Via Trieste.
- **Mercato Centrale**, täglich, große Markthalle mit Fisch, Fleisch, Gemüse, Obst.

Mercato Centrale

12.4.3 STADTRUNDGANG

Die **Via Grande** ist die Hauptstraße Livornos. Sie durchquert in West-Ost-Richtung vom **Hafen** bis zur **Piazza Repubblica** die Altstadt. Gegenüber dem Platz erhebt sich die mächtige **Fortezza Nuova (1)**. Die große Festungsanlage (1590) im Norden ist fast ringsum von einem breiten Wassergraben, dem **Fosso Reale** (königlicher Graben), umgeben. Im Inneren befindet sich ein großer Park, die einzige Grünanlage im historischen Zentrum. Das Gelände ist bis abends geöffnet.

Charakteristisch für die Anlage der Altstadt sind die Kanäle, die sogenannten **Fossi Medicei**. Auf Veranlassung von Cosimo I. dei Medici wurden im 16. Jahrhundert mehrere

Redaktions-Tips

- Sightseeing-Tour auf den mediceischen Kanälen
- Bummel über den Mercato Americano
- Die traditionelle Fischsuppe "Cacciucco" im Sottomarino kosten
- Besuch des Mercato Centrale

12.4.3 Livorno – Stadtrundgang

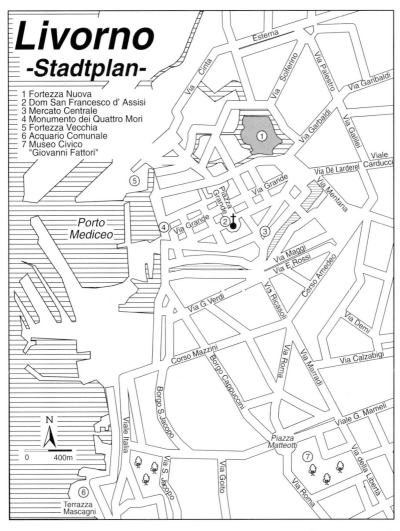

Livorno
-Stadtplan-

1 Fortezza Nuova
2 Dom San Francesco d' Assisi
3 Mercato Centrale
4 Monumento dei Quattro Mori
5 Fortezza Vecchia
6 Acquario Comunale
7 Museo Civico "Giovanni Fattori"

Kanäle zwischen der Festung und dem Hafen angelegt. Sie dienten zu Verteidigungs- und zu kommerziellen Zwecken. Entlang dieser Wasserstraßen entwickelte sich ein lebhaftes Handels- und Handwerksviertel, das den Namen **Venezia Nuova** trägt.

Herzstück der Stadt ist die **Piazza Grande** mit dem **Dom San Francesco d'Assisi (2)** (1594-1606). Bei einem Bombenangriff 1943 wurde er stark zerstört und nach dem Krieg wiederaufgebaut. Die Piazza Grande ist der Kreuzungspunkt von Via Grande und Via Cairoli, die vom Dom in gerader Linie nach Südosten verläuft und den Fosso Reale überquert. Vor der Brücke befin-

12.4.3 Livorno – Stadtrundgang

det sich das klassizistische Gebäude des **Mercato Centrale (3)**. Man sollte nicht versäumen, durch die riesige Markthalle mit ihren unzähligen Lebensmittelständen, vor allem mit fangfrischem Meeresfisch, zu streifen.

Zum Hafen hin am westlichen Ende der Via Grande öffnet sich die **Piazza Micheli** mit dem **Monumento dei Quattro Mori (4)**

"Quattro Mori"

(Denkmal der vier Mohren). Das Denkmal mit der Marmorstatue des Großherzogs Ferdinand I. stammt ursprünglich von 1599. Die vier angeketteten Figuren aus Bronze kamen erst 1623 hinzu.

Die **Fortezza Vecchia (5)** (1521-34) schließt die alte Hafenanlage im Norden ab. Sie wird vom **Mastio di Matilde** überragt. Der nach der Gräfin Matilde benannte Turm ist der letzte Überrest einer Festung aus dem 11. Jahrhundert.

Vom Hafen lohnt sich ein schöner Spaziergang entlang der Uferpromenade (Lungomare). Er führt unter schattigen Bäumen bis zur **Terrazza Mascagni**. Von diesem großzügig angelegten Platz bietet sich ein faszinierender Ausblick auf das Meer. Hier befindet sich das städtische Aquarium, **Acquario Comunale "Diacinto Cestoni" (6)**, das Universitätszentrum für Meeresbiologie, mit einer Sammlung von Meerestieren und Pflanzen.

Öffnungszeiten
Tel.: 0586/805504, Fax: 0586/809149, tägl. 9.30-12.30 Uhr u. 14.30-17.30 Uhr (Nov.-Jan.), 15-18 Uhr (Feb.-Okt.), 16-19 Uhr (März-Sept.), Mo geschl., Führungen auf Anfrage.

Im Süden der Stadt, in der Nähe der Piazza Matteotti, lohnt sich der Besuch des **Museo Civico "Giovanni Fattori" (7)** im Park der Villa Fabbricotti. Neben prähistorischen und antiken Funden liegt der Schwerpunkt der Sammlung vor allem auf Werken der Gruppe Macchiaioli. Einer der Begründer dieser Malergruppe war der Livornese Giovanni Fattori (1825-1908). Ihr Ziel war die Überwindung traditioneller, akademischer Malweisen in Anlehnung an den französischen Impressionismus. Daraus erklärt sich auch der Begriff Macchiaioli. Das Wort läßt sich im Sinne von Strauchdieb übersetzen oder von Macchia = Klecks, in bezug auf die Malweise des Impressionismus, ableiten.

Öffnungszeiten
Via della Libertà 30, Mo-So 10-13 Uhr, Do u. Sa 16-19 Uhr, Mo geschlossen.

13 VON MASSA-CARRARA ÜBER DIE VERSILIA NACH PISA

- Fahrt zu den Marmorsteinbrüchen im Tal von Colonnata
- Baden an der Versilia-Küste
- Besuch des Karnevals in Viareggio
- Besichtigung der Piazza dei Miracoli mit dem schiefen Turm von Pisa

13.1 ÜBERBLICK

Die beiden Städte Massa und Carrara, die der nördlichsten toskanischen Provinz ihren Namen gaben, stellen gemeinsam das weltweit größte Zentrum für den Abbau und die Verarbeitung von Marmor dar. Die Zwillingsstädte liegen am Westabhang der Apuanischen Alpenkette, die aufgrund des Marmors eine helle Farbe, ähnlich den Dolomiten, aufweist. Zu den nah beieinander liegenden Städten gehört der nördlichste Abschnitt der toskanischen Küste mit den Badevororten Marina di Carrara und Marina di Massa.

Während der Küstenabschnitt vor allem vom Fremdenverkehr lebt, spürt man in den Städten Massa und Carrara nur wenig vom Tourismus. Im Gegensatz zu den Badeorten lebt die Bevölkerung hier vor allem von der Arbeit in den Marmorsteinbrüchen. In beiden Orten gibt es nur je zwei Hotels. Die Informationsbüros sind schwer zu finden und bieten ohnehin nur wenig Material, so daß man am besten gleich zum Hauptbüro nach Marina di Massa fährt.

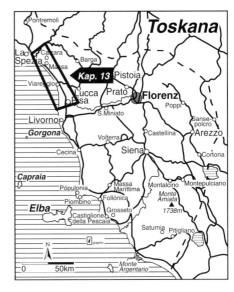

Die großen Marmorsteinbrüche liegen nordöstlich von Carrara in den Apuanischen Alpen.

Im Norden beginnt das Magra-Tal, das an Ligurien grenzt und mit seinen vielen Seitentälern als Lunigiana bekannt ist. Diese Gegend erhielt ihren Namen von der 177 v. Chr. gegründeten Kolonie **Luni**.

Wenige Kilometer südlich von Marina di Massa fängt die Küste der Versilia an mit den berühmten und eleganten Badeorten Forte dei Marmi, Viareggio und dem großen Naturschutzgebiet von

13.1 Von Massa-Carrara über die Versilia nach Pisa – Überblick

Migliarino-S. Rossore-Massaciuccoli. Im Süden wird der Park durch den Arno begrenzt, der durch das nahegelegene Pisa fließt und bei Marina di Pisa ins Meer mündet.

Verkehrstechnisch ist dieses Gebiet sehr gut erschlossen. Die Autobahn A 12 und die Via Aurelia verlaufen, von Ligurien kommend, die Küste entlang bis Viareggio und führen weiter bis nach Pisa. Die A 15 und die Bundesstraße N 62, aus der Emilia kommend, verbinden den Norden der Lunigiana mit der A 12.

Von Aulla im unteren Magratal führt die N 63 von Westen nach Osten über den Cerreto-Paß in die Emilia-Romagna.

Marmorsteinbrüche in den Apuanischen Alpen

13.2 REISEPRAKTISCHE HINWEISE

Information
APT Massa Carrara, Lungomare Vespucci 24, 54037 Marina di Massa, Tel.: 0585/240046, Fax: 0585/869015.

Flugverbindung
- Aeroporto internazionale Galileo Galilei, Pisa, Tel.: 050/500707.
- Aeroporto turistico di Massa-Cinquale, Tel.: 0585/309088.

Zugverbindung
Die Versilia liegt an der Bahnstrecke Turin-Genua-Pisa-Florenz-Rom, Genua-Parma-Bologna und Livorno-Mailand.

Wandern
Das Bergland der Apuanischen Alpen ist reich an Wanderwegen. Bei den Informationsbüros ist ein kleiner Führer ("Versilia Alpi Apuane, Ausflüge-Autotouren-Wandertips") mit 19 ausgearbeiteten Wanderrouten erhältlich.

13.2 Von Massa-Carrara nach Pisa – Reisepraktische Hinweise

Baden
Entlang des gesamten oberen Abschnittes der toskanischen Küste von Marina di Carrara bis Viareggio reiht sich ein Badestrand an den anderen, mit zum Teil sehr hohen Eintrittspreisen. Immer wieder gibt es jedoch auch kurze Abschnitte mit frei zugänglichen Stränden, wie z.B. bei Carrara, Forte dei Marmi, Marina di Pietrasanta und südlich von Viareggio.

Hotelreservierung
Associazioni Albergatori, c/o Confcommercio, Viale E. Chiesa, 54100 Massa, Tel.: 0585/41796 oder c/o Confesercenti, Viale Roma 3/2, 54100 Massa, Tel.: 0585/40225.

Jugendherberge
Ostello della Gioventù Apuano, Via delle Pinete 89, Loc. Partaccia, 54037 Marina di Massa, Tel.: 0585/780034, Fax: 0585/71539, geöffnet von 15.3.-30.9., Herberge mit 200 Betten im Ortsteil Partaccia, etwas außerhalb in Richtung Marina di Carrara.

Camping
Die meisten Campingplätze liegen entlang der Küste. Allein in Marina di Massa sind es 21 vorwiegend 3-Sterne-Anlagen.

13.3 CARRARA
13.3.1 ÜBERBLICK

Die 70.000 Einwohner große Stadt liegt in einem Talkessel am Westabhang der Apuanischen Alpen, ca. 8 km vom Meer und dem Vorort Marina di Carrara entfernt. Durch das Stadtzentrum fließt der Carrione. Das Wasser des kleinen Flusses wird von den Marmorsägereien benutzt und hat deshalb meistens eine milchig weiße Farbe.

Das interessanteste an der Stadt sind die nahegelegenen großen Marmorsteinbrüche (Cave di Marmo), die nordöstlich der Stadt in den Tälern von Colonnata und Fantiscritti liegen. Gut ausgebaute und ausgeschilderte Straßen führen in die Cave di Marmo, die man am besten an Werktagen vormittags ohne spezielle Erlaubnis besuchen kann.

Marmor – weißes Gold

Bis heute ist Carrara das wichtigste Marmorzentrum der Welt. Im Jahr werden in den Brüchen von Carrara mehr als 500.000 Tonnen abgebaut. Über tausend Steinbrüche wurden im Laufe von 2.000 Jahren stillgelegt.

13.3.1 Carrara – Überblick

Doch Marmor ist nicht gleich Marmor. Man unterscheidet folgende Arten:
Il Statuario ist der sauberste und reinste Marmor. Er weist eine gleichmäßig weiße Farbe auf. Michelangelo schuf mit diesem Stein die weltberühmte David-Statue.
Il Bianco Chiaro Ordinario ist die zweite Qualitätsstufe. Die Wandverkleidungen von Kirchen und Palästen werden aus ihm hergestellt.
Il Bardiglio hat eine leicht grau-blaue bis türkise Farbe, die von im Stein eingeschlossenen organischen Materialien herrührt.
Il Paonazzo hat eine gelbliche Farbe und weist schwarze oder violette Flecken auf.
Il Cipollino (ital. kleine Zwiebel) hat eine grünliche Farbe und ähnelt in seiner Struktur einer Zwiebel.

Steinbruch v. Colonnata

Seit ungefähr hundert Jahren werden zum Abbau des Marmors Stahlseile mit einer Stärke von 4-5 mm zum Trennen benutzt. Zusätzlich gießt man eine Sand-Wasser-Mischung darüber. Um genügend Kühlung zu erreichen, sind diese Seile dementsprechend lang und reichen über den ganzen Steinbruch. Sie schaffen mit einer hohen Präzision ca. 10 cm Einschnitt und erzeugen somit völlig glatte Wände, die die Besucher immer wieder in Erstaunen versetzen.

Noch bis vor ungefähr 25 Jahren wurden die Blöcke mit einem großen Schlitten, dem "Lizza", ins Tal gezogen. Entlang dieses Weges waren Pfosten in den Boden gerammt, an die man den Schlitten anband. Stück für Stück wurden die Steinblöcke mit bis zu 50 Tonnen Gewicht ins Tal befördert.

13.3.1 Carrara – Überblick

Carrara ist eine moderne Arbeiterstadt mit einem kleinen historischen Zentrum. Ihre Ursprünge gehen auf vorrömische Zeit zurück, in der sie bereits unter dem Namen Kar (= Stein) bekannt war. Später bauten die Römer den Marmor systematisch in dieser Region ab.

Ab 1235 war Carrara eine freie Kommune, das Stadtwappen trägt seither als Symbol für den mühevollen Abtransport der Marmorblöcke ein speichenreiches Rad.

13.3.2 REISEPRAKTISCHE HINWEISE

Information
- **Pro Loco**, Viale Potrignano 13 und Via Grazzano 6/bis, Carrara.
- **APT**, Piazza Menconi 6 b, Marina di Carrara, Tel.: 0585/632218.

Zugverbindung
Stazione F.S., der Bahnhof liegt im Stadtteil Avenza, kurz vor Marina di Carrara an der Bahnstrecke Genua-Pisa.

Automobilclub
- **ACI**, Via Don Minzoni 27, Carrara, Tel.: 0585/70135.
- **ACI**, Via Venezia 17, Marina di Carrara, Tel.: 0585/630410.

Unterkunft
- *** **Michelangelo**, Corso F.lli Rosselli 3, 54033 Carrara, Tel.: 0585/777161/2/3, Fax: 0585/74545, einziges 3-Sterne-Hotel im Zentrum, DZ 80.000-130.000 Lire.

• ** **Da Roberto**, Via Apuana 5, 54033 Carrara, Tel.: 0585/70634, etwas lautes Hotel am Rande der Altstadt, DZ 60.000-70.000 Lire.

Einkaufen
- **Nuova Marmotecnica**, Via Piave 11, Carrara, Tel.: 0585/841084, die traditionelle Marmorwerkstatt von Giordano Baudoni stellt besonders schöne Gebrauchs- und Ziergegenstände aus Marmor her.

• **SGF Scultura di Paolo Grassi & C.**, Via Carriona 50, Torano, Tel.: 0585/71454, Bekannte Bildhauerwerkstatt in dem kleinen Bergbaudorf Torano oberhalb Carraras. Aus dieser Werkstatt stammt die riesige Marmorskulptur im Gebäude der Deutschen Bank in Frankfurt, die nach einer Vorlage des Schweizer Bildhauers und Architekten Max Bill angefertigt wurde.

• **Carlo Alberto e Giovanni Vanelli**, Via Carriona 12, Carrara, Tel.: 0585/73744, Bildhauerwerkstatt in der Altstadt, Spezialität der Familie Vanelli sind Tische mit Marmorintarsien.

13.3.3 SEHENSWERTES

Mittelpunkt des historischen Zentrums und interessantestes Bauwerk ist der **Dom**, der im 11. Jahrhundert begonnen und erst im 15. Jahrhundert vollendet wurde. Die Fassade ist aus zweifarbigem Marmor gestaltet. Die untere Arkadenzone mit einem mit Tierfiguren verzierten Portal stammt aus der Romanik, während der obere Teil der Fassade mit der gotischen Zwerggalerie und der

Fensterrosette auf das 14. Jahrhundert zurückgeht. Die 3-schiffige Basilika birgt im Inneren an den Seitenwänden bemerkenswerte Freskenreste aus dem 14. und 15. Jahrhundert.

Südlich vom Dom befindet sich in der Via Roma die **Accademia di Belle Arti**. Der Komplex, in dem heute die Kunstakademie untergebracht ist, bestand ursprünglich aus zwei Gebäuden. Das Malaspina-Schloß und das fürstbischöfliche Palais wurden 1769 zusammengelegt.

Das **Museo Civico del Marmo**, südwestlich außerhalb des Stadtzentrums, ist das städtische Marmormuseum. Es stellt umfassend die Geschichte des Marmors von der Entstehung über die Techniken des Abbaus bis hin zur Verarbeitung dar.

Öffnungszeiten
Viale XX Settembre, Loc. Stadio, Tel.: 0585/845746, im Sommer10-13 Uhr und 16-19 Uhr, im Winter 10-13 u. 14-17 Uhr.

13.4 MASSA

13.4.1 ÜBERBLICK

Die Provinzhauptstadt Massa liegt ungefähr 8 km südlich von Carrara. Dazu gehört unmittelbar am Meer der als Badeort bekannte Stadtteil Marina di Massa mit einem langen Sandstrand und einer schattigen Pineta. Die Zwillingsstadt von Carrara hat 66.000 Einwohner und ist an die westlichen Berghänge der Apuanischen Alpen gebaut. Über ihr ragt der 895 Meter hohe Monte Belvedere auf. Ursprünglich entstand die Stadt um das auf einem Hügel liegende Kastell der Malaspina, die vom 15. bis zum Ende des 18. Jahrhunderts hier regierten. Die Malaspina prägten das Stadtbild. Sie ließen mittelalterliche Straßenzüge abreißen und legten ein neues geradliniges Straßennetz an.

Wie in Carrara basiert auch die Wirtschaft Massas auf der Gewinnung und Verarbeitung von Marmor.

13.4.2 REISEPRAKTISCHE HINWEISE

Information
- **APT**, Viale Vespucci 24, 54037 Marina di Massa, Tel.: 0585/240063, Fax: 0585/869015.
- **Pro Loco**, Via S. Leonardo 500, 54037 Marina di Massa, Tel.: 0585/240063.

Zugverbindung
Bahnhof, an der Piazza Stazione am Ende der Viale della Stazione mit Verbindung nach Livorno, Pisa und Genua.

13.4.2 Massa – Reisepraktische Hinweise

Automobilclub
- **ACI**, Via Aurelia Ovest 193, 54100 Massa, Tel.: 0585/831941.
- **ACI**, Marina di Massa, Via Zolezzi 17, 54037 Marina di Massa, Tel.: 0585/245202.

Unterkunft
- *** **Galleria**, Viale della Democrazia 2, 54100 Massa, Tel.:0585/42137, zentral gelegenes Hotel im Palazzo Galleria, DZ 60.000-80.000 Lire.
- ** **Annunziata**, Via Villafranca 4, 54100 Massa, Tel.: 0585/41023, Fax: 0585/810025, bescheidenes, zentral gelegenes Hotel, DZ 42.000-79.000 Lire.

Jugendherberge
Ostello della Gioventù Apuano, Via delle Pinete 89, Loc. Partaccia, 54037 Marina di Massa, Tel.: 0585/780034, Fax: 0585/71539, geöffnet von 15.3.-30.9., Herberge mit 200 Betten im Ortsteil Partaccia, etwas außerhalb in Richtung Marina di Carrara.

13.4.3 SEHENSWERTES

Im Mittelpunkt der Altstadt liegt die **Piazza Aranci** (Platz der Orangen). Die Südseite nimmt der ausladende **Palazzo Cybo Malaspina** (16. Jahrhundert) ein. Die ehemalige Residenz der Malaspina beherbergt heute die Präfektur. Der schöne Renaissance-Innenhof ist mit einer zweigeschossigen Loggia versehen.

Über der mit Orangenbäumchen geschmückten Piazza (daher auch der Name) erhebt sich das **Castello Malaspina**. Ein schöner Spaziergang mit herrlichen Ausblicken auf die Stadt und bis zur Küste führt über die Via della Rocca hinauf zur Burg, die bereits im Mittelalter errichtet wurde. Im 15. und 16. Jahrhundert erweiterte die in Massa herrschende Familie Malaspina die Festung um einen Wohnpalast. Beide Gebäude wurden durch eine Loggia miteinander verbunden.

Öffnungszeiten
Tel.: 0585/44774, im Sommer tägl. 9-12 Uhr und 16-19 Uhr, im Winter tägl 9-12 Uhr und 14-17 Uhr, Mo geschlossen. Wegen Restaurierungsarbeiten ist das Castello z.Zt. noch geschlossen.

Der **Dom** liegt nordöstlich der Piazza Aranci und ist über die Via Dante Alighieri zu erreichen. Er stammt ursprünglich aus dem 14. Jahrhundert, wurde aber seither mehrmals umgebaut und restauriert. Im barocken Innenraum ist die Cappella del SS. Sacramento, die fürstliche Grabkapelle der Malaspina, beachtenswert.

Die moderne Fassade aus Carrara-Marmor stammt aus dem Jahre 1939.

13.5 DIE VERSILIA

13.5.1 ÜBERBLICK

Die Versilia erstreckt sich vom Massaciuccoli-See bis zur Cinquale-Mündung. Zu ihrer Landschaft zählen sowohl die berühmten Strände von Forte dei Marmi, Camaiore und Viareggio mit einer Länge von insgesamt 20 km als auch das reizvolle Bergland der Apuanischen Alpen.

Die Küstenorte gehören zum Teil mit Viareggio und Forte dei Marmi zur Provinz Lucca und mit Marina di Carrara und Marina di Massa zur Provinz Massa-Carrara. Pietrasanta und Camaiore entstanden als vorgelagerte Stützpunkte mit vorwiegend militärischem Charakter in der Zeit zwischen 1000 und 1200. Lucca interessierte sich zunächst sehr für die Versilia, da die Stadt die Apennin-Pässe kontrollieren und sich damit einen Zugang zum Meer verschaffen wollte.

Redaktions-Tips

- Karneval in Viareggio
- Ausflug zu den Marmorsteinbrüchen bei Azzano
- Besichtigung der größten Tropfsteinhöhle Italiens, der "Antro del Corchia"
- Besuch einer Marmorwerkstatt in Pietrasanta
- Ausflug in das malerische Bergdorf Sant' Anna di Stazzema
- Bergtour in die Apuanischen Alpen
- Führung durch den Naturpark von Migliarino, San Rossore, Massaciuccoli

Die Luccheser zerstörten die alten Burganlagen von Vallecchia, Corvaia und Brancagliano und gründeten Mitte des 13. Jahrhunderts die Städte Pietrasanta und Camaiore. Damit unterstand ihnen auch die Kontrolle über die Via Aurelia, die zum Teil mit der Via Francigena zusammenfiel und Italien mit Südfrankreich verband.

Beide mittelalterlichen Städte sind nach einem rechtwinkligen Schema mit vier Bauzonen angelegt und von parallel verlaufenden Straßen in Längsrichtung unterteilt.

13.5.2 REISEPRAKTISCHE HINWEISE

Information
APT della Versilia, Piazza Mazzini 22, 55049 Viareggio, 0584/48881/2/3-962233, Fax: 0584/47406.

Flugverbindung
- Galilei International Airport Pisa, 25 km von Viareggio, 20 km von Lucca.
- Flughafen für Chartermaschinen bei Tassignano, 5 km von Lucca.
- Flughafen für Chartermaschinen in Cinquale, 13 km von Viareggio.

Zugverbindung
Verbindungen nach Genua, Florenz, Rom, Turin, Ventimiglia, Pisa und Mailand. Die Bahnlinie verläuft parallel zur Küste.

13.5.2 Die Versilia – Reisepraktische Hinweise

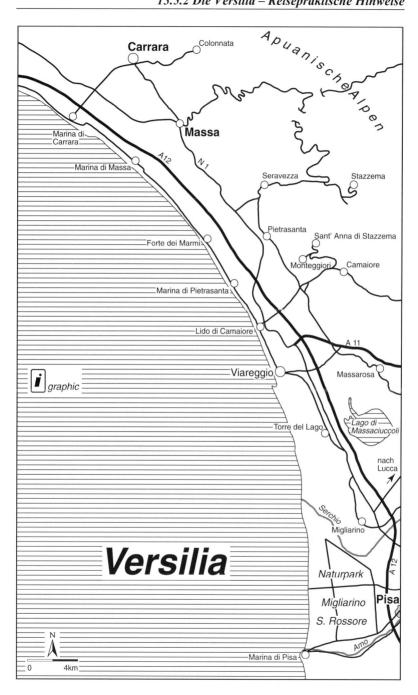

13.5.2 Die Versilia – Reisepraktische Hinweise

Anreise mit dem Auto
SS 12 vom Abetone und Brennerpass, SS 1 (Via Aurelia) führt von Rom bis Genua und weiter nach Ligurien.
Die Autobahn A12 verläuft zwischen den Badeorten und führt bei Viareggio etwas landeinwärts nach Pisa. Die A 11 verläuft von Florenz über Lucca bis zur Küste.

Hotelreservierung
Associazione Albergatori in Forte dei Marmi, Lido di Camaiore, Marina di Pietrasanta und in Viareggio.

Golf
Versilia Golf Club, Via Provinciale 40, Forte dei Marmi, Tel.: 0584/881574.

Wandern
Von der Küste in das Bergland der Apuanischen Alpen sind es nur wenige Kilometer. Von den weiten Sandstränden gelangt man durch sanftes Hügelland und dichte Kastanienwälder auf schroffe Bergkuppen. Das Gebiet ist reich an Wanderwegen, malerischen Dörfern und beeindruckenden Marmorsteinbrüchen. Dieser Teil der Versilia ist noch relativ unbekannt. Einige Berghütten (Rifugi Montani) bieten auch Übernachtungsmöglichkeiten an (siehe bei Stazzema). Bei den Informationsbüros ist ein kleiner Führer ("Versilia Alpi Apuane, Ausflüge-Autotouren-Wandertips") mit 19 ausgearbeiteten Wanderrouten mit Schwierigkeitsgrad erhältlich.

Bergrettungsdienst
Bergrettungsdienst des italienischen Alpenvereins CAI, Loc. Querceta, Tel.: 0584/777261-791222.

Wechseln
Wechselmöglichkeiten bieten außer Banken auch Reisebüros, Bahnhöfe und die Hauptpost in Viareggio.

13.5.3 DIE VERSILIA UND IHR HINTERLAND

Forte dei Marmi

Information
APT, Via Achille Franceschi 8/b, 55042 Forte dei Marmi, Tel.: 0584/80091, Fax: 0584/83214.

Automobilclub
ACI, Via Veneto, 55042 Forte dei Marmi, Tel.: 0584/84169.

Busverbindung
• **LAZZI**, Agenzia di Via Pascoli, Tel.: 0584/89186, Haltestellen an der Viale Italico, Piazza Matteotti, Viale Repubblica. Busverbindung nach La Spezia, Lucca, Pisa, Firenze und zu den Flughäfen.
• **CLAP**, Haltestellen an der Vittoria Apuana, Viale Italico, Viale Repubblica. Busverbindung nach Marina di Pietrasanta, Pietrasanta, Viareggio.

13.5.3 Die Versilia und ihr Hinterland

Zugverbindung
Stazione Ferroviaria, Loc. Querceta, Forte dei Marmi, Tel.: 0584/769258, ca. 3 km vom Zentrum entfernt.

Taxi
- Piazza Garibaldi, Tel.: 0584/89782.
- Piazza Marconi, Tel.: 0584/881566.

Unterkunft
- ***** **Augustus**, Viale Morin 169, 54042 Forte dei Marmi, Tel.: 0584/787200, Fax: 0584/787102, Luxus-Villa von 1896 mit schönem Park und einem Tunnel an den Strand, seit 1926 gehört die pompöse Villa dem Fiat-Chef Agnelli, DZ 220.000-600.000 Lire.
- **** **Raffaelli Park Hotel**, Via Mazzini 37, 54042 Forte dei Marmi, Tel.: 0584/787294, Fax: 0584/787418, komfortables Hotel mit schönem Garten und eigenem Strandbad, DZ 200.000-360.000 Lire.
- *** **Raffaelli Villa Angela**, Via Mazzini 64, 54042 Forte dei Marmi, Tel.: 0584/787472-787115, das Mittelklasse-Hotel liegt im Garten des Raffaelli Park Hotels, DZ 160.000-260.000 Lire.
- *** **Olimpia**, Via Marco Polo 4, 54042 Forte dei Marmi, Tel.: 0584/787246, Fax: 0584/787117, Mittelklasse-Hotel mit 27 Zimmern, DZ 90.000-150.000 Lire.
- *** **Sonia**, Via Matteotti 42, 54042 Forte dei Marmi, Tel.: 0584/787146, Fax: 0584/787409, Mittelklasse-Hotel mit 20 Zimmern, in umittelbarer Nähe zum Strand, DZ 120.000-150.000 Lire.

Hotelreservierung:
Associazione Albergatori, Viale Morin 4/s, 55042 Forte dei Marmi, Tel.: 0584/82004, Fax: 0584/89533.

Restaurants
- **Lorenzo**, Via Carducci 61, 55042 Forte dei Marmi, Tel.: 0584/84030, außer im Sommer Mo Ruhetag, sehr gutes Fischrestaurant, teuer.
- **Lo Squalo Charlie**, Viale Morin 57, 55042 Forte dei Marmi, Tel.: 0584/86276, außer im Sommer Di Ruhetag, sehr gutes Fischrestaurant, teuer.

Einkaufen
Gastronomia I Parmigiani, Via Mazzini 1, 55042 Forte dei Marmi, Tel.: 0584/89496, Feinkostgeschäft mit excellenten italienischen Wurst- und Käsewaren sowie selbstgemachten Fertiggerichten zum Mitnehmen.

Nightlife
Nightclub La Capannina. Der Nachtclub, 1929 erbaut, ist der älteste in Forte dei Marmi.

Veranstaltung/Markt
- **Festival internazionale della Satira** im August, Preisverleihung für politische Satire.
- **Wochenmarkt**, jeden Mi an der Piazza Marconi.

Forte dei Marmi liegt in einem Pinienwald zwischen dem Tyrrhenischen Meer und den Apuanischen Alpen. Der elegante und bekannte Badeort an der Versiliaküste ist gänzlich auf den Tourismus eingestellt. Gepflegte Badeanstalten, ein breites Hotelangebot, exklusive Boutiquen, ein Landungssteg und eine

13.5.3 Die Versilia und ihr Hinterland

Strandpromenade prägen das Stadtbild. Der 5 km lange Strand von Forte dei Marmi reicht von der Mündung des Cinquale-Flusses bis fast nach Marina di Pietrasanta.

Der Ort hat sich seit 1788 um die Festung des toskanischen Großherzogs Leopold I. entwickelt und diente zum Schutz beim Verladen des Marmors aus den Steinbrüchen des Monte Altissimo, daher auch der Name. Der Hafen mit seiner großen Landungsbrücke existierte bereits in früherer Zeit. Die Holzbrücke zum Verladen des Marmors stammt aus dem Jahre 1877.

Bereits seit 1890 ist Forte dei Marmi ein bekanntes Seebad. Viele berühmte Persönlichkeiten verbringen hier ihren Badeurlaub. Das vornehme Villenviertel Roma Imperiale aus dem Ende des 19. Jahrhunderts wurde von einer kleinen Kolonie von Künstlern aus der Schweiz und Deutschland angelegt. Ein großer Teil der Häuser stammt allerdings erst aus den 50er Jahren.

In der **Galleria Comunale d'Arte Moderna** werden zeitgenössische Kunstwerke gezeigt.

Öffnungszeiten
Via Michelangelo, Forte dei Marmi, Tel.: 0584/89181, 16.9.-30.6.: Mo-Sa 15-20 Uhr, 1.7.-15.9.: Mo-Sa 15-23 Uhr, So geschl.

Seravezza

Information
Pro Loco - Centro Visite Parco Alpi Alpuane, Via Corrado del Greco 11, 55047 Seravezza, Tel.: 0584/757325-757361, Fax: 0584/757362-756144, 9-13 u. 15-19 Uhr.

Unterkunft
● *** **Da Filiè**, Via Asilo 16, Loc. Querceta, 55047 Seravezza, Tel.: 0584/769087, kleineres und gut ausgestattetes Hotel, 3 km von Forte dei Marmi entfernt, DZ 80.000-90.000 Lire.
● * **Domus Pacis**, Via Marconi 90, 55047 Seravezza, Tel.: 0584/756028, kleines und einfaches Hotel mit 7 Zimmern und Garten, DZ 65.000-75.000 Lire.

Camping
* **International Versilia**, Via Vittoria Apuana 33, Loc. Querceta, Tel.: 0584/880764, Fax: 0584/752118.

Wochenmarkt
jeden Mo auf der Piazza Matteotti.

Die kleine Gemeinde von Seravezza liegt ca. 6 km vom Meer entfernt und zieht sich von der dichtbesiedelten Küstenebene bis in die Hügellandschaft des Monte Altissimo (1.589 Meter) mit seinen Marmorsteinbrüchen hinauf. Zahlreiche kunsthandwerkliche Betriebe und Bildhauerwerkstätten haben sich

13.5.3 Die Versilia und ihr Hinterland

hier angesiedelt. Die Gebirgsbäche Sera und Vezza durchfließen den Ort, daher auch der Name.

Ein sehenswertes Baudenkmal aus der Renaissance ist der **Palazzo Mediceo**. Cosimo I. ließ ihn 1555 errichten. Heute beherbergt das große Gebäude das **Museo del Lavoro e delle Tradizioni Popolari**, ein Volkskundemuseum mit Exponaten aus der Versilia.

Öffnungszeiten
Palazzo Mediceo, Seravezza, Tel. u. Fax: 0584/756100, nur im Sommer Mo-Sa 15-19.30 Uhr, So geschl.

Die Steinbrüche liegen nur wenige Kilometer oberhalb Pietrasantas bei dem Dorf **Azzano**. In der Nähe von Azzano und nur zu Fuß zu erreichen, befindet sich auch die reizvolle romanische **Pieve della Cappella** mit einem massigen Glockenturm. Die Ursprünge der Pfarrkirche gehen auf das Jahr Tausend zurück. Aus dieser Zeit stammt der Campanile. Der dreischiffige Innenraum ist gänzlich mit Marmor ausgestattet.

Eine Panoramastraße führt durch dichte Kastanienwälder nach Stazzema.

Stazzema

Information
Ufficio Informazioni, Piazza Europa 2, 55040 Pontestazzemese, Tel.: 0584/777425-777002/3.

Unterkunft
* **Procinto**, Via IV Novembre 21, Loc. Stazzema, 55040 Pontestazzemese, Tel.: 0584/777004, einfaches Hotel mit Garten und Trattoria, DZ 69.000 Lire.

Berghütten/Rifugi Montani
• **Rifugio Alto Matanna**, Tel.: 0584/776005, Berggasthof, 1.030 m hoch gelegen, unterhalb des Monte Matanna (1.317 Meter), zu Fuß über Stazzema zu erreichen. Das Kinderheim von Pietrasanta bietet für Wanderer keine Übernachtungsmöglichkeiten.

• **Rifugio Forte dei Marmi**, Loc. Alpe della Grotta, Informationen über den Alpenverein Forte dei Marmi, Tel.: 0584/777051, Berghütte, in 865 m, geöff. Mitte Juni-Mitte Sept., Mitte Sept.-Mitte Juni nur an Samstagen und Feiertagen, 52 Betten, nur zu Fuß über Stazzema und Pomezzano zu erreichen.

• **Rifugio Giuseppe del Freo**, Pietrapana-Mosceta, Tel.: 0584/778007, Berghütte auf 1.180 Metern, geöff. Mitte Juni-Mitte Sept., Mitte Juni nur an Samstagen und Feiertagen. 32 Betten, zu Fuß über Levigliani oder Volegno.

• **Rifugio Enrico Rossi alla Pania**, Alpi di S. Antonio, Loc. Prati dell'Omo Morto, Tel.: 0583/710386, Berghütte, in 1.609 m, geöff. Juli-August, Sept.-Juni nur an Feiertagen, 20 Betten.

Die Gemeinde von Stazzema besteht aus mehreren Dörfern, mitten in den Apuanischen Alpen. Stazzema selbst liegt malerisch am Hang eines Hügels. Im Südosten erblickt man den mächtigen Gipfel des **Monte Matanna** (1.317

13.5.3 Die Versilia und ihr Hinterland

Meter). Von Stazzema aus gibt es vielfältige Möglichkeiten für Bergtouren, Klettersport und Höhlenforschung.

Der **Monte Corchia** (1.677 Meter) bietet ein ausgedehntes Netz unterirdischer Gänge mit insgesamt über 60 km Länge und bis zu 1.190 Meter Tiefe. Seit 1841 wird der **Antro del Corchia** erforscht. Es ist die tiefste und ausgedehnteste Tropfsteinhöhle Italiens.

Ein gut ausgebautes Wanderwegenetz führt zu Berghütten und auf die umliegenden Gipfel. Nähere Informationen und Anmeldung zu den Führungen bekommt man beim Besucherzentrum (Centro Visite Parco Alpi Apuane) in Seravezza.

Im Schatten großer Zypressen erhebt sich am Ortseingang in herrlicher Aussichtslage die romanische Kirche **S. Maria Assunta**. Über den drei Portalen schmückt eine marmorne Fensterrose aus dem 17. Jahrhundert die Fassade. 1270 war diese Kirche Schauplatz eines wichtigen historischen Ereignisses: Pisa, Versilia und Garfagnana besiegelten hier ihr Bündnis gegen Lucca.

Pietrasanta

Information
Ufficio Informazioni, Piazza Duomo, 55045 Pietrasanta, Tel. u. Fax: 0584/ 795260.

Zugverbindung
Stazione di Pietrasanta, Tel.: 0584/70639-70175, Verbindung nach Pisa, Livorno und La Spezia, in der Nähe von Dom und Porta Pisana.

Busverbindung
● **CLAP**, Ticketverkauf beim Bahnhof, Via del Castagno, Tel.: 0584/70136, Busverbindung nach Marina di Massa, Lido di Camaiore, Viareggio, Torre del Lageo, Lucca und Pietrasanta.
● **LAZZI**, Ticketverkauf bei der Bar Sommariva, Viale Roma 30, Loc. Tonfano, Tel.: 0584/46233-144801161, Busverbindung nach Viareggio, Camaiore, Torre del Lago, Pisa, Lucca, Montecatini, Pistoia, Prato, Firenze, Forte dei Marmi, Marina di Carrara und La Spezia.

Unterkunft
** **Stipino**, Via Provinciale 50, 55045 Pietrasanta, Tel.: 0584/71448, Fax: 0584/ 72421, zentrumnahes einfaches Hotel an einer sehr befahrenen Straße, DZ 70.000- 95.000 Lire.

Restaurant
● **Da Coppo**, Via Aurelia 121, Loc. Pontestrada, 55044 Pietrasanta, Tel.: 0584/ 70350, Mo Ruhetag, nette Trattoria mit traditioneller toskanischer Küche, mittlere bis gehobene Preisklasse.
● **Da Sci**, Vicolo Porta a Lucca, 55044 Pietrasanta, Tel.: 0584/790983, So Ruhetag, traditionsreiches Lokal in der historischen Altstadt mit sehr guter regionaler Küche, gehobene Preisklasse.

13.5.3 Die Versilia und ihr Hinterland

Einkaufen
- **Torrefazione Martinelli**, Via S. Stagi 57, 55044 Pietrasanta, Tel.: 0584/70497, Kaffeerösterei und Verkaufsraum für Weine.
- **Enoteca Marcucci**, Via Garibaldi 40, 55044 Pietrasanta, Tel.: 0584/791962, Riesenauswahl an italienischen Weinen, Degustationsmöglichkeit und Snacks.

Märkte
- **Antiquitätenmarkt**, erster So des Monats auf der Piazza Bernardino.
- **Wochenmarkt**, jeden Do auf der Piazza dello Statuto.

Marmorwerkstätten
- **Franco Cervietti**, Via Sant'Agostino 53, 55044 Pietrasanta, Tel.: 0584/790454, zu besichtigen.
- **Giuseppe Giannoni**, Via Santa Maria 2, 55044 Pietrasanta, Tel.: 0584/790220, zu besichtigen.
- **Ponterosso Marmi**, Via Aurelia 56, 55044 Pietrasanta, Tel.: 0584/70370, zu besichtigen.
- **Fonderia Artistica Mariani**, Via Tre Luci 51, 55044 Pietrasanta, Tel.: 0584/790195, mit Gießereibetrieb, berühmtestes Bronzemonument war bislang das Menschenrechtsdenkmal, das 1989 zur 200-Jahr-Feier der Französischen Revolution in Paris aufgestellt wurde.

Der historische Hauptort der Versilia wurde im Jahre 1255 von dem Luccheser Podestà Guiscardo da Pietrasanta zum Schutz gegen die Angriffe Pisas gegründet. In den nachfolgenden Jahrhunderten stand Pietrasanta unter wechselnder Herrschaft. Der alte Stadtkern ist rechtwinklig angelegt. Zeugnis seiner wechselhaften Vergangenheit sind die beachtlichen mittelalterlichen Baudenkmäler, vor allem am Domplatz.

Anfang des 14. Jahrhunderts wurde der Ort mit einer zweiten Stadtmauer befestigt. Die beiden Wehrmauern verliefen hügelaufwärts und verbanden die Stadtmauer mit der Festung. 1324 ließ Castruccio Castracani zur besseren Verteidigung die **Rocca di Sala** ausbauen und die **Rocchetta Arrighina** errichten. Sie wurde 1484 von den Florentinern zerstört und unter der Medici-Herrschaft neu aufgebaut. Heute befinden sich Wohneinheiten in der Rocchetta, die sich zwischen der Piazza del Duomo und dem Bahnhof erhebt.

Lange Zeit kämpften Lucca und Pisa um die strategisch günstig gelegene Stadt, und erst im 16. Jahrhundert konnten sich die Medici hier behaupten. Cosimo I. baute Pietrasanta zu einem wichtigen militärischen Stützpunkt aus und konnte von hier aus die Apennin-Pässe und die nördliche Toskana kontrollieren. Bedingt durch die politischen Verhältnisse, dehnte sich die Stadt bereits im 14. Jahrhundert über die Grenzen des ursprünglichen rechteckigen Ortskerns hinaus aus. Im 19. Jahrhundert wuchs sie in Richtung Küste nach Westen, der äußere Befestigungsring wurde abgebrochen. Die Stadtmauer besaß drei Tore, die Porta a Massa, die Porta a Pisa und die Porta a Lucca. Heute ist nur noch die **Porta a Pisa**, die sich in Richtung Pisa öffnet, erhalten. Sie ist in die Befestigungsanlage Rocchetta Arrighina eingebaut und bietet einen seitlichen Zugang zur **Piazza del Duomo**, auf der die Freiheitssäule **Fontana del Marzocco** steht. Die Kirche **S. Martino** stammt aus dem Jahre 1330. Der mit Marmor ausgestattete Innenraum beherbergt ein schönes marmornes Taufbecken.

13.5.3 Die Versilia und ihr Hinterland

Öffnungszeiten
Piazza del Duomo, tägl. 7-11.45 u. 15-18 Uhr.

An der rechten Seite des Domes liegt das **Oratorium di San Giacinto**, das allgemein als Baptisterium bezeichnet wird. Erwähnenswert ist im Inneren ein achteckiges Taufbecken aus Marmor von 1389.

Öffnungszeiten
Piazza del Duomo, tägl. 15-18 Uhr.

Taufbecken von Bonuccio Pardini im Oratorium di San Giacinto

Pietrasanta kann auf eine lange Tradition des Marmorhandwerks zurückblicken. Seit dem 16. Jahrhundert ließ Cosimo I. in den Steinbrüchen von Monte Altissimo und Stazzema Marmor abbauen. Im Laufe der folgenden Jahrhunderte entstanden die Steinmetzwerkstätten. Von hier stammen Kopien berühmter Statuen und Denkmäler aus der ganzen Welt.

Am Ostende des Domplatzes liegt der Klosterkomplex **Sant'Agostino** mit dem **Museo dei Bozzetti**. Ein Besuch dieses Museums ist sehr interessant, da hier die Gipsmodelle von Künstlerarbeiten, wie z.B. von Miró, ausgestellt sind, die in Pietrasanta ihre Vorstellungen in Marmor umsetzen ließen. Früher wurden diese Modelle einfach weggeworfen.

Der Kreuzgang ist ebenfalls zugänglich. Die Kirche wird nur für Ausstellungen und Abendkonzerte geöffnet.

Öffnungszeiten
Via S. Agostino 1, c/o Centro Culturale, Pietrasanta, Tel.: 0584/791122/795286, Fax: 0584/791982, 1.9.-30.6.: Di-Do 14.30-19 Uhr, Fr 14.30-19 u. 21-23.30 Uhr, Sa 14.30-18 Uhr, So-Mo geschl., 1.7.-31.8.: Di-So 18-20 u. 21-24 Uhr, Mo geschl. (Eintritt frei).

Sehenswert ist der **Palazzo Carli**, der heute Sitz der Bank Cassa di Risparmio di Lucca ist.

Im Erdgeschoß des **Palazzo Moroni** ist das **Museo Archeologico Versiliese** untergebracht. Hier befindet sich auch das **Archivio Storico** mit interessanten alten Stadtplänen und Veduten. Das Archiv ist noch wegen Restaurierungsarbeiten geschlossen.

13.5.3 Die Versilia und ihr Hinterland

Öffnungszeiten
Palazzo Moroni, Piazza Duomo, Pietrasanta, Tel.: 0584/795288/795289, 1.9.-30.6.: Di-Do 9-12 Uhr, Sa 15-18 Uhr, So 10-12.30 Uhr, 1.7.-31.8.: Di-So 18-20 u. 21-24 Uhr, Mo geschl. (Eintritt frei).

Marina di Pietrasanta

Information
Pro Loco, Via Donizetti 14, Loc. Tonfano, 55044 Marina di Pietrasanta, Tel.: 0584/20331, Fax: 0584/24555.

Unterkunft
● *** **Gemma del Mare**, Via Leonardo da Vinci 158, Loc. Tonfano, 55044 Marina di Pietrasanta, Tel.: 0584/745403, Fax: 0584/745458, ruhiges und angenehmes Haus mit Garten, DZ 90.000-125.000 Lire.
● ** **Elizabeth**, Via Tagliamento 36, Loc. Tonfano, 55044 Marina di Pietrasanta, Tel.: 0584/20453, Fax: 0584/24546, einfaches Hotel in Strandnähe, DZ 80.000-90.000 Lire.
Hotelreservierung:
Associazione Albergatori, Via Donizetti, Loc. Tonfano, 55044 Marina di Pietrasanta, Tel.: 0584/745838, Fax: 0584/23284.

Veranstaltung/Markt
● **Festival "La Versiliana"**, Kulturfestival mit Theater, Ballet, Operette, Dichterlesungen im Pinienpark La Versiliana im Juli-August.
● **Wochenmarkt**, jeden Sa auf der Piazza Villeparisis im Ortsteil Tonfano.

Nightlife
Bussola, Viale Roma 114, Loc. Focette, Marina di Pietrasanta, Diskothek.

Der Badeort Pietrasanta ist nicht ganz so mondän wie das benachbarte Forte dei Marmi.

In dem großen Pinienwald La Versiliana an der Küste liegen die vielen kleinen Hotels und Ferienhäuser. Im Sommer findet im Stadtpark La Versiliana das Kulturfestival mit Freilicht-Theater statt. Durch Kastanienwälder erreicht man mit dem Auto die kleinen Orte Capezzano und Capriglia.

Sant' Anna di Stazzema

Das kleine Bergdörfchen erreicht man über Pietrasanta oder Camaiore. Inmitten von Kastanienwäldern liegt es an den Abhängen des Monte Lieto auf 650 Metern Höhe. Sant'Anna war gegen Ende des zweiten Weltkriegs Schauplatz eines grausamen Massenmordes. In dieser Gebirgsregion verlief die letzte Rückzugsfront der Deutschen. Hier konzentrierte sich auch der Widerstand der italienischen Partisanen. Zur Abschreckung brachten die Nazis am 12. August 1944, zwischen 7 und 13 Uhr, auf grausamste Weise 560 Einwohner, darunter auch Kinder und Säuglinge, um.

13.5.3 Die Versilia und ihr Hinterland

Ein kleines **Museum** (Museo Storico Regionale della Resistenza) erinnert an dieses Ereignis und informiert über die Widerstandsbewegung von Sant'Anna.

Öffnungszeiten
Piazza Don Lazzeri, Sant'Anna di Stazzema, Tel.: 0584/772025, 13.9.-12.6.: Di-Sa 9-12 Uhr, 13.6.-12.9.: 16-19 Uhr, So-Mo geschl.

Über Valdicastello Carducci gelangt man nach Camaiore.

Camaiore

Information
Ufficio Informazioni, siehe Lido di Camaiore.

Zugverbindung
Stazione Ferroviaria, Loc. Capezzano, Camaiore.

Busverbindung
• **LAZZI**, Haltestelle an der Piazza Romboni, Busverbindung nach Viareggio, Capezzano Pianore, Lido di Camaiore und Lucca.
• **CLAP**, Haltestelle an der Piazza Romboni, Verbindungen nach Pietrasanta.

Autovermietung
Autocarrozzeria Stadio, Via Provinciale, Capezzano Pianore, Tel.: 0584/914239.

Unterkunft
** Conca Verde, Via Misciano 22, Loc. Misciano, 54041 Camaiore, Tel.: 0584/ 989686, Fax: 0584/60091, schöne Lage im Grünen etwas außerhalb von Camaiore, mit Restaurant und Freiterrasse, DZ 50.000-100.000 Lire.

Restaurant
Il Vignaccio, Piazza della Chiesa 5, Loc. Santa Lucia, 55041 Camaiore, Tel.: 0584/914200, Mi geschl., das Dorf Santa Lucia liegt idyllisch auf einer Anhöhe in der Nähe von Camaiore, sehr gute einfache regionale Küche, sehr gute Weinauswahl, gehobene Preisklasse.

Veranstaltung/Markt
• **Tappeti di segatura**, Fronleichnamsfest ungefähr zwei Wochen nach Pfingsten. Traditionell werden in der historischen Altstadt am späten Nachmittag bis zur Fronleichnamsprozession am nächsten Morgen aus Sägemehl religiöse Motive auf die Straßen "gemalt", die dann bei der Prozession wieder zertreten werden.
• **Antiquitätenmarkt**, fünfter So im Monat an der Piazza Bernardino.
• **Wochenmarkt**, jeden Fr in der Via Oberdan.

Das ruhige Städtchen liegt auf einer Ebene in der Nähe der Ausläufer der Apuanischen Alpen und ist das Industrie- und Landwirtschaftszentrum der Versilia. Der historische Altstadtkern weist einen Stadtgrundriß mit recht-

13.5.3 Die Versilia und ihr Hinterland

winkligen und geometrischen Mustern, ähnlich wie in Pietrasanta auf. Sehenswert sind die romanischen Kirchen von Camaiore: Die **Collegiata Santa Maria Assunta** an der Piazza San Bernardino da Siena wurde 1278 erbaut. Das Baptisterium und der Glockenturm stammen aus dem 14. Jahrhundert. Bedeutend älter ist die Benediktinerabtei **San Pietro**. Sie wurde um die Jahrtausendwende an der Stelle einer ehemaligen Benediktinerabtei aus dem 8. Jahrhundert errichtet und ist ein Juwel romanischer Baukunst.

Die Kirche **Santi Giovanni e Stefano** (12. Jahrhundert) wird von einem Campanile überragt. Interessantestes Ausstattungsstück im Innenraum ist ein römischer Sarkophag, der als Taufbecken genutzt wird.

Für Bergwanderer ist Camaiore idealer Ausgangspunkt für einen Aufstieg auf die Gipfel des Matanna, Piglione oder Prano.

Lido di Camaiore

Information
APT, Viale Colombo 342/Piazza Umberto 1, 55041 Lido di Camaiore, Tel.: 0584/617397, Fax: 0584/618696.

Busverbindung
• **LAZZI**, Haltestelle in der Viale Colombo, Busverbindung nach Camaiore, Torre del Lago, Pisa, Lucca, Montecatini, Pistoia, Prato, Firenze, Forte dei Marmi, Marina di Massa, Carrara und La Spezia.
• **CLAP**, Haltestelle in der Viale Colombo, Busverbindung nach Viareggio, Marina di Pietrasanta, Marina di Massa und Carrara.

Autovermietung
Autonoleggio Barsanti, Via dei Partigiani, Tel.: 0584/66542.

Unterkunft
**** **Hotel Villa Ariston**, Viale Colombo 355, 55041 Lido di Camaiore, Tel.: 0584/610633, Fax: 0584/610631, schöner Bau aus dem Anfang des Jahrhunderts, von einem berühmten Genueser Architekten entworfen, stilvolle und komfortable Zimmer, eines der schönsten Hotels an der Küste mit Park, Tennisplätzen, Swimmingpool und Minigolf, DZ 210.000-350.000 Lire
Hotelreservierung: Associazione Albergatori, Viale Colombo 65, Lido di Camaiore, Tel.: 0584/66704, Fax: 0584/60091.

Restaurant
Bagni Ariston, Viale Colombo 660, 55041 Lido di Camaiore, Tel.: 0584/904747, Mo Ruhetag, gute toskanische Küche, gehobene Preisklasse.

Einkaufen
• **Gastronomia F.lli Giannoni**, Viale Colombo 444, 55041 Lido di Camaiore, Tel.: 0584/617332, Feinkostgeschäft mit hervorragenden Wurst- und Käsewaren sowie selbstgemachten Fertiggerichten zum Mitnehmen.
• **Wochenmarkt**, jeden Mo in der Viale Pistelli.

13.5.3 Die Versilia und ihr Hinterland

Lido di Camaiore ist ein typischer Badeort an der Versilia-Küste mit einem breiten und 3 km langen Sandstrand, der in den von Viareggio übergeht. Beide Städte verbindet eine große Allee. Gepflegte Park- und Grünanlagen, eine schöne Uferpromenade und moderne Badeanstalten bestimmen das Bild.

Viareggio

Information
- **Ufficio Informazioni**, Viale Carducci 10, 55049 Viareggio, Tel.: 0584/962233, Fax: 0584/47336.
- **APT**, Piazza Mazzini 22, 55049 Viareggio, Tel.: 0584/48881/2/3, Fax: 0584/47406.

Zugverbindung
Stazione Ferroviaria, Piazza Dante, Tel.: 0584/44350, liegt an den Strecken Genua-Rom und Lucca-Florenz.

Busverbindung
- **LAZZI**, Piazza Mazzini, Tel.: 0584/46233-4, Busverbindung in die Küstenorte, ins Hinterland der Versilia und in die Hauptorte der Toskana, von Juni-Sept. auch an den Flughafen von Pisa.
- **CLAP**, Piazza d'Azeglio, Tel.: 0584/53704, Busverbindung nach Lido di Camaiore.

Taxi
- **Piazza Dante**, am Bahnhof, Tel. 0584/45454.
- **Piazza d'Azeglio**, Tel.: 0584/962746.

Unterkunft
- **** **Palace Hotel**, Via Gioia 2, 55049 Viareggio, Tel.: 0584/46134, Fax: 0584/47351, sehr schönes und komfortables Hotel, mit schöner Jugendstileinrichtung, an der Seepromenade, DZ 190.000-300.000 Lire.
- *** **Hotel Principe di Piemonte**, Piazza Giacomo Puccini 1, 55049 Viareggio, Tel.: 0584/50122, Fax: 0584/54183, großes Hotel der Luxusklasse mit über 100 Zimmern, mit Restaurant, DZ 200.000-250.000 Lire.
- *** **Grand Hotel & Royal**, Viale Carducci 44, 55049 Viareggio, Tel.: 0584/45151, Luxushotel, im Jugendstil erbaut, mit zwei Türmchen, DZ 200-280.000 Lire.
- * **Villa Cley**, Via Leonardo da Vinci 24, 55049 Viareggio, Tel.: 0584/30968, kleines, einfaches Hotel mit 9 Zimmern in der Nähe des Informationsbüros, DZ 67.000-75.000 Lire.

Hotelreservierung: Associazione Albergatori, Via Leonardo da Vinci 1, 55049 Viareggio, Tel.: 0584/48385, Fax: 0584/48386.

Camping
- * **Paradiso**, Via dei Lecci, Viareggio, Tel.: 0584/392005, Fax: 0584/387911, Campingplatz südlich von Viareggio.
- * **La Pineta**, Via dei Lecci, Viareggio, Tel. u. Fax: 0584/383397, Campingplatz südlich von Viareggio.

Restaurants
- **Gusmano**, Via Regia 58, 55049 Viareggio, Tel.: 0584/31233, Di Ruhetag, sehr gutes Fischrestaurant, auch traditionelle Fleischgerichte, ausgezeichnete Weinkarte. Teuer.

13.5.3 Die Versilia und ihr Hinterland

- **Montecatini**, Viale Manin 8, 55049 Viareggio, Tel.: 0584/962129, Mo Ruhetag, sehr gutes Fischrestaurant. Teuer.
- **Tito del Molo**, Lungomolo Greco 3, 55049 Viareggio, Tel.: 0584/962016, Mi Ruhetag, elegantes Fischrestaurant, auch toskanische Fleischgerichte. Teuer.
- **Da Romano**, Via Mazzini 120, 55049 Viareggio, Tel.: 0584/31382, Mo Ruhetag, eines der besten Fischrestaurants der Stadt, hervorragender Weinkeller, der Inhaber Romano Franceschini hat außer eigenem Olivenöl auch Wein, der in Montecarlo an- und ausgebaut wird, guter Service, leider ist die Ausstattung etwas gesichtslos. Sehr teuer, Vorsicht, Romano hat keine Karte aushängen!
- **L'Oca Bianca**, Via Coppino 319, 55049 Viareggio, Tel.: 0584/383878, Mi Ruhetag, sehr schönes Lokal mit Freiterrasse im Sommer, erstklassige Fisch- und Fleischgerichte. Sehr teuer.
- **Il Patriarca**, Viale Carducci 79, 55049 Viareggio, Tel.: 0584/53126, außer im Sommer Mi Ruhetag, gepflegtes Restaurant mit guter Fischküche. Zu teuer.
- **Circolo Arcinova Matilda**, Lungo Canale Est 3, 55049 Viareggio, Tel.: 0584/388282, Di geschl., das reizvolle Restaurant mit hervorragender und origineller Küche befindet sich in einem ehemaligen Salzspeicher, deshalb muß man zuerst eine Art Clubausweis erstehen. Mittlere bis gehobene Preisklasse.
- **La Darsena**, Via Virgilio 172, 55049 Viareggio, Tel.: 0584/392785, So Ruhetag, nette Trattoria (Spezialität sind die gemischten Fischteller). Gehobene Preisklasse.
- **Dino**, Via Battisti 35, 55049 Viareggio, Tel.: 0584/962053, Do Ruhetag, große Trattoria im Zentrum an der Piazza Grande, hervorragende Cacciucco (trad. Fischsuppe), sehr gute Pizza und Cecina (Kichererbsenfladen im Holzofen ausgebacken — regionale Spezialität). Mittlere Preisklasse.
- **Giorgio**, Via Zanardelli/Via IV Novembre, 55049 Viareggio, Tel.: 0584/44493, Mi Ruhetag, Trattoria am Hafen mit guter Fischküche. Mittlere Preisklasse.
- **Caffè Margherita**, Lungomare Margherita 30, 55049 Viareggio, Tel.: 0584/962553.

Einkaufen
- **Bagnoli Caseus**, Via Fratti 54, 55049 Viareggio, Tel.: 0584/30744, Feinkostgeschäft mit Wurst- und Käsespezialitäten.
- **Gelateria Mario**, Via Petrolini 1, 55049 Viareggio, Tel.: 0584/961349, Spezialitäten dieser berühmten Eisdiele sind das Halbgefrorene und das Fruchteis je nach Saison.

Veranstaltungen/Markt
- **Karneval**, im Januar/Februar.
- **Literaturpreis Viareggio**, im Juni/Juli
- **Ippodromo San Rossore**, Pferderennbahn im Parco Omonimo, die Pferderennen finden von Okt.-April sonntags und an einem Tag in der Woche statt.
- **Campionato Off Shore Viareggio-Bastia-Viareggio**, Motorbootrennen nach Bastia auf Korsika im Juli.
- **Puccini-Opernsaison**, im Juli/August in Torre del Lago, 1996 La Bohème, Manon Lescaut, Turandot.
- **Antiquitätenmarkt**, jedes vierte Wochenende im Monat auf der Piazza Manzoni.
- **Wochenmarkt**, jeden Do auf der Piazza Cavour.

Das vielbesuchte und traditionsreiche Seebad mit 60.000 Einwohnern verfügt über einen kilometerlangen Strand und zwei ausgedehnte Pinienwälder.

Die vielen herrschaftlichen Hotels und eine lange Strandpromenade mit Cafes und Geschäften vermitteln ein städtisches Ambiente.

13.5.3 Die Versilia und ihr Hinterland

Anfang des 19. Jahrhunderts erhielt der Fischerort von der Herzogin Maria Luisa von Bourbon-Parma das Stadtrecht. Sie förderte den Ausbau des Hafens und ließ die ersten Hotels bauen. Ihren Namen erhielt die Stadt von der ehemaligen Straße Via Regia, die durch die Wälder zwischen Pietrasanta und Migliarino führte.

Gran Caffè Margherita

Besonders sehenswert sind die prachtvollen Jugendstilgebäude an der Uferpromenade. Die großen Hotels und Cafés, wie z.B. das berühmte **Gran Caffè Margherita**, vermitteln noch einen Eindruck vom Charme und Stil der beginnenden Bäderkultur um die Jahrhundertwende. Im Gran Caffè Margherita, dessen grüne Ziegel auf den Kuppeln zu jedem Saisonbeginn neu angemalt werden, speisten schon Giacomo Puccini und andere Berühmtheiten.

Im Gegensatz zu anderen Orten der Küstenregion herrscht in Viareggio das ganze Jahr über Betrieb, nicht nur wegen dem ganzjährigen milden Klima, sondern auch wegen der Sportanlagen und der Vergnügungsmeile.

Viareggio ist in ganz Italien bekannt für den im Februar stattfindenden großen Karneval. Er fand 1873 zum erstenmal statt. Am beeindruckendsten sind die zum Teil riesengroßen buntbemalten Figuren aus Pappmaché, die den Karnevalszug bevölkern. Während des Jahres kann man sie in Werkhallen (Hangars del Carnevale) besichtigen (nähere Informationen über die Fondazione Carnevale, Piazza Mazzini 22, Tel.: 0584/962568, Fax: 0584/47077).

Parallel zum Strand verläuft durchgehend die Küstenstraße, gesäumt von Strandbädern, Bars und Restaurants. Dahinter liegen Ferienhäuser.

Massarosa

Agriturismo
Le Querce, Via Vicinale 2, Loc. Querce, 55054 Corsanico Massarosa, Tel.: 0584/954680, Fax: 0584/954682, das Landgut befindet sich im Ortsteil Le Querce des Dorfes Corsanico in der Kommune Massarosa einige Kilometer östlich von Viareggio, Unterbringung in gut ausgestatteten Doppelzimmern, mit Restaurant, Reitstall, Trekking und Schwimmbad.

Restaurant
Bar Coluccini, Loc. Piano di Mommio, Via Sarzanese 75, 55054 Massarosa, Tel.: 0584/99018, Pizzeria und Restaurant mit einfacher toskanischer Küche, mittlere bis gehobene Preisklasse.

13.5.3 Die Versilia und ihr Hinterland

Wochenmarkt
jeden Di auf der Piazza del Mercato.

Der Ort römischen Ursprungs aus dem 3. Jahrhundert n. Chr. ist heute ein Industrie- und Landwirtschaftszentrum. In aussichtsreicher Hügellage hat man von hier einen weiten, schönen Blick auf den Massaciuccoli-See und die Küstenlandschaft.

Das **Museo Antiquarium** zeigt Fundstücke römischer Thermen aus den Ausgrabungsstätten bei Massaciuccoli.

Öffnungszeiten
Massarosa, Tel.: 0584/93291, 16.9.-30.9.: Di-Fr nur nach Voranmeldung, Sa 16-19 Uhr, So 9.30-12 u. 16-19 Uhr, Mo geschl., 1.7.-15.9.: Di-Sa: 16-19.30 Uhr, So 9.30-12 u. 16-19.30 Uhr.

Sehenswert ist die romanische Kirche **S. Pantaleone in Pieve ad Elici**. Die dreischiffige Basilika mit einem beeindruckenden Portal im pisanischen Stil birgt im Inneren die Reste mittelalterlicher Fresken und ein Marmortriptychon von 1470.

Torre del Lago Puccini

Information
Pro Loco, Viale Marconi 225, Torre del Lago, Tel.: 0584/359893.

Restaurant
Il Pescatore, Viale Europa, 55048 Torre del Lago, Tel.: 0584/340610, Mi Ruhetag, elegantes Fischrestaurant, teuer.

Camping
* **Camping del Lago**, Viale Puccini 273, Torre del Lago, Tel. u. Fax: 0584/359702, Campingplatz direkt am Seeufer.

Veranstaltung
Festival Pucciniano, Puccini-Opernfestspiele mit Werken von Puccini, Juni-August. Informationen zur Kartenvorbestellung über das örtliche Fremdenverkehrsamt.

Den Mittelpunkt des kleinen Orts bildet der Turm, der dem Ort seinen Namen verlieh und im 15. Jahrhundert von dem Luccheser Geschlecht der Guinigi errichtet wurde. Der Ort liegt am Ufer des Lago di Massaciuccoli. Der berühmte Komponist Giacomo Puccini (1858-1924) wählte 1891 hier seinen Wohnsitz.

Von Juni bis August findet in Torre del Lago Puccini traditionell das Puccini-Festival statt. Auf einer Freilichtbühne am Seeufer werden Werke Puccinis,

13.5.3 Die Versilia und ihr Hinterland

wie La Bohème, Manon Lescault und Turandot, aufgeführt. In Torre del Lago ist der Meister begraben. In seiner ehemaligen Villa am See befindet sich heute das **Museo Villa Puccini** mit vielen Erinnerungsstücken an den Komponisten.

Öffnungszeiten
Piazza Belvedere, Torre del Lago, 1.10.-30.6.: Di-Sa 9-13 Uhr, So 16-19 Uhr, 1.7.-29.9.: Di-So 18-24 Uhr.

Am Lago di Massaciuccoli entstand das erste Naturschutzgebiet Italiens, das mittlerweile zum Regionalpark von Migliarino, San Rossore und Massaciuccoli zusammengefaßt wurde (siehe Kap. 13.6.5).

Puccini-Denkmal in Torre del Lago

13.6 PISA

13.6.1 ÜBERBLICK

Highlights

- Besichtigung von Dom und Baptisterium
- Besichtigung des Camposanto
- Ein Spaziergang entlang des Arno
- Besuch der historischen Folkloreveranstaltungen
- Ausflug nach San Piero a Grado

Die Provinzhauptstadt mit ungefähr 105.00 Einwohnern erstreckt sich an den flachen Ufern des Arno, ungefähr 11 km vom Meer entfernt. Als freie Seerepublik hatte Pisa zwischen dem 11. und 13. Jahrhundert einen wirtschaftlichen Höhepunkt. Aus dieser Zeit stammen der weltberühmte schiefe Turm und die anderen außergewöhnlichen Baudenkmäler auf der Piazza dei Miracoli (Platz der Wunder), die Pisa zu einer bedeutenden Kunststadt in der Toskana machten.

Bei einem ersten Blick auf den Stadtplan fällt auf, daß die Piazza dei Miracoli mit den Dombauten nicht im Zentrum, sondern am nordwestlichen Ende der Altstadt, in der Nähe der Stadtmauer, liegt. Es ist anzunehmen, daß wirtschaftliche Interessen ausschlaggebend für eine Verlagerung des Stadtbezirkes in Richtung Arno waren. Auf beiden Seiten des Flusses, der die Stadt heute in zwei Hälften teilt, stehen schöne alte Paläste. Acht Brücken und eine Eisenbahnbrücke verbinden die beiden Stadtteile miteinander. Die mittelalterliche Stadtmauer ist fast vollständig erhalten. Nur im Süden wurde für die Stadterweiterung um die Piazza Vittorio Emmanuele II und den Bahnhof ein Teil niedergerissen.

Rund um die Piazza dei Miracoli wimmelt es von Andenkenständen und Besucherscharen; egal zu welcher Jahreszeit und stärker als in Florenz auf der Piazza della Signoria. Schließlich steht der schiefe Turm von Pisa auf jedem Rundreiseprogramm durch die Toskana.

Während in Florenz mehrere berühmte Ecken und Plätze die Besucher anlokken, strömen die Touristen hier nur auf den "Platz der Wunder". Kaum einer der vielen Tagesbesucher wird einen echten Eindruck von dieser Stadt gewinnen.

Zu Unrecht, denn das nahezu touristenfreie Zentrum der alten Universitätsstadt (seit 1542) mit seinen verwinkelten Gassen und Plätzen und seinem etwas heruntergekommenen Charme ist sowohl tagsüber als auch nachts mehr als einen Spaziergang wert. Pisa ist durch die vielen Studenten eine sehr lebendige Stadt mit einem traumhaften Marktviertel. Die Straßen sind gesäumt von eleganten Läden, Bars, Trattorien und alten Cafès. Man sollte auf jeden Fall ein oder zwei Übernachtungen einplanen.

13.6.2 REISEPRAKTISCHE HINWEISE

Information
- **APT**, Via Benedetto Croce 26, 56100 Pisa, Tel.: 050/40096-40202, Fax: 050/40903.
- **Ufficio Informazione**, Piazza Arcivescovado 6 (im Gebäude des Dommuseums), Pisa, Tel.: 050/560464, im Sommer tägl. 8-20 Uhr, im Winter tägl. 9-16.30 Uhr.
- **Ufficio Informazione**, Piazza Stazione (Bahnhof), Tel.: 050/42291, Mo-Sa 8-20 Uhr, So 9-13 Uhr.

Flugverbindung
Aeroporto internazionale Galileo Galilei, Pisa, Flugauskunft über Tel.: 050/500707, Mo-Sa 11-17 Uhr, So 11-14 Uhr. Der internationale Flughafen von Pisa liegt etwas außerhalb und ist mit Bus oder Zug in kurzer Zeit zu erreichen.

Busverbindung
- **Buslinie 7** vom Stadtzentrum bis zum Flughafen.
- **Buslinie 1, 2, 3, 4** verkehren im Stadtzentrum.
- **Buslinie 2, 7** vom Hauptbahnhof bis zum Flughafen.

Zugverbindung
Stazione Centrale (Hauptbahnhof), Zugauskunft über Tel.: 050/413856.

Taxi
- **Piazza Garibaldi**, Tel.: 050/580000.
- **Piazza Stazione**, Tel.: 050/41252.
- **Piazza Duomo**, Tel.: 050/561878.

Sightseeing
- **Kutschenfahrt** durch die Stadt, Piazza Duomo, (L. 40.000)
- Folgende Stadtführer bieten Besichtigungstouren in Deutsch an:
- **Gino Barsali**, Via E. Chiesa 2, Pisa, Tel.: 050/561794, Fax: 050/555085.
- **Roberto Bello**, Viale Gramsci 19, Tel.: 050/561794, Fax: 050/555085.
- **Antonio Chinca**, Vill. Castagnara 85, Massa, Tel.: 0585/830870, Fax: 0585/830870.
- **Giovanni Giannini**, Via Marconi 1, Lido di Camaiore, Tel.: 050/561794, Fax: 050/555085.
- **Sabrina Lanzoni**, Via Montello 6, Pisa, Tel.: 050/050/41227, Fax: 050/41227.
Gruppenpreise für eine ca. dreistündige Führung liegen bei L. 115.000.

Kutscher auf der Piazza dei Miracoli

Unterkunft
- ****** Grand Hotel Duomo**, Via S. Maria, 56100 Pisa, Tel.: 050/561894, Fax: 050/560418, in Blicknähe zum schiefen Turm, laut, der Standard rechtfertigt nicht die hohen Preise, DZ 135.000-270.000 Lire.

13.6.2 Pisa – Reisepraktische Hinweise

- *** **Villa di Corliano**, Loc. Rigoli, 56017 San Giuliano Terme, Tel.: 050/818193, dieses romantische Hotel in einer Villa aus dem 16. Jahrhundert liegt inmitten eines herrlichen Parks ca. 7 km außerhalb Pisas in Richtung Lucca. Die stilvoll eingerichtete Villa ist eine hervorragende Alternative zu den überteuerten und lauten Stadthotels, DZ 80.000-150.000 Lire.
- *** **Royal Victoria**, Lungarno Pacinotti 12, Pisa, Tel.: 050/940111, Fax: 050/940180, großes Hotel in der Altstadt, am Arnoufer gelegen, DZ 75.000-150.000 Lire.
- ** **Bologna**, Via Mazzini 57, Pisa, Tel.: 050/502120, Fax: 050/43070, einfaches und renovierungsbedürftiges Hotel in Bahnhofsnähe mit Parkplatz, DZ 90.000 Lire.
- ** **Amalfitana**, Via Roma 44, Pisa, Tel.: 050/29000, Fax: 050/25218, Hotel in Domnähe, DZ 70.000-90.000 Lire.
- ** **Roseto**, Via P. Mascagni 24, Pisa, Tel.: 050/42596, Fax: 050/42596, Hotel mit ruhigen Zimmern zur Gartenseite, DZ 75.000-82.000 Lire.

Jugendherberge

Centro Turistico Madonna dell'Acqua, Via Pietrasanta 15, 56010 Pisa, Tel.: 050/890622-804570, Fax: 050/25218, geöff. 15.7.-30.9. mit 95 Betten, ca 1 km außerhalb des Zentrums, zu erreichen mit Buslinie 3.

Camping

Camping Torre Pendente, Viale delle Cascine 86, Pisa, Tel.: 050/560665, Fax: 050/561704, geöffnet 15.3.-30.9., kleiner Campingplatz in Nähe der Piazza Miracoli.

Restaurant/Café

- **Sergio**, Lungarno Pacinotti 1, 56100 Pisa, Tel.: 050/580580, So Ruhetag, gilt als das beste Restaurant der Stadt. Sehr teuer.
- **Kostas**, Via del Borghetto 39, 56100 Pisa, Tel.: 050/571467, Mo Ruhetag, griechische Taverne, mittags toskanische Küche und abends ausschließlich griechische Gerichte, gute Weinkarte. Mittlere bis gehobene Preisklasse.
- **La Mescita**, Via D. Cavalca 2, 56100 Pisa, Tel.: 050/598667, So Ruhetag, traditionsreiche Trattoria im Marktviertel, gute und vielseitige toskanische Küche, mittlere Preisklasse.
- **S. Omobone**, Piazza S. Omobono 6/7, 56100 Pisa, Trattoria im Marktviertel an der Piazza S. Omobono mit guter traditionell toskanischer Küche. Mittlere Preisklasse.
- **Federico Salza**, Borgo Stretto 44, 56100 Pisa, traditionsreiches Kaffeehaus seit 1898 mit hervorragenden Süßigkeiten und Mittagssnack.

Einkaufen

- **Gastronomia Gratin**, Via Crispi 66, 56100 Pisa, Tel.: 050/23472, Feinkostgeschäft.
- **Enogastronomia F. lli Simi**, Via San Martino 6, 56100 Pisa, Tel.: 050/24169, traditionsreiches Feinkostgeschäft.
- **Enrico Padrevecchi**, Loc. Ospedaletto, Via Guscellina 3, 56100 Pisa, Tel.: 050/982527, Bilderrahmen aller Art im Gewerbegebiet von Pisa.

Veranstaltungen/Markt

- **Luminaria di San Ranieri**, am 16. Juni abends wird zu Ehren des Schutzpatrons von Pisa die Arno-Promenade mit Kerzen beleuchtet.
- **Regatta Storica di San Ranieri**, am 17. Juni, historischer Ruderwettkampf. Am 17. Juni, dem Namenstag des Stadtheiligen Ranieri, findet die Regatta Storica oder di San Ranieri, ein historischer Ruderwettkampf, statt.
- **Regatta delle Antiche Repubbliche Marinare**, Ende Mai/Anfang Juni. An dieser Regatta sind die alten Seerepubliken Genua, Venedig, Amalfi und Pisa beteiligt. Der Austra-

13.6.2 Pisa – Reisepraktische Hinweise

gungsort wechselt jährlich unter den Teilnehmern. Erst 1999 findet die nächste Regatta wieder in Pisa statt.
- **Mercato della Frutta e Verdura**, Wochenmarkt (Obst, Gemüse), wochentags auf der Piazza delle Vettovaglie, 8-14 Uhr.
- **Mercato Generale**, Straßenmarkt, Mi u. Sa in der Via Buonarroti/Via S. Francesco, 8-14 Uhr.
- **Mercato Antiquariato**, Antiquitätenmarkt, zweites Wochenende im Monat in der Via di Banchi/Via S. Martino (außer in den Monaten Juli und August).

INFO

Gioco del Ponte

Dieses Brückenspiel findet am letzten Sonntag im Juni auf der Ponte di Mezzo (Mittelbrücke) statt. Nach einem großen und farbenprächtigen Festzug versuchen Pisaner der beiden Stadtteile Mezzogiorno, südlich des Arno, und Tramontana, nördlich des Arno, einen sieben Tonnen schweren Wagen über die Brücke zu schieben. Einige der Kontrahenten tragen Renaissancekostüme und Wappenschilde mit den Farben der Stadtteile. Tausende von Zuschauern säumen an diesem Tag die Ufer des Arno, um die Eroberung der Ponte di Mezzo zu verfolgen. Die ganze Stadt ist im Festfieber.

13.6.3 GESCHICHTE

Wahrscheinlich geht die Gründung der ursprünglich am Meer liegenden Stadt auf die Etrusker zurück. Als römische Kolonie ab 180 v. Chr. entwickelte sie sich zu einem wichtigen Flottenstützpunkt.

Auch unter den Langobarden und Karolingern galt Pisa als bedeutende Hafenstadt. Doch der eigentliche Aufstieg begann erst während der langen Kämpfe mit den Sarazenen. Aus der Lagunenstadt wurde eine der mächtigsten Seerepubliken (Repubblica Marinara).

Nach der Vertreibung der Sarazenen im Jahre 1025 aus Sardinien verbündete sich Pisa mit den Normannen und konnte 1063 die Sarazenen auch bei Palermo schlagen. Zum Lohn erhielt Pisa vom Papst die Insel Korsika. Außerdem eroberte Pisa die Liparischen Inseln, Reggio di Calabria, Karthago und die Balearen-Inseln im Jahre 1114.

In dieser Zeit gehörten zur Seerepublik auch Kolonien in Nordafrika, Südspanien und an der Südküste von Kleinasien. Die pisanische Flotte be-

Redaktions-Tips

- Übernachten in der "Villa Corliano"
- Abendessen in einer Trattoria im Marktviertel
- Mittagssnack im Caffè Federico Salza
- Besichtigung von Keith Harings "Murale"
- morgendlicher Bummel durch das lebhafte Marktviertel

13.6.3 Pisa – Geschichte

saß damals ungefähr 300 Galeeren. Zusammen mit Genua, Venedig und Amalfi gehörte die Stadt zu den vier mächtigen Seerepubliken Italiens.

Islamische Kunstformen und die Naturwissenschaften gelangten über Pisa nach Europa. Durch eine Vermischung von althergebrachten langobardischen mit orientalischen Formen entstand der pisanisch-romanische Stil.

1127 gelang Pisa die Vernichtung der Seerepublik Amalfi. Durch den Ausbau ihrer Vormachtstellung erhielt die Stadt einen enormen Bevölkerungszulauf. Zu Verteidigungszwecken wurde auch ein Teil des Umlandes in den Befestigungsring miteinbezogen. Während der Kämpfe zwischen Kaiser- und Papsttum schlug sich Pisa auf die Seite des Kaisers und der Ghibellinen.

Im 13. Jahrhundert versandete der Hafen zusehends, die Entfernung zum Meer betrug bereits 8 km. Nach dem Untergang der Staufer im Jahre 1284 gelang es der Seerepublik Genua, Pisa zu schlagen, und 1406 unterlag sie der Erzrivalin Florenz. Nur für kurze Zeit erlangte Pisa zwischen 1494 und 1509, mit Hilfe Karls VIII., erneute Unabhängigkeit.

13.6.4 STADTRUNDGANG

■ **Piazza dei Miracoli (1)**

Berühmteste Sehenswürdigkeit und Touristenmittelpunkt in Pisa ist die Piazza dei Miracoli (Platz der Wunder). Auf einer weiten Rasenfläche gruppieren sich bedeutende Bauwerke um den abgesenkten Dom: das Baptisterium ge-

Dom und Baptisterium

13.6.4 Pisa – Stadtrundgang

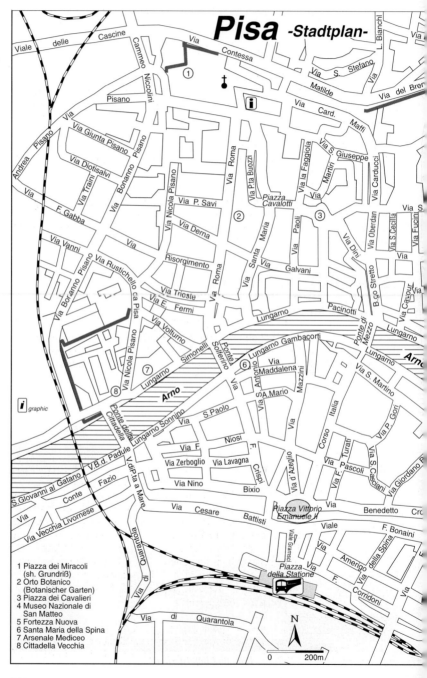

1 Piazza dei Miracoli (sh. Grundriß)
2 Orto Botanico (Botanischer Garten)
3 Piazza dei Cavalieri
4 Museo Nazionale di San Matteo
5 Fortezza Nuova
6 Santa Maria della Spina
7 Arsenale Mediceo
8 Cittadella Vecchia

13.6.4 Pisa – Stadtrundgang

genüber der Westfassade, im Norden der Camposanto Vecchio (alte Friedhof), im Osten der schiefe Campanile mit dem davorliegenden Dommuseum und auf der Südseite das Sinopienmuseum.

In Pisa ist nicht einmal die Dombesichtigung umsonst und das Ticketsystem erst auf den zweiten Blick verständlich. Für Baptisterium, Camposanto Vecchio, Dommuseum, Dom, Sinopienmuseum gibt es kombinierte Eintrittskarten: 2 Monumente (ohne Dom) L. 10.000, 4 Monumente (ohne Dom) L. 15.000, 4 Monumente mit Dom L. 17.000. Leider ist dieses Ticket für alle Monumente nur am selben Tag gültig.

Da jedes Monument einzeln 10.000 Lire und der Dom 2.000 Lire kostet, lohnt sich auf jeden Fall das Sammeltikket. Für den Besuch von Dom, Baptisterium und Camposanto genügt eine Einzelticket von 10.000 Lire, für den Dom löst man einzeln noch einmal ein Einzelticket von 2.000 Lire.

◆ Dom

Der Dombau, 1063 von dem Architekten Buscheto erbaut, 1118 unvollendet geweiht, wurde erst gegen 1200 fertiggestellt. Die Gesamtanlage der gewaltigen fünfschiffigen Basilika mit ausladendem dreischiffigen Querhaus, Vierungskuppel und großräumiger Choranlage diente den späteren Kathedralen von Florenz und Siena als Vorbild.

Die gesamte Kirche ist mit Streifen, Inkrustationen und Intarsien aus farbigem Marmor verkleidet. Die Westfassade, gegenüber dem Baptisterium, ruht auf vorgeblendeten Arkaden. Darüber folgen vier Geschosse mit zierlichen Säulenloggien. Die eigentliche Wand mit den Fensteröffnungen tritt etwas zurück. Die Originalportale der Westfassade (1186), von Bonanno ausgeführt, wurden bei einem Brand 1595 zerstört und Anfang des 17. Jahrhundert ersetzt. Einzig am südlichen Querschiff blieb die ursprüngliche **Porta San Ranieri**, 1180 von Bonanno, Baumeister des Campanile, in Bronze gegossen, erhalten. Auf 20 Tafeln ist auf möglichst einfache und gerade dadurch sehr plastische und anschauliche Weise die Lebensgeschichte Christi dargestellt. Erst 150 Jahre später entstand mit der südlichen Baptisteriumtür (s. Kap. 5.4) von Andrea Pisano ein vergleichbares Werk.

Der fünfschiffige Innenraum mit seinem Säulenwald (68 Säulen) wird durch die Streifenoptik der Marmorinkrustationen belebt und erinnert an islamische Dekorationsformen.

13.6.4 Pisa – Stadtrundgang

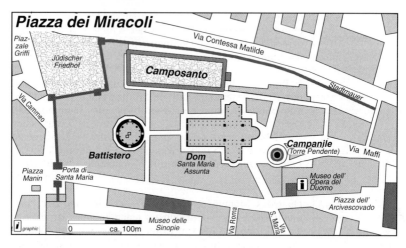

Nach der Legende soll der schwere bronzene Kronleuchter im Mittelschiff Galileo Galilei zur Erforschung der Pendelgesetze gedient haben. Seine Studien zu den Fallgesetzen erprobte er bereits am damals schon schiefen Campanile. Das größte Kunstwerk im Inneren ist die figurenreiche **Kanzel** (1302-1311) des gotischen Bildhauers Giovanni Pisano, links vor dem Hochaltar. Der Kanzelkörper, mit ausdrucksstarken Reliefs versehen, steht auf mehreren Marmorsäulen. Davon ruhen zwei auf Löwen, die anderen sind zum Teil plastisch ausgearbeitet.

Öffnungszeiten
Piazza Duomo, April-Okt. tägl. 7.45-Sonnenuntergang, Nov.-März tägl. 7.45-13 u. 15-Sonnenuntergang (L. 2.000).

◆ **Battistero**

Die Taufkirche (Baptisterium) gegenüber der Westfassade enthält sowohl romanische als auch gotische Stilelemente. Beeindruckend ist die Akustik im Innenraum. Um dieses Phänomen zu veranschaulichen, wird immer nur eine begrenzte Anzahl von Besuchern auf einmal eingelassen. Das Aufsichtspersonal demonstriert durch Klatschen und Rufen die Echo- und Hall-Effekte des Kuppelbaus. Trotz der langen Bauzeit von 1153 bis 1358 bietet das Baptisterium einen harmonischen Gesamteindruck. Zentral in der Mitte steht ein oktogonales Taufbecken. Das schönste Ausstattungsstück ist die **Kanzel** von Nicola Pisano von 1259/60, die über 40 Jahre vor der Domkanzel seines Sohnes Giovanni entstand. Auf den 6 Relieffeldern sind die Geburt Jesu und seine Kindheit, Verkündigung, Anbetung der Hirten, Anbetung der Könige, Kreuzigung und Jüngstes Gericht dargestellt.

Öffnungszeiten
Piazza Duomo, Tel.: 050/560547, tägl. 9 Uhr - Sonnenuntergang (L. 10.000).

13.6.4 Pisa – Stadtrundgang

◆ **Camposanto Vecchio**
Der Legende nach soll der Erzbischof Ubaldo dei Lanfranchi von einem Kreuzzug heilige Erde von Golgatha mitgebracht haben. Auf diesem "Heiligen Feld", daher auch der Name Camposanto, erbauten die Pisaner Bürger ihren Friedhof, um sich in heiliger Erde begraben zu lassen.

Dieses beeindruckende monumentale Gebäude läßt auf den ersten Blick nicht auf einen Friedhof schließen. Der Camposanto Vecchio ist wie eine Kirche geostet und birgt einen großen Kreuzgang (1278 begonnen). Die romanischen Rundbögen sind mit Maßwerk ausgestaltet. Die umlaufenden Wandfresken stammen aus dem 14. und 15. Jahrhundert. Bei einem Bombenangriff 1944 floß das geschmolzene Blei des Daches über die Wände und zerstörte einen Großteil der Fresken. Bei der Restaurierung entdeckte man die Vorzeichnungen, die sogenannten Sinopien. Sie wurden vorsichtig abgenommen und im Nordflügel des Camposanto untergebracht. Eine Fotodokumentation informiert über die ursprüngliche Dekoration. Die meisten der abgenommenen Fresken wurden im eigens dafür 1979 eingerichteten Museum neu aufgespannt. Der Camposanto ist ein sehr ruhiger und beschaulicher Ort. Nur wenige Besucher verirren sich hierher.

Öffnungszeiten
Piazza Duomo, Tel.: 050/560547, im Sommer 8-20 Uhr, im Winter 9-Sonnenuntergang (L. 10.000).

◆ **Torre Pendente, der schiefe Turm**
Der Bau des Glockenturms wurde 1173 von Bonanno begonnen und wenige Jahre später wieder eingestellt. Bereits beim 3. Geschoß begann sich der Turm zu neigen. Ursache dafür war der sandige Untergrund, das Schwemmland, auf dem die ganze Stadt erbaut ist.

Giovanni di Simone nahm erst 100 Jahre später die Bauarbeiten wieder auf, indem er ver-

Der schiefe Glockenturm

13.6.4 Pisa – Stadtrundgang

suchte, gegen die Schrägneigung anzubauen. Wie man sieht, mit Erfolg, denn der Turm steht immer noch, obwohl er mittlerweile 4,86 m von der Vertikalen abweicht. Abgesehen von seiner absonderlichen Neigung ist der Torre Pendente mit den zierlichen Säulenloggien einer der schönsten Campanile Italiens.

INFO

Hält er oder fällt er?

Der schiefe Turm hat eine lange und nicht sehr glückliche Restaurierungsgeschichte hinter sich. Das Wahrzeichen der Stadt wies bereits zweihundert Jahre nach Baubeginn eine Neigung von fast zwei und heute von nahezu 5 Metern auf.

Die ersten Grabungen an der Turmbasis, um die Gründe für die Neigung zu erforschen, gehen bereits auf die erste Hälfte des 19. Jahrhunderts zurück und hatten eine erneute Absenkung zur Folge. Ein direkter Versuch, den Bau zu stabilisieren, erfolgte in den 30er Jahren dieses Jahrhunderts. Man bohrte Hunderte von Löchern in den Boden und füllte den Untergrund tonnenweise mit Zement auf. Auch diese Maßnahme beschleunigte den Turmfall nur noch mehr.

Hält er oder fällt er?

Unzählige Kommissionen aus aller Welt haben sich seither mit diesem scheinbar unlösbaren Problem befaßt. 1989 stellten Experten fest, daß der Turm akut einsturzgefährdet sei. Seither ist er für Besucher gesperrt,

13.6.4 Pisa – Stadtrundgang

1990 wohl endgültig. 1993 konnte die Neigungsbewegung erstmalig gestoppt werden, indem man rund um die unterste Arkadenzone Drahtseile spannte und an der Seite 600 Tonnen Bleigewichte aufschichtete, die den Turm in die Gegenrichtung ziehen sollen. Ein letzter Versuch wurde 1995 gestartet. Wieder wurden zahlreiche Löcher in den Zement gegraben. Über riesige Tanks sollte flüssiger Stickstoff in den Untergrund geleitet werden. Doch kurz bevor man das Erdreich einfrieren wollte, bewegte sich im September 1995 unvermittelt der Turm. Die Arbeiten wurden sofort eingestellt und die Hoffnungen auf eine erneute Öffnung des Turmes und auf die damit verbundenen Eintrittsgelder wieder begraben.

Die Baustelle hat mittlerweile viele Millionen verschlungen. Eine Lösung des Problems ist noch lange nicht in Sicht. Der einfachste Lösungsvorschlag wäre ein Abtragen und erneutes Aufbauen des Turms. Doch da sind die Pisaner einhellig dagegen; denn mit einem geraden Turm kämen schließlich nicht mehr 900.000 Touristen jährlich.

◆ **Museo dell'Opera del Duomo**
Rechts vor dem Campanile steht das Dommuseum, das bis 1986 im Südflügel des Camposanto untergebracht war. In den ehemaligen Räumen der Domkanoniker sind bedeutende Kunstwerke aus allen Kirchen der Stadt und der gesamte Domschatz zu besichtigen. Besonders beeindrucken die Originalskulpturen aus dem Dom.

Im Erdgeschoß dieses Gebäudes befinden sich, etwas unscheinbar, ein kleiner Informationsschalter und die Verkaufsstelle für die Tickets.

Öffnungszeiten
Piazza Archivescovado 6, Tel.: 050/560547-561820, tägl. 9-Sonnenuntergang, im Sommer tägl. 8-19.40 Uhr (L: 10.000).

◆ **Museo delle Sinopie**
Im ehemaligen Hospiz des Klosters Santa Chiara, gegenüber dem Baptisterium, befinden sich die abgenommenen Fresken und Sinopien aus dem Camposanto Vecchio, eine der größten Sammlungen von Sinopienzeichnungen aus dem 14./15. Jahrhundert.

Das größte Fresko ist der "Triumph des Todes". Das Kloster Santa Chiara wurde 1257-86 erbaut, 1336/67 erweitert und 1830-32 stark verändert. Für ihre Museumsumgestaltung erhielten die Architekten Gaetano Nencini und Giovanna Piancastelli 1989 den Architekturpreis Italiens. Allerdings ist die Ausstellung schlecht aufgebaut und dokumentiert, so daß ein Besuch des Museums leider nur für Kenner lohnenswert ist.

Öffnungszeiten
Piazza Duomo, tägl. 9-Sonnenuntergang (L. 10.000).

13.6.4 Pisa – Stadtrundgang

INFO

Sinopien

Sinopia ist die italienische Bezeichnung für Rötelkreide und wurde nach dem Herkunftsort Sinope am Schwarzen Meer benannt. Mit Kohle oder Rötelkreide wurde ein originalgroßer Entwurf oder eine vorbereitende Zeichnung für ein Fresko auf die vorverputzte Wand übertragen. Die Anlagen von Sinopien waren in der Freskomalerei immer der erste Arbeitsschritt. Danach wurde die Wand in Abschnitte aufgeteilt, die in einem Tag zu verarbeiten waren, das sogenannte "Tagewerk".

Die Malerei wurde auf dem frischen (ital. a fresco) Kalkbewurf ausgeführt. Die Farben waren in Kalkwasser angeriebene und mit Wasser vermalbare Pigmente, die sich während dem Abtrocknen mit dem Kalkputz unlöslich verbanden und deshalb auch nicht abblättern konnten wie die Farben auf einer trockenen Wand.

Da zwischen Sinopie und Malerei noch eine weitere Putzschicht liegt, war es möglich, nicht nur die Fresken, sondern auch die Vorzeichnung abzunehmen. Für die Forschung war diese Entdeckung ein großer Glücksfall. Denn in einem Vergleich beider Schichten lassen sich Abänderungen während der Ausführung, die Feinheiten und die Entwicklung der Zeichentechnik studieren.

■ **Orto Botanico (2)**

Der Botanische Garten der Universität von Pisa wurde 1543 von dem Arzt und Botaniker Luca Ghini eingerichtet. Es handelt sich um den ältesten Botanischen Garten einer europäischen Universität. Die Pflanzen wurden wegen ihrer heilenden Eigenschaften erforscht. Das alte Institutsgebäude mit einer mit Muscheln geschmückten Fassade und einige Schalenbrunnen stammen noch aus der Gründungszeit. Das große Gelände mit seiner vielseitigen Vegetation eignet sich hervorragend für einen erholsamen Spaziergang.

Öffnungszeiten
Via L. Ghini 5, 56126 Pisa, Tel.: 050/560045, Mo-Fr 8-12.30 u. 14-17 Uhr, Sa 8-12 Uhr, So geschl. (Eintritt frei).

Nur wenige Minuten südlich vom Domplatz beginnt das eigentliche Stadtzentrum.

Sehenswert sind die Straßenzüge zwischen Piazza Dante, Piazza Cavallieri, Piazza San Francesco und dem Fluß sowie das Südufer südlich des Ponte di Mezzo.

Besonders lohnenswert ist vormittags der Besuch des Marktviertels um die **Piazza Vettovaglie**. Zu den Marktzeiten entsteht hier eine leicht orientalische Atmosphäre.

13.6.4 Pisa – Stadtrundgang

■ **Piazza dei Cavalieri (3)**

Die anmutige Piazza dei Cavalieri (Platz der Ritter) liegt im Universitätsviertel und ist der Hauptplatz Pisas. 1561 gründete Cosimo I. den Ritterorden von Santo Stefano (Ordine dei Cavalieri di Santo Stefano) zur Verteidigung der Küste gegen Piraten und Türken. Vasari wurde 1562 mit dem Bau des **Palazzo dei Cavalieri** oder auch **Carovana** genannt, betraut. Der ehemalige Ordenssitz beeindruckt durch eine doppelläufige Treppe und eine vollständige Fassadenbemalung in Sgraffittotechnik. Dies ist eine besonders wetterbeständige Art der Wandmalerei, die vor allem an Renaissancebauten in Oberitalien vorkommt. Über einen groben Unterputz wird eine schwarze, graue oder rötliche Putzschicht gelegt und dann mit einer weiteren Mörtelschicht überzogen. Solange die letzte Putzschicht feucht ist, wird mit Kratzeisen und Metallschlingen die Zeichnung eingeritzt (ital. sgraffiare = kratzen). Die unterliegende Farbe hebt sich dann vom Oberputz ab. Über den ersten zwei Stockwerken befinden sich sechs Nischen mit den Büsten toskanischer Großherzöge.

Palazzo dei Cavalieri

Auf dem Platz auf der Höhe des Portals steht ein Denkmal mit der Figur Cosimo I. (1596) in der Tracht der Stephansritter. Seit 1810 beherbergt der Palazzo dei Cavalieri die Scuola Normale Superiore, von Napoleon gegründet. In dieser Eliteschule sind nur die Begabtesten des Landes zugelassen. Viele berühmte Gelehrte wie Galileo Galilei haben in Pisa studiert oder gelehrt.

Rechts davon befindet sich die gleichnamige Kirche **Chiesa dei Cavalieri di Santo Stefano**, ebenfalls von Vasari 1569 errichtet.

Die schräg verlaufende Via Ulisse Dini führt in den **Borgo Stretto**, eine Straße mit hübschen Bogengängen, dicht von Läden gesäumt.

13.6.4 Pisa – Stadtrundgang

■ Museo Nazionale di San Matteo (4)

Das ehemalige Benediktinerinnenkloster San Matteo am Lungarno Mediceo stammt aus dem 12. und 13. Jahrhundert und besitzt einen großen Kreuzgang. Seit 1949 ist hier der Sitz des Nationalmuseums untergebracht. Neben den herausragenden Originalskulpturen von Nicola und Giovanni Pisano besitzt das Museum zwei weitere große Abteilungen: mittelalterliche Keramiken islamischer und pisanischer Herkunft und eine große Sammlung toskanischer Malerei aus dem 12. bis 15. Jahrhundert.

Öffnungszeiten
Piazza San Matteo in Soarta, Lungarno Mediceo, Tel.: 050/541865, Di-Sa 9-19 Uhr, So und feiertags 9-13 Uhr (L. 8.000).

Über die **Ponte della Fortezza** gelangt man an das Südufer des Arno. Hier fängt der **Giardino Scotto** an. Der Park liegt auf dem Gelände der ehemaligen Festung, **Fortezza Nuova (5)**, aus dem 15. Jahrhundert. Im Sommer finden hier Musik- und Theateraufführungen statt.

Öffnungszeiten
Via Bovio, tägl. 8-20 Uhr (Eintritt frei). Informationen über die Sommeraufführungen sind beim Informationsbüro erhaltlich.

Weiter am Lungarno Galilei entlang, kommt man in ein altes und früher von orientalischen Händlern bewohntes Viertel, das den Namen **Chinzica**, oder Kinzica, trug. Die Hauptstraße dieses Stadtteils ist die Via San Martino mit der gleichnamigen Kirche. Der Legende nach erhielt das Viertel seinen Namen von der Heldin Chinzica dei Sismondi, die Pisa vor einem nächtlichen Angriff der Sarazenen bewahrte.

Auf der Höhe der **Ponte di Mezzo** befinden sich die **Logge di Banchi** (1603) und der **Palazzo Gambacorti** aus dem 14. Jahrhundert, in dem heute das Rathaus untergebracht ist. Von hier lohnt sich ein kleiner Abstecher in Richtung Bahnhof am südlichen Ende des **Corso Italia**.

Denn ganz in der Nähe, an der Piazza Vittorio Emmanuele II., stößt man auf ein sehr modernes Kunstwerk. Die Stadt lud 1989 den amerikanischen Künstler **Keith Haring** ein. Er bemalte mit seinen typischen farbigen Strichmännchen eine große Wandfläche eines Konventgebäudes bei der Kirche San

Wandgemälde von Keith Haring

Antonio. Das Bild trägt den Titel Tuttomondo (Die ganze Welt) und ist das größte Wandgemälde von Haring in Europa.

Die **Ponte di Mezzo** ist alljährlich Schauplatz für das erst 1982 wiederentdeckte historische Fest Gioco del Ponte am letzten Juni-Sonntag. Hinter der Ponte di Mezzo liegt die Piazza Garibaldi und die Geschäftsstraße Borgo Stretto.

Santa Maria della Spina (6)
Dieses kleine Schmuckstück steht am Hochufer des Lungarno Gambacorti vor der Ponte Solferino. Ursprünglich lag die Kirche weiter unten am Fluß bei der Ponte Nuovo, die heute nicht mehr existiert. Als 1871 die Uferpromenaden aus Angst vor Hochwasserkatastrophen erhöht wurden, versetzte man Santa Maria della Spina an die heutige Stelle. Die ehemalige romanische Kirche wurde in der gotischen Zeit (1323) zu einem eleganten Kirchenbau ausgestaltet und mit Fialen, Tabernakeln und einem reichen Skulpturenschmuck versehen. Man erzählt sich, daß die Pisaner von ihren Kreuzzügen im Heiligen Land eine Dorne (Spina) aus der Dornenkrone Christi mitbrachten und in dieser Kirche aufbewahrten, daher auch der Name Santa Maria della Spina.

Öffnungszeiten
Lungarno Gambacorti, zu besichtigen nur nach Voranmeldung bei: l'Ufficio Turismo del Comune di Pisa Tel.: 050/910510.

Arsenale Mediceo (7)
Weiter am Südufer des Arno entlang, erblickt man auf der gegenüberliegenden Uferseite das alte Arsenalgebäude, auch Arsenale delle Galee (Galeeren), genannt. In den 1588 von den Medici erbauten Lagerräumen wurden die Galeeren gebaut, auf denen die Ritter des Stefansordens in den Kreuzzug zogen. Das Arsenal ist normalerweise nicht für Besucher zugänglich, aber gelegentlich finden hier Ausstellungen statt.

Cittadella Vecchia (8)
Die alte Festung, nicht zu verwechseln mit der jüngeren Festung an der jetzigen Stelle des Giardino Scotto, ist der Überrest einer mittelalterlichen Burganlage. Mit dem schlanken Guelfenturm beschließt die Cittadella den westlichen Stadtteil Pisas.

13.6.5 AUSFLUG IN DIE UMGEBUNG VON PISA

San Piero a Grado

Von Pisa aus in Richtung Westen führt eine alte mit Platanen bestandene Allee am südlichen Ufer des Arno entlang, vorbei an Ankerplätzen für Sportboote und an den ausgeworfenen Netzen der Aalfischer. Nach wenigen Kilometern folgt eine Abzweigung nach San Piero a Grado.

13.6.5 Umgebung von Pisa

Basilika San Piero a Grado

Die Basilika **San Piero a Grado** ist das beeindruckendste Baudenkmal in der Umgebung von Pisa. Der Legende nach geht die Gründung in römischer Zeit auf den Apostel Petrus zurück, der auf dem Weg nach Rom hier gelandet sein soll. Die dreischiffige Anlage mit einem Doppelchor entstand auf den Resten eines Vorgängerbaues aus vorromanischer Zeit im 11. und 12. Jahrhundert. Bei Restaurierungsmaßnahmen 1919-1920 und 1955-1965 kamen im Chorbereich die Reste einer Vorgängerkirche zum Vorschein, die heute freigelegt und zu besichtigen sind. Darüber hinaus sind die Wände mit Fresken aus der Zeit um 1300 mit Szenen aus dem himmlischen Jerusalem, dem Leben Petri und Papstporträts in der unteren Zone ausgemalt.

Öffnungszeiten
San Piero a Grado, tägl. 9-12 u. 15-18 Uhr.

Marina di Pisa

Unterkunft
● *** **Manzi**, Via Repubblica Pisana, 56013 Marina di Pisa, Tel.: 050/36626, Fax: 050/34159, einziges Mittelklassehotel in Marina di Pisa, 26 Zimmer, alle mit Bad, Restaurant, DZ 75.000-90.000 Lire.
● ** **Milena**, Via Padre Agostino 14, 56013 Marina di Pisa, Tel.: 050/36863, Fax: 050/34139, einfaches, kleineres Hotel, 11 Zimmer, Restaurant, DZ 65.000-83.000 Lire.

Camping
Camping Internazionale, Via Litoranea, Marina di Pisa, Tel.: 050/36553, geöff. 15.4.-31.10.

13.6.5 Umgebung von Pisa

Nightlife
Babalu, Via della Repubblica Pisana 64, Marina di Pisa, Tel.: 050/36877.

Der Badeort, leider ohne Sandstrand, liegt ca. 5 km südlich von San Piero a Grado. Besonders schöne Fotomotive sind die auf Stelzen stehenden Fischerhäuschen inmitten der breiten Arnomündung mit ihren ausgebreiteten Fischernetzen.

Aalfischer in Marina di Pisa

Parco di Migliarino, San Rossore, Massaciuccoli

Dieser Naturpark umfaßt ein großes, von Pinien geprägtes Waldgebiet entlang der Küste von Viareggio bis Livorno. Ursprünglich bestand die Vegetation aus zwei verschiedenen Waldarten: einem Mischwald mit verschiedenen Laubhölzern, die auf feuchten Böden wachsen, und aus immergrünen mediterranen Macchia-Gewächsen, die trockenen Boden bevorzugen. Durch die systematische Aufforstung mit Pinien seit dem 16. Jahrhundert änderte sich die ursprüngliche Vegetation.

Das feuchte Klima in dieser Gegend begünstigt einen außergewöhnlichen Reichtum der Flora und Fauna. Es entsteht durch die von Westen kommenden feuchten Luftmassen, die von den Apuanischen Alpen aufgehalten werden und sich in diesem Gebiet abregnen.

Der interessanteste Teil des Naturschutzgebiets ist der Massaciuccoli-See mit den umliegenden Sümpfen. Es ist das ausgedehnteste Sumpfgebiet der Toska-

13.6.5 Umgebung von Pisa

na und der natürliche Lebensraum für 250 Vogelarten. Darunter sind Taucher, Rohrdommeln, Rauchschwalben, Reiherenten, Stockenten, Rotreiher, Wasserhühner, Kormorane und Sumpffalken. Zu den seltenen Pflanzenarten gehört der Sfagno, eine seltene Moosart, ein subtropisches Farnkraut (Osmundia regalis), die Drosera (Sonnentau), eine fleischfressende Pflanze, und eine Liane (Periploca greca), die sonst nur im Osten Europas zu finden ist.

Öffnungszeiten
Ente Parco Naturale, Via Aurelia Nord 4, Tel.: 050/525500, Anmeldung für Führungen 8-14 Uhr, freier Eintritt in den Park von Tombolo, Macchia Lucchese und am Lago di Massaciuccoli. Einige Bootsgesellschaften organisieren Bootsausflüge auf dem See und in den Sümpfen von Massaciuccoli mit Abfahrtsmöglichkeiten in Viareggio und Torre del Lago. Information und Buchung über: Società Ecotour Tel.: 0584/48449 oder Società Eco-Ida Tel.: 0360/342005. Die Cooperativa ARDEA organisiert Führungen in verschiedenen Gebiete des Parks. Information und Buchung über Tel. u. Fax: 0586/881382.

Certosa di Pisa

Vom östlichen Stadtrand aus gelangt man nach 10 km über Calci zur **Certosa di Pisa**. Das Kartäuserkloster wurde 1366 gegründet und im 17. und 18. Jahrhundert erheblich verändert.

Der Hauptteil der Klosteranlage besteht aus den Mönchszellen und der Kirche, in der sich der große Kreuzgang, Kern des mönchischen Lebens, befindet. Die Zellen wurden fortlaufend nach einem bestimmten Typ hinzugefügt. Der breitgelagerte Innenhof wird an der Ostseite von einer Barockkirche dominiert.

Öffnungszeiten
Via Roma, Tel.: 050/938430, im Winter Di-Sa 9-16 Uhr, im Sommer Di-Sa 9-18 Uhr, So 9-12 Uhr, Mo geschl. (L. 8.000).

In einem Nebengebäude ist das **Museo di Storia Naturale**, ein Naturkundemuseum der Universität Pisa, untergebracht. Die Sammlung geht auf eine Gründung Ferdinand I. dei Medici im Jahre 1591 zurück und war ursprünglich dem Botanischen Garten von Pisa angeschlossen. Das Museum beherbergt Abteilungen der Zoologie, der vergleichenden Anatomie, Geologie, Paläontologie, Mineralogie und Gesteinskunde.

Öffnungszeiten
Via Roma, Tel.: 050/937751, Di-Sa 9-13 u. 14.30-19 Uhr, Mo geschl. (L. 5.000).

Certosa di Pisa

14 VON LUCCA NACH PRATO

- Ausgiebiger Stadtbummel durch Lucca
- Morgendlicher Besuch von einem der größten Blumenmärkte Italiens in Pescia
- Vergnügen für jung und alt: der Pinocchio-Park in Collodi
- Ausflug in die Garfagnana
- Führung durch das unterirdische Labyrinth der Grotta del Vento
- Besichtigung der historischen Zentren von Pistoia und Prato

14.1 ÜBERBLICK

Die Städte Lucca und Florenz (Entfernung ca. 120 km) sind durch die Autobahn A 11 und durch eine Zugstrecke miteinander verbunden. Dazwischen liegen sehenswerte historische Zentren, wie **Pistoia**, **Prato** und der berühmte italienische Kurort **Montecatini Terme**.

Im Hinterland von Lucca beginnt die grüne Gebirgslandschaft der **Garfagnana**, die sich entlang des Serchio-Flusses zieht. Ausgedehnte unterirdische Höhlensysteme, ein herrliches Wandergebiet und idyllische Bergdörfer prägen das Bild dieser Landschaft. Eine weite Berg- und Hügellandschaft bietet sich auch im Norden von Pescia. Eine Rundfahrt durch die Pesciatiner Schweiz, eine vom Tourismus noch nicht entdeckte Region, eignet sich ideal als geruhsamer Tagesausflug, abseits der touristischen Zentren.

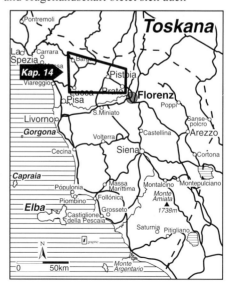

14.2 REISEPRAKTISCHE HINWEISE

Information
APT, Piazza Guidiccioni 2, 55100 Lucc, Tel.: 0583/491205, Fax: 0583/490766.

Überlandbusse
- **C.L.A.P**, Piazzale Verdi, 55100 Lucca, Tel.: 0583/587897, Fax: 0583/541240. Busverbindungen in die Garfagnana und in die Versilia.

14.2 Von Lucca nach Prato – Reisepraktische Hinweise

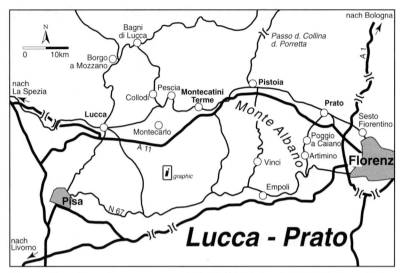

- **Lazzi**, Piazzale Verdi, 55100 Lucca, Tel.: 0583/584876, Fax: 0583/53892. Busverbindungen in die Garfagnana, nach Florenz, Pisa und in die Versilia.

Sprachkurse
Folgende Sprachunternehmen in Lucca bieten Ferienkurse für Ausländer an:
- **Centro Koiné**, Via Antonio Mordini 60, 55100 Lucca, Tel.: 0583/493040, Fax: 0583/491689.
- **Connections Italian in Italy**, Viale C. Castracani 81, 55100 Lucca, Tel. u. Fax: 0583/490321.
- **Istituti Scolastici Euroschool**, Via della Zecca 31, 55100 Lucca, Tel.: 0583/495749, Fax: 0583/495750.

Golf
Golf Club Montecatini, Via dei Brogi, Loc. La Pievaccia, 51015 Monsummano Terme, Tel.: 0572/62218, Fax: 0572/617435, der 18-Loch-Golfplatz liegt ca. 10 km vom Zentrum Montecatinis entfernt. Preise: Mo-Fr L. 70.000, Sa-So L. 80.000, Golfwagen: L. 50.000, bei diversen Hotels bekommen die Gäste Rabatt.

Wandern/Naturparks
Bei den Informationsbüros der Provinz Lucca sind Wanderkarten mit Routenvorschlägen erhältlich.
- **Orrido di Botri**. Das kleine Naturschutzgebiet mit tiefen Schluchten gehört zur Gemeinde Bagni di Lucca.
- **Parco Regionale delle Alpi Apuane**. Der Naturschutzpark der Apuanischen Alpen liegt in den beiden Provinzen Lucca und Massa-Carrara. Informationszentren gibt es in: Castelnuovo di Garfagnana, Tel. u. Fax: 0583/644242 und in Seravezza, Tel.: 0584/757361.
- **Parco Naturale dell'Orecchiella**. Der kleine Naturpark liegt im oberen Serchio-Tal und untersteht dem staatlichen Forstamt. Im Dorf Orecchiella gibt es einen botanischen Garten und ein Besucherzentrum, Tel.: 0583/619098, Juli-Aug.: täglich zugänglich, Juni u. Sept.: Sa. u. So., April, Mai, Okt.: nur So, im Winter nur nach Voranmeldung von Gruppen, außerhalb der Sommermonate Informationen über das Staatliche Forstamt (Amministrazione

14.2 Von Lucca nach Prato – Reisepraktische Hinweise

Foreste Demaniali), Via Giusti 65, 55100 Lucca, Tel.: 0583/955525, Fax: 0583/953775. (Eintritt frei, in den Sommermonaten Führungen im Botanischen Garten L. 2.000).
• Sehr gute Wandermöglichkeiten mit ausgeschilderten Wegen gibt es auch im **Pistoieser Bergland**. Informationen sind erhältlich bei **APT San Marcello Pistoiese**, Tel.: 0573/630145-622300, **Comunità Montana Apennino Pistoiese**, Tel.: 0573/622462 oder die **Gruppo Trekking Montagna Pistoiese**, Tel.: 0573/622402-622065.

Bergführer/Guide Alpine
• Bei den örtlichen Alpenvereinen erhalten Sie Informationen zum Angebot an geführten Bergtouren: **Sezioni del Club Alpino Italiano** (C.A.I.): Cortile Carrara (Palazzo Ducale), **Lucca**, Tel.: 0583/582669, Mo-Fr: 19-20 Uhr; in **Barga**, Sezione di Val di Serchio, Volta dei Menchi, Fr 21-23 Uhr, Tel.: 0583/723049; in **Castelnuovo di Garfagnana**, Sezione Garfagnana, Via V. Emanuele, Tel.: 0583/74352.
• **Garfagnana Vacanze**, Piazza delle Erbe 1, Castelnuovo Garfagnana, Tel. u. Fax.: 0583765169, Führungen im Parco dell'Orecchiella.

Berghütten/Rifugi Alpini
• **Enrico Rossi alla Pania**, siehe bei Stazzema Kap. 12.5.
• **Rifugio Escursionistico "La Buca"**, Via San Pellegrinetto 2, Loc. Fornovolasco, Vergemoli, kleine Hütte mit nur 7 Betten.

Kureinrichtungen
• **Complesso Termale dei Bagni di Lucca** (Kurkomplex in Bagni di Lucca), Tel.: 0583/87221, geöff. April-November.
• **Complesso Termale di "Villa Ada"**, Bagni di Lucca, Tel.: 0583/87466, in der Villa befinden sich Anwendungsräume, im Garten liegt das Thermalschwimmbecken, geöff. April-November, das Freibecken nur von Juni-September.

Hotelreservierung
• **Sindacato Lucchese Albergatori**, c/o Associazione del Commercio, del Turismo e Servizi della Provincia di Lucca, Via Fillungo 121, Tel.: 0583/494181, Fax: 0583/48587.
• **Assoturismo**, c/o Confesercenti Provinciale, Piazza Curtatone 121, Tel.: 0583/491904, Fax: 0583/494329.

Agriturismo/Reiten
Consorzio Le Guardatoie, Via di Marzalla 3, 51012 Pescia, Tel.: 0572/490377-490419, Fax: 0572/490277, die Genossenschaft Guradatoie besteht aus neun Landgütern in schöner Lage von Montecatini bis Viareggio. Es handelt sich um komplett restaurierte Bauernhäuser mit Restaurant. Außerdem organisiert die Genossenschaft Trekking-Touren zu Pferd, zu Fuß und mit dem Fahrrad.

Hotels in Montecatini und Pescia
Das Fremdenverkehrsamt in Montecatini gibt die Hotelpreise im Unterkunftsverzeichnis entgegen der sonst üblichen Klassifizierungsweise immer pro Person und mit Vollpension an. Die Mindest- und Höchstpreise gelten nur bei einem Aufenthalt von wenigstens drei Tagen. Man beachte, daß **Getränke** und das **Frühstück** nicht im Pensionspreis inbegriffen sind. Die angegebenen Mindest- und Höchstpreise in Montecatini, Pescia und Collodi gelten also pro Person mit Vollpension und Bad. Die reinen Zimmerpreise können nur beim Hotel direkt erfragt werden.

14.3 LUCCA

14.3.1 ÜBERBLICK

Die Provinzhauptstadt liegt inmitten einer fruchtbaren Landschaft, ca. 25 km landeinwärts von Viareggio am linken Ufer des Serchio, zwischen den südlichen Ausläufern der Apuanischen Alpen und den nördlichen Erhebungen des Monte Pisano. Ehemals durch die Seidenproduktion und das Bankwesen reich geworden, ist die Provinzhauptstadt mit ca. 92.000 Einwohnern heute ein landwirtschaftliches Handels- und Industriezentrum. Die Luccheser rühmen sich, das beste Olivenöl der Toskana zu produzieren.

Redaktions-Tips

- Fahrräder ausleihen und auf der breiten Allee der Ringmauer die Stadt umrunden
- Fahrt mit der Bergbahn von Lucca nach Aulla
- Stadtbummel durch die Altstadt mit ihren zahlreichen Antiquitäten- und Juweliergeschäften
- Besteigung des baumbestandenen Torre di Guinigi
- Aperitif auf der faszinierenden Piazza dell'Anfiteatro einnehmen
- Kaffeetrinken auf der Piazza San Michele
- Die lucchesische Küche im Ristorante Puccini oder im Buca di San Antonio genießen

Lucca, die "**Stadt der hundert Kirchen**", ist einzigartig und faszinierend. Ein Wahrzeichen ist der vollständig erhaltene Festungsgürtel mit seiner breiten Baumallee, der in seiner Art einmalig in der Toskana ist. Bei einem Spaziergang oder einer Fahrradumrundung auf der Stadtmauer bieten sich wie von einer Freiterrasse herrliche Einblicke in die verschiedenen Viertel. Im Innern der umlaufenden Backsteinmauer liegt ein völlig intaktes Zentrum. Unter den unzähligen Kirchen ragen die prächtigen Kirchen **San Martino** und **San Michele** heraus, die von herrschaftlichen Palästen umgeben sind. Viele der ehemaligen Gotteshäuser liegen im Verborgenen und werden heute anderweitig genutzt.

Weitere einmalige Sehenswürdigkeiten sind die **Piazza dell'Anfiteatro** und das zweite Wahrzeichen der Stadt, der **Torre Guinigi** mit seinem grünen Baumdach.

In der verkehrsberuhigten Innenstadt gibt es zahlreiche Antiquitäten- und Juweliergeschäfte, und entlang der Via Fillungo liegen viele altmodische Lebensmittelläden und Konditoreien. Ein ausgiebiger Besuch Luccas ist einer der Höhepunkte einer Toskana-Reise.

14.3.2 REISEPRAKTISCHE HINWEISE

Information
APT, Vecchia Porta San Donato-Piazzale Verdi, 55100 Lucca, Tel. u. Fax: 0583/419689.

14.3.2 Lucca – Reisepraktische Hinweise

Wichtige Telefonummern
Vorwahl: 0583
Polizei: 113, Carabinieri: 112, Pannenhilfe (ACI): 116, Rotes Kreuz: 48444.

Fundbüro
für verloren gegangene Gegenstände (oggetti smarriti), c/o Comune di Lucca, Ufficio Economato, Via C. Battisti 10, Tel.: 0583/4422.

Zugverbindungen
Stazione, Piazzale Ricasoli, 55100 Lucca, Zugauskunft Mo-So 9-12 u. 15-18 Uhr über Tel.: 0583/47013, Zugverbindungen nach Viareggio, Pisa, Florenz, Pistoia, Castelnuovo Garfagnana und Aulla.

Flugverbindungen
● **Aeroporto "E. Squaglia"**, Tassignano bei Capannori, Tel.: 0583/936062-935501, kleiner nationaler Touristen-Flughafen, 5 km von Lucca entfernt.
● **Galileo Galilei** in Pisa, Tel.: 050/500707, internationaler Flughafen, 20 km von Lucca entfernt.
● **Aeroporto Vespucci** in Florenz, Tel.: 055/30615, internationaler Flughafen, 75 km von Lucca entfernt.

Taxi
● Piazza Stazione, Tel.: 0583/494989.
● Piazzale Verdi, Tel.: 0583/581305.
● Piazza Napoleone, Tel.: 0583/492691.

Autovermietung
● **AVIS Autonoleggio**, Viale Castracani 1217, Tel.: 0583/513614.
● **Autonoleggi Giglio**, Piazza Giglio 4, Tel.: 0583/490595, Via Orzali 391, Tel.: 0583/492698.
● **Hertz**, Via Catalani 59, Tel.: 0583/53535.

Fahrradverleih
● **Valeriano Barbetti**, Via dell'Anfiteatro 23, Tel.: 0583/954444, Verleih von Fahrrädern und Mountainbikes.
● **Tiziano Bizzarri**, Piazza Santa Maria 32, Tel.: 0583/463031, Verleih von Fahrrädern und Mountainbikes.
● **Pierluigi Poli**, Piazza Santa Maria 42, Tel.: 0583/493787, Verleih von Fahrrädern und Mountainbikes.
● **Meschi Paladino**, Via del Sasso.

Automobilclub
A.C.I., Automobile Club d'Italia, Via Catalani 59, 55100 Lucca, Tel.: 0583/582626.

Anreise
● **Bahn** – Vom Bahnhof gelangt man ins Stadtzentrum über die Porta San Pietro im Südwesten hinter der Piazza Risorgimento.
● **Bus** – Busbahnhof an der Piazzale Verdi im Westen innerhalb der Stadtmauern.
● **Auto** – Innerhalb der Stadtmauern gibt es kleinere Parkplätze. Ansonsten empfiehlt es sich, vor den Toren Luccas zu parken. Die Plätze liegen außerhalb entlang der Stadtmauer, z.B. Piazza Napoleone im Südwesten, vor der Präfektur und dem Informationsbüro.

14.3.2 Lucca – Reisepraktische Hinweise

Krankenhaus
Ospedale Campo di Marte, Via dell'Ospedale, 55100 Lucca, Tel.: 0583/9701.

Geldwechsel
Wechselschalter in allen Geldinstituten, geöff. Mo-Fr 8.30-13 und 14.30-16 Uhr, am Bahnhof und bei der Post in der Via Vallisner 2.

Sightseeing
- **La Giunchiglia**, C.P. 363, Tel. u. Fax: 0583/341612.
- **L'Idea**, Via Bacchettoni 25, Tel.: 0583/490530, Fax: 0583/936554.
- **Turis-Lucca**, Via Ridolfi 43, Tel.: 0583/342404, Fax: 0583/342525.

Gruppenpreise für eine 2 ½-stündige Führung liegen bei ca. 110.000 Lire (bei mehr als 20 Personen, pro Person 2.000 Lire mehr).

Unterkunft
- ***** **Principessa Elisa**, S.S. del Brennero, 55100 Lucca, Tel.: 0583/379737, Fax: 0583/379019, 3 km von Lucca entfernt, schönstes Hotel der Stadt mit 10 Zimmern, DZ 340-500.000 Lire.
- **** **Villa la Principessa**, S.S. del Brennero, Massa Pisana, 55100 Lucca, Tel.: 0583/370037, Fax: 0583/379136, schöne alte historische Villa, stilvoll mit Antiquitäten eingerichtet, DZ 280.000-375.000 Lire.
- **** **Grand Hotel Guinigi**, Via Romana 1247, 55100 Lucca, Tel.: 0583/4991, Fax: 0583/499800, neuer, komfortabler, aber unpersönlicher Hotelkomplex mit 160 vollklimatisierten Räumen und 17 Suiten, ca. 1 km außerhalb des Stadtzentrums, DZ 160.000-320.000 Lire.
- *** **Villa Rinascimento**, Loc. S. Maria del Giudice, 55100 Lucca, Tel.: 0583/378292, Fax: 0583/370238, der kleine Ort liegt 9 km in Richtung Pisa, kurz vor S. Giuliano Terme. Die sorgfältig restaurierte Villa mit stilvoll eingerichteten Zimmern, Appartements und Swimmingpool liegt idyllisch inmitten von Weinbergen und Olivenhainen der lucchesischen Hügel, gut als Standort für Ausflüge in die Kunststädte Lucca, Pisa und Florenz und an die Badestrände der Versilia, DZ 98.000-127.000 Lire.
- *** **Piccolo Hotel Puccini**, Via di Poggio 9, 55100 Lucca, Tel.: 0583/55421-53487, Fax: 0583/53487, neu renoviertes kleines Haus in der Altstadt, zentral gelegen, DZ 100.000-120.000 Lire.
- *** **Universo**, Piazza Puccini 1, 55100 Lucca, Tel.: 0583/493678, Fax: 0583/954854, großes Hotel mit 60 Zimmern, sehr zentral gelegen, Parkplatz in der Nähe, DZ 136.000-260.000 Lire.
- *** **Hambros**, Via Pesciatina 197, Loc. Lunata, 55012 Capannori, Tel.: 0583/935355, Fax: 0583/935356, herrschaftliche Villa aus dem 17. Jahrhundert, ca. 4 km entfernt von Lucca im Ortsteil Lunata. Der ursprüngliche Charakter des Landhauses blieb trotz Restaurierung und Modernisierung erhalten. Alle 30 Zimmer sind mit Bad oder Dusche/WC, Telefon und Farbfernsehen ausgestattet, mit Parkplatz, DZ 90.000-150.000 Lire.
- ** **Ilaria**, Via del Fosso 20, 55100 Lucca, Tel.: 0583/47558, Altstadthaus mit großer Terrasse, DZ 87.000 Lire.

Agriturismo
Fattoria Colle Verde di Francesca Pardini, Via Matraia 20/b, Loc. Castello-Matraia, 55012 Capannori, Tel.: 0583/402256-402262, das Landgut produziert Wein und Olivenöl und besitzt einige Appartements in restaurierten Bauernhäusern, 2 Schwimmbäder und ein kleines Restaurant (Mitglied des Consorzio Le Guardatoie).

14.3.2 Lucca – Reisepraktische Hinweise

Jugendherberge
Ostello Il Serchio, Via del Brennero 673, Loc. Salicchi, 55100 Lucca, Tel. u. Fax: 0583/341811, geöffnet 1.3.-4.11., Jugendherberge mit 62 Betten, etwas außerhalb von Lucca. In der Zeit von Nov.-Febr. kann man über Tel.: 0586/862517 buchen.

Restaurant/Café
- **La Buca di San Antonio**, Via della Cervia 3, 55100 Lucca, Tel. u. Fax: 0583/ 5581, Fax: 0583/312199, So abend u. Mo Ruhetag, gepflegtes Lokal in der ehemaligen alten Poststation, sehr gute lucchesische Küche mit schöner Weinkarte in stilvollem Ambiente. Gehobene Preisklasse.
- **Ristorante Puccini**, Corte S. Lorenzo 1/2, 55100 Lucca, Tel.: 0586/316116-316031, Mo u. Di mittag Ruhetag, bekannt für seine ausgezeichneten Fischgerichte. Teuer.
- **Antico Caffè della Mura**, Piazzale V. Emanuele 2, 55100 Lucca, Tel.: 0586/47962, Di Ruhetag, traditionelle toskanische Küche. Gehobene Preisklasse.
- **Antica Locanda dell'Angelo**, Via Pescheria 21, 55100 Lucca, Tel.: 0586/47711, So abend u. Mo Ruhetag, traditionelle lucchesische Küche. Teuer.
- **La Mora**, Via Sesto di Morano 1748, Ponte a Moriano, 55100 Lucca, Tel.: 0583/406402, Mi Ruhetag, ca. 8 km in Richtung Borgo a Mozzano, hervorragende traditionelle regionale Küche, sehr gutes Preis-Leistungsverhältnis. Gehobene Preisklasse.
- **Trattoria da Giulio**, Via delle Conce 47 (Piazza San Donato), 55100 Lucca, Tel.: 0583/ 55948, So u. Mo Ruhetag, sehr gute Trattoria mit typischen lucchesischen Gerichten, wie z.B. Minestra di farro und zum Dessert eine süße Gemüsetorte. Mittlere Preisklasse.
- **Canuleia**, Via Canuleia 14, 55100 Lucca, Tel.. 0583/47470, Sa u. So. Ruhetag, kleines Lokal in der Nähe der Piazza dell'Anfiteatro mit interessantem Ambiente, hervorragende lucchesische Küche. Mittlere Preisklasse.
- **Antico Caffè Simo**, Via Fillungo 58, 55100 Lucca, Tel.: 0583/46234, traditionsreiches Kaffeehaus im Jugendstil eingerichtet. Hier saßen bereits die großen italienischen Lyriker Giuseppe Ungaretti, Salvatore Quasimodo, der Komponist Giacomo Puccini und viele andere Musiker und Schriftsteller. Abends bietet man Piano-Musik.

Einkaufen
- **Pasticceria Taddeucci**, Piazza San Michele 34, 55100 Lucca, Tel.: 0583/ 44933, Do geschl.,
- **La Botteghina del Vipore**, Loc. Pieve Santo Stefano, 55100 Lucca, Tel.: 0583/395107, Feinkostgeschäft.
- **Ditta Bàrlame di Mario Mazzei**, Via Romana 135, 55100 Lucca, Tel.. 0583/956250, Kunsthandwerkstatt für Holzmarionetten und Puppentheater.
- **Carli**, Via Fillungo 95, 55100 Lucca, Tel.: 0583/491119, Fax: 0583/952891, schönstes und bekanntestes Juweliergeschäft der Stadt seit 1655.

Weingüter
- **Tenuta Maria Teresa**, S. Martino in Vignale, Lucca, Tel.: 0583/394412, eines der schönsten Weingüter der Region, Bianco und Rosso delle Collinie Lucchesi.

Luccheser Juweliergeschäft

387

14.3.2 Lucca – Reisepraktische Hinweise

- **Fattoria di Valgliano**, Valgiano, Lucca, Tel.: 0583/46078, sehr gut der Rosso di Palistorti 1994 mit 12 % Vol.

Veranstaltungen/Markt
- **Luminaria di Santa Croce**, feierliche Prozession mit dem Volto Santo Kruzifix durch die Stadt am 13. September.
- **Palio di S. Paolino** am 12. Juli, Patronatsfest des Heiligen Paolino mit historischem Umzug.
- **Mercato Antiquariato**, Antiquitätenmarkt jedes 3. Wochenende im Monat auf der Piazza Antelminelli, Piazza San Giusto und in den umliegenden Gassen.
- **Piazzetta dell'Arte**, Kunstmarkt mit Malerei, Grafik und Skulpturen von Künstlern aus Lucca, jedes 3. Wochenende im Monat auf der Piazza und Via dell'Arancio, Piazza San Quirico und Via dell'Olivo.
- **Arti e Mestieri**, Verkauf von Kunsthandwerk, jedes letzte Wochenende im Monat auf der Piazza S. Giusto.

Theater
Teatro Comunale del Giglio, Piazza del Giglio, 55100 Lucca, Tel.: 0583/442101, Kartenverkauf Tel.: 0583/442103-47521, Fax: 0583/490317.

14.3.3 GESCHICHTE

Ursprünglich ligurisch, entstand in etruskischer Zeit die Siedlung mit dem Namen Luk (in der ligurisch-etruskischen Sprache der Name für Sumpf). Unter den Goten und den Langobarden, nach dem Untergang des römischen Reiches, war Lucca der Hauptort Tusciens, bis die Karolinger Florenz zur Hauptstadt machten. Seit dem 6. Jahrhundert lag die Stadt an der beschützten Frankenstraße zwischen Pavia in der Lombardei und Rom, weshalb sie sich zu einer Metropole der Seidenindustrie und des Handels entwickeln konnte. Im Jahre 1080 gründeten Kaufleute einen freien Stadtstaat mit einer kommunalen Stadtverwaltung, 100 Jahre früher als in Florenz und in Siena.

Unter der gemeinsamen Regierung von Adel und Bürgertum entstand 1396 die Republik von Lucca. Nur durch die Alleinherrschaft der einheimischen Adelsfamilie Guinigi unterbrochen, blieben die Unabhängigkeit und der Reichtum der Stadt bis zur Ankunft der Truppen Napoleons 1799 erhalten. Die sehr beliebte Schwester Napoleons, Elisa Bacciocchi, erhielt Lucca als Fürstentum. Nach einer kurzen Interimszeit von 1814-1847 unter bourbonischer Herrschaft gehörte die Republik zum Großherzogtum Toscana und ab 1860 zum vereinten Italien.

Lucca nahm unter den Städten in der Toskana schon immer eine Sonderrolle ein. Als einzige widerstand Lucca seit dem 14. Jahrhundert der Unterwerfung durch Florenz. Es ist der einzige größere Ort, der schon immer von einer christdemokratischen Mehrheit regiert wurde.

Neben dem Bankwesen und dem Handel mit Edelmetallen war jahrhundertelang die Herstellung von Seide und Goldbrokat ein sehr bedeutender Wirtschaftsfaktor.

14.3.4 STADTRUNDGANG

■ **Die Stadtmauer**

Bereits in römischer Zeit war Lucca von einem viereckigen, acht bis neun Meter hohen und aus Kalksteinblöcken bestehenden Mauerring umgeben. Im Osten verlief er in der Nähe der Via Guinigi, im Norden unregelmäßig auf Höhe der Via Mordini, im Westen wurde die Mauer von der heutigen Via Galli Tassi begrenzt und im Süden durch den Corso Garibaldi. Teile dieser römischen Mauer sind auf der linken Seite im Innenraum der kleinen Kirche S. Maria della Rosa noch zu sehen. Vier Tore gewährten Einlaß in die Stadt und verbanden den Ort mit der Umgebung: das Osttor führte in Richtung Florenz, das Nordtor nach Parma, das Westtor nach Ligurien und das Südtor nach Pisa.

Im 12. und 13. Jahrhundert wurde der zweite Mauerring, unter Miteinbeziehung der im Norden und Osten neuentstandenen Stadtviertel, errichtet. 1260 war der Mauerbau beendet. Diese regelmäßige Steinreihe war mit ungefähr zwölf Meter hohen Türmen befestigt. Die Wohnhäuser standen innerhalb der Mauern dicht nebeneinander. Nach einer Überlieferung soll das mittelalterliche Lucca mit Glockentürmen und Wohntürmen übersät gewesen sein.

1312 ließ Castruccio Castracani innerhalb der Stadt eine neue Festung, die "Augusta", bauen. Sie diente einer Reihe von despotischen Regierungen zur zusätzlichen Verteidigung ihrer Interessen. Nachdem Lucca wieder die Unabhängigkeit erlangt hatte, zerstörte die Bevölkerung 1369 die Augusta.

Die dritte Ringmauer wurde im Laufe der Jahrhunderte immer wieder umgestaltet und ausgebaut. In der ersten Hälfte des 16. Jahrhunderts wurde sie um ein großes Gebiet im Nordosten erweitert, im Süden und Westen errichtete man auf dem alten Festungswerk große, sich nach unten verbreiternde Türme. Reste davon sind noch heute auf den Bastionen S. Croce, S. Martino und S. Colombano zu sehen.

Die heutige eliptische Stadtmauer ist die vierte Befestigungsanlage (1544-1650). Sie ist über 4 km lang, 12 Meter hoch und an der Basis bis zu 12 Meter breit. Elf Bastionen ragen herzförmig aus der Mauer hervor. An ihrer Stelle standen vor dem Bau der Wallanlage die Wachttürme. Darunter lagen unterirdische Munitions- und Proviantlager, die aus großen Backsteingewölben bestanden und zu geschützten Innenhöfen führten. Zur Verteidigungsanlage gehörten außerhalb der Festungsanlage ein Wassergraben, ein Erdwall zur Verteidigung der Straße und zwölf freistehende Schießgebäude. Zwischen der Plattform S. Frediano und der Bastion S. Croce sind noch zwei solcher Gebäude erhalten. Für die Errichtung dieses riesigen Mauerwerks wurden sechs Millionen Backsteine verwendet.

Nach einer über hundertjährigen Bauzeit wurde die Befestigungsanlage nie mehr zu Verteidigungszwecken benutzt. Allerdings rettete sie die Stadt 1812 vor einer Überschwemmungskatastrophe durch den Fluß Serchio.

14.3.4 Lucca – Stadtrundgang

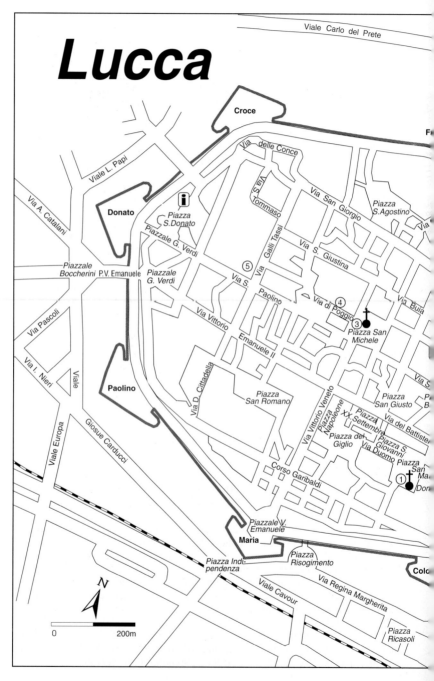

14.3.4 Lucca – Stadtrundgang

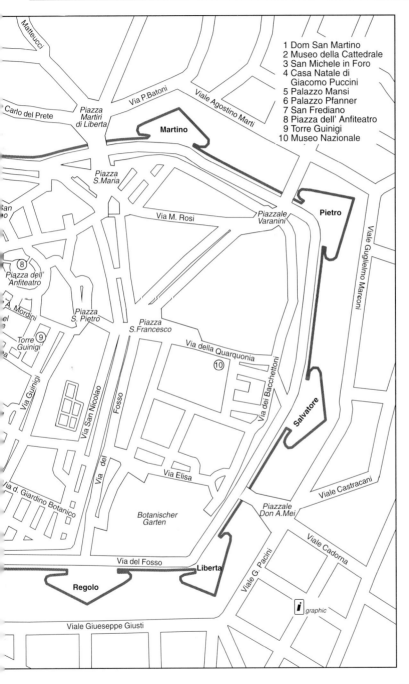

14.3.4 Lucca – Stadtrundgang

Ab 1817, unter der Regierung von Maria Luisa von Bourbon, wandelte man den Mauerring in einen öffentlichen Garten um.

Früher diente die breite Ringmauer als Stadtumgehung für den Autoverkehr. Seit die doppelreihige Baumallee für den Verkehr gesperrt ist, verfügt Lucca über eine einzigartige Fußgängerpromenade, die von den Lucchesern **Passeggiata delle Mura** genannt wird. Auf der einen Seite gewährt sie schöne Einblicke in die Stadtteile, und gegenüber liegt zwischen den Bastionen ein ausgedehnter Grüngürtel. Eine Stadtumrundung auf den Mauern zu Fuß oder mit dem Fahrrad ist ein einzigartiges Erlebnis.

■ Dom San Martino (1)

Im Osten der **Piazza Napoleone** (einer der wenigen Parkplätze in der Innenstadt) führt die **Via del Duomo** zum sakralen Zentrum der Stadt, zur **Piazza San Martino** mit dem Dom. Die Basilika hat eine lange Bauzeit hinter sich.

Skulpturenschmuck am Dom San Martino

Sie geht wahrscheinlich auf eine Gründung des Bischofs Frediano im 6. Jahrhundert zurück. Im 8. Jahrhundert wurde die Kirche zum Bischofssitz erhoben. Anselmo da Baggio, Bischof von Lucca und späterer Papst Alexander II., begann um 1060 mit einem Neubau. Die beeindruckende romanische Marmorfassade besteht aus einem Portikus und Säulengängen und ist mit Intarsien und Skulpturen geschmückt. Sie wurde 1204 von Guidetto da Como vollendet. Erst auf den zweiten Blick ist die Asymmetrie der Fassade zu erkennen. Da an der rechten Seite bereits ein **Campanile** vom Vorgängerbau stand, fiel die rechte der drei Arkaden im Erdgeschoß etwas kleiner aus, und die zwei folgenden Loggien-Geschosse weisen über die Breite des linken Seitenschiffes fünf Arkaden und über das rechte Seitenschiff nur drei Arkaden auf. Beachtenswert sind die filigran mit Skulpturen und Marmorinkrustationen versehenen Säulenschäfte und die darüberliegenden Wandflächen mit Pflanzen- und Tiermotiven. Etwas versteckt befindet sich am rechten Stützpfeiler der romanischen Vorhalle ein kreisförmiges Labyrinth. Im linken Seitenportal gibt es eine kleine Öffnung in Brusthöhe mit Blick auf das hölzerne Kruzifix Volto Santo. Dadurch konnten die Luccheser zur Tages- und Nachtzeit einen Blick auf ihr Heiligtum werfen.

Von 1373 bis zum Ende des 15. Jahrhundert wurde der gesamte Kircheninnenraum gotisch umgestaltet.

Eines der schönsten Ausstattungsstücke ist das **Grabmal für Ilaria del Carretto**. Es gilt als eines der berühmtesten Grabdenkmäler der Frührenaissance.

14.3.4 Lucca – Stadtrundgang

Volto Santo im Festtagsschmuck

Paolo Guinigi, Stadtherr von Lucca, beauftragte 1406 den sienesischen Bildhauer Jacopo della Quercia mit der Ausführung des freistehenden Sarkophags für seine jung verstorbene Frau Ilaria.

Im linken Seitenschiff steht eine kleine achteckige Kapelle, in der das **Volto Santo** (heilige Antlitz) aufbewahrt wird.

Der Legende nach soll der heilige Nikodemus die in eine bodenlange Tunika gehüllte Figur des Gekreuzigten aus einer Libanon-Zeder geschnitzt haben. Ein besatzungsloses Boot brachte 782 das Kruzifix nach Luni (siehe Kap. 12.3), später gelangte die im Mittelalter berühmte Reliquie mit einem herrenlosen Ochsenkarren nach Lucca. Die Figur ist schwer zu datieren. Man nimmt aber heute an, daß sie aus dem 11. oder 12. Jahrhundert stammt und die schwarze Färbung durch den Ruß von Kerzen und Weihrauch entstand. Alljährlich am 13. September wird der Volto Santo mit einer kostbaren Tunika und einer goldenen Krone geschmückt und feierlich durch die Altstadt getragen.

Öffnungszeiten
Piazza S. Martino, im Sommer: 7-12.30 u. 15-18 Uhr, im Winter: 7-12 u. 15-18 Uhr (L. 2.000 für die Besichtigung des Grabmals von Illaria del Carretto in der Sakristei).

Museo della Cattedrale (2)

In einem kleinen Palazzo links vom Dom wurde ein neues Museum eingerichtet. Es beherbergt den Domschatz mit kostbaren sakralen Gegenständen, darunter auch die Stücke, mit denen das Volto Santo zur Prozession geschmückt wird.

Öffnungszeiten
Via dell'Arcivescovato, 55100 Lucca, Tel.: 0583/490530, Juni-Sept.: Di-So 10-18 Uhr, Okt.-Mai: Di-So 10-13 u. 15-18 Uhr, Mo geschl. (L. 5.000).

San Michele in Foro (3)

Die lebhafte **Piazza San Michele** inmitten der Fußgängerzone und der Einkaufsstraßen ist das eigentliche Zentrum der Stadt. Hier trifft sich jung und alt auf einen Kaffee oder einen Tratsch nach der Schule oder der Arbeit. An der Stelle des heutigen Marktplatzes stand einst ein römisches Forum, daher auch der Beiname in Foro – auf dem Forum. Herrliche Stadtpaläste, darunter der **Palazzo Pretorio** (16. Jahrhundert), säumen den großen Platz. Blickfang ist jedoch die Schaufassade der imposanten Kirche San Michele, die deutlich über das Dach des Langhauses hinausragt. Der Baubeginn der Kirche lag in

14.3.4 Lucca – Stadtrundgang

Westfassade von San Michele

der ersten Hälfte des 12. Jahrhunderts, doch die Arbeiten an der beeindruckenden vierstöckigen Marmorfassade zogen sich bis in die zweite Hälfte des 13. Jahrhunderts hin. Die oberste Blendarkade wird von einer Statue des Erzengels Michael, dem Kirchenpatron, gekrönt.

Deutlich ist die Konkurrrenz zur Bischofskirche San Martino zu spüren, denn die Säulen, Kapitelle und Wandflächen scheinen noch vielfältiger und reicher geschmückt zu sein.

Der Innenraum, erst im 16. Jahrhundert eingewölbt, zeigt Terrakotta-Reliefs von Andrea della Robbia, ein Altarbild von Filippino Lippi (um 1490) und ein Holzkruzifix am Hauptaltar aus der ersten Hälfte des 13. Jahrhunderts.

 Öffnungszeiten Piazza S. Michele, tägl. 7.30-12.30 u. 15-18 Uhr.

■ **Casa Natale di Giacomo Puccini (4)**
Westlich der Piazza San Michele führt die Via Poggio zum Geburtshaus von Gioacomo Puccini, heute Sitz des Puccini-Museums und der Puccini-Gesellschaft. Das Museum ist in den ehemaligen Wohnräumen eingerichtet und birgt eine Fülle von Erinnerungsstücken an den Komponisten.

Puccini-Denkmal vor dem Geburtshaus

14.3.4 Lucca – Stadtrundgang

Darunter befindet sich eine reiche Handschriftensammlung, das Klavier, auf dem er "Turandot" komponierte, der Mantel Puccinis und Medaillen.

Öffnungszeiten
Corte S. Lorenzo (kleiner Platz an der Via di Poggio), Tel.: 0583/584028, 1.1.-31.3.: nur geöffnet für angemeldete Gruppen (an die Vereinigung "La Giunchiglia", Tel.: 0583/341612, wenden), 1.4.-31.10.: 10-13 u. 16-18 Uhr, 1.11.-31.12.: 10-13 Uhr, Mo geschl.

An dem kleinen Platz **Corte S. Lorenzo** lohnt sich übrigens auch der Besuch des für seine Fischgerichte bekannten Ristorante Puccini.

Giacomo Puccini

Der Komponist Giacomo Puccini (1858-1924) studierte am Mailänder Konservatorium. Nach der erfolgreichen Aufführung seiner ersten Oper "Le Ville" 1884 widmete sich Puccini gänzlich der Komposition von Opern. 1893 schrieb Puccini mit "Manon Lescaut" sein erstes Meisterwerk. Ihm folgte 1896 "La Bohème", die zum Urbild der italienischen Oper im ausgehenden 19. Jahrhundert wurde. Im Gegensatz zu Giuseppe Verdis heroischer Oper ist "La Bohème" lyrisch-sentimental. Zu den zentralen Werken der literarischen Strömung (der Verismo bemühte sich um die Darstellung sozialer Zeitprobleme) im 19. Jahrhundert gehört die Oper "Tosca" (1900). "Madame Butterfly" (1904) nimmt in ihre Melodik auch japanische Klänge auf.

Sein letztes unvollendetes Werk ist "Turandot". Die Opern Puccinis wirken durch die dramatische Gestaltung des Stoffes. In ihnen verbinden sich italienische Melodik mit harmonischen und klanglichen Neuerungen und führen zu einer oft poetischen Atmosphäre.

■ **Palazzo Mansi (5)**
Westlich über die Via del Toro gelangt man zur Querstraße Galli Tassi. Hier lohnt sich der Besuch der **Pinacoteca Nazionale** im Palazzo Mansi. Der einstige Stadtpalast der reichen Luccheser Patrizierfamilie Mansi (17. Jahrhundert), mit seinen prunkvoll ausgestatteten Räumen, beherbergt eine wertvolle Gemäldesammlung italienischer und ausländischer Künstler, wie Pontormo, Bronzino, Tintoretto und Veronese.

Maria Luisa von Bourbon gründete die Galerie 1819, später wurde sie durch Stiftungen des Großherzogs Leopold II erweitert. Außerhalb Luccas liegt das bekannte Landhaus der Familie, die Villa Mansi.

Öffnungszeiten
Via Galli Tassi 43, 55100 Lucca, Tel.: 0583/55570, Di-Sa 9-19 Uhr, So 9-14 Uhr, Mo geschl. (L. 8.000).

14.3.4 Lucca – Stadtrundgang

■ Palazzo Pfanner (6)

Das schönste an diesem 1667 erbauten Palast ist der herrliche Lustgarten aus dem 18. Jahrhundert mit zahlreichen Statuen und einem Springbrunnen. Die Gartenseite mit einer sehr schönen Außentreppe liegt zur Stadtmauer hin. Magisch zieht die reizvolle Anlage die Blicke der Spaziergänger auf sich. Im Obergeschoß des Palastes kann man eine Dauerausstellung von Kostümen aus dem 18.-20. Jahrhundert besichtigen.

Öffnungszeiten
Via degli Asili 33, Tel.: 0583/48524-491243, 1.1-29.2. u. 1.10.-31.12.: tägl. 12-13 Uhr, 1.3.-30.9.: tägl. 10-18 Uhr (L. 2.000).

■ San Frediano (7)

Mit dem Bau der heutigen Kirche an der gleichnamigen Piazza wurde 1112 an der Stelle einer Vorgängerkirche begonnen. Endgültig fertiggestellt wurde sie erst im 13. Jahrhundert. Ungewöhnlich ist die Ausrichtung der Kirche. Die Schauseite liegt im Osten, nicht im Westen. Der Vorgängerbau lag außerhalb der römischen Stadtmauern und war geostet. Als man mit dem Bau der jetzigen Kirche begann, hatte sich die Stadtmauer bereits erweitert. Um die Fassade nicht gegen den Stadtwall zu richten, verlegte man sie auf die Ostseite.

Sehenswert an dieser sonst schlichtgehaltenen Fassade ist das byzantinisch wirkende Mosaik auf Goldgrund. Dargestellt ist Christus in der Mandorla, flankiert von zwei Engeln, über den zwölf Aposteln thronend. Im Laufe mehrerer Jahrhunderte entstanden im Innenraum etliche Nebenkapellen, die von reichen Kaufleuten gestiftet wurden.

Die Schutzheilige der Kirche ist die Stadtpa-

Mosaikfassade von San Frediano

tronin Zita, die Schutzheilige der Dienstmädchen. Ihre Kapelle befindet sich hinter dem figurenreichen Taufbecken.

Öffnungszeiten
Piazza S. Frediano, tägl. 7.30-12 u. 15-18 Uhr.

An der Südseite der Kirche, in der Via San Frediano, wohnte im Haus Nr. 8 der Komponist und Geigenvirtuose Niccolò Paganini (1782-1846).

■ **Piazza dell'Anfiteatro (8)**
Dieser faszinierenden Platz ist durch seine elliptische Form und seine geschlossene Bebauung einer der ungewöhnlichsten Plätze der Toskana. Die Häuser wurden im Mittelalter auf den Grundmauern eines römischen Amphitheaters erbaut, weshalb er noch heute dessen Originalform besitzt. Das Amphitheater aus dem 2. Jahrhundert n. Chr. lag außerhalb der römischen Stadtmauer. Der traditionelle Marktplatz wird auch Piazza del Mercato genannt.

Piazza dell'Anfiteatro

Aufgrund von Platzmangel im Mittelalter wurde der ovale Innenraum zugebaut. Maria Luisa von Bourbon veranlaßte während Restaurierungsmaßnahmen 1830-39 die Freilegung des ursprünglichen Platzes. Die schmalen und unterschiedlich hohen Bürgerhäuser weisen im Erdgeschoß 56 gleichmäßige Bögen auf. Durch vier größer ausgearbeitete Torbögen gelangt man auf die Piazza. Sie weisen auf die ehemaligen Eingänge ins Amphitheater hin. Von außen sieht man die zum Teil eingebauten römischen Steine an den Hauswänden. Im Erdgeschoß befinden sich Ladengeschäfte, die einen Zugang zum Platz und auch zur umlaufenden Via dell'Anfiteatro besitzen. In den Oberge-

14.3.4 Lucca – Stadtrundgang

schossen liegen schöne Wohnungen, die bereits zum größten Teil restauriert sind und zum Domizil von wohlhabenden Lucchesern und Fremden wurden. Versäumen Sie auf keinen Fall, auf der Piazza dell'Anfiteatro einen Espresso oder Aperitif einzunehmen und dabei die stimmungsvolle Atmosphäre an diesem ruhigen Ort zu genießen.

■ Torre Guinigi (9)

Der berühmte Turm ist einer der einprägsamsten Sehenswürdigkeiten einer Toskanareise. Von vielen Ecken der Altstadt erblickt man die grünen Baumkronen auf dem Dach des Turmes, die zum roten Ton der Backsteinmauern einen farblichen Kontrast bieten.

Der Turm der Guinigi

Der Torre Giunigi mit seinen sieben Steineichen ist eines der Wahrzeichen der Stadt und ein wunderbares Beispiel für die mittelalterliche Profanarchitektur in Lucca. Der etwas mühsame Aufstieg auf den 44 m hohen Turm wird mit einem wunderbaren Blick, vor allem bei Sonnenuntergang, über die "Stadt der hundert Kirchen" belohnt.

 Öffnungszeiten
Palazzo Guinigi, Via Sant'Andrea, 55100 Lucca, Tel.: 0583/48524, Nov.-Febr.: tägl. 10-16.30 Uhr, März-Sept.: 9-19.30, Okt.: 10-18 Uhr (L. 4.500).

■ Museo Nazionale (10)

Im Osten der Stadt liegt die **Villa Guinigi**. Sie wurde 1418 für den Stadtherren Paolo Guinigi als Landhaus außerhalb der mittelalterlichen Mauern errichtet. Der schlichte Backsteinbau ist heute Sitz des Nationalmuseums. Die Archäologische Abteilung umfaßt römische Skulpturen und etruskische Funde. Im Obergeschoß sind eine umfangreiche Gemäldesammlung und Skulpturen untergebracht.

 Öffnungszeiten
Via della Quarquonia, 55100 Lucca, Tel.: 0583/46033, Di-So 9-14 Uhr, Mo geschl. (L. 4.000).

14.3.5 DIE VILLEN VON LUCCA

■ **Villa Mansi**
In der nächsten Umgebung von Lucca liegen die prachtvollen Luccheser Villen. Sie entstanden seit dem 16. Jahrhundert, als reiche Familien aus der Stadt in den Hügeln rund um Lucca luxuriöse Landsitze errichteten.

Die erste liegt ca. 10 km nördlich in dem kleinen Ort **Segromigno Monte**. Man fährt zunächst auf der N. 435 in Richtung Pescia und biegt nach Capannori links ab. Die Villa stammt ursprünglich aus der Zeit der Spätrenaissance (zweite Hälfte des 16. Jahrhunderts) und wurde 1675 an die Luccheser Kaufmannsfamilie Mansi verkauft. Sie wurde im 18. Jahrhundert umgebaut. Der Garten besteht heute aus einem Teil mit geometrisch angelegten Beeten und aus einer Gartenanlage mit Wasserfällen und kleinen Wäldchen. Die Villa ist mit Gegenständen aus dem 17. und 18. Jahrhundert eingerichtet.

Öffnungszeiten
Loc. Segromigno in Monte, 55012 Capannori, Tel.: 0583/920234-920096-920474, Fax: 0583/928114, im Winter: 10-13 u. 15-17 Uhr, im Sommer: 10-13 u. 15-18 Uhr, Mo geschl. (L. 8.000 für die Villa und den Garten).

■ **Villa Reale**
Ganz in der Nähe der Villa Mansi befindet sich in dem kleinen Ort **Marlia** die Villa Reale. Zu Anfang des 19. Jahrhunderts ließ die Schwester Napoleons, Elisa Bacciocchi, die herrschaftliche Villa umbauen. Der schönste Teil der Anlage ist die malerische Parklandschaft. Reste der ursprünglichen Barockanlage sind noch vorhanden. Eine Freilichtbühne, aus Buchsbaumhecken geformt, wird im Sommer für kulturelle Veranstaltungen genutzt. Nur der Park ist zu besichtigen.

Öffnungszeiten
Loc. Marlia, 55012 Capannori, Tel.: 0583/30108-30009, Fax: 0583/30009, nur geführte Besichtigung des Parks möglich, 1.3.-30.9.: Di-So 10, 11, 15, 16, 17 und 18 Uhr, Mo geschl., im Juli nur So, Di und Do. (L. 7.000 von Nov.-Juni, L. 8.000 von Juli-Okt.).

■ **Villa Torrigiani**
Nur zwei km von Lucca entfernt, befindet sich in dem kleinen Ort **Camigliano** (ebenfalls über die N. 435 zu erreichen) die Villa Torrigiani. Der beeindruckende Landsitz wurde von der Luccheser Familie Buonvisi erbaut und im 17. Jahrhundert barock umgestaltet. Die Parkanlage erhielt Statuen und Springbrunnen. Im 19. Jahrhundert wurde sie in einen Englischen Garten umgewandelt. Die Innenausstattung stammt aus dem 18. Jahrhundert. Die Villa und der Park sind zu besichtigen.

Öffnungszeiten
Loc. Camigliano, 55012 Caponnori, Tel.: 0583/928005, Fax: 0583/928041, 1.3.-5.11.: 10-12 Uhr und 15-18 Uhr, Di geschl., 6.-30.11.: nur für angemeldete Gruppen, Jan.-Feb. geschl. (L. 12.000 für Villa und Park, L. 7.000 nur für den Park).

14.3.6 DIE GARFAGNANA

Die grüne Gebirgslandschaft der Garfagnana wird vom Serchio-Fluß durchquert. Auf beiden Seiten des Serchio verlaufen Uferstraßen. Entlang dieser Straßen trifft man selten auf größere Ortschaften von besonderer Bedeutung, da diese mehr in den Seitentälern liegen. Man verläßt Lucca in Richtung Norden und fährt auf der N. 12 am Fluß Serchio entlang über **Ponte a Moriano** bis nach **Diecimo**. Hier biegt eine Abzweigung nach **Pescaglia** ab. Ein kleines Gebirgssträßchen führt durch herrliche Wälder und vorbei an Weingärten hinauf nach Celle.

Redaktions-Tips

- Ausflug zum Stausee Lago di Vagli mit dem versunkenen Dorf Fabbrica di Caréggine
- Führung durch die Tropfsteinhöhle Grotta del Vento

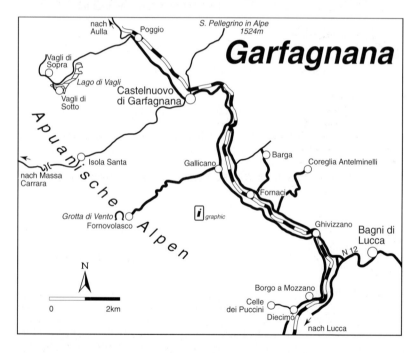

Celle di Pescaglia

Restaurant
Ristorante Bar Puccini, Via Meletoli, Celle di Pescaglia, Tel.: 0583/359184, Mo Ruhetag, das gemütliche Lokal in idyllischer Lage liegt ein paar Häuser neben der Casa dei Puccini und wird vor allem von Lucchesern besucht, im Sommer gibt es auch ein paar Tische im Freien, sehr gute lucchesische Küche. Mittlere Preisklasse.

14.3.6 Die Garfagnana

Am besten läßt man den Wagen unterhalb des Ortes stehen und erklimmt das idyllische Dorf mit seinen verwinkelten Treppengassen zu Fuß. Noch bis vor kurzem wohnten in Celle nur noch ein paar alte Einwohner. Doch mittlerweile haben viele der ins Tal gezogenen Familien sich ihre alten Häuser als Wochenend- und Feriendomizile wieder hergerichtet.

Celle ist der Heimatort der Vorfahren Giacomo Puccinis. Am 26. Oktober 1924, einen Monat vor seinem Tod, begab er sich nach Celle, um der Einweihung eines Gedenksteins am Haus seiner Vorfahren beizuwohnen.

■ **Casa dei Puccini**
Heute ist im Puccini-Haus ein kleines, aber feines Museum eingerichtet. Zu den Einrichtungsgegenständen gehört das Klavier, auf dem er einen Teil der "Madame Butterfly" komponierte, das großelterliche Bett, seine Wiege, ein Säuglingskleidchen, Porträts der Familie und eine komplett eingerichtete Küche.

Öffnungszeiten
Loc. Celle, 55064 Pescaglia, Tel.: 0583/359154, Sa-So 15-19 Uhr, wochentags nur nach telefonischer Vereinbarung mit dem Kustoden.

Borgo a Mozzano

Information
Pro Loco, Via Umberto I. 3, 55023 Borgo a Mozzano, Tel.: 0583/888881.

Auf der Fahrt von Lucca nach Barga durchquert man den Ort Borgo a Mozzano. Am nördlichen Ortsausgang trifft man auf die berühmteste Sehenswürdigkeit des Ortes, die schöne **Ponte della Maddalena**, oder auch **del Diavolo** genannt. Nach einer alten Legende soll der Teufel bei dieser kühnen Konstruktion geholfen haben. Zum Ausgleich forderte er die Seele des ersten Wesens, das die Brücke überquert. Der Erbauer der Brücke spielte dem Teufel allerdings einen Streich, indem er als erstes einen Hund die Brücke überqueren ließ.

Das steinerne Bauwerk aus dem 14. Jahrhundert spannt sich mit vier asymmetrischen Arkaden in steilem Bogen über den Serchio. Es wird behauptet, daß es bereits 1101 von Mathilde von Canossa in Auftrag gegeben worden sei. Nach wenigen Kilometern führt die N. 12 weiter in Richtung Osten am Flüßchen Lima entlang in den einzigen größeren Ort des Lima-Tals nach Bagni di Lucca.

Bagni di Lucca

Information
• **APT**, Via Umberto I. 139, 55022 Bagni di Lucca, Tel.: 0583/87946, hier sind auch Informationen zum Kurangebot erhältlich.
• **Pro Loco**, Piazza Jean Varraud 1, 55022 Bagni di Lucca, Tel.: 0583/86200.

14.3.6 Die Garfagnana

● **Consorzio Enti Pubblici Lucchesi Acque e Terme**, Tel.: 0583/87223 und Villa Ada, Bagni di Lucca, Tel.: 0583/87221 bieten Informationsmaterial zum Kurangebot an.

Bus- und Zugverbindungen
● **Lazzi**, Haltestelle an der Bar Centro Commerciale, Via Roma 9, 55022 Bagni di Lucca, Tel.: 0583/87343.
● **Stazione F.S.**, der Bahnhof liegt im Stadtteil Fornoli, Tel.: 0583/87263.

Automobilclub
A.C.I., Piazza Jean Varraud 5/6, 55022 Bagni di Lucca, Tel.: 0583/87992.

Unterkunft
● **** Svizzero**, Via C. Casalini 30, 55022 Bagni di Lucca, Tel. u. Fax.: 0583/805315, nur von Mai-Sept. geöffnet, ruhiggelegene Villa im Ortsteil La Villa, in der Nähe des Parks mit 18 Zimmern, DZ 60.000-75.000 Lire.
● *** Roma**, Via Umberto I. 110, 55022 Bagni di Lucca, Tel. u. Fax: 0583/87278, kleines älteres Hotel im Ortsteil La Villa, DZ 65.000 Lire.

Der ehemals bedeutende Kurort in schöner Hanglage war früher so bekannt wie Baden-Baden. Heute ist der 8.000 Einwohner große Ort in Vergessenheit geraten. Die Thermen waren wahrscheinlich schon in römischer Zeit bekannt. Im Laufe der letzten Jahrhunderte waren die Bäder von Lucca oft das Reiseziel illustrer Gäste, wie Montaigne, Byron, Shelley, dem Vater von Alexandre Dumas, Metternich, Heine, Rossini, Carducci und Puccini. Im 18. Jahrhundert war Bagni di Lucca ein vor allem bei Engländern sehr beliebter Kurort. 1839 erbaute man sogar eine anglikanische Kirche, die immer noch erhalten ist.

Heinrich Heine schrieb im Jahre 1829 bei einem Aufenthalt seinen Reisebericht "Die Bäder von Lucca". Zu Beginn des 20. Jahrhunderts verlor der Luft- und Thermalkurort unter dem Konkurrenzdruck der neuentstandenen Badeorte am Meer, wie Viareggio, Capri und Ischia, immer mehr an Bedeutung.

Die Stadt verfügt über neunzehn kalkhaltige Schwefel-Bikarbonat-Quellen mit 38-54° C warmem Wasser und dazugehörigen Kureinrichtungen. Bagni di Lucca besteht heute aus den drei Ortsteilen Bagni alla Villa, Ponte a Serraglio und Bagni Caldi entlang des Lima.

Im Vorort Fornoli führt die **Ponte delle Catene** (Brücke der Ketten), eine Hängebrücke, die von eisernen Ketten gehalten wird, über den Fluß Lima. Die von einem Luccheser Architekten 1840-60 errichtete Brückenkonstruktion ist ein interessantes

Ponte delle Catene

Beispiel für frühe Industriearchitektur. Empfehlenswert ist ein Rundgang durch das Städtchen mit seinen zum Teil noch erhaltenen herrschaftlichen Bauten. Deutlich ist noch der Charme vergangener Zeiten zu spüren.

▓ Orrido di Botri

Das Naturschutzgebiet gehört zur Gemeinde Bagni di Lucca und liegt an der Straße, die von der N. 445 am Wildbach Fegana entlang in Richtung **Tereglio** führt. Aus diesem Gebiet kommen die Gebirgsbäche Marianna und Rivellino, die tief unten in einer Schlucht fließen. Im Inneren des Canyon gibt es von den kälteren und feuchteren Zonen bis hinauf zu den höheren und wärmeren Lagen eine sehr unterschiedliche Flora. Sie umfaßt Farn und Moos ebenso wie Primeln und Akelei. In den Felsen ist der Königsadler beheimatet. Das Gelände ist sehr unwegsam. Man sollte auf jeden Fall nur gut ausgerüstet und mit einer genauen Karte versorgt dieses Gebiet durchwandern.

Auf der N. 445 geht es weiter bis nach **Ghivizzano**, einem kleinen befestigten Städtchen mit den Resten der alten Stadtmauer und einem quadratischen Turm. Von hier aus empfiehlt sich ein kleiner Umweg in das malerische Dorf Coreglia Antelminelli.

Coreglia Antelminelli

Information
Pro Loco, Via Roma 8, 55025 Coreglia Antelminelli, Tel.: 0583/78182.

Unterkunft
* **Il Cacciatore**, Via Roma 3/5, 55025 Coreglia Antelminelli, Tel.: 0583/78022, sehr einfaches Hotel mit nur 7 Zimmern und Restaurant, DZ 50.000-65.000 Lire.

Camping
Pian d'Amora, Loc. Pian d'Amora, 55025 Coreglia Antelminelli, Tel.: 0583/78426, kleiner, gut ausgestatteter Campingplatz mit 40 Plätzen.

Einkaufen
● **Etruria**, Via Roma 34, 55025 Coreglia Antelminelli, Tel.: 0583/78046, stellt in alter Tradition des Ortes Krippenfiguren aus Gips her (Krippe = Presepio).
● **Lisa**, Via Roma 80/82, 55025 Coreglia Antelminelli, Tel.: 0583/78024, s.o.
● **Nuova Italpresepio**, Via degli Orti, 55025 Coreglia Antelminelli, Tel.: 0583/78014, s.o.

Coreglia Antelminelli liegt in reizvoller Lage auf einem Hügel und ist umgeben von Weinbergen und Wäldern. Im Zentrum des Ortes sind zum Teil noch die Reste der mittelalterlichen Burg zu sehen. Von Interesse ist die Pfarrkirche **San Michele** aus dem 12. Jahrhundert, ein beachtenswerter Campanile aus dem 11. Jahrhundert und verschiedene schöne Palazzi. Am bemerkenswertesten ist jedoch ein Museum ganz besonderer Art: das

Museo Civico della Figurina di Gesso e dell'Emigrazione (Museum der Gipsfiguren und der Emigration) im Palazzo Vanni. Unzählige Gipsfiguren

14.3.6 Die Garfagnana

und Dokumente berichten über die Geschichte der "Figurinai", Gipshandwerker, die hier und als Auswanderer ihr Können von Generation zu Generation weitervererbten. Im 19. Jahrhundert hatte dieses Kunsthandwerk seine Blütezeit, die Gipsfiguren aus Coreglia und den umliegenden Dörfern wurden in der ganzen Welt verkauft. Noch heute gibt es einige kleinere Werkstätten, die Madonnen, Krippenfiguren und andere Gegenstände nach den alten Methoden herstellen.

Öffnungszeiten
c/o Palazzo Vanni, 55025 Coreglia Antelminelli, Tel. 0583/78082, im Sommer tägl. 8-13 Uhr, So 10-13 und 16-19 Uhr, im Winter Mo-Sa 8-13 Uhr (L. 2.000).

Barga

Information
Pro Loco, Piazza Angelio 3, 55051 Barga, Tel.: 0583/723499.

Bus- und Zugverbindung
• **CLAP**, Via Canipaglia, Tel.: 0583/723050.
• **Stazioni F.S.**, der Bahnhof liegt, aus Lucca kommend, wenige Kilometer vor Barga in Fornaci di Barga, Tel.: 0583/75123, Zugstrecke Lucca-Aulla.

Eine steile Bergstraße führt von der Provinzstraße 445 mit herrlichen Ausblikken nach Barga. Der 11.000 Einwohner große Ort liegt in 410 Meter Höhe. Mittelalterliche Strukturen prägen noch heute die Altstadt. Malerisch enge und steile, mit Steinen gepflasterte Gassen und der Dom mit einem charakteristischen Zinnenturm bestimmen das Stadtbild.

Das Auto sollte man im unteren Stadtteil stehenlassen und zu Fuß einen Spaziergang bis hinauf zum **Dom San Cristoforo** unternehmen. Er wurde im 11. Jahrhundert auf den Resten einer vorherigen Kirche begonnen.

Im Inneren der dreischiffigen Pfeilerbasilika befindet sich eine sehr schöne romanische Marmorkanzel aus der zweiten Hälfte des 13. Jahrhunderts. Der Kanzelkörper wird von zwei Löwen, einer hockenden Menschengestalt und von einer schlichten vierten Säule getragen und ist mit skulpturenreichen Reliefs und Kapitellen geschmückt.

Castelvecchio Pascoli ist ein ehemaliger Ortsteil von Barga. Er wurde zu Ehren des Dichters Giovanni Pascoli (1855-1912) umbenannt. Von 1895 bis zu seinem Todesjahr 1912 wohnte der Dichter in der **Villa Cardosi-Carrara**. In der **Casa Pascoli** ist heute ein kleines Museum mit Manuskripten, der Bibliothek und dem Archiv eingerichtet. In der Kapelle ist der Dichter mit seiner Schwester begraben.

Öffnungszeiten
Via Caprona 4, 55051 Barga, Tel.: 0583/766147, im Sommer 10-12 Uhr u. 15-18.30 Uhr, im Winter 10-13 Uhr u. 14.30-17 Uhr, Mo geschl. (L. 5.000).

Grotta del Vento

Eine Abzweigung links von der N. 445 führt in die Apuanischen Alpen. Hier liegen in der Nähe des Ortes Vergemoli zahlreiche Grotten und die **Einsiedelei Calomini**. Der eindrucksvolle Wallfahrtsort liegt auf einem Felsvorsprung. Der Bau reicht fast 15 Meter tief in die Grotte. Eine Legende besagt, daß um das Jahr 1000 die Muttergottes einem Kind, das sich hierher verlaufen hatte, erschienen sein soll. Daraufhin wurde an dieser Stelle eine kleine Kirche errichtet, die im 13. Jahrhundert zur Einsiedelei wurde.

Öffnungszeiten
Loc. Calomini, Vergemoli, Tel.: 0583/767003, im Refektorium können 20/30 Personen verköstigt werden. Man sollte sich vor dem Essen anmelden.

In der Nähe der Gemeinde **Fornovolasco** führt eine Straße am Gebirgsbach Turrite entlang bis zur **Grotta del Vento**, die man besichtigen kann. In der Windhöhle werden 3 unterschiedlich lange Wanderungen angeboten.

Die Tropfsteinhöhle Grotta del Vento

Ihren Namen erhielt die Grotte von dem starken Wind am Eingang der Höhle. Bei einem Besuch der Grotta del Vento zeigen die drei verschiedenen Rundgänge dem Besucher so eindrucksvolle Plätze, wie den Kristallsee, den Ciondolo-See und den sogenannten Schlund der Giganten (ein 50 Meter tiefer Abgrund), die Sala delle Voci mit eindrucksvollen Halleffekten und die Salone dell'Infinito mit einem Wasserfall.

Öffnungszeiten
Fornovolasco, Loc. Trimpello, Tel.: 0583/722024, Fax: 0583/722053, 1.4.-15.10.: tägl. Führungen: einstündiger Rundgang um 10, 11, 12, 12, 14, 15, 16, 17, 18 Uhr (L. 10.000), zweistündiger Rundgang um 11, 15, 16, 17 Uhr (L. 18.000), dreistündiger Rundgang um 10 und 14 Uhr (L. 25.000); 16.10.-31.3.: Führungen nur Sonn- und Feiertags in gekürzter Form.

▪ Parco Regionale delle Alpi Apuane

Die Windhöhle liegt mitten im Naturschutzgebiet der Apuanischen Alpen. Dieser 1985 gegründete Park dehnt sich auf einer Fläche von ca. 543 Quadratkilometern aus. Er schließt die gesamte Apuaner Gebirgskette mit ein, die das Serchiotal von der Riviera der Versilia trennt. Tiefe Täler und steile Hänge

14.3.6 Die Garfagnana

mit zum Teil bis zu 2.000 Meter hohen Gipfeln kennzeichnen die herbe Landschaft der Apuaner Alpen. Die Vegetation reicht von der mediterranen Macchia bis zu den Buchenwäldern in höheren Lagen. Der Naturschutzpark ist idealer Lebensraum für Königsadler und die seltene Gattung der Alpendohle. Ein Besucherzentrum zum Park gibt es in Castelnuovo di Garfagnana.

Castelnuovo di Garfagnana

Information
● **Pro Loco**, Loggiato Porta 10/Piazza Ariosto, 55032 Castelnuovo di Garfagnana, Tel. u. Fax: 0583/644354.
● **Ufficio Turistico Comunita Montana/Garfagnana Vacanze**, Piazza delle Erbe 1, Tel. u. Fax: 0583/65169, **Besucherzentrum** des Parco Apuane, Tel. u. Fax: 0583/644242, Juni-Sept.: 9-13 u. 15.30-19.30 Uhr, im Winter: 9-13 u. 15.30-17.30 Uhr, So geschl., im Besucherzentrum stehen Videos über die Garfagnana in Deutsch zur Verfügung.
● **Consorzio Garfagnana Turistica**, Informationen und Hotelreservierung, Tel. u. Fax: 0583/644473.

Bus- und Zugverbindung
● **CLAP**, Bushaltestelle an der Piazza della Repubblica, Tel.: 0583/62039.
● **Stazione F.S.**, Bahnhof an der Piazza Stazione, Tel.: 0583/62364, Zugstrecke Lucca-Aulla.

Automobilclub
A.C.I., Via Garibaldi 30, Castelnuovo di Garfagnana, Tel.: 0583/62419.

Unterkunft/Restaurant
Da Carlino, Via Garibaldi 15, 55032 Castelnuovo di Garfagnana, Tel.: 0583/62045, günstige Zimmer, gutes Restaurant mit Freiterrasse, Mo Ruhetag. Mittlere bis gehobene Preisklasse.

Camping
** **La Piella**, Loc. La Piella, 55032 Castelnuovo di Garfagnana, Tel.: 0583/62916

Einkaufen
● **Pastificio Moderno di Olivero e Rossi**, Via Provinciale, 55032 Castelnuovo di Garfagnana, Tel.: 0583/62883, Nudelhersteller.
● **Wochenmarkt**, jeden Donnerstagmorgen.

Castelnuovo mit 6.500 Einwohnern ist der Hauptort der Garfagnana und liegt in 277 Metern Höhe an einem künstlich aufgestauten See. Mehrere Brücken und die **Rocca Ariostesca** aus dem 13. Jahrhundert bestimmen das Stadtbild. In der Burg residierte von 1522-1525 der Dichter Ludovico Ariost als Statthalter der Herrscherfamilie Este aus Ferrara. Heute befindet sich hier der Sitz der Gemeinde und das **Museo del Territorio**. Die archäologische Sammlung umfaßt Werkzeuge aus der Steinzeit, vor allem aus dem Mesolithikum, Fundstücke von den Ligurern, Römern und aus dem Mittelalter, die im oberen Serchio-Tal gefunden wurden.

14.3.6 Die Garfagnana

Öffnungszeiten
Rocca Ariostesca, Tel.: 0583/62746-644354, 15.6.-15.9.: So 10-12.30 Uhr, Mo 15.30-18.30 Uhr, Di u. Sa 10-12.30 u. 15.30-18.30 Uhr, im Winter: Sa 15.30-18.30, So 10-12.30 und nach Voranmeldung (Eintritt frei).

Die Stadt war seit 1248 im Besitz von Lucca. Danach behielt die Familie der Este aus Ferrara, mit Ausnahme der Napoleonischen Epoche, bis zur Einigung Italiens die Herrschaft über die Garfagnana. Die bedeutendsten Sehenswürdigkeiten von Castelnuovo gehen auf die ersten Jahre ihrer Regierungszeit zurück. Dazu gehört auch der guterhaltene **Dom**, der auf den Resten einer romanischen Kirche erbaut wurde. Im Innenraum befindet sich ein schwarzes Kruzifix aus dem 15. Jahrhundert und die Terrakotta-Gruppe "Josef und seine Brüder" aus der Werkstatt der della Robbia.

Pieve Fosciana

Einkaufen
• **Caseificio Bertagni**, Loc. Pantaline, Pontardeto, 55036 Pieve Fosciano, Tel.: 0583/62723, Käserei mit Käsesorten aus Schafs- und Kuhmilch.

• **Settimo Pieroni**, Fraz. Capraia, 55036 Pieve Fosciano, Blüten-, Akazien- und Kastanienhonig und Gelée Royale.

• **Panificio Lucchesi**, Piazza Roma 2, 55036 Pieve Fosciano, Tel.: 0583/666611, außer sehr guten Brot- und Plätzchensorten auch Dinkel- und Reistorten.

Nur zwei Kilometer von Castelnuovo di Garfagnana entfernt, an der reizvollen Straße zum Radici-Paß, liegt das Dorf Pieve Fosciano. Seit jeher ist der kleine Ort ein Verkehrsknotenpunkt in der Garfagnana. Von hier aus zweigt die zum Apennin führende Hauptstraße ab. Sie führt hinauf bis zum **Radici-Paß** und ist eine wichtige Verbindungsstraße zwischen der Emilia und der Garfagnana. Fast parallel dazu verläuft die kürzere, aber wesentlich unbequemere alte Paßstraße, die **Via Vandelli**. Sie stammt aus der ersten Hälfte des 18. Jahrhunderts und ist eine der steilsten Straßenkonstruktionen Italiens. Mit diesem aufwendigen Straßenbau, der 30 Jahre dauerte, wollte man nach einer Hochzeit zwischen einem Erbprinzen aus Modena und Maria Teresa Cybo, Erbin des Fürstentums von Massa und Carrara, einen Verbindungsweg zwischen Modena und Massa schaffen.

Castiglione di Garfagnana

Unterkunft/Restaurant
** **Il Casone di Profecchia**, N. 324, Loc. Casone di Profecchia, 55033 Castiglione di Garfagnana, Tel.: 0583/649090, Fax: 0583/649048, das vor wenigen Jahren frisch renovierte Hotel liegt an der Paßstraße auf 1.314 Metern Höhe, hoteleigene Skilifte direkt beim Haus, sehr gutes Restaurant, DZ 58.000-98.000 Lire.

Einkaufen
"Le Buone Cose Della Montagna" di Ruggero Giannotti, Loc. San Pellegrino in Alpe, 55033 Castiglione di Garfagnana, Tel.: 0583/68556, Feinkostgeschäft mit biologisch angebauten Getreidesorten, Marmeladen und Steinpilzen.

14.3.6 Die Garfagnana

Veranstaltungen
- **Processione de' Crocioni**, am Gründonnerstag. Ein Büßer, in eine weiße Kutte mit Kapuze und Dornenkrone gekleidet, dessen Name nur dem Priester und dem Obersten der Bruderschaft bekannt ist, geht mit einem schweren Holzkreuz und Ketten an den Füßen durch das Dorf. Einige Mitglieder der Bruderschaft, als römische Soldaten verkleidet, begleiten ihn. Am Ende des Prozessionszuges geht der "Cireneo", der dem Büßer ab und zu hilft, das schwere Kreuz zu tragen.
- **Festa della Madonna del Carmine in Castiglione**, am 21./22. Juli.
- **Fiera delle Merci e del Bestiame**, Viehmarkt im Oktober.

Castiglione ist einer der malerischsten Orte in der Garfagnana. Der Altstadtkern ist mit einem Mauerring umgeben, der 1371 von den Lucchesern errichtet wurde. Das unregelmäßig angelegte Festungsviereck weist Eckwachtürme und seitliche Eingangstore auf. An der höchsten Stelle erhebt sich die noch ältere Festung aus dem 12. Jahrhundert. Bemerkenswert ist auch die Pfarrkirche **San Michele** mit einer romanisch-gotischen Fassade und einer Maestà aus dem 14. Jahrhundert.

Parco Naturale dell'Orecchiella
Dieser relativ kleine Naturpark mit ca. 52 Quadratkilometern wurde 1971 unter Schutz gestellt. Er befindet sich auf der Apenninseite und grenzt an den Parco del Gigante der Region Emilia. Charakteristisch für dieses Gebiet sind die ausgedehnten üppigen Laubwälder, die durch die vielen Wasservorkommen in dieser Gegend begünstigt sind. In über 1.700 Metern öffnen sich weite Grasflächen des Gebirgskammes. Das Zentrum des Naturschutzgebietes sind die Reservate Pania di Corfino, Lamarossa und Orecchiella. Hier gibt es eine vielseitige Flora und Fauna, u.a. mit Hirschen, Rehen, Muflons, Königsadlern und Wölfen.

Öffnungszeiten
Orto Botanico "Pania di Corfino" (Botanischer Garten) und Centro Visitatori (Besucherzentrum), Loc. Orecchiella, Tel.: 0583/619098, Juli-Aug.: täglich zugänglich, Juni u. Sept.: Sa u. So, April, Mai, Okt.: nur So, im Winter nur nach Voranmeldung von Gruppen, außerhalb der Sommermonate Informationen über das Staatliche Forstamt (Amministrazione Foreste Demaniali), Via Giusti 65, 55100 Lucca, Tel.: 0583/955525, Fax: 0583/953775.

Sightseeing
Garfagnana Vacanze, Piazza delle Erbe 1, Castelnuovo Garfagnana, Tel. u. Fax.: 0583765169, bieten Führungen im Parco dell'Orecchiella an.

Vagli di Sotto

Einkaufen
Pietro Coletti, Loc. Roggio, 55030 Vagli di Sotto, Tel.: 0583/649163, Lebensmittelgeschäft mit unbehandelten regionalen Erzeugnissen, wie Dinkel, Kastanienmehl, Pilzen, Schafskäse.

Bei **Poggio** führt eine kleine Straße von der N. 445 links ab in eine der eindrucksvollsten Gegenden des Apuanischen Naturparks. Am Gebirgsbach

Edron vorbei gelangt man zum **Lago di Vagli**. Der große Stausee entstand in den 40er Jahren und dient seither dem Tal zur Elektrizitätsgewinnung. Unter seinen Wassern liegt das mittelalterliche Städtchen **Fabbrica di Caréggine** begraben, das um das Jahr 1200 als eine Kolonie von Schmieden aus Bergamo entstand. Vor allem die Herrscherfamilie aus Ferrara unterstützte die ausgesiedelten Einwohner Fabbricas, die maßgeblich am Bau der Via Vandelli beteiligt waren, die die Poebene mit Massa und dem Meer verband. Aufgrund der engen und tiefen Täler entschloß man sich in den 40er Jahren, einen Stausee zu bauen. 1953 waren die Arbeiten abgeschlossen. Die Einwohner wurden teilweise mit Gewalt evakuiert und das Dorf unter Wasser gesetzt. Wenn der Stausee alle paar Jahre zu Reinigungszwecken geleert wird, taucht das mittelalterliche Dorf wieder auf. Man kann zwischen den dachlosen Häusern spazieren gehen. Das Wasser des Stausees wird voraussichtlich das nächste Mal im Jahre 2004 abgelassen.

Fabbrica di Caréggine

Ein Besuch empfiehlt sich auch in den nahegelegenen Bergdörfern **Vagli di Sotto** und **Vagli di Sopra**, die zu den ältesten Ortschaften der Garfagnana gehören. In Vagli di Sotto gibt es die schöne romanische Kirche **San Regolo** aus dem 13. Jahrhundert. Im neueren Teil steht am Seeufer die kleine, sehr gut erhaltene Kirche **Sant'Agostino** aus dem 11. Jahrhundert, die in ihrer Einfachheit und Schlichtheit ein schönes Beispiel romanischer Baukunst darstellt.

Caréggine

Wieder zurück auf der N. 445, trifft man auf die Abzweigung nach Caréggine, einem hübschen Bergdorf in den Apuaner Alpen auf 882 Metern Höhe, das sich gut als Ausgangspunkt für Bergtouren eignet. Die befestigte Siedlung besitzt noch den alten Mauerring mit zwei Eingangstoren.

14.3.6 Die Garfagnana

Piazza al Serchio

Zugverbindung
Bahnhof an der Zugstrecke Lucca-Aulla, Tel.: 0583/605502.

Käsereien
- **Caseificio Davini**, Loc. Metra di Minucciano.
- **Caseificio Castiglione**, Loc. Percaldino di Giuncugnano.
- **Caseificio Contipelli**, Loc. Magliano di Giuncugnano.

Der hübsch gelegene Ort hat keine nennenswerten Sehenswürdigkeiten zu bieten. Er eignet sich ebenfalls hervorragend als Ausgangspunkt für Bergwanderungen.
Piazza al Serchio liegt außerdem an der Bahnstrecke, die von Lucca nach Aulla führt. Der Zug fährt entlang des Serchio-Tales über Castelnuovo Garfagnana und passiert Täler, Flüsse und romantische Dörfer. Im Hintergrund sind die Gipfel der Apuanischen Alpen zu sehen. Die herrliche Panoramafahrt mit der Bergbahn nach Aulla dauert ungefähr zwei Stunden.

14.3.7 VON LUCCA NACH PISTOIA

Capannori

Information
Pro Loco, Piazza Aldo Moro, 55012 Capannori, Tel.: 0583/936554.

Montecarlo

Information
Pro Loco, Via Roma 3, 55015 Montecarlo, Tel.: 0583/228881.

Veranstaltung
Mostra Vini D.O.C. Colline Lucchesi e Montecarlo e Vini Tipici, 1.-8. September, Vorstellung und Verkauf der DOC-Weine von Colline Lucchesi und Montecarlo.

Weingüter/Agriturismo
- **Gino Fuso Carmigiani**, Loc. Cercatoia, Via della Tinaia 6, 55015 Montecarlo, Tel.: 0583/22381, gegenüber dem Sportplatz rechts abbiegen in die Via Cercatoria, dann wieder links in den Feldweg Via Tenaia. Der Winzer Gino Fuso, in der Gegend nur Baffo genannt, führt ein kleines Weingut mit hervorragenden Weinen, hervorzuheben sind der Montecarlo Rosso und Bianco und vor allem der ausgezeichnete For Duke (nach Duke Ellington benannt). Im Sommer betreibt die Familie in einer großen Laube noch ein Lokal mit nur selbstgefertigten frischen Produkten. Darüber hinaus vermietet Gino Fuso Carmigiani noch zwei Zimmer.

14.3.7 Von Lucca nach Pistoia

- **Azienda Agricola Michi**, Via S. Martino, 55015 Montecarlo, Tel.: 0583/22011, das Weingut mit hohem Qualitätsniveau vermietet auch zwei Ferienwohnungen mit 10 Betten.
- **Fattoria Il Teso**, Loc. Teso, Montecarlo, Tel.: 0583/286288.
- **Fattoria del Buonamico**, Via Provinciale di Montecarlo 43, Loc. Cercatoia, Montecarlo, Tel.: 0583/22038.

Die Gemeinde von Montecarlo ist bei Weinkennern durch den gleichnamigen Wein bekannt. Das Städtchen mit ungefähr 3.500 Einwohnern liegt auf einem mit Weingärten und Olivenhainen bestandenen Hügel.

Im Jahr 1330 entstand der Ort um die **Rocca del Cerruglio**, die auf Veranlassung Karls IV. errichtet wurde. Der Name Montecarlo ist auf Karl V. zurückzuführen.

Es lohnt sich, einen Gang durch den noch intakten mittelalterlichen Ortskern zu unternehmen. Das Stadtbild wird durch die zum großen Teil noch erhaltene Stadtmauer, die Stadttore und einen Teil der Burg aus dem 14. Jahrhundert geprägt. Darüber hinaus hat Montecarlo außer den Weinkellern noch zwei kunsthistorisch interessante Sehenswürdigkeiten zu bieten. Die Stiftskirche **Sant'Andrea** aus dem 13. Jahrhundert und deren Krypta mit Fresken aus dem 16. Jahrhundert.

Ein kleines städtebauliches Juwel aus dem 18. Jahrhundert ist das Teatro dell'Accademia dei Rassicurati in der Via Carmignani (Tel.: 0583/22517).

Collodi

Collodi liegt zwischen Montecatini Terme und Lucca, ca. 5 km westlich von Pescia. Der "Märchenort" verfügt über drei Anziehungspunkte: ein kleines historisches Stadtzentrum, die Villa Garzoni mit einem wunderschönen Barockgarten und als Hauptanziehungspunkt den riesigen Pinocchio-Park.

Wie ein Wasserfall ergießen sich die kleinen Häuser über einen abschüssigen Berghang, in der Form zweier Dreiecke, deren Spitzen sich berühren. Als wichtiger strategischer Punkt war Collodi von 1329-1442 in die Auseinandersetzungen zwischen Lucca und Florenz verwickelt. Erst nach 1442 setzte unter der Herrschaft Luccas ein wirtschaftlicher Entwicklungsprozeß ein, der vor allem auf der Nutzung der Wasserenergie der Pescia beruhte. Zuerst entstanden hier Mühlen und Ölpressen, später auch Papierfabriken und Spinnereien. Die Basis des unteren Dreiecks nimmt die große Villa Garzanti ein. Die obere Basis wird von der alten Burg mit Festungsmauer und Türmen eingenommen. Der Ort mit seinem Gewirr von Häusern und Gäßchen hat seinen mittelalterlichen Charakter fast unverändert bewahrt.

Villa Garzoni

In wunderbarer Hanglage liegt die auf den Trümmern einer älteren Burg errichtete riesige Villa Garzoni (1633-1652). Sie scheint den Zugang in das Städtchen zu versperren. Die Adelsfamilie Garzoni stammte ursprünglich aus Pescia und gehörte der Partei der Ghibellinen an. Als Pescia sich den florenti-

14.3.7 Von Lucca nach Pistoia

nischen Guelfen unterwerfen mußte, zog die Familie sich nach Collodi, das zu Lucca gehörte, zurück. Der Bau mit vier Stockwerken wird von einem Pavillon bekrönt und ist eine interessante Mischung zwischen einem vornehmen städtischen Palazzo und einer Landvilla (nicht zu besichtigen). Die Berühmtheit der Villa Garzoni beruht auf der herrlichen barocken Garten-Anlage, die man noch in ihrer ursprünglichen Form bewundern kann. Sie entstand wie die Villa im 17. Jahrhundert. Im darauffolgenden Jahrhundert wurden die Statuen aufgestellt und die Wasserspiele angelegt. Nach unten hin öffnet sich der Garten in eine Art Parterre mit französisch anmutenden Beeten, Statuen und zwei großen Wasserbassins. Über eine erste Terrasse führen elegante doppelläufige Treppen zu den drei oberen Terrassen. Zwei weibliche Figuren, die die ewigen Rivalinnen Florenz und Lucca symbolisieren, flankieren die oberste Terrasse. Die Statue der Fama bildet den obersten Abschluß. Sie bläst in eine Muschel, aus der ein Wasserstrahl in hohem Bogen aufsteigt.

Weitere Höhepunkte eines Rundgangs sind die Grotten mit zum Teil äußerst kunstvollen Wasserspielen, ein Labyrinth und das Badehaus.

Öffnungszeiten
Tägl. 9 Uhr-Sonnenuntergang (L. 10.000).

INFO

Parco di Pinocchio

Schräg gegenüber der Villa, auf der anderen Flußseite, liegt der beliebte Parco di Pinocchio. Mit diesem ungewöhnlichen Vergnügungspark setzte die Stadt Pescia dem Autor Carlo Collodi, der eigentlich Carlo Lorenzini (1826-1890) hieß, ein Denkmal. Er schrieb das in aller Welt bekannte Kinderbuch über die Abenteuer der hölzernen Marionette Pinocchio. Lorenzini ist zwar in Florenz geboren, aber in Collodi verbrachte er im Haus seiner Großeltern die ersten Jahre seiner Kindheit.

1951 schrieb der damalige Bürgermeister für den Park einen nationalen Wettbewerb aus, an dem 85 Bildhauer teilnahmen. Von 1956-1987 erhielt er seine heutige Gestalt. Die Besucher durchwandern eine herrliche Anlage, die die Abenteuer von Pinocchio lebendig werden läßt. Durch das

Kunstvolle Blechfiguren im Parco di Pinocchio

14.3.7 Von Lucca nach Pistoia

Märchen führen 21 liebevoll und künstlerisch gestaltete Bronzefiguren, vorbei an einem Platz mit Mosaiken und anderen Konstruktionen, wie dem riesigen wasserspeienden Maul des Haifisches, dem Korsarenschiff und den tönenden Rädern.

Außerdem gibt es Picknick-Plätze und einen Spielplatz mit Holzspielzeug. Die Osteria del Gambero Rosso wurde von Giovanni Michelucci entworfen und erinnert mit ihren roten Innenraumstreben tatsächlich an einen roten Krebs.

1987 wurde das letzte Gebäude nach Entwürfen des Architekten Giovanni Michelucci mit der Wort- und Figurenwerkstaat (Laboratorio delle Parole e delle Figure) eingeweiht. Hier werden Ausstellungen durchgeführt, die sich rund um die hölzerne Figur drehen.

In der Nähe hat auch die Collodi-Stiftung (Fondazione Nazionale di Carlo Collodi) ihren Sitz. In der **Biblioteca Collodiana** sind alle italienischen und ausländischen Ausgaben der Werke Lorenzinis und Sekundärliteratur über den Autor untergebracht. Ein Besuch des Pinocchio-Parks ist ein Vergnügen für die ganze Familie.

Öffnungszeiten
- Via San Gennaro 3, 51015 Collodi, Tel.: 0572/429342, ganzjährig geöffnet, tägl. 8.30-Sonnenuntergang (L. 10.000, Kinder 6.000).
- Fondazione Nazionale C. Collodi, Via Pasquinelli 6, 51014 Collodi, Tel.: 0572/429613, Fax: 0572/429614.

Pescia

Information
Ufficio del Turismo, Comune di Pescia, Via di Monte a Pescia, 51017 Pescia, Tel.: 0572/492241, zuständig für Pescia, Collodi und die Svizzera Pesciatina.

Unterkunft
- *** **Villa delle Rose**, Via del Castellare 4/6, 51012 Castellare di Pescia, Tel.:0572/451301, Fax: 0572/444003, außerhalb Pescias in einem großen Park gelegene Villa aus dem 18. Jahrhundert mit komfortablen, zum Teil stilvoll eingerichteten Zimmern und einem Restaurant, DZ 105.000-135.000 Lire.
- **Hotel dei Fiori**, Via VIII: Settembre 10, 51017 Pescia, Tel.: 0572/477871, Fax: 0572/490021, 1992 erneuertes Hotel mit funktional eingerichteten Zimmern und einem Restaurant, DZ 75.000-105.000 Lire.

Agriturismo
- **Fattoria S. Margherita** di Maria Flavia Caldarazzo, Via Marzalla 43, 51017 Pescia, Tel.: 0572/490377, auf diesem Gut befindet sich der Sitz der Genossenschaft Guardatoie. Zu mieten sind das ursprüngliche Gutsverwalterhaus und das "Zitronenhaus". Beide Gebäude sind restauriert und äußerst stilvoll eingerichtet.

413

14.3.7 Von Lucca nach Pistoia

• **Fattoria La Marzalla** di Candida de'Rossi, Via di Collecchio 53, 51017 Pescia, Tel.: 0572/47010-490126, Fax: 0572/478332, einige Bauernhäuser des Landgutes wurden restauriert und in bequeme Appartements mit komfortablen Zimmern aufgeteilt, mit Schwimmbad und Verpflegungsmöglichkeit.

Restaurant
Cecco, Via Forti 96/98, 51017 Pescia, Tel.: 0572/477955, Mo Ruhetag, klassische toskanische und regionale Küche, mittlere bis gehobene Preisklasse.

Veranstaltung/Markt
• **Biennale dei Fiore**, nur in geraden Jahren findet im September die internationale Blumenmesse statt.
• **Il Palio dei Rioni**, erster Septembersonntag, am Palio nehmen die Stadtviertel San Francesco, La Ferraia, Santa Maria und San Michele teil. Vor dem Wettkampf im Bogenschießen auf der Piazza Mazzini findet ein Umzug mit 350 Teilnehmern in historischen Kostümen statt.
• **Wochenmarkt**, jeden Sa vormittag auf der Piazza Mazzini.

Pescia liegt auf halber Strecke zwischen Lucca und Pistoia, 8 km nordwestlich von Montecatini. Das Städtchen wird durch den gleichnamigen Fluß in zwei Ortsteile getrennt, die beide von einer eigenen Stadtmauer umgeben sind. Auf der linken Seite entstanden die Häuser um die Pfarrei herum, während auf der gegenüberliegenden Seite das Kastell, Markt und Lehnshof lagen. Eine befestigte Brücke verband beide Stadtteile miteinander.

Als freie Kommune beteiligte sich Pescia gegen Ende des 12. Jahrhunderts am Aufstand gegen die Luccheser, die Pescia 1281 stark beschädigten. 1339 unterlag das gesamte Tal der Herrschaft von Florenz. Bereits seit dem 13. Jahrhundert entwickelte sich die Seiden- und Papierindustrie. Bis zur Einigung Italiens dauerte die industrielle Blütezeit Pescias. Aufgrund der immer stärker werdenden ausländischen Konkurrenz begann der wirtschaftliche Abstieg.

Pescia baute seine Kapazitäten auf dem Landwirtschaftssektor aus. Heute basiert Pescias Wirtschaft auf Gärtnereibetrieben für Oliven, Zitrusfrüchte, Zimmerpflanzen und Schnittblumen, die in die ganze Welt exportiert werden.

■ **Sehenswertes**

Am linken Flußufer im Osten der Stadt liegen der **Dom** und die anderen Kirchen. Besonders sehenswert ist die Kirche **San Francesco**. Mit ihrem Bau wurde 1241 begonnen, im 17. Jahrhundert wurde sie stark barockisiert. Schönstes Ausstattungsstück ist ein Tafelbild von Bonaventura Berlinghieri (1325) mit einer Darstellung des Franziskus mit seinen Wundmalen und sechs Begebenheiten aus seinem Leben.

Geht man von San Francesco in Richtung Fluß, gelangt man zum **Teatro Pacini**. Das neoklassizistische Gebäude entstand 1717. Es war das zweite öffentlich zugängliche Theater in der Toskana (nach dem La Pergola in Florenz). Nach einer längeren Restaurierungsphase finden hier wieder Gastspielaufführungen statt.

14.3.7 Von Lucca nach Pistoia

Das Herzstück der Stadt liegt parallel zum Fluß im Westen. An der langgezogenen **Piazza Grande**, oder auch Piazza Giuseppe Mazzini genannt, liegen die besten Geschäfte und elegante Gebäude. An der nördlichen Schmalseite steht das heutige Rathaus, der **Palazzo dei Vicari**, aus dem 13. Jahrhundert. Den Süden des Platzes nimmt die kleine Kirche **Madonna di Piè di Piazza** (15. Jahrhundert) ein, die im 17. Jahrhundert eine prächtige Holzdecke erhielt. Hinter dem Rathaus geht es zur kleineren Piazza Santo Stefano hinauf. Hier lohnt sich der Besuch des **Museo Carlo Magnani**. Außer Tafelbildern aus dem 14. und 15. Jahrhundert, vor allem aus den Kirchen Pescias, sind im städtischen Museum auch archäologische Funde aus der Umgebung ausgestellt.

Öffnungszeiten
Piazza Santo Stefano 1, Pescia, Tel.: 0572/490057, Mi, Fr, Sa 10-13 Uhr und Do 16-18 Uhr.

Weitere Beachtung verdient die in der Nähe gelegene **Gipsoteca Libero Andreotti**. Das Museum ist dem aus Pescia stammenden Bildhauer Libero Andreotti (1875-1933) gewidmet und befindet sich im Palazzo del Podestà. Die über 200 Exponate der italienischen Bildhauerei stammen aus dem Anfang des 20. Jahrhunderts.

Öffnungszeiten
Piazza del Palagio 6, Pescia, Tel.: 0572/490057, im Sommer: Mi, Fr 16-19 Uhr, Sa 10-13 Uhr, letzter So im Monat 16-19 Uhr, im Winter: Fr 15-18 Uhr, Sa 10-13 Uhr, letzter So im Monat 15-18 Uhr.

Blumenmarkt
Nach dem zweiten Weltkrieg entwickelte sich die Stadt zu einem Zentrum der Blumenzucht. Pescia und Umgebung besitzt unzählige Gewächshäuser und einen der wichtigsten täglichen Blumenmärkte Europas. In geraden Jahren ist die "**Biennale del Fiore**" eine der Hauptattraktionen der Stadt. Die 23. Messe fand vom 31.8.-8.9.1996 statt.

Öffnungszeiten
Centro Commercializzazione dei Fiori dell'Italia Centrale, Via S. Acquisto 10/12, Tel.. 0572/453010, 51012 Castellare di Pescia, gegen Vorlage des Personalausweises bekommen Besucher freien Eintritt, 6-8 Uhr morgens.

Redaktions-Tip

Von Pescia führt ein herrlicher Wanderweg bis nach Collodi (hin und zurück ca. 8 km). Er beginnt bei der Via Trieste 9 in Pescia und führt vom Convento S. Michele hinauf zum Wanderpfad Nr. 460 rot/weiß. Nach einem Eisenkreuz geht man auf einer gepflasterten Straße wieder abwärts und überquert unterhalb einer Villa eine kleine Brücke an einem Wäldchen. Die ersten Häuser von Collodi sind in Sicht. Der Wanderweg Valleriana Trekking führt bis zur Abzweigung der Quelle Rio Dilezza und bis nach Crocialino. Weiter geht es abwärts zur Kirche von Collechio. Auf dem Wanderpfad Nr. 466 gelangt man wieder ins Zentrum von Pescia.

Svizzera Pesciatina

Im Norden von Pescia beginnt die weite Berg- und Hügellandschaft der Flußtäler **Torbola** und **Farfora** mit dem Fluß Pescia. Sie wird als Pesciatiner Schweiz bezeichnet und ist eine

14.3.7 Von Lucca nach Pistoia

Redaktions-Tip

Die zehn Dörfer der Svizzera Pesciatina sind außer mit einer Fahrstraße auch noch durch einen Wanderweg, dem **Valleriana Trekking**, verbunden. Bei der vorgeschlagenen Route handelt es sich um fünf Etappen mit einer täglichen Wanderzeit von 4-6 Stunden. Informationen erhältlich bei: Ufficio del Turismo in Pescia.

der unbekannten Gegenden in der Toskana. Eingebettet in eine reizvolle Landschaft mit Laub- und Nadelwäldern, liegen auf den Anhöhen und Bergkämmen zehn mittelalterliche Dörfer, die man landläufig als **Castella** bezeichnet.

Sie entstanden alle zwischen dem Ende des 9. und Anfang des 10. Jahrhunderts und waren von einer zum Teil heute noch vorhandenen Ringmauer umgeben. Innerhalb der Mauern konnten die zehn Castella ihren mittelalterlichen Charakter bewahren. Die steilen und verwinkelten Gäßchen, gesäumt von Steinhäusern und Laubengängen, die immer wieder den Blick ins Tal freigeben, verleihen den Bergdörfern ihr malerisches Aussehen.

Pietrabuona

Information
Pro Loco, Via del Campanile 7, 51010 Pietrabuona, Tel.: 0572/408013.

Agriturismo
Fattoria di Pietrabuona di Maria Stella Verrienti, Loc. Pietrabuona 103, 51017 Pescia, Tel.: 0572/408115, Fax: 0572/408115, das Landgut besitzt fünf sehr schöne, komplett ausgestattete Bauernhäuser, ca. 3 km von Pescia entfernt (Mitglied des Consorzio Le Guardatoie).

Restaurant
Da Nerone, Via Mammiamese 153, Loc. Pietrabuona, 51017 Pescia, Tel.: 0572/408144, Mi Ruhetag, Ristorante und Pizzeria mit regionaler Küche, mittlere Preisklasse.

Erster Ort der Svizzera Pesciatina ist Pietrabuona, nördlich von Pescia. Aufgrund seiner strategischen Lage war der Ort im Mittelalter oft umkämpft. Der Name stammt von den heute stillgelegten Steinbrüchen. Hier wurde eine spezielle Art von Sandstein abgebaut, der **Pietra Serena**. Teile der alten Stadtmauer, der Burg und eines Tors sind noch vorhanden.

Medicina

Nach weiteren vier Kilometern gelangt man nach Medicina auf 550 Metern Höhe. Auch hier sind noch Reste der alten Befestigungsmauern, Wachtürme und Teile von unterirdischen Gängen vorhanden.

Fibialla

Der Ort liegt auf einem terrassenartigen Gelände zwischen Wein- und Olivenbergen, von dem aus man das ganze Val di Torbola überblicken kann. Fibialla

14.3.7 Von Lucca nach Pistoia

war Schauplatz von Kämpfen zwischen Florenz und Lucca. Nur noch wenige Einwohner wohnen hier.

Aramo

Die Häuser Aramos liegen auf einem steil abfallenden Felsvorsprung über dem Pescia-Tal. In den Felsen sind Keller, Ställe und Verbindungsgänge hineingehauen, die im Falle einer Belagerung die Flucht in das Umland ermöglichen sollten.

Sorana

Das kleine Dorf liegt auf einer Anhöhe des Monte Petritulo. Reste der ehemaligen Burganlage Sovrana liegen am höchsten Punkt des Ortes. In der **Kirche S. Pietro und S. Paolo** sind fünf Altäre, ein Taufbecken und eine Kanzel aus Pietra Serena zu bewundern.

San Quirico

Am Ostabhang des Monte Battifolle (1.108 Meter) liegt das befestigte Städtchen S. Quirico. Von der alten Ringmauer aus dem 13. Jahrhundert stammt noch der sechseckige Beobachtungsturm. Auf einem Felsvorsprung im unteren Ortsteil befindet sich die Kirche mit einem wuchtigen Glockenturm. Auf die Piazza gelangt man durch das Burgtor. Der Platz ist von einem Bogengang umgeben und besitzt einen Brunnen aus Pietra Serena.

Castelvecchio

Information
Pro Loco, Via Castelvecchio 60, Tel.: 0572/400086.

Restaurant
Da Carla, Loc. Molino-Castelvecchio, 51017 Pescia, Tel.:0572/400080, Restaurant und Pizzeria mit Wildschweingerichten und selbstgemachten Nudeln, mittlere Preisklasse.

Castelvecchio liegt auf einem Felssporn über dem Pescia-Tal. Gleich zu Anfang des Dorfes steht linkerhand die schöne romanische **Kirche S. Tommaso** aus dem 13. Jahrhundert. Die dreischiffige Basilika mit drei Chorkapellen besitzt eine zweigeteilte Fassade mit auf Konsolen und Halbsäulen ruhenden Blendarkaden. Der obere Teil besteht aus drei Archivolten, einem Doppelbogenfenster, vier kreisrunden Fenstern und schwer entschlüsselbaren Masken unter dem Dach.

Stiappa

Ein weiteres Kastell zwischen den verfeindeten Städten Florenz und Lucca liegt in 627 Metern Höhe am Nordabhang des Monte Battifolle. Stiappa besaß zwar keine Befestigungsmauer, hatte aber verriegelbare Häuser, mit Schießscharten im unteren Geschoß. Sehenswert ist auch die romanische **Kirche S. Maria Assunta.**

■ **Pontito**

Steinhäuser mit schönen Portalen liegen an konzentrisch in Bogenform angelegten Straßen. Pontito breitet sich wie ein Fächer zwischen den Bergen aus. Am höchsten Punkt liegt die romanische **Kirche S. Andrea e S. Lucia.** Sie wurde 1497 restauriert. Von hier aus sind noch Reste der Mauer und der Burg zu sehen.

■ **Vellano**

Unterkunft/Restaurant
Antica Locanda del Borgo, Via Mammiamese 168, Loc. Vellano, 51017 Pescia, Tel.: 0572/409131, Do Ruhetag, gute Trattoria mittlerer Preisklasse, vermietet auch einige Zimmer ohne Bad, 65.000 Lire.

Bis 1929 war Vellano eine autonome Kommune und der Hauptort der Svizzera Pesciatina. Lange Zeit zwischen Pisa, Florenz und Lucca heiß umkämpft, wurde er endgültig 1364 an Florenz angeschlossen. Im oberen Ortsteil sind noch heute die Reste der einstigen mächtigen Burg zu sehen. Die **Kirche S. Sisto e S. Martino** mit einem Glockenturm liegt im unteren Ortsteil. In der Kirche fand man Spuren einer präromanischen Vorgängerkirche.

Montecatini Terme

Information
● **APT,** Viale Verdi 66, 51016 Montecatini Terme, Tel.: 0572/772244, Fax: 0572/70109.
● Informationen zum Thermalangebot bei: Terme di Montecatini, Viale G. Verdi 41, 51016 Montecatini Terme, Tel.: 0572/7761, Fax: 0572/778444.

Zugverbindung
Stazione Centrale, Piazza Italia, Tel.: 0572/78551, Montecatini Terme liegt an der Zugstrecke Florenz-Lucca-Pisa, ungefähr dreimal täglich gibt es eine direkte Zugverbindung von Montecatini Terme zum Flughafen in Pisa (ca. 50 km).

Pferderennbahn Ippodromo di Montecatini, Società Fiorentina per le Corse dei Cavalli, Via

Pferderennbahn in Montecatini

14.3.7 Von Lucca nach Pistoia

Cadorna 16, Montecatini Terme, Tel.: 0572/78262, Fax: 0572/72872. Von April bis Oktober finden auf der Rennbahn von Montecatini Pferderennen statt, vor allem im Juli und August.

Unterkunft
- ***** **Grand Hotel Bellavista-Palace & Golf**, Viale Fedeli 2, 51016 Montecatini Terme, Tel.: 0572/78122, Fax: 0572/73352, geöff. April-Nov., teuerstes Hotel der Luxus-Kategorie in ruhiger Lage mit 104 Zimmern, Kur- und Kongreßzentrum und Restaurant, Hotelgäste erhalten 60 % Rabatt auf dem Golfplatz, 180.000-290.000 Lire.
- *** **Imperial Garden**, Viale Puccini 20, 51016 Montecatini Terme, Tel.: 0572/910862, Fax: 0572/910863, das vornehme Hotel mit Swimmingpool und großem Garten liegt in ruhiger Lage, 30 % Rabatt auf dem Golfplatz, 76.000-123.000 Lire.
- *** **Hotel Torretta**, Viale Bustichini 63, 51016 Montecatini Terme, Tel.: 0572/70305, Fax: 0572/70307, familiär geführtes Hotel mit Garten und Swimmingpool in Nähe der Thermalanlagen, 30 % Rabatt auf dem Golfplatz, 71.000-115.000 Lire.
- *** **Corallo**, Viale Cavallotti 116, 51016 Montecatini Terme, Tel.: 0572/78288, Fax: 0572/79512, gepflegtes Mittelklasse-Hotel in der Nähe des Informationsbüros, 60 % Rabatt auf dem Golfplatz, 69.000-110.000 Lire.
- ** **Nicol**, Viale Cavallotti 44, 51016 Montecatini Terme, Tel.: 0572/770195, Fax: 0572/767963, familiäres Hotel mit 10 Zimmern und gutem Restaurant, 46.000-65.000 Lire.

Camping
*** **Belsito**, Via delle Vigne 1, Loc. Vico, 51016 Montecatini Terme, Tel. u. Fax: 0572/67373, nüchterner Campingplatz nördlich von Montecatini Terme (N. 633) mit 64 Stellplätzen.

Restaurant
Enoteca da Giovanni, Via Garibaldi 25, 51016 Montecatini Terme, Tel.: 0572/71695, Mo Ruhetag, kleine Enoteca und feines Restaurant, teuer.

Einkaufen
Pasticceria Daniele Desideri, Via Gorizia 5, 51016 Montecatini Terme, Tel.: 0572/71088, Spezialität der Pasticceria sind die Cialde, gefüllte Oblaten.

Montecatini hat ca. 21.000 Einwohner und ist einer der berühmtesten und größten Kurorte Italiens (ca. 30 km östlich von Lucca). Sehenswert sind vor allem die prächtigen Thermalbäder, die im Inneren mit Fresken, Dekor und Keramiken im Jugendstil ausgestattet sind. Am beeindruckendsten ist das **Tettuccio**, das während der Trinkkurenzeiten geöffnet ist.

Weitere Bäder sind das Stabilimento Excelsior, die klassizistisch aussehende Terme Leopoldine, Stabilimento Tamerici und das Stabilimento Regina an der Viale A. Diaz. Gegenüber liegen die Accademia d'Arte mit einem Museum und die Quellhäuser Torretta und Rinfresco.

Im Park der Terme Tettuccio

14.3.7 Von Lucca nach Pistoia

▨ Montecatini Alto

Auf der Straße nach Montecatini Alto empfiehlt sich ein erster Halt an der **Grotta Maona**. Die Tropfsteinhöhle mit schönen Stalaktiten- und Stalagmitenformationen liegt zwischen den Hängen eines Steinbruchs.

Öffnungszeiten
Tel.: 0572/74581-78993, geöff. 1.4.-31.10.: Di-So 9-12 u. 14-18 Uhr, Mo geschl. (L. 7.000).

Über der geschäftigen Kurstadt liegt auf einem Hügel der ehemalige Festungsort Montecatini Alto. Er gleicht einer großartigen Terrasse und bietet eine einmalig schöne Aussicht über das Valdinievole.

Ein Erlebnis ist die Fahrt zur Oberstadt mit einem Relikt aus früheren Kurtagen, der roten **Funicolare**. Die Standseilbahn mit zwei roten Kabinenwagen, Giglio und Gigia genannt, fährt alle 30 Minuten die steile Strecke mit einer fast 40 %-Steigung hinauf und passiert Gartenanlagen und Waldstücke. Auf der malerischen Piazza kann man nach einem kleinen Spaziergang in einer der Bars geröstetes Brot, Fettunta, essen und ein Glas Wein aus der Gegend trinken.

Monsummano Terme

Golf
Golf Club Montecatini, Via dei Brogi, Loc. La Pievaccia, 51015 Monsummano Terme, Tel.: 0572/62218, Fax: 0572/617435, der 18-Loch-Golfplatz (1995 vollständig erneuert) liegt ca. 10 km vom Zentrum Montecatinis entfernt. Preise: Mo-Fr L. 70.000, Sa-So L. 80.000, Golfwagen: L. 50.000, bei diversen Hotels bekommen die Gäste Rabatt.

Unterkunft
● ****** Grotta Giusti**, Via Grotta Giusti 171, 51015 Monsummano Terme, Tel.: 0572/51165-51268, Fax: 0572/51269-51007, geöff. März-Nov., das Hotel gehört zur Therme Grotta Giusti, ausgestattet mit einem Thermalbad, Fitnessräumen, Tennisplätzen und Gärten, Restaurant mit toskanischer Küche, 60 % Rabatt auf dem Golfplatz, 120.000-194.000 Lire.
● ***** Terme Grotta Parlanti**, Via Francesca Nord 114, 51015 Monsummano Terme, Tel.: 0572/953071-953096, Fax: 0572/953029, geöff. April-Okt., das schöne Kurhotel mit stilvoll eingerichteten Zimmern gehört zum Kurkomplex der Grotta Parlanti, 90.000-115.000 Lire.

Camping
*** Barco Reale, Via Nardini 11, Loc. S. Baronto, 51030 Lamporecchio-San Baronto, Tel.: 0573/88332, Fax: 0573/88334, geöff. April-Sept. Schön gelegener Campingplatz mit 90 Plätzen, ca. 10 km nördlich von Vinci.

Restaurant
Osteria del Contadino, Via Provinciale Pratese 58, 51015 Monsummano Terme, Tel.: 0572/7718450, Mo Ruhetag, modernes Lokal mit sehr guter regionaler Küche, mittlere bis gehobene Preisklasse.

14.3.7 Von Lucca nach Pistoia

Monsummano Terme ist ein Thermalkurort mit zwei Thermalgrotten, ungefähr 2 km südlich von Montecatini. Die **Grotta Giusti** liegt ca. 300 m tief im Berg und besteht aus mehreren miteinander verbundenen Naturhöhlen, die sich für Schwitzkuren eignen. Sie funktioniert wie eine natürliche Sauna mit verschiedenen heißen Kammern, wie das Purgatorio (Fegefeuer) mit Schwefeldampf, und die Hölle als Dampfbad mit einer hohen Luftfeuchtigkeit und 35,2° C. Außerdem ist ein unterirdischer Thermalsee zu besichtigen. Die Grotte ist von April bis Oktober geöffnet.

Zur **Grotta Parlanti** gehört ein schönes Mittelklasse-Hotel. Die große Grotte liegt im Westen des Ortes und eignet sich wie die Grotta Giusti hervorragend für Schwitzkuren, da sie über eine besonders hohe Luftfeuchtigkeit von 80-90 % und eine konstante Temperatur von 32° C verfügt.

Grotta Giusti

14.4 PISTOIA

14.4.1 ÜBERBLICK

Die Hauptstadt der gleichnamigen Provinz liegt in der flachen Arno-Ebene, zwischen Montecatini Terme und Prato. Im Süden der Stadt befindet sich der Bahnhof mit Busbahnhof und die Autobahnausfahrt der A11, die von Florenz ans Meer führt.

Pistoia hat ca. 98.000 Einwohner und ist ein wichtiges **Wirtschafts- und Handelszentrum** in der Toskana mit einer sehr hohen Dichte an handwerklichen Betrieben. Bekannt ist die Stadt vor allem für ihre großflächigen **Gärtnereibetriebe** mit Schwerpunkt auf Aufzucht von Bäumen und Zierpflanzen, die weltwelt exportiert werden.

Die Stadt römischen Ursprungs erhielt in der 1. Hälfte des 14. Jahrhunderts von Cosimo I. einen trapezförmigen Mauergürtel mit Türmen und Bollwerken, der heute noch existiert. Innerhalb der Mauern trifft man auf eine schöne Altstadt mit schmucken Plätzen und verwinkelten Gassen. Anziehungspunkt ist die **Piazza Duomo** mit ihren beeindruckenden Bauten, wie dem Dom, Baptisterium und den umliegenden Palästen.

14.4.2 REISEPRAKTISCHE HINWEISE

Information
- **I.A.T**, Palazzo dei Vescovi, Piazza Duomo, 51100 Pistoia, Tel.: 0573/21622, Fax: 0573/34327, Mo-Sa 9-13 u. 15-18 Uhr.
- **A.P.T.**, Sitz des Fremdenverkehrsamtes Abetone-Pistoia-Montagna Pistoiese in: Via Marconi 28, 51028 San Marcello Pistoiese, Tel.: 0573/630145, Fax: 0573/622120, Mo-Sa 9-13 u.15.30-18 Uhr.

Unterkunft
- *** **Albergo Il Convento**, Via San Quirico 33, Loc. Ponte Nuovo, 51100 Pistoia, Tel.: 0573/452651, Fax: 0573/453578, sehr schönes und ruhig gelegenes Hotel in den Mauern eines ehemaligen Klosters mit Swimmingpool und Restaurant, etwas außerhalb der Stadt ca. 4 km in Richtung Prato, DZ 90.000-120.000 Lire.
- *** **Leon Bianco**, Via Panciatichi 2, 51100 Pistoia, Tel.: 0573/26675/6, Fax: 0573/26704, ruhiges und renoviertes Hotel mit 27 Zimmern in der Nähe des Domplatzes, DZ 65.000-130.000 Lire.
- *** **Patria**, Via Crispi 6, 51100 Pistoia, Tel.: 0573/25187/8, Fax: 0573/368118, modern eingerichtetes Hotel mit 28 Zimmern und Restaurant, DZ 80.000-130.000 Lire.
- **Villa Vannini**, Loc. Piteccio, Via Villa di Piteccio 6, 51100 Pistoia, Tel.: 0573/42031, die komfortable Villa besitzt 8 geschmackvolle und elegant eingerichtete Zimmer und zwei Appartements. Sie liegt etwas außerhalb auf einem Hügel, mit Restaurant, DZ 100.000 Lire.

Jugendherberge
Die nächste Jugendherberge liegt im Pistoieser Bergland (siehe bei Abetone).

14.4.2 Pistoia – Reisepraktische Hinweise

Restaurant/ Caffè
- **La Casa degli Amici**, Via Bonellina 111, 51100 Pistoia, Tel.: 0573/380305, Di Ruhetag, Trattoria am Stadtrand mit guter toskanischer Küche. Mittlere bis gehobene Preisklasse.
- **Leon Rosso**, Via Panciatichi 4, 51100 Pistoia, Tel.: 0573/29230, So Ruhetag, Lokal mit hervorragenden toskanischen Vorspeisen. Mittlere bis gehobene Preisklasse.
- **Caffè Valiani**, Via Cavour 55, 51100 Pistoia, Tel.: 0573/23034, geschichtsträchtiges Kaffeehaus mit hervorragenden Torten, neben der Kirche San Giovanni Forcivitas.

Einkaufen
- **Enoteca Lavuri**, Loc. Agliana,Via Provinciale Fiorentina 154/G, 51100 Pistoia, Tel.: 0574/751366, neben italienischen Weinen auch ausländische Erzeugnisse.
- **Lavorazione del Cioccolato di Roberto Catinari**, Loc. Agliana, Via Provinciale Fiorentina 378, 51100 Pistoia, Tel.: 0574/718506, Köstlichkeiten aus Schokolade, das Geschäft befindet sich in der Gemeinde von Agliano 10 km von Pistoia in Richtung Florenz.

Veranstaltung/Markt
- **La Giostra dell'Orso**, in den letzten Juli-Tagen, Fest des Schutzherrn S. Jacopo auf der Piazza Duomo. Am historischen Umzug nehmen die umliegenden Gemeinden und je drei Gruppen der vier Stadtviertel teil. Jede Gruppe besteht aus einem Rittmeister, einer Standarte, einem Ritter, einem Trompeter und Hellebarden. Insgesamt ziehen ca. 300 Personen in historischen Kostümen durch die Stadt. Am darauffolgenden Ritterspiel sind 12 berittene Ritter beteiligt. Jeweils zu zweit galoppieren die Reiter mit Lanzen um den Domplatz. Am Ziel müssen zwei stilisierte Bären getroffen werden.
- **Wochenmarkt**, jeden Mi und Sa an der Piazza Duomo.

> **Redaktions-Tips**
> - Übernachten in der Villa Vannini
> - Kaffeetrinken im Caffè Valiani
> - Bummel durch die historische Altstadt
> - Besuch des Dokumentationszentrums über den zeitgenössischen Architekten Giovanni Michelucci

14.4.3 STADTRUNDGANG

Dom (1)

Mittelpunkt und schönster Platz der Altstadt ist die **Piazza Duomo** mit dem Dom S. Zeno (Anfang 12. Jahrhundert). Die Fassade (ab 1311) ist mit grünweißem Marmor verkleidet und besitzt eine siebenbogige Vorhalle. Die Bögen sind abwechselnd halbkreis- oder hufeisenförmig und ruhen auf schlanken Säulen. Diese Anordnung lockert die sonst streng gegliederte Fassade etwas auf. Darüber befinden sich drei Blendarkadenreihen, die über den Seitenschiffen abgetreppt weiterlaufen. Im Innenraum lohnt sich ein Blick auf ein Hauptwerk der toskanischen Silberschmiedekunst, den beeindruckenden Silberaltar des Heiligen Jakobus. Vom 13.-15. Jahrhundert arbeiteten die berühmtesten Silberschmiede an den über 600 Reliefs und Statuen.

Öffnungszeiten
tägl. 9-12 und 16-19 Uhr.

14.4.3 Pistoia – Stadtrundgang

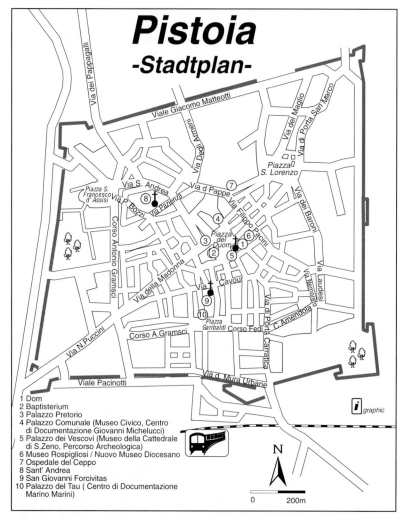

1 Dom
2 Baptisterium
3 Palazzo Pretorio
4 Palazzo Comunale (Museo Civico, Centro di Documentazione Giovanni Michelucci)
5 Palazzo dei Vescovi (Museo della Cattedrale di S.Zeno, Percorso Archeologica)
6 Museo Rospigliosi / Nuovo Museo Diocesano
7 Ospedale del Ceppo
8 Sant' Andrea
9 San Giovanni Forcivitas
10 Palazzo del Tau (Centro di Documentazione Marino Marini)

■ **Baptisterium (2)**
Gegenüber steht auf einem niedrigen Podest mit wenigen Stufen die 1359 von Cellino di Nese nach Plänen von Andrea Pisano vollendete Taufkirche. Der oktogonale Bau erinnert mit der Fassade aus weißem und grünem Marmor an das Baptisterium in Florenz. Umlaufende Blendarkaden bestimmen den oberen Teil. Beachtenswert sind das figurengeschmückte Eingangsportal und die kleine Außenkanzel.

 Öffnungszeiten
Piazza Duomo, Di-Sa 9.30-12.30 u. 15-18 Uhr, So 9.30-12.30 Uhr.

14.4.3 Pistoia – Stadtrundgang

Der mächtige Glockenturm des Domes, auch **Torre Campanaria** genannt, grenzt im Norden an die Kirche. Sein wuchtiges Aussehen verdankt er seiner ursprünglichen Funktion als Wachturm. Die oberen Geschosse wurden von Pisano mit weiß-grünem Marmor und Säulenreihen verfeinert. Der Aufsatz des 67 Meter hohen Turms ist eine Zutat aus dem 16. Jahrhundert.

Palazzo Pretorio (3)
Der im 14. Jahrhundert für den Stadtvogt (Podestà) errichtete Palazzo Pretorio dient heute als Justizgebäude. Der ursprünglich zweigeschossige Bau wurde 1844 erweitert und aufgestockt. Im Innenhof befindet sich noch der ehemalige steinerne Tisch, an dem Gericht abgehalten wurde.

Palazzo Comunale (4)
Gegenüber liegt der Palazzo Comunale. Der mächtige Stadtpalast wurde von 1295 bis zur Mitte des 14. Jahrhunderts für die Stadtältesten und den Gonfaloniere erbaut. Die Fassade besteht aus viereckigen Quadersteinen aus Pietra Serena und ist mit Wappen geschmückt.

Nach einer langjährigen Restaurierungszeit befindet sich seit 1982 in diesem Gebäude wieder das **Museo Civico**. Wichtigster Teil der Ausstellung ist eine Sammlung von Tafelbildern und Gemälden aus dem 14.-19. Jahrhundert. Daneben gibt es noch eine kleine Abteilung mit kunsthandwerklichen Gegenständen, wie Gläsern, Majolika und Porzellan.

Das **Centro di Documentazione Giovanni Michelucci** ist seit 1980 ebenfalls im Palazzo Comunale untergebracht. Eine große Anzahl an Zeichnungen, Modellen und Lichtpausen dokumentieren die Tätigkeit und Forschung Michelucis während seiner gesamten Schaffenszeit. Kernstück der Sammlung sind 900 Feder-, Bleistift- und Filzstiftzeichnungen auf Karton oder Papier. In der Nach-

---

INFO

Giovanni Michelucci (1891-1990)

wurde in Pistoia geboren und gilt als einer der größten zeitgenössischen Architekten und Stadtplaner Italiens. Sein Ziel war es, die Architektur an die Bedürfnisse der Menschen anzupassen und die Individualität der Menschen auf die Architektur zu übertragen. In seiner Heimatstadt Pistoia und anderen Städten Italiens wandte er sich vor allem öffentlichen Gebäuden, wie Kirchen, Schulen und Bankgebäuden, zu. Zu seinen berühmtesten Bauwerken gehören die Cassa di Risparmio in Florenz und die Bank Monte di Paschi in Colle Val d'Elsa (Kap. 8.4.2). International bekannt wurde er vor allem durch die Autobahnkirche **San Giovanni Battista** *bei Florenz, über die man in jedem guten Architekturlexikon aufgrund ihrer stark bewegten Raumkonturen nachschlagen kann.*

Giovanni Michelucci

14.4.3 Pistoia – Stadtrundgang

kriegszeit beschäftigte sich Michelucci mit dem Wiederaufbau der im Krieg beschädigten Stadtviertel Borgo Sant'Jacopo und S. Croce. Seine Zeichnungen aus dieser Zeit sind ein interessantes Zeugnis für die Städteplanung Italiens in den 60er Jahren. Für Besucher mit einem Faible für moderne Architektur ist das Dokumentationszentrum über Giovanni Michelucci ein Muß.

Öffnungszeiten
- Museo Civico, Palazzo Comunale, Piazza Duomo, Tel.: 0573/371275, Di-Sa 9-13 Uhr und 15-19 Uhr, So 9-12.30, Mo geschl. (L. 5.000, Sa nachm. freier Eintritt).
- Centro di Documentazione, Palazzo Comunale, Piazza Duomo, Tel.: 0573/3711, Di-Sa 9-13 und 15-19 Uhr, So 9-12.30, Mo geschl.

■ Palazzo dei Vescovi (5)

Der ehemalige Bischofspalast beherrscht die Südseite der Piazza Duomo. Als eine von der Kirche unabhängige Bischofsresidenz wurde der Palast nach einem Streit mit dem Domkapitel gegen Ende des 11. Jahrhundert erbaut und Mitte des 12. bis zum Beginn des 13. Jahrhunderts wesentlich verändert. In dieser Zeit entstand auch die Sakristei des heiligen Jacob, in der die Reliquie des Schutzpatrons von Pistoia aufbewahrt und verehrt wurde. Die **Sacrestia** wurde später durch die Kapelle des S. Niccolò (Hl. Nikolaus) überbaut.

Im darauffolgenden Jahrhundert wurde der Bischofspalast um ein weiteres Geschoß aufgestockt. Bis 1786 residierten hier die Bischöfe der Stadt. Danach verkaufte Bischof Scipione de'Ricci das Gebäude an einen Privatmann. Heute ist er im Besitz der Cassa di Risparmio di Pistoia e Pescia und beherbergt das **Museo della Cattedrale di S. Zeno**. Im Erdgeschoß und im ersten Obergeschoß kann man eine außergewöhnliche Sammlung sakraler Gegenstände und Textilien aus dem Dom besichtigen.

Bei Restaurierungsarbeiten in den Jahren 1974 bis1980 konnte ein großer Teil der Originalsubstanz freigelegt werden. Dabei fand man auch zwei etruskische Grabstelen aus dem 5. und 6. Jahrhundert v. Christi. Daraufhin begannen gezielte archäologische Ausgrabungen, bei denen man Keramikscherben und Reste mehrerer Vorgängerbauten aus römischer und mittelalterlicher Zeit entdeckte. Ein "archäologischer Weg", der **Percorso Archeologico Attrezzato Antico Palazzo dei Vescovi**, führt vorbei an Glasvitrinen mit Fundstücken und Stellwänden mit Erklärungen durch das Grabungsfeld.

Öffnungszeiten
- Palazzo dei Vescovi, Piazza del Duomo, Tel.: 0573/369272, Di, Do, Fr nur mit Führung um 8.30-10-11.30-15.30 Uhr, Fr nachm. 14.30-15.30-16.45 Uhr (L. 5.000).
- Besichtigung des Percorso Archeologico nur nach Voranmeldung über Tel.: 0573/369272 Do, Do, Fr 8.30-13 u. 15.30-17 Uhr.

■ Museo Rospigliosi/Nuovo Museo Diocesano (6)

Zwischen Palazzo Comunale und Dom führt ein Sträßchen zum **Palazzo Rospigliosi**, in dem sich seit 1986 das **Museo Rospigliosi e Nuovo Museo Diocesano** mit dem kostbaren Domschatz befindet. Das Äußere des Palastes mit einer zweiläufigen Treppe und einem eindrucksvollen Eingangsportal mit dem Wappen der Rospigliosi läßt den spätmanieristischen Einfluß aus Florenz erkennen. Der älteste Gebäudeteil schließt direkt an den Dom an. Das Museum Clemente Rospigliosi in den historischen Räumen des Palazzo besitzt eine reiche Gemäldesammlung mit Schwerpunkt auf dem 17. und 18. Jahrhundert. Das neue Diözesanmuseum, früher im Palazzo Vescovile untergebracht, befindet sich in drei an die Säle der Rospigliosi angrenzenden Räumen. Die Sammlung umfaßt Gegenstände des sakralen Lebens aus dem Umland von Pistoia. Darunter sind kleine Kostbarkeiten, wie ein Bronzekreuz aus dem 13. Jahrhundert und ein vergoldeter Kupferschrein mit Emaillearbeiten, der in einer sienesischen Werkstatt zu Beginn des 14. Jahrhundert angefertigt wurde.

Öffnungszeiten
Via Ripa del Sale 3, Tel.: 0573/28740, Di-Sa 10-13 Uhr, Di, Do, Fr auch von 16-19 Uhr, So u. Mo geschl. (L. 5.000).

■ **Ospedale del Ceppo (7)**
Nördlich vom Palazzo del Comune gelangt man zur Piazza del Ospedale (1514) mit dem gleichnamigen und noch heute als Krankenhaus genützten Gebäude. Früher war im Innenhof ein Baumstumpf als Opferstock aufgestellt. Deshalb erhielt das Hospital den Namen del Ceppo (ital. Ceppo = Baumstumpf).
Auffällig ist die Ähnlichkeit mit dem Findelhaus von Brunelleschi in Florenz (siehe Kap. 5.4). Beachtenswert ist ein sehr anschauliches mehrfarbiges Terrakottafries über der gesamten Vorderfront aus der Schule der della Robbia. Dargestellt sind die sieben Werke der Barmherzigkeit und der Tugenden.
Etwas kurios und in seiner Art einmalig ist das **Museo dei Ferri Chirurgici**. Es zeigt historische Werkzeuge der Heilkunst aus mehreren Jahrhunderten.

Terrakottafries

14.4.3 Pistoia – Stadtrundgang

Öffnungszeiten
Amministrazione dell'Azienda Ospedaliera U.S.L.N. 3. Viale Matteotti, nur nach Voranmeldung zu besichtigen.

■ Sant'Andrea (8)

In nordwestlicher Richtung liegt die Kirche Sant'Andrea. Ihre Ursprünge gehen auf das 11. Jahrhundert zurück. Herausragendes Ausstattungsstück ist die **Kanzel** von Giovanni Pisano (1298-1301). Sie ähnelt stark seiner späteren Kanzel im Dom von Pisa (siehe Kap. 16.6.4). Auf sechs Relieffeldern sind Geschichten aus dem Alten Testament dargestellt. Der sechseckige Kanzelkörper ruht auf sieben Säulen. Zwei davon werden von Löwen getragen, eine weitere ruht auf den Schultern eines bärtigen Atlanten, die Mittelsäule wird von einem Adler, Greifen und einem Löwen gestützt.

Öffnungszeiten
8-13 u. 15-19 Uhr.

■ San Giovanni Forcivitas (9)

Diese Kirche lag zu ihrer Entstehungszeit im 8. Jahrhundert außerhalb der Stadtmauern (lat. Fuor civitas = vor der Stadt). Ihre heutige Gestalt stammt aus dem 12.-14. Jahrhundert. Sie liegt südwestlich vom Domplatz an der Via Cavour. Schauseite ist das nördliche Langhaus mit einer im pisanischen Stil verkleideten Marmorfassade und drei übereinanderliegenden Reihen an Blendbögen.

Öffnungszeiten
7.30-13 u. 15-18.30 Uhr.

■ Palazzo del Tau (10)

Das **Dokumentationszentrum Marino Marini** befindet sich seit einiger Zeit im Palazzo del Tau, der ehemals dem Spitalorden Sant'Antonio Abate gehörte. Die Antonitermönche trugen auf Tunika und Mantel ein Kreuz in Form eines T, deshalb auch der Name Convento del Tau (griech = T). Der Orden wurde gegen Ende des 12. Jahrhunderts in Frankreich zur Versorgung und Beherbergung kranker Pilger gegründet.
In Pistoia entstand das Ordenshaus um 1390 und blieb bis zu seiner Aufhebung 1774 in Betrieb. Schräg gegenüber liegt die Kirche des Konvents, die **Cappella del Tau**, die 1774 in drei Stockwerke mit Wohnungen unterteilt wurde. Mittlerweile ist sie wieder in ihren Originalzustand zurückversetzt. Die äußerlich sehr schlichte Kirche birgt in ihrem Inneren einen beeindruckenden und sehr großen Freskenzyklus aus dem 14. Jahrhundert (u.a. die Erschaffung der Erde). Im obersten Feld sind Geschichten aus dem Alten Testament, darunter Szenen aus dem Neuen Testament und unten Geschehnisse aus dem Leben des Heiligen Antonio Abate wiedergegeben. Das Museum Marino Marini umfaßt ungefähr 350 Werke des Künstlers Mario Marini, der 1910 in Pistoia geboren wurde und in Florenz an der Akademie Kunst studierte. Sein

Oeuvre besteht aus Skulpturen von Pferden und Reitern und aus Gemälden, Zeichnungen und Stichen. Darüber hinaus besitzt das **Centro di Documentazione e Fondazione Marino Marini** eine Bibliothek, eine Foto- und Diathek und eine Videothek.

Öffnungszeiten
Palazzo del Tau, Corso S. Fedi 72, Tel.: 0573/30285, Di-Sa 9-13 und 15-19 Uhr, So 9-12.30, Mo geschl. (L. 4.000, Sa nachm. freier Eintritt).
Für Museo Civico, Centro di Documentazione Giovanni Michelucci, Museo Rospigliosi, Nuovo Museo Diocesano, Centro di Documentazione e Fondazione Marino Marini gibt es ein Gemeinschaftsticket für L. 10.000 mit 5-monatiger Gültigkeitsdauer.

■ **Giardino Zoologico "Città di Pistoia"**
Dieser kleine Privat-Zoo wurde 1970 eingeweiht. Er liegt ca. 4 km westlich von Pistoia und erstreckt sich über eine Fläche von 75.000 m². Neben zahlreichen Tierarten, wie z.B. der Polar-Bär, sibirische Tiger, Giraffen, Elefanten und Reptilien im Tropenhaus, sind auch über dreihundert Zierpflanzen zu sehen. Der Zoo verfügt über einen großen Parkplatz, Picknick-Plätze, Restaurant, Bar und einen Kinderspielplatz.

Öffnungszeiten
Via di Pieve a Celle 160a, 51030 Pistoia, Tel.: 0573/939219, Fax: 0573/571720, im Sommer 9-19 Uhr, im Winter 9-17 Uhr, mit dem Bus Linie 29 vom Bahnhof Pistoia in ca. 15 Minuten.

14.4.4 AUSFLUG IN DAS PISTOIESER BERGLAND

San Marcello Pistoiese

Information
APT, Via Marconi 16, 51028 San Marcello Pistoiese, Tel.: 0573/630145-622300, Fax: 0573/622120, Mo-Sa 9-13 u. 15.30-18 Uhr.

Veranstaltung/Markt
• **Lancio della Mongolfiera**, am 8. September, zu Ehren der Schutzheiligen der Pistoieser Berge S. Celestina wird traditionell ein Heißluftballon gestartet. Ende des 18. Jahrhunderts hielten sich in San Marcello die Brüder Montgolfier auf. Sie überließen der Familie Cini Konstruktionspläne von Luftschiffen, die später für den Bau eines Ballons benutzt wurden. 1854 stieg erstmalig ein Heißluftballon in der Größe eines mehrstöckigen Hauses auf.
• **Wochenmarkt**, jeden Do an der Piazza Maestri del Lavoro.

San Marcello Pistoiese hat ca. 9.000 Einwohner und gilt als der Hauptort des Pistoieser Berglandes. Er liegt auf 650 Metern Höhe inmitten von dichten Nadel- und Kastanienwäldern.

Zur Gemeinde von San Marcello gehört auch das kleine Bergdorf **Gavinana** (3 km östlich). Die historische Bedeutung beruht auf der Gestalt von Fran-

14.4.4 Ausflug in das Pistoieser Bergland

cesco Ferrucci (1489-1530), der in Gavinana die Republik Florenz gegen die kaiserlichen Truppen verteidigte. Zum Gedenken an ihn wurde auf dem Hauptplatz von Gavinana, wo er getötet wurde, ein Reiterstandbild aufgestellt und ein **Museum** (Museo Ferrucciano) mit einer Bibliothek eingerichtet, in dem Erinnerungsstücke an Ferrucci aufbewahrt werden.

Öffnungszeiten
Loc. Gavinana, 51028 San Marcello Pistoiese, Tel.: 0573/66191, Juli-Aug.: Mo-Sa 10-12 Uhr u. 17-19 Uhr, So 9.30-12.30 u. 16-19 Uhr, Sept.-Juni Do, Sa 15-17 Uhr.

Weiter in Richtung Cutigliano durchquert man kurz hinter San Marcello das reizvolle mittelalterliche Dorf **Mammiano**. Hier lohnt sich auf jeden Fall ein kleiner Umweg nach **Mammiano Basso**. Hauptattraktion des Ortes ist die **Ponte Sospeso**. Die eindrucksvolle Hängebrücke aus Stahl ist 220 Meter lang und führt in einer Höhe von 40 Metern über den Fluß Lima bis zur parallel verlaufenden N.12 hinüber. Die Fußgängerbrücke stammt aus den 20er Jahren und wurde für die Arbeiter aus dem gegenüberliegenden Popiglio gebaut, die in der Industrieansiedlung von Mammiano beschäftigt waren.

Cutigliano

Information
I.A.T, Via Roma 25, 51024 Cutigliano, Tel.: 0573/68029, Fax: 0573/68200, Mo-Sa 9-13 u. 16-18 Uhr.

Camping
** **Le Betulle**, Via Cantamaggio 6, 51024 Pozza, Tel.: 0573/68004, Campingplatz mit 90 Stellplätzen, Restaurant und Einkaufsmöglichkeit.

Markt
Wochenmarkt, jeden Di an der Piazzale S. Antonio.

Der malerische Bergort Cutigliano liegt auf der linken Seite des Lima-Tals inmitten von Wäldern. Er ist sowohl im Sommer als auch im Winter ein beliebter Ferienort. Im Zentrum des Dorfes befindet sich der **Palazzo Pretorio** aus dem 14. Jahrhundert, dessen Fassade mit den Wappen der Stadtvögte geschmückt ist.

Eine Seilbahn führt auf den 1.600 m hohen Apenningipfel Doganaccia. Hier beginnt ein 27 km großes Skigebiet mit Seilbahnen, Sessel- und Skiliften und zwei Langlaufloipen.

Wenige Kilometer in Richtung Abetone fährt man durch das kleine Dorf **Rivoreta** am Fuße der reizvollen Felslandschaft des Libro Aperto (1.937 Meter). Ein liebevoll eingerichtetes **Völkerkundemuseum** (Museo Etnologico) beherbergt eine große Anzahl Bauerngerätschaften, wie Küchengeschirr, Heugabeln, Sensen, Laternen, Wiegen und Sättel.

14.4.4 Ausflug in das Pistoieser Bergland

Öffnungszeiten
Loc. Rivoreta, Tel.: 0573/68383-629247, Juli-Aug.: 9-13 u. 16-19 Uhr, sonst nur mit Voranmeldung.

Abetone

Information
I.A.T, Piazzale Piramidi, 51021 Abetone, Tel.: 0573/60231, Fax: 0573/60232, Mo-Sa 9-13 u. 16-18 Uhr.

Jugendherberge
Ostello della Neve, S.S. dell'Abetone, Loc. Consuma, 51021 Abetone, Tel.: 0573/60117, Jugendherberge mit 68 Betten, geöff. 15.12.-30.4. und 1.6.-30.9.

Camping
● ** **Bucaneve**, Via della Secchia 120, 51021 Le Regine, Tel.: 0573/60202, Campingplatz mit 55 Stellplätzen kurz vor Abetone von Cutigliano kommend, mit Restaurant und Einkaufsmöglichkeit.
● ** **Il Pinguino**, Via Pian di Novello 7, 50120 Pian di Novello, Tel.: 0573/673008, kleiner Campingplatz mit 50 Stellplätzen, bei Le Regine links ab, mit Restaurant und Einkaufsmöglichkeit, Skilift in der Nähe.

Markt
Wochenmarkt, von Juni-Sept. jeden Do an der Piazza Sottostante Bar Casina.

Abetone liegt auf 1.400 Metern Höhe und ist einer der beliebtesten Wintersportorte in Mittelitalien. Ein Pistennetz mit insgesamt 30 km verteilt sich über die umliegenden Täler. Der Ort entstand im 18. Jahrhundert, als Großherzog Leopold die Verbindungsstraße zwischen dem Großherzogtum der Toskana und Modena bauen ließ. Im Sommer bietet sich Abetone als Ausgangspunkt für Bergwanderungen an.

Kurz hinter dem Ort liegt die Provinzgrenze. Noch heute markieren zwei von Großherzog Leopold errichtete pyramidenförmige Steinsäulen den alten Grenzpunkt.

14.5 PRATO – DIE LUMPENSTADT

14.5.1 ÜBERBLICK

Prato liegt in der Ebene zwischen Florenz und Pistoia am Ausgang des Bisenzio-Tales (20 km nordwestlich von Florenz). Bereits in römischer Zeit besiedelt, entstand die erste größere Ansiedlung unter langobardischer Herrschaft. Im 12. Jahrhundert wurde Prato zur freien Reichsstadt und erlebte im 13. Jahrhundert einen erheblichen wirtschaftlichen Aufschwung. 1351 geriet Prato unter die Oberhoheit von Florenz.

Das interessanteste Kapitel in der Geschichte der Stadt ist die wirtschaftliche Entwicklung zum größten Industriezentrum in der nördlichen Toskana, bekannt für seine Textil- und Wollprodukte, die gänzlich aus Altkleidern hergestellt werden. Prato ist heute im Bereich des **Stoffrecyclings** in Europa marktführend, weshalb sie auch Lumpenstadt **"Citta dei Stracci"** genannt wird.

Die Anfänge lassen sich bis ins 12. Jahrhundert zurückverfolgen, als die ersten Wollwebereien entstanden. Entlang des Flusses Bisenzio und in der Stadt siedelten sich im 13. Jahrhundert Walkmühlen und Färbereien an, die von dem Wasser des Flusses angetrieben wurden.

Seit Mitte des 19. Jahrhunderts entwickelte sich eine moderne Textilindustrie, die ein erhebliches wirtschaftliches Wachstum und eine städtebauliche Ausweitung mit sich brachte. Der Industriebezirk mit 9.000 Betrieben dehnt sich auf einer Fläche von 700 km² aus, und 45.000 Prateser sind heute noch hier beschäftigt. Mittlerweile zählt die Stadt 165.000 Einwohner.

Seit 1992 ist Prato die Hauptstadt einer neugegründeten eigenständige Provinz, zu der sieben weitere Gemeinden gehören.

Trotz dieser industriellen Entwicklung hat der Altstadtkern in der Form eines unregelmäßigen Sechsecks sein mittelalterliches Aussehen mit **Palästen** und **Kirchen** bewahrt. Außer seinen bemerkenswerten Sehenswürdigkeiten bietet das lebhafte und reizvolle Zentrum sehr gute Einkaufsmöglichkeiten. Interessant sind die zahlreichen kleinen Geschäfte, die Stoffe, Secondhand-Waren und Mode aus eigener Produktion verkaufen.

14.5.2 REISEPRAKTISCHE HINWEISE

Information
APT, Via Cairoli 48, 50047 Prato, Tel. u. Fax: 0574/24112.

Wichtige Telefonnummern
Vorwahl: 0574
Polizei: 40346, Feuerwehr: 22222-22223, ärztlicher Bereitschaftsdienst: 38438.

14.5.2 Prato – Reisepraktische Hinweise

Zugverbindung
Prato liegt an der Bahnlinie Florenz-Bologna und bietet mehrmals stündlich Anschluß nach Florenz (Fahrtzeit ca. 20 Minuten). Der Hauptbahnhof (Stazione Centrale) liegt im Norden der Stadt. Ein weiterer Bahnhof auf der Strecke nach Pisa über Pistoia und Lucca ist die zentral gelegene Stazione Porta al Serraglio.

Taxi
Radiotaxi, Tel.: 167861062.

Automobilclub
ACI Prato, Via Zarini 290, Tel.: 0574/596755.

Unterkunft
An der Hotellandschaft erkennt man den Industriestandort Prato. Es handelt sich meistens um moderne und große Hotels der Mittelklasse ohne Ambiente.
• ****** Art Hotel Museo**, Viale della Repubblica, 50047 Prato, Tel.: 0574/5787, Fax: 0574/578880, der riesige und unpersönliche Hotelkomplex ist erst wenige Jahre alt. Einziger Vorteil für Durchreisende ist der Standort direkt an der Autobahn, gegenüber dem Museo Contemporaneo, DZ 230.000 Lire.
• ***** Villa S. Caterina**, Via Poggio Secco 58, 50047 Prato, Tel.: 0574/595951, Fax: 0574/572623, einziger Lichtblick unter den Hotels ist diese historische Villa. Das Hotel liegt am Stadtrand in schöner Hügellage in einem Park und verfügt über geschmackvoll eingerichtete Zimmer, DZ 230.000 Lire.

Restaurant/Einkaufen
• **Il Pirana**, Via Tobia Bertini, Tel.: 0574/25746, Sa u. So geschl., modernes Restaurant mit sehr guten Fischgerichten, teuer.
• **Ristorante Tonio**, Piazza Mercatale, sehr gutes Fischrestaurant, teuer.
• **Biscottificio Antonio Mattei**, Via Ricasoli 20, Tel.: 0574/25756, diese Bäckerei stellt seit 1858 ausgezeichnete Mandelkekse (Cantucci) her. Außerdem hervorragend sind die Kuchen und die Kekse Brutti ma buoni.

Veranstaltung
Festa del Sacro Cingolo, Volksfest am 1. Mai, 15. August und 8. September. Anlaß ist die Schaustellung des heiligen Gürtels von der Außenkanzel herab.

Redaktions-Tips

- Die Cantucci-Kekse von der Biscottificio Antonio Mattei kosten
- Übernachten in der Villa S. Caterina
- Stadtrundgang durch das historische Zentrum
- Ausflug zu den Medici-Villen von Poggio a Caiano und Artimino
- Besuch des zeitgenössischen Museums "Museo d'Arte Contemporanea Luigi Pecci"

14.5.3 STADTRUNDGANG

■ **Dom S. Stefano (1)**
Im Zentrum der historischen Altstadt liegt die einladende **Piazza del Duomo** mit dem romanisch-gotischen Dom S. Stefano. Die Seitenfassade ist der älteste Bauteil und stammt aus dem 12. Jahrhundert. Der Campanile aus dem frühen 13. Jahrhundert wurde erst 1356 vollendet und ist wie die Westfassade (1385-1489) mit grün-weißen Marmorstreifen verkleidet. Über dem Portal ist eine Lünette "Madonna mit Kind und Heiligen" (1489) von Andrea della Robbia zu sehen.

Das bemerkenswerteste ist die runde **Außenkanzel** am äußersten rechten Ende der Hauptfassade. Donatello und Michelozzo bauten 1434-38 diese wunderschöne Kanzel für den Heiligen Gürtel (= Sacro Cingolo) der Maria an. Der Legende nach übergab Maria diesen Gürtel dem Apostel Thomas, der ihn einem Kaufmann aus Prato als Hochzeitsgeschenk vermachte. Nach seinem Tod ging er in den Besitz des Domes über. Die herrlichen Reliefs mit den tanzenden Putten wurden durch Kopien ersetzt, die Originale sind im Dom-

1 Dom S. Stefano
2 Museo dell'Opera del Duomo
3 Palazzo Comunale
4 Palazzo Pretorio
5 S. Domenico (Museo di Pittura Murale)
6 Galleria degli Alberti
7 S. Maria delle Carceri
8 Castello dell'Imperatore
9 Museo del Tessuto
10 Museo d'Arte Contemporanea Luigi Pecci

14.5.3 Prato – Stadtrundgang

Dom S. Stefano mit Außenkanzel

baumuseum zu besichtigen. Mehrmals jährlich wird traditionell diese Reliquie von der Kanzel aus der Menge gezeigt.

Die dreischiffige Basilika ist im Innenraum reich fresklert. Die Fresken im Chorraum stammen von Filippo Lippi (1452-65). Der Gürtel wird in der **Cappella del Sacro Cingolo** im linken Seitenschiff aufbewahrt, die von Agnolo Gaddi mit Szenen aus der Legende des heiligen Gürtels ausgeschmückt ist.

▪ Museo dell'Opera dell'Duomo (2)

Das Dombaumuseum ist in einem Teil des Palazzo Vescovile (Bischofspalast), links vom Dom, eingerichtet. Hier werden die Originalreliefs der Außenkanzel, sakrale Gegenstände und Gemälde aus dem 13.-19. Jahrhundert gezeigt. Sehenswert sind außer den Putten Donatellos, die hier aus der Nähe betrachtet werden können, auch die **Capsella della Cintola** aus dem 15. Jahrhundert, in der die Reliquie aufbewahrt wurde, und die mittelalterlichen Tafelbilder.

Öffnungszeiten
Piazza del Duomo 49, Tel.: 0574/39339, 9.30-12.30 u. 15-18.30, So 9.30-12.30, Di geschl.

▪ Palazzo Comunale (3)

Die Piazza del Comune ist das weltliche Zentrum der Stadt. Der Rathausplatz entstand gegen Ende des 13. Jahrhunderts am Kreuzungspunkt der Hauptstraßen. Der Palazzo Comunale nimmt zwei Seiten des Platzes ein. Das Rathaus ist mit einem Bogengang versehen und stammt ursprünglich aus der ersten Hälfte des 14. Jahrhunderts, wurde aber im 18. Jahrhundert umgebaut.

14.5.3 Prato – Stadtrundgang

Palazzo Pretorio

■ **Palazzo Pretorio (4)**
Gegenüber dem rechten Seitentrakt des Palazzo Comunale erhebt sich der Palazzo Pretorio. Er entstand aus einem Familienpalast des 14. Jahrhunderts und besitzt einen zinnenbekrönten Turm aus dem 16. Jahrhundert. In seinen Sälen ist auch das **Museo Civico** untergebracht. Das Museum präsentiert eine reiche Sammlung von Gemälden aus der florentinischen Schule vom 14.-19. Jahrhundert mit Werken von Luca Signorelli, Filippo Lippi und einigen neapolitanischen und holländischen Malern.

 Öffnungszeiten
Piazza del Comune, Tel.: 0574/616302-616303, 9.30-12.30 u. 15-18.30 Uhr, So 9.30-12.30, Di geschl.

■ **S. Domenico (5)**
In der Dominikanerkirche (von 1284-1325) befindet sich das sehenswerte **Museo di Pittura Murale** (Museum für Wandmalerei). Man betritt die Ausstellungsräume über den Kreuzgang. Hier werden von Wänden abgenommene Fresken, Vorzeichnungen mit Rötel (Sinopien) und Sgraffiti (ital. eingekratzt) aus dem 14.-17. Jahrhundert gezeigt. Sie stammen aus Kirchen Pratos und Umgebung.

 Öffnungszeiten
Piazza S. Domenico 8, 9-12 Uhr, Di geschl.

■ **La Galleria degli Alberti (6)**
Diese Gemäldegalerie ist im Palast der Stadtsparkasse untergebracht.

Madonna del Ceppo von Filippo Lippi

Hauptattraktion sind die ausgestellten Gemälde von Filippo Lippi (1406-1469), Caravaggio (1573-1610), Giovanni Bellini (1430-1516). Die Sammlung umfaßt außerdem Werke aus dem toskanischen Barock.

Öffnungszeiten
Via degli Alberti 2, Tel.: 0574/617359, Besichtigung nur nach Voranmeldung.

▪ Santa Maria delle Carceri (7)

In der Nähe trifft man auf die Piazza Santa Maria delle Carceri mit der gleichnamigen Kirche. Der monumentale Zentralbau wurde von Giuliano Sangallo (1484-95) auf den Resten eines alten Gefängnisses errichtet. Auftraggeber war Lorenzo de' Medici. Die Kirche besticht durch ihre harmonischen Proportionen, ein typisches Beispiel für ein Renaissancebauwerk mit Kuppel auf einem Grundriß in Form eines griechischen Kreuzes. Die Fassade ist betont schlicht gehalten und mit weißem und grünem Marmor verkleidet.

Im Inneren sind Terrakottareliefs mit Evangelistendarstellungen von Andrea della Robbia zu sehen.

▪ Castello dell'Imperatore (8)

Die einzigartige Szenerie der Piazza Santa Maria delle Carceri wird durch das zinnengekrönte Castello dell'Imperatore (Kaiserburg) vollendet. Friedrich II. von Hohenstaufen (1194-1250) ließ in den Jahren 1241-48 die Burg auf bereits existierenden Fundamenten für die kaiserlichen Landvögte in der Toskana erbauen. In dieser Zeit gehörte Prato als freie Kommune der kaisertreuen

Santa Maria delle Carceri

Ghibellinenpartei an. Den Burgbau beaufsichtigte ein Sohn Friedrichs II., König Enzo von Sardinien. Der Tod Friedrichs, 1250, führte dazu, daß die Innenräume des Kastells nicht vollendet wurden. 1351 übernahmen die Garnison der Stadtregierung von Florenz und anschließend die Truppen des Großherzogtums die Burg. In den Jahren 1767-68 baute man das Burginnere um. In der Folgezeit diente das Gebäude als Kaserne und Gefängnis.

Der Bau mit stark vorspringenden rechteckigen Türmen lag an der alten Kaiserstraße, der Nord-Süd-Verbindung zwischen Deutschland und Apulien, und ist in seiner Art einmalig für Nord- und Mittelitalien.

Öffnungszeiten
Piazza Santa Maria delle Carceri, 9-12.30 und 15-18.30, So 9.30-12.30, Di geschl.

14.5.3 Prato – Stadtrundgang

■ **Museo del Tessuto (9)**
Verläßt man das Stadtzentrum in südöstlicher Richtung, gelangt man zuerst auf die Piazza S. Marco, die in der Mitte von einer großen **Henry-Moore-Plastik** (aufgestellt 1974) aus weißem Marmor beherrscht wird.

Plastik von Henry Moore

An der Viale della Repubblica befindet sich das **Istituto T. Buzzi**, eine Schule für Textiltechnik, die 1886 gegründet wurde. Das Institut beherbergt das einzige Museum Italiens, das sich mit der Stoffherstellung beschäftigt. Es besitzt besonders schöne Stoffe und Kleider des 15. bis 17. Jahrhunderts und historische Webmaschinen.

Öffnungszeiten
Via della Repubblica 9, Tel.: 570352, Besichtigung nur auf Anmeldung.

■ **Museo d'Arte Contemporanea Luigi Pecci (10)**
Der hochmoderne Museumskomplex wurde 1988 eingeweiht. Die Sammlung beruht auf einer Stiftung des Textilunternehmers und Mäzens Luigi Pecci.

Plastik vor dem Museum für zeitgenössische Kunst

14.5.3 Prato – Stadtrundgang

Seither finden hier anspruchsvolle Ausstellungen zeitgenössischer Künstler statt. Die ständige Sammlung ist zur Zeit nicht zu besichtigen. Im Freien finden während des Sommers auf einer runden Theaterplattform mit umlaufenden Tribünen kulturelle Veranstaltungen statt. Das Museo d'Arte Contemporanea ist das einzige seiner Art in der gesamten Toskana und durch die interessante und gut ausgearbeitete Ausstellung eine lohnende und anregende Abwechslung zu den unzähligen Museen des Mittelalters der Toskana.

Öffnungszeiten
Viale della Repubblica 277, 50047 Prato, Tel.: 0574/570620, Fax: 0574/572604, 10-19 Uhr, Di geschl.

14.5.4 SEHENSWERTES IN DER UMGEBUNG

Poggio a Caiano

In etwas erhöhter Position thront die herrliche **Villa Medicea** über dem Ort. Sie wurde 1479 nach Entwürfen von Giuliano da Sangallo errichtet. Die Medici-Villa ist ein Prototyp für Villen aus der Zeit der Renaissance. Die Haupt-

Villa Medicea in Poggio a Caiano

fassade ruht auf einem mit Bogen versehenen Untergeschoß und verfügt über eine breite Fensterfront und einen Portikus mit Dreiecksgiebel. Der zentrale Saal des sogenannten Piano nobile (frz. Beletage) ist der Salone di Leone X. mit schönen Fresken von Pontormo (1494-1557), Andrea del Sarto (1486-1531) und anderen.

14.5.4 Prato – Sehenswertes in der Umgebung

Die eindrucksvolle Villa ist von herrlichen Garten- und Parkanlagen umgeben. Auf dem Gelände befinden sich ein neoklassizistisches Gewächshaus für Zitronenbäumchen und die Marstallgebäude.

Zu besichtigen ist nur das Piano nobile und der Park. Im Erdgeschoß finden ab und zu Wechselausstellungen statt.

Öffnungszeiten
tägl. 9-17 Uhr, Mo geschl., bei Personalmangel nur stündlicher Einlaß ab 9.30 Uhr, L. 4.000.

In südlicher Richtung gelangt man in 3 km nach

Comeano

In diesem kleinen Ort etruskischen Ursprungs wurden zwei bedeutende Gräber aus dieser Zeit entdeckt.

Artimino

Von Comeano führt eine Straße durch eine sehr reizvolle Landschaft bergauf nach Artimino. Das kleine malerische Städtchen besitzt noch ein intaktes mittelalterliches Aussehen mit einem Kastell und einer umlaufenden Stadtmauer. Von hier aus sieht man auf die gegenüberliegende **Villa Medicea "La Ferdinanda"** mit zahlreichen Kaminen auf dem Dach.

Der Architekt Buontalenti erbaute diesen beeindruckenden Komplex 1595 für Francesco I. de' Medici. Im unteren Geschoß ist das **Museo Archeologico Etrusco Comunale** eingerichtet. Es beherbergt Funde aus der Steinzeit und

Altstadt von Artimino

etruskische Stücke, die bei Grabungen in Comeano ans Tageslicht kamen. Hauptattraktion der Ausstellung ist ein schmiedeeisernes etruskisches Weihrauchgefäß. Die oberen Räumlichkeiten werden bei festlichen Anlässen vermietet und sind für Besucher nicht zugänglich.

Öffnungszeiten
Via Papa Giovanni XXIII. 5, Artimino, Tel.: 055/8718124, Mo-Fr 9-13 Uhr, Sa 9-13 u. 15-19 Uhr, So 9-12.30, Mi geschl.

LITERATURHINWEISE (AUSWAHL)

Reiseführer

Claudia Aigner/Karl Henkel, Toscana, Köln 1996. Guter und übersichtlicher Führer aus der Reihe DuMont Reise-Taschenbücher mit einem Überblick zur Geschichte, Kunst und Kultur. Das Taschenbuch mit 260 Seiten ist zur ersten Orientierung gut geeignet.

APA-Guide Toskana, hrsg. von Rosemary Bailey 1995. Aus dem Englischen übersetzter Reiseführer eines Autorenteams von 340 Seiten, mit vielen Farbbildern hervorragend illustriert, gut geschriebene Beiträge zu Geschichte und Kultur, schwacher reisepraktischer Teil (San Gimignano fehlt).

Baedekers Allianz Reiseführer, Stuttgart 1989. Reiseführer mit allen wichtigen Sehenswürdigkeiten in alphabetischer Ordnung. Die Auflage 1996 ist neu gestaltet und überarbeitet, mit A-Z Reiseteil und einigen Hotel- und Restaurantempfehlungen.

Club-Reiseführer, Florenz & Toskana, Berlin 1995. Aus dem Englischen übersetzter Reiseführer.

Andreas Braun, Toskana, Nürnberg 1993. Reiseführer aus der Reihe Edition Erde mit Schwerpunkt auf Kunst und Kultur, hervorragend illustriert, ansprechendes Kartenmaterial. Die reisepraktischen Seiten sind knapp gehalten.

H.J. Fischer, Toskana, München 1995. Reiseführer von 550 Seiten mit vielen schwarz-weiß Bildern, Stadtplänen und Grundrissen. Alle Provinzen werden behandelt, davon befaßt sich ein Drittel mit Florenz. Daneben Geschichtsessays und ein Kapitel zu Klöstern. Leider etwas veraltet. Die erste Auflage stammt von 1986, Prato wird noch nicht als eigenständige Provinz aufgeführt.

Bernhard Irlinger, Radtouren in der Toskana, München 1996. Detaillierte Beschreibung von 40 Etappen und Tagestouren in der gesamten Toskana, begleitet von Essays zur Geschichte, Kultur und Stadtrundgängen.

Michael Kadereit, Toskana – Umbrien, Hamburg 1995. Reisebuch aus der Reihe "Anders Reisen" mit vielen Hintergrundinformationen zu "Land und Leute".

Knaurs Kulturführer Florenz und Toskana, hrsg. von Marianne Mehling, München 1993. Farbig bebilderter Kunstführer ohne reisepraktischen Teil.

Merian Florenz, Hoffmann und Campe Verlag, Hamburg 3/48. Sorgfältig aufgemachtes Merian-Heft mit Artikeln aus verschiedenen Bereichen.

Michael Müller Verlag, Toscana, Erlangen 1995. Reisehandbuch zur Toskana, Florenz, Elba und Umbrien, ohne Farbbilder, mit gutem Geschichtskapitel und gut recherchierten Informationen, 659 Seiten.

Klaus Zimmermanns, Toscana, DuMont Kunstreiseführer 1996. Guter Begleiter für Kunstliebhaber. Die aktuelle Auflage ist neu überarbeitet und übersichtlicher gestaltet mit farbigen Abbildungen, unbekanntere Gegenden wurden mit aufgenommen.

Literaturhinweise

Hintergrundwissen

Erwin Fieger, Salve Firenze, bibliophile Taschenbücher, Dortmund 1989. Bildhandbuch mit interessanten Blickwinkeln und hervorragendem Bildmaterial, begleitet von literarischen Zitaten.
Pontus Hulten, Niki de Saint Phalle, Katalog zur Ausstellung in der Kunst- und Ausstellungshalle der Bundesrepublik Deutschland
Alexander Perrig, Lorenzo Ghiberti – Die Paradiesestür, Warum ein Künstler den Rahmen sprengt, Frankfurt 1987. Ausführliche Besprechung der Paradiestür von Ghiberti am Baptisterium in Florenz.
Heinz Schomann, Kunstdenkmäler in der Toskana, Darmstadt 1990. Detailliertes Bildhandbuch mit zahlreichen Grund- und Aufrissen der Baudenkmäler.

Reiseberichte

Bettina Dürr, Toscaniaden, Bergisch-Gladbach 1996. Taschenbuch mit einzelnen Berichten.
Johann Gottfried Seume, München 1994. Spaziergang nach Syrakus. Reiseklassiker des 19. Jahrhunderts.
Toskana, Ein literarisches Landschaftsbild, hrsg. von Andreas Beyer, Frankfurt 1986.

Küche und Wein

Burton Anderson, Italiens Weine, Hallwag-Taschenführer, Bern 1994.
Leonardo Castellucci, Il Tartufo, Trüffel, Aus der Reihe Slow-Food, München 1995. Anspruchsvolles gebundenes Buch über die Geschichte des Trüffels.
Der kleine Johnson für Weinkenner, Informationen über 2.000 Weine zu Jahrgängen und Trinkreife, Ein Hallwag-Taschenführer.
Hugh Johnsons Weinreisen, Maureen Ashley, Toskana, Hallwag Verlag 1996, Miniaturausgabe der Johnson Weinatlanten mit guten Empfehlungen für Weingüter, Hotels, Restaurants und Sehenswürdigkeiten. Reisende mit selektivem Interesse sind mit diesem Band bestens bedient.
Küche, Landschaft und Kultur neu entdecken und genießen, Toskana, Gräfe und Unzer 1994, ein kulinarischer Reiseführer mit genau überprüften Tips und Beiträgen, der andersartige Kulturreisen anregt.
Martina Meuth/Bernd Neuner-Duttenhofer, Toskana, Küche, Land und Leute, München 1993. Hervorragend illustrierter Bildband zur toskanischen Küche mit einer anspruchsvollen Rezeptsammlung.
Osterie d'Italia, Italiens schönste Gasthäuser 1996/97. Aus der Reihe Slow-Food, München 1996.
Alice Vollenweider, Italiens Provinzen und ihre Küche, Berlin 1990.
Welt Weinführer, München 1995. Aus der Reihe Slow-Food. Die 6.000 Spitzenweine der 2.000 besten Weingüter der Welt.

GLOSSAR

Apsis: (griech. Bogen) Halbkreisförmiger Raum als östlicher Abschluß des Altarraumes.

Allegorie: (griech. anders sagen) Bildliche Darstellung eines abstrakten Begriffs, oft in Form einer Personifikation.

Atlant: kräftige, männliche Gestalt, die an Stelle einer tektonischen Stütze das Gebälk auf dem Haupt oder den emporgehobenen Armen trägt.

Basilika: (griech. Königshalle) Ein Kirchenraum, der nach antikem und frühchristlichem Vorbild mit Säulen und Pfeilern in drei oder mehrere Schiffe unterteilt ist.

Bastion: Vorspringendes Bollwerk einer Festungs- und Verteidigungsanlage.

Campanile: kommt vom italienischen Wort Campana = Glocke und bezeichnet den meist freistehenden Glockenturm italienischer Kirchen.

Chor: Ursprünglich war der Chor ein für den Chorgesang der Geistlichen bestimmter Platz in einer Kirche. Später wurde damit das Quadrat bezeichnet, das beim Überkreuzen von Mittelschiff und Querschiff entstand. An dieses Chorquadrat schloß sich im Osten das Chorhaupt, auch Apsis genannt, an. Gewöhnlich wird der gesamte östliche Teil der Kirche samt Apsis als Chor bezeichnet.

Dom: (von lat. domus Dei = Haus Gottes) Bischofskirche, gleichbedeutend mit den Bezeichnungen Kathedrale und Münster. Häufig wird die Hauptkirche einer Stadt, in der es keine Bischofskirche gibt, auch Dom genannt.

Dromos: (griech. Gang) langer Gang, der zu einer Grabkammer führt und meistens unbedeckt ist.

Etrurien: lat. Etruria, ab dem 3. Jahrhundert Tuszien, ist der antike Name für die von den Etruskern bewohnte Toskana.

Fayence: (frz. Name nach dem italienischen Faenza, einem der ersten Herstellungsorte). Farbige Tonwaren, die nach dem Vorbrennen mit einer undurchsichtigen, meist weißen und mit Scharffeuerfarben bemalten Zinnglasur überzogen wird, die bei einem zweiten Brand mit den Farben zu einer glänzenden Schicht verschmilzt. Das gleiche Erzeugnis bezeichnet man in Italien als Majolika.

Gebundenes System: Basilika, bei der ein Mittelschiffquadrat je zwei Seitenschiffquadraten entspricht.

Geschlechterturm: mittelalterlicher Wohnturm in einer befestigten Stadt.

Gonfaloniere: oberster Stadtrichter der Justiz.

Ikonographie: (griech. Bildbeschreibung) In der Kunstwissenschaft versteht man darunter die Lehre vom Inhalt und Sinn bildlicher Darstellungen, insbesondere der christlichen Kunst.

Inkrustation: Farbige Verzierung von Flächen durch Einlegen verschiedener Steinsorten. Bei Holzeinlegearbeiten spricht man von Intarsien.

Investiturstreit: Bezeichnung für den zwischen Papsttum und Königtum seit 1075 geführten Streit um die Einsetzung (Investitur) von Bischöfen und Äb-

Glossar

ten, der zum grundsätzlichen Konflikt zwischen geistlicher und weltlicher Gewalt wurde. Vor dem Investiturstreit wurden die Bischöfe und Äbte von Landesherren eingesetzt.

Kapitell: (lat. Köpfchen) Säulen- bzw. Pfeilerkopf zwischen Schaft und Gebälk bzw. Bogen.

Langhaus: oder auch Längsschiff genannt, ist der langgestreckte Gebäudeteil einer Kirche zwischen Fassade und Chor.

Laterne: Runder oder polygonaler Zierturm auf einer Kuppel.

Liberty-Stil: italienischer Jugendstil, auch stile florale genannt.

Loggia: Gewölbte, offene Bogenhalle.

Lünette: (franz. kleiner Mond) halbkreisförmiges Feld über Türen, Fenstern oder Gebälk.

Majolika: siehe Fayence.

Mezzogiorno: (ital. Mittag, Süden) Süditalien ab Rom.

Nekropole: (griech. Totenstadt) Begräbnisstätte der Etrusker.

Oktogon: Zentralbau auf achteckigem Grundriß.

Oratorium: (lat. Bethaus) Bezeichnung im frühen Mittelalter für ein kleines Gotteshaus, später nicht öffentlicher oder halböffentlicher Betraum.

Piano nobile: Das Piano nobile, in Frankreich Beletage (= schönes Geschoß) genannt, bezeichnet seit der Barockzeit meist das erste Geschoß, in dem sich die Repräsentationsräume befinden.

Pietra Serena: "heiterer Stein", in der Florentiner-Renaissance verwendeter grauer Stein.

Pieve: (von lat. plebs = Volk) romanische Pfarrkirche auf dem Land, die dem Bischof unterstellt war.

Portikus: (lat. Halle) Vorhalle an der Fassade von Tempeln, Kirchen und Palästen, die meistens von Säulen getragen werden.

Protorenaissance: (ital. Vorrenaissance). Bereits vor der eigentlichen Renaissance ab dem 11. Jahrhundert begann die Rezeption der Antike auf dem Gebiet der Baukunst und Bildhauerei.

Risorgimento: italienische Einigungsbewegung von ungefähr 1815-1870.

Terrakotta: (ital. gebrannte Erde) Baukeramik und Plastik aus gebranntem Ton.

Tympanon: Bezeichnung für das Bogenfeld über dem Portal bei Bauten aus dem Mittelalter und der Renaissance.

Vierung: Raumquadrat, das durch Überkreuzung von Lang- und Querhaus entsteht.

Villanova-Kultur: früheisenzeitliche Kultur des 9.-5. vorchristlichen Jahrhunderts in Oberitalien. Diese prähistorische Kulturform wurde nach dem Dorf Villanova östlich von Bologna benannt, wo man erstmals 1854 bei Ausgrabungen Gräber mit Urnen fand.

Zentralbau: Baukörper, dessen sämtliche Hauptachsen gleich lang sind.

Ziborium: Altarüberbau in Form eines Baldachins.

Glossar

Zwerggalerie: eine der Mauer vorgelagerte Arkadenreihe mit dahinterliegendem Laufgang, oft unter dem Dachgesims von Kirchen; Zierform des romanischen Stils ohne konstruktive Eigenschaften.

SPRACHLEXIKON

- **Wichtige Ausdrücke**

Auf Wiedersehen	arrivederci
Bad	il bagno
Bitte	prego/per favore
Danke	grazie (Steigerung ist grazie tanto, grazie mille)
einmal	una volta
Entschuldigung	scusi
Entschuldigung, kann ich mal durch	permesso ...
Feiertag	giorno festivo
Frau	Signora
Geld	i soldi
groß/klein	grande/piccolo
Guten Abend	buona sera
Gute Nacht	buona notte
Guten Tag	buon giorno
Hallo/Tschüß	Ciao
heiß/kalt	caldo/freddo
Herr	Signore
ja/nein	si-no
Kassenzettel	lo scontrino
mit/ohne	con/senza
offen/geschlossen	aperto/chiuso
Quittung	una ricevuta
Rechnung	il conto
Toilette	il gabinetto/il bagno
verboten	vietato/proibito
Wann?	quando?
Warum?	perché?
Wie?	come?
wieviel?	quanto?
Wo?	dove?
Wochentag	giorno feriale

Sprachlexikon

zahlen	pagare
zweimal	due volte
Es ist heiß	fa caldo
Es ist warm	fa freddo
Gibt es/haben Sie	c'e...?
Gut, geht in Ordnung	va bene (Steigerung va benissimo)
Ich brauche	ho bisogno
Ich hätte gern	vorrei
Ich heiße	mi chiamo
Ich spreche kein Italienisch	non parlo italiano
Ich suche nach	cerco
Ich verstehe nichts	non capisco niente
Ist es möglich, daß ...	è possibile che ...?
Macht nichts	fa niente
Sprechen Sie deutsch oder englisch?	parla tedesco o inglese?
Tut mir leid	mi dispiace
Von woher kommst Du?	Di dove sei?
Warten Sie!	Aspetti!
Was bedeutet das!	che cosa significa
Was ist das?	Che cos'è?
Was kostet das?	quanto costa?
Wie alt bist du?	quanti anni hai?
Wie geht es Ihnen/Dir	come sta/stai
Wie heißt das?	come si chiamo?
Wo ist die nächste Haltestelle?	Dove la prossima fermata?
Wo ist die Toilette?	dove il bagno?

● **Bank/Post**

Geldwechsel	il cambio
Deutsche Mark	marchi tedeschi
Ich möchte wechseln	vorrei cambiare
Wo ist eine Bank	dov'è una banca
Brief	una lettera
Briefkasten	la buca delle lettere
Briefmarke	un francobollo/i francobolli Pl.
Briefpapier	carta di lettera
Briefumschlag	la busta

Sprachlexikon

Post	posta/ufficio postale
Postkarte	cartolina postale
Telefon	il telefono/ Wo ist das Telefon = dov'è il telefono
Telegramm aufgeben	spedire un telegramma
Telefonmünzen	i gettoni
Telefonkarte	una carta telefonica

- **Einkaufen**

Apotheke	la farmacia
Bäckerei	panificio
Binden	assorbenti
Buchhandlung	libreria
Drogerie	drogheria
Fischhandlung	pescheria
Geschäft	negozio
Gramm	grammo
hundert Gramm	um etto
Metzgerei/Fleisch	macelleria
Metzgerei/Wurstwaren	salumeria
Pflaster	cerotto
Reinigung	lavanderia
Reinigung, chemisch	lavasecco
Schreibwarengeschäft	cartoleria
Seife	il sapone
Shampoo	lo shampoo
Sonnenmilch	crema solare
Supermarkt	supermercato
Tampons	tamponi
Toilettenpapier	la carta igienica
Waschmittel	detergente
Zahnpasta/bürste	la pasta dentifricia/spazzolino da denti
zweihundert Gramm	due etti
halber Liter	mezzo litro
Liter	litro
Kilo/zwei Kilo	un chilo/due chili
Viertelliter	un quarto di un litro

Sprachlexikon

- **Gesundheit**

Arzt	un medico
Bauchweh	mal di stomaco
Durchfall	diarrea
Erkältung	raffreddore
Erste Hilfe	pronto soccorso
Fieber	la febbre
Halsschmerzen	mal di collo
Ich bin krank	sto male
Ich brauche einen Arzt	ho bisogno di un medico
Kopfweh	mal di testa
Krankenhaus	ospedale
Schmerzen	dolori
Stich	puntura
verstaucht	lussato
Zahnweh	mal di denti

- **Hotel/Camping**

Bad	bagno
Einzelzimmer	camera singola
Doppelzimmer	camera doppia
Doppelzimmer mit Ehebett	camera matrimoniale
Dusche	doccia
Frühstück	prima collezione
Haben Sie ein Doppelzimmer?	c'è una camera doppia?
Wir nehmen es	la prendiamo
Halbpension/Vollpension	mezza pensione/pensione completa
Hochsaison	alta stagione
Nebensaison	bassa stagione
ruhiges Zimmer	una camera tranquilla
Schatten	ombra
Schlafsack	sacco a pelo
Schlüssel	la chiave
Wir haben reserviert	abbiamo prenotato
Zelt	tenda

Sprachlexikon

- **Essen/Trinken**

Abendessen	la cena
Aschenbecher	portacenere
Die Speisekarte, bitte	la lista, per favore
Die Weinkarte, bitte	la lista dei vini, per favore
Eine Quittung, bitte	vorrei una ricevuta, per favore
Gabel	la forchetta
Gedeck u. Service	coperto e pane
Haben Sie einen Tisch für zwei Personen	c'è una tavola per due persone
Ich habe Durst	ho siete
Ich habe Hunger	ho fame
Ich möchte bezahlen	il conto, per favore
Löffel	il cucciaio
Messer	il coltello
Mittagessen	il pranzo

Getränke

Bier	una birra
Cola	una coca
Espresso	un caffè
Flasche	bottiglia
Glas	bicchiere
Kaffee, kalt	caffè freddo
Kaffee mit aufgeschäumter Milch	Cappuccino
Kaffee mit Schnaps	caffè corretto
Mineralwasser mit/ohne Kohlensäure	acqua minerale con /senza gas
Milch	latte
Milchkaffee	caffè latte
Saft	succo di ...
Schnaps	Grappa
Sekt	prosecco
Tee mit Zitrone	un thè con limone
Wasser	acqua
Wein, rot/weiß	vino, rosso/bianco

Sprachlexikon

Speisekarte

Beilagen	contorni
Dessert	dolce
erster Gang	primo piatto
Vorspeisen	antipasto
zweiter Gang	secondo piatto

Nahrungsmittel/alimentari

Brot	pane
Brötchen	panini
Brühe	brodo
Butter	burro
Ei	uovo
Essig/Öl	aceto/olio
Gemüsesuppe	minestrone
Kartoffelklößchen	gnocchi
Käse	formaggio
Marmelade	marmellata
Mehl	farina
Nudeln	pasta
Oliven	olive
Salami	salame
Schinken, roh/gekocht	prosciutto, crudo/cotto
Suppe	zuppa
Weinschaumcreme	zabaione
Zucker	zucchero

Fisch/pesce – Meeresfrüchte/frutti di mare

Barbe	triglia
Forelle	trota
Garnelen	gamberi
Goldbrasse	orata
Kabeljau	merluzzo
kleine Krake	polpo
Krebs	granchio
Lachs	salmone
Languste	aragosta
Miesmuscheln	cozze
Muscheln	vongole

Sardellen   acciughe/alice
Schwertfisch   pesce spada
Seezunge   sogliola
Stockfisch   baccalà/stoccafisso
Tintenfische   calamari/seppie
Thunfisch   tonno

Fleisch/carne
Beefsteak   bistecca
Ente   anitra
Fasan   fagiano
Fleischklößchen   polpette
Hase   lepre
Hirsch   cervello
Huhn   pollo
Kalb   vitello
Kaninchen   coniglio
Kutteln   trippa
Lamm   agnello
Leber   fegato
Rebhuhn   pernice
Rind   manzo
Schwein   maiale
Wildschwein   cinghiale
Ziege/Zicklein   capretto/caprettino
Zunge   lingua

Gemüse/verdura
Artischocken   carciofi
Auberginen   melanzane
Blumenkohl   cavolfiore
Bohnen   fagioli
Erbsen   piselli
Fenchel   finocchio
gemischter Salat (i. d. Regel
grüner Salat mit Tomaten)   insalata mista
grüne Bohnen   fagiolini
Karotten   carote
Kartoffeln   patate

Sprachlexikon

Kichererbsen	ceci
Linsen	lenticchie
Maisbrei	polenta
Mangold	bietola
Reis	riso
Reisgericht	risotto
Spargel	asparago
Spinat	spinaci
Steinpilze	funghi porcini
Tomaten	pomodori
Zucchini	zucchini
Zwiebel	cipolla

Gewürze/Erbe

Basilikum	basilico
Kapern	capperi
Knoblauch	aglio
Oregano	origano
Petersilie	prezzemolo
Pfeffer	pepe
Rosmarin	rosmarino
Salz	sale
Salbei	salvia
scharfe Paprika	peperoni
Senf	senape

Nudeln/pasta

Bandnudeln	tagliatelle
breite Nudeln	fettuccine
gefüllte Teigrollen	cannelloni
Makkaroni	maccheroni
Nudeln in Röhrenform	penne
Nudeln in Schleifenform	farfalle
rechteckige, gefüllte Teigtaschen	ravioli
runde, gefüllte Teigtaschen	tortellini
superdünne Spaghetti	Spaghettini
überbackene Nudeln	lasagne

Sprachlexikon

Obst/frutta

Ananas	ananasso
Apfel	mela
Aprikose	albicocca
Banane	banana
Birne	pera
Datteln	dattero
Erdbeeren	fragole
Feigen	fichi
Grapefruit	pompelmo
Himbeeren	lamponi
Kaktusfeigen	fichi d'india
Kirschen	ciliege
Mandarine	mandarino
Orangen	arancio
Pfirsich	pesca
Weintraube	uve
Zitrone	limone

Zubereitungsart

am Spieß	allo spiedo
fett	grasso
frisch	fresco
frittiert	fritto
gebraten	arrosto
gegrillt	ai ferri/alla griglia
gekocht	bollito/cotto/lesso
geräuchert	affumicato
hart	duro
hausgemacht	casalinga
in Soße	in umido
mit Sahne	alla panna
scharf	piccante
überbacken	al forno
weich	morbido

Sprachlexikon

● **Orientierung**

Ampel	semaforo
Wo ist bitte ...?	per favore, dov'è ...?
die Bushaltestelle	la fermata
der Bahnhof	la stazione
immer geradeaus	sempre diritto
in Richtung nach	in direzione di
Ist es weit?	è lontano?
Es ist nah	è vicino
Kreuzung	incrocio
links	a sinistra
rechts	a destra

● **Rund ums Auto**

Auto	macchina
Bleifrei	benzina senza piombo
Bremsen	i freni
Diesel	gasolio
Fahrzeugschein	libretto di circolazione
Führerschein	patente di guida
funktioniert nicht	non funziona
Kupplung	la frizione
Lichtmaschine	la dinamo
Mechaniker	il mechanico
Motorrad	la moto
Panne	guasto
Reifen	le gomme
Tankstelle	distributore di benzina
Unfall	un incidente
Vergaser	il carburatore
Volltanken, bitte	pieno, per favore
Werkstatt	l'officina
Zündung	l'accensione

Sprachlexikon

- **Zahlen**

0	zero
1	uno
2	due
3	tre
4	quattro
5	cinque
6	sei
7	sette
8	otto
9	nove
10	dieci
11	undici
12	dodici
13	tredici
14	quattordici
15	quindici
16	seidici
17	diciasette
18	diciotto
19	diciannove
20	venti
21, 22	ventuno, ventidue ...
30	trenta
40	quaranta
50	cinquanta
60	sessanta
70	settanta
80	ottanta
90	novanta
100	cento
101	centuno
102	cento e due
200	duecento
1.000	mille
2.000	duemila
100.000	centomila
1.000 000	un milione

Sprachlexikon

der erste	il primo
der zweite	il secondo
der dritte	il terzo
einige	alcuni
ein Paar von	un paio di
ein Viertel	un quarto
halb	mezzo

- **Zug/Fähre/Bus**

Abfahrt	partenza
Ankunft	arriva
Ausgang	uscita
aussteigen	scendere
Bahnhof	stazione
Eingang	entrata
Fahrkarte	biglietto
Fähre	traghetto
Gleis	un binario
Hin und zurück	andata e ritorno
Ich möchte eine Fahrkarte von A nach B	vorrei un biglietto da A a B
Kabine	cabina
Schiff	barca
Schlafsessel	poltrone
Stadtbus/Überlandbus	il bus/il pullman
Tragflächenboot	aliscafo
Verspätung	ritardo
Wann fährt der nächste/der letzte Zug nach...	quando parte il prossimo/l'ultimo treno a...?
Zug	il treno

STICHWORTVERZEICHNIS

Abbadia San Salvatore 260
- Abbazia del San Salvatore 261
- Kastell 261
Abbazia di Sant'Antimo 241
Abetone 431
Abkürzungen 59
Accademia della Crusca 54
Agriturismo 72
Alabaster 228
Alighieri, Dante 54
Alleanza Nazionale 30
Anchiano 145
- Casa Leonardo 145
Andreotti, Giulio 29
Anghiari 191
- Museo Statale 191
- Palazzo Taglieschi 191
Ansedonia 294
- Cosa 294
- Museo Archeologico 294
- Tagliata Etrusca 294
Antipasti 78
Apotheke 59
Arezzo 169
- Amphitheater 177
- Antiquitätenmarkt 169
- Casa Petrarca 175
- Casa Vasari 174
- Castello di Montecchio
  Vesponi 178
- Castiglione Fiorentino 178
- Dom San Donato 175
- Festung 175
- Francesco Petrarca 169
- Loggia Vasari 176
- Museo Archeologico 177
- Museo Diocesano del Duomo . 175
- Museo Statale d'Arte Medio-
  evale e Moderno 177
- Palazzo Comunale 174
- Palazzo Comunale 178
- Palazzo del Tribunale 176
- Palazzo della Fraternità dei
  Laici 176
- Palazzo delle Logge 176
- Palazzo Pretorio 176

- Passeggio del Prato 175
- Piazza Grande 176
- Pinacoteca Comunale 178
- San Francesco 172, 178
- Santa Maria della Pieve 176
Artimino 440
- Etrusco Comunale 440
- Museo Archeologico 440
- Villa Medicea 440
Asciano 234
- Museo Etrusco 234
- Museoi d'Arte 234
- Piazza del Grano 234
Auskunft 59
Auslandskrankenversicherung 59
Autobahn 62
Autofahren 61
Autoverleih 62
Ärztliche Versorgung 59

Bacciocchi, Elisa 23, 388
Badeurlaub 84
Badia del Borgo 140
Badia di Moschetta 138
Bagni di Lucca 401
- Ponte delle Catene 401
Bagni S. Filippo 259
- Fosso Bianco 260
Bagno Vignoni 259
- Madonna delle Querce 259
Balze 44
Banken 62
Baptisterium 35
Barga 404
- Casa Pascoli 404
- Castelvecchio Pascoli 404
- Dom San Cristoforo 404
- Villa Cardosi-Carrara 404
Basilika 35
Benzin 62
Berlusconi, Silvio 29
Bibbiena 186
- Palazzo Dovizi 186
Bibbona 328
- Sant'Ilario 328

457

Stichwortverzeichnis

- Santa Maria della Pièta 328
Bistecca fiorentina 77
Boccaccio, Giovanni 54
Bohnen 79
Bolgheri 328
- San Guido 328
Bonaparte, Napoleon 23, 25, 311, 388
Borgo a Mozzano 401
- Ponte della Maddalena 401
Borgo San Lorenzo 134
- Palazzo del Podestà 135
- San Giovanni Maggiore 135
- San Lorenzo 135
Botticelli, Sandro 41
Brunelleschi, Filippo 38, 39, 105
Buonarroti, Michelangelo 41
Busse 62

Camaiore 356
- Collegiata Santa Maria Assunta 357
- San Pietro 357
- Santi Giovanni e Stefano 357
Camillo Graf Benso di Cavour 24
Campanile 35
Campiglia d'Orcia 259
- Eremo di Vivo 259
- Vivo d'Orcia 259
Campiglia Marittima 325
- Madonna di Fucinaia 325
- Palazzo Pretorio 325
- Rocca San Silvestro 325
- San Giovanni 325
Camping 63
Canossa 20
Cantuccini 80
Capalbio 295
- Palazzo Collacchioni 296
Capitani del Popolo 22
Carbonari 24
Carrara 341
- Accademia di Belle Arti 344
- Dom 341
- Museo Civico del Marmo 344
Casentino 185
- Pratomagno 185
- Valtiberina 185

Casole d'Elsa 215
- Museo di Casole d'Elsa 216
- Palazzo Pretorio 216
- Rocca 216
- Santa Maria Assunta 216
Castagneto Carducci 326
- Castello Donoratico 327
- Donoratico 327
- Giosuè Carducci 327
- Marina di Castagneto 327
Castel del Piano 257
- Torre dell'Orologio 258
Castelfiorentino 150
- Benozzo Gozzoli 150
- Cappella della Visitazione 150
- Oratorium der Madonna delle Tosse 150
- Raccolta Comunale d'Arte 150
Castellina in Chianti 158
- Rocca 159
- Tumolo di Montecalvario 159
Castelnuovo di Garfagnana 406
- Dom 407
- Museo del Territorio 406
- Rocca Ariostesca 406
Castelvecchio 417
- S. Tommaso 417
Castiglione d'Orcia 258
- Kastell 258
- Piazza Vecchietta 258
- S. Maria Maddalena 258
Castiglione della Pescaia 301
- Burg 303
Castiglione di Garfagnana 407
- San Michele 408
Capoliveri 316
- Lacona 316
- Secchetto 316
Cecina 329
- Archäologisches Museum 329
Celle di Pescaglia 400
- Casa dei Puccini 401
Cerreto Guidi 145
- Villa Medicea 146
Certaldo 215
- Casa del Boccaccio 215
- Palazzo Pretorio 215
Certosa di Galluzzo 143
- Pinakothek 143

Certosa di Pisa 380
- Museo di Storia Naturale 380
Chianciano Terme 250
Chianti Classico 152
- Via Chiantigiana 152
Chiessi 316
Chimäre von Arezzo 33
Chiusi 250
- Museo Archeologico
  Nazionale 251
Cimabue, Giovanni 36
Colle di Val d'Elsa 214
- Casa Torre 214
- Castello 214
- Colle Alta 214
- Colle Bassa 214
- Dom 214
- Museo Archeologico 214
- Palazzo Campana 214
- Palazzo Pretorio 214
- Porta Nuova 214
Collodi 411
- Parco di Pinocchio 412
- Villa Garzoni 411
Comeano 440
Coreglia Antelminelli 403
- Museo Civico della Figurina
  di Gesso e dell'Emigrazione ... 403
- San Michele 403
Cortona 179
- Bischofspalast 182
- Convento delle Celle 185
- Dom Santa Maria 182
- Fortezza Medicea 183
- Museo dell'Accademia Etrusca 182
- Museo Diocesano 182
- Palazzo Casali 182
- Palazzo Comunale 180
- Palazzo del Popolo 180
- Piazza della Repubblica 180
- Piazza Signorelli 182
- Porta Sant'Agostino 180
- San Domenico 183
- San Francesco 183
- San Nicolò 183
- Santuario di Santa Margherita 183
- Tanella di Pitagora 183
Cosimo I 23
Cosimo il Vecchio 22

Crete 44
Curzio Malaparte 56
Cutigliano 430
- Palazzo Pretorio 430
- Rivoreta 430
- Völkerkundemuseum 430

da Bologna, Giovanni 42
da Sangallo, Francesco 172
da Vinci, Leonardo 41
de Marcillat, Guillaume 175
de' Medici, Lorenzo 41
della Francesca, Piero .. 40, 174, 190, 191
della Quercia, Jacopo 39
della Robbia, Luca 39
Democrazia Cristiana 28
Devisen 73
di Cambio, Arnolfo 36, 105
Dicomano 141
Diebstahl 63
Dini, Lamberto 30
Diplomatische Vertretungen 63
Donatello 39
Dumas, Alexandre 300

Einkaufen 64
Einreise 64
Eisenbahn 64
Elba 309
- Monte Capanne 309
Essen 77
Etrurien 16
Etrusker 13
Etruskische Riviera 319

Fahrradfahren 65
Faschismus 26
Fattori, Giovanni 43
Fauna 46
Fähren 64
Feiertage 65
Ferdinand III 23
Ferien 65
Ferienwohnungen 66
Fernsehen 66

Stichwortverzeichnis

Ferragosto .... 65 ff
Feste 75
Festival 75
Fetovàia 316
Fiesole 126
- Antiquarium Costantini 131
- Badia Fiesolana 127
- Cappella Salutati 129
- Museo Archeologico 131
- Museo Bandini 129
- Museo Primo Conti 132
- Palazzo Pretorio 129
- Palazzo Vescovile 129
- Piazza Mino da Fiesole 127
- Römisches Theater 130
- San Domenico 127
- San Francesco 129
- San Romolo 127
- Sant'Alessandro 129
- Santa Maria Primerana 129
- Zona Archeologico 130
Fininvest 29
Firenzuola 138
Flora 46
Florenz 90
- Appartamenti della Duchessa
  d'Aosta 121
- Badia Fiorentina 116
- Battistero San Giovanni 106
- Benvenuto Cellini 109
- Campanile 106
- Corridoia del Vasari 111
- Fontana del Nettuno 109
- Forte di Belvedere 122
- Galleria dell'Accademia 115
- Galleria dello Spedale degli
  Innocenti 115
- Galleria Palatina 121
- Giambologna 109
- Giardino di Boboli 121
- Giovanni de' Medici 101
- Girolamo Savonarola 103
- Kutschenmuseum 121
- Loggia dei Lanzi 108
- Loggia del Bigallo 107
- Mercato Nuovo 107
- Museo Archeologico 115
- Museo dell' Opera del Duomo 107
- Museo dell'Opera di S. Croce 117
- Museo Nazionale del Bargello 117
- Oltrarno 104, 120
- Opificio delle pietre dure 116
- Orsanmichele 107
- Palazzo Medici Riccardi 111
- Palazzo Pitti 121
- Palazzo Rucellai 119
- Palazzo Strozzi 119
- Palazzo Vecchio 109
- Pazzi Kapelle 117
- Piazza del Duomo 104
- Piazza della Signoria 108
- Piazzale Michelangelo 122
- Ponte Vecchio 111
- Porcellino 108
- Porzellanmuseum 121
- S. Croce 117
- S. Lorenzo 114
- S. Maria del Carmine 120
- S. Maria del Fiore 104
- S. Maria Novella 119
- S. Miniato al Monte 122
- S. Spirito 120
- S. Trinità 119
- San Marco 114
- Silbermuseum 121
- SS. Annunziata 115
- Uffizien 110
Flugverbindungen 66
Follonica 303
- Museo del Ferro 304
- San Leopoldo 304
Forte dei Marmi 348
- Galleria Comunale d'Arte
  Moderna 350
Forza Italia 29
Fotografieren 66
Fra Angelico 40
Fra Filippo Lippi 40
Franken 18
Frantoio 77
Franz Joseph I 24
Friedrich II 22
Frührenaissance 39
Fucecchio 146
- Padule di Fucecchio 146

Garfagnana 381, 400

- Diecimo 400
- Ponte a Moriano 400
Geld 66
Ghibellinen 22
Ghiberti, Lorenzo 39, 106
Ghirlandaio, Domenico 41
Giambologna 42
Giannutri 300
- Villa 300
Giardino dei Tarocchi 296
Golf 67
Gotenlinie 28
Gotik 36
Grappa 82
Greve in Chianti 157
- Montefioralle 158
- S. Stefano 158
- Verrazzano 158
Gropina 166
- Collegiata di S. Lorenzo 166
- Montevarchi 166
- Museo d'Arte sacra della
  Collegiata di S. Lorenzo 166
- Museo Paleontologico 167
- San Lodovico 167
Grosseto 270
- Dom San Lorenzo 273
- Fortezza Medicea 272
- Museo Archeologico ed Arte
  della Maremma 273
- Palazzo della Provincia 273
- Piazza Dante 273
- Piazza dell'Independenza ... 274
- Porta Nuova 272
- Porta Vecchia 272
- San Francesco 274
Grotta del Vento 405
- Einsiedelei Calomini 405
- Fornovolasco 405
- Parco Regionale delle Alpi
  Apuane 405
Guelfen 22

Habsburger 23
Haring, Keith 376
Heinrich IV 20
Herzog Franz Stephan von
  Habsburg-Lothringen 23

Hochrenaissance 41
Hotel 67
Humanismus 38

Impruneta 155
- Museo del Tesoro di S. Maria. 155
- S. Maria dell'Impruneta 155
Inkrustationsstil 35
Investiturstreit .... 19 f
Isola del Giglio 297
- Campese 301
- Faraglioni 300
- Giglio Castello 301
- Giglio Porto 297
Isola di Capraia 317

Jugendherberge 68

Kammergrab 34
Karl der Große 18
Karolinger 18
Karten 68
Klima 45
Kreditkarten 68
Kulturtrip 85
Kuppelgrab 33

Lago di Burano 296
Langobarden 18
Lateranverträge 27
Latifundien 17
Lega Nord 29
Leopold II 24, 272
Leopold, Peter 23
Libeccio 46
Lido di Camaiore 357
Literatur 54
Livorno 333
- Acquario Comunale 338
- Darsena Toscana 333
- Dom San Francesco d'Assisi .. 337
- Fortezza Nuova 336
- Fortezza Vecchia 338
- Fossi Medicei 336
- Fosso Reale 333, 336

Stichwortverzeichnis

- Luni 339
- Mastio di Matilde 338
- Mercato Centrale 338
- Monumento di Quattro Mori ... 338
- Museo Civico "Giovanni Fattori" 338
- Piazza Grande 337
- Piazza Micheli 338
- Piazza Repubblica 336
- Porto Mediceo 333
- Terrazza Mascagni 338
- Venezia Nuova 337
- Via Grande 336

Lorenzo il Magnifico 23
Loro Ciuffena 166
- Museo Venturino Venturi 166
- Palazzo Comunale 166

Lucca 384
- Camigliano 399
- Campanile 392
- Casa Natale di Giacomo 393
- Castruccio Castracani 389
- Corte S. Lorenzo 395
- Dom San Martino 392
- Grabmal für Ilaria del Carretto 392
- Marlia 399
- Museo della Cattedrale 393
- Museo Nazionale 398
- Palazzo Mansi 395
- Palazzo Pfanner 396
- Palazzo Pretorio 393
- Passeggiata delle Mura 392
- Piazza dell'Anfiteatro 397
- Piazza Napoleone 392
- Piazza San Martino 392
- Piazza San Michele 393
- Pinacoteca Nazionale 395
- San Frediano 396
- San Michele in Foro 393
- Segromigno Monte 399
- Stadtmauer 389
- Torre Guinigi 398
- Via del Duomo 392
- Villa Guinigi 398
- Villa Mansi 399
- Villa Reale 399
- Villa Torrigiani 399
- Volto Santo 393

Macchiaioli 43
Mafia 29
Magliano in Toscana 289
- Palazzo dei Priori 289
- Piazza della Repubblica 289
- Rocca Portra Nuova 289
- S. Giovanni Battista 289

Malaria 18
Manciano 279
- Cassero Aldobrandeschi Senese 279
- Museo della Preistoria e della Protastoria della Valle della Fiora 279

Manierismus 42
Manzoni, Alessandro 54
Marciana 315
Marciana Marina 315
Maremma Pisana 319
Marina di Bibbona 328
- Forte di Bibbona 328
Marina di Campo 316
- San Giovanni 316
Marina di Cecina 330
- Casale Marittimo 330
- Montescudaio 330
- Vada 331

Marini, Marino 43
Markgräfin Mathilde von Tuszien 19
Marmor 50, 341
Massa 344
- Castello Malaspina 345
- Dom 345
- Palazzo Cybo Malaspina 345
- Piazza Aranci 345

Massa Marittima 304
- Arco dei Senesi 307
- Bischofspalast 306
- Centro Carapax 308
- Città Nuova 304, 307
- Città Vecchia 304
- Dom San Cerbone 306
- Fortezza dei Senesi 307
- Loggia del Comune 307
- Museo Archeologico 307
- Museo della Miniera 307
- Museo di Storia e Arte delle Miniere 307
- Palazzino delle Armi 307

Stichwortverzeichnis

- Palazzo Comunale 307
- Palazzo del Podestà 307
- Piazza Garibaldi 306
- Piazza Matteotti 307
- Pinacoteca 307
- Porta alla Sicili 307
- Torre del Candeliere 307
Massaccio 40
Massarosa 360
- Massaciuccoli-See 361
- Museo Antiquarium 361
- S. Pantaleone in Pieve ad Elici 361
Maut 62
Medici .... 22 f
Mezzadria 19
Mezzogiorno 25
Michelucci, Giovanni 425
Modigliani, Amedeo 43
Monsummano Terme 420
- Grotta Giusti 421
- Grotta Parlanti 421
Montaione 150
- Palazzo Pretorio 151
Montalcino 237
- Brunello di Montalcino 240
- Madonna del Soccorso 240
- Museo Civico Diocesano und Archeologico 240
- Palazzo Comunale 240
- Piazza del Popolo 240
- Sant'Agostino 240
Monte Amiata 252, 261
- Anello della Montagna 262
- Arcidosso 254
- Kastell 256
- Parco Faunistico 256
- Prato delle Maccinaie 261
- Zancona 256
Monte Argentario 290
Monte Capanne 316
Monte Oliveto Maggiore 234
- Buonconvento 236
- Museo d'Arte Sacra della Val d'Arbia
- Olivetaner 234
- Santi Pietro e Paolo 236
Monte Perone 316
Montecarlo 410
- Rocca del Cerruglio 411

- Sant'Andrea 411
Montecatini Terme 418
- Funicolare 420
- Montecatini Alto 420
- Tettuccio 419
Montecristo 300
- Marina di Grosseto 301
Montelupo Fiorentino 143
- Museo Archeologico e della Ceramica 144
- S. Giovanni Evangelista 144
Montemerano 287
- San Giorgio 288
Montepulciano 245
- Casa del Poliziano 246
- Chiesa del Gesù 246
- Fortezza Medicea 248
- Madonna di San Biagio 249
- Museo Civico 248
- Palazzo Comunale 248
- Palazzo Contucci 248
- Palazzo Neri Oselli 248
- Palazzo Ricci 248
- Palazzo Tarugi 248
- Piazza Grande 248
- Piazza Manin 246
- Porta al Prato 246
- Porta delle Farine 246
- Santa Maria dei Servi 248
- Torre di Pilcinella 246
- Vino nobile di Montepulciano 248
Monterchi 191
Monteriggioni 212
Monticchiello 244
- Santi Leonardo e Cristoforo 244
Monticello Amiata 265
- Aldobrandeschi 267
- Bagni di Petriolo 266
- Cinigiano 265
- Civitella Marittima 266
- Maremma 267
- Paganico 265
Mugello 131
- Barberino di Mugello 134
- Bosco ai Frati 133
- Castello del Trebbio 132
- Fortezza di San Martino 133
- Giambologna 132
- L'Abbadia di Vigesimo 134

463

Stichwortverzeichnis

- Monte Senario 132
- Parco Demidoff 131
- S. Piero a Sieve 133
- Vaglia 131
- Villa di Cafaggiolo 133
Murlo 236
- Antiquarium di Poggio
  Civitate 237
Mussolini .... 26 f

Nekropole 33
Netzspannung 68
Niccolò Pisano 36
Notfall 69

Olivenöl 77
Ombra della Sera 16
Orbetello 290
- Museo Archeologico Guzman 291
Orrido di Botri 403
- Ghivizzano 403
- Tereglio 403
Ostgoten 17
Otto IV 22
Öffentliche Verkehrsmittel 69
Öffnungszeiten 69

Palazzuola sul Senio 139
- Museo della Vita e del Lavoro
  delle Genti di Montagne 139
Panzano 158
- San Leolino a Panzano 158
Parco Demidoff 42
Parco Faunistico 47
Parco Natruale dell'Orecchiella . 408
- Capannori 410
- Caréggine 409
- Fabbrica di Caréggine 409
- Lago di Vagli 409
- Piazza al Serchio 410
- San Regolo 409
- Sant'Agostino 409
- Vagli di Sopra 409
- Vagli di Sotto 408
Parco Naturale della Maremma .. 277
- Albarese 277

- Marina di Alberese 277
- Monti dell'Uccellina 277
- Paduli della Trappola 277
- Poggio Lecci 277
- San Rabano 277
Parteiensystem 52
Pereta 288
- Porta Senese 289
Pescia 413
- Aramo 417
- Blumenmarkt 415
- Dom 414
- Farfora 415
- Fibialla 416
- Gipsoteca Libero Andreotti 415
- Madonna di Piè di Piazza 415
- Medicina 416
- Museo Carlo Magnani 415
- Palazzo dei Vicari 415
- Piazza Grande 415
- Pietra Serena 416
- Pietrabuona 416
- San Francesco 414
- San Quirico 417
- Sorana 417
- Svizzera Pesciatina 415
- Teatro Pacini 414
- Torbola 415
Petrarca, Francesco 54
Piancastagnaio 263
- Rocca Aldobrandesca 263
Pienza 243
- Bischofspalast 244
- Palazzo Piccolomini 244
- Palazzo Pubblico 244
- Pecorino die Pienza 244
- Piazza Pio II 244
- Pieve con Corsignano 244
Pietrasanta 352
- Fontana del Marzocco 353
- Marina di Pietrasanta 355
- Museo Archeologico
  Versiliese 354
- Museo dei Bozzetti 354
- Oratorium di San Giacinto 354
- Palazzo Carli 354
- Palazzo Moroni 354
- Piazza del Duomo 353
- Porta a Pisa 353

- Rocca di Sala ... 353
- Rocchetta Arrighina ... 353
- S. Martino ... 353
- Sant'Agostino ... 354
- Sant'Anna di Stazzema ... 355
Pieve ... 36
Pieve Fosciana ... 407
- Radici-Paß ... 407
- Via Vandelli ... 407
Pilze ... 77
Piombino ... 321
- Corso Vittorio Emanuele II ... 322
- Palazzo Comunale ... 322
- Piazza Bovio ... 322
- Piazza Giuseppe Verdi ... 322
- Porto di Falesia ... 322
- Sant'Antimo ... 322
- Torrione Rivellino ... 322
Pisa ... 363
- Arsenale Mediceo ... 377
- Battistero ... 370
- Borgo Stretto ... 375
- Camposanto Vecchio ... 371
- Chiesà dei Cavalieri di Santo Stefano ... 375
- Chinzica ... 376
- Cittadella Vecchia ... 377
- Corso Italia ... 376
- Dom ... 369
- Fortezza Nuova ... 376
- Giardino Scotto ... 376
- Logge di Banchi ... 376
- Museo dell'Opera del Duomo ... 373
- Museo delle Sinopie ... 373
- Museo Nazionale di San Matteo ... 376
- Orto Botanico ... 374
- Palazzo dei Cavalieri ... 375
- Palazzo Giambacorti ... 376
- Piazza dei Cavalieri ... 374
- Piazza dei Miracoli ... 363, 367
- Piazza Vettovaglie ... 374
- Ponte della Fortezza ... 376
- Ponte di Mezzo ... 376, 377
- Porta San Ranieri ... 369
- San Antonio ... 377
- Santa Maria della Spina ... 377
- Schiefer Turm ... 371
- Sinopien ... 374

Pisano, Andrea ... 106
Pisano, Giovanni ... 37
Pistoia ... 422
- Baptisterium ... 424
- Cappella del Tau ... 428
- Centro di Documentazione Giovanni Michelucci ... 425
- Dom ... 423
- Giardino Zoologica "Città di Pistoia" ... 429
- Marino Marini ... 428
- Museo Civico ... 425
- Museo dei Ferri Chirurgici ... 427
- Museo della Cattedrale di S. Zeno ... 426
- Museo Rospigliosi/Nuvo Museo Diocesano ... 426
- Ospedale del Ceppo ... 427
- Palazzo Comunale ... 425
- Palazzo dei Vescovi ... 426
- Palazzo del Tau ... 428
- Palazzo Pretorio ... 425
- Palazzo Rospigliosi ... 426
- Percorso Archeologico Attrezzato Antico Palazzo dei Pistoia, Vescovi ... 426
- Piazza Duomo ... 423
- Sacrestia ... 426
- San Giovanni Forcivitas ... 428
- Sant'Andrea ... 428
- Torre Campanaria ... 425
Pittigliano ... 279
- Äquadukt ... 280
- Columbarien ... 281
- Dom Santi Pietro e Paolo ... 281
- Museo Civico Archeologico ... 281
- Palazzo Orsini ... 281
Podestà ... 20
Poggio ... 315
Poggio a Caiano ... 439
- Villa Medicea ... 439
Poli ... 52
Polizei ... 69
Pomonte ... 316
Pontassieve ... 142
- Porta dell'Orologio ... 142
Pontito ... 418
- S. Andrea e S. Lucia ... 418
Pontormo, Jacopo ... 42

465

Stichwortverzeichnis

popolo grasso 22
popolo minuto 22
Poppi 187
- Castello Pretorio 187
- Zoo Fauna Europea 187
Populonia 322
- Ädikula-Gräber 323
- Bucht von Baratti 323
- Grabkammern 323
- Hügelgrab 323
- Museum Gasparri 322
- Rocca 322
Porto 69
Porto Azzurro 317
- Festung 317
Porto Ercole 293
- Caravaggio 294
- Festung Monte Filippo 293
- Festung Stella 293
- Riserva Naturale Duna
  Feniglia 294
- Sant'Erasmo 294
- Tómbolo di Feniglia 294
Porto Santo Stefano 291
- Rocca 293
Portoferraio 312
- Forte Falcone 314
- Forte Stella 314
- Medici-Festung 312
- Museo Civico Archeologico ... 314
- Museo Napoleonico 314
- Piazza Napoleone 314
- Villa dei Mulini 314
Post 69
Prato 432
- Cappella del Sacro Cingolo 435
- Capsella della Cintola 435
- Castello dell'Imperatore 437
- Dom S. Stefano 434
- Istituto T. Buzzi 438
- La Galleria degli Alberti 436
- Museo d'Arte Contemporanea
  Luigi Pecci 438
- Museo del Tessuto 438
- Museo dell'Opera dell'
  Duomo 435
- Museo di Pittura Murale 436
- Palazzo Comunale 435
- Palazzo Pretorio 436

- Piazza del Duomo 434
- S. Domenico 436
- Santa Maria delle Carceri 437
Pratovecchio 187
- Camaldoli 188
- Caprese Michelangelo 190
- Castelo Romena 187
- Eremo di Camaldoli 189
- La Verna 189
- Pieve di S. Pietro a Romena ... 187
Primo piatto 78
Pro Loco 61
Puccini, Giacomo 395
Punta Ala 301
- Pian d'Alma 301

Radda 160
Radetzky 24
Radfahren 85
Radicofani 262
- Palazzo della Posta 263
- Palazzo Pretorio 263
- Rocca 262
- S. Pietro 263
- Sant'Agata 263
Reiseveranstalter 70
Reisezeit 70
Reiten 70
Resistenza 28
Restaurant 70
Rinascimento 37
Rio Marina 317
- Museo Minerario 317
- Palazzo Comunale 317
Rio nell'Elba 317
- Forte Volterraio 317
Risorgimento 24
Rocca 326
Romanik 35
Romano Prodi 30
Roselle 274
- Etrusco Romano 274
- Parco Archeolgico 274
Rossignano Marittimo 331
- Museo Archeologico 332
Rossignano Solvay 332
- Castiglioncello 332
Rufina 141

- Chianti 141
- Marchesi de'Frescobaldi 142
- Museo delle Vite e del Vino ... 141
- Pomino 142
- Villa Medicea 141

Sagra 75
San Gimignano 216
- Arco di San Giovanni 222
- Benedetto da Maiano 223
- Benozzo Gozzoli 223
- Dom 220
- Loggia del Battistero 222
- Museo d'Arte Sacra 222
- Museo Etrusco 222
- Palazzo del Comune 221
- Palazzo del Podestà 222
- Palazzo della Prepositura 222
- Palazzo Nuovo del Podestà 221
- Piazza del Duomo 220
- Piazza della Cisterna 220
- Piazza delle Erbe 222
- Piazza Pecori 222
- Porta San Giovanni 220
- Rocca Montestaffoli 222
- Sant'Agostino 222
- Teatro dei Leggieri 222
- Torre Grossa 221
- Voltone 222
San Giovanni Valdarno 165
- Convento di Montecarlo 166
- Palazzo Pretorio 165
- Piazza Cavour 165
- Santa Maria delle Grazie 165
San Godenzo 140
- Badia di San Godenzo 140
- Il Castagno d'Andrea 140
San Marcello Pistoiese 429
- Gavinana 429
- Mammiano 430
San Miniato al Monte 146
- Diözesanmuseum 148
- Dom 148
- Palazzo Comunale 148
- San Francesco 148
San Piero a Grado 377
- Marina di Pisa 378
- Parco di Migliarino,
 San Rossore, Massaciuccoli 379
San Quirico d'Orcia 242
- Collegiata 242
- Orti Leonini 243
- Palazzo Chigi 243
- Piazza Libertà 243
- San Francesco 243
San Vincenzo 323
- Parco Naturale di Rimigliano . 324
Sansepolcro 190
- Museo Civico 191
Santa Fiora 263
- Palazzo Sforza-Cesarini 264
- Peschiera 264
- Piazza Garibaldi 264
- SS. Fiora e Lucilla 264
Saturnia 286
- Cascata del Molino 287
Scansano 288
- Morellino di Scansano 288
Scarperia 137
- Autodromo Internazionale
 del Mugello 138
- Museo dei ferri taglienti 138
- Oratorium della Madonna di
 Piazza 138
- Palazzo Pretorio 138
- Sant'Agata 138
Secondo piatto 79
Segantini, Giovanni 43
Serravezza 350
- Museo del Lavoro e delle
 Tradizioni Popolari 351
- Palazzo Mediceo 351
Siena 193
- Balze 194
- Baptisterium 210
- Campo 207
- Contrada 201
- Crete Senesi 193
- Dom Sant Maria 208
- Facciatone 209
- Fonte Gaia 201
- Fontebranda 211
- Libreria Piccolomini 209
- Loggia della Mercanzia 208
- Museo Archeologico
 Nazionale 210
- Museo Civico 207

467

Stichwortverzeichnis

- Museo dell'Opera Metropolitana 209
- Orto Botanico 211
- Palazzo Chigi-Saracini 208
- Palazzo Pubblico 205
- Palazzo Sansedoni 208
- Palazzo Vescovile 210
- Palio 201
- Piazza del Campo 201
- Pinacoteca Nazionale 208
- Sala del Pellegrinaio 210
- Sala della Pace 207
- San Domenico 211
- Santuario e Casa di Santa Caterina 210
- Spedale di Santa Maria della Scala 210
- Torre del Mango 205

Sorano 282
- Burg 282
- Sasso Leopoldino 282

Souvenirs 64
Sovana 282
- Cavone 286
- Dom Santi Pietro e Paolo 284
- Loggetta del Capitano 283
- Nekropole 285
- Palazzo Bourbon del Monte 284
- Palazzo dell'Archivio 283
- Palazzo Pretorio 283
- Piazza Pretorio 283
- Rocca Aldobrandeschi 283
- Sant Maria 284
- Tomba della Sirena 285
- Tomba Ildebranda 285

Sport 71
Sprache 54, 71
Sprachkurse 71
Stadtstaat 20
Stazzema 351
- Antro del Corchia 352
- Monte Corchia 352
- Monte Matanna 351
- S. Maria Assunta 352

Stiappa 417
- S. Maria Assunta 418

Stoffrecycling 432
Stollengrab 33
Suvereto 325

- Palazzo Comunale 326
- San Francesco 326

Talamone 278
- Burg 278
- Museo del Parco Naturale della Maremma 278

Tarlati, Guido 172
Taxi 72
Telefonieren 72
Theoderich 17
Tomba Ildebranda 34
Torre del Lago Puccini 361
- Museo Villa Puccini 362

Torri 231
- Abbazia di San Galgano 231
- San Galgano sul Monte Siepi .. 233
- San Mustiola a Torri 231

Tramontana 46
Tre Corone 54
Trinken 77
Trinkgeld 72
Trüffel 149
Tuszien 16

Ulivo 30
Umberto I 26
Umberto II 28

Vasari, Giorgio 38, 169
Vatikanstaat 25
Vellano 418
Venturina 324
- Calidario 324
- Laghetto terminale 324
- Terme Valle del Sole 324

Veranstaltungen 73
Veranstaltungskalender 75
Verkehrsbestimmungen 62
Verkehrsschilder 62
Versicherungen 73
Versilia 346
Vespignano 136
- Casa di Giotto 136
- Cimabue 136
- Giotto 136

Stichwortverzeichnis

Vetulonia 275
- Museo Archeologico
  Antiquarium 276
- Tomba del Diavolino II 275
- Tumolo Etrusco della Pietrera 275
Via Aurelia 17
Via Cassia 17
Via Francigena 18
Viareggio 358
- Gran Caffè Margherita 360
Vicchio di Mugello 136
- Museo Beato Angelico 137
- Palazzo Pretorio 137
- San Giovanni Battista 137
Viktor Emanuel II 25
Viktor Emanuel III 27
Villa Napoleonica 315
Vinci 144
- Museo Ideale Leonardo da
  Vinci 145
- Museo Leonardiano 144
Vinsanto 80
Volpaia 161
- Badia a Coltibuono 161
- Castello di Brolio 162
- Castello di Meleto 162
- Gaiole in Chianti 161
- Vallombrosa 164

Volterra 223
- Abbazia delle Balze 230
- Balze 225, 230
- Baptisterium 227
- Campanile 227
- Case torri Buonparenti 227
- Diözesammuseum 227
- Dom 227
- Palazzo Minucci Solaini 227
- Palazzo Pretorio 227
- Piazza dei Priori 227
- Piazza Duomo 227
- Pinacoteca 227
- Porta Menseri 230
Völkerwanderung 17

W.W.F. 296
Wandern 74, 85
Währung 73
Wein 81
Wintersport 74

Zeitungen 75
Zollbestimmungen 75
Zwölf-Städte-Bund 15

Als Autorin hoffe ich, daß Ihnen dieses Handbuch mit seinen reisepraktischen Hinweisen, landeskundlichen Informationen, Routenvorschlägen und Beschreibungen der Sehenswürdigkeiten bei der Reisevorbereitung und -durchführung behilflich sein wird.

Trotz aller Sorgfalt bei der Recherche kann auch dieses Reise-Handbuch nicht völlig fehlerfrei sein. Wer Italien bereits kennt, weiß, wie schnell Veränderungen eintreten können, und was gestern noch galt, kann heute schon überholt sein.

Vielleicht stellen Sie fest, daß Hinweise korrigiert oder ergänzt werden müssen, vielleicht entdecken Sie etwas besonders Sehens- und Erlebenswertes. Dann helfen Sie bitte mit, dieses Buch in den weiteren Auflagen durch Ihre persönlichen Erfahrungen zu bereichern.

Ich wünsche Ihnen viel Vorfreude und einen erlebnisreichen Aufenthalt in der Toskana.

Sibylle Geier

Ihr Schreiben richten Sie bitte an:
Reisebuch-Verlag Iwanowski GmbH
Büchnerstraße 11
41540 Dormagen